U0139817

图书在版编目（CIP）数据

2000年《咬文嚼字》合订本 / 《咬文嚼字》编辑部
编. —上海：上海文艺出版社，2022
ISBN 978-7-5321-8467-5

I. ①2… II. ①咬… III. ①汉语—语法分析 IV.
①H14

中国版本图书馆CIP数据核字(2020)第159094号

责任编辑 朱艳迪
封面设计 何明靖

书　　名　2000年《咬文嚼字》合订本
编　　者　《咬文嚼字》编辑部
出　　版　上海文艺出版社
地　　址　上海市闵行区号景路159弄A座2-3楼
邮政编码　201101
发　　行　上海市闵行区号景路159弄A座206室
印　　刷　上海新艺印刷有限公司
开　　本　787×1092 1/32
印　　张　20.5
版　　次　2022年12月第1版 2022年12月第1次印刷
国际书号　ISBN 978-7-5321-8467-5/H.074
定　　价　58.00元（精装）
告 读 者　如发现本书有印刷质量问题请与印刷厂质量科联系
电　　话　021-33854186

序

陈原

　　《咬文嚼字》办了几年,越办越好,好就好在它不是对读者发号施令,而是耐心规劝;不止规劝别人,而且告诫自己,甚至设"向我开炮"一栏,把自己的缺点弱点错误曝光。

　　语言文字这个东西,跟社会习惯一样"顽固",不是单靠一纸命令就能把它迫上健康发展道路的。要循循善诱,要反复告诫,要因势利导,要充分认识"约定俗成"的意义。

　　语言文字需要规范,因为语言文字是社会群体传递信息和沟通思想的工具。发出信息和接受信息双方,都必须有共同理解的符号,否则不能达到沟通的目的。这就是为什么语言文字要讲究规范化的道理。

　　对不规范的语文现象怎么办?得使用劝告、规劝、示范诸如此类的方法。就科学技术术语而言,则不止一般意义上的规范,而必须讲究绝对的标准化:标准化带有强制性。规范化和标准化不是同义语。

1

当然，规范化也不等于僵化。如果把规范理解成千篇一律，那就成了八股。凡是有生命力的语言文字，都不是僵化的，它随着社会生活的变化而发展，发展就必须创新。合理的创新就会修改规范或增补规范。规范和创新是辩证的统一。不认识创新就不能准确理解规范。

希望我们的杂志来年办得更好：不单注意规劝人们正确使用单字和语词，还须引导人们不要生造那些谁也不懂的语词和难以理解的句式：那不是创新，而是对语言文字的腐蚀。

近来有些报刊为了制造"轰动效应"，搞出一些文不对题的标题；而大字报式的空话大话套话，亦时时出现。这些都是冲击规范化、阻碍语言文字健康发展的东西，不可忽视。对此也要用"咬文嚼字"的办法去"规范"它。

《咬文嚼字》2000年第1—12期(总第61—72期)

总 目 录

(斜线后的数字,前为期数,后为页数)

众 矢 之 的

3

4

5

7

译　海　泛　舟

正　音　室

有 此 一 说

百 科 指 谬

10

语坛掌故

碰 碰 车

八 面 来 风

词 语 春 秋

辨 字 析 词

字 里 乾 坤

一 针 见 血

14

语　丝

教 材 扫 描

15

16

告 别 误 区

三 味 沙 龙

法 言 法 语

有 照 为 证

上海文化出版社

YAOWEN JIAOZI

2000

咬文嚼字

第 1 期

新年说"盼"

XIN NIAN

SHUO PAN

编者

《诗经·卫风·硕人》中有这样两句:"巧笑倩兮,美目盼兮。""盼",眼珠黑白分明,用来形容美人的秋波流转,自是十分传神的。《说文》释"盼"引用的便是这句"美目盼兮"。不过,编者这里说的"盼",是指期待、盼望。"美目盼兮"的"盼"用的是本义,"盼望"的"盼"则用的引申义。值此新年伊始、万象更新之际,编者"盼"什么呢?

盼邮局的"关照"。经过整整五年的"煎熬",我们总算获得了"邮发"的权利。还望邮局各位朋友,对本刊多加扶持,勿以刊小而投以白眼。

二盼作家们"容忍"。今年的"众矢之的",是向大作家们"叫板"。记得本刊刚创办时,首先"咬"了漫画家华君武先生一口。华老的态度是:"老漫画作者写错字与庶民同罪,不必客气。"但愿各位大作家也能有华老的雅量,勿以咬嚼为忤。

三盼作者的支持。办刊五年,本刊最大的财富,便是有了一批召之即来、来之能战的作者。迄今为止,本刊采用的稿件,自发来稿仍占百分之九十以上。这在当今期刊界是罕见的。今年栏目有了重大调整,亟需新老作者继续鼎力相助。

四盼读者的指点。满足读者的要求,是编者的神圣职责;衡量刊物的优劣,读者是终审法官。自创刊之日起,本刊就呼吁"向我开炮";今后,这仍将是我们一以贯之的编辑态度。

五盼同行的合作。语言文字,浩瀚似海;语文规范,任重如山。本刊愿意和各位同行精诚合作,携手并进。

新年五盼,盼的是朋友的支持,队伍的壮大,事业的发展,相信我们的盼望不会落空。

"百万雄狮"

叶才林·文
麦荣邦·画

　　毛泽东写过一首七律，题为"人民解放军占领南京"。"钟山风雨起苍黄，百万雄师过大江"是诗中的名句。日前见到一本《毛泽东著作引语成语典故辞典》，收有"百万雄狮"一条。据编者说，这"百万雄狮"便出于毛泽东的"七律"："钟山风雨起苍黄，百万雄狮过大江。"词条、释文、书证、索引，全是"百万雄狮"，想来不是"手民误植"。"百万雄狮"，何等壮观！我们除了佩服编者的想象力，还能说什么呢？

咬文嚼字

2000 年 1 月

第1期

(总第61期)

出版:上海文化出版社

编辑:《咬文嚼字》编辑部

电话:021－64372608－205

邮购电话:021－64372608－251

地址:上海市绍兴路74号

邮政编码:200020

发行:上海市邮政局报刊发行局

订阅处:全国各地邮局

国内代号:4－641

国内统一刊号:CN31－1527/H

电脑排版:

上海艺文激光电脑排版厂

印刷:上海翔文印刷厂

广告业务:

上海文艺广告传播中心

电话:021－64431400

广告经营许可证:沪工商广字

3101034000029号

定价:2.00元

目　录

顾问　胡裕树　张　斌
　　　濮之珍
主编　郝铭鉴
编委　李玲璞　何伟渔
　　　陈必祥　金文明
　　　姚以恩
特约编委
　汪惠迪(新加坡)
　林国安(马来西亚)
　田小琳(中国香港)

责任编辑　韩秀凤
发稿编辑　唐让之
责任审读　郦仁琰
封面设计　官　超
特约校读　王瑞祥

从开明书店谈起

楚山孤

1926年成立的开明书店,堪称中国现代出版界的一个代表。"开明"出版的书,不仅内容扎实、严肃,受到读者的欢迎,而且编辑、校对工作极其认真。"开明"的编辑几乎都精通校对工作,大部分编辑是从校对起步的。校对除了负责消灭排版过程中的差错外,还尽力弥补编辑加工的不足,实际上成了编辑工作的延续。为了杜绝一切可能发生的错误,以叶圣陶先生为首,在原稿发排前就层层设防,发现模糊的字迹和标点,特别是人名、地名,一定要重写清楚。"开明人"正是以这样一种一丝不苟的态度,编印了一本本好书;正是这一本本好书,奠定了开明的"俯仰两无愧"的出版形象。

"开明"的精神,在今天的新闻出版界中,正在得到继承和发扬。然而,毋庸讳言,也有一些新闻出版单位,和"开明"的精神是不那么协调的。当年,开明书店"朴实而无华,求进弗欲锐",而今天有些单位却是急功而近利,心浮而气躁。为了追逐"热点",他们不惜在编辑、校对方面"偷工减料",有时虽然也能取得一点"效应",但这是以降低出版物的质量为代价的。事实证明:在"急急风"的锣鼓点中赶出来的东西,往往加工粗糙,校对马虎,印制拙劣。这是典型的出版工作中的"短期行为"。有部长篇小说,在封面上便赫然出现错字,把"陷阱"的"阱"写成了"井"。有本刊物,要目中不到十个标题,竟然有三个标题出现明显错字,把"言简意赅"的"赅"印成了"骇人听闻"的"骇","愤慨"的"慨"写成了"大概的"概","萧条"的"萧"写成了"潇洒"的"潇"。这些书刊连大面子上都说不过去,其内在质量可想而知。

这种编辑作风让作者失望。我曾读到过李霁野先生的一封信,信中还附有一份勘误表。先生多年追随鲁迅,在鲁迅先生的熏陶下,无论是创作还是翻译,都倾注全部心血,决不侥幸偷懒。然而,由他翻译的英国作家吉辛的《四季随笔》,却留下了极大的遗憾。全书246页,文字错误竟达160处,以致他不得不以年逾八旬的高龄,花上整整一周的时间,整理出一份勘误表来。先生在信中说:"寄上《四季随笔》一册,我不在上面题字留念了。"这是为什么呢?就因为这本书错得太多,"印成这个样子,真令人啼笑皆非"。一个作家竟不敢在自己的作品上签名,这是何等痛苦的心情!

这种编辑作风更让读者失望。有人曾模仿陆游的《钗头凤》写道:

"书情恶,读者哭,满眼'臭虫',善本难索。错!错!错!"有位读者更在报上公开责问:"这到底是在传播文化,还是在破坏文化?"陈虞孙先生是新闻界的前辈。他曾从读者的角度,对出版物中的错别字泛滥,表示痛心疾首。早在1985年,他曾写过一篇《论品》的短文,文中写道:"不论报纸、刊物、书籍,你究竟能找到多少块'干净土',在那里可以让你找不到一个错别字?"他愤激地预言:"错别字统治出版物版面的日子恐怕要来临了。因为我们已经看到不少出版社的同志实际上当了错别字保育员,或者说这类错别字的保育员已经到了辨别不出错别字的地步。仅此一端,就可以预示出版物质量下降的不祥之兆。"为此,他大声疾呼:"整顿出弊绝风清的出版社,得先从错别字开始!"事实证明,陈先生不是杞人忧天。他的话是值得我们重温一遍的。

窃以为称"小崔"不妥

——致中央电视台节目主持人姜丰的一封信

姜丰小姐:

你好!

你是备受欢迎的中央电视台节目主持人之一。你的能言善辩的口才早就给观众留下难忘的印象。今天上午,我在中央电视台二套节目里饶有兴味地观看了你与崔永元主持的一台获奖节目的颁奖晚会。你们的主持是精彩的,但也有白璧微瑕之处,现不揣冒昧,说出来供参考。

在该节目主持过程中,崔永元直呼你"姜丰",你称呼他"小崔"。在这两个对称中,崔对你的称呼听起来顺耳,因为他年龄比你大;你对他的称呼则有些不妥,因为你年龄比他小。在日常生活中,人们常用"小+(姓)"称呼对方。这里的"小",是"对年纪比自己小的人的亲切称呼"(《现代汉语规范字典》第573页)。从

电视上看,崔永元大约40岁左右,你可能不到30岁。按照称谓语的习惯,你可以称他"崔老师",当然也可以称他"崔永元",就是不便叫他"小崔"。只有年龄比崔永元大的人才有资格叫他"小崔",这是常理。

再说,即使崔的年龄比你小,在电视节目主持中,也最好别叫他"小崔"。因为电视节目的语境跟日常生活的语境有所不同。男女主持人之间的对话,不是两个人之间的私语,而是面向电视屏幕的一种表演。也就是说,电视节目中貌似两个主持人的语境,实际上是两个人与亿万人进行心灵沟通的语境。他俩并不互以对方为听众,而是共同以电视受众为听众。他们的每句话都是说给亿万电视受众听的,不能不考虑受众的语言习惯和心理反应。在日常生活中,我们可以看到,某人称对

方为"小+(姓)",一方面是对年纪比自己小的人表示亲切,另一方面也表示有时甚至是夸耀自己的年长。这在日常生活的语境中是允许的。但是,在电视节目主持中称比自己年纪小的人为"小+(姓)",则会给电视受众尤其是中老年受众一种不应有的自夸的印象,从而引起他们的反感。尽管这种心理反应很细微、很隐蔽,然而作为一名好的电视节目主持人,还是应该尽量加以避免。在我的记忆中,赵忠祥在与倪萍搭档主持节目时,总是乐呵呵直呼"倪萍",未见他叫过"小倪"。也许在平时接触中,赵忠祥称过倪萍为"小倪"。然而在电视节目中,他有意无意回避着"小倪"的叫法。这一点,值得我们寻味。顺带说一句,倪萍更没有也不会称赵忠祥为"小赵"。总之,在电视节目主持中,对比自己大的人绝对不能称"小+(姓)",对比自己小的人也不宜称"小+(姓)"。这是我个人的一点看法,敬请指正。

称谓语是一种复杂而微妙的语言文化现象。电视节目主持人之间的称谓语是电视主持人语言不可忽略的组成部分。在数以亿计的电视观众面前,男女主持人之间的对称怎样才能做到彬彬有礼、落落大方,既符合日常称谓语的习惯,又切合电视节目的语境,值得细心研究。在这封信里,我只能提出问题,未能深入探讨。我只是作为一名热心观众表达一点希望——希望每一位电视节目主持人的语言都能努力做到白璧无瑕、无可挑剔,从而在全社会的语言应用中起到良好的示范作用。

赵元任夫妇的金婚诗

语丝

胡念川

我国著名语言大师赵元任和夫人在庆祝他们五十年金婚时,夫人杨步伟女士写了一首小诗,赠赵元任:『吵吵争争五十年,人人反说好姻缘,元任欠我今生业,赵元任读罢,即兴回赠一首;『阴阳颠倒又团圆,犹似当年蜜蜜甜,男女平权新世纪,同偕造福为人间。』在小诗后面,赵元任还风趣地签上了女字旁的名字:『婉妊』。

"我想死你啦!"析

王德春

《解放日报》曾刊《配音演员》一文,文中说尹晓兰一见到梁素梅,张开手臂将她紧紧地抱住,快活地说:"我想死你啦!"又是"紧紧地抱住",又是"快活地说",可见这句话充满感情。

可是,有人不了解这句话。这个"死",在语义上是什么意思?在语法上起什么作用?

首先,"我想死你"与"我打死你""我气死你""我杀死你"不同,后者死的是"你",前者"你"不会死。

其次,"我想死你"与"我想死""我要死"也不同,后者可能死的是"我",前者"我"不会死。

所以,"我想死你啦!"中的"死"并无"不活""死亡"的含义,它只是"想"的补语,是一种说明"程度"的补语。汉语中有一小类补语专门表示感受的程度。同一份《解放日报》《淡泊》一文中有现成的例子:"看破了红尘脂粉,看遍了世态炎凉,看穿了虚情假意,看透了功名利禄。"这"破""遍""穿""透",都是"看"的补语,说明其程度。

那么,"我打死你"这类例子中的"死"也是补语。不过是受事补语,作用是引起受动者改变其状态。这句话是"我打你"和"你死了"两层意思的复合。如果"死",则死的是"你"。

至于"我想死"之类,则"死"已是谓语动词,"想死""要死"是动词合成谓语。这儿,如果"死",则死的是"我"。

而在"我想死你啦!"句中,"你"和"我"都不可能死,只是"我极其想念你"而已。

众矢之的

目标：王蒙，放！

——2000年第一号战报

编者按

"众矢之的"又和大家见面了。今年列为"众矢之的"的，是12位著名作家。依照出场顺序，他们是：王蒙、叶辛、刘心武、沙叶新、张抗抗、李国文、陆星儿、陈祖芬、余秋雨、贾平凹、梁晓声、程乃珊。为什么选中这12位呢？因为他们的作品多，影响大，在中国当代作家中具有代表性。这就是鲁迅先生说过的砭锢弊常取类型吧。

王蒙先生不愧是一位大家，他的作品品种之丰富，立意之深刻，结构之缜密，手法之多变，在当代文坛是罕见的。尤其是他的语言，幽默又不失身份，活泼又不离法度，功力十分深厚。让王蒙先生第一位出场，无疑是给射手们出了一道难题。令人欣慰的是，尽管这次战斗组织得比较仓促，射手们仍一如既往，召之即来，来之能战。本期所刊载的便是他们奉献给读者朋友的第一批战果。

需要特别说明的一点是，不少来稿所指出的差错，如《红楼启示录》中"凤姐"误为"凤姐"，"补裘"误为"补裘"，这类差错自然可以认定是差错，但责任可能在出版社，属于排校失误，编者认为不应把账算到作者头上。为此，不少来稿未能采用。在以后的战斗中，还望射手们多加注意。

应是"木秀于林"

读王蒙先生的作品，除了佩服他的想象力、创造力外，不能不佩服他的记忆力。历代诗词歌赋，往往能凭记忆信手拈来，而且用得恰到好处。然而，智者千"忆"，必有一失。手头便有一例。

《中外书摘》1999年第4期刊有《王蒙说》中的《调门与选择》一文。在谈到人际关系的微妙时，王蒙先生写道："你声名大噪，好，秀出于林，风必摧之。毛主席都说过：'人怕出名猪怕壮。'壮了必然挨一刀儿。"句中的"秀出于林，风必摧之"，作者既未说明出处，也未标以引号，但明眼人一看便知，这句话源于《文选》中三国时李康的《运命论》，只是"秀出于林"应作"木秀于林"。

相传"文革"中，毛泽东曾引用过"木秀于林，风必摧之；堆出于岸，流必湍之；行高于人，众必非之"，于是这几句话哄传一时。"木秀于林"——"木"指树，"秀"谓高，一棵树高出于其他树，于是"风必摧之"，寓意深刻。而"秀出于林"呢，随意改动引文姑且不论，恐怕这样一来便成了

病句。"木"本是"秀"的主体，"木"之不存，"秀"将焉附？没有高出一头的"木"，"风必摧之"的"之"指代什么？未免有点费解。

（张逸群）

"稼穑"为何物

《幽默小说自选集》中，有一篇《缘木求鱼》。王蒙先生写道："远古时代，地球上的某个角落，有一部落，以狩猎为主，但知猎兽，不知捕鱼，更不知稼穑种植为何物。"这里我们便来谈谈稼穑、种植为何物。

"稼穑"，文言词语，出自《诗经·魏风·伐檀》："不稼不穑，胡取禾三百廛兮？""毛传"解释说："种之曰稼，敛之曰穑。"用现代汉语翻译，就是种植叫"稼"，收获叫"穑"。《现代汉语词典》修订本对"稼穑"一词的解释是："种植和收割。泛指农业劳动。"说法基本相同。

既然"稼穑"既指种植，也指收获，何必后面再加"种植"一词呢？如果觉得"稼穑"太"文"，那就干脆改用"种植收获"不好吗？现在两者混用，不说叠床架屋，至少不够简练吧。

（黄祥伸）

"耳顺之年"质疑

《暗杀——3322》第17页："她与他都珍惜自己的家庭,都忠于自己的配偶,都无意无力无兴趣在过了耳顺之年以后演出什么鸳鸯蝴蝶三角纯情悲喜罗曼斯。"前面的"她"指冯满满,后面的"他"指李门,都是小说中的人物。这段文字具有鲜明的王蒙风格,一路奔腾跳跃,只是这"耳顺之年"让人有点纳闷。

小说开篇写得明明确确:"1987年11月22日,李门戒烟的第七天,……年已48岁,'烟龄'已有39年的李研究员,忽然萌发了一阵强烈的吸烟冲动。"即使再过七年,到了小说结局的1994年,李门也只有55岁。冯满满和李门同龄。既如此,"耳顺之年"从何说起?

"耳顺之年",来自《论语·为政》。孔子说:"吾十有五而志于学,三十而立,四十而不惑,五十而知天命,六十而耳顺,七十而从心所欲不逾矩。"可见,60岁才是"耳顺之年"!"她"和"他"即使都到了55岁,也只是过了"知天命之年"。

(时鹏寿)

既然有"我",何必再"窃"

《淡灰色的眼珠》第17页："我同时窃以为,通过与玛依努尔的相好,他那些不够健康的心理举止将得以校正过来。"此句读来颇为别扭,问题出在"我同时窃以为"一句。

窃,谦词,用来指称自己的意见。这种用法在古汉语中十分平常,如《史记·项羽本纪》:"此亡秦之续耳,窃为大王不取也。"《聊斋志异·刘海石》:"久失闻问,窃疑近况未必佳也。"现代汉语也保留了这一用法,王蒙先生的作品中便不乏其例。无论是古代还是现代,凡用"窃",就不宜再出现第一人称,因为"窃"已暗含"我"的意思在内。

"我同时窃以为"显然"犯规"。这种说法,犹如"你家的令尊大人""我的拙作"一样,窃以为失之于叠床架屋也。

(辛南生)

"排揎"不是"排遣"

王蒙先生在《雨在义山》这篇研究李商隐诗歌的学术论文中说:"后

主（李煜）毕竟是对现实的萧瑟，也还能从怀旧的回忆中得到某些感情的缓解与排揎——他梦里还能'一晌贪欢'呢！"

在上面这段引文中，"排揎"和"缓解"并列连用，它们应当是两个近义词。仔细揣摩上下文意，作者似乎是将"排揎"理解成了"排遣"。

查一下古今各种词典可以知道，"排揎"一词大致有两个义项：

一、责备，数落。如《红楼梦》第二十回："[凤姐]听得后面一片声嚷闹，便知是李嬷嬷老病发了，排揎宝玉的人。"《儿女英雄传》第五回："[安公子]除了受父母的教训，还没受过这等大马金刀儿的排揎呢！"《死水微澜》六："[幺姑娘]把两个人一起排揎。"

二、调侃，揶揄。如《九尾龟》第五回："幼恽被他排揎了这一阵，觉得不好意思。"

除此以外，"排揎"别无他义，从未被用来表示过"排遣"或"舒泄"某种感情的意思。想来，这个新义是王蒙先生杜撰出来的。

（省　庐）

莫把"容量"当"重量"

《淡灰色的眼珠》第151页："从卫生院找来两个有刻度的玻璃瓶，每个瓶可装药水五百克的那一种。"这句话有常识性的错误。卫生院是可以找到玻璃瓶的，玻璃瓶上也可能有刻度，这样的瓶子当然可以装药水，问题是不能说装500克。

医务常识告诉我们：药水是以容量作计量单位的，常用单位是毫升(ml)，等于千分之一升；而"克"是物体重量的计量单位。不同的液体，即使体积相同，因各自的密度不同，其质量也就不同，所说的重量也就不一样的。玻璃瓶上的刻度，不可能用来表示药水的重量。

人们一般都有生病挂盐水的经历。我们所看到的盐水瓶，容量便是500毫升，而不是500克。

（南　申）

"车到码头船到岸"？

《小说界》1997年第5期，刊有《春堤六桥》。在"听荷"一节里，王蒙先生写道："过去常常批判车到码头船到岸的思想。我现在就是车到码头船到岸的感觉。"一连说了两遍"车到码头船到岸"，想来不是"手民误植"。

这句话说来顺口,听来顺耳,似乎准确无误,但再读两遍,又觉面熟陌生,有点可疑。我们过去"常常批判"的是"车到码头船到岸"吗?不是。当年批的是"船靠码头车到站"。这两句话有区别吗?有的。

所谓"船靠码头车到站",是比喻一种"革命到头"思想,因为"码头"也好,"站"也好,都是旅行的目的地。"船靠码头车到站",目的地到了,自己该歇一歇了。这句俗语表达的意思是清楚的。

王蒙先生的"车到码头船到岸"则不然。"码头"并不是"车"的目的地,所以"车到码头"让人有点莫名其妙。同理,"船到岸"一般是这条船从此岸到彼岸,可能是条摆渡船,而通常摆渡的人一上岸便要匆匆赶路,不会产生"革命意志衰退"的联想。

也许这是吹毛求疵,还望王蒙先生见谅。

(万木丹)

"华裔"似是而非

《随笔》1999年第3期,有王蒙先生的《小说与电影中的中国人》一文。该文第三自然段的头两句是:

"美国华裔英语女作家汤婷婷描写了在美的华裔早期移民修建横亘美国的大铁路的情况。还有一些电影表现了早期华裔淘金者。"句中一连用了三个"华裔":第一个"华裔"用得很对,后面两个"华裔",似还可商榷。

裔,后代。所谓"华裔",华人的后代也。"在美的华裔早期移民"也就是在美华人后代的早期移民,这句话别扭不别扭?既然是在美华人后代,怎么还会是"早期移民"?在逻辑上说得通吗?稍稍查一查美国史便知道,"修建横亘美国的大铁路"以及西部淘金,都和第一代华人移民有关,不管怎么说也扯不到他们的后代身上。

看来是王蒙先生误用了一个词:华裔。引文中后面两处"华裔"均应改为"华人"。

(完恩全)

"迷魂汤"诸元素辨

《钟山》1998年第2期刊有王蒙先生的小说《满涨的靓汤》。这篇小说妙语如珠,令人捧腹。"李生"赴宴归来,大叹:"此饭只应天上有,人间哪得食几回?"其中印象最深的是一道"迷魂汤"。这道汤用什么做的？答曰："诸肉诸骨诸海鲜诸山珍诸药材诸果诸蔬诸粮诸豆诸调料诸虫诸菌诸维生素诸矿物质诸基本元素钙铁磷铬钼硒锰铜碘醋……"仅此一句，已足可领略作品的诙谐风格。

笔者要辨的是最后一项："诸基本元素"。作者一共列出十种：钙、铁、磷、铬、钼、硒、锰、铜、碘、醋。前面九种，在"元素周期表"中均可查到，由此可见作者知识之丰富；只是最后一种"醋"，似不应和前面九种并列，因为"醋"是酸性调味料，不是元素。

化学常识告诉我们：醋的主要成分是醋酸，化学式是 CH_3COOH，它含有三种元素：碳、氢、氧。把醋和钙铁磷等并称"基本元素"，是说不通的。

（叶惟珏）

"胜于"≠"甚于"

王蒙先生在《想起了日丹诺夫》一文中引用了中国古代的一句俗语："防民之口胜于防川。"这句话的出处见《国语·周语》："防民之口甚于防川。"连接前面"防民之口"和后面"防川"两个不同词语的原文是"甚于"，现在被王蒙改成了"胜于"。这一改，就把本来表意十分明确的句子改得似通非通了。

"甚"和"胜"读音相近，在字、词典里都立有"超过、胜过"的义项，在某些情况下似乎是个同义词，但它们并不能无条件地任意换用。由"甚于"连接的前后两种事物，一般笼统地表示前者超过后者，它可以是好的方面超过后者，但更多的是不好的方面（如劣行、恶德、情况危险、处事困难等）超过后者。而由"胜于"连接的前后两种事物，必须是前者优于后者，如：事实胜于雄辩；德才兼备的贤人胜于有才无德的小人。

"防民之口甚于防川"，是说堵住民众之口要比堵住江河之水困难。"甚于"前后事物的关系，是前者的难度超过了后者，而并非前者优于后者。所以绝对不能把"甚于"改为"胜于"。（参见2002年第1期喻圻华文）

（卓王泽）

"百问"不如"有问"

李德复

某商厦在开张营业前，组织全体营业员讨论制订"服务公约"，其中有一条是"对待顾客的询问，做到百问不厌"。有位营业员对此提出意见，认为这"百问"不如改成"有问"比较妥帖些。在场的全体营业员都一致赞同这一修改。

"百问不厌"改为"有问不厌"，尽管只是一字之差，但显得更实在。姑且不谈顾客不可能会有"百问"提出，就拿有的营业员来说，别说"百问"，就连顾客提出的三问、五问都显得有些不耐烦，还侈谈什么"百问不厌"。诚然，从文字上看，这"百问不厌"似乎更显"气魄"，更有"风度"，但制订服务公约旨在用以自律，做到"言必信，行必果"。时下有些商店的行规店约订得头头是道，说得花好稻好，但在具体执行上，却大相径庭，如此"公约"岂不成了"空约"，如此"公约"，是不是在玩"文字游戏"？

窃以为"行规""店约"决非"摆设""点缀"，它是全体从业人员该切实遵循的最起码的商业道德和行为准则，因此宜订得具体、实在，可操作性强，切莫花里胡哨"客里空"。（原载1999年10月9日《解放日报》，吴红宇荐，标题本刊改拟）

道路的名称变异

是 文

道路，在《现代汉语词典》中解释为"地面上供人或车马通行的部分"。随着历史的前进，道路的名称也在不断地发生着变异。

据考证，在古代帝尧时，道路称为"康衢"，如今的"康庄大道"一语即由此演变而来。西周时对道路

1—15

的称谓又有了较为明确的规定,根据道路宽窄的不同分别称之为"路、道、途、畛、径"等。即能通行三辆马车的称"路",能通行两辆车的称"道",能通行一辆车的称"途","畛"是走牛车的,仅能走牛和马的称"径"。到了秦代,秦始皇命人修筑了"驰道"。而到了唐代,则筑路5万里称之为"驿道"。这些驰道和驿道均为当时传递政府文书之用。在中途供传递官员休息或换马转送之地则称"驿站"。成都的龙泉驿,重庆的白马驿、铜罐驿等地名,都是以当时的名称而沿用至今的。河南南部的驻马店市,也是因"旧为遂平至明港间驿马驻所"而名,被人们俗称为"驿城"。

道路的名称,到了元代时称"大道"。而到了清代前期又称为"大官路"。辛亥革命后,于1912年从湖南长沙至湘潭建成了一条可通汽车的路,按其使用情形称为"汽车路",后来又称"公路",现在很多人仍然使用这个称谓。

"公路"也有人称"马路"。这"马路"一词,据说是为了纪念在英格兰沼泽地区发明用碎石铺路的英格兰人约翰·马卡丹而起的名。

今天一些地区使用的巷、坊、弄、胡同等名称,基本上都是唐代袭用下来的旧名称,泛指大道之外的小路。(原载1999年10月14日《上海交通安全》报,纪珉荐)

尴 尬 的 藏 书 票

舍 文

藏书票是读书人喜爱的纪念品。在北京大学百年校庆之际,一套题为"难忘岁月"的藏书票引起北大校友和文化界人士的反响。这毕竟是一个纪念北大百年的美妙创意。

这套藏书票共100枚,除了每一枚中有英文标志语,票面上的汉字也不过二三千字,但里面竟然错漏

百出。例如第12枚"桃李纷芳"的纷应为芬,第44枚"读万卷书行万襄路"的襄应为里,第82枚"直挂云帆济苍海"的苍应为沧,第93枚"座拥书城富甲一方"的座应为坐。美妙的创意,精美的藏书票,却留下这么多的遗憾,怎不令人痛心?

(原载1998年10月10日《广州日报》,容予荐,标题本刊改拟)

三味沙龙

四两拨千斤

——崔永元答读者问侧记

楚 云

　　去年9月，秋高气爽，第十届全国书市在湖南长沙举办。著名电视节目主持人崔永元应上海文化出版社之邀，到场为《实话实说的实话》一书举行签名售书活动，并在9月25日与湖南的新闻同行和广大读者见面。400人的会场座无虚席，连走道两边也站得密不透风。现场读者提的问题可谓五花八门，有的简直是刁钻古怪，崔永元却是胸有成竹，有问必答，而且答得十分得体，十分到位，以四两拨千斤，表现出了高水平的机智和幽默。

　　主持人刚宣布提问开始，便有一位小伙子大着嗓门说："崔哥，'实话实说'没有过去好看了，这是咋回事？"当头就是一棍。说比过去好看吧，观众不信服；说确实不如过去好看，岂不是给自己抹黑？只见崔永元冲着小伙子说："不错，没有过去好看，我们是有责任的，但主要责任在你！"此语一出，全场肃静。怎么责任在观众身上呢？崔永元道出原委："因为你看得太多了，'实话实说'对你来说不新鲜了。"说到这里，崔永元顺口问了一句："小伙子，结婚了没有？""没有。""那我告诉你，结婚的感觉和恋爱的感觉是不一样的！"这真是一个绝妙的比喻，全场"哄"地爆发出一阵笑声。

一个胖乎乎的小姑娘，正在读初中，她说要拜"崔叔叔"为师。原来学校里要举行辩论会，她是一辩手。"崔叔叔，你能不能现在就教我几招？"崔永元问："你们辩什么题目呢？""IQ 和 EQ 哪个更重要？"IQ 是智商，EQ 是情商，正是当前的热门话题。"你说哪个更重要呢？""我也不知道。"小姑娘一脸天真，憨态可掬。"好吧，那我给你一条锦囊妙计。"崔永元故弄玄虚："IQ、EQ，书市上都在卖。你赶快去问问营业员阿姨，哪个销得快，哪个就重要。有了这个'秘密武器'，保你旗开得胜。"小姑娘一听，带头鼓起掌来。

最令人发噱的是一位大学生。他说他所住的宿舍里，各人都操自己的方言，他现在已学会了近十种。他问崔永元能讲几种方言，要和崔永元比试比试，并当场以极其夸张的声调说了一段，问崔永元："你知道我说的是什么？"当时谁也没有听懂，大家只能报以笑声，静观崔永元如何"化险为夷"。崔永元表情镇定、语调平稳，他一连问了几个问题：你是哪个学校的？哪个系科的？哪个年级的？哪个班级的？哪个宿舍的？……这位大学生开始一一作答，后来突然警觉："你问这么详细干什么？"崔永元故作严肃状道："我回北京以后，马上向国家语委报告，在你们学校里有一个不提倡讲普通话的死角，请他们立即派人来调查。"这一回答，真是出人意料之外，却又在情理之中。作为中央电视台节目主持人，怎么能掉到比赛方言的"陷阱"中去呢？

见面会并不是"实话实说"拍摄现场，气氛轻松活泼，但崔永元始终全神贯注，让自己的思维处在极其活跃的状态。他之所以能在瞬间选择最佳的答题思路，除了得益于长期"修炼"外，显然也和这种临场状态有关。我想，这也可以说是一种敬业精神吧。

优秀的诗歌，是高明的语言艺术。诗人欲写出好诗，必须具备多方面的条件。其中，对语言文字化常为奇的熔铸能力，是必不可少的条件之一。下列一些诗作对"入"字的运用，在化常为奇这一点上，堪称各呈其妙，引人入胜。

"红入桃花嫩，青归柳叶新。"（唐·杜甫《奉酬李都督早春作》）一个"入"字，化静态现象为动态过程，写出了初开桃花的鲜艳夺目，描绘了春意盎然的景色。

"白日依山尽，黄河入海流。"（唐·王之涣《登鹳雀楼》）诗中"入"字用得活灵活现。它描写黄河一直向东南奔流而去，由近而远，视线逐渐随着流水越去越远越小，到最终点就像要注入的一样了。不用"入"字则不足以描绘出这种景象。

"山随平野尽，江入大荒流。"（唐·李白《渡荆门送别》）高山随着平原的展现而不复见，大江由近而远流向广阔的原野，显得天空寥廓，境界高远。后句著一"入"字，十分传神地表现了特定情景下江流的特征。"江入大荒流"与王之涣的"黄河入海流"，一写长江，一写黄河，二者有异曲同工之妙。

"微阳下乔木，远烧入秋山。"（唐·马戴《落日怅望》）夕阳从近处的树梢往下沉落，它的余辉反照秋山，一片通红，犹如野火燃烧在遥远的秋山之上，逐渐隐没消失。"入"字写出了夕照的渐渐暗淡，也表明了诗人怅然伫望之良久，思乡怀人之殷切。

"海日生残夜，江春入旧年。"（唐·王湾《次北固山下》）残夜之时，东海中已孕育着一轮红日，旧年腊月未尽，江边景色已透露出春的气息。"江春入旧年"之"入"字，有不知不觉之意，有无处不至之态，有不可抗拒之势。著一"入"字，时间似乎加快了脚步，日月在超速运行。这种时光感受，正好揭示出作者思归故乡的心曲。

一个平平常常、朴素无华的"入"字，在优秀诗人的笔下，具有多么神奇的表现力！

"入"字生辉

宁源声

品味"全心以赴"

罗晓夏

前些日子,改制成语成风,报刊上曾多次提出批评。不过,似乎不能一概而论,因为也有改得好的,"全心以赴"便是一例。走进上海家化公司大楼,到处可以看到这条标语:全心以赴。这已成为公司里的一条格言。无疑,它来自成语"全力以赴",属于"改制"一类;但一字之改,却境界迥异,新意盎然,耐人寻味。

第一次接触到这条标语,首先感受到的是一股时代气息。一家单位的兴旺发达靠什么,靠的是全体员工的尽心尽力。这里有两个不同的层次:一个是"尽心",一个是"尽力"。过去我们比较重视后者,制订各种规章制度,监督员工不得偷懒。上海家化公司提出"全心以赴",说明他们对这个问题有了新的认识。事实证明:"尽力"未必"尽心","尽心"才能"尽力"。"尽力",在某种意义上,带有勉强,带有无奈,所谓"尽力而为",对结果并不十分关切,即

使是雇佣来的"苦力",慑于外界的压力,也能达到这一层次;"尽心"则不然,这是一种自觉,一种责任,是强烈的主人公意识,是真正把自己的命运和公司的命运连在一起。"全心以赴"展现了经过改革开放洗礼的崭新的精神状态。

仔细品味,这条标语还反映了一种难能可贵的企业精神。家化工业并不是劳动密集型的产业,它是和现代科学技术紧密联系在一起的,每开发一种新产品都意味着是科技应用方面的一次突破。生产家化产品靠"大兵团作战"行吗?不行。靠加班加点行吗?不行。这就是说,这种重视科技含量的产品不能单单靠"力",而更要靠"心",要把心思真正用在自己的产品上。"全力以赴"也许只能提高产量,"全心以赴"才能真正提高质量。而上海家化公司是专门生产民用产品的,从洗涤剂到沐浴露,从"六神"花露水到"美加

净"护手霜，每一种产品都要进入千家万户，质量问题尤其不能掉以轻心。上海家化公司提出"全心以赴"，无异于对全社会作出了庄严承诺。这个"心"可以理解为对人民群众高度负责的感情，也可以理解为员工的智慧和才能。它为上海家化公司的形象塑造添上了重重一笔。

在当前社会变革中，"全心以赴"还具有现实的针对性。毋庸讳言，很长一段时间以来，浮躁成了一种广泛存在的社会心态。有些人做事敷衍塞责，人到心不到，粗枝大叶，心猿意马，缺乏责任感；有些人整天神不守舍，这山望着那山高，身在曹营心在汉，随时准备改换门庭。提出"全心以赴"，正是为了呼唤一种职业道德，一种敬业精神，对那些三心二意、半心半意的人，必然会产生引导和警策的作用。从传播角度来说，同样作为成语，"全力以赴"平常、平淡，流于一般号召；"全心以赴"则显得别致、醒目，具有震撼力和渗透力。这条标语在上海家化公司已日益深入人心，成为广大员工的一种自觉要求，便是一个最好的证明。可见这一字之改是做得很有道理的。

《大公报》征对

王中原

解放前，《大公报》曾出句征对："左舜生，易君左，名左不左，两君胡适？其于右任乎！"熊一欧先生应征对曰："梅兰芳，伶梅之梅，陈玉梅，影梅之梅，双玉徐来，是言菊朋也！"上联所嵌人名："左舜生"是青年党头目；"易君左"系报界名记者；"胡适"乃鼎鼎大名的学者，亦可解释为"往哪里走"；"于右任"乃国民党元老，亦可解释为"在右边任职"。下联所嵌人名："梅兰芳"、著名京剧演员；"徐来"，也是电影演员，亦可解释为"姗姗来迟"；"言菊朋"，京剧演员，亦可解释为"说菊部的朋友"。菊部，旧时戏班或戏曲界的泛称。此联之巧，在于所嵌人名自然天成，含义不凡，诙谐风趣，上下联末句还颇有点歇后语的味道，堪称妙对！

李洪志何时显过灵

高海龙

1999年8月4日，以新华社记者名义刊发的《李洪志欺世盗名真相》一文，有这样几句话：随着"法轮功"组织在各地覆灭，李洪志及其"法轮大法"的光环不再显灵，……

照此说法，似乎李洪志及其"法轮大法"原先是显过灵的，这显然不是作者的本意。只要给显灵两字加上引号，就不致产生歧义。

"争做巾帼"

京力豹

"钻习木兰 争做巾帼"，这是印在一本介绍、推广木兰拳的正式出版物上的题辞。

"帼"是古代妇女戴的头巾，所谓"巾帼"就是"妇女"的意思。"争做巾帼"自然就是"争做妇女"的意思。是男还是女，这本是天生的，不是妇女又怎样去争做呢？木兰拳是一个拳种，虽名为木兰，其实是男女都可以练的，难道男子练好了木兰拳就变成妇女了？

钻习木兰 争做巾帼 木兰拳运动台启

麻"疯"?

盈盈

1999年10月17日晚，上海电视台"智力大冲浪"节目正在谈论与"风"有关的话题。主持人让参与者说出5个带有"风"的疾病名称。当答题者说到"麻风病"时，主持人程雷和陈蓉异口同声地说："'麻疯病'的'疯'不是刮'风'的'风'，是'疯子'

的'疯'。"

其实，答题者的回答是对的，两位主持人的否定不但"枪毙"了一个正确答案，而且误导了电视机前的观众。

"麻风病"是由麻风杆菌引起的一种慢性传染病。症状是皮肤麻木，变厚，颜色变深，表面形成结节，毛发脱落，手指脚趾变形等。病状主要体现在身体外部，与"疯不疯"完全无关。

丁方贤

前不久，笔者观看了《还珠格格》续集。剧情发展到兄妹相认这场戏，箫剑为消除五阿哥永琪的误会，无奈道明真相："小燕子是我的亲生妹妹。"接连说了两次。而小燕子更是乐极忘形，在大街上拥着箫剑说："箫剑是我的亲生哥哥。"令人忍俊不禁。

所谓亲生者，指自己生育的或生育自己的。如亲生子女，亲生父母。妹妹如何亲生哥哥？哥哥怎能亲生妹妹？显然，这个"生"字是多余的。正确的称呼要么说"亲哥哥""亲

妹妹"，要么把"亲生"改为"嫡亲"，这样才不至于误解。

祝国湘

日前逛街至一文具店，见店内每件商品均以纸条标出名称、单价，极其醒目。正浏览间，忽见一纸条上赫然写着"大便条"三字。乍一见，竟以为文具店还卖手纸呢！

"便条"即使有大、小之分，似乎也不宜这么标示。商家遇到此类情形，以标作"大号××""小号××"为好，莫要为了图省事写成"大便服""小便鞋"之类，败了顾客的兴致。

江复兴

《新民晚报》1999年5月5日第27版有这样一句话："至于崇祯元年定状元，皇帝将36个候选人放在金罐里，由他用筷子挟出，挟了三次，皆为刘若宰，便顺应天意定他为状

元。"（文中"挟"应为"夹"——编者）

读了该文令人纳闷,且不说能装36个人的金罐是何等庞大,要用什么方法才能铸成,单看皇帝用筷子将刘若宰从罐中夹出,且连夹三次,就感到不可思议。难道皇上真是真命天子,神力非凡吗?想来应当是皇帝将写有36个候选人名字的纸片放在金罐里。

姜国君

前不久读《羊城晚报》,见"一家四口被杀害"的命案,报道说"确认死者为……副总裁吴世界及其妻子和两个女狼"。

若将"女狼"理解为"雌性狼孩",似与原文意思不符。不妨推测为"女郎"。既为"一家四口",则必是一家的家庭成员,有血缘上的或法律上的关系,用"女郎"指家庭成员关系中的女性,不当。

如果换成"女孩"或"女儿",意思可通。如果用汉语拼音输入法,把"孩"误为"狼",似不大可能。若用"五笔字型"输入,"儿"为"QTN"或"QT","狼"为"QTY",此种错误似有

可能。

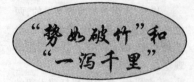

陈 波

1998年第9期《中国青年》《日元狂跌不止,人民币能扛多久?》一文中,有下面两句话:"日元贬值势如破竹,亚洲经济灾难深重。……这种势如破竹的下跌势头,使已遭受金融危机重重打击的亚洲经济雪上加霜,并对中国经济增值造成极为不利的影响。"

想来作者可能为了形象表达日元贬值的趋势,而用了"势如破竹"这个成语,但这个成语用在这里不够准确。

"势如破竹"语出《晋书·杜预传》:"兵威已振,譬如破竹,数节之后,皆迎刃而解。"形容作战或工作节节胜利,毫无阻碍。这个成语在语意上有褒奖、嘉许的感情色彩。日本由于其"泡沫经济"破灭等原因而导致日元贬值,对亚洲经济造成了极为不利的影响。在这样的语境中,用"势如破竹"来形容日元贬值显然不恰当,还不如用"一泻千里"或"狂泻不止"来得准确而形象。

开栏语

　　语言文字，误区多多。常有这样的情况，人们对一些字词的理解，自以为确凿无误，甚至在权威工具书中，也似乎已成定论，一经高手点拨，方知大谬不然。本栏便想刊登这方面的文字，尤其欢迎对那些长期习焉不察的失误，来一下当头棒喝。编者在此静候高手出马。

「五斗米」：微薄的薪俸？

王素英　王怀忠

　　陶渊明"不为五斗米折腰"的故事大家都知道。然而"五斗米"是言其多呢，还是言其少？

　　从历来关于陶渊明的介绍到前几年新版的《辞源》《辞海》，都认为"五斗米"是微薄的薪俸。所以读书人也无不把"不为五斗米折腰"理解为"不为这一点点俸禄而向上级来的官员叩头礼拜"。

　　然近期读了《晋百官表注》才觉"今是而昨非"，才知道当时的工资制是"半钱半谷"，即钱、米各占一半。以陶渊明所做的县令来说，则是"月钱二千五百，米十五斛"。而一斛为十斗，那么一天的工资正好是五斗米和83文钱（83文钱也是五斗米的价钱）。然而当时的斗比现代的斗小得多，每斗合现在3.2市斤，那么五斗米合现在的16斤；将另一半钱也折合成米的话，每天合32斤。这样的工资待遇在当时来说可谓相当优厚。然而他竟"挂冠而去"，归家种田，从而充分显示了他那"安能摧眉折腰事权贵"的傲骨,亦即鲁迅先生所称赞的"金刚怒目"的一面。如果"五斗米"是一个月的工资,可就实在太少了,那么他的辞职,就像今天某些干部嫌工资低而下海经商一样,还有什么高风亮节可谈?也就不可能写出那么多又那么好的田园诗歌了。

那么陶渊明为什么只说五斗米,而不提那83文钱呢?这大约是由于:一、物价不稳,以钱折米时多时少;二、说话时正在气头上,所以也就顾不上说得那么具体细致了。而后人既不注意当时官俸的"半钱半谷"制,也未注意他所说的是"日工资",所以也就把"五斗米"当作极其微薄的薪俸了。连南宋著名诗人范成大也在诗中说:"怀哉千金躯,博此五斗米!"(《初入湖湘怀南州诸官》)意为"身贵千金,禄只五斗"——太惨了!而孟浩然似乎还清楚,他在《京还赠张维》诗中说:"欲徇五斗禄,其如七不堪。"用今天的话说就是:想弄个待遇丰厚的县令当当,但又受不了官场的拘束。这大约是孟浩然又比范成大早了四百多年,而对东晋的官俸制度还清楚吧。

我们总算弄明白了"五斗米"是个相当优厚的工资待遇,因而对陶渊明的思想品格也就有了更为深刻的理解。所以也就希望能尽快将课本、选本以及《辞源》《辞海》等工具书中对陶渊明"五斗米"的错误解释订正过来,以免使这讹传了千余年的错误继续下去。

有人问:"五斗米道"与陶渊明这"五斗米"是何关系呢?答曰无关系。道教创始人东汉人张道陵要求凡入教者,出米五斗,因而他的道教又有"五斗米道"之名。

历史上还有个"五斗先生",则是隋朝大诗人王绩的别号。他的酒量很大,能饮五斗而不醉,故而他还著有《五斗先生传》。

晋朝竹林七贤之一刘伶,也与"五斗"有点关系。刘伶是个酒鬼又是一个酒文化的名家,写过一篇颇有名气的《酒德颂》,至今不是还有酒厂打他的旗号吗?刘伶大约是整天喝得烂醉如泥,老婆逼他发誓戒酒,他便乖乖地跪在地上,然而口中吟的却是:"天生刘伶,以酒为名。一饮一斛,五斗解酲。妇人之言,慎不可听!"中间两句的意思是:一喝就是十斗,再喝五斗更清醒!

可见五斗米禄、五斗米道、五斗先生、五斗解酲,各不相干,时间相差百年到数百年。然"五斗"之量、"五斗"之说,似乎是个长期形成的习惯。

说"洗竹"

——《宋诗鉴赏辞典》一误

上海辞书出版社的《宋诗鉴赏辞典》收录了南宋诗人敖陶孙的七言古诗《洗竹——简诸公同赋》，该诗只有12句，全引如下：

舍东修竹密如栉，一日洗净清风来。脱巾解带坐寒碧，置觞露饮始此回。平林远霭开图画，西望群山如过马。诗翁意落帆影外，孤村结庐对潇洒。百年奇事笑潭成，向来无此苍龙声。闲身一笑直钱万，剜粉劚青留姓名。

这诗的大意乃是，舍东竹林很密，经"洗竹"之后，林中清风吹拂，远望平林群山之景色，遥想江上落帆之意味，身处被竹林隔绝尘世的潇洒居所，耳听苍龙微吟般的竹梢雅韵，压抑不住浓浓谈兴、阵阵诗思。因此，他希望大家赋诗后刻于竹上，以留名于后人。由此可知，诗人

的意象、情趣，全然由"洗竹"引出。那么，"洗竹"便是正确领会这首诗的关键词语了。我们发现，《宋诗鉴赏辞典》中对此诗所作的赏析文字，恰恰在这个词语上出了点毛病。《辞典》告诉我们：

诗的开首就写"洗竹"。……一日，阵雨乍停，修竹苍翠如洗，别有一番明净清新的景象。他们……观赏着这被洗净的、青翠欲滴的丛竹，其时清风徐至，更令人感到舒心惬意。

说诗的开头写洗竹是对的，但"一日，阵雨乍停"，这话在原诗中找不到依据，赏析也没有提供出这种说法的背景材料。另外，"修竹苍翠如洗"，着一"如"字，似乎应该未洗；"观赏着这被洗净的"，却又说是"洗净"了。赏析徘徊于未洗与已洗之

间,显然未得诗人之心。赏析文字进退维谷的症结所在,便是没搞清楚"洗竹"。

赏析者以为,既然"洗竹"自然应当有水源,于是便让老天爷油然生云,沛然作雨,把竹子冲洗得一干二净。可是诗里还有"脱巾解带坐寒碧"的情节,便只好让"阵雨"过后"乍停"了。这种构想固然不失"圆通",但毕竟"虽善无征",缺少依据。

"洗竹"的内涵是比较复杂的,不能像上面《宋诗鉴赏辞典》那样简单地理解。

"洗竹"有时确实可以与雨水联系起来。杜甫五律《严郑公宅同咏竹》之颈联:"雨洗娟娟净,风吹细细香。"这确实是写雨水冲洗竹子。徐寅七律《露》的前半首:"鹤鸣先警雁来天,洗竹沾花处处鲜。散彩几当蝉饮际,凝光宜对蚌胎前。"这里讲的是露水冲洗竹子。

然而,"洗竹"有时竟是与水毫无关系。北宋训诂学者陆佃《埤雅》卷十五《释草·竹》一节中说道:"今人穿沐丛竹,芟其繁乱,不使分其势,然后枝干茂擢,俗谓之'洗'。'洗竹'第如'洗华'例,非用水也。"这话是非常清楚的。"洗竹"乃是除去过于繁茂的乱枝乱叶,这样便于通风透光,也就能促进竹子的生长。

它与水并无关系。如果我们按这个理解去看敖陶孙的诗,便会觉得怡然而理顺了。

诗的开头说"修竹密如栉",它会影响人们在竹林中的行动,这乃是"洗竹"的动因。其后的诗句都是"洗竹"的果,它们都能印证陆佃《埤雅》的话。"一日洗净清风来",是因为"芟其繁乱"之后增加了竹林的透气性;"脱巾解带坐寒碧,置觞露饮始此回",是因为洗竹之后开拓了竹林内回旋的空间;能够欣赏"平林远霭"的图画,又能"西望"如"过马"的"群山",是因为"芟除繁乱"之后开阔了人们的视野。这一切,显然都与水没有必然的联系。由此可见,陆佃的话可以讲通敖陶孙这首诗。

唐人郑谷七律《竹》里说:"洗来疏净见前峰",也透露了"芟其繁乱"的消息。王贞白的七律《洗竹》的首联说:"道院竹繁教略洗,鸣琴酌酒看扶疏。"句中既道出了"洗竹"的因——"竹繁",也道出了洗后的果——"扶疏"。刘禹锡的排律《遥贺白宾客分司初到洛中戏呈冯尹》中有一联说:"洗竹通新径,携琴上旧台。"诗中明说"洗竹"能在竹林中开出一条新径,那就不只是芟除一些枝叶,其或要去掉一些整株。这当然与水更无什么瓜葛了。

「痛」不一定是「痛心」

牟新才 张新艳

初中语文课本《出师表》有句云："未尝不叹息痛恨于桓灵也。""痛"为何义？教参译为"痛心"，与"恨"一起解释为"痛心遗憾"。从字面看似乎可通，但仔细揣摩却大谬不然。

从事理上讲，诸葛亮对汉之先帝"桓灵"的行为极端伤心，似乎言重，且不是臣对君应说的话。全国高等自学考试教材《古代汉语》(郭锡良、李玲璞主编)中将此字释为"非常""甚"，"痛恨"等于说"深深地遗憾"。这个诠释是对的。"痛"有"尽情地""深切地"的义项，《管子·七臣七主》句云："奸臣痛言人情以惊主。"这里的"痛"即甚极之辞，而非"痛心"。现代汉语仍沿用"痛"的这一意义，有"痛骂""痛恨""痛击""痛恶""痛悔"等词。故把"痛"释为"极端""非常"为宜。

由此而涉及成语"深恶痛绝"的结构分析。四川辞书出版社出版的《汉语成语词典》如是注："形容厌恶、痛恨到极点。恶：讨厌，憎恨。绝：极，极端。"这里虽未诠释"痛"义，但据"绝"义推敲，是把"痛"理解为"痛恨"。这是错误的。成语的结构一般具有对称性的特点。"深恶"是偏正结构，那么"痛绝"也应是偏正结构，而不应是补充结构。我认为这里的"痛绝"也应理解为偏正结构，"痛"是"深切""彻底"义，"绝"是实词，应释为"断绝、决绝"，引申为"痛恨"。"深恶痛绝"也可说成是"深恶痛疾"，"绝""疾"意近，该是合理的吧。

译海泛舟

---开栏语---

翻译,是一项充满创造性的劳动。在中外文化之间架设桥梁,并不是懂几句外语就能胜任的。"吟安一个字,捻断数茎须",说的是诗歌创作,其实同样适用于翻译。翻译著作的流传,必将产生广泛的社会影响,其中也包括语言的影响。开辟本栏的目的,便是想向翻译家们提供一个切磋的园地,同时也是想从另一个角度交流咬文嚼字的体会。还望翻译家们不吝赐稿。

至少读三遍
——译余断想(一)

周克希

1. 十多年前曾去汝龙先生寓所拜访。他知道我是初学翻译,就告诉我,译一本书至少要把它读三遍。第一遍通读,有个总体印象;第二遍精读,遇到生词要仔细查词典,背景不清楚的地方,也要查考工具书,务求弄明白;第三遍才是边读边译。

他说的是"至少"。这叫我有时想起就感到惭愧。

2. 汝龙先生主张"少用四字句"。他举了个例子:"说'烈火熊熊',你眼前看见什么了?"我当时觉得有些愕然,问道:"那该怎么说呢?"他笑了笑说:"怎么想就怎么说,比如可以说'一蓬火烧得很旺'嘛。"

事隔多年,汝龙先生早已作古,但这段对话我至今印象很深。

3. 多年前,拙译《古老的法兰西》刊出后,见到另一译本。一读之下,悚然意识到我把 lâcher son eau 给译错了。照字面上看,这是"放他的水"的意思，我译成"放水"，忽略了"他的"两字的讲究；放他(身体里)的水，其实是隐指"小解"。从此这个疙瘩存在心里，像落了块心病。

幸好，这个中篇后来收进一个集子。我总算有机会把译文改成了："儒瓦尼奥穿上长裤，到院子里去小便：他是个身材魁梧的乡下汉子……"

4.《包法利夫人》至少已有五个不同的译本(据称有剽窃嫌疑的不作数)。第二部里提到，镇上的药房老板写信托书商给爱玛寄书，"书商漫不经心，就像给黑人寄铜铁器皿一样，把当时流行的善书，不管三七二十一，统统寄了过来"。——五个译本中最早的译本这么译，以后诸家的译文将"铜铁器皿"换成了"五金制品"或"五金器具"，但总体上可以说大同小异。这句话真是很费解，给黑人寄五金制品，究竟是什么意思？

其实，法文 quincaillerie 一词除有"五金制品"的释义外，还可作"假首饰"解。用这种玩意儿去打发黑人，骗他们的钱，正是19世纪时有些白人的行径。所以，福楼拜的原意大抵是说，那书商就像给黑人发送假首饰那般，漫不经心地打包寄来一批时下行销的宗教伦理书籍。

多义词，弄得不巧就像"陷马坑"。

5. 翻译难在"度"的把握。不同的译家，对这个"度"往往心里有杆自己的秤。

杨必先生译《名利场》，把一个 good 译得花团锦簇，点化出"虔诚的教徒，慈爱的父母，孝顺的儿女，贤良的妻子，尽职的丈夫"的译句。

傅雷先生服膺一条原则："理想的译文仿佛是原作者的中文写作。"法文中一个 femme，在《高老头》里分别译作女人、太太、老婆、娘儿们、婆娘、妇女们、小妇人、少女、小娇娘、老妈子、小媳妇儿、妙人儿等等，想必傅雷先生认为，巴尔扎克倘若用中文写作的话，是会换这许多字眼的。

年轻的许钧先生译60万字的长篇小说《名士风流》时，则反其道而行之，遇到法文 sourire，统统译为"微笑"或"微微一笑"，决不用莞尔一笑、嫣然一笑、笑吟吟、笑眯眯之类的译法。他的立论是，"法语中关于'笑'的表达法也极为丰富，为何波伏瓦只用'sourire'一词，不丰富其表达手段呢？这里无疑有她刻意追求的风格及以此风格为一定的表达目的服务的问题"。

6. 罗新璋先生引用王充"誉人不增其美，则闻者不快其意"一语，明确亮出"夸张不但不可革出教门，还应扩大引进，失度则该打入冷宫"的翻译观点。

这使我想起谭抒真先生的一番话。话头是从一个演奏教师翻译的一本音乐家传记引起的。谭老觉得这本书译得佶屈聱牙，原因是译者英文理解不行，译得过于执泥。他举了个提琴演奏的例子，说有时候一个音要故意拉高一些，听上去才觉得准。他说："这时就得拉高一些，因为艺术是以感觉为准绳的。"

艺术是以感觉为准绳的，这话说得真好。

关于"斜形攻击法"

戴 骢

混迹译坛已小有年月，深感文字翻译不论从哪个角度来说，都称得上是咬文嚼字的行当，马虎不得。且举一例。

60年代初，应人民文学出版社之约，翻译苏联历史小说巨著《普加乔夫》第一卷，凡六十余万字，从1757年普加乔夫随俄军出征普鲁士写起，一直写到1772年9月普加乔夫在亚伊克起事为止。其间发生的大事，诸如七年战争、伊丽莎白女皇病故、彼得三世即位、其妻叶卡德琳娜弑夫篡位、俄土战争、莫斯科大鼠疫等，均有专门章节加以描述，这就要求译者对18世纪中叶俄国乃至欧洲的政治史、外交史、经济史、文化史、军事学、医学都应有所了解，而我当时仅满足于翻译的文字功夫，忽略了上述必要的研究。因此80年代初，当海峡文艺出版社决定出版我这部尘封已久的译稿，我为报答知遇之恩，对译稿作全面校订时，方才发现因我知识欠缺而照字面死译、硬译乃至误译之处着实不少。

如该书有一章专写俄军与普鲁士国王腓特烈二世在措伦多夫村外的那场激战。其中有一句直译为中文是："8月14日早晨9点，腓特烈用他所习惯的自己的斜形攻击法，攻打俄军右翼。"什么叫"自己的斜形攻击法"？由于我对18世纪中叶欧洲的军事学一无所知，便望文生义，以为"自己的"三字是用来强调"习惯用的"四字的，于是译作："8月14日晨9时，腓特烈以其惯用的斜形攻击法进攻俄军右翼。"

在重新校订译文时，我总觉得"自己的"三字必有道理，不是随便可以省略的，像作者这样的大家不会在行文上如此叠床架屋。为此，我学习了恩格斯的《步兵》一文，方知斜形攻击法虽早在公元前300多年即已由古希腊统帅埃帕米农达斯发明。但运用于18世纪中叶的线式战斗队形却由腓特烈二世首创，可见原文用"自己的"这三个字正是要强调这一点，而我恰恰没有把这层意思表达出来。于是我把这句改为："8月14日晨9时，腓特烈施展其故伎，用他那套斜形攻击法进攻俄军右翼。"

窃以为这样一改，把原文要强调的在中译文中也强调了，而且没有添枝加叶。

语丝

冯玉祥妙语答日使

胡念川

抵制日货是中国人民在二十世纪上半叶采取的反抗日本帝国主义侵略的一种斗争方式。例如在一九三一年九一八事变之后，以及在抗日战争期间，中国人民都曾发起过抵制日货的运动。

爱国将领冯玉祥先生当年在任陆军检阅使时，曾在北京南苑的使署宴请各国公使。当时，门前悬挂着各国国旗，而唯独没有日本国旗。日使不解更不悦，当堂质问冯玉祥。冯答：『自贵国提出二十一条后，敝国人民一直抵制日货。所以贵国旗实在无处购买并悬挂贵国国旗了。日使语塞，但亦无可奈何。』真对不住。鄙意如果贵国取消二十一条，便可购买并

辨字析词

28个被恢复异体字辨(上)

《现代汉语规范字典》编写组

编者按

　　1955年12月22日,文化部、文字改革委员会联合发布《第一批异体字整理表》,共收字810组,淘汰异体字1055个。以后在使用过程中,有关部门对该表作了适当修正,先后分三次恢复了28个异体字,即1956年3月23日,文化部、文字改革委员会通知恢复2字:阪、挫;1986年10月10日重新发表的《简化字总表》恢复11字:䜣、讁、晔、奢、诃、鳝、绌、划、鲹、诓、雏;1988年3月25日发表的《现代汉语通用字表》确认恢复15字:蒴、邱、於、澹、骼、彷、菰、涸、徵、薰、黏、桉、愣、晖、涠。不少读者来信询问被恢复的异体字和原来的正字在使用中如何分工,为此,我们请《现代汉语规范字典》编写组编写了这份资料,对28组字一一作了辨析。本刊分三次刊登。每组被恢复异体字在前,相应的原定正体字在后。敬请读者留意阅读。

1—34

阪·坂

阪 bǎn ❶同"坂"。❷用于名词"大阪",日本地名。注意:"大阪"不能写作"大坂"。

坂 bǎn 名〈文言词〉山坡;斜坡。

挫·锉

挫 cuò ❶动失败;失利。❷动使受挫,使失败。注意:"挫"表示以上意义时为规范字,"锉"不再表示这些意义。

锉 cuò ❶名一种条形多刃的钢制手工磨削工具,用来对金属、竹木或皮革等的表面进行加工。❷动用锉磨削。

桉·案

桉 ān 名桉属植物的统称。常绿乔木,叶互生,多为镰刀形,开白、红或黄色花,树干高且直。品种很多,主要生长在亚洲热带、亚热带地区。木质坚韧、耐久,可做枕木、矿柱、桥梁、建筑等用材;叶和小枝可提取桉油,供药用或做香料。注意:"桉"读 ān 时为规范字,读 àn 时仍作为"案"的异体字处理。

案 1 àn ❶名古代端食物用的矮脚木盘。❷名长方形的桌子。❸名可以支起来当操作台的长方形

木板,多用于炊事。

案 2 àn ❶名记录事件或处理公务的文书。❷名有关建议或计划之类的文件。❸名涉及法律或政治的事件。

刬·铲

刬 chàn [一刬]yīchàn 副〈方言词〉一概;通通。如:一刬都是旧行(xíng)头。注意:读 chàn 时为规范字,读 chǎn 时,仍作为"铲"的异体字处理。

铲 chǎn ❶名铲子,用来撮取或清除东西的器具,有长柄,前端像簸箕或像平板。❷动用锹或铲子削平、撮取或清除。

紬·绸

紬 chōu 动绁〈文言词〉引出;理出头绪。如紬绎。注意:读 chōu 时为规范字,读 chóu 时仍作为"绸"的异体字处理。

绸 chóu ❶名绸子,又薄又软的丝织品。❷[绸缪]chóumóu。

雠·仇

雠 chóu ❶名〈文言词〉相对峙的一方;对手。如仇雠。❷动校对;校勘。如校雠、雠定。注意:"雠"表示以上意义时为规范字,表示仇

敌、仇恨等意义时仍作为"仇"的异
体字处理。

仇 chóu ❶名被极端憎恨的人；
敌人。❷名仇恨。

凋·雕

凋 diāo ❶动(草木花叶)枯萎脱
落。如凋零、凋谢、凋落。❷形
(事业)衰败；(生活)困苦。如凋敝。
注意："凋"为规范字，表示以上意
义；"雕"不再表示这些意义。

雕1 diāo 名雕属各种鸟的统称。
大型猛禽，上嘴弯曲如钩，眼大
而深，钩爪锐利有力，飞行能力和视
力都很强。通称老雕。

雕2 diāo ❶动在玉石、象牙、竹木
等材料上刻写。❷动〈文言词〉
用花纹或彩画装饰。❸名指雕刻成
的艺术作品。

骼·胳

骼 gé 名骨的统称。如骨骼。注意
"骼"为规范字，表示以上意义，
"胳"不再表示这个意义。

胳 gé[胳肢]gézhi动〈口语词〉在
别人腋下抓挠，使发痒、发笑。

菰·菇

菰 gū 名多年生草本植物，生长
在池沼里。嫩茎基部寄生菰黑

粉菌后膨大，叫茭白，可以做蔬菜；
果实叫菰米或雕胡米，可以煮食。注
意"菰"表示以上意义时为规范字，
指蘑菇时仍作为"菇"的异体字处
理。

菇 gū 名蘑菇。

诃·呵

诃 hē 音译用字，用于"诃子"(一
种药用植物)、"契诃夫"(俄国
作家)、"摩诃婆罗多"(古印度长篇
叙事诗)等。注意：作为音译用字时
为规范字，表示大声斥责的意义时，
仍作为"呵"的异体字处理。

呵 hē 动大声斥责。

晖·辉

晖 huī 名阳光。如朝晖、斜晖、残
晖、春晖。注意：专指阳光时，用
在"春晖""朝晖"等词中为规范字；
表示其他的光辉和照耀的意义时，
仍作为"辉"的异体字处理。

辉 huī ❶名闪射的光。❷动照射；
闪耀。❸名姓。

"如何"与"何如"

少华

"如何"与"何如",是古今汉语中使用频率都比较高的两个词。在句子末尾,它们往往同义。例如:"你先试验一下,如何?""如何"可以换作"何如"。然而在句首,情况就不同了。例如:"何如向诗中寻梦做呢?"(刘大白《旧梦》)若是换作"如何",那就大异其趣了:"何如……"是表示不向诗中寻梦做,是提出建议;"如何……"是表示怎样向诗中寻梦做,是询问方法。用反问的语气表示不如,"何如"的这一用法是"如何"所不具备的,因而出现了微妙的差异。

钱钟书先生对此早有揭示:"'何如''如何'无殊也,故'不去如何'犹'不去何如',均商询去抑不去耳;然'何如不去'则不当去而劝止莫去也,'如何不去'则当去而责怪未去矣。"(《管锥编》170页)

香港《明报月刊》1992年10月号曾刊登丝韦的一篇文章,题为《何如一醉便成仙——杨宪益、戴乃迭和酒》,刊出时"何如"误作"如何"。事后作者提出异议:"'如何一醉'是科学的探索,'何如一醉'是美学的欣赏,含义不同。"十分中肯又耐人寻味。

汉字中的羊和狗

姜洪水

古人对羊和狗的生活习性观察得很深刻:羊喜欢群居,狗偏爱独处。因而造字时便把它们的特性反映出来:造"群"字时,以"君"标音,用"羊"表义;造"独(獨)"字时,以"蜀"标音,用"犭(犬)"表义。这两个形声字明确指出羊、狗的不同习性。"羊有跪乳之恩",且很和顺,形象是美的,人对它有好感。因而,美、善、义(義)、祥等褒义词都用"羊"做偏旁。相反,狗的形象是丑的,所以,猖狂、狡猾、狰狞等贬义词都用"犬"做偏旁,表达了人们的厌恶之情。

1—37

"届时恭请光临"对吗

黄鸿森

首届中央部委产业报质量抽查评比活动开颁奖会,笔者忝为评委,收到了请柬。请柬的内容无非是定于某年某月某日在某酒店举行首届中央部委产业报质量抽查评比颁奖会。接下来另起一行,写着六个大字:"届时恭请光临"。这可以说是我们所见请柬的常规格式。

请柬的可议之处是:"届时恭请光临"。"届时"表示"到时候";"恭请"和"光临"都是敬辞:"恭"表示"恭敬地","请"的意思是客气地希望对方做某事;"光临"表示"[宾客]到来"。整个连起来意思是"到时候恭敬地希望[您]到来"。

问题在于,"届时"作为状语,照词序是修饰动词"恭请"的。既然请柬已经发出,"恭请"已经成为事实,怎么还要"届时恭请"?邀请者的言行岂不矛盾?

"届时"的位置宜移到"恭请"以后,作为"光临"的修饰语,成为"恭请届时光临","译"出来就是"恭敬地希望[您]到时候来",这样才比较顺当。其实,"届时"也是可省的,有的请帖就只印着"恭请 光临"。

"届时恭请光临"这种构词方式还出现在《现代汉语词典》上。《现汉》"届时"条释义说:

到时候:~务请出席。

这个"届时"也宜移到"务请"以后。

请柬使用范围有限,本来是不必讨论的,鉴于《现汉》是一部影响深广的辞书,所以提出商榷。

(参见2002年第11期周铮文)

人教版高中语文第四册吕叔湘先生的《错字小议》一文的正文部分列举了多种错字并加以分析。在列举并分析正误共处的错字时,有如下一段话:"上面提到更正,连带想起一个不大容易遇到的正和误和平共处的例子,出在1981年11月18日的《人民日报》第8版上:'启示'的变化　有机会回到大学母校,发现了一个喜人的变化:过去学生宿舍楼门口屡屡露脸的'遗失启示'被'招领启事'代替了。大学生们学习紧张,经常发生丢东落西的现象,这当然不是什么好事情。然而过去遗失了难找着,以至于要贴'遗失启事',现在则不等'遗失启事'贴出来就有人贴出'招领启事'了。

"连标题带正文,两个'启示',四个'启事',这是怎么回事呢?是不是表示作者(编者?校者?)还拿不定主意呢?"

吕文问"启示"和"启事"和平共处"是怎么回事"?"是不是表示作者(编者?校者?)还拿不定主意呢?"这

此处『启示』似无不当

王喜康

分明是含蓄地批评原文作者(编者?校者?)用错了字。笔者不敢苟同吕老此说。

从内容上看,原文意在叙述两个方面的喜人变化:一是社会风气,由"过去"遗失了东西难找到变成"现在"于"寻物启事"贴出之前就有人贴出"招领启事"了。二是知识方面,过去或者说就是十年浩劫期间(根据原文发表时间1981年推测)的大学生名不副实,以致把"启事"的"事"字误写成"示"字,"现在"的大学生则不会重复这类错误,把以前他人写错了的"示"字改正为"事"字。

从形式上看,原文标题中的"启示"外加引号。一方面表示社会风气由劣变优,一方面表示学生写字由错变对,此可谓标点使用正确,语意表达清楚。正文中"遗失启示"也加引号表示强调并否定,仍然是标点使用正确,语意表达清楚。

再说,原文正文"以至于要贴'遗失启事'"和"现在则不等'遗失启事'贴出来"这两处的"事"字说明

1—39

作者(编者？校者？)进一步对"过去学生宿舍楼门口屡屡露脸的'遗失启示'的用字作了明确的否定或者说准确的更正。原文虽说正误共处，但就"启示"与"启事"而言，并没有什么不明白的。

总之，吕文要举例说明正确的字和错误的字共处一处，这客观存在，无可非议。但是，原文两个"启示"暗示了"过去"的大学生品行和学识之劣，反衬了"现在"的大学生品行和学识之优，原文作者(编者？校者？)不是还拿不定主意，而是早已拿定并且拿对了他的主意，倒是吕老在阅读时疏忽了。

语丝

"十行"和"一行"

顾盛杉

"一目十行"是形容看书的速度很快，据说梁代的简文帝就是『读书十行俱下』。

但是，清代的阮元却赞成『十目一行』。阮元写过一首诗送给他：『严子精校雠，馆我日最长，校经校文选，十目始一行。』校对最重要的是细心，如果片面求快，有些错字就容易忽略过去了。

看书要『一目十行』地浏览，校书要『十目一行』地把关，写书呢？则应像法国著名小说家福楼拜那样，十行的稿纸上最后只剩下一行。

一次，莫泊桑去拜访老师福楼拜，看到十行的稿纸上仅保留了一行字，莫泊桑觉得不可思议。福楼拜却告诉他：『写一行就得准备十行来改。』人们都知道福楼拜是一个惨淡经营的作家，他常常绝望地骂自己：『写出这样的东西来真该打自己的嘴巴！』然后又陷入深深的沉思，一字一句地去推敲、修改。福楼拜留下的作品虽不多，却篇篇都是精品。

1—40

投"宣判"一票

李肇逸

《现代汉语词典》这样解释公判：即公开宣判。因此，目前一些集中宣判严重刑事犯罪分子大会的会标、讲话稿以及报刊、电台、电视台的宣传大都使用公判一词。笔者认为使用"宣判"一词为好。其理由是：

第一，宣判是宣告判决的简称，并具有法律效力。原刑事诉讼法和新刑事诉讼法对此都有明确规定。新刑事诉讼法第168条规定："人民法院审理公诉案件，应当在受理后一个月以内宣判。"法律规定是带强制性的规范，无论单位还是个人，都应遵守。词典只是一种学理解释，不具有法律效力。它对一些词语的解释，应当根据变化了的新形势和有关法律的规定，作出符合新形势客观需要的准确解释，以利全社会的正确应用。

第二，凡宣判都是公开的。新刑事诉讼法第163条规定："宣告判决，一律公开进行。"这表明，宣判没有公开与不公开的区别。要说有区别，只是宣判的场合、宣判对象的多少、听众的规模大小有所不同而已。因此，用宣判代替公判，不仅不会改变宣判的实质，而且有利于增强群众的法制观念，更有利于严格执法。

第三，可以避免敌对势力的攻击。中央政法委的简报中曾经指出，"公判"一词常被境外敌对势力攻击为"公众判决"。因此，用"宣判"代替"公判"，既可避免敌对势力的攻击，又可促进语言的法制化和规范化。

珍本、盗汗及其他

——报刊词语误用举隅(上)

龙启群

浏览报刊,常见词语误用现象,撮录数例略加点评,就教于方家。

珍本

经送公安局辨认,这两本护照正是费普夫妻失落的珍本!

1986.11《法制文学选刊》

《现代汉语词典》释"珍本"为"珍贵而不易获得的书";《辞海》的解释就更为详细:"珍贵的书本或资料。凡不经见和难得的革命文献,以及具有历史、艺术和科学价值的古旧图书资料,都称为珍本。"护照对于出国人员来说当然重要,但它跟版本学术语"珍本"毕竟风马牛不相及。

盗汗

夜里出盗汗,有时白天也出盗汗。

1987.2.19《中国青年报》2版

《辞海》对"盗汗"的解释是"中医学病症名。指睡中汗出,醒时即止。"(着重号为笔者加,下同。)《现代汉语词典》释义为"因病或身体虚弱睡眠时出汗。"睡眠是不分夜晚和白天的,尤其是病人。上述引文容易让人产生误解。另外,"盗汗"本是动词,没必要在它的前面另加动词"出"。

费解良久

广告上的外语着实让人费解良

"茶颜观室"和"饮茶男女"

张兆前

上海江苏路上有一茶坊曰"茶颜观室",显然是仿成语"察言观色"而来。乍一看颇别致,再一想竟不知所云。茶的颜色在那里看房间,这算是哪一家对哪一门呢?若把"观"解作建筑名称吧,"室"字又显得多余。不知道善于察言观色的阿庆嫂,到了这个"茶颜观室"里能观出什么来。

另一处则更令人啼笑皆非。上海延安西路乌鲁木齐北路口新开一家"茶餐厅",仿成语"饮食男女",店名为"饮茶男女"。稍有文化常识者都知道"饮食男女"有其特定含义,专指人类自我生存及延续后代的两种本能。那么这个店名是说"饮茶"就能维持生命呢,还是暗示来本店除了"饮茶"还可以"男女"呢?

我不反对店名起得别致些甚至幽默些。只是希望店老板在别出心裁的同时尽量不要把含义弄混了或者弄拧了。信手拈成顺口溜,曰:

别字成语做广告,
百口千传不新鲜。
仿辞而今翻店名,
饮茶男女茶颜观。

<hr>

久。

"费解"义为"(文章的词句、说的话)不好懂",是一个表示事物性质、状态的形容词,而"良久"是指时间长。一个动作或变化过程可以有时间久暂之别,而说某种性状"很久"就不妥了。《中国青年报》的这个句子删去"良久",意思更显豁。

醍醐灌顶

报告文学《〈红楼梦〉化妆师》说:"堂堂西北大汉,直磨得形销骨立,比弱不禁风的林妹妹的身子骨儿还虚。就这么醍醐灌顶般地折腾。"

这样的说法令人纳闷,"醍醐"指的是从牛奶中提炼出来的精华,醍醐灌顶比喻灌输智慧使人彻底醒悟。佛教比喻最高的佛法。用"醍醐灌顶"来修饰"折腾",看来,作者是将"醍醐灌顶"误解成"痛苦"了。

"无须理由退货"有语病

金波生

上海商界曾先后推出"无须理由退货"的新举措、新口号,产生了良好的社会效应和经济效应。

本文不想议论"无须理由退货"这一举措本身的是与非,只讨论这个口号是否有语病。

"无须"是个副词,意义和用法大体上跟"不必"相当。"无须"只能修饰动词性词语,不能修饰名词性词语。《现代汉语词典》举的例子是"无须操心,无须大惊小怪"。我们再看两例:

(1)人民币无须贬值六大理由(《羊城晚报》1999年8月10日标题)

(2)(长城消费信用卡)持卡人无须交付备用金,就可在信用额度范围内自由消费。(《文汇报》1999年8月31日)

以上所举例中的"操心、大惊小怪、贬值、交付备用金"全都是动词性词语。

可是"无须理由"的"理由"却是地地道道的名词,副词"无须"不能修饰"理由"。这种搭配是不合语法习惯的。

我们不妨查考一下"无须理由退货"这个口号的来历。1997年1月1日,在新世界商城的新闻发布会上,商城负责人明确表示:凡符合国家政策法规规定的(除内衣裤、黄金、烟酒等商品外,其他商品只要不污不损)不必陈述理由,即可退货。(详见《上海经济报》1998年2月13日报道)原来如此!所谓"无须理由"原本应作"不必陈述理由"。"不必陈述理由"也就是"无须陈述理由"。"不必"或者"无须"都可以修饰动词短语"陈述理由"。

遗憾的是,商家在拟定广告宣传语时,为了简短,将"不必(无须)陈述理由,即可退货"压缩成"无须理由退货"———个不可或缺的动词"陈述"被删去了,这一删,就删出了纰漏。

"硕士生"
与
"研究生"

杨月蓉

《重庆商报》1999年8月10日一篇文章的副标题是《一硕士生收受回扣被判六年刑》。初一看标题，以为是哪个正攻读硕士学位的研究生犯下此罪，及至看了文章才知道原来该受贿嫌疑人研究生毕业已多年。既已毕业还能称"硕士生"吗?查了一下《中国大百科全书》教育卷，书中没有"硕士生"的条目，但在"研究生"词条下发现如下解释:"高等学校本科毕业后(或以同等学力考入)，按照学制要求继续在高等学校研究生部门(院、部、班)或科学研究机构学习研究的学生。""研究生一般分为两级:已经取得学士学位的大学生继续攻读，以求取得硕士学位的为硕士研究生……脱产硕士生的学习年限一般为2~3年。"可见，"硕士生"是指正在学习的学生，前述受贿嫌疑人已经毕业，因此不能再称为"硕士生"。

不过，该受贿嫌疑人不能称为"硕士生"，称为"硕士"却是可以的。硕士是一种学位，代表着专门人才知识能力的等级，人们一般把获得这种学位的人也称为硕士。正如获得博士学位的人永远都可称为博士一样，只要获得硕士学位，即使已不在学校读书，也是可以称为"硕士"的。

由此又想到另一个与之有关的问题。词典里对"研究生"的解释都是指一类学生，大百科全书是如此，《现代汉语词典》(修订本)也是如此，说研究生是"经考试录取在高等学校或科学研究机关里通过研究工作进修的人"。这种解释并不全面，事实上，"研究生"一词在使用中并不仅指人，这从以下对比可以看出来:

考高中/考大学	考研究生
读高中/读大学	读研究生
最后学历是	最后学历是
大学本科	硕士研究生

这里的"研究生"正如"高中""大学"一样，实际上指的是学制的一级。

在赵本山的小品《我想有个家》中，赵本山一上场，就憨态可掬地给大家说了一句话："大家见笑了。"

笔者不由一愣——这句话什么意思呢？

"见笑"一词源出于《庄子·秋水》："吾非至于子之门则殆矣，吾长见笑于大方之家。"意思是"被（大方之家）讥笑"，是一种谦辞，客套话。后世常常省略为"见笑"。在这里，"见"是一个助动词，表示被动。其标志则是施事者（发出动作的人）出现在动词后面或省略。这种用法在古代汉语中是很常见的。如：

臣诚恐见欺于王而负赵。（《史记·廉颇蔺相如列传》）

凡此诸子，以瞻为冠，绍、简亦见重当世。（《世说新语·赏誉》）

"见"字还有一种用法，就是作为指代性副词放在动词的前面，表示对自己怎么样。这时，其标志则是施事者出现在动词前面或省略。如：

您可别见笑。

大家见笑了

谭书旺

先生有何见教？

那么，赵本山的"大家见笑了"的"见"属于哪一种用法呢？很明显，属于后一种。因为施事者"大家"出现在动词"笑"的前面。这句话的意思就是"大家取笑（讥笑）我了"。那么，这是不是赵本山要表达的意思呢？我想，肯定不是。因为如果是这个意思，那就是批评大家讥笑人，而讥笑人这种行为常常被认为是一种不道德的行为。上场就批评大家，大家还怎么能高兴得起来呢？那么，赵本山要表达的意思究竟是什么呢？笔者认为，根据中国人的心理习惯，赵本山是要说"我表演得不好（我形象很滑稽），被大家取笑了"，是一种自谦的表达方式。而赵本山之所以把"大家"放到动词前面，我想是不自觉地运用了修辞中的"首位原则"，把要强调的对象放在了句子的开头。没料想，由于"见"字在不同位置所表达的意思不一样而把这个句子搞得不伦不类。

日前到中学听课,看到教室里挂着几幅名人条幅,其中一幅是清代林则徐的,写道:"苟利国家生死己,岂因祸福避趋之。"按照字面解释,上句似乎是"舍己为国"之意,但总觉文义不畅。其实,文字有误,"己"应当作"以"。

这副名联出自作者《赴戍登程口占示家人》。同题共二首,其中一首为:

力微任重久神疲,
再竭衰庸定不支。
苟利国家生死以,
岂因祸福避趋之。
谪居正是君恩厚,
养拙刚于戍卒宜。
戏与山妻谈故事,
试吟断送老头皮。

此诗是林则徐1842年因禁烟而被贬流放,自西安启程赴新疆伊犁时所作。颔联表现了作者爱国主义精神和无私无畏的人格,一百多年来广为传诵。其中"生死以"语出《左传》。据《左传·昭公四年》记载,春秋时郑国大夫子产因改革军赋制度遭到国人毁谤,子产说:"何害?苟利社稷,死生以之。"这里的"以"用其古义,是为、做的意思。"以"有为、做义,《汉语大字典》收录,解释说:"做;从事。《玉篇·人部》:'以,为也。'《论语·为政》:'视其所以。'《韩非子·扬权》:'虚而待之,彼自以之。'叶绍钧《倪焕之》:'教育事业最有意义,情愿终身以之的。'"笔者更补一例:清酌元亭主人《照世杯》卷一:"倘能出我水火,生死以之,即白头无怨也。""生死"则是偏义复词,偏指"死"。据此,"苟利国家生死以"就是:如果有利于国家,死也去做。

还需说明的是,"以"作"为"解,是动词;而"之"是代词,古人看作虚词,两者为什么可以相对呢?原来作者巧妙地使用了"借对",即句中用的是"以"的实词义,但同时借用它的虚词义来与"之"构成对仗。至于"以"误作"己",恐怕出于以下原因:"以"古字作"目",这个字的篆体与"己"非常相似,就误认为是"己"字了。

苟利国家生死已?

周志锋

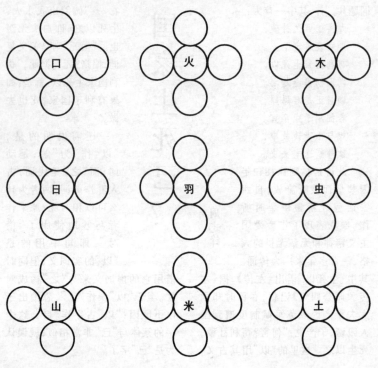

向 你 挑 战

组　字

金　羊设计

　　请在空白的圆圈中填上适当的字(注意:必须是独立的字,不是简化偏旁),分别和中间圆圈中的字组成新字。答案下期公布。

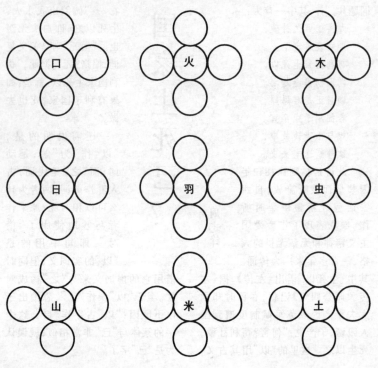

开栏语

Wu Li
雾里看花
Kan Hua

　　"雾里看花"和"有照为证"为姊妹栏目，均以照片为主。从艺术角度来说，雾里看花，若隐若现，亦真亦幻，颇有一点朦胧美；但从传播角度来说，未免模模糊糊，影影绰绰，让人丈二和尚摸不着头脑。本栏是针对后者而开设的。为了增加一点阅读趣味，一般先刊登照片，考一考读者朋友的想象力，下一期再揭示"谜底"。这种形式能否成功，编者也没有把握，但我们想尝试一下。需要说明的是，手头稿件严重不足，仅可支撑两三期，亟需新老朋友尽快支援。各位来稿务请写出"答案"，并在信封注明"雾里看花"字样，以便专人处理。

——编者

"上当"？

　　车厢上的广告做得够大的，"上当冰棍"——吃了冰棍就会上当，那谁还敢吃？那么，"上当"是地名吗?是品牌名吗?请你猜猜看。下期告诉你。

青芝供稿

吃一"吨"火锅

ZHAO WE

南昌市京山路有一家餐馆，门楣上高悬"吃一吨火锅"。

一吨等于一千公斤，即使食量大如狮子、河马、鲨鱼者，恐怕也难以对付一吨重的食物吧，更何况人！

邹钰萍

ISSN 1009-2390

01>

9 771009 239005

刊号：CN31-1527/H　国内代号：4-6

定价：2.00元

上海文化出版社
YAOWEN JIAOZI

2000

咬文嚼字

第 2 期

"律?"

毫无疑问，这是一家事务所。具体地址在照片上也可看得一清二楚。但这是什么事务所？"律"后面是个什么字？查查字典看，下期告诉你。

潘林江供稿

《"上当"?》解疑

说来可笑，这"上当"的"当"字，车上人说是指"档次"，"上当"——上档次也，也就是高档也。上档冰棍成了上当冰棍，这广告做得真没说的。

敢于"脱光"

赵文峰·文
麦荣邦·画

　　某中学生是围棋迷,但下棋水平不怎么样。他拜了位围棋老师,经常写信向老师请教。一日老师回信说:"下棋时不要总是跟着对方走,要有自己的思路,关键时刻敢于脱先。""脱先"是围棋术语,意思是摆脱纠缠,在别处落子,以取得先手。可是老师在信中把"脱先"误写成"脱光"。学生读后疑窦丛生:下棋又不是拳击,难道也要赤膊上阵?

咬文嚼字

2000 年 2 月

第2期

（总第62期）

出版：上海文化出版社

编辑：《咬文嚼字》编辑部

电话：021－64372608－205

邮购电话：021－64372608－251

地址：上海市绍兴路74号

邮政编码：200020

发行：上海市邮政局报刊发行局

订阅处：全国各地邮局

国内代号：4－641

国内统一刊号：CN31－1527/H

电脑排版：

　上海艺文激光电脑排版厂

印刷：上海翔文印刷厂

广告业务：

　上海文艺广告传播中心

电话：021－64431400

广告经营许可证：沪工商广字

3101034000029号

　　定价：2.00元

目　录

顾问 胡裕树 张 斌
濮之珍
主编 郝铭鉴
编委 李玲璞 何伟渔
陈必祥 金文明
姚以恩
特约编委
汪惠迪(新加坡)
林国安(马来西亚)
田小琳(中国香港)

责任编辑 唐让之
发稿编辑 韩秀凤
责任审读 郦仁琰
封面设计 宫 超
特约校读 王瑞祥

众矢之的

目标:叶辛,放!

——2000年第二号战报

编者按

　　担任中国作协副主席的叶辛,在创作上是十分勤奋的。他的知青题材的作品,在中国当代文学史上留下了闪光的一页。尤其值得推崇的,是他的创作态度:热情、真诚、正直;那些所谓"玩文学""玩技巧""玩深沉"者,是不可与其同日而语的。叶辛作品的语言,不事雕琢,朴实无华,直抒胸臆,但其中自有撼人心魄的情感力量。难怪有些"射手"说自己往往被作品中的人物命运所吸引,而忘掉了"查错"的责任。

　　本期文章所指出的差错,大部分恐怕只能说是笔误。编写这组文章的目的,除了供叶辛同志参考外,也是为了提醒出版部门注意,照理,这些差错都是应该消灭在编辑过程之中的。

叶辛笔下的"趐"

　　叶辛喜欢用"趐"。如《高高的苗岭》:"石朝山……说完领头趐进了山洞";如《凶案一桩》:"有人趐到乡政府去报案";如《蹉跎岁月》:"肖永川趐到老乡身旁,轻轻撞一撞他。"

　　趐,音 xué,意为来回走动或中途折回。上海方言中常说"趐转身就跑",用的就是中途折回义。释义最完整的《汉语大词典》共列有四个义项：①来回地走；②盘旋，绕圈儿；③回转，折转；④形容动作很轻。前三个义项都和折回有关。叶辛笔下的"踅"，用得是否正确呢？且来剖析一下上引《高高的苗岭》一例。

《高高的苗岭》中的匪首石朝山，是中途折回"进了山洞"的吗？不是。根据作品中的情节，他一听说手下在山洞里没有搜到他们要抓的解放军，便气急败坏地亲自进洞搜人，不存在中途折回或来回盘旋的问题。"踅"表示往返双向过程，"进"表示从外到内的单向过程，两者不是一回事。

那么，"踅"是用来表示"动作很轻"的吗？也不可能，因为与作品中的气氛不符。作者写道："石朝山把眼一瞪，眼珠一转，横条肉一抽动，突地拔出手枪，一挥手：'给我进去搜，莫非他化成雀儿飞了不成！'说完领头踅进了山洞。"如此气恼与嚣张，说他轻手轻脚，未免不合情理吧。何况，石朝山手下已两次进洞探明洞中无人，李疤子已"提着枪奔进山洞"，凶狠暴戾的石朝山还有必要轻手轻脚吗？

反复揣摸叶辛的作品，发觉他用"踅"的地方，往往是指快速、迅捷、一闪而过，如果这种揣摸大致不差的话，那么叶辛对"踅"字义的把握是不够准确的。

(周丽萍)

"不曾""很少"不相容

叶辛的小说《小说家》中的男女主人公都是小说家，小说中写道："过去人们只是读他们的小说，不曾也很少注意到他们的形象。"其中"不曾也很少"的说法不妥。

副词"也"表示同样、相同，然而"不曾"和"很少"既不同样也不相同。"不曾"表示没有，"不曾注意"就是说从来也没有注意过；而"很少"则表示有但不多，"很少注意"则是说注意过，但注意的次数不多或时间不长。可见"不曾"和"很少"是互相排斥、互不相容的。该文将"不曾""也""很少"强行拼合在一起来修饰动词"注意"，那自然扞格难通了。

根据上下文的意思，如果将"也"字换成"或""或者"等表示选择意思的连词，那文章就通顺了。

(兰小棵)

误用"拾级而上"

长篇小说《蹉跎岁月》写的是贵州山区生活。第三章写到书中主人公柯碧舟代替别人到瞭望哨棚值夜。要到瞭望哨棚,必经一条山道;关于这条山道,作者是这样写的:"两人宽的拾级而上的青岗石山道,忽陡忽缓,忽弯忽拐……"

这里,一连用了三个定语:两人宽、拾级而上、青岗石。第一个是说明山道的宽窄,第二个想来是形容地势的高低,第三个则是交代山道构成的材料,再加上后面的"忽陡忽缓,忽弯忽拐",这条山道留给读者的印象是清晰的。遗憾的是,"拾级而上"用得不妥。

作者这里写的是"道",而"拾级而上"只能用于人,是对于人在山道上逐级攀登的一种动态描写。关于"拾级",历代学者的说法并不一致。东汉的郑玄读拾为涉,"拾级"即涉历梯级。唐代的颜师古则认为此说"近乎穿凿","拾者犹言一一拾取"。涉历也好,拾取也罢,学界尽可继续探讨;"拾级"不能用来形容山道自身,则是显而易见的。　　(庄　诚)

"征文"和"应征文"

使用词语有时须分清行为的主体和客体,否则容易出错。

叶辛的短篇小说《惆怅》说到女中学生亚萍在文章获奖后的心情时说:"《悠悠的云彩》只是她给省里的少儿读物《春芽》写的一篇征文,写的就是她这家乡的事儿,竟然还能得奖。"

亚萍写的是"征文"吗?显然不是。

征,谓征求,征集。"征文"也称"征稿",指按某一要求而公开征集诗文稿件。征文的主体通常是报纸、书刊的主办单位。如果有人响应征文而写出的作品,那不应称为"征文",而应称为"应征文"或"应征文章"。正如青年人响应政府征兵而参军,被称为"应征入伍"一样。"写","一篇征文"应视为搭配不当。

(丁　炎)

"四对子女"共几人

叶辛写过一篇散文,题为"人生与伴侣",后收在《叶辛文集》第十卷中。其中有这样一句:"聪明的读者一定已经看出来了,我以上所写到的那些婚恋形态,其实就是我在《家教》中写到的倪家四对子女的婚恋形态。"

"四对子女"怎么理解?如果一个家庭中,只有一子一女,可称"一双子女"或"一对子女";如果有四子四女共八人呢，按理可类推称"四对子女"，但很少听到这种说法，因为一旦超过一子一女，子女间的关系已经不适宜用"对"来概括了。

退一步说，我们接受"四对子女"即为子女八人的说法，遗憾的是这也和《家教》的情节不符。凡是读过叶辛长篇小说《家教》的读者都知道，倪家一共只有四个孩子：大女儿梦颖、二女儿梦湖、小女儿梦琳和儿子梦岩，三女一子。"四对子女"从何说起？只有一个可能，作者把倪家的三个女婿和一个媳妇也算在里边了，即便如此，也不能称"四对子女"，而要改为"四对小夫妻"才行。

(是　章)

"前科"和"前例"

《山乡纪事》是叶辛的中篇小说。小说内有这样一个情节：钥匙寨小学有个老留级生，仗着身高力大，父亲是大队主任，殴打出身不好的同学房敬贫；教师庄颜看得怒不可遏，就出手整治了那个老留级生。

小说描述了几年后庄颜对朋友谈起此事的情状：

"是的，我回敬了留级生。"我

(指庄颜)点头承认，我为什么不敢承认呢？我甚至还能找出前科呢。

"前科"本是司法用语，曾被判处有期徒刑刑罚并已执行完毕的人又犯新罪，其前罪的处刑事实叫做"前科"。进入普通语词范围后，"前科"引申为指当事人以前的罪行或劣迹。

读了上面的引文后，读者也许以为庄颜以前就有过打学生的劣迹或者犯过罪。其实不然，庄颜历史清白，整治留级生是他第一次打学生。那么文中所讲的"前科"究竟指的什么呢？请看下文：

我家里有一部《教育诗》，我记得，既是教育家、又是文学家的马卡连柯还打过一回学生呢。

原来，文中的"前科"是指以前曾经有过教师打学生的事例，而且是苏联的马卡连柯而非庄颜本人。那么表述这个意思的词语应该是"前例"而不是"前科"。　(丙　火)

谁在"金屋藏娇"

叶辛的《烦恼婚姻》，说的是几对夫妻的故事。其中有一对，女方叫郑好。她嫌弃自己的丈夫没花头，傍上了"大款"林启中，林特意为她买下了一套豪宅。这部作品的第228页写道："郑好金屋藏娇的住处……"

能说郑好"金屋藏娇"吗？要回答这个问题，不妨先查查"金屋藏娇"的出典。这个"娇"字，可是实有其人，名叫阿娇。据《汉武故事》，汉武帝刘彻小时候，长公主问他："想要媳妇吗？"他说："想。"长公主遍指侍者，他都摇头，最后看中的是长公主的女儿阿娇。他说："若得阿娇作妇，当作金屋贮之也。"李白的诗："汉帝宠阿娇，贮之黄金屋。咳唾落九天，随风生珠玉"，写的正是这段故事。"金屋贮娇"或者"金屋藏娇"，后来便常用来形容男子宠爱自己的老婆，也可指男子"纳妾"，放在今天，便是所谓"包二奶"现象。无论是前者还是后者，"金屋藏娇"只能是男子的专用词语。

由此可见，郑好是不能"金屋藏娇"的，因为"娇"正是她自己。"郑好金屋藏娇的住处"应改作"林启中金屋藏娇的住处"才是。　　（吴沛智）

错用"凤毛麟角"

叶辛《我的生命环》第320页："半天时间你到了浦东，只能逛浦东的一条街，连凤毛麟角都看不上。"

句中"凤毛麟角"用得欠妥。

麟和凤都是古代传说中的神物，平时难得一见，一旦出现，就被视为吉兆祥瑞，当作国泰民安的象征，连正儿八经的史书也要写上一笔，有些皇帝还因此改元。

"凤毛"指凤凰的羽毛，"麟角"指麒麟的角。人们根据麟、凤的特点，用"凤毛""麟角"来比喻稀少、可贵而又难得的人或事物，后来将这两词合成为成语"凤毛麟角"，意思没有变。

"凤毛麟角"的所喻既然是稀少、可贵、难得，那当然不是想见就能见，随便就能遇到的了。那么，只逛了浦东的一条街，没有看到"凤毛麟角"，是十分正常、相当合理的事，不应有"连凤毛麟角都看不上"的抱怨。

估计作者的本意是想说：由于时间仓促，走马看花，连浦东极小极小的一部分东西也未必看得到。表述这个意思该用"一鳞半爪"之类的词语，而非"凤毛麟角"。

（叶才林）

"举世以来"质疑

叶辛所著《风云际会宋耀如》第

89页,有孙中山英文秘书宋霭龄对孙中山说的一段话:"当上中国举世以来第一个大总统多么不容易,可你、你轻而易举地就让出去了。你就不知道多少人的目光在盯着你、盼着你、向往着你……"

为了极言当上"第一个大总统"的"不容易",作者用了"举世以来"这一词语,但这一用法恐怕是经不起推敲的。何谓"举世以来"?"举"为书面用语,整个、全部的意思。所谓"举世",即全世界、整个世界。"举世瞩目"——全世界都关注。而"以来"呢,是指从过去某个时点到现在的一段时间,如建国以来、十一届三中全会以来、创刊以来。可见,"举世"表示的是空间,"以来"表示的是时间,"举世以来"是空间和时间纠缠的畸形组合,这在逻辑上是说不通的。

孙中山不是"举世"第一个大总统,但他是中国历史上第一个大总统,作者强调的应是时间,上引文字似应改为"当上中国自古以来第一个大总统多么不容易……"

（林材业）

女儿嫁给亲家公

宋耀如(1866[一作1861]—1918)

是宋霭龄、宋庆龄、宋美龄的父亲,孔祥熙、孙中山、蒋介石的丈人。专家认为:中国历史上能和宋耀如相提并论的只有北朝的独孤信。

《叶辛散文随笔自选集》第176页说:"孤独信的三个女儿,一个嫁与周明帝,一个嫁与隋文帝,一个嫁给了唐太祖。"

文中把"独孤信"错成"孤独信","独孤"是复姓,这多半是手民误植,不须深究。值得指出的是:唐太祖不是独孤信的女婿,而是他的亲家公。

独孤信与唐太祖李虎都是西魏时"八柱国"之一,手握重兵,权势显赫。独孤信将第四个女儿许配给李虎的儿子李昞为妻。《周书·独孤信传》:"长女周明敬后,第四女元贞皇后,第七女隋文献后。"可作佐证。

根据《旧唐书》《新唐书》的记载:李昞的儿子李渊(即唐太宗李世民的父亲)登基当了皇帝,创立了唐朝后,按惯例追谥祖先。李渊追谥祖父李虎为"景皇帝",庙号太祖;父亲李昞为"元皇帝",庙号世祖;母亲独孤氏为"元贞皇后"。

可见,独孤信的四女婿应是唐世祖李昞,而不是唐太祖李虎。

（叶　麟）

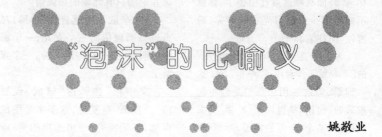

"泡沫"的比喻义

姚敬业

　　许多小气泡聚在一起,就是"泡沫"。我们在生活中常见的肥皂泡沫和啤酒泡沫,这是气体在液体中的泡沫;如今常用的泡沫塑料和泡沫玻璃,这种泡沫是指气体在固体中的泡沫。

　　"泡沫"这个词除了出现在"肥皂泡沫、泡沫塑料"等生活用语中外,有时也可以用作比喻中的喻体。因为泡沫中只有气体,因此给人一种华而不实、一戳即破的印象。例如:

　　(1)简单是一种净化,肮脏的东西总是复杂的。简单是一种富足和从容,只有寒碜和自卑才需要泡沫的虚化和油彩的掩饰。(《劳动报》1999年8月8日)

　　句中的"泡沫的虚化"就是"像泡沫一样的虚化"。用"泡沫"作比,说明这种"虚化"是华而不实的,一戳即破的。"泡沫"的这种用法属于比喻用法,用的还是本义而不是比喻义。

　　"泡沫"的比喻义,是在引进"泡沫经济"这个概念(这个短语)之后,才逐渐形成的。

　　"泡沫经济"直接译自英语的 bubble economy。短语 bubble economy 最初也是一个比喻,即像 bubble(气泡)一样的 economy(经济);久而久之,短语的整体意义逐渐约定,专指过度投机造成经济过热的虚假繁荣的现象(比如,不求利润,只追求不切实际的指标,用无限

2—10

投入换来的虚假繁荣，就是其表现之一）。

由于英语的 bubble economy 和汉语的"泡沫经济"在媒体上频频出现，又由于社会普遍地对经济现象十分关注，因此人们对"泡沫经济"这个短语已经非常熟悉。于是，渐渐地，"泡沫"又进一步从"泡沫经济"中"独立"出来，运用于其他方面。这时，"泡沫"才确立了新的义项，即比喻义"虚假"或"华而不实"。比喻义的"泡沫"不再黏附于"经济"上，可以自由运用。例如：

（2）上海高校的外地学生说："只要有本事的，想留沪的都留了！"……有识人士断言："上海学生原有的户籍优势只是泡沫优势！"（《中国青年报》1999年7月16日）

过去，外地学生要在上海就业，先要取得一张"黄表"（代表留沪户口指标）。1999年上海取消了"黄表"，外地学生与上海学生终于有了平等竞争的机会。上海学生不能凭借户籍优势稳坐钓鱼台了。可见"泡沫优势"就是虚假的优势。

（3）美国人对网络新股的购买热情已经大不如前，因为今年上市的156支网络股中，最近已有37%股票的价格跌进了发行价。……这说明网络股的"泡沫"成分其实并不

低。（《文汇报》1999年9月1日）

这里的"泡沫"成分也就是虚假成分或华而不实的成分。

在（2）（3）两例中，"泡沫"不再与"经济"搭配，而是与"优势""成分"组合在一起。此外，还有"泡沫政绩""泡沫现象""泡沫心理"等等。

更进一步，比喻义的"泡沫"还可以单独运用。

《新民晚报》1999年8月25日刊登了一篇文艺评论文章，对近期发生的两件事提出批评："一是第六届中国戏剧节上的二十四台参赛剧目全部获奖，且有一半以上荣获'最高奖'即'大奖'；二是第十七届中国电视金鹰奖颁发了一百二十五个奖，创下了发奖数量的新纪录。"文章经过分析，最后的结论是：

（4）或许一些地区和部门可以获奖之多，来证明"到处莺歌燕舞"，然而，当人们得知真相后，必会想起两个字：泡沫。

读者都明白：这"泡沫"二字是很有分量的批评。

语言是思想的直接现实。"泡沫"和"泡沫××"成为当今的流行词语，自有它深刻的社会原因。有鉴于此，我们更应当提倡解放思想、实事求是的精神，反对虚假浮夸、哗众取宠之风。

"巨无霸"亦作"巨毋霸",原为汉王莽时一个巨人的名字。《后汉书·光武帝本纪》中有这样的记载:"时有长人巨无霸,长一丈,大十围,以为垒尉;又驱诸猛兽虎豹犀象之属,以助威武。自秦、汉出师之盛,未尝有也。"巨无霸不但以其身材高大而闻名,他的名字还成了汉语词汇的一员。

明清时,"巨无(毋)霸"一词已经可以用来喻指具体的庞然大物。例如:

(1)那胡八乱子想了一想,看看凤四老爹又不是个金刚、巨无霸,怕他怎的。(《儒林外史》第五十二回)

(2)巨无霸头大枕鼓,狄侨如眉高见轼。(清赵翼《大石佛歌》)

沈从文先生在《常德的船》(1939)一文中曾细致描述过当时沅水上的一种船,它方头高尾,色彩鲜明,有时还涂一点金漆装饰,船梢设有舵楼,可以安顿家眷,摇橹的有二十六到四十人,拉纤的有三十到六七十人,一次可以运载三四千桶桐油或两千件棉花。怪不得作者在文中感叹道:"在沅水流域行驶,表现得富丽堂皇,气象不凡,可称为巨无霸的船只,应当数'洪江油船'。"

50年代后,长期处于吃大锅饭搞阶级斗争的时期,大家听惯用惯了"霸"组成的贬义词,谁也不想称"霸"也不敢称"霸","巨无霸"受到了冷落。改革开放,进入市场经济时期,"称霸"又成了商家自觉追求的目标,再加上受港台沿用"霸"表示"称雄、夺冠"等褒义的影响,我们对"霸"的认识有了"回归","巨无霸"终于有了东山再起的机会。

现在的"巨无霸"与以前的相比,相同之点是也用来喻指具体的庞然大物。例如:

(3)一到过年,最想吃的就是我们壮族的大粽子,那种大粽子跟北京市面上卖的三角粽不同,形状如同鼓鼓囊囊的枕头,两三斤或四五斤一只,用绿豆猪肉作馅。还有十几斤重的,里面卧的是一整条猪腿,那可是绝对的"巨无霸"

了!(《人民日报》1999年4月8日)

(4)散步回来的孩子挤在几个水池子前洗手,然后举着一双双湿淋淋的小手让李阿姨检查,像一队投降的小人国士兵经过打败他们的巨无霸。(王朔《看上去很美》,华艺出版社1998年)

不同之处主要有两点:一是喻指对象的外延扩大,表意丰富了。只要以为某事物有实力强大、技术领先、技艺超群等特点,无论是具体的还是抽象的,无论规模体积是大是小,都能用"巨无霸"誉之。例如:

(5)德国克虏伯公司来浦东投资不锈钢项目,总投资达14亿美元,堪称今年项目中的"巨无霸",至今已有57家世界著名的跨国公司在上海扎根。(《文汇报》1998年4月20日)

(6)由于英特尔将于2000年推出芯片巨无霸——64位结构的Merced,因此……各芯片厂商们纷纷披露了自己的新款CPU,有可能上演本世纪末32位芯片的最后一场大战。(《电脑报》1998年第43期)

"巨无霸"还可以用来做品牌名;在一定的语境条件下,甚至直接作商品的代名词。例如:

(7)中国电池工业协会日前对国产手机电池进行了一次检测,参检的"巨无霸"等22个品牌镍氢手机电池全部达标……(《文汇报》1999年2月21日)

(8)可是,在麦当劳餐厅,对着曾经让你垂涎三尺的"巨无霸",怎么没有一点胃口呢?(《少年报》1999年8月13日)

二是用法上还可以修饰名词(有时要加上"似的"等,再修饰名词),形容事物数量特别多、规模异常大等。例如:

(9)像宴席上抢先登场的小菜,南方人叫冷盘,一点点开胃的小吃罢,在北方,则是满满登登的巨无霸凉菜,主人客气说,这是规矩。(《新民晚报》1999年9月24日)

(10)可惜古代交通不便,不然一个希腊人要是看见热带雨林里大池塘中长着那种巨无霸似的莲——其叶面直径有近两米的,可以坐一个小孩而不沉,不知又将写下怎样的故事、怎样的传奇?(《人民日报》海外版1999年3月5日)

现在,"巨无霸"的使用频率也可以说是"未尝有也"。如周报《中国计算机报》,1998年有40篇文章用到"巨无霸";《文汇报》从1997年1月到1999年8月,也有50多篇文章用了这个词。"巨无霸"的东山再起,从词汇学角度说明我们这个时代是崇尚竞争、强者"称雄"的时代。

"黑箱操作"

的由来

韦　河

据《劳动报》1999年8月4日报道，有一对新婚夫妇搬进新居后，第一个月收到的电话账单中，仅市内电话费就180多元，而两人只有晚上在家，电话并不多。新郎很疑惑，打电话到电信部门要求查询详细信息，答复是市内电话不能查。新郎十分不满，说："这不是黑箱操作吗？"

"黑箱操作"亦作"暗箱操作"，近年来在媒体上频频亮相，成为时尚用语。它表示什么意思呢？请再看几个用例：

(1)据悉，今年的招生出现了某些混乱……各校扩招收费几乎是"黑箱"操作，完全没有透明度，"随行就市"，因人而异。(《中国青年报》1999年10月14日)

(2)选人要引入市场机制，公开条件，面向市场。组织考核也要公开、择优，不要黑箱操作。(《中国经济时报》1999年9月20日)

(3)面对如此之多的"豆腐渣工程"，究其产生的原因当然是多方面的，但建筑工程承发包的私下交易，暗箱操作，导致了许多不具备相应资质的建筑施工单位"挑大梁"的现象，应该说是其中的重要原因。(《青岛日报》1999年5月4日)

(4)对案件实行公开审判，不能作弊，不能搞"暗箱操作"。(《都市快报》1999年5月19日)

从以上数例中可以看出，"黑

箱操作"或"暗箱操作"已经被使用于政治生活、经济生活以至日常生活等多种领域。它的含意是十分明确的，即办理业务或处理事情的时候，不是公开地进行，而是背地里进行，私下里进行，甚至是偷偷地进行。

"黑箱操作"之所以成为时尚用语，自有其特定的社会背景。当今社会，人们的民主意识加强了，法制观念增强了。除了国家机密，凡是直接或间接地关系到集体利益、个人利益的事情，人们要求公开、公平、公正，要求依法办理，秉公办理，提高操作上的透明度，而"黑箱操作"恰恰是这些"要求"的对立面，自然就成了人们批评这种现象的形象用语。

"黑箱操作"这个短语是怎么产生的呢?据我们考察，它来自台湾地区。不过，在台湾，原称为"黑箱作业""黑盒子作业"(见上海辞书出版社《当代港台用词辞典》)。由于"作业"这个词，在台湾有一个义项是"作法,方式"，而在大陆并没有这个义项;因此，大陆又把"黑箱作业""黑盒子作业"改为"黑箱操作"，其意义不变。

那么，"黑箱"又是什么东西呢?这是物理学的术语。比方说，有一个物理过程，包含 ABCD 四个环节，其中 A 和 B 是已知的现象，通过 C 环节，就出现 D 这个结果。如果 C 是看不见的，而且也说不清道不明，那么这个 C 就是"黑箱"。这"黑箱"，从另一个角度来看，也可以说是物理学中有待探索的对象。

再引申一下，在物理学考试中也有"黑箱"一说，不同的是，命题教师对于某一个物理过程中的 ABCD 四个环节都一清二楚，而在试题中，只明确交代 AB 和 D，要求考生把 C 这个"黑箱"的内部情况表述出来。

综上所说，"黑箱"本来是个中性词，"操作"(或"作业")也是中性词;而组合起来的"黑箱操作"却是个带有贬斥色彩的用语，因为这个短语不是两个词的临时组合，它已经在整体上有了约定俗成的比喻引申义了。

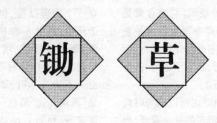

锄草

于　坚

　　墙角的水泥裂开了一些缝,从远方大地上吹来的小野种在这里那里落了户。它们顽强得很,只要还有一星土壤,立即就钻进去,然后就冒出一颗绿色的头来。经过一个雨季,这些水泥中的另类已经形成"春风吹又生"的势头。

　　单位里上个月组织义务劳动,于是,野草成了引人注目的目标。那么几簇草,长起来怕也要几个星期,但锄头一到,不过几秒钟,就已斩尽,汇集到垃圾中,扫掉了。我说,这院子里还嫌草多么,就几根,还要锄掉?扛锄头的几位老同志,愣了愣,不好意思地笑起来,倒也是,长着几根草,又不碍什么事,怎么就锄掉了?又笑,说是搞卫生搞惯了,从来义务劳动,都是除草嘛!

　　养成了习惯,有草就锄掉。这习惯是从哪里来的?从园丁那里?

恐怕不是。当年可没有那么多园丁,显然不是从园艺中学来的。对于草,正常的人,恐怕喜欢还来不及。人生有多少美好的时刻,是和草联系在一起的啊。恋爱的屁股,没有在某片草地上坐过的,恐怕不多。关于草的诗歌,中国人写了多少,"风吹草低见牛羊""池塘生春草""离离原上草""江南草长,群莺乱飞""春气动百草""草绿萦新带"……草是生命的象征。为什么现在到了只能被锄掉的份儿呢?

　　忽然记起来,自己也有过这种见草就锄的恶习。云南草长得快,当年小学时义务劳动,总要除草。那时,名词"草"已经和形容词"毒"联系起来,成了名词。"毒草"像"反动派""四害"之类的词一样,是我们这个国家使用率最高的词之一。我们并不知道从卫生上讲,草何以要除,只是见草就锄，那时我们锄草锄得真是干净极了，长出来又锄掉，长出来又锄掉，并且边干边想到的一个词，就是"毒草"。由"毒草"派生的另一个词是所谓"香花毒草"，花总是少于草的，那个时代沉默的大多数像草一样被怀疑有"毒"，不被信任，坏人像草一样多。所以我们锄草特别积极、认真，仿佛锄得干净了，自己的心灵也就跟着干净起来。

"某某作品是一个大毒草"，最初想到用毒草这个比喻的人，我相信他并不是真的认为草有毒，他只是有想象力罢了。但他不知道，"想象一种语言就意味着想象一种生活形式"。由一个比喻开始，导致转向自然，以为凡草就是毒草，就应该除掉，几乎成了生活的常识、真理和习惯。那个时代消亡了，被比喻的那些"毒草"倒是没有被锄去，反而蔓延起来导致了一个新的时代。遭殃的是草，它们真的代替了"毒草"，满足着人们在革命中养成的"锄掉""铲锄"之类的粗暴习惯。

（摘自《南方周末》1999年10月22日，仲仁荐。）

从"蝌蝌啃蜡"
到"可口可乐"

双　碧

可口可乐公司的资料提到："可口可乐"刚到中国的时候，没有合适的中文名，负责亚洲业务的部门在英国伦敦征求中文名字，中国一著名学者刚好在英国留学，他便以"可口可乐"这个名字赢得了这次比赛。

事实上不这么简单。

本世纪20年代，"可口可乐"进军中国，取的中文名字叫"蝌蝌啃蜡"。现在我们找不出这个作者到底是谁了，此君英文估计没有问题，但中文一定很差劲：硬要从字面推测意思，怎么也不像一种可以入口的东西，倒像是某种软体动物晒干了制成的中药，令人望而生畏。"可口可乐"这一次在中国市场大败而归。

大概在1933年，或者是1934年，

可口可乐公司在伦敦搞了一个小活动，在报上征集译名。参加者中有一位叫蒋彝的年轻人，当时他无论如何也谈不上是"著名学者"。

1933年6月，被当地人称作"疯狂青年"的30岁的蒋彝抛弃了九江县县太爷的位置，远赴英国伦敦求学。到伦敦后第一个难关，就是语言问题。他在大学里学过一点英文，但只是一点点基础，离开学校又有七八年，踏上英国国土时，说他是个"文盲"也不过分。

他一上岸，首先要找住处，嘴又没法张，他只好准备了一张硬纸牌别在胸前，上面用英文写道："请告诉我，旅馆在哪儿?"就是靠这张硬纸牌他才找到了住处。

蒋彝身上带了很少的钱，除了路费，只有100英镑，按当时的生活水平，至多能维持半年。

看到可口可乐公司的征文启事，他想，"可口，所以就开心高兴"，按照这个意思，随手写下了"可口可乐"。名字寄去，居然被选中，他得到了6英镑的报酬。他真的很高兴，不是因为这个名字一直沿用下来，成为译名的经典，而是他在英国拿到了第一笔稿费，6英镑他可以过一个星期。同时他发现，这是赚钱的好办法。从此他刻苦学英文，仅仅两年半后，1935年12月，他便出版了第一本用英文写作的书《中国绘画》。以后他几乎每年都有新书问世，到1975年去世，他用英文写了32本书。

（转摘自《中华周末报》1999年9月24日，马文荐，标题本刊改拟。）

我要不断读、读、读……

梁晓声

我只读到初中三年级。在我写作的前十余年始终有这一种得意心理，直至近年才意识到，语文学识的有限，每每直接影响我写作的质量。

"运交华盖欲何求，未敢翻身已碰头。"我初三的语文课本中没有鲁迅这一首诗。当然也没谁向我讲解过，"华盖运"是恶运而非好运。二十余年间我一直望文生义地这么以为——"罩在华丽帷盖下的命运"，却并不要求自己认认真真查资料，或向人请教，讨个明白。不明白也就罢了，还要写入书中，以其昏昏，使人昏昏。读《雪桥诗话》，有"历下人家十万户，秋来都在雁声中"句，便又望文生义，自以为是凭高远眺，十万人家历历在目之境。所幸同事中有毕业于北师大者，指出"历下"乃指山东济南。幸而未引入写作中，令读者大跌眼镜……

儿子高二语文期中考试前，曾问我"身无彩凤双飞翼，心有灵犀一点通"句，出自何代诗人诗中？我肯定地回答：宋代翰林学士宋子京的《鹧鸪天》。儿子半信半疑：爸你可别搞错了误导我呀！我受辱地说：呔，什么话！就将你爸看得那么学识浅薄？于是卖弄地向儿子讲"蓬山不远"的文人情爱轶事：子京某日经繁台街，忽然迎面来了几辆宫中车子，闻一香车内有女子娇呼"小宋！"——归后心怅怅然，作《鹧鸪天》云：画毂雕鞍狭路逢，一声肠断绣帘中，身无彩凤双飞翼，心有灵犀一点通……儿子始深信不疑。语文卷上果有此题，结果儿子丢了五分。若是高考，五分之差，有可能改写了儿子的人生啊！众所周知，那当然是李商隐的诗句。子京《鹧鸪天》，不过引前人诗句耳。

几年前，我还将"莘莘学子"望文生义地读作"辛辛"学子。有次在大学里座谈，有人递上条子来纠正我——正确的发音是"shēn"，请当众读三遍。我当众读了六遍，从此不复读错。"悖论"的"悖"字，我读为"勃"音，大约有三年之久。是偶尔从北京教育电视台的高中语文辅导节目中知道了"悖"字的正确发音的。某日我问一位在大学做中文系教授的朋友：我常将"悖论"说成"勃论"，你是否听到过？他回答：在几次座谈会上听到你发言时那么说。又问：何以不纠正？回答：认为你在冷幽默，故意那么说的。再问：别人也像你这么认为的？回答：想必是的吧？要不怎么别人也没纠正过你呢？你一向板着脸发言，谁知你是真错还是假错……

一个实际上只有初中三年级文化程度的男人成了作家，就一个男人的人生而言，算是幸事；就作家的职业素质而言，则是不幸吧？起码，是遗憾吧？

写作的过程迫使我不能离开书，要求我不断读、读、读……

我是一个大龄语文自修生。

（摘自《中国青年报》1999年11月8日，李坚荐，标题本刊改拟。）

不妨再"拿来"些

沈维藩

近代以来，我国东渡日本的学者文人，大量采收日语汉字入其文章，历岁月之淘汰，其中不少已成为标准的现代汉语语词。主张"拿来主义"的鲁迅，便从日语中"拿"了不少。随意举一例，鲁迅《记念刘和珍君》，有"所谓学者文人的阴险的论调""开追悼会的那一天"等语，其中"论调"即是日语汉字，为古汉语所未见，而"追悼"虽古已有之，"追悼会"却是日本独特的说法。此类源自东邻的舶来语，幸赖有鲁迅诸公的大胆"拿来"，如今才成为国人全然不觉有异的"中国语"。

笔者近因编辞典之需，参阅其他辞书，觉此种"拿来主义"的锐气，于今似稍减矣。以餐饮方面的词为

例。日语的"寿司"，某辞典释作"(用鱼、菜、醋、盐等做成的)饭卷"；"天麸罗"释作"(裹面)油炸虾(鱼)"。推其意，盖在于因中国人不识"寿司""天麸罗"，故以国人熟悉之饭卷、油炸虾作为相应的释义；又因二者实非一物，故前加括注，以说明之、限制之。如此解释，作为工具书，当然并无不妥。但是，如有一初学译者，见到一句"寿司を食べる"，根据辞典，将如何译出呢？译作"吃饭卷"？不确。译作"吃(用……做成的)饭卷"？琐碎不成文。既如此，何不径直"拿来"，以中文的"寿司"作为日语"寿司"的对应词，然后再加说明？想初学译者若译出"吃寿司"三字，也一定甚觉爽利。

"翻译度"

——译余断想（二）

周克希

7. 前不久，小提琴家阿卡多来沪演出，并在音乐学院开"大师班"。一位学生演奏了巴赫的《无伴奏小提琴奏鸣曲》，技巧不错，而且音色很美。曲终，阿卡多先生点评说："如果是拉柴可夫斯基，非常好。拉巴赫，就不能这样揉弦。""揉弦太好，所以不好。"这就是说，音色华丽，正是缺点所在。

余华先生这样写他心仪的福克

也有不加括注的。如日语的"刺身"，某辞典释作"生鱼片"；"料理"释作"饭菜，菜肴"。推其意，盖在于以为"刺身"即生鱼片，"料理"即饭菜，不加注而径以中文释之，并无不周之处。其实不然。日本人凡切片生食之肉均称"刺身"，如马肉、驴肉，不独鱼也。"料理"固然是"饭菜"，但如遇上"怀石料理"（"怀石"，意为茶道品茶前的简单饭食），又将如何翻译？译成"品茶前献给客人的成套的精美菜肴"？烦琐。译成"怀石菜肴"？还是讲不清

楚。既如此，还真不如直接译为"刺身""料理""怀石料理"方便。当然，后面仍需加以说明。

日语有汉字，是翻译上的一大便利。编辞典者，何不大胆"拿来"，径直以其汉字为中文对应译名？何必弃此便道不走，而费心思去想些怎么也摆不平的、无法采入译文的译法？何况，随着中国的开放，对"寿司""刺身"之类，国人已由陌生而渐趋熟悉，又何愁其将来不会像"干部""论调"一样，成为汉语之一分子？

纳:"他不会被那些突然来到的漂亮句式,还有艳丽的词语所迷惑,他用不着眨眼睛就会明白这些句式和词语都是披着羊皮的狼,它们的来到只会使他的叙述变得似是而非和滑稽可笑。"这是好作家的三折肱之言。

译者也要考虑怎么"揉弦",明白什么是"披着羊皮的狼"。

8. 汪曾祺先生写道,"好像是屠格涅夫曾经这样描写一棵大树被伐倒:'大树叹息着,庄重地倒下了。'这写得非常真实。'庄重'真好!我们来写,也许会写出'慢慢地倒下''沉重地倒下',写不出'庄重'。"

他在自己的一篇小说里描写夜里的马:"正在安静地、严肃地咀嚼着草料。"他后来说:"'严肃'不是新鲜字眼,但是它表达了我自己在生活中捕捉到的印象。"

感觉是一种才能。

9. 傅雷译《高老头》,两度重译,出过三个版本。

拉斯蒂涅克给但斐纳小姐带来德·鲍塞昂夫人的请帖,小姐满心喜悦,情意绵绵地说:"倒是您(你,她附在他耳边说……)"——这是1946年版的译文。难以详察法文中尊称、昵称之别的读者,想必难以领略其中的微妙之处。1951年和1963年的版本,都改成"倒是你(好宝贝!她凑上耳朵叫了一声……)"。这一来,就把但斐纳小姐在客厅里,先是当着女仆的面称"你",然后凑在他耳边悄悄说"好宝贝"的神情口吻,惟妙惟肖地表达了出来。

从字面上看,前译以"您""你"扣原文,似乎无懈可击,但效果不佳。因为译者无法把他的感觉传达给读者。

10. "翻译度",是杨绛先生仿照难度、甜度的说法创造的词儿。举例来说,"可是看到(事情)被拖延着……"是死译,翻译度最小;"可是事情却拖延着未实现……"比较达意,但翻译度仍嫌不足;"可是迟迟不见动静……"比前两种译法更信也更达。

傅雷先生的"好宝贝!"算得上翻译度相当大的一个例子。

随手翻开一本新出的翻译小说,劈面第一句看到:"那是一八八三年三月一个清爽的早晨,那时吃一顿热乎乎早餐的前景终于战胜了我的温暖舒适的床铺……"这时,翻译度过小的前景也终于战胜了我的阅读的欲望。

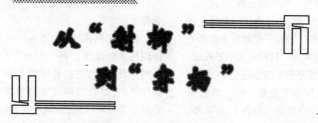

词语春秋

从"射柳"到"穿杨"

金文明

唐李涉有《看射柳枝》诗："万人齐看翻金勒，百步穿杨逐箭空。"

"百步穿杨"是个典故性成语，它的典源，据《辞源》说：

《史记·周本纪》谓楚养由基"去柳叶百步而射之，百发而百中之"。后云百步穿杨本此。

《辞海》和《汉语大词典》交代的出处，与《辞源》相同，都是《史记·周本纪》。

其实，最早记录养由基百步射柳叶故事的著作，不是《史记》，而是《战国策》。其《西周策》二说：

楚有养由基者，善射，去柳叶者百步而射之，百发百中。

除了个别虚词略有差异外，其他文字几乎完全相同。可见司马迁是用了《战国策》的资料。

但是，《战国策》和《史记》都说养由基是去柳叶百步而射之，百发百中。按理，后人概括这个典故所形成的成语，应当是"百步射柳"或"百步穿柳"，怎么会变成"百步穿杨"呢？从"射"到"穿"，这容易理解，因为"射"字的意义比较宽泛，只要把箭发出去都可以叫"射"，可以射中，也可以射不中。"穿"字就不一样了，箭必须射中才能射穿，"穿柳"显然比"射柳"好，因为它把"百发百中"的意思概括进去了。但是从"穿柳"到"穿杨"的演变，就让人难以理解了。两者过渡的轨迹何在呢？

按照现代植物学的分类，"杨"和"柳"是同科而不同属的两种树木：杨树的枝条向上生长，叶片宽阔；柳树的枝条细软下垂，叶片狭长。二者形态各异，不能混同。然而在古人的观念中，"杨"和"柳"却是

2—23

可以用来互训或混称、互称的同一种植物。

先看字、词书的记载。《说文·木部》说："柳，小杨也。"《尔雅·释木》说："杨，蒲柳。"郝懿行义疏作了进一步的阐述："《诗》正义引某氏云：'河柳，谓河傍赤茎小杨也。'……又谓之朱杨。《子虚赋》云：'檗离朱杨。'《史记》索隐引郭注：'赤茎柳，生水边也。'"这是"杨""柳"互训的例子。

由于字、词书的互训，古代文人就把"杨""柳"混称为"杨柳"，《诗经·小雅·采薇》中便有"昔我往矣，杨柳依依"的句子。这种柔条低垂、依依地随风飘拂的"杨柳"，显然是现代人观念中的柳树而不是杨树。下面再举几个"杨""柳"互称的例子：

《晋书·符坚载记》："[王猛]自长安至于诸州，皆夹路树槐、柳，……百姓歌之曰：'长安大街，夹树杨、槐。'"

宋计有功《唐诗纪事》载御史中丞韦蟾察访鄂州（今湖北省武汉市武昌）时，有妓口占诗二句云："武昌无限新栽柳，不见杨花扑面飞。"

宋章楶（字质夫）《水龙吟》词："正堤上，柳花飘坠。"苏轼有《水龙吟·次韵章质夫杨花词》："细看来，不是杨花，点点是离人泪。"

元刘诜《水边柳影》诗："人家垂杨如灞桥。"

明释妙声《杨花咏》诗："飞飞辞古柳。"

以上五例说明，在这些史官和诗词作者的眼里，"杨"和"柳"完全是同一种植物，它们是可以互相交换称呼的。尽管有些博物的学者想要对二者加以区别，如清陈大章《诗传名物集览》卷十二说："杨、柳亦是二物，柳枝长脆，叶狭长；杨枝短硬，叶圆阔，迥不相侔，诸家多混称之。""古诗南杨北柳，本属二物，其合称杨柳者，盖兼杨与柳言之，非谓杨即柳、柳即杨也。旧注错互，乘物性也。"然而在从先秦到明代的二千多年的历史长河中，绝大多数文人对"杨""柳"二字的概念都已经混而不分了，区区几个学者的辨析，又怎么能改变这种状况呢？

现在再回到正题上来，谈谈从"穿柳"到"穿杨"演变的轨迹。在《汉书·枚乘传》中，班固记录了枚乘进谏吴王刘濞的奏疏，其中引用了《战国策》所载养由基善射的典故：

养由基，楚之善射者也，去杨叶百步，百发百中。

请看，故事还是原来的那个故事，词句也大体上是原来的那些词句，但《战国策》和《史记》中的"柳"

成语"钩心斗角"现多用来形容各用心机、明争暗斗、互相排挤倾轧的行为,带有贬义色彩。但它的初义却是形容宫殿建筑结构的细巧精致、错落参差的。

从该成语的四个字来分析:"钩"是动词,指攒聚钩连。"心"是名词,指宫室的中心。"斗"是动词,指相间接合。"角"是名词,指飞檐之角。"钩心斗角"合起来,就是描述宫室四周的檐角相互钩连,接合着中心的主体建筑,表现建筑物的结构错综复杂,精巧工致。语出唐代杜牧的《阿房宫赋》:"五步一楼,十步一阁,廊腰缦回,檐牙高啄。各抱地势,钩心斗角。"(一座座楼阁顺着地势高拔而起。檐角相互钩连,同中心的主体建筑接合在一起。)

由于"钩心斗角"有结构错综复杂、布局精巧工致的语义,所以,被文人引申来形容诗文的构思巧妙,句子对仗工整。如清代梁绍壬在《两般秋雨庵随笔》卷一说道:"近时诗家咏物钩心斗角,有实过前人者。"意即近来写诗的人咏物,追求结构复杂、句式工整的,有很多超过了前人。

后人因"钩"与"勾"相通,有"弯曲""勾引"之义;"心"有"心思""思虑"之义;"斗"和"角"有"争斗"和"角逐"之义。又因"钩心斗角"在表述"错综复杂"和"精巧工致"方面同"用尽各种复杂微妙的心机"有相似和相通处,于是便从中引出比喻义,比喻各用心机、明争暗斗、互相排挤倾轧的行为。由于比喻义使用的频率高,适用的范围广,因此,该词的初义反倒被人淡忘以致消失了。

『钩心斗角』的演变

倪培森

字已经被改成了"杨"字。改动的原因可能无法搞清楚了,也许平声的"杨"字比上声的"柳"字读起来响亮上口一些。在班固的头脑里,"杨"和"柳"肯定被认为是同一种植物,所以他才会下手去改。如果时代移到了今天,改"柳"为"杨"的事就不可能发生了。

综上所述可知,"百步穿杨"这个成语,其典源是《战国策·西周策》,但从字面上看,它应当直接脱胎于《汉书·枚乘传》。

闲话『走狗』

江源

在中国，狗虽然跻身于十二生肖之列，但名声并不怎么好。凡是用狗组成的词，大多是骂人的。

"走狗"一词，可追溯到先秦时期。《战国策·齐策四》："世无东郭俊、卢氏之狗，王之走狗已具矣。"那时，"走狗"是指猎犬而言。以后，"走狗"的内涵发生了变化。《史记·越王句践世家》范蠡遗文种书："蜚鸟尽，良弓藏；狡兔死，走狗烹。"汉荀悦《前汉纪》汉四年："语曰：'野禽殚，走狗烹。'"这里的"走狗"，比喻为人出力者。后来，"走狗"也比喻受人豢养的爪牙："你元来掉转脸皮，与封其蔀那厮做走狗了，这样小人！"（明人《牟尼合记贞甯》）

"走狗"在人们的心目中一旦成了贬义词，谁要是沾上了这个称号，不用问一定是个千夫所指、遭人唾弃的小人。但是，也有人以自称"走狗"为荣的。明朝后期有个画家徐渭，号青藤道士，在水墨大写意花卉方面具有独特的贡献。用泼墨法画牡丹，是他的创造。他的牡丹画，大笔写意，淋漓尽致，独具标格，前无古人。清代名画家郑板桥对徐渭无限崇敬，刻了一枚印章"青藤门下走狗"。

无独有偶，近代著名画家齐白石也愿做人"走狗"。清末花鸟画的巨擘吴昌硕作画时兼收并蓄，熔合一炉而自成新意，外似粗疏，内蕴深厚。在一幅画上，诗、书、画、印四者都能配合得宜，达到艺术上的完美结合。齐白石非常佩服他，写诗道："青藤八大远凡胎，缶老衰年别有才，我愿九泉为走狗，三家门下转轮来。"

其实，"走狗"还有一个意思。《后汉书·袁术传》："少以侠气闻，数与诸公子飞鹰走狗。"这里的"走狗"，指驱狗出猎。但使用的不多。

（参见2010年第10期王剑华文）

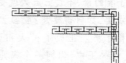

"按揭"之"揭"

不是音译

弦 声

《咬文嚼字》1997年第1期《试说"按揭"》一文说:"'按揭'源于英语的 mortgage。该词的后一半,gage 的发音和广州话'揭'的发音(kit)相近。可以肯定,'揭'是音译。而'按'却是意译。广州话的'按'也有押、抵押的意思。……'按揭'是一个半意译半音译的外来词。"

其实,"揭"字在古代汉语和现代汉语中均有抵押借贷的意思。笔者在担任明清之际西周生的长篇小说《醒世姻缘传》和清代李绿园的长篇小说《歧路灯》校注本的责任编辑时,就留意到书中"揭"字的这一用法。

《醒世姻缘传》第二十九回:"却原来祁伯常素性酷好那田鸡……就是揭借了钱债,买一斤半斤,或煎或

炒,买半壶烧酒,吃在肚里才罢。"

《歧路灯》中"揭"字此义的用法更明确。第三十回回目为"谭绍闻护脸揭息债 茅拔茹赖箱讼公庭",其中有一段文字:

论起来谭绍闻家私,每年也该有一千九百两余头。争乃……此时手头委实没有。母子商量,大加网愁。王氏道:"这事可该叫王中拿主意。"因把王中叫到楼前,细述所以。王中道:"看来此事惟有当卖一处市房是上策。"王氏道:"开口便讲卖房子,人家笑话。不如揭了罢。"王中道:"揭债要忍,还债要狠。此时不肯当卖原好,若再揭起来,每日出起利息来,将来搭了市房,还怕不够哩。那才是揭债还债,窟窿常在。"绍闻道:"你说的何尝不是。只是这几宗

2—27

银子要的紧，不过三五天就要完，或当或卖，如何得凑急？脸面为重，不如揭了罢。"王氏道："大相公说的是。……王中，你问一个宗儿，叫大相公出揭票……"王中道："家中还该有几百银子，不如尽紧的打发，慢慢对付。揭字是开不得章的。"……王中见话不投机，讪讪而退。这绍闻果然出去寻了一个泰和字号王经千，说要揭一千五百两，二分半行息。那王经千见绍闻这样肥厚之家来说揭银，便是遇着财神爷爷，开口便道："如数奉上。"还说了几句："只算借的，这样相厚，提利钱二字做什么。"一面笑着，却伸开揭票："谭爷画个押儿，记个年月就罢。"绍闻得了这宗银子，摆席请众客商清账，不必细说。惟有当店九十多两尾数不能全兑，又写一张揭票，三分行息。

　　这段情节写阔少爷谭绍闻受匪类引诱，将家产挥霍殆尽，只好以房产做抵押，以二分半和三分的行息借贷银钱来还债。引文虽然长了些，但将这种揭债的方式以及与典当、出售、借钱的区别描写交代得非常明白。

　　《汉语大词典》"揭"字的第九个义项即为"借债"。以这一义项立条的有"揭借""揭债"等词目。除引用《歧路灯》《醒世姻缘传》为书证外，

还引用了《白雪遗音》、元代柯丹丘的《荆钗记》做书证。另外还引用了当代作家姚雪垠的《长夜》二八："前几天人家债主逼的紧，我跑到姐家去，央着姐夫求爷告奶地又揭了十几块，拿回来把利钱还上。"姚雪垠的自注："借高利贷叫做揭债、揭借，简称'揭'。"关于"揭"字的这一意思，《汉语大词典》中还有许多书证。笔者就不再赘述了。总之，至迟从宋元时代开始，"揭"字就有借债的意思，并且一直沿用到现在。

　　老年人对"揭"作借债的意思并不陌生。只是近几十年来揭债在日常生活中很少发生了，一般人才对"揭债"的意思弄不明白了。就笔者所知，在河南农村的老年人中对这两个字意义上的区别是分得很清楚的："借"是"暂时使用别人的物品或金钱"（见《现代汉语词典》），"揭"则是用不动产作抵押的有息定期贷款。这和魏雨先生所释"按揭"一词的意义大体上是一样的。

　　由此可以肯定，在"按揭"一词中，"揭"不是音译。"按揭"也不是一个半意译半音译的外来词。

一针见血

"净身"不是"洗澡"

李世清

《家庭健康报》1999年4月6日所载《晚上洗头到老忧愁》上说："净身洗头之类自我打理的事，一般要拖到晚上才做。"这里的"净身"显然是指洗澡一事，作者从字面上将"净身"理解为"洗净身子"了。可是许多词语均有其特定意义，光从字面上去推定难免要出错。"净身"旧时指当太监前的阉割，与洗净身上污垢是两码事。

"白山黑水"指何处？

唐凤麟

《中国剪报》1999年6月1日第5版有这样一句话："从1950年10月16日开始，上百万中国英雄儿女，跨过鸭绿江，与朝鲜人民军一起，在白山黑水的三千里战场上，演出了反侵略的胜利壮举。"文中的"白山黑水"显然用错了。

"白山黑水"是东北长白山与黑龙江的合称，后泛指我国东北地区。而上文作者却将它搬到朝鲜去了。此外，还容易使人产生抗美援朝战争的战场在我国东北的误解。

其实，朝鲜有其代称，即"三千里江山"。杨朔以抗美援朝为题材的长篇小说，正以"三千里江山"为书名。

"离协"是什么协？

罗辑

《扬子晚报》1998年10月17日第七、八版的中缝上有则广告，题目是："南大（离协）自考辅导班招生"。作为一份主要面向本省区的地方大报，在区域内人们对"南大"可能不会产生误解，都知道是"南京大学"，而非"南开大学"。但对于"离协",则就令人费解了。"离"字现在常作"离婚"的简称在用,如:"她死活不愿离。""他今年又离了。"但"离协"总不会是"离婚协会"或"离婚者协会"吧?看广告内容,实指南京大学一些离退休教师、干部组织的自考辅导班。看来,名称缩写也应规范化,以不产生歧义为好。

"枯草"如何"萋萋"?

王兴宗

《新民晚报》1999年6月24日《普希金与皇村》一文中有这样一段话:"空旷的公园里已没有一人。湖水结了冰,四周枯草萋萋,树林里落满了橡子与松果。"

"萋萋",形容草长得茂盛的样子。《楚辞·招隐士》:"王孙游兮不归,春草生兮萋萋。"春天的草蓬勃生长,用"萋萋"来形容自是十分恰当的。唐诗人崔颢的《黄鹤楼》诗中有"晴川历历汉阳树,芳草萋萋鹦鹉洲"的名句,"萋萋"也是用来形容"芳草"的。而秋冬季节的枯草只能是一片枯萎衰败的景象,给人以凄凉的感受,怎么能用"萋萋"来形容呢?

何谓"康庄"?

屠林明

1998年12月5日《新民晚报》有一则新闻报道说:"'若要富,先修路',一条投资3000万元,长15公里的嘉行大道,让唐行人走上了致富之路。"新闻的标题是:《一条大道通康庄》。

"康庄"是一个具体的村庄、地方?从文中看,不是。词典解释说,《尔雅·释宫》:"五达谓之康,六达谓之庄。"故"康庄"是指宽阔平坦、四通八达的道路。《史记·孟子荀卿列传》:"于是齐王嘉之,自如淳于髡以下,皆命曰列大夫,为开第康庄之衢,高门大屋,尊宠之。"成语"康庄大道",指畅通的大路。《官场现形记》第六十回中写道:"我梦见所到的地方,竟是一片康庄大道,马来车往,络绎不绝。""康庄大道"现在也用来比喻光明大道,例如:放着康庄大道你不走,偏要朝死路里钻。

可见,"康庄"不论是具体的,还是抽象的,都是指道路、大道,"一条大道通康庄"是说不通的。

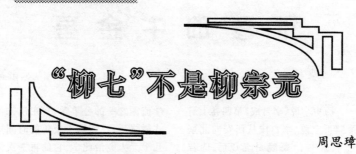

百科指谬

"柳七"不是柳宗元

周思璋

《文史知识》1999年第8期《辽代文化及其历史地位》一文谈到辽道宗宣懿皇后萧观音所作《回心院》词,说"清人评论此词说'怨而不怒,深得词家含蓄之意。斯时柳七(宗元)之词尚未行北国,故大有唐人之遗意也。'(徐钛《词苑丛谈》卷八)"括号内皆作者原注。

阅后颇为诧异。此处明明谈的是词不是诗文,而从未听到论述"唐宋八大家"之一的柳宗元(773—819年)与词有什么关系。柳宗元时代是唐诗的鼎盛时期,那时词才刚刚形成,柳宗元有大量的诗文传世,但从未见有词作。而且该文既然说"斯时柳七之词尚未行北国,故大有唐人之遗意"。柳宗元是唐朝人,应当说

他的词"行北国"后,才"大有唐人之遗意"方对,何以自相矛盾?可见这柳七不是"宗元"。

"柳七"应是北宋的著名词人柳永(约987—1053年)。他是福建崇安人,工部侍郎柳宜之子,初名三变,字耆卿。因排行第七,故称"柳七"。柳永少年时擅长词曲,常为歌伎填词作曲,流浪于汴京、苏州、杭州等繁华都市。中年起折节读书,改名柳永,考取了进士,做过屯田员外郎等小官,60多岁时死于润州(今江苏镇江市)。后人亦称他为"柳屯田"。他的词流传极广,大约在辽道宗太康元年(1075年)萧观音为人诬害,被迫自尽之后,柳永的词才传入北方的辽国。

2—31

荒谬的牛金星

金良年

历史小说《李自成》第四卷上册第54页上说，李自成从西安向北京进军途中，"每晚驻营以后，倘若没有紧急军情需要他处理，他仍然请牛金星带着新降的文臣，为他讲解经书和《资治通鉴》。离开长安后的第一次经书讲解是《春秋》上的'春王正月'。牛金星认为，目前正是大顺皇上正月出师，所以选取《春秋·鲁尹公元年纪事》开始的这四个字，依照《公羊传》的意见，大加发挥，向李自成宣传做大一统皇帝的思想"。

"春王正月"是《春秋》开卷的第一句话，系于鲁隐公元年。因此，后文的"鲁尹公元年纪事"当作"鲁隐公元年纪事"。不仅如此，《春秋》是编年体，根本不可能有《春秋·鲁尹公元年纪事》这样的篇名，"春秋"以后的文字应该放到书名号以外才是。然而，这段文字的荒谬之处还不在于此，事实上，牛金星在当时绝无可能给李自成讲《公羊传》。作为经

学流派之一的公羊学，自东汉末年式微之后，在长达千余年的时间里几乎无人究治此学，它的再一次兴起要到清代中期以后。牛金星不过是一介举人，并非经学宿儒，从他投李自成以后的行事、识见来看，也并不显得有什么特异之处。明代应试举子所接触的《春秋》注本，只能是宋代胡安国的所谓"胡传"，因此他绝没有为李自成讲《公羊传》的识见和能力。所谓称王称帝、一统天下的思想，自秦汉建立统一封建大帝国以来，已经通过各种渠道深入民心，积淀为传统观念，牛金星即使要为李自成灌输这类思想，尽有通俗易懂的材料可用，《资治通鉴》中就不乏生动的实例，真不必到艰涩难懂、曲折迂回的经书中去挖材料。退一万步说，就算是能讲，按公羊家的法度，大一统思想是据"元年春王正月"来阐发的，这"元年"两字万万省不得，否则就不成其为公羊学了。

1999年第28期《中国电视报》中《掀起你的盖头来——〈梦圆西沙〉摄制组西沙行见闻录》一文,有失误:

一、永乐应在宣德前

该文第1段:"明宣德和永乐年间'三宝太监'郑和七下西洋时又把西沙起名为'七洋洲'。"

永乐、宣德都是年号,永乐皇帝即明成祖朱棣,在位22年(公元1403—1424年)。朱棣去世后,其子朱高炽即位,即明仁宗,第二年即病故。朱高炽的长子朱瞻基即位,是为宣宗,次年改元宣德。朱瞻基在位10年(1426—1435年)。所以,"明宣德和永乐年间"的说法是将年号的顺序搞颠倒了,应为"明永乐、宣德年间"。

二、"郭嵩焘"人名有误

该文第3段:"另一种岛名与历史名人有关……嵩焘滩则以清朝外交官郭嵩焘为名,郭嵩焘是我国近代海洋意识的先觉者,先后出任过清朝驻美国和法国使节……"

这里的"郭嵩焘"应为"郭嵩焘"。郭嵩焘字伯琛,号筠仙,是近代中国第一批驻外使节。1876年(光绪二年),郭嵩焘以候补侍郎任出使英国大臣,后成为清政府首任驻英国公使,还曾兼任清朝驻法国公使。后因郭嵩焘在欧期间与洋人频繁接触,副使刘锡鸿等人遂向朝廷告发郭嵩焘有失"天朝"体面,清廷便将郭嵩焘调回国内。郭回国后,郁郁寡欢,闭门谢客,在孤寂中度过晚年。所以,说郭嵩焘"先后出任过清朝驻美国和法国使节"是不确切的,郭嵩焘未曾任过驻美国使节,应为"郭嵩焘先后出任过清朝驻英国和法国使节"才对。

三、《开罗宣言》发表于1943年

该文第4段:"西沙和南沙群岛曾长期被日本侵占,依据1945年中、美、英三国《开罗宣言》和1945年的《波茨坦公告》的决定……"

这里把《开罗宣言》和《波茨坦公告》都说成是1945年发表的,只能算是对了一半。《波茨坦公告》确实是发于1945年,但《开罗宣言》却在1943年12月18日发表。主要内容是:三国将共同对法西斯作战,并在胜利后将日本侵占的东北、台湾、澎湖列岛等地归还中国,在适当的时候使朝鲜自由独立。

《中国电视报》差错三例

一言

28个被恢复异体字辨(中)

《现代汉语规范字典》编写组

溷·混

溷 hùn 名〈文言词〉猪圈;厕所。如猪溷、溷藩、溷厕。注意:"溷"表示以上意义时为规范字,表示混淆、混浊等意义时仍作为"混"的异体字处理。

混 hùn ❶动(不同的东西)搀杂在一起。❷动真假搀杂,以假乱真。❸形不清洁。❹动相处往来。❺动苟且度日;苟且谋取。

翦·剪

翦 jiǎn 名姓。注意:"翦"作姓氏用时为规范字,表示其他意义时,仍作为"剪"的异体字处理。

剪 jiǎn ❶动斩断。❷动除掉;除去。❸动铰。❹名剪刀,铰东西的工具,两刃交错,可以开合。❺名像剪刀的器具。

徼·儌

徼 jiào ❶名〈文言词〉边界。❷名姓。注意:"徼"读 jiào 时为规范字,读 jiǎo 时仍作为"儌"的异体字处理。

儌 jiǎo[儌幸]jiǎoxìng 形意外或偶然地获得利益或免去不幸的事。

鲙·脍

鲙 kuài[鲙鱼]kuàiyú 名鳓。也作快鱼。体扁头小。注意:"鲙"指鳓鱼时为规范字,指细切的鱼或肉时仍作为"脍"的异体字处理。

脍 kuài 名切得很细的鱼或肉。

诓·诳

诓 kuāng 动欺骗;哄骗。如你别诓我、诓人、诓骗。注意:"诓"读 kuāng 时为规范字,读 kuáng 时仍作为"诳"的异体字处理。

诳 kuáng 动欺骗;瞒哄。

愣·楞

愣 lèng ❶动发呆。如:听了这话,他愣住了;愣神儿;发愣。❷形鲁莽;冒失。如:愣小子;愣头愣脑。❸副〈口语词〉表示不合常情,相当于"偏偏""竟然"。如:明明是他弄坏的,还愣说不知道;这么简单的道理,他愣不懂;在北京呆了二十多年,愣没去过故宫。注意:"愣"为规范字,表示以上意义;"楞"不再表示这些意义。

楞[1] léng ❶"棱"。❷[楞场] léngchǎng 名木材采伐运输过程中,汇集、堆存和转运的场所。

楞[2] léng 音译用字。用于〈楞严〉〈楞伽〉(均为佛经名)、"色楞格"(蒙古国省名)等。注意:"楞"字不读 lèng。

黏·粘

黏 nián 形能把一种东西粘(zhān)连在另一东西上的性质。如:这胶水黏得很;糨糊不黏;黏液;黏附;黏性;发黏。注意:"黏"为规范字,表示以上意义;"粘"不再表示这个意义。

粘 zhān ❶动黏性物附着在别的物体上或者物体互相附着在一起。❷用黏性物把东西连接起来。

彷·仿

彷 páng[彷徨]pánghuáng 动在一个地方来回走,不知往哪里去;犹豫不决。如:歧路彷徨;彷徨不定。注意:"彷"读 páng 时为规范字,读"fǎng"时仍作为"仿"的异体字处理。

仿 fǎng ❶动相像;类似。❷动比照原样做;效法。❸名比照范本写出的字。❹[仿佛]fǎngfú ⓐ动像;类似。ⓑ副似乎;好像。

邱·丘

邱 qiū 名姓。注意:"邱"作姓氏用时为规范字,表示小山、土堆、坟墓等意义时仍作为"丘"的异体字处理。

丘 qiū ❶名小山;土堆。❷名坟墓。❸动浮厝,用砖石暂时把灵柩封闭在地面上,以待改葬。❹量〈方言词〉由田埂隔成的一块块大小不同的水田,一块叫一丘。❺名姓。

蝤·鳅

蝤 qiú 动〈文言词〉逼迫;践踏。注意:"蝤"读 qiú 时为规范字,读 qiū 时仍作为"鳅"的异体字处理。

鳅 qiū 名鳅科鱼的统称。体长而侧扁,口小,有3~5对须,鳞细小或退化,侧线不完全或消失。种类很多,常见的有花鳅、泥鳅等。

"未"与"无"

丁　益

　　"未""无"都可作"没有"解释，当我们需要表示"没有"时，似乎随便用"未""无"都行，无须区别。于是，就读到了下列两句：

　　例①：两国脚试阵英格兰　状态欠佳明日回国　考绩如何尚未结论(1998年1月23日《新民晚报》新闻标题)

　　例②：特首并无讲错(1998年1月26日《新民晚报》文题)

　　这两例中，"未"与"无"恰恰被误用了。

　　此两词尽管都可以释为"没有"，但并非全同，"无"与"有"相对，作动词用；"未"与"已、曾"相对，表示未然，并非已然，是副词。前者可以带宾语，后者则不能。例①的"尚未结论"，换成白话就是"还不曾结论"，"结论"是名词，应当与动词配合，"不曾"并非动词，因而不能搭配，倘改成"尚无结论"，"无"是动词("尚"为副词，用以修饰动词"无")，就可以带宾语"结论"了。

　　例②中的"并无讲错"，"无"应作"未"；"讲错"是动词，宜用副词"未"作修饰，以示不曾如此。按："特首"指香港特区首任行政长官董建华，董曾预言香港回归后楼价会下降，回归前夕却不断上扬，回归数月后便如所说下降了，"今天董特首的预言应验了"，故曰并未讲错。假使一定要用"无"，则须改作"并无错语"。区别在哪里呢？就在"错语"是名词，而"讲错"是动词，"讲错"之前应以副词"未"作修饰语为宜。

　　宾语，当然不必都由名词充当。但这里如不用名词"错语"作宾语，那就得不到适当的配合；而"讲错"只能是动词，在这个句子里不能认作宾语。

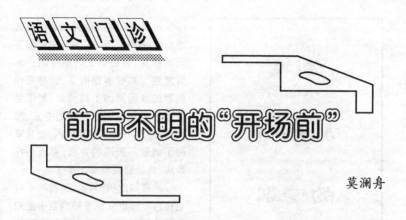

莫澜舟

记述足球赛的文字中,倘有"开场前5分钟"一语,你认为它所指的那个时间,比赛开始没有?且慢说出你的理解,请先看下面的句子:"中国(国奥足球)队开场前5分钟便有两次有威胁的射门……"(《新民晚报》1999年2月6日)

"开场前"怎么已经"射门"了?该是"开场后5分钟"吧?但原句分明称"前"不称"后"。

猜想原句是要说,开赛不过短短5分钟就有两次射门。倘如此,则不宜使用"开场前5分钟"这一容易产生误解的说法。试比较一下:"终场前×分钟"语意明白,指赛事未完,还有×分钟终场;那么"开场前5分钟"亦当为尚未开赛,还有5分钟就要进行比赛。"终场前"既指尚未终场,"开场前"亦当指尚未开场。

把"开场前5分钟"作为"在开场的前5分钟"来写,行不行?后者尽管累赘,却无含混之病,前者就有表达不清之嫌。无妨再作一个比较:"我认为不能光看前5轮……"(《新民晚报》1999年4月28日第12版)明白无误地指"联赛的前5轮",省略了定语;倘要补足,应加"联赛的",不能只加"联赛",因为"联赛前5轮"也会产生误解,与"开场前5分钟"情形相仿佛。

要避免"在开场的前5分钟"式

制造

肌萎缩

的专家

刘尚慈

《市场报》1999年3月24日《增长肌肉　增强肌力》一文的第一句是："早就听说吴以岭教授是赫赫有名的肌萎缩专家。"

从语法和逻辑上分析，这句话表达出的意思应该是吴以岭教授是制造肌萎缩的专家。肌萎缩是现代医学一直没有攻克的神经系统的疑难病症。医学界认为"神经末梢损害无法修复，目前尚无药物可阻止本病发展"。其根本原因是，这种恶性病症的发病原因不得而知。如果吴教授已经是制造这种病的专家，那么，他必然不仅了解其病因，而且掌握了制造其病原的方法。那么治疗该病，当是轻而易举之事了。

果真如此吗？其实，吴教授不过是在治疗和研究肌萎缩病当中挖掘传统中医药，以奇经八脉为突破口探讨该病机制，取得了可喜的进展，提出了奇经论治的新观点和"扶元起痿，养荣生肌"的治疗方法，在临床上有较好的疗效。距离彻底了解并治愈该病症还远得很呢。

显然，这是在"肌萎缩"前缺少了一个重要的动词——治疗。作者本来想表达的意思是，吴以岭教授是在治疗肌萎缩病症方面有专门研究的中医学家。真是一词之差，谬以千里！

的累赘，可以采用如下的叙述语："开场后最初5分钟"、"开场5分钟"，或"开场仅5分钟"（《文汇报》1999年4月22日）。总之，以"开场"后面不立刻接写"前"字为妥。而避"前"，正是为了示"后"——使人知道它确指比赛开始之后所发生的赛况。

文抄公、拖油瓶及其他

——报刊词语误用举隅(下)

龙启群

文抄公

1989年5月31日《文摘周刊》上有篇文章,题为《不能让诸葛亮当文抄公》,乍一看标题叫人惊诧,及至看了文章,"发现不少智囊部门成年累月埋在文件堆里,为领导起草应付各种会议的材料,把'诸葛亮'当成了文抄公使用",方知是作者误用了'文抄公'一词。文抄公,是对抄袭他人文章者的谯称,并非指给领导起草文稿者。

拖油瓶

她时常跟着我跑东跑西,像一个忠实的"拖油瓶"。(1995年12月9日《周末》)

文中的"她",是该文作者的妹妹,无论妹妹如何紧跟,也不能称之为或说她像"拖油瓶"。因为"拖油瓶"指的是再嫁妇女带到夫家的儿女。《初刻拍案惊奇》卷三三就说:

"天祥没有儿女,杨氏是个二婚头,初嫁时带个女儿来,俗名叫做'拖油瓶'。"该文章作者随手拈来"拖油瓶"一词用在她妹妹头上,是不妥的。

乱伦

人类的艾滋病就是从上述那类壮男和猩猩乱伦开始的。(1999年6月22日《湘声报》)

一些语文辞书对"乱伦"的解释均为"指在法律或风俗习惯不允许的情况下近亲属之间发生性行为"。《辞海》虽有"泛指一切违反常理的行为"之释义,但也指出"后来专指近亲间的通奸行为"。不管怎么说,"壮男和猩猩"绝不会是"近亲",因此,其性行为不能说是"乱伦"。

毂中

1999年7月7日《羊城晚报》第7版上有一篇介绍以色列新总理巴拉

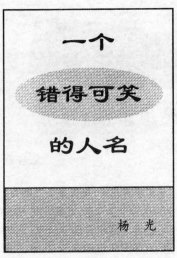

一个错得可笑的人名

杨光

杨伯峻译《白话四书》(岳麓书社版)是本好书,书中有个人名却错得很可笑。书中说:"舜从田野之中兴发起来,传说是从筑墙的工作中被举拔出来。"(见该书第262页)查《孟子·告子下》:"舜发于畎亩之中,傅说举于版筑之间。"原来"从筑墙的工作中被举拔出来"的是傅说。"傅说"错成了"传说"。"傅"与"传"的繁体"傳"形近致误。"傅说"的"说"作为人名用字读yuè。傅说原在傅岩为人筑墙,殷帝武丁访求到他,任他为相。

"傅说"姓名弄错,不独此书,上海古籍出版社的"中国经典宝库"中的赵昌平著《孟子——匡世的真言》第33页中说:"商朝贤相传说是土木工匠出身。"看,又是一个"传说"。正是:你也"传说",我也"传说"。今为正名,殷相"傅说"。

克内外政策的文章,其中说道:"国防部长是仅次于总理的首要职务,有着辉煌从军经历的巴拉克当仁不让地让这一职务纳于彀中。"

彀,明显地是因与"毂"形近而误。彀与毂,都是形声字,声旁同而形旁异,因而其义也相去甚远。《说文》:"毂,辐所凑也。从车,㲉声。""彀,张弩也。从弓,㲉声。"毂,读gǔ,指车轮的中心部分。有圆孔,与车轴相接。彀,读gòu,义为张满弓弩。彀中,指箭能射及的范围,《庄子·德充符》:"游于羿之彀中";引喻牢笼、圈套。五代王定保《唐摭言·述进士上》:唐太宗"尝私幸端门,见新进士缀行而出,喜曰:'天下英雄入吾彀中矣!'"彀中,还另有二义:一指朝廷之内,一是世间。不管用哪一义项,说巴拉克将国防部长一职"纳于彀中"都不妥,笔者认为不如改为"纳于囊中"。

令人费解的"队游"

林章文

本人喜爱书画,《新民晚报》上《古玩宝斋》栏内有关书画的文章,一定在浏览之列。1999年8月11日的该栏有一篇介绍近现代山水画家陆俨少的文章,大标题赫然写着:《文人山水画家的"队游"》,教人丈二金刚摸不着头脑,百思不得其解。莫非古代文人山水画家们一定要成群结队去游山玩水,不能单独行动吗?

细读文章,谈到我国早期山水画家——南朝刘宋时期的宗炳(字少文),说他老病后还乡江陵,"感叹道:'老疾将至,名山恐难遍睹,惟当澄怀观道,队以游之。'"至此,我总算摸到一条线索,原来"队游"是"队以游之"的概括。但我对"队以游之"一语颇有疑惑,对"队游"这样的概括更不敢恭维。于是查书,检《宋书·隐逸传·宗炳》,写他"好山水,爱远游"。后因病还江陵,将所历山水绘于室中,叹曰:

"老疾俱至,名山恐难遍睹,惟当澄怀观道,卧以游之。"(中华书局标点本第8册2279页)再查《汉语大词典》"卧游"条,释义是:"谓欣赏山水画以代游览。"所引《南史·隐逸传·宗炳》与《宋书》略同。于是我恍然大悟,原来"队以游之"乃"卧以游之"之误,"队游"乃"卧游"之讹,确凿无疑。再者就算"卧游"作"队游"是该文作者的笔误,我们用《汉语大词典》对"卧游"的释义去解释该文最后一段:"而陆俨少晚年所作的那些得心应手,出神入化的云水图,其实正是他对早年在抗战胜利后乘木筏由三峡东归一段经历的卧游。"作者显然是把"卧游"解为陆俨少卧在木筏上游览长江三峡的风景。这样的用法肯定说不通,与词义相龃龉。我们不得不感叹于该文作者的粗心和大胆,居然将如此不通之语说得头头是道,而且举以为题目。

2—41

"获颁"，是获是颁？

林利藩

《联合国粮农组织表彰中国国家主席对农业发展的贡献/江泽民获颁农民奖章》，这是《羊城晚报》1998年4月29日头版刊登新华社消息的标题。意义不会引起误解，但正题中的"获颁"却是不清楚、不恰当的表述。

其一，从字、词本身的意义上看。"获""颁"均为动词，"获"即得到、获得，"颁"即发布、颁发，均应是主动性的，一般没有"被获""被颁"的说法。"颁奖"即授奖，"获奖"即受奖；"颁"指授奖者，"获"指受奖者。一颁一获，动作主体不同。从字面上看，"获颁"或许可以理解为"接受颁奖"，但在这个意义上也只能是"获"而非"颁"，可以简称"获奖"而不能简称为"获颁"。

其二，从其他传媒标题处理上作比较。笔者查看部分中央、地方报纸，未发现有"获颁"这种说法的。比

如，同日的《人民日报》《光明日报》，这一消息的正题都是《联合国粮农组织向江泽民颁发农民奖章》，即用"颁奖"的说法；而同日的《广州日报》，消息正题则是《江泽民获联合国农民奖章》，即用"获奖"的说法。主体是联合国的"颁"也好，主体是江泽民的"获"也好，均表达得准确、明白；而不伦不类的"获颁"不仅读起来生硬、拗口，而且意义表达不清楚。因此，既然用"获奖"的说法，就应该把"颁"字删去。

其三，从实际使用上看。应该说，"获颁"的说法几乎绝无仅有，流行的是简明而显得一般的"获……奖"之类；类似的还有"获赠"，即"获得赠送的……"的意思，还偶有人使用。如果说"获颁"说得通的话，那就是有点"望文生义"地理解为"获得颁发"的意思，如某著名影星被指定为奥斯卡奖某一奖项的颁奖人，那

矢志不移当窃贼

欧公柳

《中国剪报》1999年4月16日的报道《悍匪在闹市被围歼》，有不少语病，略举于下（字下圆点为引者所加）。

现年34岁的王志明"小时偷针长大偷金"，一生矢志不移强烈追求的就是行窃。

此为运用成语褒贬不分。矢志不移，亦作矢志不渝，立下志愿决不改变。志者志愿、志向。褒义。而偷窃为恶行劣迹，实在不宜用矢志不移来形容。

滨城大连市中心一家海鲜城里，最后一桌客人兴尽意酣离开了酒楼。

此为乱拼词语，意相抵牾。"意"亦"兴"也。意酣，兴致正浓也。既然"兴尽"，又怎么"意酣"？前言后语自相矛盾。

这三条街道是大连市车水人涌的交通干线。

此为生造成语，不伦不类。成语有车水马龙，从"车如流水马如龙"压缩而成，精练生动。作者易"马龙"为"人涌"，不惟成无根之语，破坏了原有的语境；而且"人涌"与"车水"在结构上也不能对应，显得很别扭。该句用"车水马龙"恰切得很，何必妄改！

么他是获得颁奖的荣誉，说他"获颁"似乎也可以，但这里的"获颁"只能是这个意思：即他成了颁奖者而非获奖者，他"获"的是颁奖的机会或荣誉。用这种表达方式讲江泽民获奖，显然不可能理解为"江泽民获得颁发农民奖章（的荣誉）"——这与事实不符。可见，不规范的"获颁"即使要"硬译"也行不通。因此，这一生造的"获颁"恐怕也是难以流行的。

闲话"攻石之玉"

郑钦南

中央电视台1999年2月23日开播的18集大型电视理论专题片《伟大的旗帜》,其中第8集的标题是《攻石之玉》(见《中国电视报》1999年第7期)。我看了觉得奇怪,"攻"在这里是琢磨的意思。这里的"石",也不是普通的石头,而是砺石,是玉匠琢磨玉器的一种工具。"攻石之玉"的意思是琢磨砺石的玉,也就是用玉去琢磨砺石了。实际上却恰恰相反,玉匠在加工玉器时,是用砺石去琢磨玉的,这石头就理所当然地成了"攻玉之石"了。我国改革开放的总设计师邓小平同志就是用国际社会的经验教训这块砺石来琢磨中国经济发展这块大宝玉的。因此上述标题应该是《攻玉之石》而不是《攻石之玉》。

"攻玉之石"是《诗经·小雅·鹤鸣》"它山之石,可以攻玉"的缩写。据汉代郑玄说,"它山"比喻异国,本来是指别的国家的贤才,可以用于本国的辅佐。好像别的山上的石头,也可以用做琢磨玉器的砺石一样。后来也用以比喻能帮助自己改正缺点和提供借鉴的外力,一般多指朋友。

"屠炭"应作"涂炭"

张红品

某报1999年3月在介绍古代"谥号"时说:"古代帝王、诸侯、高官大臣等,如果行为放荡,屠炭生灵,死后可从灵、厉、炀等字上给起一个谥号。"其中"屠炭生灵"一词有误。

成语有"荼毒生灵"和"生灵涂炭",两者都说的是百姓遭受苦难的意思。但前者重在残害,如"有荼毒生灵的强盗,有暗箭伤人的强盗"(《镜花缘》第五十八回)。后者则重

《半月谈》1999年第2期《关注年轻的心灵》有这么一段话："一项调查表明，目前大、中、小学生社会公德的整体水平偏低，缺乏现代社会所需的一些基本道德。相比之下，大学生的社会公德状况最差，中学生次之，小学生又次之。"

"最差"与"次之"不宜连用

张 庆

这里由于误用"次之"一词，致使文章比较大、中、小学生社会公德水平究竟谁最差的意思显得模糊不清。揣测文意，作者似乎想说中学生的社会公德水平比大学生好些，小学生又比中学生好些这一意思，但是"次"一词并不具备等级、程度上稍轻、稍好的义项。《说文》释"次"为"不前不精也"；徐锴《系传》："不前，是次于上也。不精，是其次也。"《汉语大词典》释"次"为"降一等"。例如《论语·季氏》："生而知之者上也，学而知之者次也，困而学之者，又其次也。"由此可见，在按序所叙事物中，等级、程度较前者为低的称"次"。《关注年轻的心灵》一文中既已用了"最差"这一表最低等级、程度的词语，就不能再将"次之"和它连用了。

在困苦。如《晋书·谯纵传》："遂使生灵涂炭，神器流离。"荼是一种苦菜，《诗经》曾用其味苦衬托一个被遗弃妇人的痛苦，曰"谁谓荼苦，其甘如荠。""荼毒生灵"中荼与毒合用，引申为苦害、毒害、残害。"生灵涂炭"指社会政治混乱，动荡不安，人民遭受苦难，如"神州萧条，生灵涂炭"（《晋书·苻丕载记》）。涂与炭分别指烂泥、炭火，用来比喻人民处于水深火热之中，十分困苦。

从成语的组合来看，"荼毒生灵"是动宾结构，"生灵涂炭"是主谓结构。虽然有人将后者写成"涂炭生灵"，但现在已很少见到了。"涂炭"，不能写成"屠炭"。"屠"虽与"涂""荼"同音，但意义不相关联。作者可能以为有的帝王凶暴残忍，杀人成性，便凭主观想象把"涂"写成了"屠"，使"涂炭"变成了说不通的"屠炭"。

会客室

客人说

（一）

读《咬文嚼字》1999年第11期赵隆生先生的《同宝盖联中的错字》，谈到我主编的《中国古今对联大观》同宝盖联中的"宫宦"，虽指出其误，但未说明致误之由，而云"宦"当为"宫"之讹。足证赵先生读书察及细微。

不过我考虑"宫"虽较近，但平仄不合，"宫"为平声，而此处应用仄声。考《星经·宦官》云："宦官四星，在帝座而南，侍帝之旁，入尾十二度。"则此联正指所寓在"侍帝之旁"，乃状元宰相寓处，而"宫"字非讹矣。

《中国古今对联大观》全书共八类，其中七类皆为我亲自编写，忙中失于考核，故仍有纰漏，此虽为客观原因，固不足掩其荒疏。

因思旧亦有以"宀部""辵部"偏旁为联者，如：

寄寓客家，牢守寒窗空寂寞；

迷途远避，退还连逋返逍遥。

此联似出《西游记》，惟不记其回目，亦颇有趣。惟是此种"挑刺"之举，甚望延续下去，并可扩大范围，务使"谬"者皆能"曝光"，我虽首当其冲，即一冲再冲，亦甘为嚆矢。

上海读者　钱剑夫

（二）

《咬文嚼字》1999年第2期《〈秋雨散文〉中的一处小疏忽》一文，提及林和靖生卒年，称"1989年版《辞海》则是937年至1029年，后者恐怕有误"云云。查1989年版《辞海》[林逋]条，生年为967年，并非937年。但因印刷原因，很容易误识为937年。特此说明。

上海辞书出版社　巢峰

（三）

鄙人近日偶游书市，被"咬文"夺神，为"嚼字"动魄，遂倾囊购得贵刊合订本一册。虽属初交，犹胜故识，信手翻阅，喜从中来。如吃五香牛肉干，越吃越想吃，越嚼越想嚼，真是：口舌生香，余味无穷，不仅可破一时之闷，更有大开茅塞之快。

重庆市渝中区　汪遇殊

（四）

我是一名高三文科生,对语文自有一番偏爱,一次逛书店和贵刊有了一面之缘,便一口气把看到的合订本全买了下来。我发现贵刊有书卷气,有人情味,责任心强,一副救国救民于"文盲"中的气概,不由令人感叹和钦佩。

由于我是一名中学生,针对即将来临的高考,希望贵刊能多刊一些词语误用的示例,说出词语来源、正确含义和出错原因,帮助我们举一反三。如:经常有人把"万人空巷"理解为街上没人,但实际上这话说的正是人们都到街上的意思。以上是个人想法,不知可行否?

读者 胡 军

欢迎各位光临。钱剑夫先生已是耄耋之年,仍在关心我们这个小刊物,令人感动。巢峰先生是出版界前辈,是"辞海精神"的体现者,他的"说明"正反映了我们审稿工作的不足,对我们有言传身教的作用。汪遇殊先生写得一手好字,听到汪先生把本刊比做"五香牛肉干",我们高兴;能获得汪先生的墨宝,我们更高兴。胡军同学的来访,则使我们看到了《咬文嚼字》读者队伍在继续扩大的喜人景象。

"会客室"是我们新开辟的。我们的目的,是想让编者、作者和读者能够有一个互道心曲的场所。这里没有烟,没有酒,没有红包,更没有大奖,但有一颗真诚的心。来的全是客,全凭心一颗。不论你们说什么,我们都会竖着耳朵听的。早就说过,刊物是我们的,也是你们的,《咬文嚼字》是我们共同耕耘的园地。欢迎大家常到会客室里来坐坐。

顺便说一件事,"雾里看花"是今年新辟的栏目,也是我们寄厚望的栏目。它和"有照为证"一样,同以照片为主,但一个是直捣黄龙,一个却是曲径通幽,具有不同的风格。我们希望这两个栏目能够相映成趣。目前最大的问题是没有存稿,还望作者、读者尽快支援,以解燃眉之急。照片寄来时,可别忘了告诉我们答案。

编 者

2—47

向你挑战

烹饪词语

盛 戎设计

在讲解烹饪技艺的图书中，有一批烹饪词语，如蒸、煮、炒、炸之类。你能写出多少？不妨和周围的朋友比一比，看谁写得多。答案下期公布。

《组字》参考答案

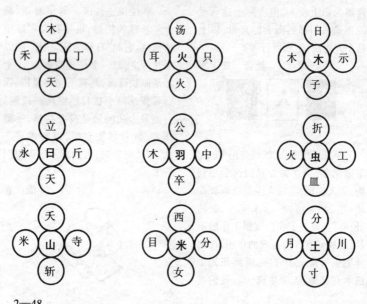

训练新思维　　培养基本功

《咬文嚼字》推出"星级作文书系"

一星80分
二星90分
三星100分

"咬文嚼字书林·星级作文书系"是本刊推出的一套系列丛书,它以新的课程标准和教学大纲为指导,以训练学生新思维能力为目的,第一次以"星级"的形式进行编排,学生可根据自己的现有写作水平轻松"对号入座",拾级登高。

本丛书从近万篇学生作文中精选一千多篇,初中、高中各四册:

《初中星级作文·个人篇》14元　　　《高中星级作文·个人篇》13.5元
《初中星级作文·家庭篇》14元　　　《高中星级作文·家庭篇》15元
《初中星级作文·校园篇》15元　　　《高中星级作文·校园篇》14元
《初中星级作文·社会篇》15元　　　《高中星级作文·社会篇》15元

本丛书欢迎邮购。地址:上海绍兴路74号　上海文化出版社邮购部,邮政编码:200020。

应识"庐"山真面目

ZHAOWE

　　这块列车车牌中间加入两个地名，意在表明列车途经江西井冈山、庐山两处。遗憾的是"庐"字错成了"卢"。大概因为"庐""卢"同音，书写者就想当然地把"庐"内之"户"写成"卢"了。

　　"岗"有gāng、gǎng、gàng三个读音。读gāng时同"冈"，为"冈"的异体字，这里的"井岗山"还是写成"井冈山"为好。

夏兆圣

ISSN 1009-2390

02>

9 771009 239005

刊号: CN31-1527/H　国内代号: 4-

定价: 2.00元

2000

上海文化出版社

YAOWEN JIAOZI

咬文嚼字

第 3 期

放弃什么？

这条标语，见于某科研单位。地位如此突出，可见其重要。然而，到底要求放弃什么？何谓"一切自治"？请你想想看，下期告诉你。

扶秉子　供稿

《"律?"》解疑

抱歉，本不该让读者查字典的，因为根本查不到。这是一家律师事务所，"律"字后的"师"，左右两边弄反了，成了个无中生有的怪字。更怪的是，律师们竟视而不见，置之不理，不知置文字法律于何地。

卷首幽默

"自杀猪"

余志芳·文
麦荣邦·画

西宁市某单位食堂，一日中午的黑板上赫然写着："今日供应自杀猪红烧大排"。"猪怎么会自杀？它有什么委屈？""自杀猪的肉还能吃吗？"职工们议论纷纷。食堂管理人员解释道："不是猪自杀，是食堂自己养的猪，也是我们自己宰杀的。"天哪，原来如此！

3—1

咬文嚼字

2000 年 3 月

第3期

（总第63期）

出版：上海文化出版社

编辑：《咬文嚼字》编辑部

电话：021－64372608－205

邮购电话：021－64372608－251

地址：上海市绍兴路74号

邮政编码：200020

发行：上海市邮政局报刊发行局

订阅处：全国各地邮局

国内代号：4－641

国内统一刊号：CN31－1801/H

电脑排版：

　上海艺文激光电脑排版厂

印刷：上海翔文印刷厂

广告业务：

　上海文艺广告传播中心

电话：021－64431400

广告经营许可证：沪工商广字

　3101034000029号

　　定价：2.00元

目　　录

何必"品学兼优"

南 北

"近日,解放军驻无锡某部研究所第四团总支的20多名团员官兵,专程来到……希望小学,将价值4000余元的学习用品捐赠给该校50名品学兼优的特困生。"读一份教育类报纸的时候,不经意之间,"品学兼优"这样的文字又一次跃入了笔者的眼帘。

说到资助特困学生,总要加上一个"品学兼优"的定语,这在新闻媒体上几乎已成通例。似乎特困学生无一例外总是品学兼优,好像品学不优的特困学生就不该在接受资助的行列。

其实,我们根本无法保证所有的特困学生都能品学兼优;相反,经济的窘迫,生活的困顿,对孩子们的学习、心理等方面或多或少总产生着一定的影响,不必讳言,其中就有很多是负面的影响。与经济并不困难的学生一样,特困学生中也存在着学有不足、品有不端的孩子(也许比例还要高出一般)。相形之下,这一些学生更需要社会的关爱、众人的帮助。二千多年前的孔老夫子都知道"有教无类",难道我们今天资助特困学生反倒要挑挑拣拣、择优而赠?

从笔者所了解的一些实例来看,社会各界人士资助特困学生的义举在大部分情况下并没有非品学兼优不可的附加条件。他们尽力献上一片爱心,希望的是不让任何一个孩子成为流生,期待的是使每一个学生都能得到更好的发展。而记者、通讯员一落笔就是"品学兼优的特困学生",表面上看似乎是出于一种保护特困学生的善意,实际上却是受制于一种思维惯性。而这样的思维惯性又何止于这一例呢。

从火车厕所标记谈起

王希杰

在火车上，厕所门上的标记是"有人"和"无人"两种。"无人"表示厕所中没有人，"有人"表示厕所里已经有人。但有时候，明明里面空无一人，却偏偏标示"有人"，如火车进入车站的时候。这时候，你能够说列车员在骗人么？或者说这是用词不当么？我以为不能。

其实，火车厕所门上的"有人"只能代表不能使用，"无人"则是可以使用。火车上的厕所可以使用或不可以使用，当然有许多因素，但最常见的表示方法是"有人"或"无人"。用"有人"或"无人"来表示不可以使用或可以使用，这可能是一种借代手法吧。

乘长途汽车，"方便"常常是挺麻烦的事。汽车一停，男女乘客便迅速地去找"无人"之处，快快"方便"一下。"这里无人！"男士对男士这么说，女士也对女士这么说。其实呢，这时候常常是有人的，不过是性别相同的人。你不能指责他们用词不当，因为所谓无人者是指没有异性，同一性别的人此时此刻并不算人！

这种有人即无人，无人即有人的现象，是大可以"咬文嚼字"一番的，不要因为不够高雅而忽视了它。同时，"咬文嚼字"切不可抱着工具书和某权威的语法著作生搬硬套。语言生活是多层次的，语言现象是丰富多彩的，语文评议，语文导向，不可拘泥于局部的单一的标准。

教师节何必称"第×"

赵贤德

每年教师节时，各家报纸、电台、电视台大量宣传报道优秀教师的事迹，似乎已成传统，这是尊重教师，提高教师地位的表现。不过每每看到听到"第×个教师节"时，我别有一种滋味在心头。如《中国教育报》1999年9月11日："今天全国各地的学校再次披上美丽的盛装，广大教师喜气洋洋地欢度自己的节日——第15个教师节。"《经济日报》9月15日："第15个教师节过去了……"

平时我们经历许许多多的节日，诸如：三八妇女节、五一劳动节、六一儿童节、八一建军节、十一国庆节等等。但我似乎从来没有听说过或看到过这样的话：第×个儿童节、第×个劳动节、第×个国庆节。教师职业与众不同，难道这提法也应与众不同吗？而且在人们的心目中，一般出现了表序数的"第×"，总觉得其数目是有限的，是可以数得清楚的。然而事实上，人类将永远存在(除非地球毁灭)，教育也将永远存在，教师这个职业也将永存，看来，教师节也不会轻易取消。试想想，一百年之后，我们还会说"热烈庆祝第115个教师节"吗？一千年之后还会说"热烈庆祝第1015个教师节"吗？如果还有人这么说，岂不让人笑掉大牙！可见，这个序数词在这儿是多么啰嗦，又是多么的冗余啊。窃以为，以后教师节再不要排序了。忍痛割爱，当断则断，才是明智之举。

语丝

绝妙的比喻

杨永强

河南作家于天命一九九五年在鲁山某中学讲学时，讲到传统文化，有一绝妙比喻：你乘车遇到小偷行窃，教育他，是儒家；揍他或揪他去派出所，则为法家；佯装不知道，是道家；忍让宽容，则为墨家；不为所动，是佛家。

3—6

集进出于一身的 "借"

张 港

上对下，大对小；男对女，阳对阴；进对出，买对卖。世界是由矛盾构成的，也就有了一对一对相反相对的词。可世界一大，奇事就多，人多了不是有亦男亦女的阴阳人么？词也有这样的：正也是它，反也是它；施也是它，受也是它。

吕叔湘先生曾经写过一篇札记叫《反义动词》，其中讲到："口语里只一个词，借进借出都叫做'借'，古汉语里'借'和'贷'都是既可以进，也可以出。""借"这个词也的确是怪，"我借你10元"，是你欠我了呢，还是我欠你了？光是这么说没有语言环境是看不出来的，得说"我借给你10元""你借给我10元"才行，要不，账就可能算不清。

其实，除了吕叔湘先生说的"借"之外，现代汉语中还有这一类的词，比如"租""赊"。"张三租了两间房子"，是张三租给别人两间房子，还是张三向别人租了两间房子？"赊李四一斤酒"，是赊给李四一斤酒，还是向李四赊了一斤酒？"租""赊"和吕先生说的"借"一样，在没有语言环境时，都既可以是进，也可以是出。

"借""租""赊""贷"，这哥儿几个都是搞财务的，竟如此职责不清，身份不明，轻了弄出纠纷，重的要吃官司。要想不出毛病，非得找别的词帮助不可。得说"借给""出租""赊给"才行。

"借"这一组亦反亦正、又进又出的词，是我国几千年小农经济的产物，是不发达的封闭经济在语言中的痕迹。在商品经济日益发达的今天，我们必须谨慎对待它们。

众矢之的

目标:刘心武,放!

——2000年第三号战报

编者按

不少读者是从《班主任》认识刘心武的。他不断给我们带来新的惊喜:从《如意》到《立体交叉桥》,从《5.19长镜头》到《公共汽车咏叹调》,从《钟鼓楼》到《风过耳》,这几年又出现了一个散文创作高峰。他的创作力之旺盛,是有目共睹的。

他的作品总是那么贴近社会、贴近人生,让我们想到白居易的那两句话:"文章合为时而著,歌诗合为事而作。"读他的作品,总能感受到一股浩然正气,汲取到一种人生智慧。他的文字不飘,不隔,不黏,不涩,坦荡自如,朴实真诚,由文风可以联想到人品。

他很高兴被列为"众矢之的","像中了状元、探花一样"。他说:"像我这样的人,古典生疏,在成长期没有受过严格的学术锻炼,文化断裂、文化损伤,便自然而然地会反映出来。"面对他的坦诚,我们真想狠抓一把问题出来,出人意料的是,这一期的"众矢之的",差点发不出稿!他的文字看似随意,其实却严守法度。这可能和他当过中学教师有关吧。

应部分读者要求,我们把第6期~12期列入"众矢之的"的作家名单按顺序再公布一次,他们是:李国文、陆星儿、陈祖芬、余秋雨、贾平凹、梁晓声、程乃珊。

同时,我们还要告诉读者:本刊每期的编辑过程为3个月,即第6期"众矢之的"栏目3月20日截稿,其他各期依此类推。请读者朋友配合。

"引颈吭啼"析

刘心武先生在《我的两个读者》一文中，写到了我国四大避暑胜地之一的鸡公山。他觉得特别有趣的是山形奇特，"其主峰顶部系一块凸现的巨大裸岩，岩体恰似一只引颈吭啼的公鸡"。这里的"引颈吭啼"一语，似有咬嚼一下的必要。

"吭"有两个读音，一是 háng（杭），二是 kēng（坑）。前一个读音指喉咙、头颈。柳宗元《上门下李夷简相公陈情书》："仰首伸吭，张目而视。"通常人们便把放声歌唱，形容为引吭高歌。"引颈吭啼"中的"吭"可以读 háng 吗？不行，因为前面已经有了"引颈"，后面再拔直喉咙，未免不合常理。

那么，"吭"在这里读 kēng 如何？同样不行。不错，"吭"有发出声音的意思，但必须注意的是：第一，"吭"一般声音都不大，至少和公鸡的昂首长鸣是不相称的。第二，"吭"除了"吭一声"之类外，习惯上皆为否定用法，如曹禺《雷雨》第四幕："你难道看见这样的事情还不会吭一声么？"柳青《创业史》第一部："老汉经常一声不吭地干活。"第三，

也是最重要的一点，"吭"其实就是说话，除非是拟人的童话作品，否则，公鸡是只会啼不会"吭"的。

通过以上简单的分析，我的结论是："吭啼"是个生造词。作为文学作品，有时合理地生造一些词语，也是创造力的表现。遗憾的是，"吭啼"是个说不通的生造词。 (吴沛智)

并非"玻璃盒"

林黛玉初登贾府，看到"荣禧堂"大紫檀雕螭案上"一边是錾金彝，一边是玻璃盒"，诸多《红楼梦》版本，多有把"盒"字误作"盒"字的，或误作"盆"字的。刘心武著《秦可卿之死》也不例外，该书《仔细灯穗子招下灰来迷了眼》一文，引这段文字时重蹈覆辙，也误"玻璃盒"为"玻璃盒"。

"盒"为何物？查《康熙字典》注为："音海，器盛酒。""甲戌本"夹批注：盒音海，盛酒之大器也。都说明为一种酒器。我国文物鉴定权威朱家溍先生的新著《故宫退食录》也说"玻璃盒则是地道的西洋货，也是玻璃砖的大盒碗，又略似缸形"。由此见之，"玻璃盒"就是厚玻璃大海碗，并非"玻璃盒"。"玻璃盆"约略近之，

但总与原书不合。

还值得一提的是，《红楼梦》第三回"玻璃盒"是陈设品，到第四十一回还真有可供使用的"大盒"。妙玉特为寻出"九曲十环一百二十节蟠虬整雕竹根的一个大盒"，问宝玉："你可吃的了这一海？"宝玉说："吃的了。"但妙玉"只向海内斟了约有一杯"。由此可见，盒与盅、盏、杯、碗等一样都是餐饮器皿，只不过容量特大，故称"大盒"。许多版本第四十一回这个"盒"字竟以"盏"字混充，这是题外话。 （吕　山）

粤穗不宜并列

《开发心大陆》一书中，收有《雨巷歌声》一文。那歌声是一位少女唱出的，"仿佛一幅浸润着水气的水彩画"一般只能意会而不能言传。"那时候从港台粤穗还没传播过'时代曲'即流行歌曲来，少女唱的还是古老的江南小调……"作者刘心武用"港台粤穗"一语，也许是要体现文字的节奏美，但粤穗并列，在逻辑上似说不通。

众所周知，"粤"是广东省的简称。中国古代有百粤民族，广东、广西是他们的主要聚居地，故两广也合称"两粤"。广东省简称粤，正因为曾是百粤的辖地。

"穗"则是广州市的简称，源于一则神话传说。据《广东新语》卷五载，周夷王时，南海有五仙人，衣各一色，所骑羊亦各一色，来到广州，每人将一茎六出的谷穗留与州人，并祝这座城市永无饥荒，言毕腾空而去，羊化为石。广州因此又称羊城、穗城。

在中国行政版图上，广州市是广东省的省会城市，"穗"从属于"粤"，"粤"统辖着"穗"，它们是种属关系。既然如此，粤穗是不宜并列的，这就好像中国和上海不能并列一样。"美英中沪"这种说法，听来有多别扭！ （叶才林）

有"糖"无"醋"

刘心武先生的长篇小说《栖凤楼》，多处涉及地方风物，其中有一处写道："无锡的糖醋小排骨实在不怎么样……"

俗话说：众口难调。"糖醋小排骨"究竟是"怎么样"还是"不怎么样"，各人口感不同，尽可各抒己见，笔者无权裁决；只是把"糖醋小排骨"归于无锡名下，恐怕张冠李戴了吧。

不错，无锡的排骨是很出名的，但不是"糖醋小排骨"。相传早在宋代时候，无锡有家饭店用猪肋条制成酱排骨出售，滋味鲜美异常，从此成了一道名菜，人称"无锡肉骨头"。可这道名菜与醋可谓了不相涉。据《吴地饮食文化》所载，无锡酱排骨所用之作料，为"黄豆酱油、绵白糖、老廒黄酒"，还有便是"葱、姜、茴香、丁香、肉桂"之类。一滴醋也不放，"糖醋"从何说起？上海文化出版社的《中国食经》对"无锡肉骨头"的用料和制作，更有详细介绍，有兴趣的读者不妨找来一阅。

(荣耀祥)

"果腹"非"裹腹"

常见有人将"食不果腹"误为"食不裹腹"，刘心武先生也未能幸免。他在《吃白果》一文中写道："冷面不是指供裹腹的东西，而是指人在生活里遇到的冷面孔……""裹腹"即"果腹"之误。

果，本指树木所结的果实。大凡果实，皆饱满、充足，所以，庄子便用"果"来形容人酒足饭饱、腹部隆起的样子，使"果"多了一个引申义。庄子在《逍遥游》中是这样写的："适莽苍者，三餐而反，腹犹果然。"意思是说：到郊外去的人，三顿饭吃好回来，肚子还是饱饱的。"腹犹果然"，腹部像树木的果实一样饱足。而"食不果腹"自然就是吃不饱肚子，它常和"衣不蔽体"连用，描写一种饥寒交迫的贫苦生活。郭沫若在《中国史稿》中便这样用过："人民生活更加贫困，衣不蔽体，食不果腹。"

"裹"虽和"果"同音，意义却迥别。这是指一种在外部进行的包扎、缠绕的动作。衣不"裹腹"倒是可以说的，"食不裹腹"则不知所云矣。到底为何要"裹腹"？"食"又如何来"裹腹"？我想，心武先生定是一时笔误，笔者考虑到这是一个常见差错，故不免饶舌几句，还望心武先生和读者朋友见谅。

(邱振宝)

"金璧辉煌"和"令人起栗"

刘心武先生的散文中有这样两段文字：

1. 所以说北京之美，除了复杂的金璧辉煌和花团锦簇而外，单瓣月季的自在开落，亦不可不赏。(《单瓣月季自在开》)

2. 倘徐娘半老仍娇态可掬，则

3—11

令人起栗了……（《哆》）

成语有"金碧辉煌"而无"金璧辉煌"。"金"和"碧"本指中国画颜料中的"泥金"和"石青"两种色彩。古代多用来装饰宫殿楼阁，金色和碧色交相辉映，显得豪华富丽，光彩夺目，因而就有了"金碧辉煌"的成语。"璧"是一种圆形的玉器，虽然也有晶莹的光泽，可以镶嵌在墙上作为装饰，但其亮度无法与"金"比配，收到交相辉映、光彩夺目的效果。因此"璧""碧"尽管同音，在这个成语里，是不能替换的。

"令人起栗"是什么意思？如果有人摔了一交，额头撞起了一个很大的肿块，似乎可以叫"起栗"。现在是徐娘半老的女人表现出哆态可掬的样子，怎么会令人起栗呢？充其量不过是让人看了很不自在，皮肤上会起鸡皮疙瘩。这种疙瘩小如栗米，不可能大如栗子。清王嘉福《粥厂谣》有句："北风森寒肌起栗。"鲁迅在《故事新编·补天》中写到女娲看见自己用泥捏成的小东西时说："伊诧异而且害怕的叫，皮肤上都起栗。"既然因寒冷和害怕可以导致肌肤起栗，那么心武先生文章中写到的因厌恶而发怵的感觉，其结果也只能是"起栗"而不是"起栗"。

（卓王泽）

"著书都为稻粱谋"

本人爱读刘心武先生的散文，爱他的坦坦荡荡，朴朴实实。因为常读，甚至已能揣摩他遣词造句的习惯。比如，我知道他很喜欢引用"著书都为稻粱谋"这一句诗，《追兵来了》用过，《跨过五十岁的门槛》用过，《在文学的斜坡上》用过……还可举出几篇。但就我所看到的，几乎无一例外，刘心武先生都把"稻粱谋"写成"稻粮谋"。

我觉得两者是不能混淆的。首先，既然是引用，就应该忠实于原文。这句诗见于清代龚自珍的《咏史》："避席畏闻文字狱，著书都为稻粱谋。"无论是《龚自珍全集》还是《中国历代诗歌选》等各种选本，似均未见有异文。"稻粱谋"写成"稻粮谋"，只能说是刘心武先生的独特处理，而这种处理是不合引用的惯例的。

其次，词义也有一定的差别。"稻粱"，就是指稻和粱，这是两种代表性的谷物，因此常用来作谷物的总称。"稻粱谋"是古人习用的词语，本指禽类觅食，如宋代曾巩的《鸿雁》诗："长无矰缴意自闲，不饱稻粱心亦足"；后多用来表现人为生活筹划、算计，刘心武引用这句诗正是指把著书当作谋生手段。粮，是供食用的粮食的总称，稻不过是其中的一个品种而已。从构词角度来说，"稻粮"种属并列，明显不及"稻粱"合理。古代典籍中，虽偶有"黍稷稻粱"的提法，却未见有写作"稻粮谋"的。也许，这正是选择的结果吧。

但愿刘心武先生也能择善而从。

（罗永宝）

画蛇添足的"了"

刘心武先生爱用"了"，若是"了"得其所，尽可以一"了"了之；问题是有时不当"了"而"了"，结果"了"而不了，留下了画蛇添足的遗憾。

且举数例：

《他信上帝》："1957年他父亲在'反右'斗争中不是定为了'右派'而是定为了'坏分子'，送往农场劳动教养。"一连两个"定为了"。

上文还有一例："农场通知他儿子即我那中学同学——当时已经参加工作——去接他回家，而他儿子却加以了拒绝。"又来一个"加以了"。

《城市天际轮廓与"鸟瞰效应"》："一旦从空中鸟瞰城市，则立交桥和公路网络往往便成为了审美

中最重要的对象。"

《冰吼》中也有一处"成为了"："定居北京40余年的结果，是我已成为了一个地道的北京市民。"

定为了、加以了、成为了……真是一"了"接一"了"。

语法常识告诉我们，了，助词，可以用在动词后面，表示动作已经完成，比如"花开了一树"。然而，正如吕叔湘先生主编的《现代汉语八百词》所提醒的："动词不表示变化，因而无所谓完成时，不能加'了'。"比如"属于、觉得、认为、希望……"。刘心武先生笔下的"定为""加以""成为"同样属于这类动词。既然已经"定为"、已经"加以"、已经"成为"，"了"所要表达的意思可谓表达无遗，还要"了"干吗？

（周振波）

无所适从的"所"

刘心武先生爱用"所字结构"。有的"所"用得恰到好处，可谓得其所哉；也有的"所"牵强附会，不免无所适从。试举两例：

《我的两个读者》："光那小说的题目已令……秃小子们所狂喜不已，于是一张印有我那小说的报纸

3—13

在他们手中传来传去。"

《富心有术》:"倘是为富不仁,违反社会'游戏规则'所致富,……那心里的成熟感就不稳定,身价也可疑。"

现代汉语中的"所字结构",有个基本规则,即"所"字一般用在及物动词之前,如所爱、所恨、所思、所想,"所"字后面的动词都是及物动词。而上引两例中,无论是"狂喜",还是"致富",都不是及物动词,都不能带宾语,它们构成的"所字结构"本身便是站不住的。

撇开这点不说,"所字结构"一般都是名词性的,"所爱""所恨"可以说成"我的所爱""我的所恨";只有表示被动义时,"所字结构"才具有动词性的特点,如"为我所爱""为我所恨"。上引两例中,"所字结构"都处在动词或动词短语的位置,而两个句子都无被动义,因此,即使"所狂喜""所致富"能成立,这两个句子也是有语病的。

其实,两个"所"字都"无所事事"。"所狂喜"的"所"字删去即可,"所致富"的"所"字改成"而"字即可。

(周丽萍)

从"邂逅"说到"限制"

刘心武先生写过一篇《哆》,说起当年单位里有位女同志,说起话来"哆来兮",以致念批判稿都让人忍俊不禁。转眼到了90年代,作者"偶然与当年单位里的那位女士邂逅……忆及当年,我们都不胜感慨"。

何谓"邂逅"?不期而遇也。"不期"即未经约定,换句话说,凡"邂逅"必然带有偶然性。夏衍《长途》中有这样一句:"这广坦的荒原,使我想起了我们从广州退出时在柳江船上邂逅的一个旅伴。"这里的"邂逅"正是指意外相遇。刘心武先生和当年的女同事多年不见,一旦意外碰上,称之为"邂逅"是恰当的,但前面再加上"偶然",未免有蛇足之嫌。

无独有偶,2000年1月5日《新民晚报》上,又读到刘心武先生的《五花肉》一文,文中写道:"那块五花腊肉限于自家条件的限制,腌制得不是很成功……"可以说"限于自家条件",也可以说"受到自家条件的限制",就是不能说"限于自家条件的限制",因为"限于"就是受某些条件或情形的限制。"限于……限制"和"偶然……邂逅"一样,都犯了叠床架屋的错误。

(梅 卿)

碰碰车

"碰碰车"是一种娱乐设施,游戏者在相互碰撞中寻乐;本栏以此为栏名,则是希望不同观点的文章,能在相互碰撞中求真。本刊创办五年多来,深知语言文字之奥妙无穷,"碰撞"是正常现象;我们不怕"碰撞",相反还要提倡"碰撞"。有些语言现象,很难定于一尊,只有通过"碰撞",才能逐步走向科学,至少可以激发新的思考。但愿"碰碰车"碰出的火花,能够点燃读者朋友咬文嚼字的更大的热情。

一个句型

伍立杨

读近现代名家作品,遇到他们用"非……不可"句型时,无论非字管辖范围多长,最后不会忘记带上不可二字。谓予不信,请观孙中山、鲁迅、戴季陶诸公作品。

今则不然。报章大小名家,充斥着这样的造句:他非让我去,好像非要把我累坏,非要过最后一关……即在名作家,亦不免,如张承志《金牧场》长篇,几乎所有"非……不可"句型,都把"不可"忘在九霄云外。近见《大河报》(1999.8.5)为新华社一则驳台湾当局的"特殊两国论"电文所拟标题:

"本是一母同胞,非说关系特殊"。

轻视语文,与所欲表达之本意恰成颠倒,也是瘆人的笑话。可改为:本是同胞关系,非说特殊不可。

（《新民晚报》1999.11.30)

句型并非一成不变

陆行柳

伍立杨先生在《一个句型》一文中，无论是正面肯定孙中山，还是反面否定张承志，都没有一条实例。唯一有案可查的，是《大河报》为新华社一则驳台湾当局的"特殊两国论"电文所拟的标题："本是一母同胞，非说关系特殊"。在伍先生眼里看来，这则标题"与所欲表达之本意恰成颠倒"，成了"瘆人的笑话"。于是，伍先生大笔一挥，改成"本是同胞关系，非说特殊不可"。

俗话说，有比较才能有鉴别。这两则标题，笔者一连读了十几遍，不敢说伍先生闹了什么"笑话"，只是对他的改笔，委实不敢恭维。《大河报》的标题，立意深刻，表述明快，"一母同胞"本是口语，用入题中浑然天成，而和下句的"关系特殊"恰成对照，这样，前面"本是"，后面"非说"，一呼一应，融为一体。上句是二四节奏，下句也是二四节奏，读来干净利落，铿锵有力。伍先生的"同胞"后面再加"关系"二字，似有凑字数

之嫌，索然寡味；"非说特殊不可"，六个字囫囵吞枣，该断不断，比之原作，似逊色多矣。

伍先生立论的依据是，"非……"后面一定要加"不可"，这是一个固定的句型，不这样做便可能"恰成颠倒"，"谓予不信，请观孙中山、鲁迅、戴季陶诸公作品"。殊不知，语言是发展的，包括句型在内，并非一成不变。为了突出表达时的感情强度，"非……不可"在语言实践中，其实已经实现突破。70年代后期，吕叔湘先生主编《现代汉语八百词》时，便注意到了这一变化，明确指出，"口语中，'非……'后也可以不用'不可'等词"。80年代完成的《汉语大字典》则认为，在方言中，"非"不必按原句型配套使用，举例如"不行，我非去(一定要去)!"后面也没有跟上"不可"。90年代中期修订的《现代汉语词典》，显然又前进了一步，取消了"口语"或者"方言"的限制，有"不可"和无"不可"平起平坐。

并非都是
"孤烟"

冯文孝

贵刊1998年第7期《"大漠孤烟直"一解》一文,对"孤烟"不是"烽火与狼烟"而是"戈壁或沙漠中的旋风"的解释挺有说服力。但文中说"大漠中的旋风,总是单个的",恐与事实不合。

笔者曾在新疆工作,经常出入大漠,穿行戈壁滩,亲眼见过旋风。

这些旋风一般不大,直径一两米的样子,有的是单个出现,有的则不是。1992年8月的一天,笔者从库尔勒到阿克苏的路上,甚至见到了五个旋风同时出现的奇观。这五个旋风相距并不远,恰似一个"旋风小组"。远远望去,就像五根黄烟柱。

唐朝诗人王维看到的可能是远处的一个单个的旋风,三四个旋风同时出现的景观他可能没看到过,也可能看到了而在《使至塞上》这首诗中没写。但是,我们不能据此说大漠或戈壁滩中就没有好几个旋风同时出现的情况。

"非"共列了七个义项,第五个义项是:"跟'不'呼应,表示必须",如"要想做出成绩,非下苦功不可"。这是伍先生肯定的句型。第六个义项则是:"必须;偏偏",举例同《汉语大字典》的"不行,我非去(一定要去)!"不加"不可"。《大河报》正是取后一种用法。"本是一母同胞,非说关系特殊",也就是"本是一母同胞,偏说关系特殊"。请问伍立杨先生,这和"表达之本意"难道是"颠倒"的吗?

说老实话,笔者并不太在意词典里怎么说,而更看重的是实际表达效果。细心体会,有"非"而无"不可"的,这个"非"字往往会被读成重音,使后面的动词得到强化。比如"我非去",语气显得斩钉截铁,"去"的决心不容置疑;而说成"我非去不可"当然也可以,但不如前者急促,干脆,气氛有所减弱。同理,《大河报》制作的标题,"非说关系特殊"也突出了那种强调的作用,前面既已点明"一母同胞",后面这种强调便更能揭露台湾当局的强词夺理、无理取闹;"非说特殊不可"似乎有一点一定要说、不得不说的味道,和"所欲表达之本意",也许倒反而有一点距离吧。

新意盎然的"绿色"

余双人

"绿"或"绿色"本来是语言中的基本词、常用词,可以说是用不着解释的词。一般人(包括小学生)大概不会因为不知"绿"是何义而去查词典的。难怪《现代汉语词典》的词条"绿"下面,第一句话只说"像草和树叶茂盛时的颜色",第二句话才说"蓝颜料和黄颜料混合即呈现这种颜色"。我们平时常说的"绿化、绿茶、绿豆、绿油油、绿生生、青山绿水、红灯绿灯、绿衣使者(指邮递员)"中间的"绿",都是这个意思。

可是,时尚词语"绿色"却另有所指。绿色食品、绿色餐具、绿色服装、绿色家具、绿色照明、绿色包装……连上海东方广播电台也在每天19~20点开设了一档"绿色音乐调频"节目,这些"绿色"作何解释呢?在《现代汉语词典》,或在目前常用的工具书上,恐怕是找不到现成答案的。据我们考察,"绿色"已经拥有了"健康""环保""安全""生命"这几个互有联系的引申义。

"绿色"表示健康。"绿色食品"就是健康食品。所谓"绿色食品",当然不能跟"绿颜色的蔬菜"划等号,它是指无污染、无公害的优质营养食品。绿色食品种类繁多,除了蔬菜、瓜果,还包括肉、奶、蛋、酒、饮料、调料、粮食等,甚至包括罐头食品。"绿色电视"在显像管中安了防辐射装置,"绿色照明"能有效地保护视力,"绿色建材"和"绿色家具"要求无毒害、无放射性,都是为了人体的健康。

"绿色"表示环保。保护生态环境是现代社会关注的热点。"绿色交通工具"指的是在行驶中对环境不发生污染，或只发生微量污染的交通工具，如电车、地铁、轻轨铁路、液化石油气汽车、电力助动车等。《文汇报》1999年7月5日报道："首批绿色环保车驶上申城街头，有害尾气排放量微乎其微。""绿色洗涤法"是使用臭氧的洗涤法，既清洁，又消毒，不会造成二次污染；不像使用含磷洗衣粉那样，其废水到处排放，污染环境，恶化水质，导致鱼虾死亡。

"绿色"表示安全。"绿色服装"采用"绿色面料"，强调天然成分（纯棉、纯麻、真丝等），透气性能好，不刺激皮肤，又经过抗菌技术处理，安全卫生。"绿色疗法"是对高血压症采用无电、无磁、无药、无副作用的安全医疗方法。

"绿色"表示生命。健康、安全、环保，集结到一点，便是生命。据《文汇报》1999年7月21日报道，医院要为急诊病人开辟绿色通道，及时组织抢救。可见这儿的"绿色通道"就是生命通道。该报1999年7月26日另一则报道称，上海有999（谐音"救救救"）家药店，药房挂起"绿十字"灯箱，这"绿十字"正是生命的象征。

"绿色"怎么会跟健康、环保、安全、生命这些意义挂起钩来呢？其源头还在英语。上海译文出版社《新英汉词典》第549页："green revolution 绿色革命（指在农业生产方面的改革）"。很明显，"绿色革命"是直译，括号里的才是确切的含义。民以食为天。生产力和科学技术空前发达的20世纪，困扰了人类几千年的饥荒问题本应得到解决。然而由于人口大幅度增长等多种原因，世界上许多国家和地区依然一再发生粮食危机，饥荒竟成为头号杀手，夺去了无数人的生命。于是就有了依托先进科学技术的"绿色革命"（green revolution）。从60年代到70年代，在亚洲、非洲和拉丁美洲的许多发展中国家，推广优质高产的水稻和小麦品种，产量平均提高60%，对于缓解粮食危机，起到了显著的作用。不言而喻，这一次"绿色革命"，就是保障人类生命的革命，而增产粮食，如水稻、小麦等，都离不开"绿色"。这样，"绿色"与"生命"就紧紧地联结在一起了。

此外，类似"绿色革命"的直译还有很多。像"绿色食品"译自 green food；"绿色消费"译自 green consume；"绿色建材"译自 green building materials。如此等等，不一而足。这一语言现象正是全世界科学技术发展迅猛、交流频繁的必然产物。

"猎头"：

寻觅高级经理人才

戴梦霞

伴随着改革开放的进一步深入，海外的新科技、新产品、新文化、新思想如潮水般涌入，相应地，表达这些新事物、新概念的新词语也接踵而来。"猎头"就是其中之一，如：猎头公司，猎头人，猎头产业，猎头咨询服务，猎头业务，猎头市场，猎头排行榜等。大批成熟的高级职业经理人才的涌现，是国际猎头公司进入中国的基础。当大大小小的猎头公司在神州大地破土而出的时候，"猎头"一词也越来越频繁地出现在我们的生活中。

"猎头"一词直译于英语"headhunter"。根据《朗文当代英汉双解词典》的解释，"headhunter"是个名词，共有三个义项：①是指"取人头作战利品的人"；②是指"提供高薪以争聘特殊人才的人"；③是指"喜欢跟显赫人物同进出的人"。这三个义项中，"取人头作战利品的人"应视为"猎头"的本义。此后在

"猎"的"猎取"义基础上衍生出"搜索、搜寻"的意思，由"头"又联想到"头领""头目""头头儿"等，据此引申为"猎头"的第二个义项。汉语引进"猎头"一词，实际上只采用它的第二个义项，其他两个义项完全没有涉及。例如：

（1）由于市场竞争不断加剧，目前"猎头公司"的竞争已趋于白热化，按国际惯例收费已成为"猎头公司"的美梦和奢谈。（《新闻报午刊》1999年10月11日）

（2）很多中国的中型城市没有猎头是因为国际公司需要的人才还没有成长到经理级别。当人才已经成熟了，并且市场有需求了，猎头业务才会出现。（《中国企业家》1999年第10期）

"猎头"进入具体语境后，其所指也有所分化。首先，可指从事"猎头"服务的人，也即现在的"猎头人士"，如：

（3）北京电视台的一个经济栏目邀请他参加一个节目。节目的大意是将资深猎头和高级经理找到一起，讨论如何跳槽，如何加薪等职业技巧。他拒绝了邀请。（《中国企业家》1999年第10期）

其次，还可指称经营"猎头"业务的专门性机构，即"猎头公司"：

（4）根据智联公司（zhaopin.com的所有者）总经理罗伯特·张的回忆，1993年进入北京的雷文公司（英资）是京城第一家猎头。（《中国企业家》1999年第10期）

甚至可延伸至整个"猎头"行业：

（5）首先，保密性是猎头最重要的行业特色。任何候选人跳槽意向的消息都可能对候选人造成伤害。（《中国企业家》1999年第10期）

但是，"猎头"一词在越来越多地介入中国经济生活的同时，其语义也不可避免地受到中国国情的影响而不再拘泥于其最初的使用范围。从有关的英文专业资料中得知，严格地说，"猎头"应被限定为"高级经理人搜索公司"，在英语中还有一个比较正式的说法："executive search firms"，它有别于一般的职业中介机构。我们平时所谓的职业中介机构仅为找工作的人找到合适的工作而已，而"猎头"或"猎头公司"则是为客户委托招聘的职位提供合适的人选，而这些职位所要求的决非等闲之辈，而是成熟的高级职业经理人才。猎头公司因其特殊的行业地位，对媒介曝光非常谨慎，因此少有为搜索候选人而在媒体上刊登广告大肆招徕的，其搜索渠道除了咨询人员的社会渠道和候选人的推荐外，主要靠完备的行业数据库，这也是专业猎头公司收费高昂的原因之一。"猎头"进入中国后，这些最初的鲜明的行业特色正逐步淡化，其猎取对象已不再局限于"高级经理人才"，而迅速向各人才领域渗透。近年来，国内市场竞争不断加剧，能坚持按国际准则行事的猎头公司日益减少，大多数猎头为在激烈竞争的人才市场中占有一席之地，被迫自降身价，与通常意义上的人才中介机构几乎已无甚差别。最近就屡有将"猎头"等同于"人才中介"的文字见诸报端。如：

（6）据笔者统计，目前经政府部门批准的人才中介机构仅100多家，而那些非法机构的数量已达1000余家之多。到2000年，这类"猎头公司"的总数可能突破2000家。（《新闻报午刊》1999年10月11日）

这究竟是"猎头"一词的误用，还是

"霸"族新词

曹志彪

近年来经常看到或听到"×霸"一类的词，归纳起来有这样两种类型：

1. 主要用于人，指某一行业的为非作歹之徒。如"油霸""电霸""煤霸""菜霸""鱼霸""路霸""车霸""血霸"等。它们通常是由一个与某行业相关的语素加上一个"霸"字构成的。

2. 主要用于商品，指称某一产品系列。如电视机中的"彩霸""视霸"，空调中的"凉霸"，电脑多媒体解压软件中的"解霸"，英语学习软件中的"词霸"，音响中的"声霸"，方便面中的"面霸"，还有清洁卫生用品中的"洁霸""净霸"，等等。这些一般是由表示某类产品、某种功用的语素再加上一个"霸"字构成的。

对于目前不断出现的这两类新词，人们有不同的看法。对于前者，人们使用起来觉得顺理成章、非常自然，而对于后者总感觉有一种过于张扬的"霸气"，难以接受。

人们对"电霸"一类用法觉得比较容易接受，主要是长期以来对"霸"的使用习惯使然。以仁义治天下的为"王道"，以武力、刑罚、权势治天下的为"霸道"。"霸"由此生发出了行事蛮横、不讲道理的意思，带有贬义色彩。"霸"在"霸占""恶霸""横行霸道"等一些词语里用的就是这一意思。特别是到了解放后，在较长一段时间里，国内斗"恶霸"，国际上反"霸权"，政治斗争非常激烈。以

"猎头"融入现代汉语后的约定俗成的变革?让我们拭目以待，相信时间会给我们答案。

最后有一点要补充的是，由"猎头"还生发出一个新颖别致的"旧词新用"——"猎人"；它并非原来意义上的靠打猎为生的"hunter"，而是特指猎头公司的从业人员，由"猎头人""猎头人士"简化而来：

(7) 熬到一年的时候，有个小小的猎头公司希望我去做他们的"职业猎人"，可是老爸死活不让我去一个只有两三个人加两三台电脑的小公司。(《劳动报》1999年10月10日)

致自然而然地形成了沾"霸"必臭，凡带"霸"字的东西都为人们所深恶痛绝的状况。因此那时"霸"几乎都是用作贬义的，而且一度没有什么用"霸"构造的新词出现。

而"彩霸"之类的名词一经流行，人们便纷纷撰文批评它们是"粗野的""杀气腾腾的"词语。但在一片"何必称霸"的指责声中，仍不断有人称"霸"，这又是为什么呢？

首先，"霸"字原本具有常为人们忽视的非贬义的一面。"彩霸"之类的"霸"根本没有贬义色彩，否则人们不会争相使用。其非贬义用法并非港台的创举，汉语中古已有之。"霸"原指诸侯中的强大者，春秋时期各国争做霸主，出现了"五霸"，秦末时项羽也自称"西楚霸王"。由此义又引申为"超过别人"。这些义项决没有贬义，甚至带有褒义色彩。如刘勰《文心雕龙》："才为盟主，学为辅佐，主辅合德，文采必霸。"温庭筠《过陈琳墓》："词客有灵应识我，霸才无主始怜君。"现在"霸"也有非贬义的表示"超过他人"的用法，像"软件行业的霸主""称霸世界足坛"等。而产品系列名"某霸"的大量出现也正是重现了"霸"的"超过别人"这一意思，目的是暗示自己产品的质量好、功能强，非他人可比。

其次，社会需要为它的流行提供了外部动力。在竞争日趋激烈的市场经济中，产品生产者普遍存在着互相攀比、争强求胜的心理。曾经一度泛滥的"部优""国优""最好""最佳"等字眼儿，由于《广告法》的颁布而不大能见到了。但人们那种表示自己的产品质量优于别人、功能强于别人的愿望还是存在的。借用或模仿港台的"某霸"来作为某产品系列名，就成了一条可供他们选择的表达这个愿望的途径了。

在张扬个性成为时代潮流的今天，这点"狂"似乎并不成其为问题。但如你也叫"霸"，他也叫"霸"，用得过多过滥，则很难给人好的印象。

关于产品系列称"某霸"，还有一种有趣的现象，即产品的身份会发生一些微妙的变化。比如"浴霸"，最初的名称叫"暖浴器"，只能供浴室取暖用，后来发展成了集取暖、照明、换气等多种功能于一体的电器设备，而"暖浴器"这一名称只反映了它的一项功能，"浴霸"正好可以利用"霸"字来表示功能全面的特点，弥补这一缺陷。因此，现在凡是浴室使用的具有这多种功能的电器，人们都叫"浴霸"，而"暖浴器"就很少有人叫了。这样，产品系列名就演化成产品名了。——这是一个特例。

一位优秀的文学翻译家应该是具有特殊禀赋的语言艺术家。这禀赋表现在相互关连的两个方面：首先是语言上的敏锐的感受力，对原文体贴入微，善解人意，以至心心相印；同时还需要具有高超的表达能力，把他从原著字里行间所感受到的，曲尽其妙地转换成本国语言表达出来，做到和原著声气相通，口吻宛然。有没有这样的禀赋，这样的语言修养，咬文嚼字的功力和火候，拿出来的译品是大不一样的。

这里试以狄更斯的名著《大卫·考坡菲》中两段译文为例。这两段文字，都是以低班小学生的口吻，诉说在黑店学校里心灵、肉体上所遭受的粗暴的摧残和虐待。第一段原文为：

　　bent his eyes upon me, as if he would have burnt me up

《大卫·考坡菲》的两段译文

方 平

with them.（第六章）

先看董秋斯先生的译文："把他的眼睛盯在我身上，仿佛要用他的眼睛把我烧掉。"译文嫌生硬，读来使人纳闷：用眼睛把我烧掉？怎么个烧法呢？有些讲不通。

再读张谷若先生的译文，感觉就不一样了："把眼睛一直瞅着我，眼里冒出火来，好像要把我烧化了似的。"

译者不仅吃透原意，进入了小说的特定境界，而且充分估计到原文跳跃式的句法给译文造成了表达上的困难，不能依样画葫芦地照搬过来，陷入上气不接下气的困境，为此他引进了原文所没有的过渡句："眼里冒出火来"，这样，原文"要把我烧化了似的"有了照应，上下文就有机地衔接在一起了。读来舒畅通顺，那个黑学店老板当时狰狞可怕的神态如在眼前。

耐静和善磨

——译余断想(三)

周克希

11. 汪曾祺先生说他写《徙》，原来是这样开头的："世界上曾经有过很多歌，都已经消失了。"出去散了一会步，改成了"很多歌消失了"。汪先生说，"我牺牲了一些字，赢得的是文体的峻洁"。

我总觉得，译文同样也是改出来，磨出来的。

12. 林疑今先生译海明威的 A Farewell to Arms，译本再版多次。

小说第19章里提到一个"来自旧金山的意大利人"爱多亚。1940年的译本《战地春梦》里，人家冲爱多亚说："你不过是个旧金山的洋鬼子。"

1957年(新文艺版)和1980年(上海译文版)的译本《永别了，武器》里，这一句都作："你不过是个旧金山的外国赤佬罢了。"

1995年(上海译文版)的译本

另一例是：

they were too much troubled and knocked about to learn. (第七章)

他们受了太多的妨害和打击，无法从事学习了。(董译)

他们整天价挨打受罚，哭还哭不过来，痛还痛不过来，哪里还顾得学习。(张译)

很显然，张译比董译高明，二者的功力不是在同一水平上。董译只是按照英汉词典所给的释义，简单

化地译成："太多的妨害和打击"，没有一点形象思维的介入，译文不免显得苍白乏味；再加上"妨害""打击"两词的译法也有可斟酌之处。张译没有把"too much"(太多)这一极普通的词儿轻易放过，而是掂了它的斤两，发掘了它丰富的内涵，作了合理的发挥，给予具体化的描述："哭还哭不过来，痛还痛不过来"，于是此情此景跃然纸上。

《永别了，武器》里则作："你无非是个旧金山来的意大利佬罢了。"

13. 鲁迅先生翻译的《表》，最初发表在《译文》上。当时，他把其中的一个词译成了"怪物"。后来出单行本时改为"头儿"。事隔半年，才知道这两种译法都不对，应该译作"偷儿"，亦即沪语中的"贼骨头"。为此，他特地给《译文》写信更正。

14. 高克毅先生以译《大亨小传》著称。(原名 The Great Gatsby，大陆通常译作《了不起的盖茨比》。)三年前，他写了一篇《〈大亨与我〉——一本翻译小说的故事》，里面"不打自招"，披露了译本中一个"绝大的'事实错误'"。

小说第7章里，有这么一句："记得那次我从'酒钵号'游艇把你抱上岸，不让你鞋子弄湿，你那时没爱我吗？"高先生说，他从"鞋子弄湿"想当然地以为 Punch Bowl 是一条游艇。"我一时懒于查书或请教高明，弄出个'酒钵号'游艇，完全是瞎猜，自以为八九不离十；书出后不免怀着鬼胎，但始终也没设法去追究。"

后来，高先生去夏威夷，碰巧看见了公路指示牌上的 Punch Bowl，"大吃一惊"。问过朋友，这才明白 Punch Bowl 是火山遗址，位于著名的旅游胜地加比奥兰尼公园。

如果《大亨小传》有机会再版，高先生想必是会把这艘游艇换掉的。

15. 杨万里诗云："长壕无事不耐静，若非织绡便磨镜。"耐静二字，让我想起草婴先生说的一段话："从事我们这项工作，有一条相当重要，就是甘于寂寞。……你关在屋子里默默地爬几年，甚至几十年的格子，理解你的人，或者了解这个情况的人，有时候并不是很多的。你应该咬紧牙关，甘于寂寞。"他还说，"你必须忍受这方面的寂寞，这方面的清贫，否则你就很难把自己所有的时间、精力集中到这项工作上去，更不可能把毕生的精力都集中到这上面去。这是我的体会。"

可惜，浮躁成了一种时髦的流行病。时下坊间的不少译本，出自此病患者之手。

16. 梁实秋先生译毕三百万字的《莎士比亚全集》后，在一封信中说，翻译《莎士比亚全集》须有三个条件：(一)其人无才气，有才气即从事创作，不屑为此。(二)其人无学问，有学问即走上研究考证之路，亦不屑为此。(三)其人必寿长，否则不得竣其全工。

董桥先生认为这话"幽默"，"自也说出没说的话，有点不尽之思"。是为至言。

『无毒不丈夫』之我见

河村

电视剧中常出现这样的镜头:坏人做恶事之前,常会咬牙切齿地说一句:"量小非君子,无毒不丈夫!"小说《红岩》也用了这句话:"徐鹏飞……心里不禁浮现出一句被他奉为经典的格言:量小非君子,无毒不丈夫!"于是,一个心狠手辣却还自以为有"君子"之风、具备"大丈夫"品格的刽子手的形象便跃然纸上。但是,"不狠毒"怎么就不是大丈夫呢?莫非当今社会上某些"成功者"们奉行的"厚黑学",当真有几分道理不成?

诚然,对仇敌是要痛恨的。中国最早的诗歌总集《诗经·小雅·巷伯》中已有"取彼谮人,投畀豺虎"的诗句,意思是:抓住那污蔑陷害别人的家伙,把他扔给豺狼虎豹。连文天祥也说"袖中若有击贼笏,便使凶渠面血流"(《指南录·纪事》)。意思是:手中要是持有朝笏,就用它来打奸贼,让大坏蛋满脸流血。这都表达了对坏人的无比憎恨。人们决不会因此就责备编《诗经》的孔夫子凶残歹毒,爱看老虎吃人;也不会认为文天祥主张暴力、爱好打架。这是中国人爱憎分明的传统美德,一点儿也不沾"毒"气儿。"无毒不丈夫"实在令人费解。中国传统的教育思想一向是主张气量宽宏、待人厚道的。《尚书》云:"有容德乃大";《易经》云:"君子以厚德载物";明代学者冯梦龙干脆说:"能容小人,方成君子。"(《增广智囊补》)遍查诸子百家之言,从来没有人主张气量狭小,鼠肚鸡肠,待人凶残,心狠手辣的。那么,"量小非君子,无毒不丈夫"到底是什么意思呢?

从古汉语的表达方法看,这是一种特殊句法:"互文"。其特点是上下句互相衬托、互相补充。上句的"君子"与下句的"丈夫"词义相近,根据"互文"原则,上句的"量小"与下句的"无毒"文义也应该相同或相近,决不会相

"莫须有"另有他解

周建成 冯汝汉

《咬文嚼字》1998年第3期刊发了刘绪源先生《想到"莫须有"》一文，文章引金性尧先生《莫须有的原意》，说"莫须有"的"莫"是"谅必"或"或许"之意。《辞海》亦释"莫须有"为"恐怕有、也许有"。刘先生又以宁波方言为佐证，则立论更为稳当，自可备一说。不过，据拙见，"莫须有"似乎尚有胜解。

为讨论方便，有必要先引录相关原文：

狱之将上也，韩世忠不平，诣(秦)桧诘其实。桧曰："(岳)飞子(岳)云与张宪书虽不明，其事体(罪行)莫须有。"世忠曰："莫须有三字何以服天下？"(《宋史·岳飞传》)

释"莫须有"为"不须有"或"不一定成立"固属望文生义，不合奸佞口吻。但解作"或许有""恐怕有"，也还是有破绽：韩世忠出于"不平"，怒气冲冲地上门诘问诬陷岳飞之事，秦桧若对以"或许有"之类的含混之辞，岂不是贻人口实吗？清代考据家俞正燮就认为"或许有"之解不妥，他在《癸巳存稿》中辩说道：

反。"量"的意思是气量、胸怀，一望可知，很难产生歧义，问题就出在这个"毒"字上。"毒"字的毒害、毒辣、凶狠、厉害一类意思，在这句格言中，用哪个意思都说不通。既然"量小"的意思是气量狭小，那么"无毒"的意思决不可能是"不毒辣"。《说文解字》："毒，厚也。"段玉裁注："毒兼善恶之辞。……《易》曰：圣人以此毒天下而民从之。……谓厚民也。"原来，"毒"的本义是"厚"。《易经》上那句话的意思是：圣人以此厚待天下人，老百姓都顺从他。"毒天下"决不是毒害天下人，而是厚待天下人。"厚民"就是对人民宽厚有恩。"毒"的本义是"厚""多"，引申为猛烈、暴烈，进而为毒害、毒辣等。所以段注说它是"兼善恶之辞"。这在古书校读中叫做"反训"。在这句格言中，"毒"字用的正是其本义，"无毒"即"不宽厚"，这与上文"量小"即"气量狭小"之义完全相同。那么，"量小非君子，无毒不丈夫"这句"互文"完整的意思就是：气量狭小，不宽厚，就不是君子，不是大丈夫。这才是这句格言的真正含义。

3—28

（秦桧）为韩世忠所诘。桧言，其书已焚，书虽不明，其事体莫须。"其事体莫"为一句，"须有"为一句。盖（秦）桧骄蹇，反诘（韩）世忠，谓"其事体莫"，示若迟疑审度之，而复自决言"须有"。

俞氏将"其事体莫须有"六字从"莫""须"之间断开，成为"其事体莫，须有"，译成现代汉语就是："他的犯罪事实么？当然有。"也有将"莫"译作"嘛"的。"莫"作语气词用，俞氏找了一些例证。如"文莫，吾犹人也（写文章嘛，我也同别人一样）"（《论语》）。"阳（古地名）不克莫，将积聚也（阳攻不下来嘛，是因为将领太多了）。"（《左传》）如果将"莫（嘛）"字用拖腔读出，此解倒颇形象生动。

不过，俞氏之见也有漏洞。因为这一训释讲通了秦桧的话，却讲不通韩世忠的诘问——"莫须有三字何以服天下"。如果秦桧的话确实是将"莫"与"须有"断开的，韩世忠又怎么可能误将"三字"视作一个整体呢？俞正燮忽略了"莫须有三字"出自韩世忠之口，实在有点顾头不顾尾。其实，"莫须有"就是应当有，当然有，其中的"莫须"乃同义复词。"须"作"应当"讲无需赘证。"莫"作"当""应当"讲，虽不见于工具书，不过这种宋代口语用法却保留在有关资料中。如《靖康传信录》："李纲莫（当）能将兵出战！"彭龟年《劝输租》："佃氓输课稍逡巡，排日呼来不厌频。课取私家催米意，莫（理当）憎门外督租人。"这些"莫"字，讲成"当""应当""理当"理顺意畅。"莫须"连用的例子也能找到一个。王巩《清虚杂著》："见金紫人至，次绿衣人，次朱衣人，皆坐。金紫人即呼妇取纸，语二同坐曰：'误勾，此人来矣。'绿衣人曰：'已来，将奈何？'朱衣人曰：'既误，莫须（应当）放回。'"朱衣人是说：既然误勾了这人的命，就应当放回人间去。"莫须放回"即"当然要放回"，解为"谅必放回"或"许放回"则不成话。

现在来看《宋史·岳飞传》中的那段记载，就焕然冰释了。韩世忠当然知道量刑判罪要以事实为依据，他从"飞子云与张宪书虽不明"中看出秦桧并未掌握给岳飞定罪的具体罪证，所以对秦桧一手遮天、一言封口的做法极为不满，马上诘驳道：光是"当然有"（或"应当有"）三个字而拿不出真凭实据，又怎能使天下人心服呢？细辨之："谅必（或许）有"潜台词的另一面是"或许没有"（这是对付不过去的），"当然有"则是肯定其"有"，只是因某种原因暂时"秘而不宣"（或不便公开）。揣摩秦桧被诘问的处境，也宜作"当然有"。

万木丹先生认为:"水耕火耨"系"火耕水耨"之误(《咬文嚼字》1999年第8期)。论出处书证,万先生是对的。但我以为,若论实事求是,"火耨"与"水耨"二者皆非。

诚如万先生所说:"火耕水耨"典出《史记·平准书》。文曰:"天子怜之,诏曰:'江南火耕水耨……'"裴骃集解引应劭注曰:"烧草下水种稻,草与稻并生,高七八寸,因悉芟去,复下水灌之,草死,独稻长,所谓火耕水耨也。"

该注文有两点值得注意:一、"火耕水耨"是天子诏书中语,不是太史公手笔。二、应劭的注文是否可信,他真知道"火耕水耨"是怎么一回事吗?

可以肯定,皇帝和诏书的捉刀人,都没有见过江南种稻的情形,不了解"火耕水耨"究竟怎么耕,怎么耨。至于应劭,的确博学多才,但他出身官宦之家,不知稼穑之劳;又是北方人,未必到过江南,所以

"火耨""水耨"两皆非

刘 金

并不真知"火耕水耨"的底蕴,却要恃才逞能,强作解人,就只好驰骋想像,望文生义。你看他这个注文,颠三倒四,上气不接下气,弄得现在的点校人没了办法,全注八句,只好一"逗"到底。你看:一开头,"烧草下水种稻",这是说火耕呢,还是水耨?接着,"草与稻并生,高七八寸,因悉芟去",却又不说如何芟(耨)法,用水还是用火呢?再接下去,"复下水灌之,草死"。草不是"悉芟去"了吗?怎么又"下水灌之"?又"草死"?这就是"所谓火耕水耨"吗?纵观这个注文,从"烧草"始,中经"芟去",最后落脚于"水灌之,草死",让人怎么也不明白,稻田里的草,究竟是烧死的、芟除的,还是水灌死的?这样种水稻,究竟算是"火耕水耨"还是"水耕火耨"?

因此,鄙意以为,实事求是地说,"水耕火耨"固然不能成立(水稻田里的草当然不能用火耨),"火

耕水耨"也同样不能成立（水稻田里的草，水是耨不死的）。皇帝的诏书上这样写了，司马迁这样记载了，都没有用。后来，人们开始明白了这一点，把"火耕水耨"作了改动。首先是唐末有"江东第一才子"之称的浙西人罗隐，把"火耕水耨"改为"火耨刀耕"。他的《别池阳所居》诗云："黄尘初起此留连，火耨刀耕六七年。"诗中，罗隐全是写实。他说的"火耨"，不是汉皇所想象的"水耨"——用水芟除稻田里的杂草，而是把荒山坡上的杂草灌木放火烧掉作肥料，开垦种上庄稼。到宋朝，又一个浙江人陆游，把"刀耕火耨"改为"刀耕火种"，更合乎实际了。他在《雍熙请锡老疏》中说："水宿山行，平日只成露布。刀耕火种，从今别是生涯。""刀耕火种"一语遂定型，一直流传到现在。

半个字电报

林 文

一九三三年初春，当时在山东青岛大学执教的沈从文写信给姑苏城的女友张兆和，信中婉转地提出，要兆和的姐姐允和为他和兆和的婚事向父母提亲，并请求事成之后，早日通知他，让他『乡下人喝杯甜酒吧』。

张兆和的父母很快同意了这门婚事，接下来便是向沈从文发电报报喜讯了。张允和想到自己的名字『允』就含有同意的意思，于是就起草了这样一则电文：『山东青岛大学沈从文允』其中的『允』字两用，既表示婚事『允』了，又署了发报人的名字，张允和称之为『半个字』的电报。

有意思的是，张兆和对这份『半个字』的电报却不放心，怕沈从文看不懂，于是又悄悄来到电报局，递上一纸电文：『乡下人喝杯甜酒吧兆』。报务员却以为这是密码电报，坚决不收，张兆和涨红了脸，再三解释，说是喜事电报，报务员才勉强收下。

这『半个字』的电报和白话文的『蜜』电，后来在沈从文和张兆和的心中，成了天长地久的甜蜜回忆。

"他的舍弟"?

杜 哉

见一篇题为《板桥越狱》的文章，其中有一句："板桥曾给他的舍弟写信说"。大家知道，旧时谦称比自己小的时常加"舍"字，如舍弟、舍侄等。板桥也确实写过一篇著名的《范县署中寄舍弟墨》(30年代曾被选入高小《国语》课本中)，并把这封信编入《家书》示人，郑板桥当然可称自己的弟弟为"舍弟"。今人提到这封信，要么引用原题《范县署中寄舍弟墨》，要么说"板桥给他的弟弟写信"。但写成"板桥曾给他的舍弟写信"，那就不对了。

临渊羡"渔"?

陈业新 吴巧生

《中华读书报》刊载的《……建设中国出版业的大船》说："一旦新的竞争局面到来，一旦国际出版业大规模进入，人才竞争成本加大，那时临渊羡渔就为时已晚。"此处，不但把成语"临渊羡鱼"的"鱼"写错，文章在逻辑上也有问题。"临渊羡鱼"比喻只作空想，不从事实际工作，于事无补。作者言下之意与其以后"临渊羡鱼"，不如现在就开始"临渊羡鱼"。可是，网罗人才不能够限于"羡"(空想)，而在于实实在在的工作与努力。如果停留于空想，今天空想与明天空想又有多大的区别呢？

"齐恒公"的遗憾

马玉升

《新民晚报》曾刊登过《"挟天子……"该怎样读音》一文，指出"有关人员竟将一般中学生都能正确念出的'挟'(xié)字，念成两个不同的错误读音"，并两次对此表示了"遗憾"。然而就在这篇文章中，也出现了类似的错误，两次将"齐桓公"误作"齐恒公"。"桓"与"恒"是形、音、义完全不同的两个字。"齐桓公"为春秋五霸之一,这也应是连中学生都熟知的历史常识。

"闯祸"和"罹祸"

钱 行

"驾车撞死人　外逃又罹祸",这是《苏州日报》一条社会新闻的标题,讲的是一货车司机撞死一人后逃离现场,又在另一路段撞死一人,又一次逃离现场,过了20天才投案自首。

这"罹祸"一词用得蹊跷。按说,被司机撞死的人才是"罹祸"。"罹"是"遭受(困难或不幸)",标题中"罹祸"当改为"闯祸"才合乎逻辑。

"股"不是屁股

徐世英

1999年春节联欢晚会的相声《瞧这俩爹》中,冯巩将"锥刺股"解释为"用锥子刺屁股"。这种解释并非演员故意错解,以取得某种艺术

效果,因此有指正的必要。按,"锥刺股"源于《战国策·秦策一》,说的是战国时苏秦游说秦王,上书十次,不为所用,资用困乏,于是返归故里发愤苦读,困倦欲睡时,以锥刺大腿使自己清醒,后来果有所成,为六国之相。这里的"股"就是大腿,从古至今都这么讲。把"股"说成"屁股",实在是望文生义了。

鲁迅的臂有多大

周照明

《语文教学通讯》1999年第3期《巧妙提问,牵一发而动全身》一文中有这样一句:"尽管鲁迅先生是享誉世界的文坛巨臂……"这里的"巨臂"显然是"巨擘"之误。"擘"与"臂"读音和意思都不同,只是字形有些相似而已。

"巨擘"原是一个文言词,指大拇指,用以比喻杰出的人物。此词出自《孟子·滕文公下》:"孟子曰:于齐国之士,吾必以仲子为巨擘焉。"这是一个比喻,意思是说齐人中有仲子也就如同众手指中有大拇指。所以"巨擘"也就可以比喻杰出的人物或某一方面居于首位的人物。

容所见到的事物好到极点。

黄金寺村的干部为了骗取扶贫资金，弄虚作假，无中生有，这种欺诈行径是无论如何谈不上"叹为观止"的。

多余的括号

崔景元

1999年7月10日《人民日报》第4版中有这样的"参赛说明"："参赛者请将答案寄……李政放(收)"。

我认为这个括号是多余的，应该去掉，因为括号是用来注释行文中的某些词语或某个句子的。上述括号并不具有这样的用途，不符合信封的书写规范。

"叹为观止"的误用

金兴甫

1999年5月7日《杂文报》第1版《透过"羊相"看政绩》写道："湖北省房县窑淮乡黄金寺村，为迎接上级扶贫检查，把几个村的羊群集中到一起，以其规模效益骗取扶贫资金的报道，令人叹为观止。"

"叹为观止"出自《左传·襄公二十九年》：吴国的季札在鲁国观看乐舞，看到舜时的乐舞，十分赞美，说："观止矣，若有他乐，吾不敢请已。"形

美容寡妇

国玉纲

前两年，天津《今晚报》副刊上有一幅漫画《有感于电视广告》，将美容霜的"霜"错为"孀"。孀者，寡妇也。今戏作一打油诗：美容寡妇上广告，顿把读者吓一跳；一字之差卖活人，如此"幽默"吃不消。

乾隆成了"武大郎"

一　木

安徽卫视1999年4月7日播放戏曲片《乾隆下江南》。乾隆有句唱词，字幕打成"嗟叹人身何其短"，难道乾隆是三寸丁武大郎吗？他为何会自叹"身材短小"呢？

思索良久，才估摸出大概是字幕制作者将"人生"误为"人身"了。

辨字析词

28个被恢复异体字辨（下）

《现代汉语规范字典》编写组

澹·淡

澹 tán[澹台]tántái 名 姓。注意："澹"读 tán 时为规范字。

淡 dàn ❶ 形 味道不浓。❷ 形 特指含盐分少；不咸。❸ 形 泛 指（液体或气体中）所含的某种成分少；稀薄（跟"浓"相对）。❹ 形 感情、兴趣、印象、关系等不深；态度不热心。❺ 形 颜色较浅；不浓。❻ 形 生意少；不兴旺。❼ 形 内容少；无关紧要。❽ 名 姓。

䜣·欣

䜣 xīn 名 姓。注意："䜣"作姓氏用时为规范字，表示其他意义时，仍作为"欣"的异体字处理。

欣 xīn 形 喜悦；快乐。

薰·熏

薰 xūn 名 古书上说的一种香草。

注意："薰"表示以上意义时为规范字，表示熏香、熏染的意义时仍作为"熏"的异体字处理。

熏 xūn ❶ 动 食品加工方法，用烟火接触食物，使具有某种特殊的味道。❷ 动 烟、气等沾染、侵袭物体（使变色或沾上气味）。❸ 动 由于长期接触而受到影响。

讌·宴

讌 yàn 动〈文言词〉相聚叙谈。注意："讌"表示以上意义时为规范字，表示用酒饭待客和酒席的意义时仍作为"宴"的异体字处理。

宴 yàn ❶ 动 用酒饭款待宾客；聚在一起会餐。❷ 名 酒席。❸ 形〈文言词〉安逸；安乐。

晔·烨

晔 yè 形〈文言词〉兴盛；充满生

机。注意:"晔"表示以上意义时为规范字,表示光辉灿烂的意义时仍作为"烨"的异体字处理。

晔 yè〈文言词〉[形]明亮;光辉灿烂。

於·于

於 yū [名]姓。

於 yú 用于地名。如:於陵,古地名,在今山东邹平东南;於潜,旧县名,在浙江,1960年并入临安。

於 wū ❶古同"乌"。❷[於戏]
wūhū [叹]〈文言词〉表示赞美、感叹等。也作於乎。现在通常写作"呜呼"。注意:"於"在读 wū、yū 以及 yú 用于地名时为规范字,读 yú 作介词用时仍作为"于"的异体字处理。

于 yú ❶[介]引进处所或时间,相当

于"在"。❷[介]引进对象,相当于"向""对""给"。❸[介]引进来源、起点,相当于"从""自"。❹[介]引进行为的主动者。❺[介]引进方面、原因、目的。❻[介]引进方向、目标。❼[介]引进比较的对象。❽[名]姓。

慑·慑

慑 zhé [名]用于人名。注意:1955年《第一批异体字整理表》将"慑"作为"慑"的异体字予以淘汰。1985年《普通话异读词审音表》审定"慑"统读 shè,"慑"与"慑"不再存在同音关系。1986年重新发表的《简化字总表》确认"慑"用于人名时为规范字,类推简化为"慑"。

慑 shè [动]〈文言词〉恐惧;使害怕;使屈服。注意:统读 shè,不读 niè 或 zhé。

"率"耶？
"律"耶？

袁源

毛泽东与黄炎培在延安有个著名而重要的对话，如今援引甚多。据丁毅《肝胆照人情谊深——毛泽东与黄炎培》一文介绍，这个对话大体如下：

毛泽东问黄炎培，来延安考察了几天有什么感想。黄炎培坦率地说："耳闻的不说，所亲眼看到的，真所谓'其兴也勃焉，其亡也忽焉'。一人、一家、一团体、一地方乃至一国，不少单位都没有能跳出这周期率的支配力……中共诸君从过去到现在，我略略了解的了的，就是希望找到一条新路来，跳出这个周期率的支配。"毛泽东回答说："我们已经找到了新路，我们能跳出这周期率。这条新路就是民主……"（见《毛泽东和党外朋友》，邵康编，团结出版社出版）

这番对话中，几次提到"周期率"，我以为应改作"周期律"才无懈可击。当然，我不清楚最原始的记录到底是"率"还是"律"，但在我印象里，所见到的引文通常都是作"率"的。

"率"，就是比率，是两个数据之间的一种关系。比如，圆周率是指圆的周长与直径之比；出勤率是指实际出勤人数与应该出勤人数之比；增长率是指增长数与基数之比；生产率是指单位设备或设备的单位容量在单位时间内出产的合格产品的数量……"律"，是指法则、规章。比如，人为制订的戒律、法律，客观存在的规律、定律，等等。"周期"，是指事物经历一个过程回到原来状态所需要的时间。比如，地球自转一个周期是一个昼夜，叫做一天；公转一个周期是一个寒暑，叫做一年；哈雷彗星则以约76年的周期绕太阳运行。确切地说，周期无"率"可言，因为它只有一个时间数据，并无第二个数据与它相关。所以，它以称"律"为宜。比如，由门捷列夫揭示的元素的性质随着原子量的增加呈周期性变化，叫做"元素周期律"，而不是叫做"元素周期率"。

黄炎培以"其兴也勃焉，其亡也忽焉"言兴亡更迭过程之短促频繁，显然当概括为"历史周期律"或"兴亡周期律"。如果当年记录者于此有所思有所疑，与谈话者作一番切磋推敲，我想应该不难确定，中国共产党人走民主监督的新路，要跳出的不是"周期率"，而是"周期律"。

说说"哼"和"享"

过传忠

看，这是上海某报上登载的一幅漫画。画虽有趣，可画中的第一个字就写错了："哼"误写为"享"，未免大煞风景。

分不清"亨"与"享"也难怪，这两个字古时候就关系密切。最早只有"亨"字，它有三个意思：一是通、顺，二是贡献，三是烧煮。《康熙字典》中说："古惟亨字兼三义。后加一画作享，献之。亨加四点作烹，饪之。"到了现代汉语中，"亨""享"才不再混用。

"亨"仍保留顺通之义，"亨通""咸亨"都是常见的词。"烹"也是常用字，"烹饪""烹调"使用频率很高。"亨"作声旁的字不多，且都保留

eng 韵母。"哼"是动词，也可作叹词，还可构成一些象声词（如"哼哧""哼儿哈儿"）和叹词（如"哼唷"）。至于"哼哈二将"，则是佛教的两个守门神，一个能从鼻子里哼出白气，一个能从口中哈出黄气。另一个罕见的字"脝"也念 hēng，只和"膨"字构成"膨脝"一词，表示肚子胀，身体大。

"享"的字义似乎和古代换了个角度，由奉献转成了以"享有"和"受用"为主。

以"享"为声旁的字要比"亨"多得多，且不再保留 ang 韵母。

读音主要有两类：一类是 un 韵，如淳、醇、鹑、錞等都读 chún；"谆"读 zhūn；"埻"读 zhǔn，义为靶心；而"惇"（笃厚）和"敦"（诚恳）都读 dūn。特别是这个"敦"字，再作声旁，扩成了"墩""撴"（揪住）"蹾"（重放）和"镦"等好几个字，都读 dūn，而"镦"的意思是割去雄性家畜家禽的生殖器，如"镦鸡"，一般人很少写准确。

另一类是 uo 韵。"啳"读 guō，"郭啳"为山西地名，"椁"（外棺）读 guǒ，"廓"和"鞟"（去毛兽皮）都读 kuò。

词语误用例话（一）

楚山孤

话说"净身"

1999年11月5日《都市快报》刊有《女主持人叙述的悲情故事》一文。当女主持人"叙述"到"精心维护的婚姻大厦"终于"轰然倒塌"时，作者是这样记录的："1999年初，我结束了这场婚姻，几乎是净身出户。"

值得注意的是这"净身出户"四字。"出户"，通常没有这种说法，读来有点别扭，但大致还能表示离家、出门的意思，这点姑且不论；更成问题的是"净身"。作者用这个词，可能是想说明女主持人放弃分割财产的要求，除了孤身一人以外，几乎什么也没有从家里带走。作者想当然地认为这就是"净"。其实是望文生义。

"净身"的"净"，本为佛教用语，指破除人世的情欲。佛所居的世界，便称"净界""净国"。了断尘缘方是"六根清净"。后引申指男子去掉生殖功能。所谓"净身"，说得明白一点，就是阉割。明代大太监魏忠贤，当然是净过身的，杨涟在《劾魏忠贤二十四大罪疏》中，特地点出这一点："忠贤本市井无赖，中年净身，夤入内地。"

分明是一个"女主持人"，却说她是"净身"出户，未免有点滑稽。

"休止符"与"终止线"

1999年11月22日《新民晚报》刊有一则国内新闻，说的是哈尔滨最后一家生产"三寸金莲"鞋的工厂，在11月17日将"金莲"鞋楦送进了博物馆永久保存，作为"小脚女人"这一中国社会特殊群体已经成为历史的见证。编辑给这则新闻拟的标题是："小脚悲歌画上休止符"。

"休止符"是音乐术语，是乐谱中表示音乐停顿的符号。根据停顿时间的长短，可分为全休止符、二分休止符、四分休止符、八分休止符、十六分休止符、三十二分休止符等。问题在于，休止符表示的是音乐进行过程中的短暂停顿，即使如全休止符，至多也只是表示整个小节的停顿；休止符之后，将是乐声又起，演奏或演唱继续进行。休止符是整个演出的一个组成部分。说"小脚悲歌画上休止符"，岂不是意味着这双"小脚"在"歇脚"之后，还会摇摇晃晃地重新登上历史舞台吗？

当然，作者不是这个意思。"小脚"这一摧残妇女的畸形现象，已经永远成为历史。既然如此，画上的就不是"休止符"而是"终止线"。终止线一细一粗，同样也是音乐术语，但它表示的是整个作品的结束。

"问鼎"并非夺冠

美国世界级网球名将桑普拉斯在ATP总决赛冠军争夺战中，以3比0轻松击败他的老对手阿加西，第五次夺得总决赛冠军。1999年11月30日《文汇报》在报道这一赛事时，称"桑普拉斯第五次问鼎ATP"。

体育竞赛中获得第一名，可以用来指称的词很多，除了常见的夺冠、夺魁、夺金、夺锦之外，还可以说是高居榜首、独占鳌头、蟾宫折桂、执牛耳，等等；但就是不能说"问鼎"，尽管这一说法目前有蔓延的趋势。

"问鼎"这一典故，见于《左传·宣公三年》。楚庄王"伐陆浑之戎"，周王派人去慰劳，双方在交谈之中，"楚子问鼎之大小轻重焉"。"楚子"即楚庄王。大禹铸九鼎，夏商周三代视为国宝，鼎成了王权的象征。楚庄王问鼎之大小轻重，当然是醉翁之意不在酒，而在于周的王位也。所以后来便常用"问鼎"一词，来形容那些图谋夺取政权的野心家。

"问鼎ATP"，和觊觎王位无关，它用的是引申义，指争夺最高荣誉，已不含贬义色彩。《现代汉语词典》中有一相似例句："问鼎冠军"。必须强调指出的是，所谓"问鼎冠军"，并不是已经夺得冠军，而是存有夺得冠军之心。体育竞赛中凡用"问鼎"一词，都应该是在决赛之前。桑普拉斯已经戴上桂冠，仍说他"问鼎ATP"，至少是词不达意吧。

何故伸出"橄榄枝"

九强赛失利，国奥队解散，主教练霍顿的命运终于尘埃落定。不过，作为一名球迷，我总觉得还应该再给这位牛眼绅士一次机会。令人欣慰的是，报上传来了霍顿入主浦东惠而浦队的消息。《新民晚报》1999年12月14日有关报道中说："霍顿透露，在他卸任国字号主教练一职后，除浦东外，还有4家甲A都向他伸来了橄榄枝……"

"橄榄枝"这一典故，出自《圣经·旧约·创世纪》的第八章。诺亚放出鸽子，试探洪水情况，其时天下滔滔，鸽子无法落地，便又飞回方舟。七天以后，诺亚又一次放飞鸽子，晚上鸽子回来时，嘴里叼着一片橄榄叶，诺亚由此获知地上的洪水已退。后来，人们便把橄榄枝作为和平的象征。双方交战，一方求和，便可说伸出橄榄枝。过去我们揭露帝国主义，也常用这一典故："一手挥舞原子弹，一手摇动橄榄枝。"

上文所引的四家甲A球队，显然是向霍顿招手，希望他能出任主教练一职，而不可能是和他讲和，在绿茵场上停止交锋。既然如此，伸出橄榄枝干啥？1999年12月5日《都市快报》的《贝肯鲍尔向中国足协抛递"橄榄枝"》一文，同样是用"橄榄枝"，说的是贝肯鲍尔"明确向中国足协表达了加强足球合作、建立友好关系的愿望"，"足球皇帝"扮演的是友好使者的角色，这里的"橄榄枝"是用得对的，只是"抛递"一词，有点不合礼数。

语丝

赠盗

江舟

明代，苏州城里有一位以教书谋生的老者，名沈文卿。家境十分贫寒。一个冬天的晚上，他因寒冷而难以成眠。半夜，有小偷光顾，一无所获。颇其幽默感的老先生叫住小偷，说道："阁下大驾光临，岂能白跑一趟？赠您小诗一首吧！"说罢口占四句：

风寒月黑夜迢迢，
辜负劳心走一遭；
架上古诗三四束，
也堪将去教儿曹。

那小偷听后，竟"含笑而去"。看来，盗贼之中也不乏懂诗者。

该当·固执·迷人

——《现代汉语词典》指谬

黄理兵

在现代汉语中，"该当"是个助动词，它的意义和用法与应该、应当、应、当等比较接近。主要在动词前面作状语，而不能单独回答问题，也不能用在名词性的成分前面构成动宾结构。《现代汉语词典》修订本第401页对它的解释是："应当：～何罪？｜大伙儿的事，我～出力，没说的。"这里把"该当何罪"当成助动词"该当"的用例是不妥的。"该当何罪"是一个文言语词，意思是"应当承担什么罪责"，其中的"该"和"当"是两个词，意思分别是"应该"和"承担、承当"。把"该当"看成一个词，它和名词性的"何罪"的结构关系就无法解释，整个词语的意思也就不可索解了。出现这种失误，可能是编者对语料的甄别不够细致而望文生义。

"固执"一词的释义中也有这种

问题。《现汉》第454页："【固执】坚持己见，不肯改变：～己见｜性情～。"我们知道，"固执"是个形容词，可以受程度副词的修饰（如：十分固执），而不能带宾语。但是"固执己见"却是个动宾结构，其意思是"顽固地坚持｜自己的看法"，其中的"固执"的意思是"顽固地坚持"。形容词"固执"与动宾结构的成语"固执己见"在语义上的确有相通之处，但是毕竟不是一回事。我们不能一看到相同的词形就不加辨别地把它们当成同一个词。

类似的例子还有。如第872页："【迷人】①使人陶醉；使人迷恋：景色～。②使人迷惑：～眼目。"其实，"迷人眼目"的意思是"使人的眼睛迷糊、看不清"。也就是说，所"迷"的是"人（的）眼目"，而不是"人"，正如"误人子弟"所"误"的是"人（之）子弟"而不是"人"一样。从结构上来看，该词语的结构切分应该是"迷｜人眼目"而不是"迷人｜眼目"。同理，"拾人牙慧""仰人鼻息""耸人听闻"都是只能作一三切分，不能作二二切分。并不存在"拾人""仰人""耸人"这样的词语，所以也不存在表示"使人迷惑"这个意思的"迷人"一词。《现汉》应该把"迷人"的第二个义项删去，把它解释成一个单义词。

代 人 谦 虚

俞敦雨

某报前些年开辟了一个专栏，叫做"改革刍议"。"刍议"二字很快受到语言工作者的批评："这个词儿一般是用来谦称自己的立论的。作者认为自己学浅识寡，所提意见未必正确恰当，往往在标题之后加上'刍议'两字，表示自谦。作者自己这样说是可以的，但作为报社的编辑这样说就有点越俎代庖了。"（参见语文出版社《词语评改千例》第41页）像这类代人谦虚的词语错用，最近在其他报刊上也时有所见：

1. 上述两种提法，第一种是某省编教师参考书上的观点，第二种是一位普通中学语文教师的管见。（《语文知识》1999年第7期第11页）

2. 另有几篇虽然不能说它有多大的不是，却也不能说它就是新诗之极品，值得忝列"中国新诗12首"。（《语文学习》1998年第10期第7页）

"管见"同"刍议"一样，是谦词，是说自己就像从管子里看东西，看到的范围很小，见识很浅陋；而例1讲的是一位中学语文教师的观点，岂可称之为"管见"？例2的作者认为，中学课本中的12首新诗，作为教材多有不当，所以说某些篇目不值得"忝列"其中。殊不知"忝"也是谦词，"表示辱没他人，自己有愧"，如《后汉书·杨赐传》："臣受恩偏特，忝任师傅。"如果那些诗作确实选编不当，诗作者可以说"忝列"；别人又有什么必要代人谦虚，替人谢罪呢？下面一句代"物"谦虚的则更加滑稽：

生物学家告诉我们：地球上的生物以每天一种的速度忝列灭绝者的名单。（《文汇报》1997年6月22日）

生物灭绝，何辜何愧？"有愧"的该是没有意识到此严重后果的人类自身！

"标准答案"欠"标准"

黄文锡

去年3月14日中央电视台播放的"正大综艺"有个节目，要参赛者回答含"星"字的四字词语。参赛者未能答全，女主持人遂笑嘻嘻点破"标准答案"："还有'寥若星辰'！"

其实，这个答案并不"标准"：

"星辰"为"晨星"之误。"星辰"泛指星斗，它在晴朗的夜空显得密密麻麻，不计其数，故人们常用"繁星"来描述。当夜色将尽、晨光初露之际，除极亮的星体尚能被肉眼辨识外，其余的皆隐匿于视线之外，这时看到的不再是"繁星"，而是稀疏的"三两颗星"。"寥若晨星"就是形容稀少得好像早晨的星星。

应当指出的是，不单女主持人说错，大屏幕上同时显示的文字亦作"寥若星辰"，敢是出题的专家们事先也没准备好这个"标准"答案。

还是称"店庆"好

周德茂

国有国庆，厂有厂庆，店有店庆，校有校庆，由此引申，院庆(如科学院)、馆庆(如图书馆)、所庆(如研究所)、场庆(如农场)都无不可。

现今大型百货和食品商场有的唤作"商厦"，饭店、餐厅等饮食网点起名"府""廊""坊""吧""肆""楼""居""园"的更是比比皆是。不久前，北方某大城市的一个繁华商业区，一家名为"××商厦"的大型百货商场举办店庆活动，那凌空飘扬的巨大条幅上写的是"厦庆××周年"等文字。事隔不久，另一家"××风味食廊"也起而仿效之，并美其名曰"廊庆"。一先一后，一个"厦庆"，一个"廊庆"，惹得人们议论纷纷。

其实，举凡商业企业、餐饮服务企业，无论是叫"场""厦"，抑或是"府""廊"，都是"店"的延伸和形象化，都未脱离"店"的范畴。因此，名字千姿百态虽无不可，但遇到成立××周年之类的事，还是称"店庆"为好。

叠床架屋举隅

徐如顾

阅读报刊,时不时会遇到语义重复累赘、叠床架屋的现象:

1. 除此而外,据我的愚见,集子里的许多诗作的诗句的形成也很受了古典诗歌传统的影响。(曹文彪:《传统与现代的融合》,1999年8月8日《钱江晚报》)

2. 1961年周恩来总理、陈毅元帅在广州会议上公开为知识分子摘帽了,极"左"势力暂时退居幕后,文化知识界开始出现了活跃的气氛。"双百"方针的春风又再度吹回了大地。(赵青:《我和爹爹赵丹》)

3. 现在可以说,部分达到了我的原始初衷,可还没有到尽美尽善的程度。"(青汶《姜昆外传》)

4. 因而夏悲的文章也就给人一种耳目一新的全新感觉。(吕锦华:《从加拿大走来的夏悲》,1998年《随笔》第6期)

5. 徐家汇环卫所工人朱子成,在工作中,无辜遭人挨打不还手,把

青春献给环卫事业。(1998年8月5日《新民晚报》)

上述例子1中之"愚",《现代汉语词典》就有"用于自称的谦辞:~兄│~见│~以为不可"的解释和用法;自然与其前"我"重复。例2中,"又"就是"再度"的意思,可删去一个。例3中既称"原始"当然便是"初衷",两者也不宜连用,删去"原始"。第4例,关键是对"一"的理解,"一"在"一天星斗""一身冷汗""一路平安"等词语里,就有"满""全"义。毛泽东同志在《改造我们的学习》中道:"马克思列宁主义的普遍真理一经和中国革命的具体实践相结合,就使中国革命的面目为之一新。""一新"者,全新也。两者重复,删去"全新"。例5当中"遭""挨"都是遭受、遇到的意思,应去掉"遭人"。

写作当中,应瞻前顾后,深究一些词语的含义,这是防止叠床架屋的有效办法。

会客室

客人说

（一）

进入新世纪，祝新千年好！

今年（1999年）是20世纪的最后一年，尽管有人说2001年才是21世纪的第一年，但我认为此说不可取，曾写过好几篇文章陈述我的理由。

这一年我的工作重点仍放在研究中国共产党历史这个方面。我记得上一封贺年信上已经讲到吴敬琏对我提出的劝告，希望我不要受现实问题的诱惑，多花时间写回忆自己参加党内一些重要事件和接触一些重要党史人物经历的文章，认为这是别人不能代替我的事情。我认为此言甚是。因此继去年出版了那本《我亲历的那次历史转折》（它是写1978年中央工作会议和三中全会的）一书之后，今年接着想对1978年后胡耀邦担任中央领导职务直到他下台的那段历史具体地理出一个头绪来。为此也写了好多篇文章，但未能成书。在今年我还研究了某些党史中的带根本性的问题，并研究了若干党史人物。

今年我"压缩"了对某些现实问题的特别关心。但是有一些现实问题我还是不能不关心。去年在上海发表了一个关于中国现实问题的"中心的课题、重大课题、重要课题、一般课题、小课题"的五层次说。我认为中心课题只有一个，那就是如何"最充分地适应我们的时代"的问题。1996年我提出今天正处在世界历史大调整时期。1998年进一步提出更全面地分析这个历史大调整时代。在1999年并没有写什么，但一直热心这个问题的展开。

在现实问题方面，1999年我遇到一件在年初未意料到的事情，那就是在4月25日法轮功又到中南海院墙外显示力量后，反对伪科学受到了重视，我过去做过的工作受到社会的重视，使我在接受记者采访和写文章等方面，不得不投入一定的力量。我写了《反对伪科学八条》作为自己写作的纲领。

在这一年，我也特别关心了一下教育改革问题，希望能在我国从应试教育转变为素质教育的问题上尽一点力。今年生日前夕，我在一年一度的贺年信之外加写了一封信。在信中宣布今后我会在互联网上经

常发表言论。我想开一个《于光远谈教育问题》的专题栏目。　　于光远

（二）

《咬文嚼字》已成了我每月必读的刊物。这本刊物不仅给我带来了阅读的乐趣，而且使我在单位里成了一本"活辞典"，同事们一有争论不休的语文问题，都要让我来裁决。

让我觉得遗憾的是，经常买不到这本刊物。我是在附近的一家书店买的，不知是进货太少，还是卖得太快，等我买时，早已销光。请问：你们能帮我补齐吗？

　　　　北京市东城区　丁胜仁

（三）

《咬文嚼字》已伴随了我整整五年，第一次是在书店中无意发现的，如获至宝。立即掏钱带回，细细品味，合上书本，如橄榄满口余香，似甘酪回味悠长。此后每年四处寻觅她的芳踪，惜小城书店似茨火虫的屁股——没多大亮，有一期没一期。到后来我向编辑部邮购直至向邮局订阅，方解此恨。福建永安　张晓斌

于光远先生是我们的老作者，

他在本刊刚创办时，便热忱为我们写稿。每逢新年，他总要给我们寄来贺年信。现将信件刊载如上，以答谢于老对我们刊物的关心，并祝于老健康长寿。

丁胜仁先生提出的问题，我们几乎每天都要碰到。全国各地读者，或是来电，或是来信，询问本刊的订阅办法。现再公开答复一次：本刊已于今年1月交邮局发行，邮发代号为4－641。虽已过了收订期，邮局仍可补订。凡是漏订的刊物，也可以向我社邮购部补购。邮购部地址：上海绍兴路74号，邮政编码：200020。

顺便说一下，本刊天津发行部也可补购，该部还有下列语文图书，可供读者选择：

《辞海》（'99缩印本)沪辞书版　230元
《语海》（上、下）　沪文艺版　240元
《现代汉语规范字典》语文版　34元
《汉语成语考释词典》商务版　56元
《中华古汉语字典》沪人民版　65元
《报海拾误录》　奥林匹克版　25元
《编校改错必读》　湘教育版　17元

邮购以上图书，请将书款（另加15%邮费）汇至天津市八里台邮局9015信箱《咬文嚼字》发行部。邮政编码：300070，电话：022－23043252（一次性购书300元以上免收邮费）

　　　　　　　　　　　　编者

向你挑战

改 书 名

容 融设计

读书看报,常可见书名差错。下面十个书名,都见之于公开出版的书刊。你能将其中的差错一一改正吗?答案见下期。

抱扑子 〔东晋〕葛洪	客斋随笔 〔南宋〕洪迈	梦梁录 〔南宋〕吴自牧	南村缀耕录 〔元〕陶宗仪	坚匏集 〔清〕褚人获
癸已类稿 〔清〕俞正燮	康熙词典 	淮风月谈 鲁迅著	啼笑姻缘 张恨水著	管锥篇 钱钟书著

《烹饪词语》参考答案

炖、焖、煨、焐、熘、焗、熘、爆、煎、氽、汆、烤、焯、烙、烩、煸、熬、焙、烀、爆、涮、炝……

3—48

YOU
谁敢 "用"

ZHAO WE
ZHEN

用，基本意义是使用，如用水、用电。也可用作敬词，表示吃、喝，如请用饭、请用茶。万万没有想到，某单位厕所门上竟挂着 "用便后放水" 的牌子，把 "用厕" 称作 "用便"，未免幽默过头了吧。

闻 华

ISSN 1009-2390

03>

9 771009 239005

刊号：CN31-1801/H 国内代号：

定价：2.00元

2000
上海文化出版社
YAOWEN JIAOZI

咬文嚼字

第4期

窝?

"窝"字的规范写法应是"窝"。这且不去说它，"妹妹的窝"是什么所在？你能猜得出吗？下一期告诉你。

徐福庚 供稿

《放弃什么?》解疑

也许你会上了"自治"的当。所谓"自治"，是指民族、团体、地区等除了受所隶属的国家、政上级单位领导外，还可对自己的事务行使一定的权标语的设计者却把"自治"理解成了自由散漫、自张、自行其是……这些当然应该在"放弃"之列。样的理解只能算是"别出心裁"吧。

诗坛新秀

辛南生·文
麦荣邦·画

　　在某书店，见到一本《中国诗词实用大百科》。这其实是本古代诗词选集。浏览目录，除了屈原、李白、杜甫、白居易、苏轼、陆游、辛弃疾等人之外，还有两位文学史上从未介绍过的诗人：贾宝玉和林黛玉。这两位诗坛新秀的作品，原来都来自《红楼梦》。我想，若曹雪芹先生读到这本"大百科"，一定会大声疾呼："还我版权！"

咬文嚼字

2000 年 4 月

第4期

（总第64期）

出版：上海文化出版社
编辑：《咬文嚼字》编辑部
电话：021－64372608－205
邮购电话：021－64372608－251
地址：上海市绍兴路74号
邮政编码：200020

发行：上海市邮政局报刊发行局
订阅处：全国各地邮局
国内代号：4－641
国内统一刊号：CN31－1801/H
电脑排版：
　上海艺文激光电脑排版厂
印刷：上海翔文印刷厂
广告业务：
　上海文艺广告传播中心
电话：021－64431400
广告经营许可证：沪工商广字
　3101034000029号
　定价：2.00元

目　录

汉字的
拓扑性与测字

曹聪孙

记录汉语的符号——汉字是一个异常复杂的书写系统。汉字有的可以拆成许多"零部件"。由于汉字的表意作用，这些零部件又可以分别代表一定的语义。所以，分析和解释汉字就几乎成为一门学问。近年有学者认为，汉字具有一种拓扑性质，可以用拓扑学的方法来加以研究。拓扑学是理论数学的一个分支，它研究图形在拓扑变换下的不变性质，研究物体之间的位置关系。某些汉字结构中的声旁、形旁呈现出一种十分繁复的格局。比如，左形右声(河)，左声右形(顶)，上形下声(花)，上声下形(梨)，内形外声(问)，内声外形(病)。不过，这种繁杂的结构在多数情况下是位置固定的。例如"口"在"今"下是"含"字；"口"在"今"旁却是个"吟"字。"够""秋"之类可以互换偏旁的字，实在是凤毛麟角，而且规范后的汉字，这类偏旁也不能互换了。一个"口"字加一个"十"字可以组成"古、由、甲、申、叶"等多个字。在研究了多年之后，语言文字学家不得不承认，汉字的部首无定数、无定位、无定序，颇有一团乱麻、难以理清之势。加以汉字又音寓于形，义寓于音，这就更增加了理解它们的难度。汉字用了几千年，一直没有一个表示女性第三人称的习见字。一直到刘半农从古字里筛选到一个"她"字，才算结束了这种局面。有些汉字解释起来由于确有其事或者联想与巧合,令人感到新奇。"家"字就是屋子下边养着猪。有人考证这就是古人的生活方式。一位外国学者认识了"船"字以后大吃一惊:这不就是《圣经》里记载的诺亚方舟和舟上的八口人吗?呜呼!

多数汉字可拆可卸,这就形成了一种有趣的现象:测字或拆字。测字还逐渐发展成为一门技艺。回顾历史,这门技艺可令人不寒而栗。历史上的文字狱往往由于这种分析而形成惨剧。清代著名的查嗣庭案就因为他出了个考题"维民所止"被人告发为"维止"二字是去掉了"雍正"的"头"。于是定为叛逆,不少人被杀。流传至广的崇祯测字的故事更是这种拆字法的典型。崇祯得知李自成将攻京城,于是找钦天监为他测字。他先说一个"友",拆字人告诉他这叫"反叛出了头儿了"。再说一个"有"字,人家告诉他这是"大明江山去了一半"(指"大"字缺一捺儿,"明"字少了个"日")。再问"酉"字,结论是"至尊"的"尊"字斩掉了头尾。三个同音字分析出三种异乎寻常一致的结果,真是令人拍案叫绝。当然,这不过是后世的文人编造的故事。

这类拆字在近代还发展成为一种政治笑话。全国解放前夕,孙科出面组阁。人们为他测字,说他的"科"字是"欲和无口,欲斗无门",令人捧腹。给蒋介石测字,说他的名字是"艹将中一止"调整为"艹一将中止",正好蒋介石于1949年1月21日宣布"引退"。

字音和字形是词义的物质载体。具有拓扑结构的汉字,可以辐射至四面八方,让人产生五花八门的联想。自由联想的心理活动是颇为复杂的,而且又因人而异。如果这种联想再加上巧合,那么某些汉字的所谓神秘性便大大发挥出来,而分析的结果就会使人惊讶不已,叹为观止。如果是算卦的人为迷信的人去拆字,那么结果就不言而喻了。

汉字的优点很多。它具有超方言性、超时代性;有其智能性、稳定性和简约性。评价最高的是黎锦熙先生,他认为汉字的功劳是保持了汉民族语言的半统一半分化状态。如果没有它(当然还有统一的国家这一条件),汉语也许像欧洲语言那样,分化为大大小小互相不能交流的语言了。不过,汉字也有明显的缺点。它不直接代表语音,所以比较难写难认。至于上面提到的测字拆字的神秘机锋,又不是人人都可以领悟的了。

近日，因工作需要，翻阅了近20本有关病句评改的书籍。谁料想竟有好几本把如下的句子判为病句：

年龄大约在五十上下。

不远了，大概还有十里左右。

从名字来看，这几个人大抵出生在1958年前后。

大致要飞两三个小时才能到达。

约摸十六七岁吧。

为什么是病句？理由大体一致："××上下""××左右""××前后"以及"两三""十六七"都表示概数，而"大约（大概、大抵、大致、约摸、大约摸）"也表示概数，两种表示概数的方法一起使用，重复了，累赘了，只需要保留一种。比如第一句要删除"大约"，说成"年龄在五十上下"就行了。

上述说法好像很在理，因为——

在汉语中，两种表示概数的方法确实不能同时使用，例如"八十来岁左右"和"五六十公斤上下"，应该分别改为"八十来岁"或"八十岁左右"，"五六十公斤"或"五十公斤上下/六十公斤上下"。

在汉语中，有些动词确实不能与表示概数的词语同时使用，像"超过四五吨"和"不足三千人左右"都有语病，原因是"超过"这个动词要求后面数目的上限确定，"不足"这个动词要求后面数目的下限确定。如果后面是概数，则上限下限都无从说起。

然而，"大约"等词并不表示概数，而且跟动词"超过""不足"等也完全不同；它们是副词，只表示估计。既然是估计，"大约"等词的后面便既可以接确定的数，也可以接概数。比如，"大约要等三天"和"大约要等三四天"都是正确的说法，表意都很明确。后一例"大约要等三四天"中，表估计的"大约"和表概数的"三四"，各司其职，互不抵牾；合在一起使用，决没有重复、累赘的弊病。

"大约"等词后边接上概数的例句，在《现代汉语词典》中就有若干个，可作佐证："从这里到西山，大概有四五十里地。""他大约有六十开外了。""大约摸有七八百人。"

"大约"与概数

金東生

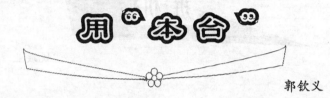

郭钦义

前些年，中央电视台播报新闻，往往在一则新闻结束时告诉观众"这是本台报道的"。不知从什么时候起，这句话改成了"这是中央台报道的"。上行下效，不少地方台也纷纷摒弃"本台"而代之以该电视台的名称，河南台说"这是河南台报道的"，山东台说"这是山东台报道的"。笔者认为，这种说法很别扭，也很不妥当。

称自己为"××台"，抹杀了说话的主体，不符合人们的接受习惯。以中央台为例，在播报别的新闻单位采编、报送的新闻时，当然应该说"这是××台报道的"，如"这是东方台报道的""这是中国国际广播电台报道的"，这些都很得体。但在播报自己的记者采编的

新闻时，若是说成"这是中央台报道的"，就很容易给人一种错觉，以为播报者不是中央电视台而是另外一家；而说成"这是本台报道的"，观众理解、接受起来就容易得多。

那么，问题出在哪里呢？出在人称运用不规范上。习惯上，人们称自己用第一人称，称他人才用第三人称。很显然，在这里"本台"是第一人称，"××台"是第三人称。自家的报道明明该用第一人称却硬用第三人称，这就难免让人感到别扭。看一看《人民日报》评论员的文章，从来都是署名"本报评论员"，只有在其他报刊转载时才署名"人民日报评论员"，人称的区别在这里体现得非常明显。日常生活

"你给孩子买不买电脑？"辨析

姚敬业

曾经有人说过，检查一个句子有没有语病，最简便的办法是看得懂看不懂。如果人们能够准确理解某个句子的意思，它就没有语病。其实这个办法是靠不住的。拿英语作个比较，假如你写了"two dog"和"three cat"，会英语的人，一读就懂，但是必定会告诉你错了，表复数的名词"dog"和"cat"必须加"s"。

1998年5月12日的《文汇报》上有一个标题："你给孩子买不买电

中"本人""本厂""本县""本公司"之类的说法更比比皆是，为什么电视台在播报新闻时就不能说"本台"呢？

不用"本台"而用"××台"，可能是出于这样一种考虑：电视播音主要是诉诸听觉，只报"本台"怕观众一时听不明白，不知"本台"是何台，从而影响了本台的深入人心。其实，这种顾虑是不必要的。现在各台都有台标，"本台"加

上台标，观众不会误听误认。在这方面，我觉得浙江电视台的做法值得借鉴。该台在播报新闻时，自家报道的就说"本台报道"，其他地方台报道的才说"××台报道"，如"绍兴台报道""湖州台报道"，这就比较符合人称运用的习惯，同时还可以把自身和其他电视台的主客位置体现出来。

总之，笔者的意见是：还是应该用"本台"。

脑?"这句话谁都看得懂,只有一种理解。但是读起来总觉得有点不自然,毛病在哪里呢?

这是一个疑问句,是一个选择疑问句,采用肯定否定连用的形式("买不买")表示疑问。汉语中有三类词常用于这种形式,即动词、形容词、助动词,如"你买不买电脑?""你冷不冷?""你能不能跑?"动词、形容词、助动词都可以通过肯定否定连用的形式来表示疑问。如此说来,这个标题似乎没什么差错。

可是,说"你买不买电脑?"是对的,并不等于说"你给孩子买不买电脑?"也是对的。差别就在于多了一个介词结构"给孩子"。

原来,现代汉语的介词,大多是由古代汉语的动词演变而来,有的还保留动词的一些特点,所以介词"给、为、向、把"等也可以采用肯定否定连用的形式表示疑问。如果含"给、为、向、把"等的介词结构出现在动词前,那么只能由介词担任肯定否定连用的角色,动词则"让位",保持原形。试比较:

你为不为大家办实事?(✓)
你为大家办不办实事?(×)
你向不向寿翁鞠躬?(✓)

你向寿翁鞠不鞠躬?(×)
你把不把彩票买下来?(✓)
你把彩票买不买下来?(×)
你把彩票买下来不买下来?(×)

可见"你给孩子买不买电脑?"也要相应地改为"你给不给孩子买电脑?"

说穿了,道理很简单。这一种疑问句,实际上是由一个肯定陈述句和一个否定陈述句"加合"而成的。

你给孩子买电脑。(✓)+你给孩子不买电脑。(×)→你给孩子买不买电脑?(×)

你给孩子买电脑。(✓)+你不给孩子买电脑。(✓)→你给不给孩子买电脑?(✓)

前一例,一对一错,"加合"后就错了;后一例,两个都对,"加合"后就对了。

顺带说一句,有些介词不大采用肯定否定相连的形式表示疑问,那可以在前面添一个"是不是"表示疑问,"是不是"也属于肯定否定相连的形式。比如:"你是不是打北京来?"这个疑问句,同样可以看作"加合"的结果:

你是打北京来。+你不是打北京来。→你是不是打北京来?

众矢之的

目标：沙叶新，放！

——2000年第四号战报

编者按

　　沙叶新先生以"善作剧"著称，即使是读他剧本以外的文字，同样能感受到强烈的"喜剧效果"：妙语连珠，谐趣横生。沙叶新先生还以"严作文"著称，不论十幕长剧，还是千字短篇，他都同样呕心沥血，字斟句酌，连一个标点都不轻易放过。把沙先生列入"众矢之的"的名单，我们一开始就意识到这是一次冒险，难怪下面这组文字，编者自己也觉得有一种"少十斤"（沙先生起过的笔名）的感觉。

　　沙先生对本刊组织的这次战斗，倒是全力支持的。他一再表示，"三人行，必有我师"，《咬文嚼字》至少已有20万读者，其中该有多少老师！他说："查得出查不出都是好事，自己都会从中得到启发，受到教育。"沙先生的宽宏大度，一定会鼓舞我们把今年的战斗进行到底。

少了一个太阳

　　沙叶新在《无需成龙成凤》中说："你且放眼天际，巡视乾坤，那满天星斗中月亮不是只有一个吗？虽然太阳曾有九个，可后来不是给后羿射掉八个吗？如果九个太阳当空，那还不把人烤焦吗？"

　　文中太阳的数目不对头。"羿射日"的神话起源很早，《淮南子·本经训》:"尧之时,十日并出,焦禾稼,杀草木,而民无所食……尧乃使羿……上射十日。"东汉高诱注:"十日并出,羿射去九。"可见传说中太阳曾有十个而不是九个。

也许有人会说:反正最后只剩一个太阳,说原有十个射掉九个,或者原有九个射掉八个,似乎并没有什么很大的差别。

其实不然。"羿射日"的文字记载虽然始见于战国,但口头流传要早得多。而且这个神话中的两大主角——羿和十日的传说都比"羿射日"更为古老。

《庄子·齐物论》:"昔者十日并出,万物皆照。"后来的《山海经》《楚辞·天问》等典籍中也都提到"十日并出",而且数目都是十个,一无例外。

对于已经定型的神话传说,还是不要轻易更改为好。 (叶才林)

此"贼"不是偷儿

在《沙叶新的鼻子》一书中,沙叶新先生写道:"……八九十岁之际,还要更加讨厌自己,那时必定是讨厌自己老而不死。先哲说:'老而不死谓之贼。'我不愿意做贼,我

这辈子还没偷过别人的东西……"显而易见,"老而不死谓之贼"的"贼",沙先生是理解为偷儿的。

不错,偷东西的人,是可以称之为贼。《荀子·君道》:"禁盗贼,除奸邪。"唐杨倞注:"盗贼,通名。分而言之,则私窃谓之盗,劫杀谓之贼。"意思是说,盗贼,是统称。分开来说,则偷窃者叫做盗,抢劫者叫做贼。由于"盗贼"经常合用,后来"贼"也有了"偷窃者"这一义项,时间大约在唐朝。然而,"老而不死"怎么便成了偷窃者呢?这还是让人费解。

经查,这句话出自《论语·宪问》。正确的写法应是:"老而不死,是为贼!"前面还有两句:"幼而不孙弟,长而无述焉。"这原是孔子责骂一个叫"原壤"的老相识的气话。孔子说他小时候不讲礼貌,长大了无所作为,老了还不去死,真是祸害啊!"贼"便是祸害的意思。

"贼"的这一义项,并不是什么新解。杨伯峻在《论语译注》中把"贼"译作"害人精"。沈芸在回忆夏衍的文章《天上人间》中,提到夏衍曾特意指出"老而不死,是为贼"的"贼",不是小偷的意思,而应当作无用的废物讲。连天宇在《"戒""贝"不成"贼"补说》一文中,更详细阐述了"贼"的本义,认为"贼"是指"败坏伦

常的人"。以上三例,解释虽不尽相同,但都是从"贼"的本义"毁坏、败坏"中引申出来的。沙叶新先生把此"贼"当成偷儿,恐怕是智者之一失。

(倪正明)

"魁首"无贬义

沙叶新《精神家园·逛新城》:"政治上的事往往变幻莫测,昨日的功臣,明日的魁首,45年来此类事所见甚多,故而政治上的稳定十分重要。"

文中"昨日""明日"两句为对文,按理与褒义词"功臣"相对应的应该是"罪魁""元凶""祸首""罪人"之类的贬义词,而文中用的却是并非贬义词的"魁首"。

"魁""首"两字都有"居第一位"的义项。由"魁""首"组成的并列复词"魁首",指首领,居首位者。多用作褒义,用来指称在同辈中才华居第一的人。比如:"文章魁首"指文章写得最好的人,"五经魁首"指科举时代五经试士每经所取的第一名,"女中魁首"指女子中才华最出众者。

"魁"与"首"组成的合成词中虽有贬义词,如匪首、首犯、盗魁、凶魁等等,但其贬义来自其他语素,"魁""首"只是提升了罪恶的等级而已。估计沙先生本意是想用"罪魁祸首",为了与上句对仗,将它缩略成"魁首"。可是少了"罪""祸"这两个字,贬义也就荡然无存了。

(杜 炎)

"光顾"不宜自称

沙叶新《精神家园》第5页:"昨晚6时许,在淮海中路沪港三联书店为读者签名售书。这家书店自成立以来我经常光顾。店堂不大,书种不多,但品位甚高。"

这段叙述语言,没有任何调侃色彩。将"光顾"如此用于自己,似乎有些主客不分了。

"光顾"是个敬辞,"光"是"使增光彩"的意思,"顾"义为"访问"。"光顾"就是说:"(你)到来使(我)增添光彩。"最初是主人对宾客来访时讲的敬语,后来多用作商店或服务性行业欢迎顾客上门时讲的客套话。同义的敬辞还有"光临""光驾""光降""惠顾"等。这些敬辞只能主人对客人使用,如果主客颠倒,自称"光顾",那未免有自吹自擂之嫌。上面引文中讲"光顾"的话,无异在说:我沙叶新的到来,使你们沪港三联书店增光添彩。沙先生谦谦君子,不会这样说话吧。

此外,引文中"成立"一词也用得不妥。"成立"多用于组织、机构,如:中国共产党成立,抗洪领导小组成立,等等。至于书店,还是用"开张"比较好。

(周丽萍)

"勒令"谁?

《中文自修》1997年第1期,刊有沙叶新先生的一篇短文:《自古诗歌出少年》。沙先生在引了一首"先锋诗作"之后,坦陈自己"读不懂"。读这首诗是什么感觉呢?"是一种在课堂里被老师提问而回答不出的感觉,还有就是我被勒令开除出中国作家协会的感觉。"

这"勒令开除"四字,读来未免有点别扭。何谓"勒令"?指用命令的方式强迫人做某事。这在"文革"年代可是个常用词,广播里不时可听到"勒令牛鬼蛇神×××到造反指挥部报到"。而何谓"开除"?指机关、团体或学校将其成员除名的一种处理方式。"勒令"和"开除"连用,在表述上似乎有点难以自圆其说。

关键的一点是:勒令谁?按照上下文意,应该是"我被勒令"。但问题接踵而至:我怎么能"开除"自己?"开除"是团体行为而不是个人行为。"我被勒令"只能是"勒令退出"而不是"勒令开除"。那么,"勒令"的对象是"中国作家协会"呢?在语法上庶几可通,遗憾的是于史无征。据我所知,沙先生是"文革"以后由巴金和吴强两位前辈介绍加入中国作协的,那早已不是"勒令"满天飞的年代,更不可能有谁用"勒令"的方式来干扰中国作协的工作。沙先生即使谈一种感觉,也不能违背"历史真实"吧。

想来想去,只有一种可能:"勒令开除"搭配不当。

(韩 石)

"有所深刻的反省"析

沙叶新先生在《表态文化》中说:

吴祖光说曹禺"太听话了",巴金也劝他"少开会,少表态",使他在晚年终于觉悟到"表态文化"卑下和危害,有所深刻的反省。

"有所深刻的反省"这句话是有语病的。

在现代汉语中,"有所"的后面如果带有双音词,则这个双音词必须是动词而不能是名词或形容词。

4—13

例如我们可以说"有所提高""有所前进""有所觉察""有所警惕""有所醒悟""有所扬弃",但不能说"有所道理""有所见解""有所美丽""有所清新"。

"反省"是动词,如:你要深刻反省;也可以前面加定语构成名词性短语,如:他的反省很深刻。沙叶新的这句话,如果压缩成"有所反省"是可以的,这个"反省"属动词;但在"反省"前加上了"深刻的"三字作定语,则整个短语就具有了名词属性,和"有所"不能搭配。

此外,"有所"还有另一层意思,即表示后面的动作行为或心理活动的幅度不大,程度不深,或涉及对象的数量不多。如"有所提高"表示提高不多,"有所警惕"表示略有警惕,"有所扬弃"表示稍微扬弃一些。而"有所深刻的反省"将"有所"和"深刻"扯在一起,"有所"表示略有反省,"深刻"却表示反省的程度很深,这也是自相矛盾的。

(晓　津)

"供璧"应作"拱璧"

沙叶新先生在《"文化大革命"稗史·芒果》中写道:

江青为表示对各地战士的关怀,每人赏赐芒果一只。很多纯朴的战士拿到芒果之后,确实是感激涕零,千恩万谢,珍如供璧,什袭而藏。

读到"珍如供璧"这个词语,总感觉有点不大对劲。因为"璧"是古代的一种圆形玉器,一般用于贵族朝聘、祭祀、宴飨等场合,或作进献的礼品,或为佩带的饰物。秦汉以后,也有用作装潢材料,镶嵌在宫殿楼阁的门窗墙壁等处,以显示其富丽美观的。"供"者,"供设"之谓,即摆放于神佛或祖先的灵位之前。"璧"似乎没有这种用途,故而"供璧"的说法不见于历史文献的记载。

此外,"璧"本来只是一类玉器的统称,如果不像和氏之璧那样质料稀有,也不似夜光之璧那样功能殊异,便会如同环、珮、珩、璜等其他玉器一样,谈不上什么特别的金贵,"珍如璧"的比喻也就毫无意义了。

与"供璧"词形和读音相近的,古代另有"拱璧"一词。《汉语大词典》收录了这个条目,其释文云:

大璧。《左传·襄公二十八年》:"与我其拱璧,吾献其枢。"孔颖达疏:"拱,谓合两手也,此璧两手拱抱之,故为大璧。"后因用以喻极其珍贵之物。

因为是特大的璧，所以才被用来比喻珍贵之物。这就把道理说清楚了。我们再来看看古人对这个比喻义的实际运用：

明王世贞《题〈宋仲珩方希直书〉》："百六十年间，学士大夫宝之若拱璧。"

清蒲松龄《聊斋志异·珠儿》："生一子，视如拱璧。"

一个将时贤的墨迹"宝之若拱璧"，一个把自己的儿子"视如拱璧"。这两个比喻都用得十分贴切。所以，我认为沙叶新先生的"珍如供璧"也应当作"珍如拱璧"。

（金文明）

何来"中国工程科学院"

沙叶新先生《"工程"现象》一文写道："如今的各级领导大都有大专学历……有的是硕士、博士，参加过很多工程建设，有的还是中国工程科学院院士。"

其实，我国没有"中国工程科学院"，只有中国科学院和中国工程院。

中国科学院成立于1949年11月，是我国科学技术的最高学术机构，自然科学与高新技术的综合研究与发展中心。

中国工程院成立于1994年6月，是我国工程科学技术界最高荣誉性、咨询性学术机构。

中国科学院院士和中国工程院院士是国家设立的科学技术方面和工程技术方面的最高学术称号，为终身荣誉。

在特定的语境下，为了行文简洁，我们习惯将中国科学院院士和中国工程院院士合称为"两院院士"，将中国科学院和中国工程院合称为"两院"，但从无"中国工程科学院"的说法。

（鄂 叶）

支票抛向哪里

沙叶新先生在《尊严》最后一段写道："曲小雪将5250美元的支票一点点地撕碎，抛向法庭的上空。"这句话读来文从字顺，但仔细一推敲，便发觉有点不合情理。

法庭，可以指组织机构，也可以指审判场所；《尊严》指的是后者。这类法庭通常都在室内而非露天。中国周朝的召公，曾在甘棠树下审理案件，不过那只是个例，何况当时还没有严格意义上的法庭。根据《尊严》的描述，审判曲小雪一案的法庭应在室内。这一点如果可以成立，那么，撕碎的支票只能抛向空中，而不是"法庭的上空"。

何谓"上空"？根据辞书的解释，上空指"一定地点上面的天空"，如：伦敦上空、田野上空、天安门上空。"法庭的上空"，也就是法庭这座建筑物的上空。既然人在室内，抛向"上空"从何说起！退一步说，即使曲小雪跑到室外，要将支票抛向"法庭的上空"，也是做不到的。这座建筑物就算三米高吧，一张轻飘飘的支票，何况又是撕碎了的，能抛多高？抛向"法庭的上空"可信吗？

想来想去，问题还是出在沙叶新先生身上："上空"用词不当。

（兰小楸）

岂可"忽略"小数点

1999年10月21日，天津《今晚报》刊有沙叶新《胖的权利》一文。从标题到文字，一如沙先生的一贯行文风格，挥洒自如，妙趣横生，只是有一处，似乎有点经不起推敲。沙先生说他在国内是个胖子，到了美国就成了瘦子："我身上的那一点点肉，几乎是美国胖子身上的小数点，

完全可以忽略不计。"

这话的意思我能明白，沙先生的胖和美国人的胖不是一个等级的；但说沙先生身上的肉，成了美国胖子身上的小数点，未免有点匪夷所思；又说小数点可以"忽略不计"，则更是让人百思而不得其解。作为口语，有时会急不择言，可以原谅；书面文字恐怕还是要严谨一点，规范一点。

稍有数学常识的人都知道，小数点是整数和小数之间的一个小圆点，在它的左面是整数，右面是小数。根据统计需要，小数点右面的数字有时可以略去不计。注意：是略去不计，而不是忽略不计，这里有清醒和糊涂之分。但要略去不计，首先就要认准小数点在哪里，这是万万马虎不得的。如果小数点"忽略不计"，"82.45公斤"岂不成了"8245公斤"？我的妈呀！

在科学计量时，小数点非但不能"忽略不计"，连点错一位都不行。顺便说两个小例子：一本关于如何养鸡的书，在介绍防治鸡瘟药的配方时，点错了一个小数点，结果造成大量的鸡死亡。人们历来认为菠菜含铁量高，其实并非如此，那是有关人员在公布数据时，把小数点挪后了一位造成的。

（顾 豪）

补说"因特网"与"网"

陆嘉琦

《咬文嚼字》1999年第12期刊登的王梅菊先生的《"因特网"与"网"一族》,对由"因特网"的发展而带来的与"网"有关的许多汉语新词语作了很有意思的描述,材料丰富,论述清晰。笔者读后感到获益匪浅。

不过,王先生文中有两点谈得似不够准确。笔者不揣浅陋,拟稍作补正。

一是全国科学技术名词审定委员会公布信息科学技术领域一批试用新词的时间,并不是1998年,而是1997年7月。这在该文件开头有明确的标示。可能是因为登载这一文件的《科技术语研究》杂志创刊号是1998年12月出版的,王先生便误以为该文件的公布时间也是1998年了。

二是将两个虽互有联系,但实际上指称对象不同的英语词混在一起了。其实,作为专有名词而必须以大写字母开头的Internet,"专指全球最大的、开放的、由众多网络相互连接而成的计算机网络"。就是说,它专门用于指称由美国军方建于1969年的"阿帕网(ARPAnet)"发展而来的那个已经覆盖五大洲150多个国家的计算机互联网络。该词的汉译名,曾有"国际互联网""互联网""全球互联网""英特网""交互网""国际电脑网络"等多个,而全国科学技术名词审定委员会审定的规范汉译名,确如王

话说"豆腐渣"

余双人

1998年夏天,长江上游中游一带,遭受百年未遇的大雨、暴雨,引起山洪暴发,水灾连连。长江两岸的大堤经受了严峻的考验。朱镕基总理亲临抗洪前线,面对九江大堤溃口,愤怒地痛斥"豆腐渣"工程。自此以后,举国上下对"豆腐渣"工程一片斥责声,新闻媒体披露了不少房

文所言,是"因特网"。作为普通名词而所有字母均小写的 internet,则实际上是 internetwork 或 interconnection network 的简写,"泛指由多个计算机网络相互连接而成的一个网络"。该词的汉译名曾有"互联网""互连网""网际网""网间网"等,而全国科学技术名词审定委员会审定的规范汉译名是"互联网"。

由上述可知,王先生文中所写"60年代末美国人发明了 Internet 技术"一语中的 Internet 应改为小写开头。对于"目前仍有不少业内人士和用户喜欢称作'互联网'"的情况,则不能一概而论,都归之于"因为此种译法通俗易懂",而应区别具体语境分别对待:如果是用于指称 Internet,确是仍沿用了不够规范的旧译名;如果是用于指称 internet,则恰恰是十分规范的用法。毕竟"因特网"与"互联网"这两个名词都具有合法的规范"身份",并且世界上的"互联网"也确实不止"因特网"一个,单单在欧洲,跨国的国际性"互联网"就还有"欧盟网(Euronet)""欧洲学术与研究网(EARN)""欧洲信息网(EIN)"等。

屋、公路、桥梁等建设工程中的"豆腐渣"。例如海南岛五条扶贫公路，陕西省某地的希望小学，湖北省嘉鱼县的移民基地，都成了"豆腐渣"工程的典型。

"豆腐渣"工程，是指那些在立项、设计、施工、监理等环节中因违法犯规操作而造成的劣质建筑工程。具体原因，无非是贪污腐败，克扣资金，多次转包，层层剥皮，偷工减料，短期行为，等等。1994年上海的锦普大厦就因为使用劣质水泥而被迫炸毁已建成的四个楼面，损失280万元（据《新民晚报》1999年7月8日）。这类工程危害人民群众的生命和财产安全，为老百姓所不齿。

为什么要把劣质工程称作"豆腐渣"工程呢？"豆腐渣"是个比喻，即像"豆腐渣"一样的工程。豆腐渣是做豆腐、豆浆的副产品，留下的渣滓，现在一般用来做家畜饲料或农作物肥料。生长在城市里的年轻人可能没见过豆腐渣。记得在40年代、50年代，上海和江浙一带的菜场或集市中，都有卖豆腐渣的摊贩。豆腐渣配上雪菜、肉丝、笋丝等辅料，可以做成香糯可口的美味菜肴。那时候，卖豆腐渣，像卖粢饭一样，都是捏成一团一团的。可是捏成团的豆腐渣，十分松软，一碰就散架。因此用豆腐渣作比，来形容劣质工程，是再恰当不过了，非常形象，非常生动。

其实，"豆腐渣"不仅可以用来比喻劣质工程，还可以比喻其他事物。例如《军事史料》1999年第4期中有如下一段话：

最后，还是邓小平先开口："……事虽不大，但军纪如山，动摇不得！尤其在目前情况下，纪律应该是铁、是钢，而不能是豆腐渣，不能一碰就碎！不能让人们说我们是虚张声势……"

——这里，邓小平用"豆腐渣"从反面设喻，表明坚决执行军事纪律的态度。

《新民晚报》1999年7月17日有篇报道，其"篇头语"是："高新技术产品也会出现豆腐渣，各式各样的IC卡还会跟人捣乱，看来——"标题则是《磁卡上市需设"卡"》。该报道主要叙述"拉卡"人的烦恼——坏卡，并批评劣质磁卡充斥市场。在篇头语里的那个"豆腐渣"几乎就是"劣质"的同义词。

依我看，随着"豆腐渣"工程一类词语的流行，"豆腐渣"这个词说不定会产生出一个新的义项来，即比喻义"劣质"。

从"减肥""瘦身"到"舍宾"

高丕永

拙作《"减肥"和"瘦身"》在《咬文嚼字》1999年第11期发表后,有读者建议我再写一写更为时尚的词——"舍宾"。近年来,有些人夸别人形体好时喜欢说"好舍宾啊!",因特网上也出现了"网页内容要舍宾"等说法。不了解"舍宾"词义的人很难理解。

"舍宾"一词音译自英语的"shaping",是时下国际流行的健美运动。"舍宾"概念最先由美国健美专家提出,它强调了现代人对人体美五个层次的追求,即:1.健康;2.静态形体美;3.动态形体美(动作、表情、姿势等);4.气质美(内在美);5.整体美(整体协调的美,包括服饰、发型、化妆的搭配)。"减肥"只是让肥胖者减去身上的多余脂肪,"瘦身"仅仅强调"健康、静态形体美"。毫无疑问,"舍宾"的内涵更丰富了。根据"舍宾"概念,前苏联专家们进一步利用计算机信息技术等先进的科学成果,经过反复试验,历时十载,于90年代初开发

出了"形体美化工程系统/形体雕塑运动体系(意译自英语的 Shaping System)",简称"舍宾"。

1996年11月,"舍宾"在中国北京亮相,并很快以其先进的健康理念、独特的训练方法赢得各界人士尤其是年轻女性的青睐,随后便向其他大城市发展。到1999年底,全国约有100家舍宾俱乐部,会员近10万人。"舍宾"一词也就出现在时尚人士的口语中,出现在因特网和报刊上。例如:

(1)笔者采访了这位毕业于彼德罗列斯加夫特体育学院的舍宾教练。她说:"我从事舍宾教练工作已经5年了,去年7月到中国任教,我认为舍宾训练同样适合亚洲人。"(《人民日报·海外版》 1999年1月29日)

(2)你还可以选择健身班提供的减肥疗程、针对个人的舍宾训练、放松调理的按摩指压等等。(《新闻报午刊》 1999年8月25日)

由于"舍宾"是音译词,"局外人"弄不清楚"舍宾"的含义。所以,有

人把"舍宾"误解为一种娱乐活动,也有人把它等同于"减肥"或"瘦身"。如:

(3)特别是自己所在的这类地处内地的偏远小城,既没有大城市流行的"陶吧""网吧"、健美俱乐部等时兴去处,也缺乏"蹦极跳""舍宾运动"之类高档的娱乐设施……(《上海经济报》 1998年9月22日)

(4)最近,北京、上海等大城市的女人们又开始新一轮的"造神"运动,这回的对象是一种名为"舍宾"(shaping)的东西,目标是把已达标准的体重降到×公斤。(《华南新闻》1999年4月1日)

有鉴于此,书面语中有时采用音义兼顾的方式,译为"舍宾形体运动/舍宾健身运动"等。如:

(5)上海舍宾形体运动俱乐部昨在沪南体育活动中心成立。这标志舍宾运动已进入上海。(《文汇报》1998年10月29日)

(6)舍宾健身运动起源于俄罗斯,是90年代初一批俄罗斯专家创造出来的一种借助现代电脑信息及各种有关科学先进成果,集人体测评、设计、训练雕塑和整体形象美化的系统工程体系。(《中国保健》1999年第1期)

有时,也把"Shaping System"译为音义兼顾的"舍宾体系/舍宾系统"。例如:

(7)测试结果输入计算机后,每个参加者能从舍宾系统中找到适合自身特点的分类标准;最后根据舍宾体系提供的运动处方和营养处方,在教练的指导下通过训练、调整,得到一个日臻完美的形体……(《人民日报》 1999年2月8日)

为了了解该词产生的背景,笔者请教了把"舍宾"引入中国的康天成先生。原来,当初引进时如何翻译名称曾经有多种方案,包括意译成"形体运动/形体雕塑"等。但权衡再三还是觉得音译的好,主要理由有两个:①"舍宾"是目前世界上唯一以其系统的专利许可权进行跨国连锁发展的健美运动,采用音译后汉语的发音与英语、俄语以及其他语言中的发音很相似,有利于世界范围内品牌的保护和宣传;②"舍宾"内涵丰富,用几个字意译实在难以概括,若意译不妥还会引起误导。如采用"形体运动"等说法,受众会把"舍宾"误认为只是"形体锻炼"而已。所以,康先生他们把中国第一家"舍宾"俱乐部起名为"中国舍宾俱乐部",从此,"舍宾"一词也就流传开来了,起先用作名词,后来也用作动词(如"网页内容要舍宾")。

文士其

"回"字之形,"口"中套"口",看似简洁,意思却并不十分明白。甲骨文"回"写作巳,金文作 6,《说文》古文相沿作 ❷,这种构形的意思显然就明白得多了:一根回旋环绕的线条,正与"回"的本义——"曲折环绕"相表里。由此可知,今日并不常用的"峰回路转"之"回",才是"回"字最最原初的用法。

在当今的书面语言中,"回护"还是一个出现频率较高的词,其义为"袒护""庇护"。由此,我们可以发现,"回"字另有一种贬义的用法,表"惑乱""奸邪"之类义意。而这种贬义还发生甚早,在《左传》中,"回"除了表示"曲折回环"以外,就只有"邪乱"之义了。《昭公三十一年》记君子之言曰:"是故君子动则思礼,行则思义,不为利回,不为义疚。"其中"不为利回",即不为利而行奸邪之事。

又《昭公二十六年》记晏子谏齐侯之言曰:"若德回乱,民将流亡,祝史之为,无能补也。"其中"回乱",就是"邪乱"。

"曲折环绕"与"惑乱""奸邪"何干?这种用法的来历似乎有些令人费解。然而,深入到中国传统的道德、价值层面去观察,这种令人费解的联系的发生其实有着充分的必然。有句成语叫"是非曲直",其中"是"与"直"为一类,属于被肯定者,

"冬"与"终"

臧克和

一年四季,春夏秋冬,是根据时序的先后排列的。其中"冬"是最"终"的一个季节。从古书看来,"冬"字专门用来表示时序、时间。但是,我们要是根据出土的文字材料来考察这个字就会发现,甲骨文、睡虎地秦简、马王堆汉墓帛书等文献,都是用"冬"来记录"终"这个词的;这至少说明较早的"冬"是可以表示一般的"终了"的,而并不是专门记录时间意义上的最终。照文献用字的实际情形和汉字构造表示时空的规律,这一关系也是成立的。构成冬字的夂符,《说文》的《夂

"非"与"曲"为一类,属于遭否定者。这表明,在中国人的心目中,"曲"是与"丑恶""奸邪"联系在一起的,而"直"是与"善良""美好"联系在一起的。由此引发开去,我们又不难发现,在汉字系统中,大凡有"直"义的文字,如"正""方""廉"等都同时有"美善"之义,而大凡有"曲"义的文字,如"曲""枉"等都同时有"邪恶"之义。楚辞《卜居》记屈原问太卜郑詹尹处世之道曰:

宁廉洁正直以自清乎?将突梯滑稽如脂如韦以絜楹乎?

前一句问是否当以正直之道处世,语义甚明;后一句中"突梯""滑稽"都是状回曲圆转的连绵词,"脂"是油膏,"韦"是熟皮,"絜楹"是测量圆柱,整句与前句对应,问是否当以回曲圆滑的方式处世。其中的褒贬显而易见,无需赘言。从这种文化背景出发来观察"回"字的贬义用法,突兀之感会即刻化为乌有:作为"回"字本义的"曲折回环",正是与"正直"完全相对的范畴,将它与"奸邪""丑恶"相联系,其贬义用法就不可避免地发生了。

部》和《糸部》里都讲到是"终"字的古文。在《说文》这两处所录存的夊符都可与"牢"形相比较，都是一种关闭的形象。至于甲骨文冬字的分析，有人把它看成是丝绳两端的打结，以表示终端的意思。另外，古代读音，冬、终二字也是相同的。

但是，睡虎地秦简里已出现直接使用"终"字的情况，这一现象也大致上与汉字的结构演变相一致。战国时期的金文已出现日符在夊符中间的冬字，这和《说文》所收录的冬的古文、《魏三体石经》所刻写的冬字古文是一致的。如此看来，冬字至此又与太阳的封闭也就是说某一时段的终结发生了联系。农谚里所说的"春花、夏耘、秋实、冬藏"，也包含差不多的意思。我们这里感到有必要补充出来的是：上述冬字的构造和所表达的"冬天"这一概念之间的联系是如何建立起来的？"冬季"一词，习惯上指立冬到立春的三个月时间，我国农历是指十、十一、十二三个月。在这段时间里，黄河流域万物萧条，不少动物进入"冬眠"蛰伏状态，草木之类大部分生命或生机枯死，一岁轮回终结。但应该说明的是，古代人关于冬季特定时序的物候特征的观察，跟"冬"的季节概念之间是一种混合杂糅的联系；换

句话说，"冬"的纯粹时间意义即它的抽象和独立，已经属于后来的事情。正因为如此，"冬"字才出现开始所讲到的文献使用情况，也就是可以表示一般意义上的"终了"。从自然物象物色的观察中获得四时节序中"冬"的概念，这似乎是古代不少民族共通的认识规律。如云南冬天多雨，纳西东巴文中记录"冬天"一词的符号就写作上部从天、下部从雨的结构。另据方国瑜、和志武所编《纳西象形文字谱》的记录，纳西族古代曾经以鸟类活动作为季节标志，以白鹤为冬鸟，所以又使得白鹤这一形象与"冬天"一词发生了联系。现代汉语还经常讲的"冬蛰"，就是指冬眠，即某些动物对冬天生活环境条件的一种适应状态。这种状态的特点就是"关闭"：僵卧在洞穴，血液循环缓慢，呼吸极其微弱，神经活动基本停止。"冬虫夏草"一词所指，不少人弄不清楚到底属于植物还是属于动物。其实，它也反映了古代人对于"冬季"里特定物候的观察：寄生在昆虫幼体中的一种真菌，随着幼虫冬季钻入土中，慢慢形成菌核，到夏季从菌核或死虫的躯体上长出菌体的繁殖器官来，形状像草，所以才得了个与草有关的名字呢。

"鉴"和镜子

彭 菲

现代的镜子是在玻璃上镀银或镀铝制成的，而玻璃一百多年前才传入我国。那么，在玻璃传入之前，我们的祖先是怎样照镜子的呢？考察一下"鉴"字的演变历程，我们就可以了解到古人照镜子的历史。

"鉴"是一个后起字，它的初文是"监"。监，甲骨文写作"🔾"或"🔾"，表示一个人跪着或立着，在水盆旁边，睁大了眼睛低头看着自己的容貌。金文写作"🔾"，字形有了一些变化，人的眼睛和身体分离成为两个部分，器皿中加了一点，表示盆中有水。隶变以后，写作"监"，从字形上已经很难看出人临水照容的样子了。东汉许慎由于不知道"监"的甲金文，在《说文》中把"监"归入卧部，认为是从卧，䘓省声。

监，从以盆盛水而视容的本义引申开来，产生不少派生意义。它可以表示盛水视容的盆，也可以泛指视、看。可以观察具体事物，也可以观察政治、道德、历史变迁等抽象事物。如《诗经·烝民》："天监有周。"它还进一步引申出监视、监督以及主管监察的官员或机构等意义。如监工、监考、监制、监国、监军、中书监、秘书监、国子监等。

"监"字引申的义项越来越多，为避免混淆，人们根据监的质地另外造字来表达"盛水视容的盆"。监最初是陶质的，所以"监"字有时被加上义符"瓦"，写作"䚘"。后来，陶质监广泛地被铜制监取代，人们又在"监"旁加上"金"作义符，写作"鑑"。后来字形简省，略去"皿"，写作"鉴"。"鑑"和"鉴"使用日益广泛，而"䚘"则随着陶质鉴的减少而逐渐变成死字。

铜鉴最初的形状似盆，大口深腹，有的甚至大可容人。不仅可以用来盛水照容，还可以作沐浴器皿。《庄子·则阳》载："夫灵公有妻三人，同滥而浴。"奚侗《庄子补注》谓"滥"借为"鉴"。它还可以用来盛放冰块。如《周礼·天官·凌人》载："春始治鉴。凡外内饔之膳羞，鉴焉，凡酒浆之酒醴亦如之。祭祀共(供)冰鉴。"郑玄注："鉴，如甀大口，以盛冰，置食物于中，以御温气。"

春秋战国时代，广口深腹似盆状的铜鉴普遍变成扁平状的了。产生这种形状的变化，是因为我国青铜技术的发展。当时已经产生了一套成熟的青铜合金配方、金属熔炼技术和磨制抛光工艺。《淮南子·修务训》："明镜之始下型，朦然未见形容，及其挖(拭)以玄锡，磨以白旃，鬓眉微豪，可得而察。"正因为这些工艺技术的进步，制成的铜鉴洁净光亮，不用盛水照容，只需利用铜反射的光泽就可以照见容貌了。这种扁平化的铜鉴，早在商以前就产生了。比如目前所见最早的两面铜鉴，出土于甘肃和青海，距今约有 3600 年。只是商周时代，扁平化的铜鉴还比较稀少，直到战国时代它们才被普遍使用，形状也基本定型。

铜鉴形状的变化，对记录它的文字也产生了影响。从战国起，扁平化的铜鉴越来越多地被称为"镜"。为什么"镜"会取代"鉴"呢？这两个字的更替反映出古人对事物认识的变化。"镜"从金，竟声。《说文·金部》解释说："镜，景也。"段玉裁注："金有光，可照物谓之镜。"《说文·日部》："景，日光也。"《释名·释天》曰："景，竟也，所照处有竟限也。"可见，竟、景意义相同。"镜"从竟声，也兼表意义，强调利用金属反射光线而成影像。"鉴"的字形强调"临水照容"。战国时代，扁平化的青铜鉴已广泛使用，"临水照容"已成过去，反射成影的"镜"字与实际情况更为贴切，因此，"镜"逐渐取代了"鉴"。使用"鉴"字，多用其引申义，如借鉴、鉴于等。但指称镜子时，为体现古雅、神秘的色彩，有时也还会沿用古称"鉴"，如《红楼梦》里提到的"风月宝鉴"。

"妙语角"征稿

本刊是小刊物，版面资源有限。尾花之类，虽能活跃版面，但如此占用"资源"未免可惜。为此，拟辟一补白性小栏目：妙语角。人不分中外，地不讲南北，事不论古今，话不计长短，只要能一语传神、曲尽其妙者，均欢迎之至。报酬从优。　　　　　(编者)

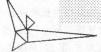

从误读中产生的新音

——谈"裳"字轻声的来历

郑 茵

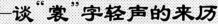

《咬文嚼字》1999年第10期《"霓裳"的"裳"不读shāng》一文认为古汉语词"霓裳"的"裳"指下身的裙子,应读cháng,而现代合成词"衣裳"的"裳"已经失去古义而成为不能独立使用的词素,应该读轻声shang。这些意见是正确的。

有人提出以下两个问题:

(一)"裳"字在古代字、韵书中都只有一个读音cháng,它的轻声读音shang是怎么产生的?

(二)现代"衣裳"的"裳"读轻声shang,但"衣""裳"连用为"衣裳",古代早已出现,如陶潜《桃花源》诗:"衣裳无新制。"这个"衣裳"一般都理解为衣服,没有分释为上衣和下衣的。那古汉语词"衣裳"的"裳",究竟读cháng呢,还是读shang?

本文想对这两个问题进行探讨。

古代的"裳"原写作从巾的"常",后来才改为从衣的"裳"。"常"和"裳"是古今字。如《说文》"衣"字下云:"上曰衣,下曰常。"而《诗经·绿衣》毛传则说:"上曰衣,下曰裳。"足证"常"和"裳"可以互换,直到清末,两个字都只读cháng。在光绪十六年(1890)出版的《考正字汇》中,仍然是"常"注作"音裳","裳"注作"音常"。可以说,"裳"字的轻声shang音此时还没有产生。

到了民国八年(1919),在由教育部读音统一会审定出版的《国音字典》中,情况才突然发生了变化。该字典"常"和"裳"的注音是:

常　彳尢　禅齐平阳

裳　尸尢　禅齐平阳

注音分前后两段,前段用新制定的注音字母,后段用传统的"纽呼调韵"。"常"和"裳"的后段都标作"禅齐平阳",说明它们的读音相同,均为禅纽、齐齿呼、平声、阳韵字,折成今音都读 cháng。然而令人不解的是,它们前段所标的注音字母却产生了歧异:"常"还是读 cháng(ㄔㄤ按例不标声调,因禅纽为浊声母,其平声字今应读阳平调,故ㄔㄤ折合成 cháng);而"裳"却被标成了 sháng(ㄕㄤ折合成今音为 sháng)。这个 sháng 音仿佛天上掉下来一样。估计是《国音字典》的编纂者在将"禅齐平阳"折成注音字母时,不小心把ㄔㄤ错成了ㄕㄤ。

问题并未结束。被标错了的禅纽ㄕㄤ,按理应读成阳平声的 sháng,但由于 sháng 音在普通话语音系统中属于无字音节(即没有读这个音节的字),所以"裳"字因注错而产生的这个新音 sháng,便实际上被读成了阴平声 shāng。

于是,这个经读音统一会审定的错误注音,成了当时法定的标准音,开始进入此后用新式符号或字母标音的各类词典和韵书中。例如:

《汉语词典》:裳㊀ㄔㄤ。下身之衣㊁ㄕㄤ(又读)。(1948年版)

《四角号码新词典》:裳

(cháng ㄔㄤ 常)又读(shāng ㄕㄤ 商)。(1950年版)

《中华新韵》:裳,下身之衣。ㄔㄤ。裳(衣裳),ㄕㄤ。又读(轻)。(1950年版)

《诗韵新编》:裳[cháng]霓裳,云裳;[shāng]衣裳。(1965年版)

从上引资料来看,新音ㄕㄤ(shāng)起先是作为传统读音ㄔㄤ(cháng)的又读音标注的,后来,为了突出古代单音词"裳"与现代合成词"衣裳"中词素"裳"的区别,又将新音 shāng 定为后者的专用读音。由于"衣裳"在现代只作"衣服"解,"裳"的意义已经虚化,加上"衣""裳"二字都属阴平,连读时,后面的"裳"音念长了显得拖音,因此逐渐转化为短而弱的轻声 shang。这个轻声的新音,开始也是作为阴平声 shāng 的又读音,被1950年出版的《中华新韵》记录下来的。大约到了60年代中期以后,shāng 音才被废弃,轻声的 shang 终于走向前台,成为"衣裳"的"裳"法定的读音。

最后谈谈阅读古诗文时如何掌握"裳"字读音的问题。

根据前文对"裳"字古今读音演变的论述,可以得出以下几点意见:

凡古诗文中的单音词"裳",以及除"衣裳"以外的复音词(如罗裳、中央电视台五套节目播音员马昕把"海参崴"的"崴"读成 wēi。这不奇怪,"崴"字比较生僻,以声符代替字音是她误读的原因,却不能不予以指出,因为"读半边"的人还不在少数。

有一篇游记,题为《海参崴印象》(载《黑龙江晨报》1999年3月13日),文中五用"崴"字,皆作"葳",可知不是手民之误。"海参崴"应作"海参崴",因作者只"读半边"那个"威"字,音误也就带出了形误:崴 wǎi 变成了葳 wēi。

说说『海参崴』的『崴』

刘 恒

海参崴,位于绥芬河口海湾东岸,本为古渤海国率宾府地,金时属恤品路,清代为宁古塔副都统辖地;1860年为沙俄占据,更名符拉迪沃斯托克,旧称亦沿用至今。

"崴",指"山路弯曲不平处",亦有"崴子"一说,多用于地名,辞书即用"海参崴"为例(参见旧版《新华词典》)。"崴"读 wēi 时,只用于"崴嵬"等连绵词。由"葳"构成的词"葳蕤 ruí"用例也不多,只在古诗词中偶有所用,形容"草木茂盛的样子"。

霓裳、红裳等),应一律读 cháng。

遇到"衣裳"二字连用的,需要区别对待:

如果"裳"字处于诗词等韵文押韵的部位,也应读作 cháng,因为韵文是没有以轻声押韵的。

如果"裳"字不在押韵的部位,而又难以确定其是否"衣""裳"对举的,则不妨把它看作一个复音词,理解为"衣服"。我在前面所引陶潜《桃花源》诗"衣裳无新制"一例,就属于这种情况。从理论上说,这个"衣裳"见于晋代的古诗,而当时轻声 shang 还没有产生,似乎应当读 cháng。但这样做,麻烦就来了。既然无法把这个古语词"衣裳"分解为"上衣和下衣",而只能将其与现代词"衣裳"一样理解为"衣服",那不妨以古从今,一律将"裳"字念成轻声 shang。这样规范一下,既可便于记忆,也能省掉许多无谓的争执和麻烦。成书于清初的《红楼梦》第二十三回有句说:"老太太叫打发你去呢。快回去换衣裳罢。"这里的"裳"字当初可能念 cháng,但最近出版的《红楼梦语言词典》却注为轻声 shang。这样的处理,无疑是正确的。

"爱晚亭"得名之由来

舒宝璋

"爱晚亭：在长沙岳麓山下。亭的取名本于李商隐《晚晴》：'天意怜幽草，人间重晚晴。'"——这是《十老诗选》中林伯渠《游爱晚亭》一诗的注释。

"[爱晚亭]……附近枫林茂密，每到深秋，红叶似火，霜林如醉，历来是游览胜地。清乾隆时岳麓书院的山长罗典将它取名为枫林亭，袁枚又将它改名爱晚亭，取唐代诗人杜牧'停车坐爱枫林晚，霜叶红于二月花'的诗意。"——这是《老一辈无产阶级革命家诗词选读》中林伯渠《游爱晚亭·一九〇六年重九日游岳麓山看红叶》一诗的注解。

究竟哪一种说法对呢？

李商隐《晚晴》所写的时间是初夏（春去夏犹清），地点是桂林寓所（深居俯夹城）的楼上（并添高阁迥），主题是衷心爱重这短暂而绚丽的晚晴。与岳麓山了不搭界，以之作为"爱晚"一语之所本，理由似欠充分。

杜牧《山行》所写的时间是金秋，地点是登山的石径（远上寒山石径斜），主题是分外喜爱这层林尽染的霜叶。与山间红叶紧扣，以之作为"爱晚"一语的出处，可谓十分熨帖。而且岳麓山的特色，爱晚亭的原名以及林老诗篇的副题，都是最佳的佐证。

不过说到"爱晚亭"之名乃袁枚所改，却尚有可商。

袁枚一生，只到过湖南两次：一次在1736年21岁，自浙江赴广西路过长沙时，写了一篇《长沙吊贾谊

《大唐新语》里有一则虞世南谏阻唐太宗写艳诗的文章。结尾是"永兴之谏，颇因故事"。这句话被白话译者译成："永兴年间虞世南的规劝，就是借用这个故事。"（见《中国古代十大轶事小说赏析》第738页，北京广播学院出版社出版，1993年版）

译文对"永兴"的翻译是错误的。因为唐朝根本没有

『永兴』不是年号

张若牧

"永兴"这个年号。况且谁都知道，唐太宗的年号是贞观，怎么又会有"永兴年间"呢？显然其说不能自圆。那么"永兴"到底是何意？这得从虞世南说起。虞世南经陈、隋两朝入唐以后，官至秘书监，封永兴县子。时人以爵郡为号，称他为虞永兴。由此可知，永兴是虞世南的又一别名，和年号根本无关。

赋》；一次在1784年69岁时，自广西至湖北途经长沙，写了《十一月二十七日秦芝轩方伯陪游岳麓山》诗三首。两处都没有涉及"爱晚亭"之名。时任直隶布政使（俗称藩台）的秦承恩（号芝轩）仅与之同行，彼此都未曾在湖南做官，所以更谈不上为亭改名的事了。

《中国文化名城词典》云："[爱晚亭]……清乾隆五十七年（1792年）岳麓书院山长罗典倡建，原名'红叶'，又名'爱枫'，毕秋帆易名'爱晚'，取杜牧《山行》'停车坐爱枫林晚，霜叶红于二月花'诗意。"由此可见：1）袁枚游岳麓山时，亭还未建。2）亭名是毕沅改的。

罗典，字徽五，号慎斋，乾隆十六年（1751年）进士。《国朝先正事略》说他晚岁"主讲岳麓二十有七年"，到九十岁才去世。毕沅，字缫蘅，一字秋帆，乾隆二十五年进士。《国朝先正事略》说他乾隆五十三年、六十年，曾两任"湖广总督"。山长建亭，总督易名，顺理成章。

罗典有《次石琢堂学使留题书院诗韵二首即以送别》诗，自注云："山中红叶甚盛，山麓有亭，毕秋帆制军名曰'爱晚'，纪以诗"（制军即总督的别称），尤为明证。

结论："爱晚亭"之名，乃毕沅于1792年以后据杜牧《山行》诗之意而定的。

且说"规圆方竹"

王中勇

由岳麓书社出版的《白话幽梦影》(与《白话菜根谭》合订)第140页,"鳞虫"条下附江含徵一段话:"金鱼之所以免汤镬者,以其色胜而味苦耳。昔人有以重价觅奇特者,以馈邑侯,邑侯他日谓之曰:'贤所赠花鱼殊无味。'盖已烹之矣。世岂少削圆方竹杖哉?"对最后这一句,译注者先作注:"圆方:指盛装果肴的竹器具,如笾豆等便是。"再解说:"世间难道还少这种削砍盛果肴的竹器去做竹杖的事情吗?"这里的注释与解说是错的。

"削圆方竹杖"是个典故,出自冯(píng)翊子所撰《桂苑丛谈》一书。说的是唐朝大臣李德裕两次出任浙西观察使,第一任结束时,他到甘露寺游玩,并与寺主老和尚告别。这位老和尚熟道应接,交谈的时候,讲的大多是佛教的事理,不大谈别的事

情,因此受到李德裕的敬重。临别时,李以一根筇竹杖相赠。这根手杖"虽竹而方","节眼须牙四面对出,天生可爱",为李德裕所珍视。别后没几年,李德裕又出镇润州,再到甘露寺,顺便问起那根拄杖。老和尚拿了出来,但已经"规圆而漆之矣(将它削圆并涂上漆了)"。李德裕叹息了整整两天,从此不再看重这个和尚了。

方竹杖奇异可爱而出于天然,可以满足人们清奇雅丽的审美观,貌似高雅的老和尚对它精心加工一番,愚蠢地破坏了宝物,暴露出他的俗气。由此产生了一个成语:"规圆方竹"。规圆方竹与邑侯烹吃金鱼一样,都是由于无知而糟蹋宝物的愚蠢行为。所以江含徵将二者相提并论,发出令人深思的反问:世间难道还少这种将珍奇的方竹杖削成圆竹杖一样的蠢事吗?

"坛"中检疵

沈洪保

《海上文坛》1998年第7期（总第73期）中有两个明显的疵点。

（一）

第18页《中国女性与化妆品消费》一文一开头就说："'对镜贴花黄'是写花木兰女扮男装替父从军时清晨悄披轻纱描红的下意识，照例花小姐是不应再以女人的角度看问题的，怎敢心中爱美的冲动。"

这段话错处有四：

其一，"对镜贴花黄"不是木兰女扮男装替父从军时的举动，而是木兰"壮士十年归"回家后的举动。原诗是这样的："脱我战时袍，著我旧时裳。当窗理云鬓，对镜贴花黄。出门看火伴，火伴皆惊惶。同行十二年，不知木兰是女郎。"当初，是因"阿爷无大儿，木兰无长兄"，她只得

女扮男装代父从军。从军时，要保守秘密，岂敢对镜贴花黄？后来，她复员回家，可以回复女儿装，不必再扮男装了才对镜贴起花黄来。伙伴这才发现木兰是女郎。木兰从军时根本没有"贴花黄"的举动，从哪里看出她有"爱美的冲动"呢？

其二，"贴花黄"不是"描红"。"贴花黄"是古代流行的一种妇女面饰，把黄金色的纸剪成星、月、花、鸟等形状，贴在额上，或在额上涂一点黄的颜色。

其三，把女子化妆称作"描红"是不对的。描红，是指儿童初学毛笔字时，在一种印有红色楷字的习字纸上摹写，也叫"描朱"。古人有把画眉毛叫做"描黛"，也有把涂脂抹粉叫做"施朱"，但未见有把女子化妆叫作"描红"的。

其四,《木兰诗》中没有说木兰姓花。到了明代,文学家徐文长写《四声猿》,其中有个戏叫《雌木兰代父从军》,戏里有"妾身姓花,名木兰"的台词。因该戏影响深远,才出现木兰姓花的说法。该文作者既引原诗"对镜贴花黄",就不应凭后来的民间说法,给木兰加上一个"花"姓。因此,作者称木兰为"花小姐",也是不恰当的。

(二)

第56页《艺术的腐败》一文中有这么一段话:

"当然,同样是剽窃或伪造,动机却可能并不相同。'年年岁岁花相似,岁岁年年人不同'是唐代诗人张若虚的名句,他仅有两首诗作留存,而只此一首《春江花月夜》就使他千古流芳了。在深信'文章可以使人不朽'的古代,这样的诗不但值得剽窃,甚至还值得为此杀人,所以有传闻说,张若虚是被他的舅舅谋杀的。"

这一段话又使我感到惊讶。看来该作者没有读过唐人张若虚的《春江花月夜》。《全唐诗》中,张若虚只有《代答闺梦还》与《春江花月夜》两首诗。但《春江花月夜》中却根本没有"年年岁岁花相似,岁岁年年人不同"的句子。

其实该句是出在初唐诗人刘希夷《代悲白头翁》诗中。原诗较长,不能全录,摘抄其中几句如下:

古人无复洛城东,
今人还对落花风。
年年岁岁花相似,
岁岁年年人不同。
寄言全盛红颜子,
应怜半死白头翁。
此翁白头真可怜,
伊昔红颜美少年。

这首诗充满了悲叹韶光易逝、人生短促的感伤情调,艺术性很高,在初唐即受推崇,亦是传世的名篇。想不到《艺术的腐败》的作者竟把刘希夷的名句送给了张若虚。

另外,张若虚被舅舅谋杀的说法也毫无根据。宋代王谠《唐语林》卷五说:"刘希夷诗曰:'年年岁岁花相似,岁岁年年人不同。'其舅即宋之问也。苦爱此两句,知其未示人,恳乞此两句,许而不与。之问怒,以土囊压杀之。"这里说的是刘希夷被舅舅宋之问谋杀,而不是张若虚被舅舅谋杀。清代赵翼在《瓯北诗话》卷十一中也提到此事:"'年年岁岁花相似,岁岁年年人不同。'此刘希夷诗,无甚奇警,乃宋之问乞之不得,至以计杀之。"

话说 "梅香"

黄今许

旧时称婢女为"梅香",其中究竟有什么来由?且看三部词典的解说:

《辞源》:"元、明杂剧小说中用作婢女的通称。"

《辞海》:"元明杂剧中多以'梅香'为婢女的名字,因以为婢女的代称。"

《汉语大词典》:"旧时多以'梅香'为婢女的名字,因以为婢女的代称。宋代华岳《呈古洲老人》诗:'朱帘更倩梅香挂,要放银蟾入座来。'"

后二典都认为,称婢女为"梅香",是因为旧时人们常用它做婢女的名字的缘故。但是,这个解释并未真正道出其中的原委。旧时婢女岂止命名"梅香",诸如兰香、莲香、菊香、春香、秋香……比比皆是,何以独钟于一个"梅香"?而《辞源》之释几于无释,《汉语大词典》所举的宋诗例,更是不足为据了。

那么,婢称"梅香"究竟是缘何而来?明末清初的戏曲理论家、剧作家李渔,曾经有过精辟的解释。

李渔在他所著的小说集《十二楼》之《拂云楼》中写道:"从古及今,都把'梅香'二字做丫环的通号。习而不察,都说是个美称;殊不知这两个字眼,古人原有深意。梅者,妹也;香者,向也。梅传春信,香惹游蜂;春信在内,游蜂在外,若不是他向里外牵合起来,如何得在一起?"

试将这段话略加申述:

结发、总发、髻发

周照明

中学语文课本中古诗《孔雀东南飞》："结发同枕席，黄泉共为友。"课本对"结发"的解释是："古时候的人到了一定的年龄（例如男子20岁，女子15岁）把头发结起来，算是到了成年，可以结婚了。"朱东润主编的《中国历代文学作品选》的解释也说："指成年，古代男女成年时要把头发结上。古制，男子二十而冠，女子十五而笄，都是成年的标志。"郭锡良等编的《古代汉语》的解释也是："男子二十岁束发加冠，女子十五岁结发加笄，表

示成年，通称结发。"

以上解释当然不错，但容易给我们留下这样的疑问：古人一定要到成年（男20，女15）才"结发"吗？"结发"又一定是指"成年"吗？对此，《辞源》作了否定的回答。

《辞源》"结发"有三义：①古代男子自成童开始束发，因谓童年或年轻时为结发。如《汉书·施雠传》："雠为童子，从田王孙受《易》。后雠徙长陵，田王孙为博士，复从卒业……于是(梁丘)贺荐雠：'结发事师数十年，贺不能及。'"此"结发"

"梅香"是"妹向"的谐音。妹有所向，就是"有女怀春"的意思。旧时淑女，幽处深闺，怀春情思，何由传递？这是一层。再进一层，"梅传春信"，是说梅花傲雪怒放，是传递出怀春的信息；"香惹游蜂"，乃言扑鼻的幽香，招来了"吉士诱之"的游蜂。春心跃动于闺内，吉士彷徨于墙外，其间若无人为之牵

合，又如何圆得那"好合"的美梦？而牵合者，舍丫环女婢，又有谁能为之搭起渡河的鹊桥？张生与崔莺莺，若无红娘传消递息，何能"待月西厢下"，了却相思情？"妹向"之情，怎好明言，所以谐以"梅香"；"妹向"有赖于丫环，故以"梅香"作为婢女的代称。这就是其中委婉含蓄之所在。

当指"成童"而非"成年"。②谓成婚之夕，男左女右共髻束发。如曹植《种葛篇》："与君初婚时，结发恩义深。"此"结发"也不指"成年"，而是指"成婚"。只是释义中的"共髻束发"是指唐宋以后的"合髻"之俗，因此不应包括曹植时代所说的"结发"的意思和用法在内。三国时的"结发"只是"束发"，并不"共髻"。这在《礼记·曲礼》中说得很明白："女子许嫁，缨。""缨"是一种丝绳，女子许嫁以后就用它来发，表示已许配人家，成婚时才由新婚的丈夫"亲脱妇之缨"(《仪礼·士昏礼》)。虽然都名之曰"结发"，但方式却有些不同。"合髻"则是在成婚之夕，"男左女右，留少头发，二家出匹缎、钗子、木梳、头须之类，谓之合髻。"(宋代孟元老《东京梦华录·娶妇》)所以，"结发"指成婚，意思也并不都是指"成婚之夕，男左女右共髻束发"。③称妻。如江淹《杂体诗·李都尉从军》："而我在万里，结发不相见。"后称元配为结发。此"结发"自然也不是指"成年"。

古代男子自成童开始束发，名为"总发"。如潘岳《籍田赋》："垂髫总发。""总发"又名"总角"，因其形状如角。如《诗经·齐风·甫田》："总角卯兮。""总发""总角"之"总"也都指束发或结发。《诗经·卫风·氓》："总角之宴。"汉毛苌就将"总角"解释为"结发"。这是古代未成年但已被认为成童的发式，甚至也包括女童在内。如袁枚《祭妹文》："予九岁，憩书斋，汝梳双髻。""总角"也就是束发为双髻，形状如角。由于"总角"是古代男女未成年时的发式，所以也就可以用来指代童年。如陶潜《荣木》诗序："总角闻道，白首无成。"成语"总角之交"也是指童年就相识的朋友。这都是尚未"成年"就已"结发"的明证。

古代只有幼童才不束发，让其自然下垂，称为"髫发"或"垂髫"。《后汉书·伏湛传》："髫发厉志，白首不衰。"李贤注："《埤苍》曰：髫，髦也。髫发，谓童子垂发。""髦"也就是指古代幼儿下垂至眉的短头发。《诗经·鄘风·柏舟》："髧彼两髦"《传》："髧，两髦之貌。髦者，发至眉，子事父母之饰。"

古代男子20岁，女子15岁固然要"结发"表示成年，但都不叫"结发"。男子名曰"加冠"，女子名曰"及笄"。而且也不是这时才开始"结发"。只是这时的"结发"形式和作用有所不同而已。

"挂冠"与"桂冠"

孙章埂

"挂冠"与"桂冠",虽只一字之差,但意思却大不相同。

"冠",帽子的总称。《说文》:"冠,弁冕之总名也。""冠",小篆写作⌾,描摹以手持帽戴于头上的形状。段玉裁注云:"析言之,冕、弁、冠三者异制;浑言之,则冕、弁亦冠也。""冠",也可作动词,释为"戴"或"戴帽子"。例如《庄子·盗跖》:"冠枝木之冠(戴外形像树枝状的帽子)。"第一个"冠"字读 guàn,意思为"戴";第二个"冠"字读 guān,意思为"帽子"。

我国古代男子成年,要举行"冠礼",即要举行戴帽子仪式。因而,男子成年亦称"冠"。例如《通志·礼略》云:"周制文王年十二而冠,成王十五而冠。"后世一般在男子二十岁时举行冠礼。

"挂冠",从字面上看,虽有把帽子挂起来的意思,但它的实际意思却是"辞官"或"罢官"。我国古代,大小官员都戴和品级相称的礼冠。哪个官员被罢了官,那他的礼冠(后来也称为"乌纱帽")就被摘下来(也称丢了乌纱帽),表示他不再是官了;有的官员不愿再做官了,就把自己的礼冠摘下来,挂在公堂或城门上,以此表示他不愿再当官了。这种"挂冠"的做法很早就出现了。据史载:西汉末年王莽篡权,逢萌将"衣冠"挂在东都城门上,表示不愿再当王莽的官,带领家属逃往辽东。后来,人们把辞官称作"挂冠"。

"桂冠"的"桂",指月桂,"桂冠"指用月桂的枝叶编成的冠,古代希腊人用它来授予杰出的诗人、英雄或竞技的优胜者,以表示崇敬。后来,以"桂冠"为光荣称号成为欧洲人的习俗,并传遍全世界。不过,称某些诗人或作家为"桂冠诗人"或"桂冠作家",那就含有贬义了。这是因为:在英国詹姆斯一世时,皇室定期给某些诗人或作家津贴,令他们专门写一些点缀宫廷生活、为皇室歌功颂德的诗歌或文章。所以人们往往以"桂冠诗人"或"桂冠作家"的头衔来讽刺御用文人。这是"桂冠"意思的贬用。除此之外,"桂冠"还是一个褒义词。

一针见血

题词否?

丘裕盛

1998 年 3 月 22 日,石家庄市《燕赵都市报》从《特区文摘》转摘了有关朱镕基总理生活风采的报道。右栏第一句话:"他给自己规定了'三不戒律':不受礼、不剪彩、不题词";而同文左栏第一段却是:"……一回到北京,顾不得旅途疲劳,立即赶到清华,并写下了'水木清华,春风化雨,教我育我,终生难忘'的题词。"显而易见,在"题词"方面,左栏否定了右栏。

钱塘江二桥跨长江

陈增杰

《新华文摘》1999 年第 6 期《中国大桥遭遇世纪隐忧》一文说:

他 1953 年从同济大学毕业分配到大桥局工作,参加或主持过武汉、南京、九江、钱塘江二桥等长江大桥的设计和建设。(原载 1999 年 3 月 26 日《中国青年报》)

令人目瞪口呆!坐落杭州,跨越钱塘江的"钱塘江二桥",怎么会被作者跟"武汉、南京、九江"这些长江沿岸的城市并列编排,"等"入到"长江大桥"里面去?简直是不可思议!撇开地理常识,即从语法角度讲,"钱塘江二桥"也是不能与"武汉、南京、九江"施加顿号相并的。

"过桥""吃盐"难相比

吕镇光

《新民晚报》1998 年 6 月 3 日载有一篇题为"胡子的功能"的杂文,文中有这样一段文字:"……而胡子白了,便知道这是一个长者,走过的桥比年轻人吃过的盐还多,应该受到尊重……"

"走过的桥比年轻人吃过的盐还多。"作者本想用这句俗语来比喻年长者较年轻人有更丰富的实践经验,只是用作比喻的两种对象不相

4—39

配。由于桥和盐的性质不同，用它们相比，不能产生谁多谁少的结果，文字也就达不到原要表明的意思。应该用桥和路，或者用盐和米来配比，即走过的桥比年轻人走过的路还长，吃过的盐比年轻人吃过的米还多。这样就通了。

"首犯"不是第一次犯

李 宁

《南方周末》1999年8月27日《便宜了歌星》一文，将第一次犯偷税罪的雷敬鑫、何光美夫妇与屡犯偷税罪的歌星毛阿敏作了对比，文章写道："从犯罪次数上来看，雷是首犯，毛是屡犯；雷应从轻，毛应从重。"

把"第一次犯"称作"首犯"，是不正确的。"首犯"是法律术语，即"组织、带领犯罪集团进行犯罪活动的首要分子"。雷第一次犯罪，应称为"初犯"，即"第一次犯罪或犯错误、过失"（上两处引文均见《现代汉语词典》）。所以应称雷为"初犯"才合文意。

在法律上，"首犯"与"从犯"相对，"初犯"与"累犯"相对，毛阿敏没有因偷税而进过班房，称其"屡犯"而不称其"累犯"是正确的。

"中外越剧"

莫澜舟

《新民晚报》1999年4月29日有一则新闻题——"中外越剧汇演5月举行"。"中外越剧"，莫非外国也有这个剧种？

正文是"中国越剧艺术汇演展播"，原来不是中国越剧与外国越剧汇合演出。参演者有旅居国外的越剧演员，也有外国留学生，所演的还是中国越剧；新闻中说得很清楚："这次汇演是海内外越剧艺术工作者的一次交流合作。"新加坡戏曲学院代表团亦在其内，此系外国剧团，可是演的仍为中国越剧。

外国演出团体、外国在华留学生演越剧（其他剧种情形亦同），不应称作外国越剧，如同中国人演意大利歌剧并不能说演中国歌剧一样。所以，上引新闻题中必须添上两个字，成为"中外演员越剧汇演……"倘须限定字数，则可改成"中外演员5月汇演越剧"，就与原题字数相等了。

古文还是要一点的
——译余断想（四）

周克希

17. 许多年以前看满涛先生译的果戈里小说，不知什么原因，对"二人同心，粪土成金"这几个字的印象特别深。后来，在《世说新语·言语》篇中读到"《易》称：二人同心，其利断金……"骤然想到，满涛那八个字，不就是从中衍化而成的吗？看满涛先生译文时，记得他还健在——那该是有些遥远的过去了。时至今日，篇名乃至书名都已忘了（但能肯定，不是《死魂灵》），这八个字却带着几分奇巧的色彩留在了脑海里。

18. 尘元（陈原的谐音笔名）写过一本有趣的小书《在语词的密林里》。里面提到，有一首英格兰民歌Drink to me with thine eyes，半个世纪前王光祈译作《饮我以君目》，"虽则用的是文言，但情意绵绵，活跃于纸上，时人译为'你用秋波向我敬酒'，白则白矣（好懂得多），但听了总觉得缺少一点什么。"

19. "可知语言有它的奥秘（mysteries），有点神乎其神的味道。"这是陈原先生的点睛之笔。

说到 eyes，想起苏秀老师回忆的一段往事。1984 年她为译制片《李尔王》整理口型本。格洛斯特伯爵被挖去双眼后，在旷野里遇到了儿子埃德加。埃德加看见父亲眼睛上缠着血迹斑斑的布带，惊呼道："Oh, my sweet eyes!"翻译成："噢，我亲爱的眼睛！"苏秀想来想去觉得不对头。大家一起查看朱生豪先生的译本，上面也是这样译的。她实在放心不下，让翻译"抱来一本厚厚的大词典"细细查阅。结果终于查到了 my eyes 作为感叹语时的释义："天哪！"

朱生豪先生是我极为钦佩的

翻译前辈。但正如 Pope 所说，To err is Human（人人难免出错），何况当时朱先生手边的词典未必有如今这么完备呢。

20. 李丹先生译《悲惨世界》，可谓"十年磨一剑"。译文中描写滑铁卢战场夜景："夜色明静。天空无片云。血染沙场并不影响月色的皎洁，正所谓昊天不吊。"其中末一句，原文为 Ce sont là les in-différence du ciel. 意思是：由此可见上天的漠然。用"正所谓昊天不吊"译，堪称精彩。

可惜的是，"昊天不吊"对今天的读者来说，恐怕太文了些。

21. 读精彩的译作，常会感到里面有一种古文修养的底气（尽管通篇也许不着一个文言词汇）。

不妨套用黄永玉先生一幅漫画的配词：可见古文还是要一点的。

"巧"，还是"不巧"？ 宋桂奇

《南方周末》1999年7月23日第1版载文，披露了轰动一时的广东阳春"副市长买凶谋杀市长案"。其中有这样一段文字：

1997年3月1日，谭××终于如愿以偿地在广州三寓宾馆见到了曾市长，卢×则假冒国家安全部外派人员的身份，到现场辨认了曾。但不巧的是，曾当天要赴香港，见面后便匆匆离去，谭、卢来不及下手。

文中的"不巧"欠斟酌。"巧"指正好，"不巧"指碰上的机会不好。值得注意的是，"不巧"除字面义之外，还暗含着一种感情成分——遗憾、失望等等。比如说，甲去探访乙，乙却出门了，这于甲来说自是一种"不巧"；如果乙厌恶甲，他想必会为自己出门而感到庆幸——"幸亏出门了，不然又得面对那烦人的家伙了！"果真，对乙来说便是一种"巧"了。由此看来，"不巧"还是因人而异的。

再看前述例句。"曾当天要赴香港，见面后便匆匆离去，谭、卢来不及下手"云云，对"曾（市长）"来说，自是一种幸运、一种"巧"；对"谭、卢（凶手）"来说，才是一件憾事、一种"不巧"；而作者竟有"不巧"之叹，岂不是跟"凶手"想到一起去了？

《五体不满足》
要满足什么

胡连荣

一个叫乙武洋匡的日本残疾人，写了一部自传轰动东瀛，最近又译成中文，在中国正式出版发行。1月初，作者来中国访问，并在北京图书大厦为读者签名售书。于是，这部自传再次成为媒体一大热点，但是封面上"五体不满足"这个书名却让人费解。见过作者的人或许能猜出几分，而对绝大部分中国读者来说，不读完全书恐怕难解其中味。

笔者有幸读过这本书的原文，它的日文版原名即"五体不满足"五个汉字。可能是译者想走条捷径，把几个日文汉字原样照用了。译者本人当然不会不知道书名的含义，岂不知不懂日文的中国读者却如坠五里雾中。日语权威辞书《广辞苑》中"五体"一词有三个义项，其中有一个与汉语相同，即中国成语"五体投地"所说的头和四肢；但是对"满足"一词的用法却有微妙区别。《广辞

苑》所举的三个义项中，有两个与我国的《现代汉语词典》所举的义项相同，另外一个义项正是问题的症结所在。原来"满足"一词在日语中有一汉语所没有的用法即"完美无缺"用在该书日文书名中可理解为"'五体'不'完美无缺'"，实际指四肢皆无，因为作者确实是个天生没有四肢的特殊残疾人。

"五体不满足"作为中文显然是个病句。"满足"是一种需求得到实现或保证的情绪反映。作为人的四肢，有何满足不满足之分呢？文化市场上翻译作品的质量问题不便在此提及，但文章标题、书名的准确翻译，应首先引起译者、编者的高度重视。有些一时找不到确切词语可对应的，与其照搬不如意译。笔者在一篇介绍乙武洋匡的文章中，曾将他的这部书的书名意译为"生命的奇迹"，不敢说是十分贴切，愿与译者商榷。

概数也须说明白

丁 益

语言中难免涉及数字,无论叙及确数还是概数,都不该让人难以明白。这里谈谈概数。

例①:和上世纪末相比,人的寿命几乎增加了一倍多。(《益寿文摘》第478期,1997年10月2日出版)

例②:人均近40元左右一天……(《新民晚报》1997年11月4日)

例③:总发行量数逾数千万册。(《文汇报》1997年11月5日)

上述三例各用一个概数。例①说"……几乎增加了一倍多","一倍多"这个概略的倍数表示超过一倍,前面却又用了"几乎","几乎"者近于、将近、差一点达到之谓,那就示人以不足一倍;又是不足一倍,又是超过一倍,原句要告诉读者的,究竟是少于还是多于一倍?例②中,"左

右"用在数目字后面表示概数,"40元左右"就是40元上下,略多于40元或略少于40元都在这个概数之内,但前面又有一个"近"字,则把它限定在不足40元这一范围内。例③所述的概数范围很大,乃是"数千万册";倘若限定在某个八位概数上,比方说五千万册、六千万册,为表示它还有畸零之数,当然可用"逾五千万册""逾六千万册",现在所用的概数数目高低差距很大,无须再说"逾",说了也不能使读者了解它逾越了哪个界定,一个原本极为模糊的概数如何能用(也无须用)"逾"来让它降低模糊程度?相反,倒给原来使用的模糊数字添上了模糊表达,竟是欲益反损了。

数字可以模糊,语言表达却不

"纪念"什么？

燕语

《中国出版》杂志1999年第7期载有一篇谈畅销书策划的文章。其中有这么一句话："其间，与《东史郎日记》的授权单位侵华日军南京大屠杀纪念馆以及史学界人士保持密切联系……"

不难看出，"侵华日军南京大屠杀纪念馆"是作者所认定的"侵华日军南京大屠杀遇难同胞纪念馆"的一种省略的称法。但这一省略却极为不妥，因为容易让人产生悖于历史的误解。一般来说，"某某某某纪念馆"往往是因为表达人们"纪念"的心愿而设的固定场所。作为纪念的对象"某某某某"显然是具有正面性的、最起码不是"反动"的历史事件(人物)。比如，徐州"淮海战役纪念馆"、南京"梅园新村纪念馆"等。再如，"纪念十一届三中全会召开20周年"说成"纪念十一届三中全会20周年"，这可以；"纪念打倒'四人帮'15周年"说成"纪念'四人帮'15周年"，这不可以，等等。倘若违反这一特定的语言规范，那么就会弄倒了纪念行为的本意和立场。"侵华日军南京大屠杀纪念馆"的说法，怎不让人想到"靖国神社"之类的东西？

能令人产生模糊。这种表达不当的毛病，倒也不自今日始，早年的大作家已经有过类似的笔下失误。郁达夫先生的《中国新文学大系编选感想》中就用了如下的语句："中国新文学运动，已经有将近二十多年的历史了……"(转引自赵家璧《回忆郁达夫与我有关的十件事》)既是"二十多年"，又怎么会是"将近"呢？"将近"与"多"，不能并存。

《文学报》1999年10月7日头版有"本报讯"一则，标题为"鲁迅三封书信在台港发现"。三信中致蔡元培函两封，致林文庆函一封。

林文庆（1869—1957），医学家。1921年5月至1937年7月任厦门大学校长。

致林文庆函，写于1927年1月15日。其内容为请求辞职，信末写道："肃此告辞，临颖悚息。聘书两通并还。"

原信为文言文，附有注释。注曰："颖，刀；悚，恐惧。形容极度不安。"

显然，此注未尽如人意。

一、"悚"意为"恐惧"，而"悚息"为"恐惧而屏息"。"怕"的程度，后者较前者深。翻成白话为"吓得大气不喘一声"或"吓得气都透不过来"。书面语，常用于尺牍。如：悚息再拜（宋人常用）。苏轼《扬州上吕相书》："奖饰过分，悚息之至。"

二、"颖"误释"刀"。鲁迅早年学

鲁迅执"刀"写信

徐世华

医，执刀解剖，不足为奇。如今，执"刀"写信，重返蒙恬（相传首制毛笔者）以前年代。岂非怪事！

"颖"，本义为谷穗。《说文》"颖"："禾末也。从禾，顷声。"引申为尖端。如：锋颖；脱颖而出。潘岳《为贾谧作赠陆机》诗："祟子锋颖，不颓而崩。"又指笔头，即毛笔的笔头。《篇海类编·花木类·禾部》："颖，笔头也。"

按信文原意，"颖"当作"笔头"，借指为毛笔。毛笔，别称"毛颖"。书画名家定制的毛笔，均有专名。如：沈尹默的"尹默选颖"；任政的"兰斋选颖"。

"临颖"，意为"执笔书写的时候"。书面语，常用于信末。

有古今两例为证。

一、《红楼梦》第九十九回，周琼致函贾政，其末句云："临颖不胜待命之至。"

二、为祖国统一大业，80年代杨尚昆致函留苏同学蒋经国，信末两句是："临颖神驰，伫候佳音。"

（一）

退稿收到。这使我很激动。我给很多报刊投稿，往往如泥牛入海，能退稿者，真是凤毛麟角。仅此一点，也可看出贵刊的严谨和真诚。不过，换个角度想想，这给你们增加了多少工作量啊！更何况邮费一涨再涨，这方面的支出，肯定是个不小的数字。为刊物的发展计，我倒觉得不必篇篇皆退，比如3000字以内稿件可以不退。贵刊如这样做，作为作者，我觉得是可以理解的。

四川什邡　郑必应

（二）

读报获悉，一位名叫李延良的"老校对"和季羡林先生打官司，法院判决李延良败诉。我联想到这位"老校对"也和贵刊打过官司，但不知结果如何。此事我一直"耿耿于怀"（但愿"老校对"不要判我用词不当），不知便中能否给我一个"说法"。

上海南市区　许纪达

主人说

读到郑必应先生的来信，我们也很激动。由此可以看到，读者、作者已经把刊物的利益和他们自己的利益连在一起。本刊创刊伊始，曾作出不用则退稿的承诺；但自从交邮局发行后，来信来稿量激增，确实有点让我们手忙脚乱。如果继续坚持不用退稿，还不是邮费不堪负担的问题，更重要的是打乱了正常的工作秩序，影响了编稿质量。为此，本刊拟采纳郑先生的建议，以下几类稿件一般不退：一、传真件；二、印刷件；三、复印件；四、千字以内、内容比较单薄的稿件。当然，如果作者注明要退，我们还是会遵嘱照办的。

至于那场官司，早已成为历史，我们一向抱着"提它作甚"的态度，虽早已有结果，本刊始终三缄其口，未向媒体透露片言只字。但确实有许多读者，如许纪达先生一样，关心这场官司。为此，编者奉告如下：这场官司以本刊胜诉而告结束；李延良曾上诉，二审维持原判。我们认为，语言文字问题有它自身的特点，可以探讨，可以争论；但动不动就诉诸法庭，往往不能真正解决问题。不知读者诸君以为然否。　编　者

龙 年 说 龙

成 中 设计

庆祝世纪之交的锣鼓声还未停歇，又听到了欢度春节的鞭炮声。农历庚辰年是龙年，作为"龙的传人"，自是感到格外亲切。请按照阿拉伯数字的书写笔顺，在下列"2000"字样的空格中填上适当的字，组成各不相同的关于龙的成语。答案下期公布。

《改书名》答案

括号中为正字

抱扑(朴)子	客(容)斋随笔	梦梁(粱)录	南村缀(辍)耕录	坚匏(瓠)集
癸已(巳)类稿	康熙词(字)典	淮(准)风月谈	啼笑姻(因)缘	管锥篇(编)

花开时节又逢君

——《咬文嚼字》1999年合订本问世

踏着春天的脚步，《咬文嚼字》1999年合订本已经问世，这是五年多来出得最及时的一次。精装本28元，平装本22元，读者可在当地书店购买，也可汇款至上海绍兴路74号读者服务部邮购。

需要提醒读者诸君的是：谨防盗版。正版封面由特制艺术纸精印，这是辨识的标志。根据读者举报，1998年合订本至少已发现两种盗版本，有的盗版本封面上的标题"毛泽东"竟错为"手泽东"，勒口上"蹒跚"错为"蹒珊"，让人实在有点哭笑不得。正是："报海书山枉自多，《咬》刊无奈盗版何。编辑欲问文贼事，一样悲欢逐逝波。"

年至1998年合订本也已重印，欢迎补购。定价均为精装28元，平装22元

如此"争创"怎能优

ZHAOWE

该照片摄于广东澄海市，正在写的标语应该是"争创双优"。可是"争"字下莫名其妙地多了两点，"创"字左边应从"仓"却写作"仑"。如此"争创"，"优"从何来！

陈耀贤

ISSN 1009-2390

刊号：CN31-1801/H 国内代号
定价：2.00元

2000

上海文化出版社
YAOWEN JIAOZI

咬文嚼字

第 5 期

"今日" 何日

这是一个灯箱，灯箱上有四个大字：今日供电。是从来没电，今日开始供电？还是此地经常停电，今日不停，可以供电？还是前几天电路出了问题，今日恢复供电？……似乎都有道理，似乎都不像。请您猜猜看是咋回事。下期告诉你。

杨桂宏供稿

《窝?》解疑

"妹妹的窝"，原来是一家茶坊，你想得到吗？不论是私人住宅，还是公共场所，称"窝"总不太妥当吧；何况还是"妹妹的窝"，多少有点闪烁其词。

先怀孕后结婚

梅荣槐·文
麦荣邦·画

　　1998年4月16日的南方某晚报,刊有一则国内新闻,报道了郑州市计划生育委员会出台的一项新规定。该报用的标题是:"市民不再有烦言,怀孕再领结婚证"。先怀孕,后结婚,难道郑州有这样的政策?细读下文,方知"结婚证"是"生育证"之误。

咬文嚼字

2000 年 5 月

第5期

（总第65期）

出版：上海文化出版社

编辑：《咬文嚼字》编辑部

电话：021－64372608－205

邮购电话：021－64372608－251

地址：上海市绍兴路74号

邮政编码：200020

发行：上海市邮政局报刊发行局

订阅处：全国各地邮局

国内代号：4－641

国内统一刊号：CN31－1801/H

电脑排版：

　上海艺文激光电脑排版厂

印刷：上海翔文印刷厂

广告业务：

　上海文艺广告传播中心

电话：021－64431400

广告经营许可证：沪工商广字

　3101034000029号

定价：2.00元

目　录

顾问 胡裕树 张 斌
　　　濮之珍
主编 郝铭鉴
编委 李玲璞 何伟渔
　　　陈必祥 金文明
　　　姚以恩
特约编委
　汪惠迪(新加坡)
　林国安(马来西亚)
　田小琳(中国香港)

责任编辑 韩秀凤
发稿编辑 唐让之
　　　　黄安靖
责任审读 郦仁琰
封面设计 宫 超
特约校读 王瑞祥

漫说"潜台词"

罗晓夏

潜台词本是戏剧用语,指的是台词实际包含而没有明确说出的意思,所谓题外之旨,言外之意。丰富的潜台词,往往能使表演更加耐人寻味。在日常言语交际中,当然也会蕴含潜台词。有些人能灵活运用,表现出了高超的说话技巧;有些人却浑然无知,表达的效果便会打点折扣,甚至辞不达意,弄巧成拙。

比如,说一件事情传得很快,我们往往会用一个词语:妇孺皆知。这四个字本不是成语,但因为使用的频率很高,现在似乎已经定型,至少取得了"俗成语"的资格。书法家张森却指出,这一词语带有浓厚的封建色彩,因为它的潜台词是:女人和孩子是最没有知情权的,如果连他们也知道了,那才真是无人不知、无人不晓了。"妇孺皆知"和"妇人之见""妇人之仁"这类

词语一样,在本质上是蔑视妇女的,只不过表现得更加隐蔽罢了。真是一针见血。我想使用者也许并不歧视妇女,但他的言语中已不知不觉地传递了这一信息。是啊,为何不用"尽人皆知"呢?

去年,那个读不准音的"二噁英"成了不速之客,一会儿牛奶,一会儿猪肉,扰得人心惶惶,而事情本身其实并没有这么严重。为了安定民心,维护正常生活秩序,政府有关部门及时发布了消息。上海一家报纸刊登了这样一则报道:《本市猪肉无缘二噁英》。作者的本意是:本市猪肉没有受到污染,居民尽可放心食用,可惜"无缘"一词用得不伦不类。缘分本天成,可遇不可求,二噁英避之唯恐不及,缘分从何说起!而一用"无缘",扼腕叹息之声可闻,仿佛上海人错过了一次绝妙良机似的。记者显然没有意识到"无

人名地名误读多

总结自己多年编、写、教的经验与教训，最容易读错的莫过于人名、地名。

凌鼎年

先说我的家乡江苏太仓。顾名思义，太仓乃皇帝的粮仓，这好懂。太仓还有一个别称为弇山，出典乃明代文坛后七子领袖王世贞，在太仓筑过当时的东南第一名园弇山园。这弇字，读 yǎn，识的人少，不识的人多，且电脑中还打不出这字。80 年代初，太仓造了当地第一高楼弇山大厦，一些外地来太仓参加会议的住宿者，或打听合山大厦在哪？或干脆问"这啥山大厦……"使得某些太仓人觉得太仓的文化底蕴甚是厚实。

幸好弇山只是太仓的别名，如

缘"竟然包裹着这样的潜台词。

报坛前辈林放先生，不愧是一位老报人，对潜台词具有特殊的职业敏感。他曾以上海外滩某饭店的一块广告牌为题材，写过一篇杂文。这广告牌上写的是："本店卡拉 OK 厅，每位消费仅180元。"具体数字是否180元笔者不敢保证，但这个传神的"仅"字是确凿无误的。林放先生正是瞄准这个"仅"字举起了投枪。"仅"，一个普通的副词，但用在这里，它暗含的信息是：180元是微不足道的。无视国情，畸形消费，挥霍无度，享乐至上，一个"仅"字，披露无遗。林放先生凭他的火眼金睛，一眼看出了"仅"字对社会生活的误导。

韩愈说，凡事要三思而行。其实说话也要三思而言，不能不假思索。日前经过一农贸市场，见该场个体经营者贴出了一份倡议书，不哄抬市价，不短斤缺两，一条条写得堂堂正正，最后一句话是："我们一定要争取做一名守法的个体经营者。"我在内心为这份倡议喝彩，为社会文明程度不断提高喝彩，但对最后这一句话不敢苟同，因为这句话的潜台词是：直到贴出这份倡议书为止，这些个体经营者还没有一个是"守法的个体经营者"！"争取做"，也就是现在还没有做到，还在努力的过程中。这符合实际情况吗？可见，忽略了潜台词的存在，沟通就会出现障碍。

果是正式县市名，因误读误写而引出的笑话说不定能出书呢。

吴县有个历史古镇甪直，这镇是叶圣陶的故乡，镇上保圣寺唐代杨惠之泥塑名扬海内外，吸引了大批游人前往观光。但游人中十有八九识不得这"甪"字。其实，这用不像用、角不像角的甪，正确读音为lù，因为甪直为典型的江南水乡，旧有"六泽之冲"的说法，一说乃"六直"谐音为"甪直"，只能算勉强说得通。甪直的镇标是甪端，甪端是传说中的一种神兽，与麒麟齐名，此兽头生一角，或许这甪字的来历与独角神兽有关，虽然这只是我的一种猜测。

地名如此，人名异读的情况就更多。比较常见的像仇姓要读Qiú，查姓要读Zhā，句姓要读Gōu，解姓要读Xiè，朴姓要读Piáo，这些读书人通常还知道；有些小姓冷僻姓，异读得莫名其妙。例如台姓，要读成Yí，种姓要读成Chóng，万俟复姓要读成Mò qí。南宋时诬陷岳飞的奸臣万俟卨，说实在的，能一字不错地读准这三个字的音还真不太容易。卨的规范读音为Xiè。

还有战国时秦国有个将军叫樊於期，如果照平常音读，三个字将错两个。因为在这人名里"於"要读成"乌"，"期"要读成"基"。我小时候因一直记不住，后来想了个偷懒的办法，把这人名读成"饭乌龟"，吴方言中"龟"字通常读jū，音比较接近了，加之饭乌龟形象化，总算记住了。还有个比较有意思、又容易读错的名字是汉代历史学家班彪的女儿班昭。因为东汉和帝赐她号为"大家"，后来就成为人们对有学问的妇女的尊称，故而后人叫她曹大家（嫁曹世夫婿）。但你千万别照字面读，在这人名里，"家"要读gū，因为古代"家""姑"同音，后来"家"转读成jiā，而"大家"却口耳相传，一直读作"大姑"。

当然，人名地名的读法还有个约定俗成。例如成语"叶公好龙"，这个"叶"字应该读Shè音，但如今大家都读Yè，也就从俗了，连字典也改了，老版的《辞海》还注明旧读Shè，新版的词典干脆不理会古音了，似乎从来都是读Yè这个音的。还有苏州市西北有个镇名叫浒墅关，浒原本音hǔ。五代时浒墅一度改为许市。后因"许"与"浒"读音不同，又将"许"回改成"浒"。但改归改，多数人仍然将"浒"误读成xǔ，到现在，xǔ shù已经成了"浒墅"的法定读音。

众矢之的

目标:张抗抗,放!

——2000年第五号战报

编者按

　　真是文如其人。读张抗抗的作品,你可以感受她的坦率、真诚以至那种处事的大大咧咧。她既有南方人的细腻、重情,又有"北佬"的豪爽、粗犷,可谓南柔北刚,融于一体。

　　张抗抗在给本刊写的《嚼字健身心》一文中,坦陈"自己原本只读到初中毕业,'文革'中下乡后一直靠自学后补,各种知识和文学修养、文字功底都是肤浅又单薄的",但读她的作品,你便会发觉她的悟性极高,这在相当程度上弥补了先天的不足,再加上她的文风不雕琢,不卖弄,知之为知之,不知为不知,这样的作家是很经得起"咬"的。

　　张抗抗本名张抗美,因为她是在抗美援朝年代出生的。后来发现"抗美"遍地,才改名为"抗抗"。她觉得"抗抗其名有较大容量,邪恶虚伪丑陋谄媚等等一律以抗之"。想来,语文差错也应该是"抗"的对象之一吧。既然如此,即使我们没有咬中要害,抗抗同志也一定会不以为忤的。

　　根据读者的建议,今年"众矢之的"活动仍评选"神射手"。共设:一等奖一名,奖金一千元;二等奖四名,奖金各五百元;三等奖十二名(每期一名),奖金各二百元。

国王的错误

读张抗抗的作品,想起了一则故事。国王和一位智者下棋,两人约定:智者输了,将被国王杀头;国王输了,则要赔偿智者粮食。赔偿多少呢?智者建议,按棋盘的格子算,第一格一粒米,第二格两粒米,第三格四粒米,第四格八粒米……几何级数增长,直到第六十四格。国王一听,这点米何足道哉,便一口答应。等他输棋以后,方才知道把全国的粮食都拿出来还不够赔呢。

张抗抗的《楼梯·书签·运载火箭》一文中,也有一道算术题。她说:一个作家一生"充其量也只能写出几十部书","而一家出版社40年的成果,却是一个作家的作品无数次立方的立方"。用一点文学夸张的手法,这是可以理解的,但再夸张也该有个度。一个作家一生就算写10部作品,10的无数次立方的立方是多少呢?为了简化计算程序,我们就算"无数次"中的一次吧,10的立方是1000,1000的立方是1后面加9个0——10亿!别说一个出版社40年出不了这么多书,中国有史以来,也没有出过10亿种书啊!

哈哈,张抗抗,你犯了和国王同样的错误。

相差 24 小时

张抗抗的散文《从零开始?》,发表在2000年1月22日的《文汇报》上。该文第一段只有一句话:"都说过了1999年12月31日零点,从2000年开始,人类就正式迈入21世纪了。"

究竟是2000年还是2001年进入21世纪,这个问题还有争议,我们且不说;这里只谈"零点"问题。众所周知,按照现今的时制,一天有24小时,起于零点,止于24点。零点与24点可以重合,但这是指前一天的24点与后一天的零点可以重合,比如5月1日的24点即5月2日的零点。我们决不能简单化地说零点便是24点。

由此可见,上边引用的那句话是有破绽的。"过了1999年12月31日零点"(也就是过了1999年12月30日24点),1999年还没完,怎么能说"正式迈入21世纪了"呢?还差整整一天呢!我们相信女作家不会不知道"零点"与"24点"的差异,这大概也如张抗抗所说,是"匆忙"的产物、"粗糙"的表现吧。

(何锡尔)

加拿大何来"十里洋场"

张抗抗《时差》中"多伦多"一节,对"年轻"的城市多伦多进行了细致入微的刻画,其"光怪陆离""光艳夺目"的市容折射出多伦多的现代气息。可其中有这样一句话:"有时猛一抬头,真以为是一片海市蜃楼,让一个隐身的魔术师搬到了十里洋场的大都市!"无疑,张抗抗在这里误用了"十里洋场"。

"十里洋场"特指旧上海的租界或租界的繁华景象。1845年英租界在上海县城以北的洋泾浜(今延安东路)北岸建立,1848年美租界在苏州河北岸的虹口建立,1849年法租界也在上海县城与洋泾浜之间的土地上建立。这些租界是为避免"华洋杂居"容易发生华洋冲突而划出和建立的洋人居住区,因当时称洋人为"夷",所以华人称租界为"夷场"。1862年,署上海知县王宗濂晓谕百姓,今后对外国人不得称"夷人",违令者严办,于是改称"夷场"为"洋场"。"十里"之名,一般认为只是一个虚拟词,表示大;也有人认为美租界沿苏州河两岸发展,英租界和法租界南起城河(今人民路),西至周泾和泥城河(今西藏南路和西藏中路),北面和东面分别为苏州河与黄浦江,周长约十里,故被称为"十里洋场"。以后租界面积虽扩展若干倍,但"十里洋场"之名一直沿用了下来。

多伦多是加拿大的城市,不能用"十里洋场"来修饰。

(郑淑芬)

"光年"不是时间

张抗抗的小说《情爱画廊》中有这样一段情节:女主人公水虹冲破阻力,从苏州赶赴北京与情人周由相会,两人春风一度后,双双进入梦乡,直到第二天中午才同时醒来。

小说接着写道:"在他们的感觉中,时间似乎已经过去了数千亿光年……"

"年"是时间单位,但"光年"虽有个"年"字却不是时间单位,而是天文学上一种计量天体距离的单位。

宇宙中天体间的距离很远很远,如果采用我们日常使用的米、千米(公里)作计量单位,那计量天体距离的数字动辄十几位、几十位,很不方便。于是天文学家就另创了一种计量单位——光年,即光在真空中一年内所走过的距离。距离=速度×时间,光速约为每秒30万千米(每秒299,792,458米),1光年约为94,605亿千米。

"光年"既然不是时间单位,说时间过去了多少光年,就好像说时间过去了几米、几千米一样,是不能成立的。

(杜 炎)

可谈乎?不可谈乎?

张抗抗写小说,但怕谈小说。她在《有意无艺》一文中说:"我总认为小说之'艺'是不可谈的,犹如一个谜底之于猜谜人,或是菜谱之于食客。"

"犹如",如同也,比如也。"犹如"前后的内容,一般来说,总该有某种相似点。作者用"犹如"一词,无非是要把话说得更透彻一点,让人听得更明白一点。遗憾的是,上引文字中"小说之'艺'是不可谈的"本不难理解,"犹如"一下之后,反而让人如堕五里雾中。

"谜底"之于猜谜人是"不可谈"的吗?非也。一条灯谜,通常可分谜面、谜目、谜底三部分。猜谜人正是根据谜面的提示,谜目的要求,绞尽脑汁去寻找谜底。整个猜谜的过程,也就是想谜底、猜谜底的过程;即使谜底揭晓以后,猜谜人还会兴致勃勃地研究谜底,领略其中的谜味。

"菜谱"之于食客是"不可谈"的吗?非也。且不说食客中的美食家,菜谱对于他们来说,可谓烂熟于胸,餐桌上的"演说",往往三句不离菜谱,京广川扬,如数家珍;即使普通食客,也有兴趣了解菜谱,熟悉菜谱,有些人还期待着如法炮制的机会呢。

谜底不可谈,菜谱不可谈,真是从何说起!

(易 川)

"投"与"喷倾"

在小说《北极光》里,作者描述费渊少年时在机场向外国贵宾献花的场景时说:"他伸长着胳膊,正把鲜花投到外宾的胸前……"

迎接外宾的场面是非常热烈而庄重的,而"投"是抛掷、扔的意思,在那种场合,把鲜花向外宾胸前投掷是不可能的,是不合乎礼仪规格的。相反地,费渊一定是非常恭敬地双手捧着鲜花送到外宾跟前,并在外宾接受献花之后,举起右手行个少先队的队礼才是。

无独有偶,在《北极光》中,作者又这样描写祖国大地出现的变化:"大地被唤醒了,地火冲天而起,喷倾出炽热的熔岩火浆。"

炽热的熔岩从地底迸发而出,直冲云霄,喷射的方向肯定是向上的。而"倾"的意思却是把容器反转或歪斜,倒出里面的东西。可见"倾"的动作方向正与"喷"相反,是向下的。这就说明,"喷"与"倾"在同一事物上恐怕很难同时形成协调的统一的动作,应该使用"喷发"一词才正确。

(辛南生)

"措"不及防

词语使用中,有一种常见差错,我称之为词形纠缠,"措不及防"便是一例。

我经常见到这种用法,比如青汶写的《姜昆外传》:"它的这一突举(此词也有生造之嫌——引者),竟使姜昆措不及防……"又如张抗抗写的《猴岛记趣》:"(猴王)速度之迅疾动作之敏捷几乎像条狼狗。有人措不及防裤脚被它抓了一把……"

这其实是两条成语合二为一的产物。一条是"措手不及"——来不及应付;一条是"猝不及防"——事情突然来不及防备。这两条成语在语义上有相似处,在词形上又都出现了"不及",结果作者不知不觉地混淆起来,写成了"措不及防"。

对于这类失误,无论是作者还是编者,都还是应该防一防的。

(郑 保)

有了"惟其",何须"因为"

张抗抗的《大荒冰河》一书,描写了"文化大革命"期间,知识青年上山下乡、在北国边疆农场的真实生活。其中,《信号弹》一文提及"我们"初抵农场时,晚上常有"敌情"发生,敌情便是信号弹。连长、指导员肯定地说,发出信号弹的是"敌方"(即"苏修")。作者写道,"惟其因为有信号弹的提醒,才能使我们确实感到阶级斗争就在我们身边"。

笔者无意讨论当年那场国与国之间的"阶级斗争",需要关注的乃是引句中"惟其因为"这四个字。我们知道,"惟其"是一个表因果关系的连词,意思相当于"正因为";一般用了"惟其"之后,常常需要"因而""所以"等关联词语加以照应。比如:"惟其独特,因而更具艺术个性","惟其知识欠缺,所以才需要努力学习"。

张抗抗在这里可能把"惟其"误解成了"只是""正是"这类含义,所以在"惟其"后又画蛇添足地加上"因为",造成了语义上的重复。

(脉 脉)

"托举"的对象

张抗抗的散文《天上永远有星星》(吉林人民出版社《沙之聚》第119页)写道:"有一段时间我调在分场的砖瓦厂当晾瓦工,一个班次要晾1500块红瓦,一块瓦重达七八斤,8小时内要重复托举几千次机械、笨重的晾瓦动作,还要在瓦架上跳上跳下。"

其中"托举几千次机械、笨重的晾瓦动作"有语病。我们且拿"阅读三遍曹雪芹的《红楼梦》"作类比。动词"阅读"后边有一个补语、一个宾语,"三遍"是"阅读"的动量补语,

"曹雪芹的《红楼梦》"是"阅读"的对象宾语。同样,动词"托举"后边也有一个补语、一个宾语,"几千次"可以作"托举"的动量补语,而"机械、笨重的晾瓦动作"却不可能作"托举"的对象宾语。很明显,这儿有动宾搭配不当的语病。

造成这一语病的原因在于"托举"在句中的位置不妥。只要调整一下语序,将"8小时内要重复托举几千次机械、笨重的晾瓦动作"改为"8小时内要重复几千次机械、笨重的晾瓦托举动作",句子就四平八稳了。

(是 章)

海洋岂能"竭泽而渔"

《好主妇》1999年第10期上,刊有张抗抗的一篇短文:《绿色消费》。作者在文章中,历数种种非理性的消费行为对地球生态的破坏,其中的一项是:"浩瀚无垠的海域,疯狂的捕捞已竭泽而渔……"

"竭泽而渔"这条成语,见于《文子》《淮南子》等书,字面意思是把池水戽干了捕鱼,表示不留余地,不计后果,只顾眼前利益而不顾长远利益。张文既然点明是在"浩瀚无垠的海域",按照前后文意,用"竭泽而

渔"便显得有点不伦不类。试想一下,把海水戽干捕鱼,这想象未免太大胆了吧。

当然,作为成语,"竭泽而渔"只是一种比喻,一种表达技巧,即用具象的事物来说明抽象的道理。问题在于,作者提供的是一个具象的语言环境,她说的正是大海,正是捕捞,这样,"竭泽而渔"便真的成了一种捕捞方式,读者便不能不对它的合理性提出质疑。

(虹 宇)

嚼字健身心

张抗抗

《咬文嚼字》这本轻巧的小书,出版几年来颇受欢迎,因为它专门在汉语语言的树林里抓害虫,为我们的无知、疏忽、粗陋纠错。这是一只勤劳而友好的啄木鸟。

很荣幸自己成为《咬文嚼字》2000年"众矢之的"的一个目标。被选中作帮助教育的对象,可理解为尚有进步的希望。人家如认为你已不可救药,定是懒得再说。

我在20年中写了几百万字的作品,其中不少作品写得匆忙粗糙随意,再加上自己原本只读到初中毕业,"文革"中下乡后一直靠自学后补,各种知识和文学修养、文字功底都是肤浅又单薄的。作品中常有些明显的"硬伤"或纰漏,陆续经友人或读者指点,也曾在出集子时或重版时略加修正,却已留下许多遗憾。这一次,能有机会请众读者公开挑错,实在难得。自知文中种种毛病定是不胜枚举,先在这里对大家的辛苦说声谢谢。

当然,剩下的事情,是自己对众人的"咬文嚼字",再重新细细咀嚼吸收,成为日后写作的前车之鉴。咬自己的文嚼自己的字,还得具备一副坚实的牙齿才行。

"敲竹杠"趣说

倪培森

人们常常把勒索钱财的行为称作"敲竹杠"。为何有这样的比喻?"敲竹杠"又是怎样产生的呢?传说有这么几种不同的说法:

一、源于上海"十六铺"

鸦片战争后,上海成为对外通商码头,中外客商云集。当时外滩的十六铺码头是国内各路客商的交汇地,一些外埠的小商贩,白天在十六铺经商,夜晚为了节省开支就在码头附近路边屋檐下打地铺过夜。这就为警察局的巡捕和一些地痞流氓提供了"生财"的机会。他们以维护治安为由,向小商贩勒索钱财。小商贩们斗不过地头蛇,又怕血汗钱被抢去,就动脑筋把铜板、银元、纸币藏装在挑运货物的抬杠里。可时间一长,被巡捕和地痞知道了内情,每每先用棍棒敲敲商贩的竹杠或抬棒。俗话说:"好汉不吃眼前亏,强龙难斗地头蛇。"识时务的小商贩怕因小失大,就从杠棒中倒出些银两来"开路"。从此,"敲竹杠"成了强行勒索的代称。

二、源于清朝禁烟期间

清朝末年,官府查禁鸦片甚严,为了瞒过水关的检查,某些水运客商将烟土密藏在竹篙或竹杠之中。一天,船航行至浙江绍兴码头,水司衙门官员上船检查,未发现偷运烟土情况,正待放行。一位师爷吸着长简旱烟上船办理纳税手续,他信手在竹杠上敲了几下,倒出烟锅里的烟灰。客商吓得心惊胆战,以为被师爷看出什么破绽,慌忙掏出银两,悄悄塞给师爷。尽管师爷是无心的"敲",船商却是有意的"给"。事情传开后,人们就把"敲竹杠"同"依仗权势,勒索钱财"划上了等号。

三、源于四川抬滑竿的脚夫

四川山多,旧社会有钱人上山要坐两人抬的滑竿代步,这就为贫苦百姓开了一条谋生之路。有些滑头的人想从坐滑竿的身上多捞点油水,便合谋行动。滑竿抬到半山腰,其中一人敲几下竹杠棒,两人便停下滑竿,想出各种理由向坐竿者提价。山高皇帝远,坐竿人无法可想,

何处生"春草"

维 光

"池塘生春草,园柳变鸣禽"是南朝诗人谢灵运《登池上楼》中的佳句,历来为人们所传诵。

1999年7月17日《中华读书报》有一篇题为《说诗中的草》的文章,将"池塘生春草"解释为"池塘中生出新绿的春草"。查《汉语大词典》,发现在词条"池塘"之下,举的例句竟然也是"池塘生春草"。都是将"池塘"当作一个词了。

其实,"池塘生春草"句中的"池塘"是两个词:"池"是水池,

"塘"是堤岸。《说文新附》:"塘,隄(堤)也。从土,唐声。"从土的形声字,意义多与土地有关,"塘"的本义是堤坝、堤防,引申为岸边。"水池的岸边"生春草,比起"水池中"生春草,不是更合乎情理吗?古汉语以单音词为主,而现代汉语中,双音词占绝大多数。因此,不应把古汉语的两个相连的单音词"池"和"塘"误解为现代汉语的一个双音词"池塘"。《辞源》是一本专收古籍词语典故的工具书,就没有把"池塘"当作一个词来收。

另外,南朝时期,诗人写诗已经讲究对仗了。"池塘"也只有当"水池的岸边"讲,才能与下句"园柳变鸣禽"的"园柳"——"花园的柳树"相对。因为对仗的基本要求是:上下两句的词性相同、结构也相同。"池"和"园","塘"和"柳",都是名词对名词,而"池塘"和"园柳"又都是偏正词组,正合乎对仗的要求。

只得答应加钱并预先如数付清。这虽然只是一种小计谋,但毕竟多少有些强行勒索的意味,人们便把强行提价称作"敲竹杠"。

四、源于店老板暗示伙计提价

当年,上海不少店铺的老板都善于察言观色,凡见陌生顾客或顾客买货心切,便敲响竹筒,暗示伙计提价,提一成敲一记,提两成敲两记,最多时敲三记。因此,"敲竹杠"便有了抬高价格、向顾客索取钱财之语义。

5—15

莫把"程史"当《桯史》

邓　祥　刘善良

岳珂的《桯史》是一部备受人们称道的著作。岳珂（1183—1234），字肃之，号亦斋，又号倦翁，河南汤阴人，著名抗金将领岳飞的孙子。他处偏安之世，怀家国之恨，用心收集资料，以愤世之情，写成这部著作。先写在室内床前几——"桯"（tīng）上，后"命小史录藏去，月率三五以为常"，日积月累，编辑成册。因书于"桯"上，仿柱记，故名为《桯史》。全书共十五卷，凡一百四十多条，记录了两宋朝野各层人物之言行，具有较高的史料价值和文学价值。

岳珂自己很重视《桯史》这部著作。他在"自序"里就说过，"每窃自恕，以谓公是公非，古之人莫之废也"，且借和"桯"对话为由，直称之为"良史"。事实上，历代学者对《桯史》都作过较高的评价。《四库全书总目提要》说，《桯史》"大旨主于寓褒刺，明是非，借物论以明时事，非他书所载徒资嘲戏者比"。而清人毕沅撰修《续资治通鉴》，还采录了该书中的资料。

这样一部重要著作，在现今出版物上，却时有把书名搞错的事。1995年12月23日《文汇读书周报》就将《桯史》之"桯"误作"程"。作者陈乐民先生是知名学者，当不会疏忽至此，大约是排校之误。无独有偶，1997年3月5日《中华读书报》刊登的《传世藏书》广告中又误作"程史"。南北两家严肃的读书报纸出现这样的差错，会对读者产生较大的负面作用。"桯""程"虽只有一撇之差，但差之毫厘，则谬以千里，希望引起出版工作者和读者注意。

成语"屦及剑及"出自《左传》，亦作"剑及屦及"。但是上海辞书出版社1979版《辞海》缩印本第1076页词条"屦及剑及"的注中误排成：亦作"剑及屦(lǚ)及"。再翻查第188页，只有词条"剑及屦(jù)及"，而无"剑及屦及"，足证《辞海》第1076页是排错字了。(1999版《辞海》已改正——编者)

台湾省有一个政府的机构名叫"国立编译馆"，负责编写中小学的教科书。《国民中学(初中)国文》教科书第五册第一课《弘扬孔孟学说与复兴中华文化》，课文及注释也将"剑及屦及"误排为"剑及履及"。

由于国立编译馆在台湾的文教界有极高的地位，几乎有99%的国文老师只知有"剑及履及"，反而以为"剑及屦及"是错的！连台湾有几家大出版社聘请名教授所编的《国语辞典》也以讹传讹，误为"剑及履及"，可见贻

剑及履及？剑及屦及？

左秀灵

误学界多么深远！

本成语为什么非要用"屦(jù)"而不可用"履(lǚ)"？原因见下：

故事出自《左传·宣公十四年》：楚庄王想攻占宋国，苦无借口，便心生一计，故意派申舟出使齐国，路经宋国，但不事先知会宋国要借道，这在当时是违反外交礼仪的举动。申舟便对楚庄王说："我以前得罪过宋昭公，这次又不事先知会，我一定会被杀！"

楚庄王说："你放心，宋国如果敢杀你，我马上为你报仇！"

果然，宋国的华元认为："楚国使者借道，却不事先知会，等于把我们宋国看成是楚国的领土，我们不是亡国了吗？如果杀掉楚国的使者，楚国一定会出兵攻打我们，我们也会亡国，不管怎么做，都一样是亡国。"于是就把申舟杀掉了。

楚庄王得到申舟被杀的消息，一甩衣袖，立

5—17

"曾子固不能诗"的曲解

张若牧

在文白对照全译《两般秋雨庵随笔》里有一句:"世传曾子固不能诗,非不能也,不过稍逊于文耳。"读起来并不难懂。可一读译文:"世人传说曾子原本不会作诗,其实不是不能作,只不过在文采上稍逊色罢了。"(见该书687页)真使人哭笑不得!

译文既说"原本不会作诗",又说"其实不是不能作",自相矛盾。出现这种悖理的情况,是译者强解了"固"字。"固"在这里和"不能诗"根本没有关系,也不表示强调,而是前面的人名。文中说的人不是曾子,而是曾子固,也就是北宋文学家曾巩。他字子固,号南丰,所写散文平易典重,被列为"唐宋八大家"之一。此文的原义是:"世人传说曾子固不能作诗,不是不能,只是诗没有散文写得好而已。"译者缺乏常识,竟扯到曾子身上,并把"文"(散文)硬译成"文采",实在是与原义相去太远。

刻冲出去,要出兵为申舟报仇。拿鞋的人追到寝宫门前的甬道,才给楚庄王穿上鞋;拿剑的人追到寝宫门外,才给楚庄王佩上剑;备好车马的人追到蒲胥之市,才请楚庄王登上了车子。这一年的秋天,楚庄王包围了宋国。(《左传》原文:楚子闻之,投袂而起,屦及于窒皇,剑及于寝门之外,车及于蒲胥之市。秋九月,楚子围宋。)

从所引的《左传》原文看,可以知道是"屦及",而非"履及"。再查《辞源》《辞海》的词条,都是用"屦(jù)",而不是用"履(lǚ)",仅《辞海》曾在注中排错了字而已。履和屦不是皆指鞋吗?这是不错的,但正如晋蔡谟所说:"今时所谓履者,自汉以前皆名屦。"(段玉裁《说文注》引)

《左传》作者左丘明是春秋时代人,不可能用"履",只有用"屦"才能体现这条成语特定的时代色彩。

同坐一把龙椅?

刘运兴

写文章用典故,在中国文人是常事。用典恰切,可以使文章生色。但是如果想当然地乱用一气,不讲究用典的准确性,则往往弄巧成拙。《散文》1999年第3期中车前子记述当代书法大家林散之的《结之为圣　散之成仙》,就犯了一个用典失实的错误。

文中说"林散之大概在50年代耳朵就不好了,左耳。所以他有时落款就写'林散之左耳',只是'左耳'两字,我总会一不小心地看作'右军'",作者由此引申开去,用右军王羲之的典故说明林散之的"别有怀抱"。对于王羲之的显赫家世,作者云:"王羲之生活的年代,那时有一句话:'王与马共天下',王羲之的伯父王导,曾在晋元帝司马睿登基的大典上,与皇帝同坐一把龙椅,共受百官朝贺。中国历史中也仅此一例。"琅邪王氏在东晋立国及其后一段时间内的地位和作用,对稍具文史知识的人来说并不陌生。这里所谓的王导与晋元帝"同坐一把龙椅,共受百官朝贺",属于明显的用典失实。

《晋书·王导传》记载这件事情的原文是:"及帝登尊号,百官陪列,命导升御床共坐。导固辞,至于三四,曰:'若太阳下同万物,苍生何由仰照!'帝乃止。"《世说新语·宠礼》所记大同小异:"元帝正会,引王丞相登御床,王公固辞,中宗引之弥苦。王公曰:'使太阳与万物同晖,臣下何以瞻仰!'"刘孝标注引《中兴书》曰:"元帝登尊号,百官陪位,诏王导升御坐,固辞然后止。"司马睿被推为皇帝,并非由于自己具有实力,他在政治上完全依靠王导,军事上完全依靠王敦。他在举行登极大典后接受百官朝贺时,请王导与他同登御床平起平坐,一方面是出于对琅邪王氏难赏之功的真诚感激,另一方面也是试探一下看王导是否安于臣子的本分。王导自然心中有数,不敢僭越而推辞。很明显,司马睿是三番四次地请,王导是诚惶诚恐地辞,并没有形成"同坐一把龙椅,共受百官朝贺"的事实,从而也就根本没有出现"中国历史中""仅此"的"一例"。

哇噻——噎

刘　思

"哇噻,这个 T 恤好 Yeah,非常太空感,绝对电子味,上街炫一炫,帅呆啦,酷毙啦!噎!"这段话见之于一篇介绍"新人类"的文章,说"这就是新人类的语言新风格"。虽然我也是看了这篇文章的解释才明白"'哇噻',常常是用于句首,表示惊讶,类似于北京人的'我操',上海人的'乖乖';'噎'则常常是用在句尾,把话说完后,突然又响亮地'噎'一声"。但也只是觉得挺好玩,并未因这样的"语言新风格"气恼,甚至觉得"哇噻"比"我操"文明,"帅呆啦"也比"好看死了"传神准确。

不过,肯定有人听着不顺耳。内地才兴说"的士"那会儿,就有人痛心疾首,大不以为然,但后来也没听说谁非说"乘坐出租汽车"不可,也跟着"打的"了,最终"的士"这个词还上了《现代汉语词典》。粤语刚兴

时,有人说那是"鸟语",却排斥在"燕语莺声"之外,使人大不解。其实据语言学家论证,粤语还保留不少唐音,那简直是汉语祖宗辈的;虽然粤语中的某些流行语来自港台,但别忘了港台皆我中华,怎能连同胞的话也不容忍呢?

当然,为了统一和进步的需要,交流方便,应该推广以北京语音为标准音、以北方话为基础方言的汉语普通话。但汉语普通话也不是自古皆然一成不变的,是吸收了各种语言的养料的。例如,"幽默""逻辑"这样的词来自英语,"刹那""劫波"这样的词来自梵语,就连"世界"也出自《楞严经》呢——岂止"世界",时下流行的"赞助",原也是来自佛教的"借用语",别以为这不可思议。偏偏"不可思议"和"赞助"一样,是随着佛教传入我中华的;"干部"一

词从日本传到中国,而这个词却是日语从英语中拿来的……

虽然净化民族语言的工作是不可少的,但一不必为一两个新鲜词语的出现大惊小怪,二更不必一下子上到"糟蹋民族语言"的"纲"上。应该承认,新鲜词语常随新鲜事物出现,中国人自古洗澡讲究"泡",如今有人喜欢"蒸"了,那是因为有了"桑拿浴",有人图省事说去"蒸桑",让他说去,天不会塌下来;老百姓嘴边上的话,什么时候也形不成"话语霸权",林彪的"最最最"才是"糟蹋民族语言"呢,但也不是被"汰"去了吗?

我或许永远不会说"哇噻——噎",但别人"哇噻——噎"我也不会反感。找这么个话题,其实想说的就是一句话:改革开放,就应该有一种容纳百川的胸怀,别动不动就对外来的新鲜事物紧张,那反而会显出自己的体弱心虚来。

(原载《文汇报》1999年11月9日,华坚荐。)

少用"家长"这个词

陆小娅

前不久,参加一个由美国家庭心理治疗家帕蒂女士主持的"父母培训班",当时翻译一再强调,他们尽可能不用"家长"这个词,而使用"父母"这个词。因为"家长"这个词,含有权威的意思,而英语中"parent"这个词并没有"一家之长"的含义。

在我们中国人的观念里,父母理所当然就是家长。既然是"家长",就有责任养育和管教子女;孩子呢,也必须服从"家长"的管教。

我们源远流长的传统文化,是讲究"长幼有序"的,这个"序",就是孩子要服从家长。一个人在成家立业之前,在家庭中没有独立的地位,他必须依附和顺从父母,而不能有自己的意志。父母的话,就是金科玉律,绝容不得什么"我爱我师,但我更爱真理"之类,"一家之长"的地位便已经决定了一切。

但权威式的"家长"到了现代社会里,终于也扛不住了。因为人们开始意识到，孩子虽小，但在人格上和我们是平等的。他们不仅是我们的孩子，也是独立的生命个体，因此他们也会有自己的需求，也应该享有自己的权利。何况我们当长辈的，在飞似变革的社会中，也常常不知所措，也常常会犯错误。所以，凭什么因为我们生了孩子养了孩子，就是天然的权威，就一定要孩子服从？

我想，做"父母"和做"家长"其实是不同的。做父母意味着我们要尊重孩子。在孩子的愿望和我们的想法发生冲突时，我们能够倾听他们，能够用恰当的方法来处理冲突，而不是简单粗暴地要孩子服从。做父母还意味着愿意分享孩子的感受，能够平等地和他们探讨，而不是嘲笑他们幼稚，或者强迫他们接受自己的观点。

相比起来，做家长易，做父母难，因为做父母需要更多的勇气、更多的智慧、更多的耐心。我相信，当我们放下"家长"的架子努力去做好父母时，我们的孩子一定会成长得更健康，我们的家庭也会更融洽。

我希望有一天，"家长"这个词能从词典中消失。

（原载《中国青年报》1999年11月10日，邱天荐。）

什么是什么？

流沙河

读小学的国语课本，见到"什么"二字，不知是啥东西，蜀童感到困惑。日月星，牛马人，都具象，很好懂。惟有这个什么，已出象外，弄不明白。上中学读英语，学会拼音，忽悟得什和么的古音拼起来就是川话的啥，心头疙瘩才解开了。今老矣，又困惑："这个啥又是啥？"

原来啥就是蛇！

《说文解字》有它字，就是蛇字，音 shé，食遮切。它字篆文像毒蛇的三角形头部和直立的颈部。许慎特别说明："上古草居患它，故相问无它乎。"意思是说远古先民生活在丛莽间，蛇咬为患，所以互相问候："没蛇吧？"迨至文明初启，斩劈蓁莱，上字下栋，移居堂室，蛇患远离，问候话留下来，暗变成"没啥吧"。今人仍然这样问候。例如甲跌倒了，乙去扶起，问道："你没啥吧？"甲摆手笑，答道："没啥。"若是北方人，便答"没什么"。蜀人以龙为老大，以蛇为老二，称为梭老二。什和么的今音拼成梭声，仍然是蛇。冷兵器的梭标即蛇矛，斯可证也。语言考古可补充田野考古之不足，未可忽视。

普天之下的蛇都发出咝咝声。"其名自呼"，所以叫蛇。蛇在英语是 snake。试急读之，竟和汉语的蛇完全相同。你听，这两种远距离的语言，蛇这个词都带着咝咝声。可知"其名自呼"的命名法，不论欧亚，古人都懂。还有一件有趣的事，便是蜀人称大蛇为梭棒（本作蛇蟒二字），同英语的大蛇 serpent 的读音几乎相同。又，倒转来便成了今人说的蟒蛇一词。

（原载2000年2月1日《新民晚报》，海虹荐。）

语丝

好一个『的』字！

周一农

『的』是汉语中使用频率最高的字，在二千多万字的统计材料中，『的』字共使用八十三万次，覆盖面达百分之四以上。别看只是一个结构助词，用得好同样可以出神入化。试看下例：

差不多在澳门回归的同一时刻，地球的另一边也同样发出了一声本世纪末的绝响：一九九九年十二月十四日，美国正式向巴拿马政府移交巴拿马运河区的全部统治权。世界各地大报，都以显著位置报道这一消息，如墨西哥《永久》周刊的《巴拿马运河回归》、委内瑞拉《国民报》的《巴拿马运河过去告别》，我国《人民日报》的《巴拿马运河归还主人》……其中浙江《钱江晚报》的报道最耐人寻味，《巴拿马运河今成『巴拿马的运河』》可谓一个『的』字，尽得风流。

应该是"掼浪头"

邱剑云

某报同一日两个版面上出现了一句同义的沪语方言。读者弄不懂的是，其一写作"掼榔头"，作者还特意加注曰："意为大方过头。"实例是一位好客的男主人将"饱餐一顿"后的一群客人送上公交车，又摸出几张"大团结"硬塞给客人们买车票，其妻斥之为"掼榔头"。其二写成"掼浪头"。请看中国国奥队足球主教练霍顿的豪语：中国队是亚洲一流强队，韩国队、日本队、伊朗队、沙特队、伊拉克队论实力、水平都不在中国队之上，中国队可以打败任何一个亚洲对手。编者据此拟标题曰：霍顿掼浪头。很显然，"掼浪头"不是"意为大方过头"。

其实，把"掼榔头"释为"大方过头"是不准确的。应为"过分显示大方"才对。而霍顿的"掼浪头"，当然是指他"过分显示自信"了。无论是前者指人之行而言，还是后者据人之言而论，关键之处都是过分显示自己，核心问题则是"显示"，带有明显的自炫性或自夸性。从直感上可以断定，"掼榔头"与"掼浪头"原为同一沪语方言，只是因为"榔"与"浪"的方言读音完全一样，才各写各的了。

那么，究竟该写"掼榔头"还是"掼浪头"呢？要是有本权威的词典可查，问题立刻解决；可惜而今一些词典往往滞后，旧有的语词尚且收录不全，时新的口语就更爱莫能助了。于是，眼下就只能用推断的方法来解决这一疑难。

推断之一：由"榔头"和"浪头"的比较入手。

榔头，木质或铁质的锤子；浪头，涌起的波浪，可用来比喻潮流、高潮。两相比较，榔头无喻义而浪却有。这种不同,在它们各自与"掼"形成组合后仍然存在着。"掼浪头"正是通过生动的比喻产生了"过于显示"的形象,而"掼榔头"则无此修辞效果。

推断之二:由结构相似的"掼"字当头的沪语方言入手。

因气愤而辞职或因闹情绪而甩手不干叫"掼纱帽",这是以比喻表意的方言。摆阔气,讲排场叫"掼派头",这是直接表意的方言。从形式上看,"掼榔头"与"掼派头"相似,但它不具后者作为固定用语的特殊表意功能,只可表一个具体的动作。"掼浪头"则不然,它不但形式上与

"掼纱帽"相似,而且同样具有固定用语的特殊表意功能。"浪头"一经"掼"的加力,便更见波高潮大,"过于显示"的意思也就出来了。就"掼浪头"的使用范围而言,它要大于"掼派头",因为在物质钱财之外的方面过于显示,是只能用"掼浪头"的。至于本人没有"掼浪头"的用意,别人却认为是"掼浪头",那就另当别论了。

沪语中有一句常用语:浪头大唻。含义与"掼浪头"差不多,足为确立"掼浪头"正宗地位的佐证。若误为"榔头大唻",就不可解了。

翅膀

莫华

全球两大快餐业巨头,一个是肯德基,一个是麦当劳。肯德基以鸡肉为主要原料,重点经营炸鸡系列;麦当劳以牛肉为主要原料,重点经营汉堡包系列。

两家本是井水不犯河水,想不到两年前肯德基推出鸡腿汉堡,拉开了两家直接冲撞的序幕。去年六月,麦当劳推出麦辣鸡翅,这可触动了肯德基的主打食品。于是,肯德基四处做广告公开反击。在南京某媒体上,肯德基广告的画面是一位胖厨师指着一只小鸡,旁白一语双关:翅膀还没长硬呢,就想做鸡翅?

「掼榔头」溯源

祁山青

沪语方言中有一种说法叫"掼lang头"。它的意思是：虚张声势，自我炫耀，言过其实。这个"lang"字怎么写呢？有的写作"浪"，有的写作"榔"。就笔者所见，"掼浪头"似属多数派。

据说，这样写法是有理由的。第一，"榔头"只是一个具体的工具，而"浪头"却能产生丰富的联想。"掼榔头"让人想到的是甩手不干，"掼浪头"则有一种呼风唤雨的感觉，符合表述要求。第二，沪语中有"掼派头"一说，无论是表意还是结构，都和"掼浪头"有相似之处。

然而，笔者不敢苟同。

不错，"掼××"是沪语中的常见格式。做事不顺心，一气之下可以"掼纱帽"；为了证明自己身份特殊，不是等闲之辈，可以"掼派司"；当然，喜欢摆谱以满足虚荣心的人，也可以"掼派头"。"派头"是抽象词语，本是不可以"掼"的，但一经和"掼"结合，则和纱帽、派司一样，显得具体可感，这是一种化虚为实的修辞手法。"掼浪头"则不然。浪头者，江河湖海中的波涛也，如奔马，如滚石，排山倒海，前呼后拥，面对如此气势，一个"掼"字，扔也好，

抛也好，摔也好，未免有点力不从心吧？"浪头"岂是可以让你随意"掼"的？从逻辑上来说，"掼浪头"实在有点不可思议。

笔者是主张写作"掼榔头"的。寻根溯源，此语和铁匠有关。榔头，是铁匠必不可少的工具之一。根据锻打的部件不同，干铁匠活时，有时敲榔头，有时则要掼榔头。敲榔头时，一手掌钳，一手执锤，一个人在铁砧上敲敲打打即可。而如果锻打的是一个"大家伙"呢，情景则截然不同，需要一人掌钳，另一人双手执锤，双臂伸直，从背后划一个圆圈，猛力锤打下去。这就是"掼榔头"。按北方人的说法，就是把榔头"抡圆了"。掼榔头和敲榔头，劳动强度自是不可同日而语，因此，气势也是不可同日而语。每当掼榔头时，主锤者"力拔山兮气盖世"，八面威风，锐不可挡。今日沪语方言中的"掼榔头"，不正是要抖一抖这种感觉吗？

一般人不熟悉铁匠活，当年的铁匠铺，正在被大工业所取代，因此而不解"掼榔头"，这是可以原谅的；但如果硬要指"掼浪头"为正宗，把一个病态词当作规范词，未免有强词夺理之嫌。

这是"希望"之灯

潘吉松

高中语文教材第一册收有巴金的散文《灯》。作者采用象征手法，以"灯"来寄寓对光明的向往。但令人遗憾的是，教材对"哈里希岛上的姐姐为着弟弟点在窗前的长夜孤灯"一句所加的注解，有悖作者的本意。注解曰：

欧洲古代传说：在哈里希岛上住着姐弟二人，弟弟航海去了。姐姐爱尔克每夜在窗前点着一盏长夜孤灯，用这孤灯给她航海的弟弟照路，但弟弟一直没回来，姐姐带着失望进了坟墓。

以上注解的毛病出现在最后的表述："姐姐带着失望进了坟墓"。粗看似乎也通——姐姐万念俱灰，终于带着失望走到了生命的终点。

但是，这盏"失望"之灯岂不与作者要表现的给人光明、给人鼓舞、给人力量的"希望"之灯相矛盾？若照原注理解，《灯》的象征意义岂不被冲淡？

我认为，"带着失望"应改成"带着希望"才符合文意。笔者带着疑惑查阅了巴老的有关文章，终于在《〈巴金小说精选〉后记》中找到了一条最有说服力的证据。兹引巴金原文如次：

……姐姐爱尔克每夜在窗前点着长明灯，给航海的弟弟照路，最后她带着希望进入坟墓。在我的想象中，她闭上眼睛前叹了一口气，说了一句"我有信仰"，她相信她的亲人还在海上。

值得特别指出的是，巴金的人生及创作与"灯"（光明）有着千丝万缕的联系。

1977年5月18日，巴金在《一封

"秀"是"开花"吗

茅震宇

在全国高等教育自学考试教材公共课《大学语文》(全国组编本·徐中玉、钱谷融主编·华东师范大学出版社出版)中,有一首白居易的《杜陵叟》,在解释"三月无雨旱风起,麦苗不秀多黄死"一句时,这样说:"秀:开花。"我认为这个解释是不够确切的。

在《简明古汉语字典》(四川人民出版社1986年版)中对"秀"字作这样的解释:"禾类植物吐穗开花。"一般来说,在农村麦苗的花是被忽略的,农民们注重的是穗。再说三月也正是麦苗的抽穗期。因此将白诗的"秀"解释为"麦苗抽穗扬花"才是比较准确的。直到今天,江南许多地方农民们仍习惯地说"麦穗秀了没有","稻穗秀得如何如何"。可见秀字不应简单地说成开花。

信》中明确地说:"……我搞文学创作,在旧社会写作了二十年。我的第一部小说的第一章是《无边的黑暗中一个灵魂的呻吟》,我最后一部长篇的最后一句是'夜的确太冷'。"巴老在《写作生活的回顾》中还曾明确表述:"我只是把写小说当作我的生活的一部分。我在写作中所走的路与我在生活中所走的路是相同的。……我的生活是痛苦地挣扎,我的作品也是的。……我确实爱自己的文章,每一篇小说里都混合了我的血和泪,每一篇小说都给我唤醒了一段痛苦的回忆,每一篇小说都给我叫出了一声追求光明的呼号。光明,这就是我许多年来在黑夜里所叫喊的目标,它带来一幅美丽的图画在前面引诱我,……"

难怪有人说,"探索人生的真谛,永不休止地追求光明可以说是巴金散文的总的概括"(《中国现代散文一百二十家札记》)。相信上面一段文字对爱尔克点燃的是"失望"还是"希望"之灯的咬嚼,不会被教材编写者看作是文字游戏吧!

5—28

巫峡何以称大峡

缪行皋

国家教委八五规划教材中等专业学校各类专业通用的《语文》教材第一册第二单元《幽深秀丽的巫峡》，选用了电视节目《话说长江》中《壮丽的三峡》的解说词。

文中有这样一段话："'瞿塘迤逦尽，巫峡峥嵘起。'巫峡西起巫山县大宁河口，东到巴东县官渡口，全长四十五公里。因为它是三峡中最长的一个峡，所以又叫大峡。"（着重号为笔者所加）

我认为加着重号处有两个错误：

其一，巫峡在三峡中并非最长的一个峡。因为三峡全长192公里，而巫峡即使长45公里，尚不足其三分之一。其实，三峡中最长的应是西陵峡。它西起湖北巴东官渡口，东至湖北宜昌南津关，全长120公里。

其二，该句为因果复句，原因错了，当然难证实其结果为正确。

查《辞海》巫峡条：因巫山得名。一称大峡。

由此可见，巫峡确有大峡之名，然《辞海》却未说明称之为大峡的原因。

《中国长江风情赏析词典》中也仅说："巫峡是三峡中较长而较齐的一峡，所以又称大峡。"那么巫峡被称为大峡的原因究竟是什么呢？

有关资料显示：据地质地貌特点三峡又可分为：狭谷段（90公里）和宽谷段（102公里）。两种地形错落延绵，形成江面宽窄相济。其中瞿塘峡最窄处不足50米，相比之下巫峡却均宽百米以上，两岸整齐而延续较长，又因"长江横切巫山主脉的石灰岩层，峡谷特别曲折幽深，高峰海拔1000米以上"（《辞海》巫峡条），故游过巫峡者均有两边高峰夹深谷之感，顺流而下与西陵峡较窄的江面相比，天穹高远，视野开阔，宽旷而"大"的感觉就更深了。看来巫峡之"大"的原因即在此吧。

如此"保密"

小　成

这幅漫画原载人教版的全日制普通高级中学《思想政治》教科书。作者试图用画面配合文字，说明我国对公民的储蓄实行"为储户保密"的原则。可是，如若真的用漫画中的大印一敲，可就一点都不"绝密"了。稍具常识的人都知道，印章的刻字和盖印的字应该如底片和相片一样，正好相反。想来作者忽略了这个细节。

端睨？端倪？

祝国湘

人教版高级中学课本《语文》第二册（1998年6月第3版）《过万重山漫想》一文中有这么一句：

"人类的历史，对于我本来如同远在云天之上、不可端睨的飞鸟，此时忽如栖落在手指上，简直可以数一数它的翎毛。"

句中的"端睨"，应作"端倪"。

倪，音 ní，有"边际"的意思。如《庄子·齐物论》："和之以天倪。"天倪，就是天边、天际。《庄子·大宗师》有"反复始终，不知端倪"，朱骏声以为"耑者草之微始，兒者人之微始"，故将"端""倪"合说。"端倪"有两个义项：一指事情的眉目或头绪。如初见端倪、端倪渐显。二指推测事情的始末，犹言"捉摸"。如："天地事物之变，可喜可愕，一寓于书。故旭（张旭）之书，变动犹鬼神，不可端倪。"（韩愈：《送高闲上人序》）

睨，音 nì，斜视的意思，与"端"扯不到一块去。

一针见血

何物"警涯"

黄文锡

有部电视连续剧名曰"警涯无悔"。揣想"警涯"二字是指"警察生涯",但省去关键性的"生"字,便显得别扭。"涯"的原义仅指"水边""边际"或"极限",只有组合成"生涯",才能用来指称"生活"和"生计"。比如从事演剧活动可称为"演剧生涯",操娼妓之业称为"卖笑生涯""皮肉生涯"等等,倘仿照"警涯"说成"演涯""笑涯"或"皮涯""肉涯",岂非滑天下之大稽!

如此标题

李世魁

1999年9月3日的《劳动报》第7版,有这样一条消息:《克林顿实在很幽默》,副题是"当初与女儿暗渡陈仓 如今向父亲筹款还债"。如果单看标题,以为克林顿又出了乱伦的绯闻;细读全文,才明白,那"女儿"乃老莱温斯基的女儿,那"父亲"乃小莱温斯基的父亲是也。他们与克林顿毫无血缘关系。显然,这样的主、副标题搭配实在太离谱了。改成"当初与莱温斯基暗渡陈仓 如今向莱氏老父筹款还债",虽然"白"了点儿,但至少不会产生误解。

"星期天"与"双休日"

金 鉴

《邢台日报》曾刊《桥西区节后第一个星期天照常上班》,其中有:"……2月7日、8日是节后的第一个星期天,……"文中的问题是:

"2月7日"和"2月8日"是"两天","两天"怎么能称"一个星期天"?事实上,"2月7日"是"星期六","2月8日"才是"星期天"。

正文及标题的"节后第一个星期天",都应该改成"节后第一个双休日"。

"预防"和"禁放"错位

高敏雪

临近春节,小区居委会黑板上刊出两句警语,提醒居民加强防火、防煤气中毒意识:

禁防烟花爆竹

预放煤气中毒

"禁防"与"预放"令人哭笑不得。显然,"防"与"放"位置摆错了。由于这两个字意思相对,交错组合后,表达的内容与原意截然相反:禁止防范烟花爆竹,提前放出煤气让人中毒。

"严阵以待"

肖史信

《羊城晚报》1999年3月4日第1版刊登了题为"经济学家顿成今日'星'"的文章,其中有这样一句:

不到2时,人民大会堂外的台阶上就候满了严阵以待的记者。

"严阵以待"放在此处明显不妥。根据文章可知,九届政协二次会议下午3点开幕,不到2点,记者们就在人民大会堂外的台阶上等候代表们到来。文中特别提到"有两个人成了今天下午记者关注的焦点:北京大学经济学教授萧灼基和中科院院士何祚庥"。这些人怎么就成了记者们"摆好阵势,等待的来犯之敌"了呢?此处显然误用了一个成语。如果换两个字,改为"翘首以待"就明确无误了。

"阴谋未竟"

刘波

辽宁出版的《党建文汇》1999年第6期有一篇《索官不成杀上司》的文章,讲的是河南省商丘市梁园区规划土地管理局原局长徐建设因向上司——商丘市建委副主任兼城市规划局局长李文忠索官不得,怀恨在心,雇佣杀手将其杀害之事。文中有一个小标题为"未竟的阴谋",将阴谋称为"未竟"未免欠妥。竟,乃完毕之意。"未竟"虽说是指没有完成,但通常用于事业、志向等方面。而"阴谋"这个明显贬义的词是不宜称"未竟"的。阴谋没有得逞,一般是用"未遂"来形容的。

"物美价廉"的地雷

杨志俊

今年1月19日中央人民广播电台"收听指南"介绍"国防时空"节目时,说有一种小巧、杀伤力大的地雷"物美价廉"。"物美价廉"一般是指商品质量好而价钱便宜,商家便打出这一旗号,吸引消费者购买。地雷属于军火,不能随意公开出售。说地雷物美价廉,让人感到惊诧莫名。

离谱的产奶量

毕兆祺

1999年5月20日《江西日报》一篇报道说:"目前,牧场牛羊已达700多头,日产液态奶6000多瓶,鲜奶2.1万吨。"(《高山牧场牛羊欢　无污鲜奶俏赣南》)这"6000多瓶液态奶"是怎样的概念,一时弄不大确切,但"日产鲜奶2.1万吨"则容易计算。以700头牛羊计,日产鲜奶2.1万吨,合2100万公斤,即每头牛羊日产鲜奶3万公斤。一头牛羊每日产的奶是它自身体重的上百倍,这不是太离谱了吗?

祖籍指什么

李伟涛

《羊城晚报》1999年8月13日第11版《澳门特别行政区第一届政府主要官员及检察长个人简历》中称,经济财政司司长谭伯源"祖籍广东台山人"。其实祖籍是指祖居地——先祖居住的地方,而不是指某地的"人"。正确的表述应当是"祖籍广东台山"。

假　　条

黄新宇

某单位女职工因家中修房,请假十天。假期已满,修房仍未完工,她便向单位请求续假。领导读了假条,不禁哑然失笑。原来,假条上写的是:"房事未毕,续假一周。"

译
名
种
种

——译余断想（五）

周克希

22. 报上有一则"克林顿在纽约买下豪宅"的报道，里面提到："颇具戏剧性的是，就在克林顿夫妇买下这栋纽约上州的房子之前，白宫绯闻案中的女主角莱温斯基已在纽约市下城格林威治村租下了一套公寓……"这里的格林威治村，是 Greenwich Village 的译名。

更为有名的 Greenwich 天文台，坐落在伦敦附近，经度即从这里开始计数，往东为东经，往西为西经。过去译作格林威治天文台，其实"格林威治"错了，应该是"格林尼治"。这个很特殊的读法，是"世代相传，没什么道理可讲的，这个地名的 w 是哑音，因此英国人把它读作'格林尼治'，而不作'格林威治'。是我们的先人们读错了"。（陈原先生语）

同一个 Greenwich，美国人的读法和英国人不同，所以译名也不同。就这么回事。

23. 纽约的那个格林威治村，以金斯堡和凯鲁亚克为代表的"垮掉的一代"（Beat Generation）跟它很有些渊源。它可以说是这个文学流派的发祥地。

前不久，美国一份文学杂志刊载凯鲁亚克未发表过的日记。评论家 Douglas Brinkley 为此写了一个引言，里面提到，beat 是"至福"一词的缩略（"Beat"——a shorthand term for "beatitude"）。

照这么说来,beat 既非过去分词(垮掉),亦非形容词(沮丧的),而是一个缩略词。那么,Beat Generation 是不是"垮掉的一代",似乎还有商榷的余地呢。

24. 都说法语的读音比英语容易,因为大体上是有规则可循的。但怕就怕例外,而例外又往往落在地名、人名的读法上。

Marguerite Duras 以一本《情人》而风靡一时。她的姓究竟该译"杜拉",还是"杜拉斯"?问身边的法国人,居然也言人人殊,两种读法都有。王道乾先生当初译成"杜拉",我猜想可能有两个原因,一是问过法国朋友,二是援引仲马(Dumas)父子姓氏的译法。

直到有机会得到法国名演员德纳芙灌录的一盘小说朗读磁带,清楚地听到她读若"杜拉斯",我们才心里有了些底。

25. 说到大仲马和小仲马,这父子俩的姓氏 Dumas,原是该读若"迪马"或"杜马"的(差不多就介于这两个读法之间)。

但仲马已经是约定俗成的译名,不宜改了。林纾译的《巴黎茶花女遗事》"是第一部外国文学名著译本"(施蛰存先生语),不知小仲马这个译名,是否跟林老夫子的福建乡音有关系——把 Holmes 译作福尔摩斯的,好像也是他的同乡吧。

26. 陈原先生称赞"香榭丽舍"(法文 Champs – Elysées 的音译)"这四个字多美呀!一幅令人神往的街景:一幢又一幢别致的房屋(榭,舍)散发着一阵一阵香气,美丽极了"。

他还说:"至于诗人徐志摩给意大利的文化古城佛罗棱萨写上三个迷人的汉字——翡冷翠(从当代意大利语 Firenze 音译),翡翠绿得可爱,何况还加上一层寒意(冷),那就太吸引人了。"

有道是:"凡不知人名地名声音之谐美者(do not take a special pleasure in the sound of names),不足以言文。"(见钱钟书先生《谈艺录》)陈原先生可谓知音也。

27. 有人曾以"空山鸟语"对"危地马拉","燕归南浦"对"马来西亚",再以"凤栖梧"(词牌名)对"马拉松","瓜子脸"对"葡萄牙",属对工巧,谑而不虐。

这里的着眼点,自然是字义而非声音了。

"野菜"之类

周照明

统编教材高中《语文》第一册,收有散文《蒲公英》。这是根据日本现代女作家壶井荣的作品翻译的。其中有这样几句:"那是多么悲惨的时代!一向只当做应时野菜来欣赏的鸡筋菜、芹菜,都不能算野菜,变成美味了。"

令人纳闷的是,鸡筋菜、芹菜,明明都是蔬菜,怎么说成是"野菜"了呢?原来是译文出了问题。日文中有很多汉字词,有的虽与汉语在形式上相同,但意思却有别,"野菜"便是一例。日文中的"野菜",其实就是汉语中的"蔬菜",译者仍译成"野菜",把两者弄混了。

类似"野菜"之类问题,在翻译中时有所见。20世纪80年代,我国有一个汽车考察团到日本参观考察。他们在一家工厂的车间里,见到一幅标语"油断一秒,怪我一生",以为日本的油十分珍贵和紧缺,如果断油一秒钟,就要怪罪一辈子。向对方询问此事,对方不禁哈哈大笑。原来,"油断一秒"是"马虎一秒"的意思,"怪我一生"则是"悔恨终生"。望文生义,结果文不对题。

对日语中汉字词的误解,还有另一种情况,就是把源于古汉语的词,说成是源于日语中的汉字词。《语文学习》1998年第6期刊有《〈藤野先生〉中的日语汉字词》一文就说:"鲁迅先生由于青年时期留学日本,受日本文化影响较深,所以在文章中常使用一些日语汉字词……"作者举出的例子有"记念、绍介、洋房、讲义、试验、慰安"等等。其实,这些词是否属日语汉字词还是可以探讨的。

就以一般人认定的日文汉字词"绍介"来说,在中国古代典籍中早有应用。如《战国策·赵策三》:"东国有鲁连先生,其人在此,胜请为绍介而见之于将军。"这里的"绍介"和鲁迅先生《藤野先生》中的"绍介"用法基本一样,都是介绍、引见的意思,凭什么断定鲁迅用这一词语是"受日本文化影响较深"呢?

辨字析词

"救火"乃"灭火"

凌 凡

《现代汉语词典》在"救"字下只列了两个义项：①援助使脱离灾难或危险。②援助人、物使免于(灾难、危险)。《咬文嚼字》1996年第9辑《关于"恢复疲劳"》一文对"救火"的解释是：因为火灾所以要救援。这两处都忽略了"救"字的本义。

《说文·攴部》："救，止也。"《集韵·虞韵》："救，禁也。周官有司救。"《周礼·地官》："司救：中士二人，史二人，徒二十人。"郑玄注："救，犹禁也。以礼防禁人之过者也。"《管子·立政》："山泽救于火，草木殖成，国之富也。"显然，"救"的本义是"阻止""禁止"，这才是"救火"之"救"字意思的来源。"救火"应释为"灭火""止火"才是正确的。这个释义在古代文献中可以找到不少用例。

《邓析子·无厚》："不治其本而务其末，譬如拯溺锤之以石，救火投之以薪。"《史记·魏世家》："且夫以地事秦，譬犹抱薪救火，薪不尽，火不灭。"

《水浒传》第十回："林冲便拿了花枪，却待开门来救火。"《西游记》第四十一回："这大圣一身烟火，炮爆难禁，径投于涧水内救火。"《二十年目睹之怪现状》第六十七回："不多一会，救火的到了……火势不大，不久便救熄了。"可见，"救火"一词在古代汉语中原本就是"灭火"的意思，现代汉语中"救火"的用法正是从古代汉语中继承过来的，"抱薪救火"这个成语就一直沿用到现在。在这些用例中，若把"救火"解释成"因为火灾所以要救援"，就要贻笑大方了。

"救"字从本义"禁止""阻止"到"救火"中的"消灭""消除"义是很自

"目"和"子"

邱颂平

1998年重新修订的《新华字典》对旧本作了全面的修订，工作深入而细致，值得称道。尽管如此，也还存在一些不尽如意的地方，这里谈谈"目"和"子"的释义。

在字头"目"的下面，修订本增加了两个义项，其中一个义项是："计算围棋比赛输赢的单位。"随着围棋运动的逐步普及，一些围棋术语成了普通的词语，《新华字典》增加这个义项是非常及时的。只是这个注解还不够严密和周全。

稍有围棋常识的人都知道，围棋计算输赢的方法有几种。在日本是以"目"为单位，而在中国则是以"子"为单位。所以，比赛在日本举行或在中国举行，再或者是由哪个国家的什么企业赞助的，计算输赢的单位就不一样，我们的新闻报道也非常注意这一点。而且据说这两种算法还略有差异，在不同的计算方法统一之前，作为字典应该注明"目"的这一义素，这是其一。

其二，既然中国人下围棋输赢多论"子"，那么无论从理性上还是感情上来看，作为注解汉字的《新华字典》都应该在字头"子"中列出这个义项。非常遗憾的是，"子"字头下面并没有这个义项。这不能不说是一个疏漏。由此看来，要处理好字典编写中义项的问题不是一件容易的事。

然的过渡。了解了字的本义有助于正确理解词义。当然，"救"字还有另一意义即"救援""援助"。《说文》未收此义，但他书可见。如《广雅·释诂》："救，助也。"《广韵·宥韵》："救，护也。"《汉书·蒯通传》："一日数战，无尺寸之功，折北不救。"颜师古注："不救，谓无援助也。"现代汉语中"抢救""救死扶伤""救国"等用的便是"救"的这个意义。正是这个意义掩盖了"救"字的本义，才导致人们对"救火"一词的错误解释。

汉语中的「箭」与「剑」

朱楚宏

汉语中，"箭"与"剑"是指古代的两种兵器，到现代演变成两种体育运动器械，如"射箭"的"箭"，"击剑"的"剑"。所以，古代色彩与专业特色是它们的共性，与此相关的是，这两个词在现代汉语中一般都不单用，往往是用在词语当中，充当语素。除了一些古语词和专业词之外，"箭"与"剑"更多的是用作喻体。用于古语词和专业词的如弓箭、箭楼、火箭、万箭齐发、剑客、宝剑、剑术、刻舟求剑等，用作喻体的如归心似箭、一箭双雕、冷箭、唇枪舌剑、口蜜腹剑等。同时，"箭"与"剑"的意义和用法也存在着明显差异。

1. 从字形上看，都是形声字。"箭"从竹，前声，是用竹制的细杆；"剑"从刀，金声，是一种双刃刀。

2. "箭"用于较远距离的射击；"剑"则往往用于短兵相接。

3. 联想意义（主要是比喻意义）不同。射"箭"给人的印象是"飞快"的动态，如"离弦之箭""归心似箭""光阴似箭"，都是取其快。舞"剑"给人的感觉是致人死命的"拼杀"。刘师培《古书疑义举例补》："盖杀人之器谓之剑，而以剑杀人亦谓之剑。"因此，"剑影"也令人胆寒，如"刀光剑影"用来形容紧张激烈的斗争场面。"剑眉"虽无明显"杀人"的意思，但仍是借助剑的外形，形容飞扬的眉毛，用以显示凛凛威风。诗句"扬眉剑出鞘"不能说"扬眉箭离弦"，因为"扬眉"与"剑出鞘"相互配合，能够突现敢拼敢斗的豪情。

"箭"与"剑"的意义差别，是由汉语的习惯所决定的，在使用有关成语时就应注意辨析，防止出错。比如，"箭在弦上"与"剑拔弩张"这两个成语的字面意义都与射箭有关。箭、弦、弩是射箭要凭借的工具，三者相互联系——箭在弦上，弦在弩弓之上。射箭的话，先是把

"俩"和"仨"怎么用

安鸿逵

"俩"字读 liǎ 时,意思是两个,有时也表多个;读 liǎng 时,只用于"伎俩"。"仨",音 sā,意思是三个。这两个字用法相同(除"俩"字用于"伎俩"的场合外),北方人(特别是北京人)口语中用得很多。也常见于书面语,如"咱俩""夫妻俩"(北京土语称"公母俩")"哥儿俩(仨)"等等。60年代八一厂拍了部电影叫《哥俩好》,80年代上影厂有部片子叫《他俩和她俩》。以上都是正确用法的实例。

在实际应用中,特别是书写中这俩字常会出现问题。有的文章中出现"小俩口"和"他们仨个",有人一见到"俩"就读成 liǎng。如二月河的《乾隆皇帝·秋声紫苑》一书中有这样一段:"乾隆……说道:'你俩个也起来吧!'"又如10月27日北京有线电视台播出的连续剧《少年英雄方世玉》中,字幕打出剧中人严咏春的话"我们俩个一刀两断"。当年金嗓子周璇用甜润的歌喉唱的《天涯歌女》,至今余音绕梁,可惜把"咱们俩是一条心"的"俩"唱成 liǎng,可谓白璧微瑕。

此外,顺便说一句,北京人虽喜欢发儿化韵,但"俩"和"仨"是不儿化的,可是往往把它前面或后面的字儿化,如"哥儿仨""趁俩钱儿"(表示量多),"仨瓜俩枣儿"(表示量少)。

◇◇

箭放在弦上,其次是张开弩弓,绷紧弓弦,最后猛然松手,把箭弹出。可以说,"箭在弦上"与"(剑拔)弩张"字面上都是射箭之前的准备动作。但由于"箭"与"剑"意义与用法上的不同,"箭在弦上"与"剑拔弩张"的整体意义却是截然不同的。"箭在弦上"以"很快就要发箭了"的字面意义比喻事情已经到了不得不做或话已经到了不得不说的时候;"剑拔弩张"则是用并列关系的词语形容形势紧张,一触即发。下边例子中的"箭在弦上"就应改成"剑拔弩张":

类似的关怀使我们的人际关系箭在弦上,每天都有不愉快。(王永午《被忽略的关怀方式》,中国青年报1999年7月2日第9版。)

词语误用例话（二）

楚山孤

何谓"造物"

赵忠祥先生《岁月随想》第61页，记录了作者和叶惠贤的一段对话。叶问："你解说《动物世界》的过程中，喜欢哪种动物？"赵谈了一个认识过程，开始时喜欢外貌美丽而生性善良的动物，后来则凡是野生动物都喜欢，因为"生气勃勃的动物都是大自然的精灵，都是美好的造物，完全不能以人类的意识形态去界定动物的善与恶"。这段回答十分精彩，表现出了自觉的环保意识和深刻的现代观念，只是所用"造物"一词，似乎有失推敲。

何谓"造物"？揣摩文意，作者的理解是"创造出来的完美的物种"。这未免有点望文生义。《圣经》中曾

用到"造物"一词，《旧约全书》第一章《创世记》，说的便是上帝"造物"。上帝说有光便有光，上帝说造人便造人，直到第七天，"造物的工"才告完毕。在基督徒眼中，上帝自然是"造物主"。不过，《圣经》中的"造物"无疑是动词而不是名词，是一个创造的过程而不是创造的产物。

中国古代典籍中也用到"造物"，它来自"造物者"。《庄子·大宗师》："伟哉！夫造物者将以予为此拘拘也。"——说的是至高无上、法力无边的天。"造物者"常可省作"造物"。苏轼《泗州僧伽寺塔》："若使人人祷则遂，造物应须日千变。"陆游《村居》："造物与闲仍与健，乡人知老不知年。"诗中的所谓"造物"，均指主宰人类命运的神力。

"造物"还有一解：造化、运气、

福分。宋元戏剧、明清小说中常可见到。宫大用《范张鸡黍》第一折："这是各人的造物，你管他怎么？""各人的造物"也就是"各人的造化"。《警世通言·俞仲举题诗遇上皇》："解元好个造物！……"也就是说"解元好个福分"。"造物"是天，是神，自然和运气、福分有着内在联系。

遗憾的是，以上义项，都和赵忠祥笔下的"造物"沾不上边。

别挖"墙角"

一不小心，"墙脚"便会成为"墙角"。眼前即有一例：《解放日报》1999年9月10日刊有一则"杭州讯"，说的是杭州大酒店越来越多，一流厨师供不应求，于是店家出高价招聘，月薪高达1.2万元至1.8万元，最高竟达2.5万元。作者用的标题是："酒店挖'墙角'，肥了大厨师"。其实，这里挖的应是"墙脚"而不是"墙角"。

"墙角"和"墙脚"，读音相同，又都和建筑有关，但两者不能相互替代。墙角——两堵墙的接合处，一个狭窄、局促的处所。1998年上海高考语文试卷，曾引用了冰心的一首小诗，诗中便恰到好处地用了"墙角"一词："墙角的花！你孤芳自赏时，天地便小了。""墙角的花"和"井底的蛙"，显然有着相同的寓意。

墙脚，平时也说墙根，是地基和建筑物的连接处，承载着整个建筑物的重量。墙脚一旦动摇，大厦便会摇摇欲坠。所以，墙脚常被比喻为基础。在商业竞争中，凡是用不正当手段，比如拉拢对方人员、谋取对方资料、封锁对方市场从而损害对方"基础"的，都可以称之为"挖墙脚"。为什么是"挖墙脚"而不是"挖墙角"呢？我想有两个原因：一是对于建筑物来说，"墙脚"和"墙角"的重要性是不一样的，"墙角"即使受损，还不至于产生致命的影响；二是"挖"是一种自上而下、由外向里的动作，可以和"墙脚"搭配而不宜和"墙角"搭配。

球队联姻？

1997年8月4日《新民晚报》体育版上有一则新闻，说的是在足球甲A联赛中，大连万达队连续47场不败。报道开头是这样写的："延边敖东队最终也未能成为大连万达队不败的终结者，在下半时2比0领先的情况下，被万达队连扳两球，双方以2比2结秦晋之好。"

读到这里，不禁哑然。踢球踢了一场平局，怎么便成就了一段婚姻？

"援袍击鼓"？

杨 光

韩静霆著的《孙武》一书（解放军文艺版）第162页有一段话："他想，你就要援袍击鼓，催动战车，催动三军，轰轰隆隆碾过楚国大地，开进郢城了。""援袍击鼓"看起来也讲得通，其实似是而非。

"援袍"当作"援枹"。援：拿着。枹：读 fú，鼓槌，也写作"桴"。古时打仗，击鼓指挥军队。《左传·成公二年》："左并辔，右援枹而鼓。"这里讲的是齐晋鞌之战，齐侯说："余姑翦灭此而朝食。"马不披甲，驰向晋军。晋中军主帅郤克为箭所伤，血流到鞋上。为他驾车的解张一人身兼两职，左手握住缰绳，右手拿着鼓槌击鼓，鼓声不断，结果把齐军打得大败。屈原的《国殇》中也有"援玉枹兮击鸣鼓"之句。

"枹"是一个不常用的字，容易用错。苏轼《石钟山记》有"枹止响腾，余韵徐歇"。成语有"桴鼓相应"。用鼓槌打鼓，鼓就响起来，比喻相互应和，配合得很紧密。"枹"还有一个读音 bāo，是一种落叶乔木，有的地方叫小橡树。

正因为"枹"字较冷僻，"援枹"便被误作"援袍"了。中央人民广播电台"广播剧和小说连播"节目播放过《孙武》，曹灿先生播讲到此处时，竟也读作"援袍击鼓"。

看来，作者对"秦晋之好"的理解是有误的。秦、晋是春秋时代的两个大国，为了自身的利益，他们世代联姻，比如晋文公便娶了秦穆公的女儿。由此，引申出了一条成语：秦晋之好。这条成语也作秦晋之缘、秦晋之盟、秦晋之偶、秦晋之匹，都是用来指称两姓联姻。

用"秦晋之好"来比喻不是婚姻、胜似婚姻的亲密关系，当然也是可以的。这在体育消息中并不鲜见。比如某球队和某赞助公司签约，就常被称作"联姻"，或者叫做结成"秦晋之好"，但这不能用在延边敖东和大连万达身上。两队同为甲A球队，同在甲A联赛中逐鹿，结成"秦晋之好"，日后难免会有"假球"之嫌。

王蒙先生在《重组的诱惑》一文开头，引用了清代石韫玉的一篇游戏文字：《颠倒兰亭序文》。据王蒙先生介绍，这篇奇文，是他从绍兴兰亭所立的碑刻上看到的。其新奇之处就在于此文并非原创，而是石韫玉将晋代大书法家王羲之那篇脍炙人口的《兰亭集序》234字全部拆散以后重加组装而成的新作。我没有去过兰亭，无缘一见碑刻的原貌，但可以肯定那原文是不加标点的，因为石韫玉生活的清朝乾嘉年间，还没有民国时代才产生的这种新玩艺。王蒙先生在引用时，已给全文加上了标点。这种做法，方便了当代的读者，其用意是不错的。

然而，当我细细地吟味石韫玉的这篇奇文时，越来越感到不大对劲。不但引文错字连篇，而且好多句子被断得莫名其妙，简直让人无法卒读。现在我把错误比较集中的上半篇按文实录在下面：

若夫放怀今昔，浪迹山林，所以领稽古之幽情，叙怀人之朗抱也。当其春流将至，

似通非通，责任在谁

金文明

清风哲生，每列时流，尝怀盛事：岁癸又丑曰，既云契，诸贤慧然。将事有期于是，引清弦，揽虚竹；右长者，左故知。或聘目于暮山，或寄骸于斯室。仰唤崇宇，俯带躁湍，同和亭阴。觞临水，次修能。竹契和气，兰知兴。与人同趣，随天畅悟。有为之相喻不死之因，俯今仰昔，娱彭悼觞。得列座之于于，托悬怀之一一……（散文随笔集《行板如歌》第317页）

短短147字的引文，其中错字或不见于王羲之《兰亭集序》而无法理解的字（下注圆点者）竟然有十多个！例如领、蜇、曰、契、慧、揽、聘、唤、悟、惑等。这些字，在《兰亭集序》里都找不到，也许王蒙先生迻录时写走了样，也许手民排样时抓了别的字而开印前没有被校出来，但其错误则是可以肯定的。又如"契"，《兰亭集序》只有一个，引文却出现了两个，则其中一个必为别字。再如"觞"，《兰亭集序》只有两个，引文却出现了三个（上半篇占两个），其中也必有一误。根据对两篇

文章中上述诸字形、音、义三要素的反复揣摩，我的判断是：石文中的"领"，当作"欣"，"蜇"当作"暂"，"曰"当作"日"，"云契"的"契"当作"楔"，"慧"当作"惠"，"聘"当作"骋"，"惑"当作"感"。"揽虚竹"的"揽"当作"览"。虽然引文中的"引清弦，揽虚竹"两个短句相对成文，"弦"指琴、瑟一类弦乐或弦乐器，"竹"指箫、笛一类管乐或管乐器；"引"有"拉"义，引申指拉动琴弦奏乐的意思，"揽"有"握持"义，"揽虚竹"指拿着中空、竹制的箫笛吹奏乐音，用得相当贴切，但"揽"字不见于《兰亭集序》，石韫玉怎么能拿它来组装自己的新文呢？其实，"览"字在古代是可以通"揽"而解释为"握持"的，如《后汉书·祢衡传》："衡览笔而作，文无加点。"这个"览"就是握或拿的意思，无需改写成"揽"。我想石韫玉的原文也应当作"览"而不作"揽"。

比较麻烦的是"唤""悟"二字。前面说过，它们不见于《兰亭集序》，肯定错了。"仰唤崇宇"的"唤"用在句中文意龃龉，难以讲通，本来可用"览""观""视"等字去替代，但这些字（"览"两个，"观"一个，"视"三个）全部用在了其他地方，剩下只有一个"晤"字，还可勉强拿来替代"唤"

字。"晤"有"面对"义，"仰晤崇宇"，大体上讲得通。但"晤"又与下面的"悟"形近而音同，会不会是"悟"的讹字呢？我看很有可能。然而"晤"字只有一个，顶替了"唤"就不能再顶替"悟"，反之亦如是。这个难题，其他人恐怕都无法解决，只好留待王蒙先生自己来揭开谜底了。

最让人感到棘手的，是引文的标点。王蒙先生的标法，反映了他对《颠倒兰亭序文》的理解。一般说来，古人的文章经过今人标点以后，应当是文字通畅、章句分明，读来怡然理顺。然而，经过王蒙先生标点的这篇奇文，竟会让他得出了"似通非通，似是而非"的结论。看来他标得相当吃力，但吃力不一定讨好。由于没有对许多明显的错字加以认真的辨正，没有对一些关键的疑难字词进行深入的解析，因而石文中不少原来骈错结合、对仗工整、结构严谨、文意顺畅的句子，被他断得支离破碎，面目全非，使人读来如堕迷雾，不知所云。

现在我把前面引录的上半篇奇文（下半篇从略。）中的错字尽量改正，然后按照自己的理解重新标点，不敢必其无误，但至少要比原来的准确一些，读起来也通顺一些，谨供王蒙先生参考。

莫把"祆教"当"祆教"

金正录

《世界宗教总览》(宗教研究中心编,东方出版社1993年版)第83页关于当今世界宗教概述中,把"祆教"误为"祆教"。作为宗教方面权威性的工具书,把主要的一种教名弄错,乃是重大失误。

"祆"音先(xiān),西域谓神为祆,关中谓天为祆;"祆"通作"妖"。

这两个字都极冷僻,而其字形又比"鲁鱼""亥豕"更加相似,大概历来弄混的人很多,故有的字书在"祆"条下特别注明"与祆异",在"祆"条下特别注明"与祆异"。

"祆教"是我国历代官方对波斯琐罗亚斯德教的称呼,因其既崇拜火,又崇拜天体、日月星辰,所以俗称"拜火教"或"火祆教"。如果错成"祆教",就会被误为邪教了。

祆教于南北朝时传入我国后,颇有发展,唐贞观时敕令长安等地建寺,并置"祆正"以司其事。唐后在我国逐渐消亡。

琐罗亚斯德(公元前628—前551年)创立的这种古老的东方宗教,曾盛行于波斯,还一度被奉为国教。该教所宣扬的善恶二元论的教义及宇宙神话,对犹太教、基督教和伊斯兰教以及希腊哲学都曾产生过深远的影响。

该教是世界十大宗教之一,也是至今仍流行的世界上最古老的宗教之一。目前的伊朗、印度以至欧美、东非等地都有信徒,人数约有十余万。

若夫放怀今昔,浪迹山林,所以欣稽古之幽情,叙怀人之朗抱也。当其春流将至,清风暂生,每列时流,尝怀盛事。岁癸又丑,日既云祓,诸贤惠然,将事有期。于是引清弦,览虚竹,右长者,左故知。或骋目于暮山,或寄骸于斯室。仰晤崇宇,俯带躁湍,同和亭阴,觞临水次。修能竹契,和气兰知。兴与人同,趣随天畅。悟有为之相,喻不死之因。俯今仰昔,娱彭悼殇。得列坐之于于,托感怀之——……

到底谁是"被告"

王正

《新晚报》2000年1月21日1版刊载了一条新闻,副标题为"15名抢楼者接到传票"。其中说:"道里区人民法院在接到省城镇房屋开发公司起诉状后,已于19日对15名原告送达传票。……此次被起诉的15名原告有10户是被迁户多占面积,另5户是无任何动迁手续强占了房屋,'省城镇'在诉状中要求他们无条件搬出。"

谁告谁,很清楚。法院"接到"起诉状的起诉方是"省城镇房屋开发公司",也就是说,将起诉状送到法院打官司告状的是"省城镇","省城镇"应该是这场官司的"原告"。与这场官司有关的另一方当事人即被诉方——10户"多占面积"的"被迁户"和5户"无任何动迁手续强占了房屋"的住户(即副标题所称的"15名抢楼者"),被诉方理当是这场官司的"被告"。再说,这"15名抢楼者"从未上法院起诉过。记者在报道中误将"被告"错成"原告",实在缺乏法律常识。

"才真无愧"?

张树贤

中央电视台《曲苑杂坛》有一台节目,一位演员头顶瓷碗油灯,口含毛笔,在一块长方形的板上书写了四个大字。在观众的掌声中,助手将写字板向大家展示,并朗声读道:"才真无愧"。这位演员真是太不谦虚了,竟然夸口说自己才高艺精,无愧于观众!

可再仔细一看,不由乐了。这四个字若从右往左念,应是"愧无真才"。原来演员真正想表达的意思是"只是些雕虫小技,实在惭愧"。可被助手这么从左到右一读,便把意思全搞反了。要说这也怪不得助手,因为横排版的书报一般都是从左向右读的,这已成了习惯。但一些匾额、横幅尤其是书法作品仍保持从右向左读的传统。如果这类作品有落款、有印章,自然容易分清;而现在演员只写了四个字,又没向助手交代清楚,故而闹出了笑话。

说 "笑"

罗永宝设计

"笑"指一种面部表情，在汉语词汇中，形容笑的词很多。请你至少说出十个。注意：这些词中不能带有"笑"字。答案下期公布。

《龙年说龙》参考答案

（按阿拉伯字书写笔顺读）

龙	腾	虎	跃	龙
				飞
				凤
				舞
活	婿	快	龙	乘
龙				
活				
现	攀	龙	附	凤

龙	啸	虎	吟	龙
潭				好
虎				公
穴				叶
望				虎
子				卧
成				龙
龙	凤	呈	祥	藏

龙	斗	虎	争	龙
生				马
九				水
子				车
画				神
龙				精
点				马
睛	伏	虎	降	龙

龙	杂	混	蛇	龙
盘				云
虎				虎
踞				风
生				步
龙				虎
活				行
虎	炮	凤	烹	龙

"五观"端正

ZHAOWE

南京市某餐馆门口挂着一块招聘广告："聘女性服务员五观
端正……"通常招聘服务员，只要长相过得去，也就是"五官"端正
即可；谁知这家餐厅别出心裁，要连着看五次，才能通得过。

马建强　马开军

ISSN 1009-2390

05>

9 771009 239005

刊号：CN31-1801/H　国内代号：4

定价：2.00元

上海文化出版社
YAOWEN JIAOZI

咬文嚼字

字

第 6 期

众多铠甲?

一堵墙上，赫然写着两个大字。前一个是"诸"字，不难认出；后一个字的规范写法应是"鍜"字，读音为xiá，指古代战士头盔后面垂着的保护颈项的铠甲。两个字连在一起，难道是众多铠甲？ 请你想想看，下期告诉你。

齐乃华供稿

《"今日"何日》解疑

"今日"——不是指时间，不是"今日明日"的"今日"，而是一家供电局的名称。"今日供电"，就是"今日供电局"。此处似用全称为好。 省掉一个"局"字，在局外人看来便成了打不破的"闷葫芦"。

"跳"河

丁 尧·文
麦荣邦·画

　　三十年前,某村一对新婚夫妇因琐事发生口角。第二天清晨,丈夫去县里开会了,妻子临时被大队抽去疏浚河道,要好几天。当地称疏浚河道为"挑河",妻子临行留了张条子给丈夫,写道:"我挑河去了。"忙乱中把"挑"字误写成"跳"字。丈夫回家见了纸条号啕大哭,说:"就为这么点小事,你怎么就寻了短见呢!"

咬 文 嚼 字

2000 年 6 月

第6期

(总第66期)

出版:上海文化出版社
编辑:《咬文嚼字》编辑部
电话:021－64372608－205
邮购电话:021－64372608－251
地址:上海市绍兴路74号
邮政编码:200020
发行:上海市邮政局报刊发行局
订阅处:全国各地邮局
国内代号:4－641
国内统一刊号:CN31－1801/H
电脑排版:
 上海艺文激光电脑排版厂
印刷:上海翔文印刷厂
广告业务:
 上海文艺广告传播中心
电话:021－64431400
广告经营许可证:沪工商广字
 3101034000029号
定价:2.00元

目　录

顾问　胡裕树　张　斌
　　　　濮之珍
主编　郝铭鉴
编委　李玲璞　何伟渔
　　　　陈必祥　金文明
　　　　姚以恩
特约编委
　汪惠迪(新加坡)
　林国安(马来西亚)
　田小琳(中国香港)

责任编辑　唐让之
发稿编辑　韩秀凤
　　　　　黄安靖
责任审读　郦仁琰
封面设计　官　超
特约校读　王瑞祥

方言·共同语·语系

叶景烈

某报刊有小言论《慎用方言》，对文艺界、新闻界滥用方言的现象提出了中肯的批评。可是，作者在行文中却说了这样的话："其实，赵本山的东北话基本上属于普通话语系。"这句话中有两个主要的词犯了概念不清的毛病。

东北话怎么基本上属于普通话呢？东北话是方言，普通话则不是方言。普通话是现代汉民族共同语，是指现代汉民族在不同方言区域内共同使用的语言，是现代汉语的标准语。普通话是在北方话的基础上形成的；在形成和发展的过程中，还吸收北方话以外的其他方言中的有用成分。因此，普通话不等同于北方话。在语言学中，方言和共同语是相对的概念，共同语在某一种方言的基础上形成；一旦形成以后，又对各种方言（包括作为共同语的基础方言）产生强大的影响。既然方言和共同语不是相属的概念，说"东北话基本上属于普通话"就不恰当了。普通话的基础方言是北方话，北方话以黄河流域为中心，分布于东北、长江流域中部及西南各省，所以东北话和北方话倒是相属的概念，上面的说法应当改为："东北话属于普通话的基础方言——北方话，与普通话比较接近。"

什么叫做"普通话语系"呢？"普通话"是现代汉民族共同语，这一点上面已经说清楚了。"语系"是不是"语言系统"的缩略词呢？回答是否定的。在语言学中，语系是语言系属的意思，是指由具有共同历史来源的若干亲属语言组成的一个大类。世界上使用人数最多的两个语系是

朱自清吃"苜蓿肉"

林振国

苜蓿,同葡萄一样是汉语里较早出现的外来词。早在汉武帝时,张骞出使西域,发现大宛汗血马喜食苜蓿,就将它的种子带回关内。自此"苜蓿"始见于我国典籍,北方的大部分地区才开始种植它。除了作饲料之外,它还是一种很好的绿肥,有改良土壤的作用。

早春时节,也有人采摘它的嫩芽来食用,不过那也像吃榆钱、槐花一样,只是尝个鲜。太平年月,一般是没人拿它当饭菜的。然而,在我国北方,不少的饭馆都有一道菜,名叫苜蓿肉。如朱自清《初到清华记》:"拣了临街的一张四方桌,坐在长凳上,要了一碟苜蓿肉,两张家常饼,三两'白玫瑰'……"这苜蓿肉究竟是个什么菜?我没尝过,也许是因为自己觉得这名目欠雅(和马饲料搅和在一起),所以从来没有想到要尝尝它。

直到某天,朋友作东,我才知道这苜蓿肉其实就是鸡蛋炒肉,根本与苜蓿无关。等我把这苜蓿肉吃下肚好长时间,才慢慢回过味来:原来,这苜蓿不是那苜蓿,而是"木樨"之误也。木樨,俗称桂花,常见有黄、白二色,也就是金桂、银桂。鸡蛋炒肉便取其意,蛋黄似金桂,蛋清似银桂。以前我认为名字不雅,其实是大谬不然,不叫桂花肉而称木樨肉,足见其雅。又因北方少见木樨,因而才讹为"苜蓿"。

其实,中国人在吃食上的讲究也体现在起名上。油炸花生米叫"大红袍",菠菜叫"红嘴绿鹦哥"。明明是极普通的豆芽菜,人们给它起了个非常好听的名字——如意芽。不但雅而且巧,那一根根豆芽不正如一枚枚小小的如意吗?

汉藏语系和印欧语系。汉藏语系包括汉语、藏语、缅甸语、老挝语、苗语、瑶语等,印欧语系包括印地语、尼泊尔语、波斯语、英语、德语、法语、俄语等。了解了"语系"的概念,就知道"普通话"和"语系"是两个互不相关的概念,无论如何是不能把这两个词组合在一起的。由此可见,"普通话语系"这个偏正短语是不能成立的。

众矢之的

目标:李国文,放!

——2000年第六号战报

编者按

本期的目标是李国文先生。在老一辈作家中,李先生是相当活跃的:产品多,思路宽,文笔活,而且喜欢引经据典。这就难免会应了一句老话:言多必失。对此,李先生是有思想准备的。他曾说过,"常在河边走,哪能不湿鞋"?天天在弄刀枪的武士,难保不失手。读者帮忙指点出来,实在是"善莫大焉"。

不过,这毕竟是短兵相接,是直言不讳。即使胸怀宽广如李先生者,还是会生出一种尴尬——"好像在公共汽车上,被当场逮住的小偷的那一种尴尬"。这句话颇令我们犹豫,甚至有点不忍出手。说心里话,我们是尊重李先生的,没有想到"小偷"也不希望李先生自己想到"小偷";即使从李先生的作品中寻觅一些疏漏,也不过是变换一种方法,传播语文知识而已,不想存心出谁的洋相。区区苦心,还望李先生见察。

当然,我们自知不是"东方不败","咬"得不是地方,李先生尽可"撇嘴一笑,付之一嗤",或者干脆"向我开炮",编者在此谨候指教。

在本期"众矢之的"栏截稿日3月20日之后,以李国文为目标的稿件仍然源源而来,甚至在发稿日4月1日过后,还有稿子寄来。在此,我们再一次提醒读者,本栏目每期的截稿日为该期上推三个月的20日,如第9期的截稿日为6月20日,以此类推。请广大读者配合。

"举案齐眉"是举桌子吗

《文学自由谈》(天津)1999年第1期李国文先生的《关于交椅之类》一文说:"我们常说的'举案齐眉',主人公和他的太太,能够很轻巧地把案子举到眉毛的高度,因为他俩举的案,是张矮桌,两人盘腿坐在榻榻米上,费力不多。倘若是八仙桌,麻将桌,而且坐在高椅上,恐怕就不大容易相敬如宾了……""案",李先生解为桌子,差矣!

夫妻二人吃饭,干吗要把矮桌举起来,而且要举到眉毛的高度,莫非神经出了问题?不错,案有桌子义,如书案就是书桌。但在成语"举案齐眉"中,案应解释为盛食品的有脚的托盘,正如《急就篇》注所说:"无足曰盘,有足曰案,所以陈举食也。"《周礼·考工记·玉人》说:"案,十有二寸。"这种托盘长约12寸,上面放食物,可以端起来送给人吃。一个一尺多长的托盘举起来当不甚费力。还有人认为"案"即"椀",就是碗,吃饭时举碗致意,也是不难办到的。

李先生说"他俩举的案",而实际上只是妻子孟光一人举案,梁鸿并没有举案。《后汉书·逸民列传》说:"(梁鸿)遂至吴,依大家皋伯通,居庑下,为人赁春。每归,妻为具食,不敢于鸿前仰视,举案齐眉。伯通察而异之,曰:'彼佣能使其妻敬之如此,非凡人也。'"可见是梁鸿干完活回家,妻子给他做好了饭,恭恭敬敬地把装有食物的托盘(或碗)举到眉毛的高度,而不敢抬起头来看他。皋伯通称赞的也是梁鸿虽贫贱,却能使妻子敬之如此,而不是夫妻相敬。梁鸿在外边给人干活,回到家里,妻子侍候他,这在封建社会里是司空见惯的事。何况梁鸿是东汉著名文学家、学者,虽贫贱仍放不下读书人的架子,因此,只有妻子为他举案,他却不会为妻子举案,也不会夫妻两人共同举案的。

(王万里)

岂能"完全近似"

李国文先生在《语文建设》2000年第2期发表了一篇题为"上语言课去"的文章,呼吁"当代作家"(尤其是那些红得发紫者)要学习语言,要学习学习再学习。文章很有见地,但有一句话尚可斟酌。他说:

"即或是五四时期的白话文,与早一点的明、清话本小说的白话文,不尽相同;与晚一点的抗战时期的白话文,新中国成立以后的白话文,也不完全近似。"

其中"完全近似"有修饰不当之嫌。什么叫"近似"?相近相似而不相同也。"相近"与"相似"可以用不同的程度副词来修饰,如"有点相近/相似","很相近/相似","颇为相近/相似","非常相近/相似"等,却不能用"完全"来修饰,不能说"完全相近/相似"。倘若是"完全"(相近/相似),岂不就是"相同"了吗?"近似"含有"不相同"的意思,所以"完全"不可修饰"近似"。

由于前一分句已经出现过"不尽相同"的字样,为了行文错综变化,不一定重复使用"相同","也不完全近似"不妨改为"也不完全一样"。

(初崇实)

东关西关　何事何时

李国文先生引用古人诗文,常常喜欢任意改字。例如,他曾将李白"有如东风射马耳"句中的"马"改成"牛"(《说三道四·宝珠玉者》),将苏轼"淡妆浓抹总相宜"句中的"淡妆浓抹"改成"浓装淡

抹"(同前书《苏堤的联想》)。如果说这样的改动虽然不应该,但还不至于影响对文意理解的话,那么下面的两例就叫人无法接受了:

①如毕加索所说,必须要在艺术上杀死自己父亲那样,才有"西关酸风射眸子"的李贺。(同前书《没有"永远"》)

此例引文出自李贺的《金铜仙人辞汉歌》,但原句作"东关"而不作"西关"。诗的内容写三国魏青龙元年(233)八月,魏明帝曹叡派宫官到长安去将当年汉武帝所造的金铜仙人承露盘搬迁到魏都洛阳。因为长安在西,洛阳在东,运盘的车必须从东关出城。当时夜风凄冷,吹得人眼眸发酸,所以才有了"东关酸风射眸子"的诗句。现在李国文先生将"东关"改成"西关",实在令人莫名其妙。须知东辕西辙,不仅会让宫官们白走许多冤枉路(长安城东西之距约有6公里),而且还将使仙人承露盘永远到不了洛阳。

②诗人(李白)虽是这样表态,但也不妨碍他去写:"春风不相识,何时入罗帏"……(《文学自由谈》2000年第1期《大雅久不作》)

此例引文出自李白的《春思》诗。原诗共六句:燕草如碧丝,秦桑低绿枝。当君怀归日,是妾断肠时。

春风不相识，何事入罗帏？"全诗写一位妇女苦念远别不归的良人，想得愁肠寸断，仍然心志专一。李白最后借这位思妇之口，诘问撩人的春风："何事入罗帏？"意思是说："干什么闯进我的闺房来？"用的是排斥、拒绝的口气。元萧士赟注曰："末句喻此心贞洁，非外物所能动。"所释相当贴切。而李国文先生将"何事"改为"何时"，这"何时入罗帏"，显然是期盼、欢迎的口气："你什么时候到我房里来？"一字之改，居然将一个"此心贞洁"的思妇，改成了渴望异性幽会的淫荡女人。　（省　庐）

"锦衣卫"非"锦衣尉"

李国文先生的《屁股的功能》两次提到明代的"锦衣尉"：

那些如虎如狼的锦衣尉们……

无非古之为皇帝，为锦衣尉……

两例中的"锦衣尉"均应作"锦衣卫"。"锦衣卫"全称"锦衣亲军都指挥使司"，明代洪武十五年(1382)设置，原为掌管皇宫护卫和皇帝出入仪仗的官署。明太祖时兼管刑狱，有了巡察缉捕和审讯的权力。明中叶后与东西厂并列，成为特务组织。

"锦衣卫"为什么称"卫"呢？原来，"卫"是明代军队编制名，一"卫"为五千六百人，通常驻在某地就称某卫，如天津卫、金山卫等。锦衣卫既然是皇帝的禁卫军和仪仗队，那自然也是军队的一种，所以就称为"卫"。

"尉"自古以来多指军官，又与"卫"同音，这也许就是李先生弄错的原因吧。

　（田　禾）

"执迷不悟"？

李国文先生《垃圾的故事》叙述到男主人公丁丁与情人杨菲尔玛发生的争执：丁丁去过日本、美国、澳大利亚等国，取得了学位，回国后在单位里日子过得不错。杨菲尔玛希望丁丁走她为他安排好的当官之路，可是丁丁不干，他一心一意想从事处理城市垃圾的工作。

文中以第一人称"我"写道："他(指丁丁)就是这种认准了，就执迷不悟，抛头颅洒热血，就咚咚咚地把路走到底的人，我不大觉得杨菲尔玛有多少办法使他回心转意。"

"执迷不悟"指坚持错误而不觉悟，是贬义词。说丁丁"执迷不悟"，显然用词不当，而且与小说的人物形象是不和谐的。

丁丁不想当官,立志要清除处理城市垃圾,营造一个干净的世界,这种人生追求,无疑是正确的,是应该被肯定的。说丁丁"执迷不悟",坚持错误,真不知从何说起。

也许有人会说,说丁丁"执迷不悟"的是小说中的"我","我"认为丁丁的追求是错误的。这种说法也站不住脚。

小说中的"我"是位老作家,丁丁的忘年交,一开始"我"对丁丁的选择确实有些不理解,但在丁丁的言行的教育下,"我"终于"佩服年轻人认准了一门的坚定性",也肯定了丁丁的追求。

估计李先生想说的是"坚定不移""矢志不渝"一类的意思,那就不该用"执迷不悟"。　　(黄祥伸)

七颠八倒的皇帝

李国文先生的作品中皇帝常常被搞错,列举如下:

《说三道四》:"刘彻,这位汉献帝,说好了,是傀儡,说不好,就是高级俘虏,用镀金牢笼关起来的囚犯。"

说汉献帝是傀儡自然是不错的,但说刘彻是傀儡却与史实不符。刘彻是汉武帝,是历史上有数的几个有作为的皇帝之一,怎么会是傀儡呢!东汉的汉献帝叫刘协,与老祖宗西汉的汉武帝刘彻相距有三百多年。

《眼睛的功能》说到皇帝的自欺自蒙和被欺被瞒时说:"唐代的十四任帝文宗李昂。"

唐文宗应是唐代第十五任皇帝。自唐高祖起,经太宗、高宗、中宗、睿宗、(则天武后)、(中宗)、少帝、(睿宗)、玄宗、肃宗、代宗、德宗、顺宗、宪宗、穆宗、敬宗,到文宗共十八任,去掉改国号的则天皇后和复辟的中宗、睿宗,唐文宗应为第十五位皇帝。

《苏东坡戒诗》:"宋神宗,接仁宗位。"

宋神宗赵顼是英宗赵曙的儿子,仁宗赵祯的孙子。接仁宗位的是英宗而不是神宗,神宗接的是英宗位。　　　　　(万木丹)

"五朝门"在哪里

李国文先生在《朱元璋的报复情结》一文中写道:

凡和他从小当过和尚,当过讨饭的,当过盗贼的历史,音同意同者,如"生",他认为是"僧",如"则",他认为是"贼",统统视作大不敬,马上推出五朝门斩首的。(湖南文艺出版社《说三道四》第214页)

以上引文告诉我们,明太祖朱元璋杀人是在"五朝门"外。这五朝门在哪里呢?所有的词典都未收这个条目。它是历史上五个朝代共用的一处城门呢,还是明代皇城的五处朝门呢?实在令人费解。

想着想着,突然脑海里蹦出了一句话:"推出午门斩首。"记得年轻时候曾经在哪一部旧小说里读到过。"午门"也叫"午朝门","五"和"午"读音完全相同,李先生的"五朝门"会不会就是"午朝门"之误呢?《汉语大词典》"午门"条说:"亦称'午朝门'。帝王宫城的正门,是群臣待朝或候旨的地方。"皇帝坐北朝南,宫城的正门就是南门。古人以十二地支配方位,午正好在南方,所以南门也被称为午门。但在正史和一般的诗文中,午门大都同举行朝典之事有关,如唐王建《春日午门西望》诗:"百官朝下午门西。"明徐霖《绣襦记》:"试士退班午门之外。"清毛奇龄有《午门谢恩》诗,王继香有《午门迎驾恭纪》诗,均与杀人连不到一起。看来午门斩首盖出于小说家的杜撰。

翻检了十几部明清小说,终于在《封神演义》中找到了例证:

〔纣王〕曰:"冀州苏护,你题反诗午门,永不朝商……你有何说?……"着随侍官:"拿出午门枭首,以正国法!"(第四回)

行文至此,结论已经得出:李国文先生的"五朝门"来自稗官小说的"午门",不过他把"午"字错成了"五"。要读懂它,得费上一番周折。

(封常曦)

误用"不可理喻"

《红楼梦学刊》1996年第3辑所载李国文先生《兴隆大爷的兴衰史》一文写道:

京剧舞台上,出来四个龙套……他们相互将手中的木头刀枪,心不在焉地碰一下,口中作吆喝状,就表示已经打过一场战争。这对外国人来讲,是不可理喻的。

"喻"谓使明白,成语"不可理喻"是说不能够用道理使他明白,形容"他"态度蛮横或愚昧无知。上面引文中的这条成语似使用不当。

京剧表演艺术有其特殊的表现方法,比如:一支马鞭代表一匹马,四名跑龙套表示一支军队等等。不了解这种表现手法的观众，无论是中国人还是外国人，观剧时难免会对某些剧情不理解。造成这种状况的原因是这些观众不懂京剧表现手法，而不是他们愚昧无知或者态度蛮横，所以指责他们"不可理喻"未免师出无名。

估计李先生的原意是想说，京剧的这种表现手法外国人"很难理解"，可惜"不可理喻"用得不是地方。 （吴 光）

是"碧玉掉落黄泉"吗

李国文先生在《始作俑者，其无"后"乎》一文中写道：

也许，这是历史发展的辩证法，总得有人付出代价，让后来人获得教训。像我，当时只能算是一个文学青年，初试笔锋，不也搭上五十年代的"右派"末班车，从此碧落黄泉了吗?（《文学自由谈》1999年第4期第12页）

在《一曲悲笛吹不尽》一文中，李国文先生又写道：

多少年来，每当我碧落黄泉，一劫不复，跌倒趴下，任人宰割之际……（《随笔》1999年第5期）

推敲文意，这两例里的"碧落黄泉"，似乎只能理解为"一块光洁美丽的碧玉掉进了暗无天日的黄泉"。试想当年反"右"斗争时，李先生才二十七八岁，正在文坛上崭露头角，竟被划为"右派"，这是何等的不幸啊!用"碧玉掉落黄泉"来比喻和形容，不是十分贴切吗?从训诂学的角度看，《说文》云："碧，石之青美者。"《淮南子·坠形训》高诱注："碧，青玉也。"上古石、玉不分，玉本来就被看成一种美丽的石头。所以将"碧落"理解为"碧玉掉落"，不能说完全没有根据。我揣摸李先生对"碧落黄泉"正是这样来理解和运用的。

然而，在古代文献中，"碧落黄泉"历来都是由"碧落"和"黄泉"两个固定名词组合而成的。"碧落"本为道教语，《度人经》曰："昔于始青天中碧落高歌。"旧注："始青天乃东方第一天，有碧霞遍满，是云碧落。""碧落"后来被用来泛指青天，天空。"黄泉"一词，始见于《左传·隐公元年》："不及黄泉，无相见也。"杜预注："地中之泉，故曰黄泉。""黄泉"本义为地下的泉水，因色黄，故称。后引申指地下埋骨之处或阴曹地府。古人常以"碧落"和"黄泉"对举或连用，表示天上和地下，如白居易《长恨歌》有句："上穷碧落下黄泉,两处茫茫皆不见。"或者表示人间和阴世,如苏曼殊《断鸿零雁记》第三章:"余虽心冷空门,今兹幸逢吾姊,藉通吾骨肉消息,否即碧落黄泉,无相见之日。"从来还未曾见到过有谁将"碧落"分释为"碧玉"和"掉落"的。李国文先生的理解和用法,读者恐怕是难以接受的。

(卓王泽)

张冠李戴种种

李国文先生读书很多,写随笔、杂文时喜欢旁征博引,这本是好事。可是,李先生在引用古代诗文典实时有时不查阅原书,仅凭记忆,这就难免犯张冠李戴的毛病。请看下面的例子:

《淡之美·"脱却破裤"》:"记得陆放翁词云:'稻花香里说丰年,听取蛙声一片。'据说是由于施放了化肥农药和大量捕杀,连青蛙的叫声也只是依稀可闻了。"

"稻花香里说丰年,听取蛙声一片"是辛弃疾《西江月·夜行黄沙道中》中的词句,把辛弃疾的作品冠以陆游的大名显然是个"硬伤"。陆游(1125－1210)和辛弃疾(1140－1207)同为爱国诗人,同样

力主抗金救国,又同是南宋几乎同期的大作家,这可能是李先生致误的原因吧。

《屁股的功能》:"也许历史这东西,如李贺诗:'抽刀断水水更流'所云,无论好的、坏的、不好不坏的传统,是有其承继性和延续性;那也是没办法的事。"

文中引诗出自《宣州谢朓楼饯别校书叔云》,全联为"抽刀断水水更流,举杯消愁愁更愁",作者是李白,而不是李贺。李白(701－762)去世时,李贺(790－816)尚未出世呢。

《文学断片》295:"自从秦始皇'罢黜百家,独尊儒术'以后,中国人性格中的垄断主义,排他主义,一花独放主义,便根深蒂固。"

公元前213年,秦始皇下令焚毁儒家及诸子书籍,第二年又坑杀儒生和方士四百余人。以"焚书坑儒"而出名的秦始皇怎么可能"独尊儒术"呢!其实"独尊儒术"的应是汉武帝。西汉大儒董仲舒建议:"诸不在六艺(指儒家的"六经",即《易》《书》《诗》《礼》《春秋》《乐》)之科,孔子之术者,皆绝其道,勿使并进。"汉武帝采纳了董仲舒的建议,形成了"罢黜百家,独尊儒术"的局面。

(时鹏寿　陈艰　杜尧)

"遗孀"一词
不宜再用

萧仁杰

现在,一些报刊在报道或述说男人(特别是一些有名男人)去世后留下的妻子的情况时,往往称这种妇女为"遗孀"。例如1999年11月4日重庆《经济报》第6版上一则报道中说:"已故以色列前总理伊扎克·拉宾的遗孀莉·拉宾最近向新闻界表示,如果有机会……"我以为"遗孀"这个词现在不宜再这样用了。

"孀"是封建社会里男尊女卑、歧视妇女情况下造出的一个字,从女从霜,"霜"既是声符,又兼有表义作用。丈夫死了,妻子要"守节",不再婚,才像霜那样冰清玉洁,所以"守节"又叫"守孀"。"孀"专用于丈夫死后的妻子,而丈夫在妻子去世后不再婚则不称"守孀",也从不把死了妻子的丈夫叫"遗孀",这就证明"遗孀"一词含有歧视妇女、妇女必须"三从(在家从父,出嫁从夫,夫死从子)"的偏见。《新华字典》释"孀"为"寡妇,死了丈夫的妇人",并举"遗孀"为一用例。《现代汉语词典》同此解释,而且指出"孀妇"即"〈书〉寡妇","孀居"即"〈书〉守寡"。我以为,我国现在精神生活上反封建还不是一点任务都没有了,这两部工具书这样解释欠妥,注释中以加"旧社会指"为宜。

当然,语言可以约定俗成。我不是说因适应封建社会要求而得义的字、词,今日一律不能再用;只是觉得如"遗孀"这类明显地带有浓厚封建味的词,以不用为宜。

有人认为，"孀"字含有明显的封建意识，不宜再用。我看未必。

"孀"指寡妇始见于西汉初的《淮南子》(也见于《列子》，但今本《列子》出于魏晋人之手)，高诱注说："雒家谓寡妇曰孀妇。"可见"孀妇"的说法由来已久，但为什么叫做"孀"，却难以考查了。"孀"也写作"霜"，见于隋唐墓志。因为霜降而草木枯萎，"霜"在上古时的意象基本上代表着丧亡的意思，所以《释名》解释说："霜，丧也，其气惨毒，物皆丧也。"《说文》也说："霜，丧也。"寡妇所以称"孀妇"，如果一定有什么寓意，由此取意的可能性恐怕大得多。至于"霜"的冰清玉洁的意象，最早见于陆机《文赋》，时代较晚，而且也未见从这个角度来解释"孀"的古文献记载(希望有人能提供这方面的资料)。所谓封建意识云云，大约只是近人的附会而已。

退一步说，假使"孀"真有妇女守节的寓意，也不应影响它在现代词汇中的应用。现代汉语的文字和词汇，除了外来词之外，几乎都是从

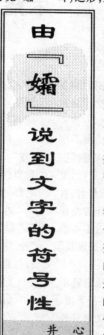

由『孀』说到文字的符号性

井 心

原始时代以来逐渐积淀形成的。就其发生契机而言，往往带有原始的或宗法的或封建的意识。例如"取"字古文字写作 𝄐，像用手攫取耳馘(音 guó，古代战争时割下敌人的左耳)之形，乃是原始时代残酷风俗的反映；"妻"写作 𝄐，像用手攫取女子之形，乃是奴隶时代抢婚制的化石。又如"精神"之称"精""神"，显然是原始意识的遗存；"族兄弟"之称为"族"，"外祖父"之称为"外"，则是宗法意识的明显反映。诸如此类不胜枚举，难道这类文字和语词都要废止？

文字和词汇本质上都具有符号的性质，而符号的意义是因时因地而变化的。文字和语词符号的初始含义有助于认识过去的文化，但它与现代的意义是两码事。人类文化有其发生发展和衰亡的过程，要根除旧文化，首先要根除其社会基础。例如孩子从父姓不从母姓，这是眼下还看得见的重男轻女的封建宗法意识。如果真要反封建，能实实在在从这一步做起就不错了。

"剑及屦及"

不能用吗

金文明

《咬文嚼字》2000年第5期《剑及履及?剑及屦及?》一文,指出"剑及屦及"这一典故性成语出自《左传·宣公十四年》,原文作"屦"而不作"履"。尽管"屦"和"履"现在都可以解释为"鞋",但正如段玉裁在《说文解字注》中说:'今时所谓履者,自汉以前皆名屦。'"《左传》作者左丘明是汉以前的春秋时代人,不可能称鞋为"履"。因此写成"剑及履及"是错误的。

语源是"剑及屦及",难道就不允许演变成"剑及履及"了吗?下面,我想就这个问题,以及该文中其他疏漏之处谈点不同的看法。

(一)"今时所谓履者,自汉以前皆名屦"这句话,不是段玉裁说的。

《太平御览》卷六九七载有晋代蔡谟《答台符分别履舄之名事》一文说:"谨案今时所谓履者,自汉以前皆名屦。"段玉裁在《说文解字注》中无非照原文转引,而且标明是"晋蔡谟曰"。

(二)汉代以前确实多称"鞋"为"屦",但"履"字的"鞋"义在战国中期也已产生。蔡谟所谓"自汉以前皆名屦"的结论,与事实不符。

在先秦儒家的"十三经"中,表示"鞋"义的字确实都用"屦",而"履"字则多作动词,表示践、踏、穿、行等意义,例如:

《周易·履》:"履虎尾。"

《诗经·小旻》:"如履薄冰。"

《礼记·少仪》:"君子不履丝屦。"

《左传·成公十三年》:"跋履山川。"

其中还找不到一个"履"字是可以解释为"鞋"的。

但是,在"十三经"以外的先秦

诸子著作中,情况就不同了。请看:

《墨子·辞过》:"作为衣服带履,便于身。"

《庄子·让王》:"原宪华冠縰履,杖藜而应门。"

《荀子·正名》:"粗布之衣、粗䌷之履而可以养体。"

《韩非子·外储说左下》:"履虽五采,必践之于地。"

这四条书证中的"履"字,一无例外统统可以解释为"鞋"。这就说明了:早在战国时代,"履"字已从原来"践""行"等动词义引申出了"鞋"这样的名词义("践""行"必着鞋,引申出此新义自是顺理成章)。蔡谟的断言也就不攻自破了。

(三)"剑及屦及"出现"剑及履及"这样的变式,有其文献上的依据和合理性,不宜否定也无法否定。

根据《左传·宣公十四年》的原文:"楚子闻之,投袂而起,屦及于窒皇,剑及于寝门之外……"这一成语的初始(或称正式)形式的确应作"剑及屦及"。因为当时的"履"字还没有"鞋"义,不可能改"屦"为"履",但后来它的"鞋"义产生了,"履""屦"成了同义词,这就出现了替代的可能性。特别值得注意的是,成书于战国末年的《吕氏春秋·行论》在记载《左传·宣公十四年》楚子(庄

王)奋起伐宋的史事时写道:

庄王方削袂,闻之曰:"嘻!"投袂而起,履及诸庭,剑及诸门……

两书所记的是同一件史事,《左传》中的"屦",在这里被改成了"履"。改动的原因,也许是以今易古的通俗化需要,也许由于作者的用字习惯所致。如果有人根据《吕氏春秋》的文献资料概括出"剑及履及"这一成语形式,难道能够斥之为谬误吗?

其实,从许多成语的形成、发展、演变的历史来看,用同义或近义的字去替代其初始形式中的某一个字,从而产生变式,是常有的事情。例如:

功成名遂　功成名就
度日如岁　度日如年
弃邪承正　改邪归正
室如县罄　室如悬磬

以上四组例子中的前三组,左面的都是初始形式,右面的都是后起的变式。其变化的结果,是使各个成语变得意义更加显豁而通俗,因而得到了广泛的认同,成为最常用的形式。最后一组,左例源于《左传》,右例出自《国语》,两者时代相同,但因《左传》的文献价值比《国语》重要,所以历来都将"室如县罄"作为正式。然而就字面来讲,其中的"县罄"二字,"县"通"悬","罄"通

"唇"可以读

《咬文嚼字》1999年第12期刊登了苏培成先生的《治一治书名不通病》一文，读后深有同感。唯苏先生对《请读我唇》这一书名所作的批评，笔者稍有异议。苏先生认为："'唇'是'嘴唇'，怎么读?"其实，嘴唇是可以读的，试举两例:

前不久，电视台播放过一部日本电视连续剧《天堂的金币》，剧中的女主角是个哑巴，但她却懂唇语。别人对她说话，她只要看着对方的嘴，就能读懂对方的话。

如果说，电视剧是虚构的故事，那么历史上还有一个真实的事例。美国已故盲聋女作家海伦·凯勒从小又聋又瞎，听不到声音，看不见色彩，根本无法与外界交流。为了帮助她学会说话，学习知识，她的家庭教师安妮想了很多办法。

有一天，安妮将凯勒带到一条小溪边，轻轻地将她的手放进溪水。待她的手在清凉的水里滑动了一会儿之后，安妮又将她的手放在自己的嘴唇边，同时一遍又一遍地念着"water(水)"这个单词，让凯勒通过手指感觉安妮在念这个单词时，嘴唇的变化和振动。念了一会儿，再把她的手放回水里，如此反复多次，凯勒终于明白了自己手上触摸的东西与安妮的嘴唇振动之间的关系，她学会了"water"这个单词的念法。之后，安妮就用这样的方法，帮助凯勒学会了说话，学会了盲文，并陪伴她完成了从小学到大学的学业，使她成为一个出色的作家。如果要用一句话来形容安妮帮助凯勒学习语言的情景，那真是再形象不过的"请读我唇"。

"磬"，如不作注释，一般人已很难理解，远不如右例直接写作"悬磬"来得显豁易懂。因此这一变式，早已成为通行的形式。

通过以上这些实例的比较、分析，我们对于"剑及屦及"在历史演变中自然形成的变式"剑及履及"，还有什么可指摘的呢?

6—18

"义无反顾"非"一意孤行"

邱翼东

《广州日报》1998年7月14日《浪子遗弃糠糟妻,老来被弃悔不已》一文说道:"孔某义无反顾地抛下家中一母一妻和尚处幼年的一儿两女,远走他乡……与情人合伙(开了一间小食店)……"

除了标题中"糠糟"应改作"糟糠"(喻指贫穷患难中的妻子)之外,文中所描述的孔某无情无义的行径,只能贬之为"一意孤行",而不能褒之为"义无反顾"。

"野蛮行为"竟"引起同情"

李金亭

《中国教育报》1999年11月2日《用画笔声援正义》一文,内容是赏析世界名画《希阿岛的屠杀》。文中"土耳其的野蛮行为,震撼了世界,引起了欧洲正直人士的广泛同情"这句话让人费解。

"野蛮行为"可以"震撼世界",可以激起义愤,也可以引起关注,但绝不可能"引起同情",这实在有悖常理。显然,该文作者想表达的是对被凌辱被屠杀的希腊民众的同情,对土耳其进行大屠杀这种惨无人道的野蛮行为的愤慨。因此,此句应改为"土耳其的野蛮行为,震撼了世界,激起了欧洲正直人士的极大愤慨"。

不妨加个"竟"字

雷智勇

《光明日报》1999年4月21日刊登了刘小彪先生的一则国际时事评论,对日本东京都知事石原慎太郎肆无忌惮地歪曲历史的言论进行了抨击。文章立论有据,批驳有力,义正辞严,美中不足的是,标题不能使人一目了然。该文的题目是:"石原慎太郎敢对历史事实说'不'"。这一标题不能使人明晰地了解评论者的倾向:褒扬?抨击?还是怀疑?如能加个"竟"字,改成"石原慎太郎竟敢对历史事实说'不'",一针见血,旗帜鲜明,岂不更好?

"收费上大学"有矛盾

田仲民

《光明日报》1998年12月29日的一篇通讯标题是:

收费上大学与教育成本补偿理论——访闵维方

这个标题有矛盾,因为收费是学校收费,不是学生收费,学生要上大学只能缴费,收费是从学校角度说的。上大学是从学生角度说的,要从学校角度说,"上大学"应为"办大学"。"收费"与"上大学"主体不统一,不该放在一起。

王储?王位?

郑昼堂

《参考消息》1999年2月10日《约旦王室夺储内幕》一文,说的是约旦国王侯赛因临死前,王室成员为争夺王位而使用了各种阴谋诡计,千方百计把自己所喜欢的人推上王位。

王储即储君,也就是王位继承人,阿卜杜拉已经是王储,约旦不存在夺储问题,所争夺的是王位,标题应改为"约旦王室争夺王位内幕"才对。

入"目"三分

张炳安

相传东晋王羲之书祝版,工匠用刀刻削时,发现字迹竟透入木板达三分之深(见唐代张怀瓘《书断·王羲之》),足见其笔力之强劲。

"入木三分"这个成语,即源于此。后来引申用于比喻见解、议论的深刻。

因此,当我乍见《写作》杂志总第193期上的文评标题"入目三分的心理描写"时,着实大吃一惊:是何方"力"作,竟可以进入文评者的眼睛里且达三分之深?入"目"半分,也会令人疼得嗷嗷叫了,何况三分。读罢全文可知,作者的本意是称赞一篇微型小说"心理描写的深入",应用"入木三分"来表达,却误用为"入目三分"了。

刺字故事两则

丁　炎

《水浒传》中说到，林冲遭高俅父子陷害，发配沧州前，脸上被刺了字。"刺字"亦称"墨刑""黥刑"，是古代的一种肉刑，指在罪犯的面或额、项、臂等部位刺字，并涂墨以作标记。历代刺字的对象、部位、字样、字形大小、笔画粗细不尽相同。下面讲两则与语言文字有关的刺字故事。

一、人面上起草

宋代刺字之刑盛行，字样多为犯罪事由和发遣地点。苏州通判陆东署理苏州府时，某日，审判一个流罪（充军）犯，下令在犯人面上刺"特刺配某州牢城"字样。

刺毕，幕僚对陆东说："凡言'特'字者，指犯人的罪行没有达到被判的刑罚那么严重的程度，但朝廷的旨意一定要重判。如今这罪犯依律本当判流罪，并非轻罪重判，何况这个'特'字又不是你的职位所能用的。"陆东听了大为恐慌，急忙下令将犯人脸上"特刺"两字刮去，改刺"准条（依据条例）"两字。此事传为笑谈。

后来有人向中书省和枢密院推荐陆东，讲他很有才干。参政石中立听到后说："我知道这个人了，莫非就是署理苏州府时，在人面上起草的那个人吗？"

二、窃物先防识字官

清代刺字开始于顺治三年（1646），最初多用于盗贼，字样多为"窃盗"等。"窃"的繁体"竊"在当时是正字，"窃"则为俗字。刺字时，宅心仁厚的官员多令刺"窃"字，这样笔画少些，犯人可少受些痛苦；

"解放"和"会师"

俞敦雨

在庆祝上海解放50周年的日子里,不禁想起了陈毅同志的"会师"说。

那是上海解放的第三天,陈毅市长召集上海各界人士开了一个座谈会。会上,周谷城先生说道:"如果解放军还不来,我天天提心吊胆过日子;现在好了,上海解放了,我也被解放了……"陈老总插了一句话:"不是解放,是会师,你们从里头打出来,我们从外面打进去,所以是会师。"听了这话,当时在场的千把人都激动地从坐席上站起长时间地鼓掌。

陈毅同志不愧是"统战政策的天才执行者"(毛泽东语),他改"解放"为"会师",一下子将白区人民群众和解放军放到完全平等的地位,体现了我们党与人民群众血肉相联的密切关系,也体现了老一辈革命家对知识分子的尊重和信任。可以想见,"会师"一说调动了多少知识分子的积极性。

* * *

比较古板的官员则多令刺"窃"字。有时官员们为用"窃"还是"窃"发生争执。

康熙三十三年(1694),某举人出任浙中令,查狱时,发现一个盗窃犯脸上刺的"窃"字右下角刺成"咼"字,不合官方的规范字。于是下令将原字刮去,等创口平复后,按明朝梅膺祚编的《字汇》上"窃"字的字式(当时《康熙字典》尚未编纂),重新刺上。这名盗窃犯肚子里有点墨水,这次吃了二遍苦大为感慨,就口占一绝云:

　　手把菱花仔细看,
　　淋漓鲜血旧痕斑。
　　早知面上重为苦,
　　窃物先防识字官。

诗中"菱花"指镜子,古铜镜背面多刻菱花,称菱花镜,后来也泛指镜子。

铜钉和金箍

郦仁琰

（一）

鲁迅先生在《风波》中写七斤时这样说："他在晚饭席上，对九斤老太说，这碗是在城内钉合的，因为缺口大，所以要十六个铜钉，三文一个，一总用了四十八文小钱。"这里对钉补这只破碗的铜钉说是共花四十八文钱，用十六个铜钉补成的。

紧接着，鲁迅先生却又这样写六斤："伊虽然新近裹脚，却还能帮同七斤嫂做事，捧着十八个铜钉的饭碗，在土场上一瘸一拐的往来。"同一只破碗上的铜钉，前者是写"十六个铜钉"，后者是写"十八个铜钉"，前后的铜钉数字不统一。显然，后者的"八"字是笔误。当时，如果编辑能够及时发现提出来，也许就不会留下这一遗憾。

（二）

郭沫若同志《看〈孙悟空三打白骨精〉》一诗中有一句为"咒念金箍闻万遍"。这里的"咒念金箍"，是说唐僧念的是"金箍咒"。但是，《西游记·心猿归正》中却这样说：观音大士把紧箍交给唐僧时说，"我那里还有一篇咒儿，唤做'定心真言'；又名做'紧箍儿咒'。……他若不服你使唤，你就默念此咒……"唐僧念的是"紧箍儿咒"，郭诗中是"咒念金箍"，这就成了各念各的咒。按照江南一带语音，"紧（jǐn）""金（jīn）"读音相近，但《西游记》中的"紧箍""金箍"是两个不同的"箍"，似乎不能混淆。

关于"紧箍""金箍"这两个"箍"，《西游记·观音慈善缚红孩》中是这样写的：观音大士从袖中取出一个金箍儿，对孙悟空道，"这宝贝原是我佛如来赐我在东土寻取经人的'金紧禁'三个箍儿。紧箍儿，先与你戴了；禁箍儿，收了守山大神；这个金箍儿，未曾舍得与人，今观此怪无礼，与他罢"（按：这"他"指红孩儿，即牛魔王之子）。据此，红孩儿戴的是金箍儿，孙悟空戴的是紧箍儿，显然，郭诗中的金箍是张冠李戴了。

"又"字辟谣

孙章埂

土地革命战争时期，国民党的报纸经常刊登贺龙被活捉枪毙的"新闻"。贺龙在南昌起义失败后，赴湘鄂西开辟革命根据地，历任要职，国民党反动派对他恨之入骨，经常指使新闻媒体制造各种谣言，来混淆视听。

一天，长沙某报又奉命刊登一则题为"匪首贺龙昨被活捉枪毙"的"新闻"。一位编辑在发稿时，有意在"被"字前加了一个"又"字，这样标题便成为"匪首贺龙昨又被活捉枪毙"。一个"又"字，不仅表明以前该报多次刊登的同类"新闻"是谣言，而且表明这次的"新闻"也是造谣。它从另一个方面告诉人们：贺龙并没有被活捉，更没有被枪毙。一个"又"字，把反动派造谣的伎俩和盘托出了。反动当局看出了问题，便将那位编辑"请去"，问他为什么加"又"字。他解释说："本报已多次刊登过这样的新闻，现在再刊登同样的新闻，只好加个'又'字以示区别。"弄得反动当局啼笑皆非，只好将他释放。

"开船啦"和"开船喽"

邵建新

语言大师老舍写作时，总是边写边读，自己念给自己听，他用耳朵进行监督。凡是耳朵通不过的，就马上修改。

有一次，日本有家出版社准备把他的《宝船》编入日本的汉语课本，他们就文中的"开船喽！"这句话向老舍讨教：为什么不用"开船啦！"老舍先生的回答是："我朗读的时候，发现'喽'字是对大伙说话的，如一个人喊'开船喽！'是表示招呼大家，如果说'开船啦！'意思便没有这么明确。区别也许就在这里。"

"……似的"怎么读

朱振武

"这孩子花儿似的。""好像有人推门似的。"这种"……似的"是现代汉语中的一种常见格式。"似的"的准确读音应为 shì de。但许多人却把这里的"似"字读作 sì，一些电台、电视台的主持人也常常读错，看来是和"相似""类似"中的"似"的读音搞混了。

《普通话异读词审音表》《现代汉语词典》和《辞海》对"似的"的注音都是 shì de。其中《辞海》的注释为：

(shì)似的，跟某种情况或事物相似。如：她乐得什么似的。亦作"是的"。

这些工具书的注音是有根据的。现代汉语里的比况结构"……似的"来源于明代的"……是的"。万历本《金瓶梅词话》即常常出现"……是的"的用法，但多用于表示不定判断语气。如：

(1)天可怜见，到明日假若好是的。(第62回)

(2)西门庆道："怪奴才，我平白的怎的骂?"金莲道："只怕你一时想起甚心上人儿来是的。"(第67回)

例句(1)"到明日假若好是的"意思是"以后或许会好"，和例(2)一样，"是的"表示一种不肯定的判断。当这种判断是基于两事物之间有相似之处时，就很自然地引申出表示相似或比拟的意义：

(3)他和小厮两个，在书房里把门插着，捏杀蝇子儿是的。(第35回)

(4)(爱姐)搽得浓浓的脸儿，又一点小小嘴，鬼精灵是的。(第37回)

"似的"最早也见于万历本《金瓶梅词话》，但为数不多。如：

(5)一个热突突人儿，指头似的，少了一个，如何不想不疼不题怎的?(第73回)

"六"的另一个读音

方　川

中央电视台的一位资深播音员,在主持一个介绍安徽省的省情节目时,将地名"六安"读成了 liù'ān。这是错的。

"六"是个自然数,常用音读为 liù。它的组词能力很强,诸如六畜、六根、六部、六腑、六神无主、三宫六院、三媒六证、眼观六路耳听八方等

等。它还是一个很吉祥的数字,民间有"六六大顺"一说,喜庆择日,多选带"六"的日子。

但"六"又是一个多音字,除了上述读音,还读 lù。读 lù 时,主要用于地名。一个是安徽省的六安市、六安山,其读音为 lù'ān;另一个是江苏省的六合县,其读音为 lùhé。

───────────────────

例(5)中的"似的"与例(3)、例(4)中的"是的"的用法相同。那么,为什么会出现用"似的"代替"是的"的情况呢?原来,"是""似"自古在意义上即可通用。如:

(6)觉得今日只似去年,前日只是今日。(《朱子语类》卷一二一)

(7)杨雄道:"是此怎生罢休得!"(《水浒传》第47回)

例(6)中的"似""是"显然是同义,例(7)中的"是"与表示"像……一样"的"似"同义。因此,"是的"这种用法出现不久,即出现用"似的"

代替"是的"的情况,也就不足为怪了。《红楼梦》中"似的""是的"就常混用。如:

(8)倒像拌嘴似的。(第73回)

(9)你们奶奶就是这么急脚鬼是的。(第11回)

例(8)中的"似的"与例(9)中的"是的"用法完全一样。现代汉语口语中的读音仍为 shì de,但人们手写时用"似的"多于用"是的",主要是由于"似的"在字面上的表义性较强,但不论"似的"还是"是的"都应读 shì de,这是毋庸置疑的。

"朵而"不是"朵尔"

常看电视的人都熟知"朵而"胶囊这则广告,然而如果不看画面,就弄不清这种养颜胶囊的名称究竟是哪两个字,因为画面音是 duǒ'ěr(朵尔)。"朵而"应该读作 duǒ'ér。"朵"是上声字。大家知道两个上声字相连,前一个字声调变得像阳平 duó,但上声字和其他声调字相连则读音不是变得像阳平。"而"的声调是阳平,所以"朵"不可能变成阳平,像广告中的读音,那只有把"而"(ér)改成"尔"(ěr)才行。人们对两个上声相连的词常常读不好,这使我联想到一个常用词"偶尔"(ǒu'ěr)就是一个典型的例子,很多人读 ǒu'ér,也许因为不熟悉"尔"的声调,也可能是读不好两个上声相连的变调。这种胶囊的名字"朵而"正好避开了上声字相连的变调,为什么一定要让它来一个变调呢?眼下年轻的姑娘们口头出现的已经都是 duǒ'ěr(朵尔)了。这则广告画面不错,如果把语音纠正一下,一定会收到更佳的广告效果。

"燕京"的"燕"读平声

1997年8月9日早晨中央电视台《东方时空》"面对面"栏目,在分析国产啤酒的产销形势时,主持人将"燕京啤酒厂"的"燕"字读成去声 yàn,成了燕子的"燕"的读音。

"燕京"是古地名,就是今北京市,辽代时曾称为燕京。作为北京市的一家啤酒厂,其厂名无疑应念"燕(yān)京",与燕子是不相干的。此外,姓氏中的"燕",如《水浒传》中的浪子燕青,也读平声。

时尚词苑

今日 "理财"

韦 河

"理财"并非新词,古已有之。"理"和"财"在古代汉语中都是常用词。据《辞海》的相关条目介绍,英语的 economics(经济学),在清末曾一度译为"理财学",后来才确定借用日本译名"经济学"。

但是50年代以来,"理财"这个词一直被冷落在一边,几乎已经退出了日常言语交际的舞台。由于众所周知的原因,那时候人们忌讳谈"财",不说自己有多少多少"财产"或"财富",更不敢称"财主"(不像今天"老板"满天飞,还有人自称"富姐""富婆"呢)。

既然无"财"可言,"理财"一词当然只好靠边站了。再说,那时候老百姓即使手头有点钱,银行里可供挑选的储蓄种类也少得可怜,行业内俗称"四大金刚",即活期储蓄、定期储蓄、零存整取(包括贴花储蓄)和定活两便。谁要想理财,选择的空间这么小,根本"理"不起来。今天可就大不相同,"理财"已成了全社会关注的热点。

何谓理财?1947年版的《国语词典》释为"治理财政",1996年版的《现代汉语词典》释为"管理财物或财务"。这两个义项并没有过时,仍旧管用,对国家、企业、家庭来说,都还用得上。不过,现时的"理财"(特别是所谓个人"理财"),蕴含的内容已更加丰富,用一句通俗的话来说,"理财"就是"努力地赚能赚的钱,理性地花该花的钱"。

怎么叫"努力地赚能赚的钱"?

"游戏规则"：从狭义到广义

魏 雨

大多数游戏都是有一定规则的。比如下象棋："车"怎么行，"马"怎么跳，"炮"怎么打，都必须"循规蹈矩"。这是传统意义上的或者说是狭义的"游戏规则"。

作为时尚词语的"游戏规则"，它的适用范围则要宽泛得多。比如说，上海市福利彩票发行中心最近

以钱"生"钱，现在不再是储蓄一条路了，银行与其他金融机构提供了丰富多采的菜单：国债、企业债券、股票、基金、保险、期货，还有个人外汇买卖，等等。人们尽可以自由挑选抉择，巧妙搭配组合，让大钱"生"小钱，小钱"变"大钱。

怎么叫"理性地花该花的钱"？比方说，你想购买新宅，他想出国留学，如果一时钱不够，都可以请银行的"理财顾问"（私人理财服务）帮助

你度身定制理财方案，或通过按揭，或通过贷款，今天用明天的钱，今天圆明天的梦。这只是举例，类似的理财服务，仅工商银行一家，就推出了七八种。

既懂得生活，又懂得支配钱、控制钱，这是现代人的新的理财观。没有钱的人要理财，有钱的人更要理财。理财跟每个人都息息相关，"理财"这个词自然就大有用武之地。

公开宣布修改"游戏规则",电脑福利彩票由"37选7"改为"35选7"。(参见《文汇报》1999年11月30日)福利彩票也许是"小事",像美国总统选举这样的"大事"同样可以讲"游戏规则"。《文汇报》2000年3月3日有个标题是:"民主、共和两党议员制订的竞选游戏规则使小党成不了气候,第三党休想进白宫。"甚而至于香港黑社会里干绑架的勾当,也有"游戏规则"。

时尚的"游戏规则"直接译自英语的 the rules of game。这个"游戏规则"泛指涉及公众的、具有可操作特点的各种事情的运作规则。如同我们汉语的谚语"没有规矩,不成方圆"那样,可以泛指做各种事情。

英语的 rule 有好几个义项:①规定、章程、条例;②习惯、通例;③规律、法则。因此汉语中,时尚词语"游戏规则"也相应地包括三种意思:

第一种"游戏规则"是指人们制定的法规、章程等。比如《新闻报·晨刊》1999年11月25日将《电信法》称为中国电信业的"游戏规则",《新民晚报》1999年9月22日将《证券法》看作中国股市的"游戏规则"。《电信法》和《证券法》都是国家制定的法律。

第二种"游戏规则"是指社会生活中约定俗成的习惯、常规。比方说,上海市电影院放映影片,长期来一向坚持分首轮、二轮、三轮的传统排片方式,1999年夏天,上海大光明电影院"突破轮次排映制",自己决定影片的取舍,自己确定影片的映期,"此举在同行中激起波澜,有人认为违反了约定俗成的游戏规则"。(参见《文汇报》1999年8月20日)这儿所说的"违反了约定俗成的游戏规则",显然是指没有遵循长期形成的大家认可的常规方式来排片。

第三种"游戏规则"是指客观存在的非人为的规律、法则。例如,只有高科技才能在市场竞争中立于不败之地,依靠低层次的价格竞争不可能真正赢得市场,这就是现代商业的游戏规则。(参见《新闻报·晨刊》1999年6月19日)又如,商业竞争中,优胜劣汰也是市场经济的一条游戏规则。(参见《新闻报·午刊》1999年10月20日)这些规则都是不以人们的意志为转移的。

上述三种,可以用一句通俗的话来概括:所谓"游戏规则",即什么事情在什么情况下可以做,在什么情况下不能做的原则。这便是广义的"游戏规则"。

"主打歌"与"主打"的泛化

金波生

近年来文学类刊物竞争激烈，许多刊物不断使出新招数，以增强冲击力。据《新闻报·晚刊》2000年2月23日报道，《收获》杂志特地抽掉了其他稿子，换上了某一位作家的长篇小说《××》，作为新千年第一期的主打小说。

何谓"主打小说"？这"主打"来自何方？

"主打"与"小说"组合，乃是一种新的用法，是"借用"。"主打"最初只用于"主打歌"。汪惠迪编著的《时代新加坡特有词语词典》对"主打歌"作如下的解释：

主打歌 〈名词〉歌唱演员为自己的唱片或盒带等作宣传时所选的代表作。例如：要王馨平谈谈歌路，她说："只要听听我的主打歌，你就很清楚了。"

"主打歌"这个词产生于台湾，后传入香港、澳门以及新加坡、马来西亚，现在祖国大陆也频繁使用。歌手每推出一张唱碟，必定有一首主打歌。说得通俗一点，主打歌好像企业的拳头产品。"主打"的"主"就是主要的、为主的、着重的；"打"就是推出。因此"主打"便是主要推出、重点推出的意思。

汉语的"打"是典型的多义词（有人戏称为"万金油"，一时找不到合适的动词，常常可以用"打"来"应付"），多义之中有一义就是"推出"，比如"打旗号、打广告、打品牌"的"打"都有推出的意思。"主打"的"打"同此。其构词形式与"主攻（方向）、主创（人员）、主讲（教师）"等相同。

大凡一个新词，如果它的语素义是固有的，它的构词形式是现成的，那么它就很容易流行起来，为人

从《被写体》说起

——译余断想（六）

周克希

28. 报载三浦友和撰写的回忆录在日本出版，日文书名叫《被写体》。"汉语中没有与这完全对应的词语，若只按其意，似可译作'公众人物'，然又嫌力度不足。"

可不是，仅以"公众人物"作书名，怎么足以体现他和山口百惠作为名人（公众人物）"被写"（被镜头追逐）的愤懑和无奈呢？

29. 莫泊桑的小说 Bel–Ami，先后有过《俊友》（李青崖译）、《漂亮的朋友》（何敬译）的译名。王振孙先生重译此书时，考虑到 Bel–Ami 在

们所接受。随着"主打歌"一词的流行，久而久之，"主打"的用法逐渐泛化。本文开头的"主打小说"便是一例。《新闻报·晨刊》1999年9月24日一篇报道的题目为"上海货，什么作'主打'？"文中列举了"海鸥"数码相机，"三枪"柔棉莱卡系列内衣，仪电控股集团的 IC 卡一条龙产品，等等。还有，《文汇报》1999年11月18日

报道，吸引外地人到上海来旅游，观光与购物仍是"主打"项目。《文汇报》2000年2月7日报道，上海春节举行婚礼的许多新人一改白色婚纱，而以中式礼服为"主打"礼服。

从主打歌，到主打小说、主打产品、主打项目、主打礼服……"主打"的使用范围扩大了，泛化了，而其基本意义还是一脉相承的。

书中时以称呼语出现,遂将译名改易为《漂亮朋友》。

对这个译名,吴岩先生提议过干脆就用《小白脸》,爰记于此,供日后复译者参考。

30. 杰克·伦敦笔下的 burning daylight,既是小说书名,又是小说主人公的绰号。所以,单译《灼人的阳光》显然不妥。那个两全其美的译名《毒日头》,据裘柱常先生在"中译本初版后记"里说,他是"采用《北京俚曲》(上海太平洋书店版)的《打新春》'……六月里,属三伏,天长夜短日头毒'的意思"。

其实,吴语中好像也有这个讲法。去年秋天《新民晚报》有一则报道,第一句就是:"凉了一夏,不想秋来却遇毒日头!"

31. 《魂断蓝桥》(Waterloo Bridge,直译为《滑铁卢桥》)、《翠堤春晓》(The Great Waltz,直译为《伟大的圆舞曲》)、《孤星血泪》(Great Expectations) 和《雾都孤儿》(Oliver Twist) 这些电影片名,都称得上过目难忘、历久弥新。

上海译文出版社把狄更斯的小说收进"世界名著普及本"系列时,沿用了《孤星血泪》和《雾都孤儿》的

译名。但在新近出版的19卷本狄更斯文集里,书名分别译作了《远大前程》和《奥立弗·退斯特》。

文集不同于普及本,书名直译,自有一种严肃的意味。

32. 但书名的翻译,真可谓仁者见仁,智者见智。

好多年前,丰华瞻先生就曾断言:"把 Oliver Twist 译为《雾都孤儿》,比译为《奥立弗·退斯特》好,因为前者点明了地点(雾都,即伦敦)和人物(孤儿)。"

金圣华教授(《傅雷家书》中原来用外文写的词句,她译配得丝丝入扣、浑然天成)亦对《永别了,武器》和《了不起的盖茨比》之类的译名不以为然,认为"《战地春梦》及《大亨小传》其实已是译名中的经典杰作"。

施康强先生在《从〈侠隐记〉到〈三剑客〉》一文中,直言《三个火枪手》"这个书名,好像没有叫响"。但在文章收梢处,他还是写得很圆通:"《侠隐记》对于今天的读者来说太雅,《三个火枪手》是进口原装,《三剑客》或可说是西餐中吃,到底喜欢哪一个,要看读者自己的口味了。"

33. 在读者,除了口味,似乎还

"动手打人"还是"出口伤人"

——译余断想(七)

周克希

34. 杜甫诗云:"王杨卢骆当时体,轻薄为文哂未休。尔曹身与名俱灭,不废江河万古流。"这首诗很多人并不陌生。但正如施蛰存先生在一篇文章中所说的,"'轻薄为文哂未休'一句,竟有许多名家读不懂,讲不对",把它理解成王勃等人文体轻薄,"于是今天在各大学中文系讲授文艺理论或杜诗的教师,都在这样讲、这样教、这样注释"。

"问题出在'轻薄'二字。许多人不了解'轻薄'是'轻薄子'的省略,

硬要派它为一个普通的状词。"其实,杜甫的意思是说,"王杨卢骆的文章,尽管你们这些轻薄之徒写文章加以攻击哂笑,但还是代表他们时代的文体"。(《文艺百话·说杜甫〈戏为六绝句〉》)

一首并不生僻的唐诗,理解上尚且有这么些周折。翻译外文作品时理解的困惑,译文的尴尬,似乎也就不足为奇了。

35. 陆谷孙先生提到过参加一

有个习惯问题——有时候,"先入为主"的译名,几乎是根深蒂固的。《鲁滨孙飘流记》就是一例。

黄杲炘先生在新译本《鲁滨孙历险记》的译者前言里,用两页篇幅历举书名改易的理由,说明"在笛福

的笔下,鲁滨孙一生之中从来都不曾'飘流'过"! 新译本问世一年有余,销路很好,但许多人还是习惯说《飘流记》,这个并不准确的书名,也仍不时会见诸报端。

习惯的改变,是要假以时日的。

次译文竞赛评奖的经历。英文原作写一对夫妇龃龉不断，甚至端着咖啡杯在客厅里奔逐追打，令儿子深恶痛绝，接下去有这么一句："It is the mother whose tongue is sharp, who sometimes strikes."陆先生认为，whose 与 who 两个从句有语气递进关系，所以 strike 是指"动手打人"。但在座的专家（包括洋专家）大都赞成译作"出口伤人"——于是全句就是"做母亲的说话尖刻，有时还出口伤人"。

陆先生写信向原作者求教，未获回音。又问了不少美国友人，结果很妙："同意'出口伤人'和'动手打人'的大致各半。"

36.《三剑客》下半部，四个伙伴跟英国人决斗，结果不打不相识，相互成了朋友——但有一个倒霉蛋，却先死在了阿托斯的剑下。阿托斯说这个英国人死于决斗是自作自受，但若留下他的钱袋，则会感到内疚。达德尼昂接着说："您的有些想法真叫人没法理解（inconcevable）。"

李青崖先生的译本《三个火枪手》里，这句话译作："您真有好些使人料想不到的见解。"

细细想来，李译似乎没有琢磨

出（要不就是有意回避，生怕给主人公脸上"抹黑"？）达德尼昂"有钱不拿白不拿"的弦外之音。

37. 达德尼昂还真不是个"完美"的主人公。他明知米莱迪是红衣主教的心腹，还是心心念念想占有她。米莱迪呢，也用自己的美色引诱他，写条子给他说："我和小叔昨天和前天空等了两个晚上。"

有一个《三剑客》译本，却把这句译作："我的内弟和我于昨天和前天都在等着您，但徒费枉然。"

"徒费枉然"且不去说它。"内弟"可真有些蹊跷。内弟，专指妻子的弟弟。米莱迪的"内弟"，这是从何说起？

38. 中译外，叶君健先生也举过一个"叫人哭笑不得的"例子。有个国内常用的哲学术语，叫"两点论"。译成法文时，为了"在政治上忠实"，译成了 La thèse en deux points。不幸的是，法文里的冒号就叫 deux points。于是，这个庄严的哲学名词，在法文中就成了"冒号论"。

叶先生写道："据说，译者曾就此事请示有关'首长'，但得到的指示还是必须'直译'，因而'两点论'还是作为'冒号论'被介绍出去了。"

"老板"原来是大钱

张兴祥

"老板"这个词在方言中涵义很广，如佃农称地主、雇工称雇主叫"老板"，京都称著名京剧演员为"老板"，闽俗则称店主、船主为老板。现代汉语中，"老板"一词主要指工商业的业主及其代理人。不过，"老板"最初不是指人，而是指大钱。

宋代陶岳的《货泉录》云："闽王审知时铸大铁钱，阔寸余，甚粗重，亦以'开元通宝'为文，仍以五百文为贯，俗谓之铑，与铜钱并行。"有趣的是，原书"铑"字下注音"力贺反"，因为古书用的是竖排，结果"力"与"反"并在一起，后人误以为是"劝"字，"贺"字竟成了"孤家寡人"，被冷落一旁。从源头上看，宋代洪遵的《泉志》引陶岳的

《货泉录》时，就为这一因誊写而造成的错误埋下伏笔："……王审知铸大铁钱，阔寸余，甚粗重，亦以'开元通宝'为文，仍以五百文为贯，俗谓之铑劝。"引文中，"贺"字已丢掉了，后人再引《泉志》，只能以讹传讹。按："铑"字《康熙字典》增入金部，而"劝"字以前的字书都不收，究其所以然，是因为它本来就不是一个字啊！然而，时至清代，这个怪字仍游荡在书籍中，并被古泉学家和语文学家反复征引。

《汉语大词典》也把"铑劝"收进去，释为"古大钱的俗称"，引的例证正是宋代洪遵的《泉志》，后面又援引清代俞樾《茶香室续钞·板儿》的解释："铑字疑当音老，铑劝，盖即老版。"(鲁迅先生的《书信集·致郑伯

奇》，"老板"亦作"老版"："版税请交内山老版。"现在这个词一般都写作"老板"）。释"铑劢"为"老板"的，当然不止俞樾一人，如清代翁树培的《古泉汇考》："陶岳《泉货录》（按当作《货泉录》）曰：'闽王审知铸大铁钱，亦以开元通宝为文，五百文为贯，俗谓之铑劢。今云老板者，似当为铑劢。以其亦五百文为贯，相承其俗称耳。'"实则闽俗只称"铑钱"，不说"铑劢"，以为"老板"即"铑劢"，不能不说是又一次误打误撞了。

旧时称铸钱之模为"板"，"老板"来历，应与铸钱之板有关。清代施鸿保的《闽杂记》引明代冯时可的《雨航杂录》云："铸钱之模谓之板。宋时铸钱，每板六十四文，故俗有板板六十四之语，今江北各省称大钱为老官板，亦是此义。称官板者，别于私铸也。称老官板者，别于近来之官板也。""老官板"，可能是"老板"的前身，中间加了一个"官"字，无非是为了更好地同私铸之钱区别开来罢了。

宋以前所铸的"老官板"都是大钱，元代很少铸钱，民间所用者，多是旧钱。到明代时，才有一种称"板儿"的钱，有别于以前的"老官板"。如董毂《碧里杂存》云："国初至弘治以来皆行好钱……正德丁丑余始游

京师，初至，见交易者称钱为板儿。""老板"一词虽非直接从闽语"铑钱"来，但二者之间确有联系，它们指的都是唐宋时官方所铸的大钱，曾在民间流行过非常长的时间。

顾炎武《日知录·钱粮论》（卷十一）云："有明之初，尝禁民不得使金银……当时市肆所用，皆唐宋钱。"不仅明初使用唐宋的"老板"钱，就是到清代，唐宋钱也未绝迹。康熙初，清廷诏禁前代旧钱，诸罗（今台湾嘉义县）知县季麒光就上书说："查漳泉等处，尚有老钱金钱未尽革除。"（见《台湾通志》卷九《度支志》）"老钱"，当然只能是唐宋的"老板"钱了。既然唐宋的"老板"钱一直在民间使用，那么，其称呼也必然沿习下来。

至于"老板"一词的词义由钱转而指称人，其实也不难理解，由于经济的繁荣发展，人与钱的关系更加紧密，以钱称人，所谓积久成变也。"老板"原是大钱，地主、雇主、店主都是有钱人，这之间不是有明显的关联吗？

笔者查阅了《宋元语言词典》，尚未发现以"老板"指称人。大概到明清之际，才由钱及人。现在能够反映这一词义变化的，最多的也是清代的文献。

"挟天子以令诸侯"之褒贬

苏少波

人们一般都把"挟天子"理解为"挟制天子"。"挟制"的意思是倚仗势力或抓住别人的弱点，强使服从。很明显"挟制"是一个贬义词。《辞海》对"挟天子以令诸侯"的解释是："挟制着皇帝，用皇帝的名义发号施令。"《辞源》的解释和《辞海》基本相同。

"挟制"用作贬义词也是有根据的。诸葛亮《隆中对》"挟天子而令诸侯"之"挟"字，因用在曹操身上，曹操历来被当作专权窃国的"奸臣"，所以"挟"字有了"挟制"之义。《辞源》《辞海》的解释也许由此而起。

除了贬义的用法，"挟天子"还有褒义的用法。例如《战国策·秦策一》："据九鼎，按图籍，挟天子以令天下，天下莫敢不听。此王业也。"这是张仪对秦惠王的进言，很明显，这里的"挟"字绝非贬义，应释为"倚仗"。"挟"作"倚仗"讲的例子在先秦典籍中还可以找到。如《孟子·万章下》："孟子曰：'不挟长，不挟贵，不挟兄弟而友。'"这是孟子回答万章有关交朋友的原则，那就是"不倚仗自己年纪大，不倚仗自己地位高，不倚仗自己兄弟的富贵"。西晋陆机的《辩亡论》更能说明"挟"字的褒义用法。例句为："挟天子以令诸侯，清天步而归旧物。""挟天子"与"清天步"句骈偶对举，显然是赞美孙策的雄心壮志。这个"挟"字只能作褒义词"倚仗、仰仗、倚重"之类讲。由此看来，"挟天子以令诸侯"之褒贬应随语境而定。《辞源》《辞海》《古汉语常用字字典》都没有"挟"字的褒义义项，不可不说是一个小小的不足。

语文门诊

专名之误举隅

舒宝璋

一般行文之误，容易被发现。但数字与专名之误，因其与上下文若即若离，其自身若非若是，多半不易识别，因此更应当留神。与引书有关的人名、书名与篇名，在行文中，稍一疏忽大意，就会发生意想不到的失误。

一、人名之误

①《引用语词典·后记》云："本书在编纂过程中，参阅了时下出版的许多名句辞典，特别是张相《小说词语汇释》中的《小说成语汇纂》……"

按张相所编为《诗词曲语辞汇释》，亦非时下所出版；时下出版的《小说词语汇释》并附有《小说成语汇纂》者，其编著者应为陆澹安。

②《古代汉语词典》(商务印书馆1998年)"刚"字第②义项引证苏轼《花影》诗："刚被太阳收拾去，却教明月送将来。"

按此诗不见于《苏轼诗集》，《千家诗》定为苏轼所作。其实诗的作者乃谢枋得，见于《谢叠山全集校注》(华东师大出版社1995年)第150页："重重叠叠上瑶台，几度呼童扫不开。刚被太阳收拾去，却教明月送将来。"

二、书名之误

①南怀瑾《谈历史与人生》(复旦大学出版社1996年)第76页提到《挥尘录》上记载有黄巢的诗云云。

按书名应为《挥麈录》，"麈"

(zhǔ)指麈尾(古人的一种用具);"麈"字下从"主",与"尘"的繁体字"塵"下从"土",形近而音义迥殊。

②《中国文化知识精华》(湖北人民出版社1991年)第88页引《尔雅·释名·释天》:"望,月满之名也。月大十六日,小十五日,日在东,月在西,遥相望也。"

按《尔雅》与《释名》是两部书,不得同时援引;《尔雅·释天》无此内容;此内容仅见于《释名·释天》,故"尔雅"二字应删去。

③《鲲鹏与鹪鹩》(《中华读书报》1996年10月2日第二版)一文云:"此人据说且生得极貌美,'少时常挟弹出洛阳道,妇人遇之者,皆连手萦绕,投之以果'(《恶书·潘岳传》)。"

按《恶书》骇人听闻,其实乃《晋书》之误。

三、篇名之误

①《古代汉语虚词通释》(北京出版社1985年)第809页征引《韩非子·说林》:"故小之名卑地削,大之国亡身死。"

按《说林》篇并无此句,此句实出于《说疑》。

②《古汉语词汇讲话》(北京出版社1980年)第33—34页援引杜甫《醉时歌》:"射策君门期第一。"

按杜甫《醉时歌》作于天宝十三载,其中无此句;此句实出自作于天宝十四载的《醉歌行》:"只今年才十六七,射策君门期第一。"

③《古代汉语词汇学》(商务印书馆1994年)第94页引《孙膑兵法·将史》:"令数变,众偷,可败也。"

查《孙膑兵法校理》(中华书局1984年)无《将史》之目,只有《将失》篇云:"十八日,令数变,众偷,可败也。"当以"失""史"二字形音俱近而致误。

综观失误的产生,一般有三种情况:一种是因排校不慎而致误,如《挥尘录》《恶书》之类,这属于技术性失误。再一种是自己从原著引来,成文后疏于复检或失校而致误,如《将史》《醉时歌》之类,这属于原发性失误。另一种是自己从他处转引,又未及复检原书而与之俱误,如"苏轼"与《说林》之类,这属于感染性失误。第三种失误尤其不可原谅。

救之之法,只需要坚持两点就行:(1)凡引书,务必一再地核实原著;(2)凡引书,务必一再地加强校对,不能依赖上下文。

"不孚众望创新高"？

章锡良

1999年6月股市指数扶摇直上，创九年来历史最高峰。《苏州日报》在1999年6月30日发表消息，其正题为"近百只股票'封'在涨停板"，副题是"沪指深综指不孚众望创新高"。"创新高"是符合广大投资者的希望的，凭什么说它"不孚众望"呢？

显然，这里的"不孚众望"是用错了，应该是"不负众望"。毛病出在编者没有区分"孚""负"的字义和读音。

孚，甲骨文作♀，本来的意思是孵化。上从爪，下从子。似禽鸟类动物伏在卵上的孵化之状。后引申为诚信、信用的意思。其引申有二说：一是徐锴《〈说文〉系传》："孚，信也。鸟之孚卵皆如其期，不失信也。"二是段玉裁《〈说文〉注》："此即'卵即孚'引伸之义也。鸡卵之必为鸡，鷇（同'鸭'）卵之必为鷇，人言之信如是矣。"后来使群众信服的意思就用"深孚众望"来表达。而"不孚众望"就恰恰相反。不过，这两个词组里的"孚"是"相信、信服"的使动用法。清代薛福成《庸庵笔记》："〔汪堃〕任四川永宁道员，以性情乖僻，不孚舆望，屡罹弹章。"这里的"不孚舆望"就是"不孚众望"的意思。

"创新高"应是广大投资者的"希望"，所以那则消息的副题应为"不负众望创新高"。"不负"是"不辜负"的意思。郭小川《春暖花开》诗："春天的主人，不负春光好。"

"孚""负"之混淆，不仅在字义，还在字音方面。"孚""负"都音 fu，但声调不同。"孚"读阳平，"负"读去声。

"三人成虎"与"团结"无关

倪仕宝

1999年第4期的《杂文界》里,有一篇题为《"不团结"礼赞》的文章,该文开头写道:"'三人成虎'一说,可以称作咱们'早已有之'的关乎团结的说喻了。……'一根筷子拧得断,一把筷子拧不断'连三岁的孩童也能道破其中掩含的教义:团结就是力量。"

作者将"三人成虎"当作"团结就是力量",实在是大错特错。"三人成虎"典出《战国策·魏策二》:"庞葱与太子质于邯郸,谓魏王曰:'今一人言市有虎,王信之乎?'王曰:'否。''二人言市有虎,王信之乎?'王曰:'寡人疑之矣。''三人言市有虎,王信之乎?'王曰:'寡人信之矣。'庞葱曰:'夫市之无虎明矣,然而三人言而成虎。'"该成语比喻流言蜚语可以惑众,能以假乱真,无中生有,与"团结就是力量"实在是风马牛不相及的事。

《中国青年报》1999年11月19日一则新闻的标题是"叶利钦舌战车臣"。对此读者可能有如下两种理解:一是叶利钦与车臣舌战;二是叶利钦在车臣舌战。

前一种理解是出于对三国故事"诸葛亮舌战群儒"的联想(这正是标题制作者所追求的)。舌战,是唇枪舌剑的争战,即言词的论战。舌战的双方都是人(个体或群体)。当年

"叶利钦

舌战车臣"?

王兴宗

"不能不无忧思"？

莫澜舟

1999年7月17日《文汇报》上有如下一句话："……观照当代中国诗歌创作现状，不能不无深切的忧思。"

"无"就是"没有"，"不"用在动词或形容词前面表示否定，"不能不"就示人以双重否定，亦即意在肯定，强调事理上或情理上应该如此；那么，上引句子所表达的意思竟是"无（没有）深切的忧思"。但下文则说，"90年代以来，伴随着所谓'私人写作'的出现，那种徒有诗之形骸……苍白可憎的失魂之作，触目可及。"那分明是"有""深切的忧思"，并不是"无深切的忧思"。删掉这个"无"字，庶几合于本意；倘要保留"无"字，"不能不"的第二个"不"字就应该去掉。

不能无忧思（副词"深切"与本题无关，姑且放开），写成"不能不无忧思"，双重否定变成了三重否定，自然就违背了作者本意。

诸葛先生与之舌战的是东吴的一班文臣谋士，即所谓"群儒"。而"车臣"是俄联邦的一个共和国，是一个地域概念，叶利钦怎样与之舌战呢？如果是指车臣一方的代表，这也不符合事实。叶利钦对车臣武装匪徒的政策是武力清剿而不是和平谈判。在车臣，有的是枪战、炮战而不是舌战，叶利钦坐镇莫斯科，并未去车臣，因此，后一种理解也只能是望文生义了。

还是看看消息正文吧！11月18日，叶利钦确实经历了一场激烈的舌战，对象是包括克林顿在内的西方各国首脑，地点是土耳其的伊斯坦布尔（欧安组织首脑会议在此间举行），舌战的焦点确实是关于车臣问题：西方首脑企图干涉俄内政，叶利钦给予坚决回击。明明是叶利钦为车臣而舌战，却被说成是"叶利钦舌战车臣"。

缓行不是不行

《光明日报》1999年1月6日登载了一篇社会评论，题为"图书'克隆'该缓行"。文章有力地针砭了出版市场的一种时弊，然而标题上"缓行"一词使用不当，使题意与文意大相径庭。

"图书'克隆'"是作者对出版界近年来"搭车""跟风"现象的比喻性和嘲讽性说法。指的是这样一种不良风气："当某种题材或形式的出版物闯出一块市场后，马上就有大同小异的图书，风起云涌般向读者袭来。"

既然"图书'克隆'"是不良风气，那么此风不可长，可是作者所拟的标题并不是"图书'克隆'之风不可长""图书'克隆'应当休矣"之类，而是"缓行"。"缓行"是不是"永不实行"呢？《现代汉语词典》的释义是"暂缓实行"。"暂缓实行"者，暂不实行，待日后实行也。作者难道是说"图书'克隆'"目前不宜实行，将来还要实行吗？这大概不是作者的意思。由此不难断定，作者对"缓行"一词理解有误。《光明日报》1999年3月22日第7版载文《人才"高消费"应该缓行》。"人才'高消费'"实质是人才浪费，人才浪费在任何时候都是不可取的，岂应"缓行"？

"图书'克隆'该缓行"这个标题可能是作者摹仿鲁迅先生《论"费厄泼赖"应该缓行》所致。鲁迅所说的"缓行"决不是"永不实行"之意。鲁迅先生在文中这样说道："仁人们或者要问：那么，我们竟不要'费厄泼赖'么？我可以立刻回答：当然是要的，然而尚早。"不幸的是，鲁迅先生针对当时社会现实而提出的"费厄泼赖应该缓行"的正确命题，在解放以后的历次政治运动中被某些人歪

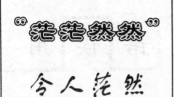

"茫茫然然"
令人茫然

欧公柳

《新华文摘》1999年第9期"人物与回忆"栏所载《傅作义将军的历史抉择》一文云:

何(思源)李(宗仁)几乎每夜都交谈到很晚,有时乐观,有时伤感,但是更多的时候是一筹莫展,茫茫然然。(第132页。原载《今日名流》1999年第6期)

据上下文,可以推知"茫茫"是迷茫,不知道怎么办的意思;但"然然"又是什么意思呢?读者不懂,作者恐怕也无法解释清楚。

"然"是副词或形容词后缀,解释起来相当于"的样子"。这类"然"字结构的词语,其形容词有时也可以重叠使用,如"茫然"之作"茫茫然","飘然"之作"飘飘然","昏然"之作"昏昏然",以加强所表达的意思(当然两者之意义有时也不完全相同)。但作为后缀的"然"却是绝不能重叠的,重叠了不仅毫无意义,而且犯了语法错误。作者原想拆叠"茫然"为"茫茫然然"以加重语气,结果弄巧成拙。倘若照此办法生造,那末就会出现一大堆诸如"欣欣然然、愤愤然然、凄凄然然、愀愀然然……"的词语,岂不令人瞠目结舌!

曲为一根打人的棍子,"缓行"被注解为"永不实行"。《图书"克隆"该缓行》一文作者对"缓行"的误用,或许与此有关。作家王蒙在《读书》杂志1980年第1期上发表了《论"费厄泼赖"应该实行》一文。王蒙指出:"'费厄泼赖'在1957年要缓行,在1959年要缓行,在1964年、1966年、1973年直到1976年仍然要缓行。看样子,缓行要变成了超时间、超空间的真理,快要变成了'永不实行',从而根本否定了'缓行'了。"为了鲜明表达自己的态度,王蒙还用这样一行字作为自己文章的二级标题:"论缓行不是不行和现在已经具备了实行的条件"。

"缓行不是不行"——这是王蒙先生对"缓行"一词所作的释义,也是对已被曲解或误解甚久的一个重要命题的拨乱反正。但愿今后传媒上不再误用"缓行"这个沉甸甸的词儿。

另一种成语误用

史 信

一般说来，"成语误用"是指使用成语时写了错别字，或弄错了成语的意思，我这里要说的是另一种情况。先看两例：

例1：他往四周一看发现满山遍野都是这种怪石，这时他心中就有了出奇制胜叛军的妙计了……——见《初中生之友》1994年第9期（二年级）

成语"出奇制胜"，意思是"用奇兵、奇计制服对方，取得胜利"。它可以用作谓语，如老舍作品中的"姑母和大姐的婆婆若在这种场合相遇，她们就必须出奇制胜，各显其能……"；也可用作定语，如秦牧作品中的"人们几乎在选择竹料、制作种类、加工技巧等一切方面，都有出奇制胜、清新独创之处"。

但应注意，"出奇制胜"后面不能带宾语，而例句恰恰犯了这个错误，它后面带上了动作行为的对象"叛军"。去掉"叛军"二字，这个句子就通畅明白了。

例2：这则笑话，因为对旧中国办事推诿、漠不关心人民疾苦的"当事诸公"，讽刺得很有力量，在民间流传颇广，几乎家喻户晓。——见《赣南日报》1988年1月9日第3版

成语"漠不关心"，意思是"对人或事物感情冷漠，态度冷淡，毫不关心"。它多用作谓语，如老舍作品中的"买车的心既已冷淡，对别人的车就漠不关心"；又如毛泽东作品中的"官长必须爱护士兵，不能漠不关心，不能采取肉刑"。前面常有表明对象的介宾短语"对……"作修饰语。它后面也不能带宾语。

例句也犯了这方面的错误，它后面带上了动作行为的对象"人民疾苦"。因此，应改为"对人民疾苦漠不关心"。鉴于前面已出现了一个"对"字，为了顺畅，不如将"漠"字去掉。

以上两例就是成语误用的另一种情况：把四字成语的后两字当作独立的动词来使用，让它带上宾语。

向 你 挑 战

捕"虎"记

秋 耘设计

编者按

　　下面这篇短文,是某地编辑培训班的一份试卷,其中隐藏着各类字词差错。你能把它们一一找出来吗?答案不必寄来,本刊下期公布。

　　这是一座频临海边的城市。琴声夹着涛声,绵延起伏;街旁树木婆娑,浓阴宜人。谁知就在这一片温馨之中,99年3月10日凌晨二时,发生了一宗凶杀大案。

　　公安局会议厅里灯火璀灿,刑侦队长正在通报案情:"……当我们赶到现场,只见张总倒在血泊之中。张总今年40几岁,是一位竞竞业业的新型企业家。夫人这天正巧去桂林旅遊,家里就他一人。室内一片狼籍,靠墙的一排大橱更是天翻地复,物品撒落一地。地板上发现了两枚骰子,骰子面上有一丝不易察觉的焊缝,可见是特制的。由此推测,作案者可能有沉缅于赌搏的恶习。我们建议,侦破工作就从调查骰子开始。"

　　局长点头赞许,当场发出了追辑令。三个小队连夜出发,目标是几处位于市郊集合部的聚赌场所。一小队首先到达目的地，这是一坐低档歌午厅。昏黄的灯光下，弥漫着嘈杂的弦律，整个大厅散发出"叮叮咣咣"的怪响，歌者声嘶力竭，渲泄得如醉如痴。刑侦人员出奇不意的出现，引起一阵骚动。原来这里正有几个赌徒相互勾结，设下陷井，诱人下水。刑侦人员就地审询，发现了两枚和凶杀案现场相同的骰子。一经追问，原来它的主人是海虹桥下大名顶顶的"黑虎"。

小队长立即向局里汇报，得到命令后，直扑海虹桥。"黑虎"生于一离异家庭，性格怪癖，心胸狭窄，平日寻衅闹事，有持无恐。刑侦人员赶到他住地时，先控制了对面一幢楼的至高点，同时在四周布点守侯。"黑虎"既使添了双翼，也难逃出这天罗地网。正在这时，墙脚边传出声音，原来是有人拔打手机。队员们竖耳一听，不是"黑虎"是谁？他们曾经多次打过交道。四名队员尤如大鹏展翅，一下子把"黑虎"仆倒在地。出人意料的是，他手上抓着的，正是张总的手机。真是人赃俱获，一切真相大白。

蹦紧的神经终于松驰下来。刑侦队员押着"黑虎"返回时，回想这一夜风波叠起的侦破过程，一个个笑逐颜开，兴奋的不能自己。

《说"笑"》参考答案

①捧腹　大笑时捧着肚子。
②齿冷　耻笑。（笑则露齿，时间长了，便会齿冷。）
③拊掌　高兴得拍手。
④喷饭　笑得把嘴里的饭也喷出来。
⑤莞尔　微笑的样子。
⑥解颐　颐，面颊。欢乐开颜。
⑦哄堂　一屋子人大笑。
⑧绝倒　大笑时前俯后仰。
⑨粲然　笑时露齿的样子。
⑩轩渠　欢笑的样子。

YOU

有　　照　　为　　　证

ZHAOWE

"洒"店?

ZHEN

照片摄于湖北罗田县凤山镇。据店名下的八个字"名师主理，风味独特"，可推知这是家酒店，可招牌却被错写成了"洒"店。酒是喝的，"洒"掉岂不可惜！

胡哲

ISSN 1009-2390

06>

9 771009 239005

刊号: CN31-1801/H　国内代号: 4

定价: 2.00元

2000

上海文化出版社

YAOWENJIAOZI

咬文嚼字

第 7 期

何方神圣

请注意下面照片中当中一行字："国家专利 神球仿伪 独一无二"。在市场一片打假声中，不知何方神圣，竟敢用什么"神球"来"仿伪"，岂非胆大包天！你能说出"神球仿伪"是怎么一回事吗？下期告诉你。

赵同蕴供稿

《众多铠甲?》解疑

这面墙上的两个大字，原来是山东诸城锻压机床股份有限公司的简称。"诸锻"——这已经让人有点难以捉摸；制作者又把"锻"误为"锻"，于是成了无从索解的天书。

要吃奶的请进！

"吃　奶"

彭印川·文
麦荣邦·画

　　一次，我和两位同学上街，经过一家专门出售牛奶制品的商店，当时我们正好口渴，便准备进去喝一杯牛奶。不料，走到门口时，我们都不约而同地退了回来。只见商店门口写着这么几个字："要吃奶的请进！"

咬文嚼字

2000 年 7 月
第7期
（总第67期）

出版:上海文化出版社
编辑:《咬文嚼字》编辑部
电话:021－64372608－205
邮购电话:021－64372608－251
地址:上海市绍兴路74号
邮政编码:200020
发行:上海市邮政局报刊发行局
订阅处:全国各地邮局
国内代号:4－641
国内统一刊号:CN31－1801/H
电脑排版:
　上海艺文激光电脑排版厂
印刷:上海翔文印刷厂
广告业务:
　上海文艺广告传播中心
电话:021－64431400
广告经营许可证:沪工商广字
　3101034000029号
　　定价:2.00元

目　录

顾问 胡裕树 张 斌
濮之珍
主编 郝铭鉴
编委 李玲璞 何伟渔
陈必祥 金文明
姚以恩
特约编委
汪惠迪(新加坡)
林国安(马来西亚)
田小琳(中国香港)

责任编辑 韩秀凤
发稿编辑 唐让之
黄安靖
责任审读 郦仁谈
封面设计 宫 超
特约校读 王瑞祥

"南朝鲜"与"北韩"

王希杰

韩国和朝鲜的最高领导人直接会谈了,这时候首先想到的是这两个国家的名称问题,这大概是我的职业病。

我最初接触的是朝鲜留学生,他们说自己的祖国的另一半叫做"南朝鲜"。我当然是说惯了"朝鲜"和"南朝鲜"的,从"抗美援朝"开始,中国人都习惯了"朝鲜"和"南朝鲜"的说法。按照对称的观念,这"朝鲜"和南朝鲜"显然是不适宜的,本当是"北朝鲜"和"南朝鲜",它们的上位概念才是"朝鲜"。而北朝鲜人又决不自称自己为"北朝鲜",而就是"朝鲜"!

后来我接触了韩国留学生,才发觉对他们不适宜说"南朝鲜"一词,他们不喜欢。他们喜欢的是"韩国",而在他们的立场上,朝鲜则是"北韩",但是他们也不是"南韩"。他们用"南韩"和"北韩"的上位概念"韩国"来自称,同他们的北方同胞用上位概念的"朝鲜"来自称一样,都是他们的正统观念的反映。

对中国人来说,"朝鲜"和"北韩","韩国"和"南朝鲜"是一回事,同一个国家,区别不大的。然而,对于朝鲜人和韩国人来说,这就不是一个简单的名称问题了。现在中国同这两个国家都保持着友好的关系,似乎不宜再说"南朝鲜",也不能跟在西方人的后面说"北韩"。我们不能在国家名称方面无意中伤害友好国家人民的感情。这是我们讨论这一问题的意义所在。

比较起来,德国的事情好办一点,当年称德国:东德——西德。柏林:东柏林——西柏林。类似的还有也门:南也门——北也门。

对中国语言学家来说,这两个国家的名称也带来了语言学上的难题,他们的语言是同一种语言,

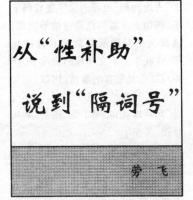

从"性补助"
说到"隔词号"

劳飞

据传,去年岁尾,某单位召开全体离退休干部大会。为了表示重视,老干部处处长特地拉了一位领导来讲话。领导展开处长给他拟好的讲话稿,拿腔拿调地读了起来:

"今年是国际老年人年。为了表示对老年人的尊重和爱护,经研究,决定给予全体离退休干部一次"为了加强力度,领导故意在自认为关键的地方停顿了一下,然后提高八度,一字一顿地说出了大家急于

可有两种称呼:"韩语"和"朝鲜语"。我们过去叫"朝鲜语"的多些,而现在称呼"韩语"的也不少。这显然是语言学之外的因素在起作用。

我们说"朝鲜战争",西方则说"韩战"。从政治学方面来说,这就有一个立场问题;就语言学来看,则是词语的参考点问题,或者说是"词语的偏见",或者是"词语的误导"。仿佛是两场不同的战争似的。今天中国大陆也开始有"韩战"这一说法了,可以看出今天中国大陆意识形态方面的一些变化的痕迹。就是说,人们在意识形态方面对立的态度有些淡化了,感情因素少了一些。

国家名称是一个十分敏感的问题。再说一个例子吧,港台称马来西亚为"大马",从前新加坡人也如此称呼。近些年他们改称其为"马国"。我想,马来西亚人大概是不喜欢"马国"这个称呼的,是不会自称为"马国"的吧,他们显然喜欢"大马"。中国大陆现在是"大马"和"马国"的称呼都有。这正如我们对"澳大利亚"的称呼,现在也有了"澳洲"的叫法了,显然是从南洋华人那里学来的。

顺便说一点,我看电视剧《三国演义》,诸葛亮的军队大旗上书着一个大大的"蜀"字,觉得挺别扭。我想这位"汉丞相"知道后一定会气得发昏:是"汉",不是"蜀",争的就是这口气!这是决不能马虎的,马虎不得的!从古到今,中国人特重视这个的。

想知道的实质性内容:

"性——补——助!"

会场意外地安静,所有老干部都用惶惑的眼光互相对视。领导见没有引起应有的"轰动效应",就离开稿子解释了几句:

"这次补助,在座的每一位都有份。不分男的、女的,不论离退休早的、晚的,上至91岁的陈老,下到刚刚办了离休手续的金姐,都有享受这份补助的权利。"

老干部们吃不住劲了,金姐甚至涨红了脸,不好意思地低下了头。他们面面相觑:"什么叫'性补助'?只听说有'性骚扰'啊,这怎么补啊?我们也没提这方面的要求啊!"

还是处长机灵,知道是领导读破句子,引起误会了,连忙插话:"这是领导对大家的关怀。因为是老年人年么,所以,打破常规,决定临时给大家'一次性'补助。"老干部们释然了,一个个露出了苦涩的笑容。

上面一段文字的真实性,无从考证,但把"'一次性'补助"读成"一次'性补助'",却表现了汉文的一个特点。说它是特点,是跟拼音文字相比较而言的。拼音文字在记录语言的时候,词与词之间是分写的,而汉字在记写语言的时候,词与词之间没有书面上的界线,只是用一个一个"占地面积"相等的汉字连着码下来。再加上书面语色彩过浓等因素,读汉文的时候就常常容易读破句子。在缺少上下文环境的情况下,产生歧义也是常有的事情。比如:

"乒乓球拍卖完了"

是"乒乓球"拍卖完了呢,还是"乒乓球拍"卖完了?

"已经取得文凭的和尚未取得文凭的干部"

是说"已经取得文凭的和尚""未取得文凭的干部"两种人呢,还是说"已经"和"尚未"取得文凭的两类干部?

这类例子自古以来都有,自从用计算机来处理语言文字以后,问题显得更加突出了。电脑在这些歧义语句面前束手无策。所以,近来有些语言学家重提前人的建议:在用汉字记录语言的时候能否采用分词记写的办法?比如"一次性 补助""乒乓 球拍 卖完 了"。香港的语言学家也在《(香港)语文建设通讯》上展开有关"隔词号"的讨论。这个问题怎么解决,到底要不要增加"隔词号",有待于语言学界研究。对于咱们老百姓来说,首先要做到的一点是,写文章的时候,尽量口语化一些,尽量严密一些,减少容易读破或容易产生歧义的语句,使得传递信息的渠道更通畅一些。

众矢之的

目标:陆星儿,放!

——2000年第七号战报

编者按

　　初次接触陆星儿,你也许会觉得她不太"文学",在她身上,更多的是负重前行的母性而不是笔扫千军的才气;但是深入接触以后,你会强烈感受到一种作家应该具有而很多作家未必具有的素质:激情——无论是生活还是创作,陆星儿都能全身心地投入。她和郎平合作《激情岁月》,和谢晋合作《女足九号》,不正是这种激情的反映吗?

　　文如其人。陆星儿的作品,恪守现实主义的传统,贴近生活,贴近社会,文风朴实、真诚、坦荡,不卖弄,不花哨,不做作。这样的文字,读来如晤知友,如话家常,但要"咬"要"嚼",往往难于下口。为了不致委屈作者,也不致敷衍读者,编者尽力挑了些典型病例;至于是否真的"典型",还得请陆星儿女士和读者诸君裁断。

西海岸还是东海岸

　　陆星儿不懂英语,只身闯荡美利坚,写下了一组活泼泼的游记散文。在《从太平洋到大西洋的交谈》中,她说:"这里(洛杉矶)是太平洋的西海岸";在《喜欢纽约》中,她说:"太平洋西岸的旧金山建筑在一片坡地上"……洛杉矶、旧金山真的是在太平洋的西海岸吗?

　　不错,作为一个国家,美国有东部、西部之分。无论是洛杉矶还是旧金山,位置都在美国西部。也许正是因为这一点,作者便不假思索地说洛杉矶、旧金山位于太平洋的西海岸。其实,这里犯了一个地理常识的错误。

为了说明问题,不妨打个比方:东西两家人家合一堵墙。这堵墙对于东面这家来说,是西墙;而对于西面这家来说,则是东墙。可见,东还是西,这是和自己的立足点有关的。

太平洋紧邻洛杉矶、旧金山,这当中的海岸线,便如同上面说的这堵墙。立足于美国来说,这是美国的西海岸;而立足于太平洋来说,则是太平洋的东海岸。如果坐船穿越太平洋到洛杉矶登岸,则可以说是从太平洋的东海岸踏上了美国的西海岸。

陆星儿上面的说法,正是犯了一个立足点的错误。　　(兰小棵)

"公然默认"

陆星儿在《女人与危机》一文中,认为"女强人"虽然"可以挺直了腰杆走路",但这一称呼却没有多少"褒义、敬重和温暖",相反,社会形成了一种等式:女强人＝不女人。"这个莫名其妙的'等式',尽管没有人公然地论说,却被所有人公然默认。"

"所有人"——一个全称判断,未免有点夸大其辞,这且不去说它;笔者想议的是"公然默认"这一短语。"没有人公然地论说,却被所有人公然默认",一前一后,两个"公然",前者否定,后者肯定,显而易见,作者是想营造一种前呼后应、铿锵有力的表达效果。这本是无可非议的。问题在于:"公然默认"说不通。

在上引文字中,"公然"的意思当是公开,而且是一种明目张胆、全无顾忌的公开。杜甫在《茅屋为秋风所破歌》中写道:"南村群童欺我老无力,忍能对面为盗贼;公然抱茅入竹去,唇焦口燥呼不得,归来倚杖自叹息。"诗人用一个"公然",谴责了顽童无知且无礼的行为。在现代汉语中,这种用法是很常见的:公然挑衅、公然指责、公然作弊、公然诬告……总之,凡是一种行为是公开进行的,而这种行为又有一点不该如此,竟然如此的味道,便都可以用"公然"来修饰。

那么,"公然默认"呢?不行。默认者,心里承认而表面上不露声色也。修饰语说的是公开,中心词说的却是不公开,这自然便陷入了"以子之矛,攻子之盾"的尴尬之中。

(唐燕捷)

"脱颖"并非"解脱"

毋庸讳言,陆星儿曾深受感情问题的困扰。她在《驾驭感情》一文中说:"当我用减法处理了自己的问题之后,我的生活便简洁了一些,只剩下我和儿子两人。"她满以为这样一来,"自己会完全地脱颖出来,潇潇洒洒地活"。笔者援引这一段话,并不是想勾起当事人往日的回忆,只是想来探讨一下"脱颖"一词用得是否得当。

"脱颖"是个常用典故,见于《史记·平原君虞卿列传》。战国时,秦围攻赵都邯郸,赵国平原君奉命到楚国求救,选二十名"文武备具者"一同前往。他选来选去只选中十九名,这时毛遂向平原君自荐。平原君怀疑他的才能,打了一个比方:凡是有能耐的人,就像锥子放在袋中,锥尖会立刻露出来;而你来了三年也没见什么动静,我看还是留下吧。毛遂回答说:"使遂蚤得处囊中,乃颖脱而出,非特其末见而已。"意思是说,若早点把我放在袋中,连"颖"都会露出来,岂止是锥尖呢!"颖",注家说法不一,有的说是整个锥体,有的说是锥把上的套环,反正是比锥尖要大得多。后来便用"脱颖"或"脱颖而出"来比喻人才崭露头角,才华毕现无遗。

陆星儿说"自己会完全地脱颖出来",想来并不是吹嘘自己是个人才,已经到了大放光彩的时候,这不合乎上下文意,也不合乎陆星儿的性格。她所说的"脱颖",是指从感情的困扰中摆脱出来,从家事的纠葛中"突围"出来,这样理解才能和后面的"潇潇洒洒地活"相互呼应。这点如果大致不差的话,"脱颖"显然改用"解脱"才是,两者虽都有一个"脱"字,意思是并不一样的。　　　　(隋　军)

钱真的是"水"?

陆星儿女士《好莱坞的中国制片》一文写到中国人在美国闯荡的艰辛时,有这样一段话:"他的剧本,好莱坞绝对不会采用,他只能把剧本寄给香港或寄回国内(注:香港回归前)。为什么?我问他,他回答:中国有句老话,水能载舟也能覆舟,而剧本只是舟,钱才是水。"

不难看出,作者引用对话者的这一比喻,本意是想强调在钱可通神的美国,没有钱,再有光彩的剧本也难以被采用。话虽有道理,然而

"水能载舟也能覆舟"这个成语用在这里，却有点词不达意。

"载舟覆舟"最早见于《荀子·王制》："传曰：'君者舟也，庶人者水也，水则载舟，水则覆舟。'此之谓也。"古人认为，"舟则君道，水即人情，舟顺水之道乃浮，违则没"。可见，"水能载舟也能覆舟"所揭示的道理，乃是指事物用之得当、合乎规律则有利，反之则不但无益而且必有弊害。

"剧本是舟，钱是水"，我们姑且承认这个比喻能成立。那么，什么情况下，钱能使剧本得以采用，得以拍摄成功；又是什么情况下，钱会让剧本埋没或糟蹋呢？其实，陆星儿通过"他"的话传达的不是这个意思，而是：有钱就办得成事，没钱则寸步难行。这和"水能载舟也能覆舟"是扯不到一块儿的。　　　　（叶才林）

盐水的分解和结晶

在《高贵的憧憬》一文中，陆星儿有一个关于重新认识"友谊"含义的比喻："我……仿佛突然站到一个可以俯瞰全景的高处，使得所有关于自己关于别人的那些困扰不解的故事和那些剪不断理还乱的情结，

犹如在分解的盐水，盐的结晶渐渐沉淀使水清明了。"

作者在这里用了"分解""结晶"等化学上的术语，用得对不对呢？我们不妨分析一下：

首先，我们看看所谓"盐的结晶"。盐水即盐的水溶液。当盐的水溶液中盐的含量超过了一定限度即饱和后，多余的盐便会从盐水溶液中析出、沉淀，这就称为结晶，盐水的结晶物就是盐。所以上文中"盐的结晶"这个提法是不对的，结晶体一定是由液态或气态形成的，盐本身是结晶后的固体，怎么还会有结晶呢？

其次，再来看看"分解"。所谓分解，是指一种物质经过化学反应生成两种或两种以上的其他物质。盐水在结晶过程中，并无新物质生成，原有物质的性质也未改变，沉淀后的结晶体——盐，仍然与盐水溶液中的盐一样，只是前者以固体形式存在，后者以液体形式存在。所以结晶过程称不上是化学上的分解过程。

第三，盐水的结晶物沉淀后，水是否会变得清明呢？不会。因为除了多余的盐沉淀成结晶物外，其余的盐水仍是一种饱和溶液，透明度一如当初。若想使盐水清明，看来得加

上一些明矾,那么杂质才会渐渐沉淀,水也会变得透明起来。不知陆女士以为然否? （晓　可）

"无人区"的矛盾

在《她是〈格萨尔〉神话中的"魔女"》一文中,作者详尽地介绍了藏族女探险家塔热·次仁玉珍感人的英雄事迹。

文章的开头有这么一段话:"在西藏最后一天的下午,计划中的活动都结束了,躺在床上休息,随手翻看《西藏青年报》,头版通栏的一篇报道《"魔女"历险无人区》,立刻吸引了我。藏北无人区是一个令人恐怖又充满诱惑的地方——没有任何动物,没有任何草木,在那里,生命的概念就是死亡。"

这段话很清楚地告诉我们:"无人区"不仅没有人,而且是"没有任何动物,没有任何草木"。

当作者了解到次仁玉珍就在拉萨时,她利用最后一个傍晚去访问这位女英雄。但出人意料的是,当她见到次仁玉珍时,竟提了这样一个问题:"听说,你骑着马独自闯过'无人区',提着双枪和野牛、红狼搏斗,你不害怕么?……"

作者的这句问话,着实令人感到困惑。既然"无人区"是个没有动物的世界,又哪来的野牛和红狼呢?由于次仁玉珍没有正面回答这个提问,我们就无从知道是作者前面的交代有误,还是后面的提问不当了。总之,这是一个自相矛盾的例子。

（辛南生）

"飘摇"的主体

"活用"是一种修辞。在语言的运用中,适当突破传统,灵活创新,可以收到意想不到的表达效果。但是成语是人们长期以来习用的定型词组,一般都有出典,有很强的稳定性。如果不明成语的含义而"活用",常会闹出笑话。

《生活是条山路》中有这样一句话:"而无论是前进还是后退,无论风雨怎样地飘摇,我还是相信那个朴素的道理……"显然,陆星儿的"无论风雨怎样地飘摇"是在"活用"成语"风雨飘摇"。表面上看,语句是显得亲切多了,感人多了。然而,"风雨飘摇"的主体是"风雨"吗?答案是否定的。

风雨飘摇,本作"风雨漂摇",语本《诗经·豳风·鸱鸮》:"予室翘翘,风雨所漂摇。"原指树上的鸟巢(予室)在风雨中摇撼,后来比喻动荡不安,形势很不安定。在这个成语中,"飘摇"的原本不是"风雨",而是在风雨中的鸟巢。"风雨"和"飘摇"之间根本就不是主语和谓语之间的关系,而是状语和中心语之间的关系。陆星儿把这个成语说成"无论风雨怎样地飘摇",显然是误解了成语的意思,从而削弱了语句的表现力。

(章叔珍)

谁目光"辟易"

陆星儿的《姗姗出狱》一文,描写了主人公姗姗出狱前后的一系列思想活动,很具生活气息。比如下面一段:

只要他(注:姗姗的丈夫)履行"君子一言",不带着女儿离开她,给她留住一个家、一份生活,她愿意接受任何惩罚,更别说态度冷淡、目光辟易了。

寥寥数语,很符合姗姗出狱时充满悔恨与希求的心理状态。只是句末"辟易"一词,读来较为费解,用法也值得进一步商榷。

辟,古通"避"。"辟易"是惊退、退避的意思,多指受惊吓后控制不住而离开原地。《史记·项羽本纪》:"赤泉侯为骑将,追项王,项王瞋目而叱之,赤泉侯人马俱惊,辟易数里。"这里的"辟易"自然是指人马惊退的形状。

"目光辟易"则是形容人害怕或心虚时,眼光游移,不敢正视对方的情状。鲁迅《彷徨·长明灯》便有这样的用例:"他两眼更发出闪闪的光来,钉一般看定阔亭的眼,使阔亭的眼光赶紧辟易了。"

明乎此,可知上面引文中把"态度冷淡、目光辟易"两种表情的主体都说成姗姗丈夫一人,显然是错的。在姗姗和她丈夫之间,惭愧心虚的是姗姗,"目光辟易"的自然也该是姗姗,而不是她的丈夫。

(汤海明)

人人"夸口"干啥

作家茹志鹃说过,写不出时不硬写,但笔下十分流畅时,也应该引起警惕,因为很可能此时已经留下遗憾。眼前便有一例。

陆星儿的《不肯失落的性别》,是专为女作家画像的。在她的笔下,王安忆"极耐捉摸"。论写文章,她最像个女作家;论过日子,

"实实惠惠地嫁了个人人都夸口的好丈夫，再也不让自己生出非分之想"。作品中关于王安忆的这段文字一气呵成，洋洋洒洒，然而凝神一想却发现了破绽：人人"夸口"干啥呢？

王安忆嫁了个好丈夫，"夸口"一下，未尝不可；如果确实是位"新好男人"，别人也会夸以至夸不绝口，但决不是"夸口"。"夸"和"夸口"不是一回事，这是尽人皆知的。"夸"是褒扬，是赞赏，而"夸口"，是夸大其词，言过其实；"夸"是把目光投向别人，"夸口"则是自吹自擂，自我炫耀。王安忆嫁了个好丈夫，别人争着夸海口，这是哪儿对哪儿呀！

"人人都夸口的好丈夫"——这也许便是写得十分流畅时忽略的一个小疵点。

(唐 文)

岂是"溢美之词"

在《好主妇》1999年第8期上，刊有陆星儿的《好女人越活越年轻》一文。作者认为，女人即使人到中年，"也没理由不自信，没理由不自豪"。她们在评价自己的时候，"应该充满着对自己的肯定和赞美"，"应该用'最丰富、最饱满、最有回味之处'等

溢美之词给以品论"。

作者写下这段文字，显然是充满激情的；然而文中的"溢美之词"，却似乎用得不是地方。溢者，过分也。所谓"溢美"，就是过分夸赞，把话说过了头，甚至于是敷衍、揶揄、调侃……总之，无实事求是之意，有阿谀戏弄之心。郭沫若《写在菜油灯下》一文中谈及鲁迅，作者特地强调说："这几句话，我不敢说果能道着鲁迅的心事，但在我是毫无溢美、毫无阿好的直感。"可见在郭沫若眼中"溢美"和"拍马"无异，并不受人欢迎。陆星儿提出用"溢美之词"来"肯定和赞美"中年女性，难道是要女人自己和自己开玩笑吗？

读者不难发现，《好主妇》上面的这篇文章，陆星儿是有感而发的。她觉得"生活并不公平"。对于一些不再年轻的男人，社会的评价是："最成熟、最成功、最有魅力、最懂得生活。"而女人哪怕添一丝白发，多一道皱纹，也会被认为不再美貌，甚至不再"女人"。为此，陆星儿针锋相对地宣告："人到中年的女人是最值得骄傲的"，因为她们"最丰富、最饱满、最有回味之处"。

可见，这几个"最"字并不是"溢美之词"，而是作者的由衷之言。

(江 卫)

称"死"种种

缪因知

（一）

在古代，人们对"死亡"大致有三类说法：

一类是上天，如"归天""宾天""驾鹤西行""仙逝""上西天"等，皆带有褒义。

一类是入地，如"下十八层地狱"，明显有诅咒的意思。但因为实际上人死后的确是要葬到地下的，所以"入地型"更多的是不带贬义的，譬如"入土为安"就包含着祝福死者太太平平地"长眠"的意思。

还有一类并不讲去哪，只讲碰到谁，如"见列祖列宗""见上帝""见阎王"，或是老臣死前说的"我去见先帝"。仿照这一格式，近几十年还出现了"见马克思"的说法。

各种宗教也对死亡提出了各种不同的称呼：基督教徒说："我要上天堂，不能下地狱。"高僧死了称"圆寂"，而佛则达到了"涅槃"的境界。道士一生修行，死后自然是"驾鹤""羽化"了。

为了显示死者身份不同，在封建社会里，死亡这一人人都要遇到的事，在称法上却被严格地区分开来。《礼记·曲礼下》中规定："天子死曰崩，诸侯曰薨，大夫曰卒，士曰不禄，庶人曰死。"但随着几千年来历史的发展，诸侯阶层的湮灭，大夫与士阶层的融合，"薨""不禄"的说法已经逐渐"死"去；"驾崩"也只在戏曲中有所闻。"卒"有时还在被使用，但只是作为一个文言性较强的书面词存在，并不在乎死者是不是"大夫"了。

（二）

死亡作为一种生理现象，自然

会表现出一些生理特征，人们便常用这些特征来代称死亡。

马克思下葬时，恩格斯称他是"停止思想了"，之所以这样说，是因为恩格斯认为马克思是"当代最伟大的思想家"。然而这毕竟太抽象了，因此，尽管有医学家提出"脑死亡"的概念，人们仍常常用"心脏停止了跳动""停止了呼吸"来指代死亡。

还有许多类似的称呼，只是有些不登大雅之堂，如：断气、咽气、没气了、翘辫子、身体冰凉之类。

值得注意的是一个比较特殊的动作：合眼（也可说成瞑目之类）。平常并不用它指代死亡，但这个动作又似乎是人死时的特征。尤其在电影或电视剧中，表现人物死亡时，镜头难以表现"心脏停止跳动""停止呼吸"，便常常用闭上眼睛、头歪向一边来表现这个人的去世。

革命志士之死被称为"倒下"，有成语"前仆后继"为证。闻一多先生曾痛斥特务："你看见一个倒下去，可也看得见千百个继起的！"他在同一次演讲中还用另一种方式表明了愿为革命"献身"的态度："前脚跨出大门，后脚就不准备再跨进大门！"可能是化用1933年鲁迅冒着被暗杀的危险参加杨铨葬礼，出门不带钥匙，以示决绝之事。

对于剥夺重犯的生存权，有个专用词："处决"，但老百姓更熟悉的是"斩首"，——一些"江湖人物"对此却有一种很豪迈的说法："怕什么？大不了碗大一个疤。"电影《洪湖赤卫队》中，韩英在被害之前也说过"为革命，砍头只当风吹帽"的话。"斩首"的下一步——"弃市"，也可指代处决。此外还有"腰斩""车裂""凌迟"等，都是十分残酷的。到了现代，由于处决方式的改变，又有了"饮弹伏法"即"枪毙"的说法，现代的"江湖人物"也随着实际情况改口说"吃粒花生米"。

（三）

对待死亡，人们达成了共识的只有不多的几点，其中一点便是死者已经"不在了"。例如美女之死便被称为"香消玉殒"。

但是"不在了"只能描述一种状态，更多的时候人们需要用一些特殊的动态的词来表达。

譬如"1976年1月8日，敬爱的周总理永远离开了我们"这句话中，并未出现专门表示"死"的词语，却明确表达了这个意思。因为首先它使用了"永远"这个副词，这种词语经常用在指代死亡的场合，像"一去不复返"就属于这一类。"永别"一般也用在面临着死亡的场合。当然，有时也可用"与世长辞""长眠"代替"永别"。

倘若不说"永远"，光讲"离开了我们"，在特定语言环境下也不会产生误解，事实上，许多表示告别、离开意思的词语都可代称死亡，除"辞""离""逝"外，还有"去了""走了"等等。甚至古汉语中常被解释为"逃走"的"亡"，在现代汉语中和"死"几乎成了同义词。

"撒手人寰"也有"离去"的意思，但由于它带上了"人寰"，使它成了一种特殊的"离去"，通常用在死者匆匆离去，而且怀着深深遗憾的场合——"人寰"中的事毕竟太复杂了。

死者如果是"风云人物"，就会说他"结束了……的一生""离开了……人间"。"一生""人间"前少不了一长串定语。

意大利作家乔万尼奥里在《斯巴达克思》中写阿尔托利克斯之死时说："他的灵魂离开了人间。"这是西方人的说法，中国人就不大习惯这么说。

（四）

值得指出的是，在汉语长期演变过程中，有不少关于"死亡"词语的含义发生了较大的变化。

譬如"牺牲"，它原来指古代为祭祀而宰杀的牲畜，现在却表示为正义事业舍弃自己的生命。

与之类似的还有"殉"，原指奴隶主的陪葬人或陪葬品。现在一般用在"殉国""殉情"中，意思是"为国捐躯""为情轻生"。

再如"死于非命"，本自《孟子》："桎梏死者，非正命也。"孔子也说："人有三死而非命也者，人自取之也。"可见，"死于非命"在古代有因犯罪而自取灭亡的含义。但现在这个词已不用于称呼犯罪的"桎梏死者"，只用于意外死亡了。

"寿终正寝"本指一个人死在自家正屋里，而非"倒毙街头"。所以，这在古代被认为是一种福分，不是普通的劳苦大众轻易能办到的。但这个词的感情色彩慢慢变化，老百姓称一些曾嚣张一时的人或事物的灭亡为"寿终正寝"，于是语意中带上了嘲讽的味道。

以上大致介绍了一些关于"死亡"的代称，一管窥豹，可见我国民族语言的丰富多彩。正是几千年来人民群众的智慧，才使一个"死"字有这么多称法，而且各自有其微妙的含义。

"赤佬"考

俞惕然

宁波市《鄞县日报》1999年5月18日第4版载有《名称杂谈》一文,其中谈到"赤佬"一词的来历,说是"民国时代,国民党当局把传播马列主义称为赤化,称共产党及其追随者为'赤佬'"。如果此说成立,有"赤佬"一词才七十余年历史。这显然不合实际情况。

"赤佬"本作"赤老",至迟已见于宋朝,有案可稽者为宋《江邻几杂志》。其中有云:"都下鄙俗,目军人为赤老。莫原其意,缘尺籍得此名耶?"可见当时此词已流行,只是说不清它的来历,猜想和"尺籍"有关。"尺籍"指军中花名册,军人皆入尺籍,而尺与赤通,故军人被鄙称为"赤老"。老亦通"佬",故后作"赤佬"。

《江邻几杂志》还记下了一实例:"狄青自延安入枢府,西府逻者累日,不至,问一路人,不知乃狄子也,既云'未至',因谩骂曰:'迎一赤老,累日不来。'"这真是个戏剧性的场面。狄青出身行伍,身为大帅,却不为时人所重,被迎接他的人当面骂为"赤老"。

"赤老/赤佬"一词传到后来,被当作詈词。同时,词义也有所扩展。大致有三种含义:一是指鬼。这可从沪甬一带的俚语中听到,特别是上了年纪又讲迷信的老人把"见鬼"说成"碰到赤佬";又如叶紫《校长先生》:"早晨头死脱,夜里厢变赤老!"二是指强盗、窃贼、无赖等坏人,如茅盾《子夜》十三:"天杀的强盗、赤老,平白地来寻事……";又如陆文夫《小巷深处》:"于是回敬对方一连串下流的咒骂:'寿头、猪猡、赤佬……'";评弹《白蛇传·投书》:"我勿是骂侬,我是勒浪骂里厢两个赤佬。"三是有时用作谑称或昵称。这是上海、宁波人所熟悉的,比如自己的小孩很聪明,学习成绩也好,父母常会在人前不无自豪地说:"这小赤佬学习倒不错!"

在《宁波市志·方言·名词》一节中,未见"赤佬"一词,但有"撮佬",释为扒手。"撮佬"很可能脱胎于"赤佬"。因为二者含义一致,又宁波话的文字诵读(读书音)"赤"读"尺","撮"也读"尺"。所以"撮佬"通"赤佬"。

由上可见,"赤佬"是"赤化"所衍生的说法,完全是自作聪明的杜撰。

"不穀""不佞"及其他

古人谦称中,有一组"不"字系列的谦称,其形式是,以否定副词"不"置于一褒义词前,形成"不×"这种格式的称谓。交际中,一方以"不×"自称,示己之卑微的同时,也就表示了对对方的尊重。

这类称谓大致有下列七种。

不穀 先秦时期诸侯王之谦称。《老子》四十二章:"人之所恶,唯孤、寡、不穀,而王公以为称。""穀"之意义为"善"。《尔雅·释诂上》:"穀,善也。""不穀"即"不善"。君主自谓"不善",与周代礼制相合,显为谦卑之语。这一称谓为先秦时诸侯王广泛使用于对话之中。《左传·僖公四年》:"齐侯曰:'岂不穀是为,先君之好是继,与不穀同好,如何?'"《史记·韩世家》:"不穀国虽小,已悉发之矣!""不穀"这一谦称,记载先秦历史之典籍中多见,秦汉以降,渐次弃用。

不佞 "佞"有"才智"之义。《小尔雅·广言》:"佞,才也。""不佞"即"没有才智"。《左传·成公十三年》"寡人不佞"孔颖达疏:"服虔云:佞,才也。不才者,自谦之词也。"先秦之时,这一谦称主要适用于王侯。如《战国策·赵策二》:"不佞寝疾,不能趋走。"秦汉以后,"不佞"一词的使用范围扩大,成为普遍使用的谦称,不再为君主专用。明高攀龙《讲义·小引》:"不佞幸从诸先生后,不能无请益之言。"现代亦有称"不佞"之例。鲁迅《致章廷谦》:"不佞对之颇有恶感。"

不文 文,美、善。《礼记·乐记》:"礼减而进,以进为文,乐盈而反,以反为文。"郑玄注:"文,犹美也,善也。"可见"不文"即"不美、不善"。"不文"成为专用谦称较晚。明宋濂《吴公行状》:"不文幸获受知于公,虽契家子姓特容以宾礼见义,固不敢辞!"清邹容《革命军·自序》:"不文之生,居于蜀十有六年。"今语"不文",一般指"没有文化",作第一人称代词,鲜见。

不才 才，才智、才能。《淮南子·主术训》："任人之才，难以至治。"高诱注："才，智也。""不才"即"没有才智"。唐孟浩然《岁暮归南山》："不才明主弃，多病故人疏。""不才"系自谦之词。后发展为专用谦称。北宋王安石《落星寺南康军江中》："胜概唯寺可收拾，不才羞作等闲来。"元萨都剌《寄沙郎中》："不才瘦马走州县，君已落笔中书堂。"这一称谓至今仍频频见诸书面语中。

不材 材之本义为木料。《正字通·木部》："材，木质干也。其入于用者曰材。"《庄子·山木》："此木以不材得终其天年。"成玄英疏："不材无用故终其天年。"《史记·吴太伯世家》："(季)札虽不材，愿附以子臧之义。"此言"不材"，仅是一种自谦说法。清龚自珍《秋心》："忽筮一官来阙下，众中俯仰不材身。"这里的"不材"就是一种谦称了。不过，既有一广泛使用的"不才"，"不材"在古籍中的使用率相对较低。

不肖 子女不似其先人有德行，这是"不肖"之义。《礼记·杂记下》："某之子不肖，不敢辟诛。"郑玄注："肖，似也，不似，言不如人。"《汉书·武帝纪》："所任不肖，校尉又背义妄行，弃军而北。"颜师古注："肖，似也；不肖者，言无所象类，谓不才

之人也。"由"不类先人"之义引申为"不才之人"，"不肖"成为谦称。唐韩愈《上考功崔虞部书》："愈不肖，行能诚无可取。"《辽史·耶律阿息保传》："不肖适异国，必无生还，愿公善辅国家。"唐宋以还，父辈亡故，为子者办丧事之各种场合，例称"不肖子"。《柳南续笔》卷三："今世人丧中用帖，称'不肖'。"此种风习，沿袭至今。

不孝 这一谦称由"不肖"衍生。清陈梦雷《绝交书》："不孝学识庸陋。"清人用例，对长辈多自称"不孝子"，办理丧事时称"不肖子"。时人已有混用趋势。

"不"字系列谦称，或随时代发展而消亡，如"不穀""不文"之类；或在今人书面语中依然留用，如"不佞""不才"之类；或适用之场合、意义有所变化，如"不肖""不孝"之类。古人谦称，多以贬义词充任，如卑、鄙、敝、愚、蒙等，"不＋褒义词"这种称谓形式，与之构成了古代谦称的两极。

妙语角

走进佛殿，龇牙咧嘴的，可能是鬼、夜叉，至多是罗汉。而佛和菩萨，则永远是安静的。

——雪漠：《大漠祭》

编 者 按

　　鲁迅《从百草园到三味书屋》写到一个"长妈妈"。这个"长"字该读 cháng 呢还是 zhǎng？中学教师颇费踌躇。为此，本刊曾于1997年第12期刊登夏业昌先生的《"阿长"的求证》一文，指出"长"的正确读音是 cháng。谁知事隔两年多后，这个问题又一次提了出来，《语文世界》(2000－2)、《语言文字报》(2000－03－19)、《语文知识》(2000－4)等报刊先后载文，都认为"长"字的正确读音是 zhǎng，而且都认为这个读音和鲁迅乳名"阿长"有关。事实真的是这样吗？王蘭先生表示了不同意见。现将双方观点一并刊载于下，供读者诸君裁断。

鲁迅乳母长妈妈的"长" 该怎么读？

杜学连

　　鲁迅在他的《从百草园到三味书屋》和《为了忘却的记念》等作品中，多处提到了他的乳母长妈妈。许多中学语文老师在教授这些课文时，大多将长妈妈的"长"读成"长短"的"长"，甚至连鲁迅研究专家也几乎未对这一读法提出异议。其实，长妈妈的"长"应读作"成长"的"长"，因为这个读音是和鲁迅的乳名密切相关的。

　　据有关史料介绍，直到鲁迅逝世10年后的1947年1月26日《大公报》上刊出一则短文，才将鲁迅的乳名"阿长"公之于世：

　　鲁迅的故居在绍兴鲁镇。有人特去访问，可是探问左右邻居，都不知道鲁迅为何人。结果由县府职员陪同前往，才找到那间简陋的古式屋子。那里,有一个姓周的族人住着,连他也不知道鲁迅为何人。提起周树人,他才恍然大悟地叫起来:原来是阿长!

据说鲁迅在弟兄行中最长,故其乳名为阿长。

由上文可知,鲁迅的乳名"阿长",得名原因是他"在弟兄行中最长"。"阿长"就是阿大、老大,为长子、长兄之意。可见"阿长"的"长"应读作 zhǎng,而他的乳母长妈妈理所当然地应为"长(zhǎng)妈妈"了。(原载《语文世界》2000年第2期)

"长妈妈"的"长"

徐广胜

"长"有两个读音,一个是 cháng,一个是 zhǎng。鲁迅在他的《从百草园到三味书屋》《为了忘却的记念》《阿长与〈山海经〉》等作品中,多次提到自己的乳母"长妈妈"。中学语文课本的注释说:"长 cháng 妈妈,鲁迅小时候家里的女工。她经常给鲁迅讲故事,后文中的阿长也是指她。"编者对"长"的注音有待商榷。查字典可知:读"长 cháng"时,有四个义项。第一是长度;第二是跟"短"相反;第三是指长处、优点;第四是指某事物做得特别好。显然,用这四种意思去释"长妈妈"中的"长"都难以讲通。同时,"长"字也不是姓,不能理解为"姓长的妈妈"。所以鲁迅作品中的"长妈妈"或"阿长"都不该读 cháng。

其实,"长妈妈"中的"长"应读作"zhǎng"。因为这个读音和鲁迅的乳名密切相关。笔者去鲁迅故乡参观,在和周氏家族中的老人交谈时,提到鲁迅的名字,他们多数有点陌生;一提到周树人,他们会恍然大悟地惊叫起来:"啊!你们说的是阿长(zhǎng)呀!他是周家的长子。"由此可见,抚育"阿长"的乳母就理所当然地叫"长(zhǎng)妈妈"了。此其一。

其二,长(zhǎng)字,有辈分高、年纪大、受人尊敬的意思,常做敬辞用。例如"阿爷无大儿,木兰无长兄""长者""长老"等。叫"长(zhǎng)妈妈",能充分表达鲁迅对善良、勤劳、聪慧、质朴的乳母的敬重、感念之情。这一点在鲁迅的有关回忆"阿长"的作品中流露得非常分明。在《阿长与〈山海经〉》中,鲁迅这样回忆道:"长妈妈……我的母亲和许多别的人都这样称呼她,似乎略带些客气的意思。"又说"我们那里没有姓长的;她生得黄胖而矮,'长'也不是形容词"。由此可以推知"长"字不能读作 cháng,而只能读 zhǎng。

(原载《语言文字报》2000年3月19日)

"阿长"的"长"真的读 zhǎng 吗

王 简

大约是1965年前后,《文字改革》(《语文建设》前身)曾连载过为中学语文课本难读字注音的文章。鲁迅先生的《从百草园到三味书屋》中"长妈妈"的"长",注作 zhǎng。那时我在大学读书,快毕业了,不同意这个注音,给编辑部写了信去。据同学说,后来杂志上又第二次注了音:cháng。当时,我因病住进了医院,未曾看到。不久,文革开始了,1966年冬,我串联到了绍兴,瞻仰过鲁迅故居,也打听过"长妈妈"的有关情况以及"长"的读音。人们都说读 cháng,读 zhǎng 不对。"长"用作形容词时,《广韵》属阳韵,直良切。"直"是入声全浊声母字,故"长"也为全浊声母字。《广韵》反映中古时期的读音。中古平声浊声母字,普通话为阳平送气清声母字,"长"也不例外,读 cháng;绍兴话似乎仍保留古读为浊声母字,用国际音标标写声母韵母,用五度制声调符号标出调值就是:[zaŋ↗ 231]。这音与普通话的 zhǎng 稍有相似,如果不细察的话。

"阿长"这个名称的来历,鲁迅先生在《阿长与〈山海经〉》一文中说得很明白:"我们那里没有姓长的;她生得黄胖而矮,'长'也不是形容词。又不是她的名字,记得她自己说过,她的名字是叫作什么姑娘的。什么姑娘,我现在已经忘却了,总之不是长姑娘;也终于不知道她姓什么。记得她也曾告诉过我这个名称的来历:先前的先前,我家有一个女工,身材生得很高大,这就是真阿长。后来她回去了,我那什么姑娘才来补她的缺,然而大家因为叫惯了,没有再改口,于是她从此也就成为长妈妈。""阿长"的"长"与"身材生得很高大"有关,身高就是身长,"长"是形容词,无疑应读 cháng。鲁迅说的"'长'也不是形容词",意思是说这"长",不能用来形容"生得黄胖而矮"的长妈妈,因为这原本"不是她的名字",她不是"真阿长"而是顶替的"阿长"。

鲁迅先生当年写下的文字白纸黑字,"长妈妈"的"长"的读音,应该尊重鲁迅先生的意见,其他各方面的意见都只能作为参考而已。前面说的初中《语文》注释的读音,编者依据的我想就是鲁迅的意见。

"阿长",说是鲁迅的乳名,值得怀疑。鲁迅生于1881年9月25日。当时他祖父周介孚在北京当"京官",接到信时正好有位姓张的官员来访,于是给鲁迅取乳名阿张,后又借谐音关系取书名樟寿,号豫山,再又改豫才。这都是他祖父取定的。周树人是1898年去南京读书时改的。既然有了乳名,而且又是家中至尊的祖父命定的,为什么还要取乳名阿长呢?此其一。其二,1885年1月,鲁迅不到4岁便由长妈妈带领。长妈妈患有羊癫病。1899年四月初六不幸因病逝世。鲁迅在《阿长与〈山海经〉》中明说:"长妈妈……就是我的保姆。我的母亲和许多别的人都这样称呼她,似乎略带些客气的意思。只有祖母叫她阿长。我平时叫她'阿妈',连'长'字也不带;但到憎恶她的时候,——例如知道了谋死我那隐鼠的却是她的时候,就叫她阿长。"难道会以一个"阿长"代替朝夕相处的两个人吗?至于长妈妈死后那就更不可能了,活人会用死人的名字吗?退一步说,即使鲁迅为了纪念崇敬她用了她的名字,也不能说是"乳名"吧。由此可见,说鲁迅"在弟兄行中最长","阿长"的"长"要读 zhǎng 是站不住脚的,倒有可能是把"阿张"误听成了"阿长"。

前面两文都说《为了忘却的记念》提到过长妈妈。其实只要翻翻书便可核实清楚,这并非事实。做学问是不该如此信口开河的。

"阿诈里"一词调查记

马三生

"阿诈里"在媒体中用得相当多。请看几条标题:

(1)彩票卖家请千万当心,"阿诈里"铆牢彩票摊。(《新闻报·晨刊》1999年1月30日)

(2)"空壳"公司害你没商量,莫让私营经济城变成"阿诈里"的安乐窝。(《文汇报》1999年7月3日)

(3)上门安装"来电显示盒","阿诈里"又炮制新招数。(《新民晚报》1999年8月23日)

以上三个"阿诈里"均指骗子。为了弄清楚"阿诈里"的来历,我曾经随机调查了27人。他们的年龄、职业、文化层次差异很大,调查的结果却大体相同:

问:你知道"阿诈里"是什么意思吗?

答:骗子。

问:你怎么知道"阿诈里"就是骗子呢?

答:读报一看就明白。

问:为什么把骗子称作"阿诈里"?

答:不知道。

27个人,无一例外,都不知道"阿诈里"的来历。

当时,凭我的语言直觉(也许是莫名其妙的直觉),猜想这个词可能"借"自新疆哪一种民族语言。恰好有一位老同事说他的媳妇是新疆人,愿意代我去咨询。调查结果否定了我的猜测。

正当"山穷水尽疑无路"之时,忽见《文汇报》1999年11月6日有一篇介绍新书《中国阿诈里》的短文,文中最抢眼的是一行黑体字:"阿诈里"(上海话,意为"骗子")。奇怪,奇怪!我本人出生在上海,大半辈子从事语言教学与研究,现已年过花甲,却从未听说上海话里有这么一个词啊!再则,查遍《上海俗语图说》《上海话流行语辞典》《上海闲话》《当代流行语》《吴地俚言熟语》《简明吴方言词典》等书籍,都不见这个词的踪影。于是,赶紧去买《中国阿诈里》一书。

《中国阿诈里》是一本报告文学集,都是来自生活的真实故事。作者严德仁为了了解"阿诈里"一词的成因,曾询问了数百位被采访者。其结论是:"阿诈里"这个叫法,大致起源于本世纪(引者注:20世纪)80年代末到90年代初这段时期。最初是在上海及江、浙一带叫开的,以后逐渐传向全国。阿诈里"这个名词,顾名思义,即为:狡诈的狐狸。……所以,"阿诈里"一词在有些报刊中出现时,又叫"阿诈狸"。

我十分怀疑这一结论。可疑之处有三:其一,这个新词显然是在口语中产生的,而后才进入书面语。"狡诈"是个书面语用词。按上海人的习惯,口语里可能说"狡猾的狐狸",却不大可能说"狡诈的狐狸"。其二,在我搜集到的语料中,写法一概是"阿诈里"三字,无一例写成"阿诈狸"。如果真的是"阿诈狸",又何必改写为"阿诈里"呢?其三,用严先

生自己的话来说,这一说法乃是"顾名思义"思出来的结果,并非握有可靠的证据。

尽管我怀疑"阿诈里"即"狡诈的狐狸"的说法,但我倒愿意循着"阿诈里""是上海话"这一路子继续调查。

终于,有一位熟悉切口的朋友告诉我:"阿诈里"跟上海话切口中的"诈米"有关。在切口中,"米"就是钱、金钱;"诈米"就是用不正当的手段捞取钱财。《新民晚报》2000年1月20日就有这样一组标题:

肩题:摊贩上门送米来,其实只为诈"米"去

正题:"热心"原来是骗局

从正文可以了解:送米是送大米(短斤缺两),诈"米"则是骗钱(加倍收钱)。

切口中的"诈米"是个动词。那么名词"诈米的人"怎么称说?于是,便造了一个"阿诈里"。这儿必须讨论两个问题,方能排疑解惑。

第一,为什么要加"里"?上海话切口中,名词带后缀"里"的,不乏其例:60年代初将人民币一角称为"一毛里";60年代至今,将派出所的治安警察和户籍警察称为"老派里","派"即"派出所"之省;还有,将警察或便衣警察称为"条里",因为黑道

"三抢"："抢手""抢眼""抢镜"

刘根洪

熟悉江南农村的人都知道，农忙季节，农活集中，要进行"三抢"：抢耕、抢种、抢收。本文介绍的是另一种"三抢"，即常在新闻媒体上亮相的流行词：抢手、抢眼、抢镜。请看三例：

（1）近年来，博士后作为高层次的人才，在广东格外抢手。（《解放日报》1999年6月23日）

（2）记者走进了上海清华中学的校园，花坛上长着一棵百年牡荆树，显得十分抢眼。（《文汇报》2000年3月13日）

（3）外援中朱里奥无疑是最抢镜的球员。（《劳动报》1999年3月22日）

"抢手、抢眼、抢镜"是三个形容词。根据字面来解释，"抢手"是被众多的"手""抢"着要，"抢眼"是被众多的"眼睛""抢"着看，"抢镜"是被众多的"镜头""抢"着拍。由此可见，这三个形容词所形容的对象一定是受人们关注的热点、焦点，无论指人指物，总是一时一地的大热门。例（1）的"博士后"，例（2）的"百年牡荆树"，例（3）的"朱里奥"，无一例外。以上是三个"姐妹词"的"共性"。它们还有各自的"个性"。

"抢手"是一种动态的揭示：被众多的"手""抢"着要。"抢"着要干什么？若对象是受欢迎的商品，则抢着要购买；若对象是受欢迎的人才，

中以"条子"暗指枪，警察是持枪者。（以上三例均引自薛理勇《上海闲话》）

第二，为什么要加"阿"？上海话中，指人的名词带前缀"阿"的，俯拾即是：阿大、阿二、阿弟、阿姐、阿木林、阿土生、阿屈死……不胜枚举。连上海人译制的外国影片中的人物，也有取名"阿甘"的。

至此，对于"阿诈里"一词的调查暂告一个段落。这种讲法是否正确，尚希有识之士指教！

则抢着要引进、要聘用。所以它还可以构成名词："抢手货"。同样既可指物，如"老照片、老影片、老图片都成了抢手货"(《文汇报》1999年1月26日)，也可指人，如天安门国旗护卫队的34名退伍战士，全部被全国各地用人单位"抢"走，成了"抢手货"。(参见《新民晚报》1998年11月27日)

"抢眼"则是一种静态的描述，与"夺目"同义，抢即夺，眼即目，不过"抢眼"比"夺目"更通俗。"抢眼"就是引人注目的意思。不论是人还是物，只要具有引人注目的特色，皆可称之为"抢眼"，如：

(4)外援在比赛中十分抢眼，16个进球中攻入8个。(《劳动报》1999年3月22日)

(5)由上海图书馆编辑的以交通、建筑、体育、外侨等为主题反映上海百年变迁的《老上海风情录》(上海文化出版社)也颇为抢眼。(《文汇报》1999年3月6日)

"抢镜"有被动和主动之分。"镜"即镜头，是指新闻记者手中的照相机或摄像机的镜头。受镜头关照的无疑都是新闻人物，同时也是新闻媒体的读者、听众、观众所关注的人物。如《劳动报》1999年10月10日以较大篇幅报道天津世界体操锦标赛，其中有一则花絮说"体操王子"李宁所到之处，不少电视台的记者都将镜头对准了他，因此，该报给这则花絮所拟的题目便是"李宁最抢镜"。明为"抢镜"，其实是被镜头抢拍。

"抢镜"还有第二个义项，即主动地争着在"镜头"中亮相，并且要"以我为主"，突出自己。在演艺界，有的人不讲艺德，喜欢抢镜；有的人谦虚谨慎，从不抢镜。上海卫视新闻主播叶蓉小姐于1999年荣登"上海文化新人"榜之后，道出了自己的心声："播报新闻的时候，荧屏上明明只有我一个人，但我仍要小心翼翼，努力不抢镜——不要抢新闻的镜!"(《申江服务导报》1999年12月8日)这也许正是叶蓉成功的诀窍。

妙语角

克林顿即将卸任。在任期间，绯闻不断，风波迭起；而他的政治才干，同样引人注目。一位政治评论家评价他说："克林顿就是那种有本事将冰箱卖给爱斯基摩人的人物。"

(三 石)

茅盾与《题白杨图》

谢逢江

茅盾在回忆录《桂林春秋》中有这样一段话:"11月上旬,我收到一封个人画展的请柬,画家沈逸千,头衔是中国抗战美术出国展览会总干事。""在展厅里我见到了沈逸千。他十分热情地把我请到寓所,拿出一幅题名《白杨图》的水墨画请我鉴赏,解释道,这是他读了我的散文《白杨礼赞》后取其意而画的,希望我能在上面题几个字。我一时高兴,就信笔题了一首诗,曰:'北方的佳树,挺立揽斜晖。叶叶皆团结,枝枝争上游。羞挤楠枋死,甘居榆枣俦。丹青留风格,感此倍徘徊。'后来这首诗正式发表时,我作了一些改动:'北方有佳树,挺立如长矛。叶叶皆团结,枝枝争上游。羞与楠枋伍,甘居榆枣俦。丹青标风骨,愿与子同仇!'并题名《题白杨图》。""这位画

家后来再未见面,听说1944年秋他在重庆被反动派暗害了。"

八句中有五处作了改动,我们不妨把这五处改动前后的诗句作一比较:

第一句"北方的佳树"是偏正短语,改句"北方有佳树"是主谓短语,原句过于口语化,改后的诗句比原句典雅。

第二句将"揽斜晖"三字改为"如长矛",拟人变成比喻,"观景者"变成了"战士",战斗性大大加强,而且"矛"字古音读作 móu(谋),与第四句的"游"押韵。

再看第五句的改笔,"楠"即"柟","楠枋"是指楠木、檀木等高贵树木,象征富有阶级;榆枣是普通树木,象征人民大众。但"羞挤楠枋死"表意欠明确,欠典雅,而且与下一句

李觏巧改歌词

汉代严光,字子陵,会稽(今浙江绍兴)余姚人,光武帝刘秀的同学。刘秀登基后赐严官职,严光辞官不就,归隐富春江。

宋代范仲淹心仪严光为人,范被贬为越州(今绍兴)太守时,因余姚为其属县,就下令为严光修建祠堂,并撰写了《严先生祠堂记》。文章的结尾用了唱叹有致的歌词——云山苍苍,江水泱泱,先生之德,山高水长。

范仲淹对自己写的这段歌词十分满意,可是当时有位布衣学者李觏却不以为然。李觏认为,第三句的"德"字太直太露,不如改成"风"字来得蕴藉含蓄。再说,前两句"云山苍苍""江水泱泱",气势宏大,而后面用"先生之德"来承接,格局未免小了些,托不住。而"风"是个多义词,既可释作"风范""风骨",也可用本义释为自然界的风,用"风"与"云山""江水"相配,就融洽得多。

范仲淹斟酌再三,最后采纳了李觏的意见。

对仗也欠工稳。改后的诗避免了这些欠缺,成了内容和艺术都高妙的对仗句。

"丹青留风格"改为"丹青标风骨","标"比"留"有神韵;"风骨"比"风格"典雅,内涵也比"风格"丰厚,"风骨"除了有"风格"的意思之外,还有传统文论上的"风采""骨力"等内容。

"感此倍徘徊"五字全改,"愿与子同仇"用了典,《诗经·秦风·无衣》:"修我戈矛,与子同仇。""与子同仇"就是"和你一道共同对敌"。这样修改,一是为了押韵;二是与第二句"如长矛"照应;三是画家的感情由徘徊转而振奋;四是更典雅,更有书卷气。

"掉头东"和"快登临"

周德茂

　　周恩来同志逝世后,张鸿诰先生将周恩来同志于1919年写给他的一首七绝手迹送给了中国历史博物馆。全诗为:"大江歌罢棹头东,邃密群科济世穷。面壁十年图破壁,难酬蹈海亦英雄。"此诗很快公开发表,一时为广大群众所传诵。但是,由于最初对周恩来同志墨迹识别的失误,该诗中的"棹头东"被看作是"掉头东",本是"木"字旁的"棹"成了"提手"旁的"掉"。后来虽有人撰文纠正,但至今所见各种有关周恩来同志的书籍中,大多仍是"掉头东"。

　　周恩来这首七绝写于1917年9月东渡日本之前,后来在归国前应张鸿诰之请书赠了这一手迹。日本是中国的东邻,从中国去日本,"东行"就是了,"掉头"似于理不合。而中国和日本一水之隔,"买棹东下"是当时的流行语,"棹头东"是巧妙的化用,如果去了"棹"这个飘洋过海的"媒介物",全诗便没有了一点东渡的痕迹,因此这个"棹"字是点睛之笔。何况;"掉头"是个口语词,用在这首诗中,也似减弱了诗味。

　　由此诗的传抄失误,我联想到类似的一个例子:

　　笔者是天津人。天津早年有三宗宝:鼓楼、炮台、铃铛阁(阁读gǎo)。鼓楼上有一副诗人梅宝璐题写的楹联:"高敞扶登临,看七十二沽往来帆影;繁华谁唤醒,听一百八杵早晚钟声。"大约又是因为对笔迹识别的失误,抑或是传抄时的偏差,"扶登临"成了"快登临",于是这副脍炙人口的楹联就变了味。现在,我们在各种有关楹联的书籍和介绍天津历史文物的书籍中,所见皆是"快登临","扶登临"早没有了踪影。

　　其实,仔细论起来,始建于辽金间、明代重建、在天津旧卫城中处于最高位置的这座建筑,联用"高""敞"和"扶"都是非常准确的,而"扶"一旦变成了"快",还谈得上什么意境呢?

　　末了要说的是,周恩来同志墨迹已完好地保存了下来,所以要辨出是"棹"是"掉"并不困难;至于天津的鼓楼,由于50年代已经拆除,楹联也不复存在,那只有从楹联本身来分析了。

"一夜"与"一旦"

程之胜

1999年第8期《行政与人事》中有一篇《鲜花盛开的日子》,里面有一句:"一场无情的强台风突袭上海,使30多个花棚内的花卉于一夜之间毁于一旦。"其中"于一夜之间毁于一旦"欠妥。

"旦"一指"天亮""早晨",如枕戈待旦,通宵达旦;"旦"还有"天""日"义,如元旦、一旦。上面引文既说"一夜之间",又说"毁于一旦"(在一天被毁),令人不知所云,宜将"于一夜之间毁于一旦"改为"于一夜之间被毁坏殆尽",不知读者诸君以为然否。

"涉嫌"怎能判死刑

周铮

《重庆晚报》今年2月9日《黄发祥贪污三峡移民资金1500多万元大案侦破纪实》一文说,"重庆市中级人民法院第三分院……开庭当众宣判原重庆市丰都县建设委员会主任、县人大代表黄发祥涉嫌鲸吞三峡工程移民资金1556万元,被依法判处死刑"。

文中"涉嫌"一词用得蹊跷,"涉嫌"是指"跟某件事情有关的嫌疑"。任何案件,在法院没有作出审理判决前,涉及此案的人均称为犯罪嫌疑人,他们所参与的犯罪行径只能称作涉嫌犯罪。而黄发祥贪污三峡工程移民资金1556万元已成事实,法院依法对其作出死刑判决,这时不该再用"涉嫌"一词。

谁"包"谁

王正

《新晚报》在一段时间里几乎天天刊登几家出租汽车公司"对外包车""对外发包车""发包出租车"一类广告。

"发包"与"承包"不是同一个概念,而是相对、相反的两个概念。

"发包车",是指把车有条件地(如收取一定数额的抵押金、租金等)交给单位或个人承包营运。"发包"的主体是出租汽车公司,"发包"的客体是欲来承包的单位或个人。"包车"跟"发包车"正好相反。"包车"的主体是来承包的单位或个人,"包车"的客体则是出租汽车公司。由此看来,"对外包车"的提法显然错了。本来有车往外"发包"的出租汽车公司怎么倒成了"包车"的承包者了呢? 这是明显的主客倒置。

"莫高"何时成"吴哥"

程翠仙

新千年伊始,《云南日报》便推出长篇报告文学《"云南红"为什么这样红?》,但却出现如下所引的"笑话":

"西哈努克亲王,这位出自创造了东方最辉煌的莫高窟文化的神秘之国,又与法国血统与文化结下不解之缘的国王,对'云南红'一见钟情。"(着重号为引者所加)

照此说来,西哈努克亲王成了莫高窟所在之国的国王了?!或者,莫高窟"飞迁"到柬埔寨了?真是:

莫高何时成吴哥?
高棉敦煌煮一锅!
倘使亲王看见了,
笑尔平地惹风波。

微汗淋漓?

俞敦雨

2月14日《文汇报》第9版上有这么一句话:"据说每到天气阴晦时,铁佛便会微汗淋漓,俗称香汗。""微汗淋漓",令人实在没法理解:"淋漓"是"形容湿淋淋往下淌";而"微汗"是稍稍出一点汗。笔者知道"大汗淋漓",却无法想象"微汗"如何"淋漓"。

难咎其责?

刘金

《文汇报》1999年4月5日第11版《电视暴力误导》文中说:"对此(按:指四龄幼童杀死一女孩),三个男孩最喜欢的印地语连续剧《力量之神》可能难咎其责。"

"难咎其责"难以理解。咎,加罪、罪责之意。责,责任、责罚、责备、责问之意。"难加罪于《力量之神》责任或责罚",能说得通吗?应将"咎"字换成"辞",改成"难辞其咎"或"难辞其责"。

"九王炒旦"

胡洪军

某日,去一家小餐馆。菜单上列着一道菜:"九王炒旦"。见多识广者可能猜出"旦"是"蛋"的替身,那"九王炒蛋"究竟是什么高档菜?是九个大王联袂下厨炒鸡蛋,还是用九个大王的肉与鸡蛋共炒?正在一头雾水之际,服务员送上了一盘韭黄炒蛋。四个字的菜名写错三个字,够呛!

"首席大法官"

何向东

1999年12月30日《法制日报》第1版显著位置有这样一则消息,说的是湖南省高级人民法院院长吴振汉担任审判长,到望城县城开庭,主审一起二审绑架犯罪案件,并当庭作出宣判,受到了各界一致好评。编辑在刊发此文时用的题目为"湖南首席大法官亲审案","湖南首席大法官"指的就是吴振汉。编辑在这里用"首席大法官"是错误的,因为他曲解了"首席大法官"的概念。

《中华人民共和国法官法》第十六条规定:"法官的级别分为十二级。最高人民法院院长为首席大法官。二至十二级法官分为大法官、高级法官、法官。"从以上规定可以看出,"首席大法官"是特定名词,仅指最高人民法院院长。三湘之地,没有"首席大法官"。

千年古树"夭折"

徐忠东

2000年3月13日晚东方电视台播出的《东视新闻》中有一则关于上海千年古树的报道。播音员说,"这棵千年古树在文化大革命中险些夭折"。"夭折"一般是指未成年人死亡。如果用来比喻树,也只能指树苗或小树的死亡,那棵已有千年树龄的古木如何谈得上夭折呢?这句话不如改成"千年古树在文化大革命中险些被毁"较妥。

"首尾两端"质疑

周照明

《杂文报》1998年8月21日的第3版有《奇文共赏》一文评论一所中学致学生家长关于收取学费的信中说："既言要'切实减轻群众负担'，收费额却步步攀升。首尾两端，堪称奇文。"这里的"首尾两端"是什么意思呢？从文意看，当是指言行不一致。但"首尾两端"有这样的意思吗？

作为成语，只有"首鼠两端"，没有"首尾两端"。"首鼠两端"的意思是"迟疑不决或动摇不定"（《现代汉语词典》)，没有如上用法。

"首鼠两端"为什么会误为"首尾两端"的呢？这也许跟前人的误解有关。

"首鼠两端"又作"首施两端"。如《后汉书·邓训传》："虽首施两端，汉亦时收其用。"李贤注："首施，犹首鼠也。"王念孙《读书杂志·余编上·首施两端》解释说："施读如'施于中谷'之施。首施犹首尾也。首尾两端，即今人所云进退无据也。《春秋》鲁公子尾字施父，是施与尾同意。服虔注《汉书》曰：首鼠，一前一却也。则首鼠亦即首尾之意。"此说可靠吗？

"施于中谷"之"施"读为 yì，指蔓延或延续，毛传释为"移"，与"尾"义无关。"施"读为 yí，可通"迤"，如《孟子·离娄下》："蚤起，施从良人之所之。""尾"则念 wěi，古文中没有与"施"相通的用例。"尾"在现代汉语中有念 yǐ 的，也限于现代口语词，如"尾巴""马尾儿"等，而非文言词。即便如所说"施与尾同意"，但将

"首施"理解为"首尾"也是不可取的。因为"首施"即"首鼠",一词二体,读音的声母又相同,表明是双声联绵词,只取字音,不用字义,是只有一个语素的单纯词,而"首尾"则是有两个语素的复义合成词。"首鼠"和"首施"指迟疑不决或动摇不定,词义与字义无关;"首尾"指头和尾,词义由字义而来。所以"首鼠"和"首施"绝不同于"首尾"。但人们又习惯于认为词义总是由字义而来,因此对只用字音不用字义的联绵词也总要从字义中去求解。如"首鼠"就被《埤雅·释虫·鼠》解释为"旧说鼠性疑,出穴多不果,故持两端谓之首鼠"。"犹豫"本来也是只取字音不用字义的双声联绵词,所以在古文中又写作"犹与、由与、尤、犹夷"等。但《〈礼记·曲礼〉正义》就将其解释为两种野兽,说:"此二兽进退多疑,人多疑惑者似之,故谓之犹豫。"《汉书·高后纪》"计犹豫未有所决",颜师古注还加以发挥说,"犹"是兽名,"豫"是"预先"的意思。因"此兽性多疑虑,常居山中。忽闻有声,即恐有人且来害之,每豫上树。久之无人,然后敢下,须臾又上,如此非一。故不决者称犹豫焉。一曰:陇西俗谓犬子为犹。犬随人行,每豫在前,待人不得,又来迎候"。

"首鼠"和"首施"被视为"首尾"也是想要从字义中去求解所致。

值得注意的是,《辞源》"首尾"条解释有"犹豫,迟疑不决"的意思,引例是《后汉书·西羌传》:"初饥五同种大豪卢忽忍良等千余户,别留允街,而首尾两端。"这里的"首尾两端"的"首尾"恐怕是误引。因为《后汉书》古今本都用的是"首施"。李贤注:"首施犹首鼠也。"别本或有作"首尾"的,那也只能说是误改。理由已如上述。

最后再说一点的是,有的成语词典在解释"首鼠两端"时,也把"首鼠"与"首尾"混为一谈。如中华书局出版的《古今成语词典》(郑宣沐编)解释"首鼠两端"就说:"首鼠:即首尾,指犹豫不决,进退不定。"又加括号补充说:"'首鼠''首施'都是'踌躇'的转变字。"其实,"犹豫"也是双声联绵词,跟"首鼠""首施"声近义通,当属同一词族。只是由于受时代和方音的影响而发生变易,音变则字变,所以有不同的写法。而"首鼠两端"即便误为"首尾两端",也没有如本文开头所想要表达的言行不一致的意思。至于把"首鼠"当作"首尾"则影响较大。中学语文教材曾选郭沫若《甲申三百年祭》,课本注文中也把"首鼠"释为"首尾"。

话说"翘辫子"

用"翘辫子"比喻"死",据说有三种不同的源头。

一、源自清朝。那时全国上下,男人都留辫子。人活着,辫子自然往下垂;死后,要把辫子编结起来盘在头顶上,辫子末端竖起翘立。人们便借"翘辫子"来比喻死亡。

另外,清朝处斩罪犯,临刑前,狱卒先用胶水把犯人辫子粘结成一根"发棍",直挺挺地朝上翘,便于行刑时手起刀落,斩下首级。用"翘辫子"借喻"死亡",含有强烈的贬义色彩。

二、源自电车停电。电车的车顶上有导电杆——有轨电车为一根,无轨电车为两根,被人们称为电车的"辫子"。有时,导电杆脱离了电源线,悬空翘了起来,电车失去动力,无法行驶,如同"死去"。上海是最早有电车的,所以,上海人口语中常把"死"称作"翘辫子"。

三、源自清末津门武术大师霍元甲的"辫子功"。霍元甲是清末津门闻名遐迩的武术大师。他除了有一手独创的迷踪拳之外,还练就一种独特的"辫子神功"。他能通过内功发气,将脑后的长辫子像虎尾般直翘起来,左右扫动,以柔制刚,威力无穷,据说比三节棍还厉害,但轻易不使用。

光绪年间,上海滩来了个俄国大力士伊凡诺夫,身高两米出头,腰圆膀粗,力大无比,能举起两百多磅重的杠铃。他目中无人,自称天下无敌,而且口出狂言,蔑称中国人是东亚病夫,根本不是他的对手。霍元甲闻讯,特地从天津赶到上海,教训伊凡诺夫,为民族争光。比武那天,中外观众人山人海。伊凡诺夫发起凌厉攻势,挥动拳头,一拳接一拳紧逼霍元甲。霍元甲为了探明对方拳路,只招架,不还手,步步后退。不料盘在头顶上的长辫抖散了,垂了下来。伊凡诺夫认为

空山不见人，
但闻人语响。
返景入深林，
复照青苔上。

古人描绘山林静寂的诗歌很多，而以唐代诗人王维的五绝《鹿柴》尤为突出。短短二十个字，令人如入深山，进入既幽且静的境界，而且并不感到寂寞，读来情趣盎然。

诗中的"响"字，一般解释为"响声"，其实不然。"响"在这里，应该解释为"回声"。诗的前两句讲的是：在寂静的山林中，看不到一个人影，只听得峰谷中隐隐约约传来有人说话的回声。这样的描写，更加突出了山林的空旷。因为只有空旷之处，才会有回声。

"响"作"回声"讲，很可能源自古义。《尚书·大禹

回声是"响"的古义

顾汉松

谟》孔氏传："吉凶之报，若影之随形，响之应声。""影"是随形的；"响"是呼应声音的，这当然是回声了。所以《说文》徐锴注："声之外曰响。"

在《三国志·魏志·管辂传》裴松之注所引《辂别传》中，有这样一个故事：

魏郡太守钟毓，清逸有才，难辂《易》二十馀事，自以为难之至精也，辂寻声投响，言无留滞。

才华出众的魏郡太守钟毓，在《周易》中选出二十多个难题，连连发问，管辂当即对答如流。回答问题速度之快，犹如回声的呼应原声，可见管辂的学问，不仅丰硕宏富，而且运用自如了。

正因为"影之随形，响之应声"，所以才产生"影响"一词。"回声"乃是"响"的古义。

有机可乘，一把揪住辫梢，用尽全身气力要把霍元甲拖翻在地，观众都替霍元甲捏把冷汗。谁知霍元甲不慌不忙，摆开马步，运发内功，先把头一低，再扬头一甩辫子，竟将伊凡诺夫悬空抛出两丈多远，一个倒栽

葱，跌在地上，当场气绝身亡。围观群众，无不振臂欢呼："翘辫子！翘辫子！"本来是夸赞霍元甲的"辫子功"厉害，但因为伊凡诺夫是死在辫子神功下，所以"翘辫子"就转义为死亡了。

三番五次多还是少

周振鹤

我们平时说三番五次是表示多的意思。在中国讲到三就表示多了，事不过三，一而再，再而三就已经是"是可忍孰不可忍"了。这是国人的概念。不过在西洋的英国，情况有些两样，他们的 three or four times，是"毛毛雨"，不表示多，反而表示少，无所谓。

这样的差别是否表示中国人太无气度，三四次就忍不住了？似乎不尽然。在东西洋中间的希伯莱文有一句成语是"三次四次"，意思与中国差不多，就是常常或多次。《旧约·阿摩司书》第二章上帝谴责以色列邻近各族常常犯罪，原文就是"三番四次地犯罪"。所以上帝决定要惩罚他们。英译《圣经》的钦定本中，译此为 for three transgressions of Da-mascus, and for four。英语读者对此话常有误会，因为英语三四次是不常有的意思。他们难以理解，何以上帝如此霸蛮，只犯了三四次就要惩罚了？这就是语言所体现出来的文化差异。

这种错误的理解有时甚至扩展到很厉害的程度。如有人在主日学校看见一幅画，亚伯拉罕抱着一个在画中看来和他差不多年纪的拉撒路在怀中，引人怀疑，何以亚伯拉罕把一个大人抱在怀里，坐在膝上，头靠在他的胸前。那么大的人被人像小孩一样抱着，难道不难为情？原来这幅画是理解错了《旧约》的经文所致。犹太的风俗，宴会时最尊贵的客人总是被安排在主人身旁的座位，这个位置犹太人称之为"主人怀里"的席位。英语钦定本(1611年，詹姆士一世钦定，实第三次钦定)直译原文，画家照译文绘出，就闹出一个大人抱着另一个大人的笑话了。

39. 狄更斯的小说《马丁·瞿述伟》第四章里，有句俏皮话，说一个花花公子"自以为年轻，可到底还是从前比现在年轻"。

方平先生说："不知别人怎么样，我自己是读了译文'可到底还是从前比现在年轻'才充分领会到原文'but had been younger'的讥讽和幽默的意味，不禁为之失笑。"

这段话，方平先生是在《谦逊的真理》一书中说的。我从中不仅领略到小说译者叶维之先生的功力，而且感受到了方平先生的谦逊。

40. 钱钟书先生在《林纾的翻译》中说，"接触了林译，我才知道西洋小说会那么迷人。我把林译哈葛德、欧文、司各特、迭更司的作品津津不厌地阅览。假如我当时学习英文有什么自己意识到的动机，其中之一就是有一天能够痛痛快快地读遍哈葛德以及旁人的探险小说"。

按钱先生的说法，这些译作"惹得"有些读者"对原作无限向往"。

41.《傲慢与偏见》里的班纳特太太，被写得（译得）惟妙惟肖，活灵活现。开篇的那句"他倒作兴看中我们的某一个女儿呢"，曾使读初中的我不胜神往：一个简单的 perhaps，排了斜体，就不再是干巴巴的"也许"，而成了如此传神的"作兴"！

42. 达西给伊丽莎白的那封信，也曾惹得我"无限向往"。

"小姐：接到这封信时，请你不必害怕。既然昨天晚上向你诉情和求婚，结果只有使你极其厌恶，我自然不会在这封信里旧事重提。……我所以要写这封信，写了又要劳你的神去读，这无非是拗不过自己的性格，否则便可

魅力在『传神』

——译余断想（八）

周克希

以双方省事,免得我写你读。因此你得原谅我那么冒昧地亵渎你的清神,……"

我简直觉得,傲慢而又委屈的达西先生,一定就是这么措辞的——倘若他用中文写信的话。

43.几十年后的今天,回过头去看王科一先生31岁时的译作,仍然觉得那么亲切。

后来的修订本,将方言色彩过浓的"作兴"改成了"兴许",这是必要的,我明白——但"作兴"藏在了我的心底。

44.傅雷先生也是我青年时代崇拜的翻译家。《约翰·克利斯朵夫》里的一些段落,我至今难以忘怀:

"……克利斯朵夫靠在一株树上,听着,望着春回大地的景象;这些生灵的和平与欢乐的气息把他感染了……突然他拥抱着美丽的树,把腮帮贴着树干……生命的美,生命的温情,把他包裹了,渗透了。他想道:'为什么你这样的美,而他们——人类——那样的丑?'"

"说话,亲吻,假抱,都可以淡忘;但两颗灵魂一朝在过眼烟云的世态中遇到了,认识了以后,那感觉是永久不会消失的。安多纳德把它永远保存在心灵深处,——使她凄凉的心里能有一道朦胧的光明,像地狱里的微光。"

我向往着能看看原文里这些美妙的话是怎么说的。终于有一天,在已经当了大学数学教师以后,我每星期到上海外国语学院的老师家里去一次,悄悄地自学起了法文。

"四步曲"之类

盛书刚

近翻1997年第5期《新闻与写作》杂志，一则标题非常扎眼，这就是"写稿四步曲"。

查了几本现代汉语方面的词典，均无"四步曲"一词。这使我想起了报刊上屡见不鲜的一个差错，即把"三部曲"误作"三步曲"。如1995年2月11日《人民日报》第2版上的通讯《王立元改革三步曲》、1999年6月25日《人民日报》第9版上的漫画标题《创作"三步曲"》、1994年第6期《安徽档案》中的《张经理的"三步曲"》、1994年5月中央党校函授学院《学习导刊》中的《英语作业三步曲》等等。这些"三步曲"都是生造词，都是由于"步""部"音同而误"部"为"步"的。据《汉语大词典》，"三部曲"意思是："源出古希腊，指情节联贯的三部悲剧，如埃斯库罗斯的《奥列斯

特》。后泛指三部内容各自独立而又互相联贯的文学作品。如茅盾的《幻灭》《动摇》《追求》三部曲。亦借指发展过程的三个阶段。"这里的"借指发展过程的三个阶段"，已成为目前人们使用"三部曲"一词的常用义了。如《邓小平文选》第3卷305页："党的十一届三中全会制定的路线、方针、政策，包括我们发展战略的'三部曲'，正确不正确？"然而由于"三部曲"的语源比较生僻，"三部曲"的常用义又是"三个阶段"或"三个步骤"，所以不少作者一遇到"三个阶段"或"三个步骤"这样的意思需要表达时，就想当然地把"三部曲"误写成"三步曲"了。既然大家纷纷把"三步曲"用来表达"三个阶段"或"三个步骤"，为什么就不能把"四个阶段""四个步骤"写成"四步曲"呢？——这大概就

"女子五项，又折又券"

潘良华

日前，某百货商厦在报上刊登了一则广告，广告的正中位置有八个醒目的黑体字：女子五项，又折又券。这"又折又券"实在有些莫名其妙。经过一番"折腾"，将此简缩语复原，意思大概是：凡购买下列五项女子用品达到规定金额的，又打折扣又送购物券。我们且不管广告中所列送的是人民币还是购物券，也不苛求其是既打折扣又送券，还是打折不送券、送券不打折；单就又打折扣又送购物券的意思，用"又折又券"来表示，实在是一种不规范的省略。"折"在汉字中可组成折腾、打折、折寿、折返、折断、挫折等等，此"折"究竟为哪"折"，实在令人费解。当然，商家的初衷是想与"女子五项"对称，把"又打折又送券"缩略成四个字。于是，将不该省略的"打"和"送"字砍掉，胡乱编造出"又折又券"这样难以捉摸的广告语，其宣传效果自然会打折扣。我想，不如改成"打折送券"意思倒明白些。同时，"女子五项"的表达也欠妥。初一看，会让人觉得是某一类比赛中的女子项目。这条广告语不如改成"五项商品，打折送券"来得明确。

＊＊＊＊＊＊＊＊＊＊＊＊＊＊＊＊＊＊＊＊＊＊＊＊＊＊＊＊＊＊＊＊＊＊＊＊＊＊

是《写稿四步曲》作者生造"四步曲"一词的原因吧！

依此类推，有人仿造出了"五步曲"，笔者手头还有一个"七步曲"的用例，只不过未出现在标题上。见《光明日报》1999年4月25日第1版《应加强防癌知识宣传教育》一文："加拿大防癌协会及各地分会每年都根据情况开展防癌知识宣传教育活动……市民都了解防癌知识的'健康七步曲'。"看样子，"×步曲"的说法大有愈演愈烈之势。

乡吧佬？

姜洪水

这是浙江余姚市黄家埠镇横塘乔味菜厂生产的榨菜,其产品包装袋上竟出现了"乡吧佬"这个名称。

好些工具书的"乡"字下有"乡巴佬儿"词条,南方人口语一般说成"乡巴佬"。用"乡巴佬"做产品名大概是取其大众化价廉物美之意,这本无可厚非,但把"巴"写成别字"吧",又把"佬"写成错字"佬",这可太损害产品形象了吧。

****

500旬树龄是多少

辛南生

1999年7月4日的《羊城晚报》刊登照片一张,照片是一棵硕大无朋的糯米糍荔枝树。此树枝繁叶茂,铺天盖地,浓阴婆娑,挂果累累,树干粗壮,好几个成年男子张开双臂、手连手才能将树干合抱,可谓壮观。

据介绍说,这是棵"年逾500旬的寿星老树",其高寿可以想见。"旬"用以表示年龄是十年的意思,如8旬老翁就是说80岁的老人。这棵树"年逾500旬",500×10=5000,也就是说,这棵树中寿星已有5000多年的高龄了。

可紧接着的下面一段却又介绍说,"笔村糯米糍荔枝已有500多年的栽培历史,明朝时已普遍种植。"这下可叫人胡涂了。只有500多年栽培糯米糍荔枝历史的笔村,竟然出现一棵树龄高达5000多年的树,实在难以叫人明白是什么道理。

何厚铧"矍铄"吗

彭尚炯

"'少白头'的他(指澳门特区行政长官何厚铧)头上又增添了几多白发。然而他的精神更显矍铄,举止照样沉稳而刚劲。"这是《文汇报》1999年9月10日《为实现澳门政权顺利交接全力以赴》中的一句话。

查阅手头的工具书,"矍铄"当形容老年人精神健旺。《后汉书·马援传》有:"援据鞍顾眄,以示可用。帝笑曰:'矍铄哉,是翁也!'"时马援六十有二,汉帝赞赏他老当益壮。另有一篇《登上气象科学高峰》的通讯报道说:"春天,在北海公园,常常有一位面容清瘦、精神矍铄的老人……这位老人就是卓越的科学家竺可桢。"据介绍,此时的竺老已年逾古稀。而"少白头"的何厚铧到底春秋几何?请看《半月谈》1999年第11期的一篇报道:"1999年5月15日,一个举世瞩目的日子——在澳门土生土长的44岁的何厚铧当选为首任澳门特别行政区行政长官人选。"44岁的何厚铧刚步入中年,正年富力强,用"矍铄"来形容他的精神状态,总不合适吧。原句改成"然而他的精力更加充沛"为好。

"巧夺天工"误用一例

谢礼波

笔者喜赏石藏石,故爱读报刊上有关这方面的文章。可是常常发现有人错误使用"巧夺天工"一词。如《深圳晚报》1999年8月27日有篇文章题为"夔门奇石"就有类似的问题:

最近,我在长江三峡的奉节县境内拾得一枚珍贵的长江奇石……最突出的是赤甲山呈现出粉黄色,右边的白盐山为青灰瓦色,整个山

入瓮？入彀？

祝国湘

《羊城晚报》1999年7月16日C1版《沿江中棋摊"有戏"》一文，报道了广州沿江中路有设棋摊的摊主与"看客"合谋设赌骗人钱财的事，但该文的引题却是"卖个破绽，引你入瓮"。引题中的"入瓮"一词，使用欠当。

考"入瓮"当与"请君入瓮"同出一源，即唐代酷吏周兴逼犯人招供有一"绝招"：倘犯人不肯就范，即取一大瓮，周围用火炭炙烤，然后命犯人进入瓮内。后来有人状告周兴，来俊臣奉武则天之命审讯周兴。审讯前，来俊臣如法炮制，然后请周兴"入瓮"。故而后人便以"入瓮"比喻遭受酷刑，而以"请君入瓮"比喻拿某人整治别人的办法来整治他自己。棋摊摊主设圈套让人上当受骗，不能叫"引你入瓮"。

"设圈套让人钻"另有一个现成的词，那就是"入彀"。彀，原指射箭能射及的范围，后多被人用于比喻牢笼、圈套。入彀，就是进入圈套。例如："怕什么良缘难遂，只要你赚鸳鸯，引他入彀，便是良媒。"（清·李渔《凰求凤》）

形如夔门雄姿，实在是大自然巧夺天工的造化。

"巧夺天工"语出元人赵孟𫖯《赠放烟火者》诗："人间巧艺夺天工，炼药燃灯清昼同。"意为人工之精巧胜过天然，后演化为成语"巧夺天工"。显然，"巧夺天工"其本意是赞美人工，而非赞美天然。

自古至今，凡喜石、赏石、藏石者，其所崇尚的正是石的天然之美，而非人工之美。要说一块石头其形、其色、其质、其纹如何精美神奇，无论赏石藏石者还是石商石贩，无不强调此石纯属天然造化，如果说"我这块石头是人工巧艺夺天工"，那就一文不值了。

上面那段引文，若将"巧夺天工"删去，或将其改为"神奇""鬼斧神工"一类词语，那就符合作者本意了。

又见新片「杀青」

吴杰文

2000年4月7日《羊城晚报》的《陈冲导新片》一文中,有这样一句话:"全片(指《纽约的秋天》)预定八月杀青,九月上市……"

"杀青"的基本义项有两条:第一条:"古人著书立说写在竹简上,为了便于书写和防止虫蛀,先把青竹简用火烤干水分,叫做杀青,后来泛指写定著作。"另一义项指的是:"绿茶加工制作的第一道工序,使茶叶保持固有的绿色,以便进一步加工。"

由此可见,"杀青"一词可用于著作大功告成,不能用于影片的拍摄制作完工。如将"杀青"换成"封镜"之类词语,便可免却张冠李戴之误。

不是"狼烟"

田青

《咬文嚼字》曾刊登过《这是"狼烟"吗?》一文,就"狼烟"一词的特定含义作了说明。时至今日,仍有人误用"狼烟",似乎还有再说的必要。

《阿房宫遗址起"狼烟"》是《西安晚报》1999年3月26日头版的一条消息,乍一看,吃惊不小,以为阿房宫那儿发生了战争,燃起了战火,细读正文才晓得是在阿房宫那儿焚烧垃圾。作者在抓住破坏环保这个问题时,却忽略了"狼烟"的特定含义和特定用场,以致误用了"狼烟""狼烟滚滚"。

狼烟,《现代汉语词典》释为"古代边防报警时烧狼粪升起的烟,借指战火";《汉语大词典》释为"燃狼粪升起的烟。古时边防用作军事上的报警信号","比喻战火或战争"。据此,我们不可随意使用"狼烟""狼烟滚滚"等词。《西安晚报》的这则消息,标题若直书《阿房宫遗址岂可作垃圾焚烧场》,正文中的"狼烟""狼烟滚滚"易为"黑烟""黑烟滚滚"就切合实际了。

（一）

五年前，我就听说《咬文嚼字》创刊了。我这个喜欢咬文嚼字的人应该说又多了一个朋友。可惜，只知道它在上海，却不知道编辑部的具体地址。去年春节，我在广东度假，一个偶然的机会，从南方一家报纸上看到一篇文章：《咬〈咬文嚼字〉》，想寄给编辑同志参考，仍苦于找不到地址。今年春节过后，我到本校阅览室，抬头看到书架上陈列着《咬文嚼字》，内心不禁一阵欣喜：啊！《咬文嚼字》，我今天总算见到了你。

说句老实话，我平时还是比较关心报刊的，但一直待了五年，才弄清楚你们的地址。这除了我没有穷追不舍查找之外，是否也与你们的宣传力度不够有一点关系？**（江苏如皋教师进修学校　吴迪康）**

（二）

我是从本地《安康日报》上获知贵刊的。读了两期以后，大有相见恨晚之感。不光我自己爱看，对我那正读初中的女儿也很有帮助。但我觉得贵刊的宣传力度不够，有点"酒好不怕巷子深"的味道。贵刊定价不贵，质量上乘，市场潜力是很大的，关键在做好宣传。我们这里有十几所学校，我已与邮递员商定，请他配合做好宣传工作，力争增加订户。

（陕西紫阳县蒿坪镇　储成新）

（三）

我爱看"卷首幽默"，每一期都不放过。每次都能美美地享受一番。有时失眠，披衣夜读，随手翻翻，又翻到"卷首幽默"。一时忍俊不禁，还会招来老伴的臭骂："深更半夜神经病！"　**（海南声屏报社　羊基广）**

吴先生、储先生都说到了本刊宣传力度不够，真是一语中的！图书市场早已证明：酒好也怕巷子深。何况我们卖的还不是酒，没有浓香扑鼻，充其量只是大碗茶。但愿有更多的储先生能带我们一起吆喝。

深受朋友欢迎的"卷首幽默"。已成为本刊的一个标志性栏目。我们当努力提高质量，令人发噱之余，还要耐人寻味。盼继续支持。　**编者**

成语填字

吴文标设计

"百战百胜、风言风语、人山人海、相辅相成……"一、三同字，这是成语中的常见格式。请按这一格式，在下列各题的划线处填上适当的字。每题至少填出十条成语。答案下期公布。

① 一___一___　② 大___大___　③ 无___无___
④ 不___不___　⑤ 有___有___　⑥ 自___自___

《捕"虎"记》答案

（以差错出现先后为序）

①频(濒)临　②99年(1999年，年份不能缩略)　③凌晨二(2)时　④璀灿(璨)　⑤40几岁(四十几岁，带有几字的数字表示约数，必须使用汉字)　⑥竞竞(兢兢)业业　⑦旅遊(游，遊是淘汰的异体字)　⑧狼籍(藉，籍可通藉，以"狼藉"为规范)　⑨天翻地复(覆，覆已于1986年10月10日恢复使用)　⑩不易(觉)察觉　⑪沉缅(湎)　⑫赌搏(博)　⑬追辑(缉)令　⑭集(接)合部　⑮一坐(座)　⑯歌午(舞)厅　⑰弦(旋)律　⑱叮叮咚咚(当当，"噹"是"当"的繁体字，不能类推简化)　⑲渲(宣)泄　⑳出奇(其)不意　㉑陷井(阱)　㉒审询(讯)　㉓大名顶顶(鼎鼎)　㉔怪癖(僻，怪癖是名词，怪僻是形容词)　㉕有持(恃)无恐　㉖至(制)高点　㉗守侯(候)　㉘既(即)使　㉙墙脚(角)　㉚拔(拨)打手机　㉛尤(犹)如　㉜仆(扑)倒　㉝人脏(赃)俱获　㉞蹦(绷)紧　㉟松驰(弛)　㊱风波叠(迭)起　㊲兴奋的(得)　㊳不能自己(已)

7—48

明年星光灿烂

——"众矢之的" 2001年战斗计划

明星写书，成了一道文化风景，它展示出明星多方面的艺术才华，也丰富了我们的精神生活。由于明星在社会上具有特殊的号召力，他们的书一般都能"热卖"，对读者自会产生非同寻常的影响，因此出版社理应格外重视这类图书的编校质量。去年年底，《编辑学刊》曾和本刊联合对明星图书作过一次抽查，现应读者要求，"众矢之的"专栏2001年将把明星图书作为主攻目标，请新老"射手"立即投入战斗。

十二本明星图书排列如下（按明年本栏第1—12期刊登次序）

赵忠祥《岁月情缘》

倪　萍《日子》

姜　昆《笑面人生》

王景愚《幕后》

白岩松《痛并快乐着》

侯耀华《倒霉必读》

王　姬《我的世界》

杨　澜《我问故我在》

敬一丹《一丹随笔》

水均益《前沿故事》

赵　青《我和爹爹赵丹》

周冰倩《真的好想你》

锈品？ ZHAOWE

YOU ZHENG

这是萧山市某绣品厂的厂牌。把"工艺绣品"错成生"锈"

物品，全厂上下，竟然熟视无睹，怪事！

傅宇飞

ISSN 1009-2390

07>

刊号：CN31-1801/H　国内代号：4-

定价：2.00元

9 771009 239005

上海文化出版社
YAOWEN JIAOZI

2000 咬文嚼字

第 8 期

何为"信合"

　　九江市的一幢建筑物上，有"中国信合"四个大字。这"信合"是什么单位，令人费解。有人认为是电信部门，有人认为是信息部门，您说呢？下期告诉您。

曹仲杰　供稿

《何方神圣》解疑

　　所谓"神球"，是巧妙放置在酒瓶中的一个小球，有控制酒液泻出的作用。因构造独特，故有防伪作用。广告中"防伪"误为"仿伪"，令人不知所云矣。

先卖老师　再卖学生

宋家根·文
麦荣邦·画

　　学校有大小两个食堂。大食堂为学生食堂，小食堂为老师食堂。因为小食堂供应炒菜，许多学生过周末、过生日时便跑到小食堂来打牙祭，常常弄得老师反而吃不上饭。为此，小食堂门口贴出了一则告示：

　　经研究决定，本食堂专卖老师，考虑到实际情况，兼卖学生，但要先卖老师，卖完老师，再卖学生，卖完为止。

　　有学生看了告示，笑曰：用不了一星期，老师学生都要被卖完了！

咬文嚼字

2000 年 8 月

第8期

（总第68期）

出版:上海文化出版社
编辑:《咬文嚼字》编辑部
电话:021－64372608－205
邮购电话:021－64372608－251
地址:上海市绍兴路74号
邮政编码:200020
发行:上海市邮政局报刊发行局
订阅处:全国各地邮局
国内代号:4－641
国内统一刊号:CN31－1801/H
电脑排版:
　上海艺文激光电脑排版厂
印刷:上海翔文印刷厂
广告业务:
　上海文艺广告传播中心
电话:021－64431400
广告经营许可证:沪工商广字
　3101034000029号
定价:2.00元

目　　录

"夕阳"是什么

王兴宗

中央电视台的"夕阳红"栏目深受广大老年朋友的欢迎和喜爱。年近花甲的我每次总被那首凝重、深情的栏目主题歌所吸引。"最美不过夕阳红,温馨又从容"。把老年阶段比作映照得"半江瑟瑟半江红"的夕阳真是美不胜收,用"温馨、从容"来形容"红"也十分确当。"夕阳是晚开的花,夕阳是陈年的酒;夕阳是迟到的爱,夕阳是未了的情"。接下来的这四句是对"夕阳"(借指老年)的进一步阐释。"陈年的酒",久而愈醇,用来比喻老年人老而弥笃的爱真是再恰当不过了;人生有涯,真情无尽,青山在,情未了。"莫道夕阳晚,为霞尚满天","未了的情"四字写尽"夕阳"本色,可谓神来之笔。然而对一、三两句我却实在难以产生共鸣。且有如骨鲠在喉、不吐不快之感。

"夕阳是晚开的花"?何谓"晚开"?不论是"到晚才开"或是"开晚了"的花,总是指错过花期、不当时令的花(除非"夜来香"之类),这用来比喻老年合适吗?难道"老年"之前的中、青年时代"早开"的花都已凋谢了?难道人生中、青年时代拥有的情、爱都已经结束,需要重新来过?也许词作者这里特指老年人的"黄昏恋"吧!其实人生的情爱何止爱情一端?还有家庭的亲情、社会的友情;还有"心的呼唤""爱的奉献",这一切都只会随着人年龄的增长而累积、沉淀、成熟,也许少了几分热烈,但却多了几分温馨和从容。"日出江花红胜火"的时代尽管已经逝去,但君不闻"停车坐爱枫林晚,霜叶红于二月花"吗?花固有意,叶岂

客家美食用字杂说

郑启五

地处闽粤赣三省交界的福建省武平县山清水秀，稻谷飘香。农贸市场中，菜蔬绿嫩，猪牛肉鲜，扑腾的活鱼冷不丁把水花溅上你的面孔……惹人注目的小狗头头肥胖圆滚，在笼中嗷嗷有声挤成一团，让我想起客家的食经——"春羊夏狗秋鸭冬鸡"。

武平最有特点的美食不是烹乳狗而是"炒土仑"——一个让人吃得津津有味的菜谜。说它是"菜谜"毫不为过：菜盘托出时的第一印象是"药膳"，因为参与爆炒的佐料中有枸杞和党参；而盘中滋浓味香的肉丁则令一桌宾客左猜右猜，有人吞吞吐吐判断为兔肉，可其原型断是比兔子苗条细瘦；有人满腹狐疑却一口咬定是田鸡，可其质地则分明比田鸡肉精韧。东道主得意地一再摇头，待众人出筷频频、盘底朝天的

无情？

"夕阳"既然不是"晚开的花"，自然也就不是"迟到的爱"了。总之，"晚开"也好，"迟到"也罢，都带有强烈的惋惜意味，仍然给人以"夕阳无限好，只是近黄昏"的遗憾，这与二、四两句积极、乐观的情调是很不相称的。

那么，"夕阳"究竟是什么？我以为：

夕阳是陈年的酒，
夕阳是金秋的枫；
夕阳是成熟的爱，
夕阳是未了的情。

"多少情爱，化作一片夕阳红"。我很欣赏这最后两句，首尾相映，真是余味无穷。

时分,才亮出谜底:一种独特的山鼠,绝非品行不端的田鼠,亦非农家饲养的竹鼠,而是专门挖食草根俗称"土仑"的山地野类。"土仑"的"仑"字在当地还加了个"虫"字旁,这个僻字在一般的辞典里难见踪影,却数度出现于新旧《武平县志》"动物"一节里,与老虎、黄鼠等同属"哺乳类"。想必"土仑"当是此类中最小最多的动物,却无妨它成为武平的最有回味的奉献。

"炒土仑"堪称小城珍馐,而武平的大众美食当首推"簸箕粄"。这个"粄"字不是"木"字边而乃"米"字旁,此字泛用于客家多种用米浆制成的小吃品名。"簸箕粄"顾名思义,乃米浆置于簸箕上快火蒸成的白色汤皮。不过还得平铺上用瘦肉、香菇、虾米、豆腐等精心炒制的馅料,然后卷折成条,依口味佐以香油、胡椒粉和辣椒面。各道工序多有讲究,因而食之柔韧滑爽,十分可口。历史悠久的"簸箕粄"既独树一帜,又兼具春卷、粉皮、饺子之妙,体现出客家主妇的心灵手巧。

"簸箕粄"可谓古老的快餐类美食,不过其名气在美食界显然比"猪胆肝"要略逊一筹,这大概与干果类的美食从古到今都能远走他乡乃至漂洋过海不无关系。武平"猪胆肝"与连城地瓜干、永定菜干、上杭萝卜干、宁化老鼠干和辣椒干、明溪肉脯干、长汀豆腐干合称"闽西八大干","猪胆肝"又被客家饮食文化公推为"八大干"的"大哥大"。究其原因,应在于肝胆合一,乃天下奇思巧制,举世无双且美味与食疗兼备,令其更具影响。"猪胆肝"工艺考究,需经选料、浸泡、整压、吊晒等多道工序精制而成。其中浸泡至关紧要,需让猪胆汁液与八角、公丁、花椒、肉桂、白酒等各种配料均匀渗入特选的猪肝里。"猪胆肝"味香甘醇,微苦微辣,鲜美异常。尤其是近年已采用现代工艺真空包装,即开即食,更是方便至极。笔者一度炎夏喉痛,久治不愈,偶然择用"猪胆肝"佐米粥打发早餐,本是为了开胃下饭,哪知种豆得瓜,喉痛悄然消失。后来才知原来是"猪胆肝"助我清热解毒,这次无意中的实践令我对它的特异功效连连称奇。

由于"猪胆肝"在"闽西八大干"中难分难舍的地位,常常被误写为"猪胆干",可谓文字奇冤:倘若真是猪胆一味成干,岂不苦煞天下食客?!我想"猪胆肝"当为"猪胆肝干"的缩称,以免除"肝干"发音的拗口。可缩略之中一旦不慎错缩了唱主角的"肝"字,势必黄腔走板,重重地误伤这一奇异的美食。

姓名谐音,有时会与人的切身利害紧密相关。在古代的科举考试中,就有一些考生因始料未及的姓名谐音而意外得福或横遭灾祸。例如清朝道光年间,殿试内定一甲第一名(即"状元")是江苏高邮人史求。道光皇帝在御批审定时,看到"第一高邮史求("史""死"音近,"求""囚"同音)"之名,就摇头蹩眉,当即用朱笔勾去。再往下看到"第九天长戴兰芬",龙颜大悦,提笔钦定为头名状元。因为"第九天长"的谐音是"地久天长","戴兰芬"的谐音是"代(代)兰芬"。据史料记载,在明清两代,已顺利通过科举考试的层层关卡,进入"一甲"之列,且名列前茅的"状元候选人",因其名谐音不妥,而被皇帝从名单中勾去的举子,还有吴情(无情)、王国钧(亡国君)等人。皇上金口玉言,把严肃的人才选拔视同儿戏,确实荒唐可笑;但平心而论,"史求""吴情""王国钧"之名,确实也不吉利。自古及今,在取字命名上,祈福忌祸、避俗求雅的文化心理和社会习俗,还是应该适应和遵从的。

现代人当然不会因姓名不雅或欠妥而断送前程,但是,有些始料未及的姓名谐音也会使人尴尬而无奈,尤其表现在当代小学生的姓名中。仅举笔者目见耳闻的实例,如:纪丹(鸡蛋)、毛崇(毛虫)、尤炳(油饼)、侯岩(喉炎)、史刚(屎缸)、谭彤(痰桶)、魏桐(胃痛)、温毅(瘟疫)、贾效(假笑)、魏菁(味精)、胡硕(胡说)、施昌济(是娼妓)、孙奇概(孙乞丐)、胡丽清(狐狸精)、朱怡佳(猪一家)等等。这些因对谐音因素考虑不周而取出的名字,必然会成为淘气的小伙伴开玩笑的口实,给人带来意想不到的烦恼。

有一些姓氏取名时在谐音上是需要注意避讳的,如侯(喉)、费(肺)、魏(胃)、常(肠)、申(肾)、毕(鼻)等和人体器官读音相近的姓氏,不宜以"炎""严""岩""延"等字命名。贾姓、胡姓人士在为晚辈取名时切忌用"谈""笑""说""话""论""来"等(包括与之谐音的)字为名。因此,长辈在为新生儿取名时,要细心地咬文嚼字,审慎地推敲斟酌,尤其对于姓名中有可能产生负面谐音的因素要加以防范,不可掉以轻心。

姓名谐音古今谈

谭汝为

8—7

台湾政坛的 IBM 和 BMW

汪惠迪

IBM 是英语 International Business Machines 的缩略语，中文译作"国际商用机器公司"，是美国著名的制造电脑硬件的公司。

BMW 也是缩略语，它是德国著名的汽车制造厂。德文全称是 Bayerische Motoren Werke，直译成英文是 Bavarian Motor Works。BMW 小轿车，新加坡叫"宝马"。

IBM 和 BMW，享誉世界，新加坡人在口语和书面语中常使用这两个缩略语。

说来也巧，在当今台湾政坛上，有一对男女，男的也叫 IBM，那女的更了得，双料货，是 IBM 兼 BMW。不说在全世界，至少在亚洲，他们今天的名气，决不在正宗的 IBM 和 BMW 之下。

男 IBM 是谁? 此人已经下台，5月27日在出席一个小镇的运动会时，竟被一个古稀之年的老国民党员泼了一脖子的红墨水，淋漓尽致，狼狈不堪，他就是李登辉。因为他到哪儿都口无遮拦，于是得了个

"国际大嘴巴"(International Big Mouth，IBM)的雅号。

女 IBM 兼 BMW 是谁。请看下面这段新闻:

朱凤芝(台湾国民党立委)说，以吕秀莲"IBM"(International Big Mouth，国际大嘴巴)和"BMW"(Big Mouthed Woman，大嘴巴女人)的性格，她很同情蔡英文的处境。(《联合早报》2000年5月30日)

笔者要补一笔的是，有人把"BMW"叫做"大嘴婆"。从构词的角度来说，"××婆"具有能产性，如:"产婆""媒婆""牙婆""管家婆""老鸨婆""三姑六婆"等等。从修辞的角度来说，"××婆"具有简约性。从语用的角度来说，"××婆"说和写都比较方便。从词义的角度来说，"大嘴婆"和"大嘴公"都具有比喻义，讥其口不择言，以言语偾事也。

"大嘴巴""大嘴公""大嘴婆"或"大嘴巴女人"而 International，台湾政坛也许永无宁日矣!

众矢之的

目标:陈祖芬,放!

——2000年第八号战报

编者按

陈祖芬的年龄?不知道。但她给我们的印象是:天真,单纯,童心未泯,"永远十七岁"。这一点充分反映在她的作品中。无论是散文还是报告文学,她总是写得那么富有朝气和情趣。她对读者洞开肺腑,一切都仿佛是透明的。

她写作也许习惯于一气呵成,让自己的文笔随着想象力上下翻腾。她的语言总是那么调皮,没有引经据典的笨重,也没有装腔作势的累赘,一切都是那么自然,那么自在,意到笔随,挥洒自如。正因为此,她让我们感觉到了新鲜活泼,但不时也会留下一点破绽,给我们逮个正着。

还想顺便说一下:编辑部给她下"战书"时,她的先生刘梦溪正住院治疗。她本想拒绝参加这次活动,但怕因此打乱编辑部的计划,出于一贯的善良,还是勇敢地充当了靶标。在此,本刊同人谨对陈祖芬女士和刘梦溪先生深表谢忱。

"琳琅"二误

陈祖芬的《为你着想》,用多彩的笔墨,介绍了日本的"卡斯美超市"。书中写道:"在一个庞大的、琳琅的世界里,自由、自助、自尊、自得(其乐)……那是人之成为人的进步。"

"庞大的"能和"琳琅的"并列吗?恐怕不行,至少读来有点别扭。从语法角度分析,前者是形容词,后者是名词,两者不宜并用。所谓"琳琅","琳"是美玉;"琅"指琅玕,也是一种玉。这两个名词组合而成的"琳琅"仍然是名词,指精美的玉石,后引申指美好的事物。成语"琳琅满目",说的便是美好的事物数量十分丰富。作者也许把"琳琅"误当成了形容词。

同书还出现了"琳琅"的重叠形式:"工作疲惫不堪后,去超市走走,接受新的商品信息,也接受当作形容词市走走,接受新的商品信息,也接受琳琳琅琅的诱惑和刺激。"这里的"琳琳琅琅"显然是和"琳琅"被当作形容词使用有关。前面已经指出,"琳琅"是名词。双音节名词有些可以重叠,如"花草""山水"可以重叠为"花花草草""山山水水",但重叠后仍然带有名词性,不能当作形容词使用。用"琳琳琅琅"来修饰"诱惑和刺激"是说不通的。

(罗　川)

"门外汉"不是门外人

杨玉琪是陈祖芬《永恒的诱惑》中的人物,1963年他报考上海戏剧

学院,成绩优异,可是由于出身不好,榜上没有他的名字。陈祖芬写道:"像他这样生来带着'政治因素'的人只能是高等学府的门外汉。"

显然,陈祖芬把"门外汉"理解为"门外的人"了,在她这句话里,"高等学府的门外汉"就是进不了高等学府、在高等学府门外面的人。"门外汉"果真能如此理解吗?当然不能。

汉语中,有一类长期习用的定型短语,一般由几个词组合而成,但其意义却是"整体"化的,不是构成短语的几个词的意义的简单相加。比如"戴高帽"并不是"戴一顶高的帽子",而是"奉承别人"之义;"喝西北风"不是指"喝从西北方向吹来的风",而是指"没有东西吃"。这类短语即"惯用语"。

"门外汉"就是一例。它指某方面知识尚未入门的外行,不能照字面理解为"门外面的汉子"。这个短语由来已久,在宋代《五灯会元》中就已经出现:"曰:'只如他道,溪声便是广长舌,山色岂非清净身,若不到此田地,如何有这个消息?'庵曰:'是门外汉耳。'"清代《白雨斋词话》中也有这个词:"黄九于词,直是门外汉,匪独不及秦苏,亦去耆卿远甚。"巴金《父与子》亦有言:"因为对

这件事我也是一个门外汉,妻常常笑我'没有用'。""门外汉"从古至今就一个意思:外行人。除此之外,再无他解。　　　　　　　　(立青)

"鼎立"必须有三方

陈祖芬《佛光·成名》叙及大书法家林散之对中年画家杨玉琪的评语——用笔用墨得传统法度,有力量,将来成大名,驾江苏之上。陈祖芬接着议论说:"江苏画界人才荟萃,群雄鼎立,林老怎么会这么说?"

文中"鼎立"一词似用得不妥。

鼎是古代的礼器和炊器,多为圆形,两耳三足,也有方形的,但以圆形为常见。"鼎立"是"鼎足而立"的简缩,语本《汉书·蒯通传》。秦朝灭亡后,汉王刘邦和西楚霸王项羽争夺天下,战争频仍,双方师老兵疲,元气大伤。而此时刘邦手下的大将韩信却先后荡平魏、赵、代、燕、齐等弱小诸侯王,实力大增,自封为齐王,隐然成为汉、楚以外的第三势力。当时著名谋士蒯通认为:争夺天下的关键操于韩信之手,韩信助汉则汉胜,帮楚则楚赢。于是蒯通劝韩信说:"方今为足下计,莫若两利而俱存之,参分天下,鼎足而立。"希望

韩信谁都别帮,与汉、楚三分天下,像鼎的三只脚一样三方并立。后人遂以"鼎立"来比喻三方面势力并立或对立。

江苏画界固然人才众多,画派不一,但从未听到分为三大派别之说。用"鼎立"一词,有违事实。(丁　炎)

"时鸣钟"辨

陈祖芬女士《依旧依旧唐人街》谈及她在英国伦敦遇到一群上海青年,他们认为伦敦像上海。文中写道:"他们说伦敦的大笨钟不等于上海外滩的大时鸣钟嘛。"

"时鸣钟"不知何物,正确的说法应该是"自鸣钟"。我国古代没有钟表,以刻漏为计时器,每到一定时间,派人击打钟、鼓之类以报时。到了明代,自鸣钟从西洋传入我国,因其能按时自击发声,故称其为"自鸣钟"。其形制巨大者,被称为"大自鸣钟"。

在上海方言中,"时"与"自"是同音字。陈祖芬是上海人,知道"自鸣钟"的音读,也许不知道它的书写形式,因"时"字与钟的关系密切,遂误写成"时鸣钟"。不知这种猜想能否成立。

还须说明的是：上海人所说的"大自鸣钟"是特指的。1922年上海公共租界劳勃生路(今长寿路)、小沙渡路(今西康路)口建造了一座纪念塔,塔上面有座大自鸣钟。后来人们就把此钟以及此钟周围一带称作"大自鸣钟"。时至今日,该钟早已拆除,但人们还是把这一带叫作"大自鸣钟"。至于外滩的大自鸣钟,上海人称之为"海关大钟"。　　(丙　火)

"车水""马龙"为何物

《心灵》中有这样一段："即使视力已经很微弱了,祝庆英依然感到天空、云彩、车水、马龙都与她同在,一切美好的事物都与她同在。"

"天空"与"云彩",这是人们所熟悉的事物,可是与之并列的"车水"与"马龙"为何物?恐怕谁也没有见过这两样东西。"车水马龙"原本是一个成语,出自《后汉书·明德马皇后纪》："车如流水,马如游龙。"后来人们就用"车水马龙"来形容车马很多,来往不绝,但是"车水"毕竟不能代替"车","马龙"毕竟不能代替"马"。它们不是具体的事物,而分别是"车如流水""马如游龙"的缩略。作者把它们与"天空""云彩"并

列,显然是误解了"车水"和"马龙"的词义,把它们当成了具体的事物。

(黎千驹)

说不上"见义勇为"

陈祖芬女士在词语运用方面,往往能别出心裁,收到意想不到的表达效果,但偶尔也会失手。比如在《世界上什么事最开心》一书中,作者写道："大连的城建干部视死如归地干活,那位得了高血压,薄熙来就见义勇为地送上一箱老陈醋。"

指示代词"那",当为疑问代词"哪",姑且不说;老陈醋能否治疗高血压,涉及到医学问题,笔者无从置喙,也且搁在一边;这里想议的是"见义勇为"一语。市长为属下送一箱老陈醋,说得上是"见义勇为"吗?

"见义勇为",语本《论语·为政》。孔子说："见义不为,无勇也。"后来反其意而用之,凡是见到正义的事情挺身而出,便称之为"见义勇为"。这个词语的关键,一个是"义",一个是"勇"。"义"指明了事情的性质,说明所做的事情关系到大局、公理、道义;"勇"表现出当事人的精神状态:临危不惧,奋不顾身,一往无前。故火海救人,是见义勇为;制服

歹徒,也是见义勇为……

送老陈醋呢,恐怕说不上了。大连市长薄熙来是山西人,对老陈醋有特殊感情,写上一笔是必要的。这里有人情味,有领导艺术,也不乏幽默感;但称之为"见义勇为",未免有点夸张失度。 （邱 天）

"超音速"肉眼看不见?

陈祖芬的《幸福的热汗水》描述了自己在南方某机场乘机的经历。她在文中写道:"人们汹涌着让空姐撕登机牌,推推搡搡拥拥挤挤无间无距……我没有人贴人的嗜好,于是不断有人加插到我前边,快捷得叫我看不见。超音速的东西,肉眼就看不见了,就可以用来隐身子。"

用"超音速"来形容插队者身法快,这是艺术夸张,当然可以;但说"超音速的东西,肉眼就看不见了,就可以用来隐身子"却有悖常识,难以成立。

"音速"今称"声速",即声音传播的速度。在0℃的空气中,声速为每秒340米。速度大于每秒340米的称为"超声速",大于音速5倍的称"高超声速"。无论是超声速,还是高超声速的东西,肉眼都是

能看得见的,因为人的肉眼视线能及距离可达好几千米,而且视野宽广。很多人都有看见超声速客机在天空飞行的经历。

导致差错的原因,可能是对军事上"隐身(形)飞机"的误解。这类飞机的速度都大大超过声速,有人因此误以为超声速的东西能够隐身。其实"隐身飞机"的"隐身"仅是一种借喻,并不是真的能将机身隐去,也不是指肉眼看不见,而是指利用各种技术减弱雷达反射波、红外辐射、可见光、声波等飞机特征信息,使敌方侦测系统不易发现。这"隐身"针对的对象是光学侦测系统而非肉眼。 （杜 鑫）

"五十米":高耶?远耶?

陈祖芬女士《祖国高于一切》中有这样一段话:"一声巨响,楼晃悠着。土直往头上掉。还有知觉?那就是说还没死?他活脱脱地蹦了起来,跑出去一看,五十米的一幢楼成了瓦砾堆。他又回到楼里攻读。"这段话,我反复读了许多次,但无论如何也弄不明白"五十米"的具体所指。

众所周知,"米"是国际计量单位中的长度单位,既可以表示高度

（从基准面向上到某处的距离），也可以表示远近（空间上相隔的距离）。因此，上文中的"米"的后面应带有表示长短、高低、远近的形容词，不然，就会犯指代不明的语病。上文"五十米的一幢楼"，到底指的是"五十米高的一幢楼"，还是与"他"相距"五十米远的一幢楼"？实在令人摸不着头脑。

　　根据上下文意推断，炮弹在"他"所在的一幢楼的上方爆炸，虽然楼"晃悠着"，而且有土"往头上掉"，但这幢楼并没有倒塌。被炸成"瓦砾堆"的，是"他"从自己所在的这幢楼"跑出去"时，所看到的另一幢楼。既然楼已被炸毁，那就不再存在所谓的"高度"了。因此，"五十米"形容的应是远近的距离，在"五十米"的后面应加上一个"远"字。（石　枫）

不知所云的"滑轴"

　　陈祖芬女士写文章喜欢用比喻，可是有时候喻体是什么，却令人弄不明白。且看下例："一说话，颊骨突露，像牵引火车头的滑轴，辛苦地一牵一动，可怜得叫人不忍看。"（《弄异化了》）

　　说下巴颏的运动像"滑轴"，可是这"滑轴"又是怎样的一种东西呢？查了许多工具书，都不见踪影。"轴"通常分为转轴和心轴两种。转轴只作旋转运动，而心轴本身不动，两者都不可能"一牵一动"。

　　"滑轴"是滑动轴承的简称吗？也不像。因为滑动轴承本体是固定的，其主要功能之一就是保持轴的准确位置，同样不可能"一牵一动"。

　　陈祖芬女士说的可能是蒸汽机车下方的几个大轮子上的杆状连接物。这个东西称作"连杆"而不是"滑轴"。

　　另外，"牵引火车头"的说法也不准确。火车头（机车）是牵引列车的动力车，火车头自身不需其他东西牵引，"连杆"之类只是组成火车头的零部件罢了。　　　　（铁　林）

"钢精"和"耳垂"

　　"钢精"见于《那没有一丝声响的征服》："我去年到四川江油时采访长城特殊钢公司，认识了这位总经理刘立中……他在我心目中嘛，则是位钢精兼诗痴。"

　　"诗痴"形容对诗痴迷者，此词古已有之。"钢精"是作者用来与"诗痴"相对的。"钢精"何意？理解为"钢

"的精华",似乎不妥;理解为"人精"之"精"又嫌不恭。而且,"钢精"本来就是一个词,许多词典都收列,指的是铝,多指制造日常器具的铝,如钢精锅(铝锅)、钢精匙(铝匙)等。

"耳垂"则见于《青年就是GO》:"饭后我回到房间,把这位美人写下来,写写发挥起来:'一嘟噜一嘟噜的耳垂使我觉得她像一棵丰收的红葡萄树。'"

耳垂是耳廓下端的肥柔部分,通常外形圆整光滑。即便像《三国演义》里描写的天生异相的刘备"两耳垂肩",也只是耳垂比常人大,形状与常人无很大差别。成簇成丛状的耳垂闻所未闻。"一嘟噜一嘟噜的耳垂",岂不瘆人,这哪里是什么"美人",分明就是一个怪物。估计陈女士是把"耳坠"误成"耳垂"了吧?

(伍 土 雷万忠)

驴子和马

金尧

五代时,梁太祖朱温登基后,派使者致书蜀王王建。王建令大臣复信,并强调既不可得罪朱温,也不能抑屈自己。韦庄等大臣起草多次,均不合王建之意,最后改由冯涓执笔。论名气、论地位,冯涓都远不如韦庄之流,可是冯涓有真才实学,他奋笔如飞,一气呵成,措词极为得体。王建非常高兴,就宴请冯涓,并令诸臣作陪。席间,冯涓讲了个寓言故事:

我(指冯涓)年轻时游谒诸侯,有一驴一马,都为我驮书籍。刚出发时,驴子咆哮跳掷,与马争道抢先,拦都拦不住。闹腾半日后,遇到一段上坡路,驴子汗流遍体,力疲足惫,回头对马说:'马兄,我走不动了,能否帮我驮驮书?'马慨然允诺,把驴背上的书取下,驮在自己背上,走了几步,回头对驴子说:'驴弟,我以为你有多少枝俩,到头来还是搭在我老兄身上。'

王建听了大笑,韦庄等人则羞愧难当。

语丝

"塔 葬"？

潭 人

"继土葬、火葬、海葬之后，一种新型的丧葬形式又闯进了人们的生活，这就是塔葬。"(1999年3月5日《每周文摘》摘自《燕赵都市报》)

"塔葬"一词未见于各辞书，这是一个新造的词。且看该报道下文是怎么说的："塔葬源自佛教高僧的丧葬形式。逝者的骨灰安置在立体式的塔柜内，节省了宝贵的土地资源。"原来这里所谓的"塔葬"是把骨灰安置在塔内。它比把骨灰安置在墓地里确实是节省了许多宝贵的土地资源，是一个好的处置骨灰的方法。不过，把它称为塔葬，与土葬、火葬、海葬等同起来，说是一种新型的丧葬形式，就不对了。

人死了，遗体如何处理，不同国家，不同民族，不同时代，有不同的方式。有的埋在地里(土葬)，有的采用火化(火葬)，有的投入海洋(海葬)，也有的把尸体抬到葬场或旷野，让雕、鹰、乌鸦等吃(天葬)。

这里所谓的"塔葬"，并非直接处理死者遗体，而是为火葬提供一个安置骨灰的处所。

一般人对于骨灰的处理，多是把它埋入土中，就是说火葬之后再来一次"土葬"，有的地方埋骨灰的坟地规模比原来埋棺材的还大，占地更多。这种重复葬，违背了提倡火葬的初衷。有些地区已经要求居民把家人的遗骨迁入公墓，这样，相对来说可腾出许多有用之地。不过公墓也还是要占用一些土地的。北京灵泉园墓地建造专供安置骨灰的塔，向空中发展，利用空间，节省土地面积，确是一个好办法。既解决了世俗保存骨灰的要求，又节省了土地。只是该报道的作者把骨灰安置在塔内称为"塔葬"却是不恰当的。

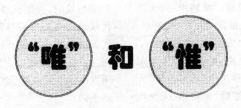

"唯"和"惟"

刘金

日前读《文艺报》,读到"政治标准惟一"一语,觉得很别扭。想了一想才记起,有人将"唯一"的"唯"统一于"惟"了。起初,我以为这是语委作出的规定。后来友人告诉我,是《现代汉语词典》(以下简称《现汉》)的主张。打开《现汉》一看,果然,它将"唯唯诺诺"及"唯物""唯心"等七个条目以外的"唯",全都统一到"惟"字去了。其"唯"字释文云:

"同'惟1',用于下列各条(属'惟1'的条目有时也作'唯')。"

这就是说,"唯独""唯恐""唯一""唯我独尊""唯利是图""唯有"等语词,全都"属于""惟",不过"有时也作'唯'"罢了。于是"唯"事实上只剩得"唯唯诺诺"这一小片"四字领地"了。

"唯""惟"二字,自古都是相通的、并存的。同一句话,你用"惟",我用"唯",都无不可。比如"唯利是视",《左传》《三国志》和沈约《奏弹王源》等均作"唯利是视"或"唯利是求"。而《抱朴子》《初刻拍案惊奇》则都作"惟利是图"。一两千年来,有谁想过,要将"唯"统一于"惟",将"惟"定于一尊?不错,古文根底很深厚的鲁迅、朱自清,在书简和文章中是用过"惟利是图"的。但同时,茅盾文章中却用的是"唯利是图"。有什么理由、什么必要非得将"唯利是图""唯命是听"等词语定为"属'惟'的条目"而将它贬为"有时也作"的异类不可?

尤其令我不解的是,《现汉》将半个多世纪来已约定俗成了的"唯一"一词,硬改成"惟一",请问《现汉》编者这是为什么?查一查半个多世纪来的出版物(古籍除外),究竟有哪本书、哪张报纸,使用这个词时,不用"唯一"而用"惟一"的?

或许有人会说:改"唯一"为"惟

一"是有根据的。早在《尚书·大禹谟》中，舜就说过："惟精惟一，允执厥中。"这就是根据。

不错，《大禹谟》中确有"惟一"一语。但是，一则，此"惟一"不是那"唯一"。宋人蔡沈注《尚书》，于"人心惟危，道心惟微，惟精惟一，允执厥中"下注云："人心易私而难公，故危。道心难明而易昧，故微。惟能精以察之，而不杂形气之私，一以守之，而纯乎义理之正……信能执其中矣！"可见，这个"惟一"是"不杂形气之私，一以守之"之意，与所谓"只

有一个；独一无二"的"唯一"是风马牛不相及的。再则，《现汉》不是《古代汉语词典》，选词与释义，当从现代汉语的实际出发，以现代汉语语词为依据，而不能以古汉语为依据，用古汉语语词来规范和阐释现代汉语语词。

荀子有言："约定俗成谓之宜。异于约则谓之不宜。"《现汉》将半个多世纪来国人所习用和早已约定俗成了的"唯一""唯独""唯恐"等词语中的"唯"，全都改成现已极少使用、几近废弃的"惟"，是"不宜"也。

语丝

"诸葛亮"的"诸"

水昆

清代左宗棠年轻时即长于谋略，人称其为"小诸葛"，左素自负，居之不疑，给朋友的信中常自称"亮"或"老亮"。

左宗棠任陕甘总督时，陕西布政使署理巡抚为林寿图。林为人诙谐有趣，思维敏捷，善饮能诗。左为人傲岸，但与林还算投缘。

一天，两人正在饮酒谈论，前方捷报传到，林寿图极力夸奖左神机妙算，用兵如神。左宗棠得意忘形，拍案而起，自吹自擂道："此诸葛亮之所以为亮也！"

两人继续闲谈，左宗棠对当时自称诸葛亮的人非常之多表示不理解。林寿图对左先前的狂妄已不以为然，此时抓住机会，就也学左的样子，拍案而起，说道："此诸葛亮之所以为诸也！"

"诸"有众的意思，又和猪同音，妙语双关。左宗棠听了哑口无言，从此就恨林了。

8—18

词序就像调色板

曹国维

记得有人说过,"透过淡淡的花香看你"是句普通的陈述句,但变换一下词序,"看你,透过淡淡的花香",便突出了"看你",而后置的"透过淡淡的花香",又使句子有了诗意。

文字就是那么奇妙,同样的内容,颠来倒去,便生出许多不同的意味。

译陀思妥耶夫斯基的《罪与罚》,常常碰到词序问题。这部哲理小说带着刑事案件的结构框架:主人公拉斯科尔尼科夫杀了放高利贷的老太婆。实施犯罪的经过,以及围绕这一事件的思考始终紧张激烈,有时甚至有股裹挟读者的力量。这里,词序起着相当大的作用。

比如拉斯科尔尼科夫出门行凶的情节,某译本是这样译的:"他冲到门口,倾听了一会儿,然后抓起帽子,像一只猫一样,蹑手蹑脚、小心翼翼地走下了他的十三级楼梯。"译得相当通顺。但原文是这样写的:"他冲到门口,侧耳听了听,抓起帽子,一步步走下自己的十三级楼梯,小心翼翼,悄无声息,就像一只猫。"状语后置,比喻单列,突出了人物的心态和动作,那"小心翼翼,悄无声息,就像一只猫",似乎直接响应着猫步谨慎的弹跳,显得鲜明而又生动。

词序有时又是外化人物内心世界的手段。比如拉斯科尔尼科夫本想找他的朋友拉祖米欣,但左思右想,决定拖到行凶以后。"他考虑着,用手揉着前额,说怪也怪,无意中不知怎的,突然而又自然地,在长久思索以后,他脑海里冒出一个异常怪诞的想法。"这里词序的不畅传达了思绪的不畅,写出了这个怪诞想法产生的曲折性和突发性。

口语化和翻译腔

——译余断想(九)

周克希

47. 当年演《女大学生宿舍》的罗燕,近日回国拍一部根据赛珍珠的小说改编的电影。谈到赛珍珠时,罗燕女士说:"赛珍珠在中国待的时间比我还长,从某种角度来说她比我还中国人。"

"比我还中国人",看似不通(不规范),却自有一种味道——换成"比我还像中国人",是不是反而有些"走味"?

又如拉斯科尔尼科夫向索尼娅坦白他是凶手,但他没有动用抢劫的财物,只是把它们藏到了秘密的地方。这句话有人译成:"第二天早上,我就把它们跟钱包一起埋在B大街上一家院子里的石头底下了……"听起来有条有理。但这句话在原文中却是:"我把这些东西和钱包都在一座院子,B街的,石头底下给埋了,第二天上午……"话说了一半,突然觉得没说清楚,加了地点,刚说完一个意思,又觉得忘了时间,赶紧补上。人物思想的紧张和混乱溢于言表。理顺词序,便会丧失谈话内在的张力。

一般地说,对话都是即兴表述,不是那么严密、规范的。比如侦查员波尔菲里跟拉斯科尔尼科夫的一段谈话就是这样:"……我的住房,瞧,在这儿,板壁后面……公家的,不过我现在住私人房子,暂时。这里需要装修,现在差不多完成了……公家的房子,知道吗,这可是好东西,啊?您看呢?"如果译成"……我的房间也就在这儿,就在墙壁后面……是官房。不过我现在暂时住在私人的房子里。这里要稍加修理一下,现在快修完了……要知道,官房是最好的东西,对吧?您认为怎么样?"这就会失去许多鲜活。

对于文学,词序就像一块调色板,能给文字增添许多色彩。

48.《你雅虎了吗?》——这是一本新书的书名。我能明白这意思,它是在问:你上雅虎(Yahoo)这个网站了吗?可左看右看,总觉着这个书名有点邪虎(乎)。

我这脑袋瓜,大概处于这样的状态:有点开窍,还没开放。

49. 早在1991年,王蒙先生就写过一篇文章,称赞深圳作家刘西鸿的语言"鲜活,洗练,句法很有特色"。

文中举例说:"'说得很讽刺',用动词做状语而又放在补语的位置,'青春得满脸青春痘',用名词性短语修饰本来是名词却当作谓语用的'青春',而且是前后两个'青春',确实很口语化又很不一般。"

50. 张寅德先生在巴黎三大(第三大学)教比较文学。这次回沪,他说起在法国现在常会听到"我不大咖啡","我不很冰激凌"之类的说法,反正只要是吃的东西,好像都能用这种说法表示不喜欢。甚至还可以引申到某些活动和科目,比如"不大海滨"是指不喜欢去海滨度假,"不大体育"是指体育运动不在行。

我想这可得学着点,说不定哪一天,在法文小说里冷不丁就会碰上呢。

51. 顺便说说"巴黎三大"。

有位朋友译了本很好的书,在译后记里提到"巴黎三大教授"某先生、"巴黎四大教授"某女士。出版社的编辑——出于好心,这一点毋庸置疑——却给改成了"巴黎三大教授之一"某先生、"巴黎四大教授之一"某女士。结果,我这位朋友捧着依稀还有油墨香味的新书,简直哭笑不得。

52. 阿城在《闲话闲说》里,说了些关于翻译的并不等闲的"闲话"。

他说:"翻译文体还有另外的问题,就是翻译者的汉文字功力,容易让人误会为西方本典。赛林格的《麦田守望者》[抄者按:我边抄边注意到,他没用我们常见的译名《麦田里的守望者》],当初美国的家长们反对成为学生必读物,看中译文是体会不出他们何以会反对的。《麦田守望者》用王朔的语言翻译也许接近一些,'守望者'就是一个很规矩的英汉字典词[言下之意,换了王朔,不会用这样规矩的词,中国家长说不定也要担起心来]。"

他还说:"中译文里译《麦田守望者》的粗口为'他妈的',其中的'的'多余,即使'他妈'亦应轻读。……节奏是最直接的感染与说服。你们不妨将'他妈'弱读,说'谁他妈信哪!'听起来是有感染力的'谁信

奥运"圣火"与中华"圣火"

金波生

第27届奥林匹克运动会将于今年9月15日在澳大利亚的悉尼市开幕。早在四个月之前,即5月10日,就在希腊奥林匹亚城遗址举行了奥运"圣火"采集仪式。一名希腊女演员扮演的"祭司"庄严地引燃了奥运会"圣火"火种,点燃了火炬,把它交给希腊跳高运动员帕帕戈斯塔斯。他高举着火炬,从曾在2700年前举行过古代奥林匹亚竞技会的体育场内跑出。本届悉尼奥运会火炬传递活动由此开始。

众所周知,除了奥运会,现今世界上还有许多国家的大型运动会都要举行类似的"圣火"火种采集和火炬传递活动。今年5月份在上海举办的第5届全国残疾人运动会也不例外,《新闻报》2000年5月1日"晨午晚合刊"残运会专栏的大红标题便是"圣火映红申城"六个大字。

"圣火"一词从何而来?火就是火,为什么要称作"圣火"?

据《简明不列颠百科全书》(中文版)的有关条目介绍:古代社会十分重视火的作用。有了火,人类才能取暖御寒;有了火,人类才能变生食

哪!'加上'的',节奏就乱了。"

他又说:"口语里'的、地、得'不常用,用起来也是轻音,写在小说里则字面平均,语法正确了,节奏常常就消失了。"

他最后说:"好翻译体我接受,

翻译腔受不了。"

阿城到底是阿城,先不先他这名儿就受不了翻译腔——"阿城先生",真是要多别扭就有多别扭。

为熟食。希腊神话中，普罗米修斯被描写成造福人类的神，原因是他曾经从天上盗取火种带到人间。因此古代的许多宗教都把火奉为"圣火"，要高擎火把举行种种宗教仪式。奥林匹克运动会的发祥地奥林匹亚，是希腊古代宗教圣地。从公元前8世纪开始，那儿每四年举行一次宗教节，连同宗教仪式在内，前后一共七天，奥林匹亚竞技会是宗教节庆活动之一。竞技项目有赛跑、掷铁饼、赛马、角力等。正因为古代的体育竞技与宗教活动有不可分割的关系，所以体育运动就跟"圣火"结下了不解之缘。

现代奥林匹克运动会是1896年开始举行的，第1届会址也在希腊雅典。此后每四年一届。1936年第11届奥运会起又恢复了古代奥林匹亚竞技会的传统，每届都要在奥林匹亚点燃"圣火"，并通过火炬的接力传递，最终送到奥运会举办地。这一系列的运作程序，一直沿用至今。每逢四年一度的奥运年，"圣火"一词必然会红火一时。

在我国，还有一种中华"圣火"。首都北京的长安街西端，新建了一座气势恢弘的中华世纪坛。它是中国迎接新世纪和新千年唯一的标志性、纪念性建筑。建有一个下沉式的中华圣火广场，外圆内方的青铜圣火台位于正中央。圣火广场由960块花岗岩铺成，象征着中国960万平方公里的神圣版图。2000年1月1日零时整，国家主席江泽民走到中华世纪坛中央平台按动电钮，点燃了中华圣火。这簇圣火的火种采自北京房山区周口店龙骨山上的"北京人（原始人）遗址"。中华圣火的燃起，象征着中华民族的文明之火、进步之火将代代相传，永不熄灭。今年我国第5届残运会的圣火，其火种就采自中华世纪坛。

火，是物体燃烧时发出的光和焰；火，让人联想到热气腾腾、热火朝天；火，鼓舞人蓬勃向上、昂扬奋发。人们离不开火，喜欢火，更崇尚"圣火"。今天，"圣火"一词的运用，已经超出体育运动的范围。请看：

'99上海旅游节第一天，市中心的复兴公园举办浪漫的大型玫瑰婚典，"新人们点燃爱情圣火，交换戴比尔斯婚戒，结下千禧姻缘"。（见《劳动报》1999年10月18日）

'99世界精英模特大赛在法国尼斯落下帷幕，《上海时装报》1999年10月16日为此作了报道，醒目的标题是"用青春点燃时尚圣火"。

前一例的"圣火"尚属实有的"火"，后一例的"圣火"则完全是比喻用法了。

"草根"萌发新义

高丕永

"草根"就是草的根,这一意义简单明了,所以现有的词典都没有为它单立词条。近十几年来,大陆媒体中悄悄地出现了一个不同于原先意义的"草根"。例如:

(1)没有社会背景、社会地位的草根阶层揣着富裕的票子拥进了证券交易所。(《解放日报》1999年11月7日)

(2)贯穿小说的主人翁任众并非一般人所认同的成功人物,而是一个大时代里的小人物。小说写这个具有时代缩影与代表性的草根人物,一生中不断受到挫折和打击,包括年轻时无法完成教育,甚至后来在改革开放时搞工厂也遭到失败的经过。(《国际金融信息报》1999年4月4日)

显然,以上例句中的"草根"萌发出了新义。受众往往通过上下文就可以理解,这种新义明显与"群众、平民、老百姓"有关。

追根寻源,"草根"新义直译自英语的"grassroots"。合成词"grassroots"由"grass(草)"和"roots(根)"两个语素构成,本义为"乡村(地区)的",后引申出"普通人的、平民的、群众的、民间的"等意义,与"决策者的、领导人的"相对。它的本义,英语中现在用得相当少,国外新出版的英语词典一般只收入它的引申义。"草根"新义早就进入港台用语,那儿已经习惯把"平民阶层"称为"草根阶层"。改革开放后,"草根"新义向大陆渗透(我们收集到的例句,时间最早的为1987年)。

借入汉语的"草根",一般要与名词组合使用。我们发现,主要用它的引申义。除了最常见的"草根阶层",还有"草根性、草根阶级、草根文化、草根文学、草根市民、草根人物、草根民众、草根大众、草根运动、草根大使、草根工程"等。例如:

(3)此外,他们还与位于全美各地的3000多家供应商甚至波音下属企业周围的餐馆、加油站、商店联系,动员他们支持中美贸易关系正常化。……波音的"草根运动"还影响了很多美国大公司,他们与波音公司一样认识到保持中美关系正常化与本公司的利益密不可分,所以一起加入了促进中美贸易发展的行列。(《人民日报》海外版1999年4月17日)

(4)老赵(笔者注,指赵超构)是扎根普罗大众的名人,如果人去了真是到了另外一个世界的话,老赵在那里一定仍是豁达的,也仍是属于草根民众的。(《新民晚报》1998年10月25日)

例(3)的"草根运动"相当于"民间运动",例(4)的"草根民众"可解释为"平民百姓"。

用借词"草根"本义(即"乡村的")的组合比较少,在我们的语料中只发现三个:草根工业、草根经济、草根化。其中"草根工业"最常见,几乎成了"乡镇工业"的代名词。

我国著名经济学家费孝通先生曾这样写道:"这种'草根工业',不仅没有损害农业和剥夺农民,相反地促成了工农相辅和城乡协作。与西方工业革命的历史相对照,草根工业无疑是中国农民的一个了不起的创举。……他们有力量冲破资本主义工业发展初期的老框框,根据自己的生活需要去改变工业的性质,让工业发展来适应自己。在草根工业中,农民表现了充分的主动性,这不是当今中国社会的一大特点吗?"(《人民日报》1996年5月4日)

与别的借词相比,"草根"有两大特点:一是渗透力强,能轻而易举地融入汉语,所以容易得到认同。它不但与汉语原有的"草根"字音字形一样,而且意义的引申也比较一致。自古以来,汉语的"草"字可以引申指"乡村、民间"等,素有"草市(乡村集市)、草民(平民)、草野(民间,平民百姓)"等说法。从草根联想到乡村民间,从草根联想到普通平民,在这一点上,中外思维取向基本相同。二是亲和力大,汉文化中草根一直是刚强不屈的象征。"野火烧不尽,春风吹又生"所赞誉的不就是这种中国人引以为豪的品格吗?因此人们乐于使用这个新的借词。费老把乡镇企业比喻为"草根工业",也是

8—25

从"凝聚力"到"亲和力"

金東生

"凝聚力"原本是化学术语。1978年12月版《现代汉语词典》中，"凝聚力"词条下，只有"见内聚力"四个字。按照该词典的体例，这种注释方式表明"内聚力"是主条，"凝聚力"仅仅是个副条。1996年7月版《现代汉语词典》就不同了，"凝聚力"词条是"①内聚力。②泛指使人或物聚集到一起的力量：加强社会和民族的～"。第②义项是新义，化学术语"凝聚力"以崭新的词义进入了汉语的通用词汇。

由于社会交际的需要，"凝聚力"一词在媒体上至今还是十分活跃，可谓"长盛不衰"。最近一两年，由于同样的社会需要，又一个化学术语，"凝聚力"的姐妹词、近义词，正悄悄地流行起来，那便是"亲和力"。请看：

(1)经常吵架、动武、威胁离婚或自述夫妻感情已淡漠、破裂的比重很低，这表明大多数婚姻具有较强的亲和力和稳定性。(《文汇报》1999年11月9日)

(2)教师与学生同步作文，能刺激学生的兴奋点，形成课堂教学的

看中了这两个特点。他认为：农业生产与手工业生产的密切结合，在中国历史上延续了几千年，具有草根一样的顽强生命力。它历尽磨难，终于在改革开放的春风中引发了燎原之势，从"倔强的草根"长成了参天大树。由此看来，借词"草根"所包含的丰富内涵，恐怕不是"乡村的、普通人的、平民的、群众的、民间的"等这些词语所能替代的。

亲和力。(《文汇报》1999年11月12日)

(3)观众一进《实话实说》演播室，就被撩拨得想说话。……小崔（引者注，指崔永元）的亲和力不分男女老少。(《中华读书报》2000年3月8日)

从这三个例句中可以看到，夫妻之间、师生之间、主持人与观众之间都可以产生"亲和力"。

"亲和力"的原义为"两种或两种以上的物质结合成化合物时互相作用的力"(《现代汉语词典》)。这个词是染料化学的常用术语，而非普通语词，在一般社会生活交际中是用不上的。

"亲和力"的新义新用法，最早出现在台湾。上海辞书出版社1994年出版的《当代港台用语辞典》明确指出，"亲和力"是台湾地区用语，意思是"与人亲切和谐的能力"，如"直率的个性加上亲和力，前程颇被看好"；并特地说明，"大陆此词为化学术语"。这一说明完全符合当时语言生活实际，直到1994年，"亲和力"在大陆确实还只是一个化学术语。

有人说，"亲和力"来自日语。这一说法不无道理。在20世纪初叶，我国的数学、化学、物理学等学科的术语，曾经大量地采用借词的方式，直接从日语借用"汉字词"。"亲和力"也是其中之一。不妨说，日语是"亲和力"早先的源头，而"亲和力"的新义新用法，还是从台湾引入的。

"亲和力"的新用法，为什么一经引入便能迅速流行开来？我认为除了社会交际需要之外，主要有两个原因：

一是人们求新求异的心理取向。通常是，一有新词生成，摇笔杆子一族都跃跃欲试，先用为快。尽管"亲和力"和"凝聚力"不是等义词，但在有些上下文里，就允许用"亲和力"去取代"凝聚力"。上边例(3)的"小崔的亲和力不分男女老少"，要是说成"小崔的凝聚力不分男女老少"，大概也相差无几。

二是构成这个词的几个语素十分招人"喜欢"，"亲和力"得到不少人的"偏爱"。"亲和力"由"亲、和、力"三个语素构成，"亲"与"和"的语素义带有鲜明的"褒扬"感情色彩。"亲"含有"亲近、亲切、亲爱、亲热、亲亲密密"之意，"和"含有"和气、和蔼、和好、和谐、和睦、和和美美"之意，这些都是好字眼，中国人向来喜好"讨口彩"，比起中性的"凝聚力"来，人们更乐于用"亲和力"。

一字之差例话

舒宝璋

字斟句酌，是说一个字也不马虎。只有一丝不苟，才能正确表达，而免于误解。

"现属慈溪"与"现为慈溪"

吴耕民《治学漫谈》一文前面的[作者简介]说："吴耕民……浙江余姚县东溜场村（现为慈溪）人。"（《学人谈治学》60页，浙江文艺出版社，1984年）

按"现为慈溪"当作"现属慈溪"。"现为慈溪"仿佛是说余姚县改成了慈溪县，实际上余姚、慈溪是南北相邻的两个县，而东溜场村位于两县间。吴耕民在正文里说："我原籍是浙江省余姚县的一个小村，现在划归慈溪县永革公社棉丰大队。"可证。

"尺五天"与"尺五楼"

《杜月笙正传》云："有人送他一副对联：春申门下三千客，小杜堂前尺五楼。"（《徐铸成传记三种》156页，学林出版社，1999年）

按"尺五楼"应为"尺五天"。"尺五天"一语源于唐代俚谚。杜甫《赠韦七赞善》诗："尔家最近魁三象，时论同归尺五天。"杜甫自注："俚谚曰：'城南韦杜，去天尺五。'""尺五"，一尺五寸，形容距离极近；"尺五天"谓离天只有一尺五寸，比喻和帝王的关系相当接近。送杜月笙的对联暗指杜月笙与蒋介石关系非凡；而"尺五楼"则无解。同页脚注云：有人见过杜氏客厅里的对联为："春申门下三千客，小杜城南尺五天。"可证。

8—28

徐清腾？董方达？

胡渐逵

《羊城晚报》1998年7月7日《明清字画当废品》一文说："这箱字画中有清代康有为，明代董方达、徐清腾及民国徐世昌等名家的作品……"其中"徐清腾"为"徐青藤"之误，"董方达"为"董邦达"之误。

徐青藤即明代著名文学家、书画家徐渭，因他自号青藤道士，故人们称他为徐青藤。明代书画家中，没有叫徐清腾的。

董邦达（1699—1769），清代浙江富阳人，不是明代人。董为雍正十一年进士，乾隆时官吏部尚书。他一生喜画山水，取法元人，善用枯笔，苍逸古厚。论者谓三董（南唐董源、明代董其昌及董邦达）相承，为画家正轨。明清两代画家中，没有叫董方达的。

"五三惨案"与"五卅惨案"

有一部影响颇大的回忆录写道："到了一九二八年，蒋介石假'革命'之名，打着孙中山先生的招牌，算是一股新力量，从广东北伐，有共产党的协助，以雷霆万钧之力，一路扫荡，宛如劲风卷残云，大军占领了济南。此时，日本军国主义分子想趁火打劫，出兵济南，酿成了有名的'五卅惨案'。"（《牛棚杂忆》230页，中共中央党校出版社，1998年）

按"五卅惨案"应为"五三惨案"。1928年5月3日，日本帝国主义派兵侵占济南，打死打伤中国军民五千余人，是为"五三惨案"，通称"济南惨案"。1925年5月30日，上海学生二千余人，在租界内抗议日本纱厂的资本家枪杀中国工人顾正红，被捕百余人；各界群众万余人随即前往南京路巡捕房门口，要求释放被捕学生；英国巡捕开枪打死群众十余人，伤数十人，是为"五卅惨案"，通称"五卅运动"。而回忆录所写则为1928年发生在济南的事，应是"五三惨案"而非"五卅惨案"。

"无倦苦斋"释名

徐世华

《市场报》1999年6月12日《收藏家的室名趣话》一文中名人轶事颇多,但有失实之处。

谈及"无倦苦斋"时,作者写道:当代著名书画家钱君匋因为收藏着清代书画名家赵之谦"无闷"、包世臣"倦翁"、吴昌硕"苦铁"等三人的数百方佳印,遂从三人中各取一字,组成"无倦苦斋"命其画室。"无倦苦"蕴含哲理,以此名室,既可表达敬慕前贤之意,又有勉励自己钻研学问之志。

的确,"无倦苦"三字,无一字无来历。但上文"倦"字误释,今特作订正。

我国近代、现代篆刻大师有四:赵之谦(1829—1884)、黄士陵(1849—1909)、吴昌硕(1844—1927)、齐白石(1864—1957)。四人均自成一派,各有千秋。

钱老搜求前三家之印,穷其毕生精力。藏品之富,令人叹服。如黄士陵印多达160方,并据此拓成《丛翠堂藏印》问世。

黄士陵,字牧甫、穆甫,号倦叟,安徽黟县人。其篆刻劲挺光洁,不尚破残,以清新秀丽闻名,世称"黟山派"。黄氏曾久居广州,故又称"粤派"。包世臣(1775—1855),字诚伯、慎伯,号倦翁,安徽泾县人。书法家、书学理论家。因泾县古名安吴,世称"包安吴"。书法推崇北碑,名著有《艺舟双楫》。能篆刻,但未见印谱传世。

显然,斋名中的"倦"字,指的是黄士陵"倦叟",而非包世臣"倦翁"。巧的是,两人同属安徽籍,别号均以"倦"字起首,"翁""叟"又含义相同。两者仅一字之差,极易混淆。但此"倦"不是那"倦",不能张冠李戴。

附记,黄士陵卒年原作1908,不确。今据有关史料改。

古文翻译与年号

阅读古文经常见到年号，一看年号立即就能推测某事发生在哪个朝代，皇帝是谁，这为我们提供了一个准确的时间坐标点。

在翻译古文涉及年号时，我发现存在两种弊病。一是张冠李戴。《中国古代十大轶事小说赏析》第1317页介绍了《唐语林》里的上清（窦参之妾）为窦参伸冤的故事。该书译者把"贞元壬申三月"译为"贞观元年三月"。"贞观"是唐太宗年号，"贞元"是唐德宗年号，前后相距一百五十多年，贞观元年窦参还没出生呢！"壬申"，是壬申年，"贞元壬申三月"，应是贞元八年三月。

二是无中生有。同书第1457页载有《今世说》中徐世逸兄弟守敝庐的一则轶事。译者把"鼎革初，兵革起"，译为"鼎革初年，战事四起"。其中"鼎革初"译作"鼎革初年"不当。"鼎革"，指改朝换代，而非年号。书中"鼎革"是指清朝取代明朝刚开始统治中国的那段时间。

林肯怎能接电话

《演讲与口才》2000年第4期《美国名人成功秘诀——善于交际》中有这样一个例子："一天晚上，林肯总统在忙碌了一天之后要上床休息，电话铃响了……林肯是这样回答的……对方无可奈何地挂上了电话。"

电话由亚历山大·格雷厄姆·贝尔于1876年发明。而亚伯拉罕·林肯是美国南北战争（1861—1865）期间著名的总统，于1860年就任，1865年遇刺身亡。既然林肯死时电话还没有诞生，怎么能够接电话！

刘邦"衣锦夜行"?

于 石

《杂文报》第1120期，重刊了《上海文学》1999年8月号上的《腐败的民间基础》一文。文中"刘邦说：'富贵不归故乡，如衣锦夜行'"一语，将楚霸王的发明专利错给了汉高祖。

"衣锦夜行"这个典故出自《史记·项羽本纪》。项羽攻占关中之后，屠咸阳，烧秦宫，"人或说项王曰：'关中阻山河四塞，地肥饶，可都以霸。'项王见秦宫室皆以烧残破，又心怀思欲东归(项羽，下相人，成长于吴中，即今江苏吴县)，曰：'富贵不归故乡，如衣绣夜行，谁知之者!'"《汉书·项籍传》"绣"作"锦"。项羽眼浅气短，不听忠言，舍关中'可都以霸'之地，到头来兵败垓下，没脸见江东父老。刘邦则相反，起初欲定都洛阳，是听从了齐人娄敬"都关中"的劝说，建都长安，成就了汉代四百余年的辉煌。

范进何曾中进士

杨国嘉

《羊城晚报》1999年8月18日登载了《"名人精子"与范进中举》一文，文中说："最明显的例子，要算《儒林外史》中'范进中举'的故事了。范进没中举时，与常人无异。而一登第，考中进士，马上'一举成名天下知'。"这里面有错误，"中举"不等于"考中进士"，范进只是中举，压根儿没中进士。

在清代科举考试中，各省童生参加由学政主持的考试，即院试，及格者称生员，俗称秀才；生员参加三年一考的省级考试，即乡试，及格者称举人；举人参加乡试次年由礼部主持的会试，及格者称贡士；最后贡士参加由皇帝主持的殿试，考中者方称进士。由此可知，"举人"与"进士"差了两级，怎可把"中举"说成"考中进士"呢？

郁达夫不是古人

陈　章

在报刊上不止一次看到有人引用一句"古诗"——曾因酒醉鞭名马，生怕情多累美人。最近，在《47楼207》(孔庆东著，内蒙古教育出版社1998年12月出版)一书贺雄飞先生的序言中读到这么一段话："孔庆东这厮多情而不色情，风流而不下流，浪漫而不浪荡……用一句古诗概括为'曾因酒醉鞭名马，生怕情多累美人'。"——又是"古诗"!

其实，该诗是郁达夫作的，全诗如下：

钓台题壁

不是樽前爱惜身，
伴狂难免假成真。
曾因酒醉鞭名马，
生怕情多累美人。
劫数东南天作孽，
鸡鸣风雨海扬尘。
悲歌痛哭终何补，
义士纷纷说帝秦。

郁达夫是近现代文学家中格律诗写得最好的一位。当时诗词界有"郁柳苏田"(郁达夫，柳亚子，苏曼殊，田汉)一说。郁诗清新雅丽，极尽缠绵，有"温李诗才小杜风"之誉。如"曾因酒醉鞭名马，生怕情多累美人"就颇具晚唐韵味。一经辗转传抄，或读后凭记忆引用，便很容易被误为"古诗"。

从《47楼207》一书中可以看出，孔庆东在北大读中文系时就组织过诗社，填得一手好词，有深厚的古典诗词修养。他在《腐败的旧体诗》一文中还特别提到：旧体诗在"五四"之后，仍然有鲁迅的"横眉冷对千夫指"，有郁达夫的"鸡鸣风雨海扬尘"，有毛泽东的"粪土当年万户侯"。可见，孔庆东是应该知道"曾因酒醉鞭名马，生怕情多累美人"一联是郁达夫诗的。如果他在出书前能将前言后记认真读一遍，就可以纠正写序者的这一错误。

兔子曾被称为"禽"

赵恩柱

《兔子成家禽》一文(载《咬文嚼字》1999年第5期)批评报纸上的一篇文章两次称兔子为家禽。批评得对。"家禽"似乎只管人驯养的二足而羽的动物,不曾争夺"家畜"的属下、让人驯养的四足而毛的动物归属自己。

但是,兔子却可以被称为"禽",当然不是说今天,而是说在古代。三国时期的曹植就曾管兔子叫"禽"。曹植《名都篇》:"驰驰未能半,双兔过我前。揽弓捷鸣镝,长驱上南山。左挽因右发,一纵两禽连。"唐代李善解释:"两禽,双兔也。"

曹植为什么称兔子为"禽"?《说文》:"禽,走兽总名。"这不是禽字的本义,而是"禽"的一个义项。《礼记·月令》:"命主祠祭禽于四方。"唐代孔颖达疏:"禽者,兽之通名也。"

《白虎通·田猎》:"禽者何?鸟兽之总名,明为人所禽制也。"就连《现代汉语词典》也说:"〈书〉鸟兽的总称。"可见曹植是根据上古语言的实际,才在前面说"双兔",后面又说它们是"两禽"的。

在上古,"禽"与"兽"有时候是彼此有别的,《尔雅·释鸟》:"二足而羽谓之禽,四足而毛谓之兽。"有时候则彼此差别不大,"禽"可以指"兽",也可以包容"兽"。("兽"不能指"禽",也不能包容"禽"。)为什么会这样?

"禽"本是个动词,其本义是对动物的捕捉、猎取,上引《白虎通》"明为人所禽制也"透露了这一点。甲骨文中,"禽"有作♡的,似猎捕动物所用的网。这是个"单体象意字"。单体象意字要用有特点的单体图形去显示字义，但 的特点不易看出来，也就不易见其形即知其义。于是又作 ，上面还是像猎捕用的网，下面看上去是像网柄，但拿金文一对照，应该是像人的手。为了使人很容易地识字明义，金文就在上面加了声符，成为 。《说文》根据讹变而成的篆文说解其字形是"从厹，象形，今声"，认定"禽"是名词，本义是"走兽总名"。这是误解。《逸周书·世俘》："武王狩，禽虎二十有二。""禽虎"是说捉老虎，"禽"用的正是本义。前引《白虎通》文中的"禽制"的"禽"，也用了本义。这意义的"禽"，后世造了一个"擒"来取代。

"禽"字本义是对动物进行捕捉、猎取，引申之，所捕捉、猎取的动物就叫作"禽"。再引申，不问是不是猎捕，几乎除人之外的一切动物都叫作"禽"，"禽"就成了羽、毛、鳞、介的总称，"禽"成了名词。"鸟"称为"禽"，从古代沿用至今，不必举例说明。其他动物称"禽"的例子很多。王充《论衡·物势篇》："寅，木也，其禽虎也；戌，土也，其禽犬也；丑、未，亦土也，丑禽牛，未禽羊……亥，水也，其禽豕也；巳，火也，其禽蛇也；子，亦水也，其禽鼠也；午，亦火也，其禽马也。"大兽、小兽，如虎、牛、鼠等，都被称为"禽"，爬虫蛇也被称为

"禽"。《文选·张衡〈东京赋〉》："内阜川禽，外丰葭菼。献鳖蜃与龟鱼……"薛综注："内多鱼鳖。"鳖、蜃、鱼，还有龟，都被称为"禽"。"禽"成为"羽族之定名"，专归鸟类所有，那是后世的事。

兔、虎、鱼、鳖之类曾被称为禽，表明它们曾入过"禽籍"，曾属于动物的总称的"禽"。有时候说"禽"，却是特指某一类动物。"禽"指鸟类，是鸟的总名，说"禽"就等于说"鸟"。例如《礼记·曲礼上》："执禽者左首。"孔颖达疏："禽，鸟也。""禽"指兽类，是走兽总名，说"禽"就等于说"兽"。例如《左传·宣公十二年》："使摄叔奉麋献焉，曰：'以岁之非时，献禽之未至，敢膳诸从者？'"孔颖达疏："《周礼·兽人》：'冬献狼，夏献麋，春、秋献兽物。'"有时候说"禽"，又兼指鸟、兽，说"禽"等于说"鸟兽"，例如《周礼·春官·大宗伯》："以禽作六挚。"孙诒让正义："禽者，鸟兽之总名。"

总而言之，兔子不能被称为"家禽"，向来如此；兔子不能被称为"禽"，是今天的事，或者说是中古以后的事，而上古则是可以的，因为那时名词"禽"是动物的总称。

说　"书　签"

陈和军

　　"书签"这一词语，出现在唐代，如杜甫《题柏大兄弟山居屋壁》诗："笔架沾窗雨，书签映隙曛。""书签"这一实物，应当出现在唐代以前，因为"书签"是伴随卷轴装书而来的，我国在晋代就流行以纸为主要材料的书籍——卷轴装书。

　　卷轴装书带有一根用圆木棒做成的轴，形状就像现在带轴的画，存放的方法是卷起来平放在书架上，轴的一端向外。为了区别书的内容和取阅方便，人们就在轴的一端系上署有书名、卷次的小牌子，这就是"书签"。"书签"通常用竹片做成，考究者用象牙来做，因而有"牙签"的称呼。唐韩愈《送诸葛觉往随州读书》诗："邺侯家多书，插架三万轴。——悬牙签，新若手未触。"唐姚合《题李频新居》诗："劝僧尝药酒，教仆辨书签。"这就是古人关于卷轴装"书签"的记载和描述。

　　卷轴装书流行到唐代末期，终于被其他形式的书所取代。从北宋开始，由于印刷术的广泛应用，图书先后出现了蝴蝶装、包背装乃至线装，这些装帧形式的书均由多张单页和前后封皮构成，"书签"就是封皮上粘贴的用以题写书名的纸或绢条。因为它是贴在封皮上的，为了区别于卷轴装书用的"挂签"，所以又称为"浮签"。在古籍里，"浮签"常被写做"签""面签""签题"等。如清胡虔《柿叶轩笔记》："文澜阁《四库全书》，书皆抄本。……其面签皆用绢，经以绿，史以赤，子以碧，集以浅绛。"清黄丕烈《百宋一廛书录》："(此书)原装十二册，签题皆藏经纸，题曰：《淮南子》。"文中的"面签""签题"，就是粘贴在封皮上的"书签"。

　　清代末期之后，近、现代印刷术

惯用语谈趣 （续三）

黄今许

"抹一鼻子灰"

《红楼梦》第六十七回：赵姨娘因宝钗送了贾环东西，心里高兴，想在王夫人跟前讨个好卖个乖，便当着王夫人的面，夸起宝姑娘的好来："真是大户人家的姑娘，又展样，又大方，怎么叫人不敬服呢？怪不得老太太和太太成天家都夸他疼他。我也不敢自专就收起来，特拿来给太太瞧瞧，太太也喜欢喜欢。"王夫人听了早知她的来意，话又说得不伦不类，就应付地说："你只管收了去给环哥顽罢。"赵姨娘来时兴兴头头，"谁知抹了一鼻子灰"，只得讪讪地出来了。

❀❀❀❀❀❀❀❀❀❀❀❀❀❀❀❀❀❀❀❀❀❀❀❀❀❀❀❀❀❀❀❀❀❀❀❀

传入我国，精、平装书盛行并取代了线装书的地位。精、平装书的书名直接印在封皮上，不用粘贴标签。于是，人们便把"夹在书里，作为阅读进度标记的小薄片"称为"书签"。这类"书签"，其材料主要是纸和赛璐珞，也有树叶、花草等。如刘厚明《红叶书签》："拿着吧，回去夹在书里当书签。"奈布罗《话说图书》："有一个时候，大学生爱把小花小草当书签。"所说的都是这个意义的"书签"。

"书签"除了上述意义之外，还被用来指代书籍，这一义项，主要发生在古代。如清全祖望《鲒埼亭集·双韭山房藏书记》："吾乡诸世家遭乱，书签无不散亡。"这里的"书签"散亡，当然是书籍散亡。

这里的"抹了一鼻子灰",是什么意思呢?按辞书解释是:"想讨好而结果落得没趣。"按清人李光庭《乡言解颐》的解释却是"乘兴而往言事,逢怒而返,曰'抹了一鼻子灰'。扫兴语也。"两者大同小异。

为什么不说"抹泥",而说"抹灰"呢?李光庭解释说,因为"灰"带有"死灰可以复燃"意。此次遭冷遇,下次可以再来,若是"抹泥"就无法"复燃"了。

此外,为什么不说"抹面"而说"抹鼻"呢?李光庭说:"鼻",古代称为"准"。如汉高祖"隆准而龙颜","隆准"就是高鼻子的意思。"鼻(准)"被"抹",自然是"不准"了;但此次不准,下次可能就"准"了。如果"抹面",岂不是落得个无颜见江东父老的下场?所以,"抹了一鼻子灰",就跟《庄子·徐无鬼》中说的"尽垩而鼻不伤"的意思一样——白灰粉擦干净了,鼻子又恢复了原样,丝毫没有受到损伤!

李氏的解说,使人的疑惑涣然冰释。

"说风凉话"

"风凉话",照今天词典的解释是:"不负责任的冷言冷语"。它的出现,可以追溯到唐朝。

唐文宗开成三年(838年)的一个骄阳如火的盛夏,文宗和他的六位词臣聚集在未央宫里吟诗消夏。

"人皆苦炎热,我爱夏日长。"文宗首先朗吟道。

"薰风自南来,殿阁生微凉。"柳公权紧跟着应和。

……

各词臣相继吟哦属和。文宗唯独激赏柳公权的那两句,说它"辞清意足,不可多得"。

这个记述出自《旧唐书》。后世说诗家对此多有评骘。宋代苏轼认为柳公权这两句诗"美而无箴(讽谏)",于是为它续上四句:

"一为居所移,苦乐永相忘。愿言均此施,清阴分四方。"

的确,唐文宗在享受薰风生微凉时,朗吟"我爱夏日长",哪能想到征夫耕叟正苦于夏日之酷热!人苦酷热,我说风凉。岂有一丝半毫的同情心?无怪乎苏东坡发出"清阴分四方"的呼号。

今天所说的"风凉话",就是从这里生发出来的。它的含义是:人家处于苦热中,你却偏说好风凉;人家处于困境中,你却偏说好享福!

"耳濡目染"的误用

钱剑夫

2000年3月21日《文汇报》:"记者赶到他生前的社科院宗教所,耳濡目染了许多平凡而又动人的故事。"这个"耳濡目染"用得不妥当,因为:"耳濡目染"的释义是"经常听到看到,无形中受到影响"。后面的"故事"是宾语。其实我们只能听到他生前的同事或好友谈到,而不能看到,即只能"耳濡",不能"目染"。《现代汉语词典》的释义更清楚些:"形容见得多听得多了之后,无形之中受到影响。"

"打拐"竟成"大案"

封培定

2000年4月,贵州遵义警方在广东警方的支援配合下,经过28天的打拐解救行动,抓获了人贩子曾清文等人,解救了18名妇女儿童。有关此事的报道作为头版头条,登在2000年5月16日《贵州都市报》上。

然而,该文的标题却是:"遵义警方又破打拐大案"。遵义警方这次成功的打拐解救行动,竟成了"大案",且由遵义警方自己破了自己"作"的案。岂不滑天下之大稽?

"打拐"是"打击拐卖妇女儿童"的简称。拐卖妇女儿童是违法犯罪行为。所以,标题应改为"遵义警方又破拐卖大案"。

雎鸠在舟为哪般

李恩秀

凡念过高中者,无不读过《关雎》,多能随口吟出"关关雎鸠,在河之洲。窈窕淑女,君子好逑……"

最近看电视剧《王洛宾和他的恋人们》,欣赏到了"雎鸠"雌雄和鸣的情景,景色幽美,音乐动听,情节感人。屏幕上现出字幕:关关雎鸠,在河之舟。窈窕淑女,君子好逑……"见歌词我一愣,雎鸠不在洲上叫,也该跳到巢(?)里唱,不该落到舟上鸣啊!

"家徒四壁"未为穷

曹 政

《新民晚报》有篇文章中有"穷得家徒四壁"语，读来不禁解颐：家中只有四块璧，还算不错的，不能说是穷，因为璧是贵重之物嘛，有的还是无价之宝呐。原来问题出在"璧"字上，应为"壁"。成语"家徒四壁"的意思是家里只有四面的墙壁，那是相当贫穷了。这个字错得有点特别："壁"字比"璧"常见。可能是打字者只顾词语的音同形似而不管其义，包括不了解"徒"在这里是"仅仅"的意思。

先中进士后出生

万木丹

《解放日报》1999年5月7日《枫桥又一碑》说："翁闿运今年八十八高龄，为清光绪二十年进士，诗人翁有成之少子，国学大师唐文治及名书家萧蜕弟子。"照此标点符号理解，翁闿运在出生前十七年就是进士了。

翁闿运当年八十八岁，即1911年出生，而清光绪二十年是1894年，早于翁闿运出生十七年，翁闿运怎能为进士？

错误出在"进士"后面那个逗号上。本意是要说翁闿运是清光绪二十年进士、诗人翁有成的小儿子，"进士"后面用顿号，就不会有这个笑料性的差错了。

人怎能"修整"

陈道平

电视连续剧《突出重围》最后一集，演习部队红方 A 师突出重围之后，部队副司令指示 A 师众将士："各部队原地 xiū zhěng 五天。""xiū zhěng"在字幕上打出的是"修整"二字。其实应为"休整"。

休整、修整，音读一样，意思不同。"修整"的对象是物，意谓把某物件修理使之完整或整齐。"休整"的对象是人，且多用于部队或类似的人群，意为部队利用作战或训练的间隙进行休息整顿。二者不能混同。部队将士是人而非物，只能"休整"而不能"修整"。

搭 错 车 表 错 情

——报刊词语搭配不当例析

林利藩

报刊等传媒由于作者或编者遣词造句欠下功夫,文章、标题中词语搭配不当,以致自相矛盾或辞不达意者屡见不鲜。现举例稍作点评。

1."12岁"—"青年"

"入选车臣'敢死队'队员大都是12—25岁的青年。"(《青年参考》1999年第11期《车臣敢死队揭秘》,《大时代文摘》、《文摘报》等转摘)

点评:"青年"指的是十五六岁到三十岁左右的人。"12岁"是少年,哪能加入"青年"之列?这一差错在多家文摘报刊转摘时仍未改正。查其他报道,有"童子军"的说法,故应将"青年"改为"青少年"才顺理成章。

2."6岁"—"妇女"

"半月前,和他们一家同村的51岁木匠黎某丧心病狂地将包括曾拾儿在内的数十名妇女强暴。"(曾拾儿)——"一位遭生母抛弃、被色魔强暴后又染上性病的6岁小女孩。"(《羊城晚报》1999年8月28日《苦儿曾拾儿活泼出院》)

点评:"6岁小女孩"也在"妇女"之列,岂不滑稽?"妇""妇女"是成年女子的通称。曾拾儿就不能"包括"在"数十名妇女"之中。因此,应"一分为二",改为"……将6岁女童曾拾儿和其他数十名妇女强暴"。另外,该报道主要讲曾拾儿,故应将其单列、置前才妥。

3."一名"—"子女"

"何晓已婚,并有一名子女。"(《羊城晚报》1999年6月8日《押款时

杀了同事 一经警挟数十万现金潜逃》)

点评:何晓有"一名子女"不妥。"子女"即儿子和女儿,显然不能指一个人。如何晓只有一个孩子,男的则称"儿子",女的则称"女儿",怎能笼统称"子女"?如何晓已有一男一女,则可称为"一双子女""一对子女"。或许作者未弄清何晓孩子的性别,那干脆将"子女"改为"孩子"即可。

4."扶正"—"误区"

《用爱心扶正精神误区——记北京市天桥医院中医精神病专家李主任》(《文摘报》第1708期,第1722期)

点评:题目令人费解。其一,"误区"即较长时间所形成的某种错误认识或错误做法。"精神误区"岂不是指精神病人自身的错误?这与文章内容不符。其二,"扶正"应是治疗方面的。即李医生总结的用"扶正祛邪,开窍醒脑"治疗精神病的方法。从语法上看,"扶正"已是动宾结构,不必带宾语。其三,"扶正—误区"讲不通。"误区"是形象而非抽象的词语(类似的还有"禁区"等),一般应用"走出",如《文摘报》第1725期就刊登过《走出治疗失眠抑郁症的误区》一文,题目就很准确。不过,即使将"扶正"改为"走出",也还不行,因为"走出精神误区"从字面上理解还是指病人而非指医生。所以,"治疗"两个字不可少,"治疗某某病的误区"与"走出"搭配才准确。

5."渗漏"—"疯牛病"

《牛尸堆不密封 渗漏疯牛病》(《羊城晚报》1999年8月23日)

点评:这则消息讲的是"由于英国目前还在使用的一些存放牛尸体的垃圾堆不密封,一些染有疯牛病病毒的致命废物可能正在污染到环境中"。原来,"渗透"("渗漏")的是废物而不是病。题目却变成"渗漏疯牛病",自然不妥。"渗漏"本指液体或气体慢慢地透过或漏出,用作比喻义则多指抽象事物;"病"则是一种状态而非物质,一般用"染上""传染""流行"等。其实,这些牛尸堆渗漏的是"致命废物"或如文末所说的"遭污染的垃圾",而不是"疯牛病"。题目或许是为求对称、简洁,以致搭配失当。其实,如仍用"渗漏"则应是"致命废物"或"遭污染垃圾";如要点明"疯牛病"则应是"将复发"或"(病毒)将肆虐"等为好。

"吾翁"
及其他

孟 佶

《姑苏晚报》1997年6月30日的一条新闻标题为"香港回归日　家祭告吾翁(肩题)　林则徐后裔福州慰英灵(主题)"。肩题显然是想化用陆游的《示儿》诗句"王师北定中原日,家祭毋忘告乃翁",然而有弄巧成拙之嫌。

问题出在称谓词"吾翁"上。"翁"诚然有一个义项用于对年长男子的敬称,但"吾翁"则表示领属关系,义为"我的或我们的父亲",这是"翁"的又一个义项,专指"父亲"。陆游所说的"乃翁",意谓"你们的父亲";诗题已经表明"示儿",于是"乃翁"便成了自指。上引新闻题中的"吾翁",照字面看,只该是"我的(或我们的)父亲"。《史记·项羽本纪》载,秦末,项羽、刘邦均举兵反秦,他们又争战不已,刘父为项羽所俘,项派人对刘邦说:"今不急下,吾烹太公。"刘答:"吾翁即若翁,必欲烹而翁,则幸分我一杯羹。"他们曾"约为兄弟",故有"吾翁即而翁"之语。所言"吾翁""而翁",就是"我的父亲""你的父亲"。再看上引新闻标题,完全是编者(拟题者)的口吻,"家祭告吾翁"岂非成了编者家祭时以此告慰编者自己的"吾翁"?当然编者也可以"家祭告吾翁",但电讯里却是林公则徐的后裔在祭告;今之家祭者当是林则徐的五世或六世孙,他们也决不会称高祖为"吾翁"。陆游诗以"示儿",所以说"家祭毋忘告乃翁",而林氏后人家祭,则无论设祭者还是新闻题制作者都说不上"告吾翁";改为"告先人"庶几可通,盖"先人"既可指祖先,亦可指昔贤;若必欲与陆游诗同韵,则改为"告先公","先公"亦泛指祖先,且不限于自己的祖先,如曹操《春祠令》:"今有事于庙而解履,是尊先公而替王命,敬父祖而简君主。"汉时上朝须解履(脱鞋),有祭事于家庙也有人解履示敬,这是尊先公而更改王命,敬父祖而简慢君主,曹操此语是就旁人而言,所说的"先公"自然是别人的祖先。

"亡命" 不是 命亡

章锡良

"女儿亡命日本　母亲获赔六百万"是2000年5月12日《姑苏晚报》上的新闻标题。初读标题，感到十分奇怪：女儿逃亡，母亲怎会获赔巨款？再读内容，才知是女儿在日本遇车祸死亡，获得赔偿。

"亡命"系常用词，有其特定含义。一是指逃亡；流亡。二是指不顾性命。没有"丢掉性命"的意思。前一含义的来历，其说有二：一是说"亡"是"无"的意思，"命"通"名"，即"名籍"，"亡命"就是脱离名籍而逃或因逃而削除名籍。而另一说，也是指"命"通"名"，不过此"名"是"罪名"，因已被定罪而逃亡。总之，沿用至现代，在汉语中"亡命"一词常指"逃亡"。如郭沫若《洪波曲》第十一章三："大革命失败后，我到日本去亡命。"郭沫若当时并没有在日本丧命。

让人纳闷的"连篇累牍"

赵贤德

偶然翻阅哈尔滨市委主办的《学理论》1997年第1期，在第47页上看到这样一句话："中国十大杰出青年的报道连篇累牍，读者却对一个'平常英雄'格外关心。"看到"连篇累牍"这个词，我心里沉了一下，怎么能用这个词。打我记事起，这个词似乎一直带贬义色彩。莫非现在这个词贬义褒用了。我好生纳闷。

牍，古代写字的木片。"连篇累牍"，形容篇幅很多，文章冗长。翻了

"伏法"不可滥用

陈麒章

1999年9月8日,《北京晚报》报道,法院对几名窝藏包庇杀害邹竞蒙的罪犯的人,分别判处有期徒刑6个月至6年不等。新闻标题却说"抢劫杀害邹竞蒙案又出新闻——6名窝藏包庇罪犯者伏法"。

无独有偶。1999年12月1日《北京青年报》报道澳门的法院判处澳门黑社会头目、绰号"崩牙驹"的尹国驹及其几名党羽有期徒刑5年6

个月至15年不等。标题为"崩牙驹伏法前后"。

这两个新闻标题上的"伏法"一词,明显是用错了,按《现代汉语词典》《辞海》《新华词典》《辞源》"伏法"条均作因犯法而被处死解,无一例外。上述两案罪犯罪不致死,所以只分别被处以年限不等的有期徒刑,怎能说是"伏法"呢?

翻《常用典故词典》,《隋书·李谔传》:"连篇累牍,不出月露之形";《宋史·选举志二》:"寸晷之下,惟务贪多,累牍连篇,何由为妙?"看一看《中国现代文学发展史》,其中第20页,有这样一句话:"貌似折中,实则处处以封建贵族的态度,攻击白话文卑陋低下,并连篇累牍攻击新文化运动和文化革命。"翻一翻英国政论家查尔斯·詹姆斯·福克斯的《论拒绝与波拿巴谈判》,其中开头

一句话:"今晚我们听到连篇累牍的抨击波拿巴的最尖刻的言辞,抨击他的一切行为,抨击他用不道德手段夺取执政权。"

由此观之,古今中外,似乎还没有发现这个词褒用的现象。中国十大杰出青年乃十二亿中国人精华的精华,对他们的宣传、报道只要属实,无论怎样,笔者认为都不算过分,怎么能说连篇累牍呢?但愿是编辑先生疏忽而已。

"西装革履"的词性

李志壮

《飞碟探索》的一篇文章有这样一句话:"他穿着一身灰色笔挺的西装革履。"先勿论"灰色笔挺"两词对"西装革履"修饰得正确与否,只看该句的主干部分"他穿西装革履",就出现了成语误用的问题。

记得在教茅盾先生的《风景谈》一文时,练习中有一道题要求选出成语使用不正确的一项。其答案确定为D,即"他穿着西装革履,看起来斯文得很,其实内心比谁都肮脏"一句中的"西装革履"。对这一答案学生分成两派,一派赞成,一派反对。赞成派只是感觉到"西装革履"不能这样用,至于为什么却说不清。反对派却振振有词:"西装即西服,革履即皮鞋。动宾搭配,表意明确,有什么不对?"

我发动他们查找工具书,赞成派终于找到了理论根据。在韩省之主编、新世界出版社1989年出版的《中国成语分类大词典》中有如下的解释:"西装革履——身穿西装,脚穿皮鞋。"并举了例子:"……(朱骞)西装革履,状颇英俊。"例句出自郑逸梅的《南社丛谈·南社社交事略·朱谨侯》。西装传入我国,为国人所接受,大致在清朝国门被打开之后,故这个成语产生的时间也只有百年左右,而南社是一个成立于1909年的文学社团,距今也将近百年。因而可以推断出"西装革履"这个成语从其产生就由名词活用作动词,具有动词的性质,并作为一个成语沿袭相传,到现在仍以动词性短语来加以使用,这在《风景谈》中可以找到佐证:"我们都曾见过西装革履,烫发旗袍高跟鞋的一对……"很明显"西装革履"是穿着西服皮鞋的意思。

故而"西装革履"应作为一个具有动词词性的成语加以使用,否则,即使"穿着西装革履"也不尽潇洒。

客人说

（一）

今年五一节，在本地书市上买到一册贵刊去年的合订本。信手一翻，大吃一惊：封面、扉页上贵社的名称丢了一个"化"字，成了"上海文出版社"；明明是平装本，版权页上印的却是"精装本"字样；而且用纸太次，字迹模糊。如今盗版书横行，莫非有人打起你们的主意来了？

河北省社科院　赵成章

（二）

本人每年既订单行本，也买合订本。单行本可以先睹为快，合订本则便于查检。但买到1998年的合订本时，却让我满腹狐疑。封面要目中，"毛泽东"竟成了"手泽东"，前勒口上，"蹒跚学步"成了"蹒珊学步"。贵刊一向以严谨、认真著称，出现如此"硬伤"，未免令人大跌眼镜！

浙江平湖　田跃东

（三）

闲逛本市书店，见有一册内蒙古出版社出版的《咬文嚼字》"五年精华本"出售，不禁喜出望外。贵刊创刊以来，我就成了忠实读者，一本不缺，但还是毫不犹豫地买下了"精华本"。可稍稍一翻，便感到不对劲：封面和扉页的书名不一致，一是"精华本"，一是"精华"；目录中有"麦荣邦画"，正文中却不见踪影；至于错别字，简直俯拾即是。我中了盗版的"招"了吧。

山东济南　孔绍林

（四）

本人从书摊上购到贵刊的精选本。原以为是贵社出的。翻阅正文，错误极多，方知是盗版。这当然是件恼人的事，但我劝诸公息怒，因为这在客观上也为贵刊作了宣传，似不必把精力放在效果难以预料的"打盗"之中。

山东潍坊　陈福季

感谢各位提供的情况。可以明确告诉各位：你们买的都是盗版本。中国根本没有"内蒙古出版社"。陈福季先生宽慰我们，其情可感；但反盗版是出版人的责任，我们将敦请并配合有关部门采取行动。本刊全体同人一向以读者利益为最高利益，无论是单行本、合订本、精华本，都决不会粗制滥造；精华本至今未推出，正是为了提高编选质量。望读者朋友注意识别。

编者

向你挑战

寻找漏洞

童 明设计

编者按

本刊和北京电视台"星星擂台"节目组共同组织了一次智力竞赛活动,上两个月已在播放。其中有一批"咬文嚼字"题目,现选刊一组,供读者朋友思考:下面十句话中,每句都有漏洞,你能一一指出来吗?答案见下期。

①他的手机就像鱼一样小。

②只要努力学习,是完全可以避免少犯一些这类错误的。

③蜜蜂每酿造一斤蜜,大约要采集50万朵的花粉。

④五位同学们,现在回到班上去吧。

⑤五一节那天,朝霞万丈,晴空万里,我们来到了天安门广场。

⑥该厂产品畅销全国200多个省市。

⑦现在由北京队获得发角球。

⑧主队队员们在下半场有所起色,积极进攻。

⑨出租汽车管理处已决定拟取消这名司机的营业资格。

⑩与商场交涉未果,5月下旬,三位顾客状告法院。

《成语填字》参考答案

①一五一十、一心一意、一字一板、一张一弛、一言一行、一朝一夕、一颦一笑、一唱一和、一举一动、一饮一啄;②大手大脚、大彻大悟、大吹大擂、大吉大利、大仁大义、大是大非、大恩大德、大摇大摆、大模大样、大慈大悲;③无法无天、无休无止、无穷无尽、无边无际、无声无息、无拘无束、无时无刻、无忧无虑、无依无靠、无缘无故;④不三不四、不偏不倚、不卑不亢、不伦不类、不折不扣、不知不觉、不屈不挠、不衫不履、不闻不问、不骄不躁;⑤有血有肉、有板有眼、有声有色、有条有理、有始有终、有胆有识、有凭有据、有典有则、有枝有叶、有情有义;⑥自由自在、自生自灭、自吹自擂、自私自利、自作自受、自言自语、自怨自艾、自给自足、自高自大、自暴自弃。

明年星光灿烂

——"众矢之的"2001年战斗计划

明星写书，成了一道文化风景。它展示出明星多方面的艺术才华，也丰富了我们的精神生活。由于明星在社会上具有特殊的号召力，他们的书一般都能"热卖"，对读者自会产生非同寻常的影响。因此出版社理应格外重视这类图书的编校质量。去年年底，《编辑学刊》曾和本刊联合对明星图书作过一次抽查。现应读者要求，"众矢之的"专栏2001年将把明星图书作为主攻目标，请新老"射手"立即投入战斗。

十二本明星图书排列如下（按明年本栏第1—12期刊登次序）：

赵忠祥《岁月情缘》

倪 萍《日子》

姜 昆《笑面人生》

王景愚《幕后》

白岩松《痛并快乐着》

侯耀华《倒霉必读》

王 姬《我的世界》

杨 澜《我问故我在》

敬一丹《一丹随笔》

水均益《前沿故事》

赵 青《我和爹爹赵丹》

周冰倩《真的好想你》

美丽打折

ZHAOWEI

ZHENG

这 是一张广告明信片。知名的品牌，加上香港影星关之琳的玉
照，真可谓珠联璧合。然而短短的广告词中居然错了三个字。"班点"
无疑当为"斑点"。"变淡"误作"娈淡"，变、娈外形相似，读音和
意义大不相同。"娈"音luán，有"相貌美"的意思。"娈淡"即"美
的相貌变淡"，化妆品竟使美丽打了折扣。"晶莹"误作"晶莹"，莹
者，坟地也，肌肤如果像坟墓一样阴暗，岂不可怕！

徐舫

SK-II 浄白精华 Whitening Essence

"均匀·净白，连斑点都变淡了，
肌肤当然晶莹剔透！"

SK-II

ISSN 1009-2390

08>

9 771009 239005

刊号：CN31-1801/II　国内代号：4-6

定价：2.00元

上海文化出版社

YAOWEN JIAOZI

咬文嚼字

字

第 9 期

店名之谜

再来请你认一次字:"富田商场"的"富"字念什么? 有人说商场是日本人开的,"富"是个日本汉字;也有人说本是"富"字,上面一点给风吹了。可以告诉各位:这家商场没有任何日本背景,而且开张那天用的便是"富"字,这到底是一个什么字?下期告诉你。

潘 扬 供稿

《何为"信合"》解疑

"中国信合",既不是电信部门,也不是信息部门,而是"中国信用合作总社"的简称。堂堂国家机构,对自己的称谓似应考虑得更加周密一点。

"出工"和"出恭"

冯天生·文
麦荣邦·画

据某报载,一病人到医院看病。大夫问病人:"您每天按时出恭吗?"病人深感奇怪,干吗看病还问是否"按时出工"呢?照实回答,已经几个月没有"出工"了。大夫大惊失色,一个活着的人,怎么能几个月不"出恭"呢!大夫接着问:"您不觉得难受吗?"病人说:"怎么不难受,有什么法子呢,下岗了没有找到工作。"大夫恍然大悟,他的"出恭"同病人的"出工"是两件根本不同的事。其实,早知有这种误会,何不用生活中的大众词语"大便"呢!

咬文嚼字

2000 年 9 月

第9期

（总第69期）

出版：上海文化出版社
编辑：《咬文嚼字》编辑部
电话：021 - 64372608 - 205
邮购电话：021 - 64372608 - 251
地址：上海市绍兴路74号
邮政编码：200020

发行：上海市邮政局报刊发行局
订阅处：全国各地邮局
国内代号：4 - 641
国内统一刊号：CN31 - 1801/H
电脑排版：
上海艺文激光电脑排版厂
印刷：上海翔文印刷厂
广告业务：
上海文艺广告传播中心
电话：021 - 64431400
广告经营许可证：沪工商广字
3101034000029号
定价：2.00元

目　录

顾问 胡裕树 张 斌
濮之珍

主编 郝铭鉴

编委 李玲璞 何伟渔
陈必祥 金文明
姚以恩

特约编委
汪惠迪(新加坡)
林国安(马来西亚)
田小琳(中国香港)

责任编辑 韩秀凤
发稿编辑 唐让之
黄安靖
责任审读 郦仁琰
封面设计 官 超
特约校读 王瑞祥

注意语词的场景意义

王圣民

有一位老人去当地储蓄所存钱，刚开口，储蓄所的工作人员就问："要死还是要活？"

老人一下子反应不过来，工作人员倒也耐心，提高声音又问："你要死还是要活？"

老人听清楚了，但并没往银行专业知识方面反应，而是照着这话的字面意义反应了。这一反应，脸也红了，气也急了，话也说不顺。

双方的争吵不可避免。老人钱也不存了，回家后气得夜里睡不着觉；那工作人员挨了批评，扣了奖金，心里自然怨气十足。储蓄所业务种类多，顾客多，一忙，说话就"简单明了"，"活期储蓄"简称"活"，"定期储蓄"相对而言就称"死"。这么叫了多年，顾客虽听懂了，但意见不少。今天可巧遇上老人，就是听不懂，事情便闹大了。

在这里，我们可以讨论一个问题，那就是在交际场合中，我们都应注意自己语言的特定意义，更应该培养一种注意语词场景意义的好习惯。

所谓场景意义，是指一个词在特定的交际场合会给交际的一方（通常是指受话人）带来某一特定的作用与效果。

我们举个例子。

1988年，全国大范围旱灾，受灾农民盼着老天普降甘霖。在收听每天的气象台预报时，农民一听到"天气晴好"就火冒三丈，十分反感："好！好！再好下去颗粒无收。"这个例子虽然特殊了点儿，但它说明一个词在某一特定的场合会具有某一特定的效果。在刚才那个特定环境里，"好"便是"不好"。

有个杂志组织一次测试，对象

9—4

是准爸爸、准妈妈。其中有这么道题：

"对于(未来将要出生的)孩子的性别，你愿意取下列哪种情况：(1)男孩；(2)女孩；(3)无所谓。"面对这道题，未来的爸爸妈妈们对第三个选择项提出了异议：孩子诞生了，无论男女都喜欢，怎么可能是无所谓呢？

细细分析，这"无所谓"的提法与对孩子的爱心有一种难以觉察的冲突。

这两个例子多少表明了，在言语交际活动中，对语词的选择应该考虑到对方的心理。这一点对于整个交际活动的成功会产生很大的影响。如若不注意，随随便便拈来，就可能在听话人心里产生不愉悦的反应，甚至伤害对方的感情。

比如吧，世界范围内按经济实力来划分的话，某些是"发达国家"，而它的对应说法应该是"不发达国家""落后国家"。但现在，我们只是如实地指称前者，而对于后者则拐弯抹角地选择了另一个词"发展中国家"。

我们如此小心翼翼地选择语词，固然是为了不伤害对方，但随着社会文明程度的提升，我们更愿意为了表达自己的爱心而精心选择语词。

半个多世纪以前，我们称某些人为"残废人"，这些人心里非常哀伤，他们觉得自己虽然残了，但并不废呀。慢慢地，这个词被淘汰了，取而代之的是"残疾人"。而在某些国家，这个词也被淘汰了，取而代之的是"身体不自由的人"。聋子被称为"听觉不自由的人"，盲人则是"眼睛不自由的人"，跛腿则被称作"下肢不自由的人"。

当我们这样称呼时，就不会伤害一个向往"自由"的人的自尊了。

当我们采用这样的语词时，我们更是展示了自己美好的情感。

在现代社会里，一个生命对另一个生命的尊重、体贴是最美好的情感，慧于心则秀于言。

"笼的传人"

语丝

顾 豪

电影艺术家谢添，虽已年过八十，但精神矍铄，说话风趣。一次，天津狗不理包子铺请他题字，他写的是："笼的传人"。这四个字既切题又幽默，和"狗不理"的店名相映成趣。

词序颠倒的魅力

曾国藩也许可算个语言大师。报送朝廷奏折中的"屡战屡败",他改为"屡败屡战",就语言论语言,堪称神来之笔。屡战屡败,是无用的废物;屡败屡战,则是英勇的斗士。词序颠倒的魅力由此可见一斑。

词序颠倒是一种常见修辞手法。我国古代有一句诗"非人磨墨墨磨人",后三字中"人"与"墨"颠倒了一下,把时间易逝人易老的道理讲得十分形象而触目惊心。马克思的名言"批判的武器不能代替武器的批判",将"批判"与"武器"颠倒了一下,精神不能代替物质的哲学原理表达得贴切而又深刻!据说二次大战时,有人问英国首相丘吉尔,大战开始收尾了吧,他说:"不是收尾的开始,而是开始的收尾。"回答得俏皮而又准确,一时传为名言。

生活中,人们常巧妙地运用词序颠倒,以加强表达效果。俗语"今天工作不努力,明天努力找工作",流传甚广。报刊编辑为了使自己的出版物夺人耳目,更是使出浑身解数。《上海小说》:"是名家写的好看小说,非名家写的看好小说。"《海上文坛》:"大众文化精品化,精品文化大众化。"《买卖世界》:"看《买卖世界》,做世界买卖。"为了吸引读者,编辑挖空心思在新闻标题上做文章。1998年12月17日《文汇报》报道谢晋住院,标题是:"玩命"玩进了医院,进了医院还"玩命",将谢晋忘我的工作精神表达得独特而醒目。1998年11月9日《文汇报》针对老百姓有了冤屈就找"焦点访谈"节目,以至中央电视台门前排起长队一事,发表了文章。标题是"'焦点访谈'说客盈门",比较平实。而同日《新民晚报》转载时,标题改为:"'焦点访谈'成了'访谈焦点'",新颖,独特,使人眼睛一亮。

"绰号"趣谈

崔成前

"绰号"也叫外号,古已有之,并非新生事物。古代的绰号中含有丰富的文化内涵。绰号有自己所起和他人命名两种形式,一般而言,自己所起,蕴涵丰富而含蓄;他人所命,嬉笑怒骂、诙谐幽默。历史上许多名人都有一个有趣的绰号,而绰号也使历史名人更富个性化特征。现代著名学者袁庭栋、刘大白对此都有过专门的研究。

绰号最早见于汉代,如严延年、郅都、董宣是三个酷吏,他们用法严酷,世称之为"屠伯""苍鹰""卧虎";杨震因为博学,而被人尊称为"关西孔子"。

绰号的产生,有多种由头,如从形貌方面看,汉代贾逵因身高头长,被称为"贾长头";唐代温庭筠因容貌丑陋,被呼作"温钟馗"。从举止方面看,西汉甄丰喜欢夜间谋议,人称"夜半客"。从行为方面看,东汉崔烈以500万钱买官,人称"铜臭"。从爱好方面看,南明弘光天子喜欢用蛤蟆制药,丞相马士英喜欢斗蟋蟀,因此得到蛤蟆天子、蟋蟀相公的绰号。从著作方面看,唐代杨炯被称为"点鬼簿",是因为他好用古人姓名;骆宾王被称为"算博士",是因为他诗中多用数字做对子。从学识方面看,明代的程济因博学而获"两脚书橱"的雅号。从谈吐方面看,唐代窦巩因口讷、不善言辞被时人讽为"嗫嚅翁";南宋赵需担任了谏议大夫之职却大谈禁杀鹅鸭,被讥为"鹅鸭谏议"。如此等等,不一而足。

值得注意的是,在绰号中还有一类很有意思的现象,这就是群体绰号。如宋代的丁大全、陈大方、胡大昌同时担任谏官,本应积极进谏,指斥时弊,但他们却明哲保身,不敢进言,时人讽刺其为"三不吠犬",形象至极。明代刘吉、万安、刘珝三人位至宰相,却碌碌无为,饱食终日,无所成就,时人嘲称他们为"纸糊三阁老",爱憎之意,一目了然。

千万买部好字典

雁寒

"无错不成书"原以为是戏言,如今却是事实,书报刊语言混乱,错别字泛滥成灾。一张全国很有名气的晚报,头号字标题竟把"抓阄"错成"抓阉",文内把"服刑人员"错成"伏刑人员","就范"错成"就犯"……诸如此类不该错的错别字,几乎天天可见。对成语望文生义或一知半解,已成为多见少怪了。

自古就有"校雠难"之说,但时下书报刊的错别字并非全出于校对的未察,原稿本身讹误很普遍,若编辑又学识有限,那么,想出一本"没有错字的书"几乎成了"天方夜谭"。

解决此问题的良方,大学问家胡适先生数十年前早就开出,只不过许多作者、记者和编辑未必知晓,或知道而认为道理简单得不屑一顾罢了。胡博士在一篇题为"胡说"的杂文中曾说:"我常对我的翻译班学生说:'你们宁可少进一年学堂,千万省下几个钱来买一部好字典。那是你们的真先生,终生可以跟你们跑。'

"我又常对朋友说:'读书不但要眼到、口到、心到。最重要的是手到。手到的功夫很多,第一紧要的是动手翻字典。'

"我怕我的朋友和学生不记得我这句话,所以有一天我编了一支《劝善歌》:

"少花几个钱,
多卖两亩田,
千万买部好字典!
它跟你到天边;
只要你常常请教它,
包管你可以少丢几次脸!"

胡适先生"千万买部好字典"的"胡说",实在是至理名言。

语丝

『正』与『卅』

陈永波

选举时,常常用画『正』字的方法计票。美国人计票也是五笔一个单元,并且这五笔画出来恰恰就是另一个汉字,那就是卅字:『卅』读×(戏)『四十』的合音。

目标:余秋雨,放!

——2000年第九号战报

编者按

　　本期目标是余秋雨先生。就编辑部收到的稿件来说,相比于前面几位作家,本期是最多的。究其原因,一是因为余先生的著作始终是市场销售热点,发行量大,读者面广,这就为写稿创造了前提条件;二是因为这几年来,余先生其人其文,已经成为一种文化现象,备受社会关注,写稿也是一种关注方式;三是因为不少读者对余先生的文字十分喜爱,即使发现白璧微瑕,他们也会感到遗憾,张弓搭箭正是想帮助余先生达到尽善尽美的境界。

　　余先生的学术生涯,从戏剧理论入手,进而美学,进而大文化,而且学术与创作并举,这些年来的"文化大散文",在散文创作中别开生面,贡献卓著。余先生不仅读万卷书,而且行万里路,足迹遍及内地、港台、东南亚以至世界各地。这就使他的文字具备了"思接千载""视通万里"的特点,丰富,开阔,跌宕生姿,文采斐然。然而,智者千虑,必有一失。即使聪明如余秋雨,也不是万宝全书,笔下出现一些疏漏,是完全可能的,也是可以理解的。

　　余秋雨先生曾为本刊写稿,为自己的作品辩护,当他读到本期文章时,一定会首先感受到读者的热情,当然,他仍拥有辩护的权利,本刊也一如既往地欢迎作家"反击"。

"专程"和"籍贯"两疑

《山居笔记·天涯故事》："一八八七年五月，海南岛文昌县昌洒镇古路园村回来一位年轻的华侨，他叫宋耀如，专程从美洲赶来看看思念已久的家乡，每天手摇葵扇在路口大树下乘凉，很客气地与乡亲们聊天，住了一个多星期便离开了。后来才知道，这是他在操办人生大事前特到家乡来默默地请一次安。他到了上海即与浙江余姚的女子倪桂珍结婚，他们的三个女儿将对中国的一代政治生活产生重大影响。"

读了这段文字，有两个疑问：

第一，宋耀如是"专程从美洲赶来"的吗？恐怕不是。据《虹口区志》(上海社会科学院出版社，1999年版)，宋在美国田纳西州万特比尔神学院学习神学，1885年加入中华监理会，1886年已奉派到上海传教，先任试用传道，两年后任正式传道。另据《宋氏家族第一人》(北方文艺出版社，1980年版)，宋耀如在回海南前，已经与倪桂珍在嘉定举行了订婚仪式，再从上海回到离别了二十多年的故乡。可见，说宋耀如是"专程从美洲赶来"，似与史实不符。

第二，倪桂珍是"浙江余姚的女子"吗？恐怕不是。据《川沙县志》(上海人民出版社，1990年版)，"倪氏其先安徽桐城人。清康熙五十年(1711年)受《南山集》株连，被遣至浙江，遂于鄞县海滨业渔。尝至川沙白龙港外海中捕鱼，船遇台风覆没，举家脱险就岸，即务农。自此，定居于川沙城东北侧，后称倪家宅。至倪为堂已不知几世矣。"倪为堂为倪桂珍祖父。倪桂珍出生于1869年，离其祖先自安徽迁浙江已有一百五十八年之久。她的原籍该是何地呢？是安徽桐城，还是浙江鄞县呢？至少，说倪桂珍是"浙江余姚的女子"有点勉强吧。查《余姚市志》(浙江人民出版社，1993年版)，也并无倪桂珍及其祖上的记录。

(曹亮)

何来《五经世学》

余秋雨先生在《文化苦旅·风雨天一阁》中，将明代书法家丰坊同天一阁主人范钦作了一番比较，他说：

与范钦很要好的书法大师丰坊也是一个藏书家，他的字毫无疑问要比范钦写得好……他在其他不少方面的学问也超过范钦,例如他的专著《五经世学》,就未必是范钦写得出来的。

丰坊什么时候写过《五经世学》这样一部"专著"?我查遍了有关的文献和手头所有的书目工具书,都没有找到。所谓"五经",按传统的理解,就是儒家的易、书、诗、礼、春秋五种经典。据《四库全书总目》所收的丰坊著作,其书名中有"世学"字样的一共只有四部,即《古易世学》《古书世学》《鲁诗世学》和《春秋世学》,偏偏缺少一部专治礼经的"世学"。如果余先生把这四部各自独立成书的著作合说成《四经世学》,尽管也不够确切,但还可算不太离谱。因为易、书、诗、春秋确实是四部经书。现在不知出于什么原因,竟硬给添入了本来并不存在的一经,堂而皇之地称之为《五经世学》。

问题还不止此,余先生还就丰坊和范钦的学问高低作了比较,明显地扬丰抑范,理由是丰坊写出了"专著《五经世学》"。那么这些专著的学术价值如何呢?我们不妨看看《四库全书总目》对它们的评断:

《古易世学》提要说:"坊平生喜作伪书,于诸经皆窜乱篇第,别为训诂,诡言'古本'以欺世,此其一也。"

《鲁诗世学》提要说:"其书变乱经文,诋排旧说,极为妄诞……伪书之贻害于经术者,甚矣!"

《春秋世学》提要说:"是书自称即其先世宋御史中丞稷(丰坊远祖丰稷)之《案断》而为之释义,故曰《世学》。然'案断'之名,宋人书目及《宋史·艺文志》皆不著录,向来说《春秋》者亦所未闻,其伪盖无足辨也。"

在《古书世学》提要中,编者更征引《日知录》、《明英宗实录》等学术名著及文献资料,对此书大量作伪的内容逐条进行了有力的批驳。

总之,这四部所谓"世学"的著作,都是思想上毫无新意、学术上妄诞欺世的伪书,哪里算得上什么真正的"学问"!范钦没有这类著作,其实是他不愿写,不屑写,余先生也许没有看过这四部"世学"的原文,才赞赏丰坊学问高明的吧。(封常曦)

《荔子碑》的书写者是谁

《文化苦旅》中收有《柳侯祠》一文,记述游柳侯祠所见:"挡眼有石塑一尊,近似昨夜见到神貌。石塑底座镌《荔子碑》《剑铭碑》,皆先生手迹。……"

"石塑"一词,似欠斟酌。塑、雕、刻是雕塑这一造型艺术的基本手法,但"塑"只适用于各种可塑材料,如黏土、面团等,而石料、木材、金属等非可塑材料,则只能"雕"或"刻"。从平时说的"泥塑木雕"便可看出它们之间的区别。这点且按下不表,笔者想问的是,《荔子碑》真如余先生所说是"先生"即柳宗元的"手迹"吗?

柳侯祠原是罗池庙。罗池庙建于柳宗元死后两年的唐长庆元年(公元821年)。280年后,赵佶继位成为北宋第八位皇帝——宋徽宗。在政治上宋徽宗昏庸无能,在艺术上却是才华横溢。宋徽宗注重保存文化遗产,极力搜罗艺术人才。罗池庙改为柳侯祠就是在宋徽宗追封柳宗元为文惠侯之后。

柳侯祠内的《荔子碑》,其实是韩愈著文写柳宗元的事迹,后由宋代苏轼手书而刻碑的。韩、柳、苏在我国文学史上同属"唐宋八大家",是唐宋古文运动的中坚,对后世散文的发展产生了积极而深远的影响。《荔子碑》系"韩文柳事苏书",历来传为佳话,素有"三绝碑"之称。上海辞书出版社《中国名胜词典》"柳侯祠"条目下就有这样的介绍:"祠内有柳宗元手书《龙城石刻》,韩愈著文苏轼书的《荔子碑》和元刻柳宗元画像等碑石甚多。" （封培定）

漂流岂能"逆水"

《〈霜冷长河〉自序》中有一段叙述,让人有点摸不着头脑。作者说,黑龙江边有一大群作家要陪他漂流,于是"他们选了一段,从黑河出发,先向东,到著名的瑷珲,再向西,到呼玛,最后回黑河,也是好些个日日夜夜"。

笔者曾在黑河居住多年,自信比秋雨先生更了解黑龙江。漂流,由黑河出发到瑷珲,这当然没错,因为是顺流,瑷珲距黑河也不过百里之遥。而"再向西,到呼玛",这段漂流则是不可能的。因为所谓"漂流",都无外借动力,黑河到呼玛是逆水,怎么漂得到呢?硬要漂的话,只能漂到比瑷珲更远的下游,绝对到不了距黑河八百华里的上游县城呼玛。

也许是余先生在表述上出了点问题,他们是从黑河出发,先向东,到著名的瑷珲,然后乘车向西到呼玛,从呼玛再漂到黑河。当中一段是乘车不是漂流。不知余先生的行迹是否如此。

（王冬严）

"未免"应是"未必"

余秋雨先生在《一个王朝的背影》一文中，谈及亲政不久、稚气未脱的少年郎康熙竟然眼盯着两个庞然大物——权倾一世的鳌拜及远处边陲拥兵自重的吴三桂。他说："平心而论，对于这样与自己的祖辈、父辈都有密切关系的重要政治势力，即便是德高望重的一代雄主也未免下得了决心去动手，但康熙却向他们，也向自己挑战了……"

上文中"未免"一词应该改为"未必"。"未免"释义之一是"免不了"的意思。"未免下得了决心"，等于说"免不了下得了决心"。作者这段话的原意本来是想把康熙与即便是一代雄主的人物作对比，以显示康熙的果敢与坚强。如果德高望重的一代雄主也"免不了"下得了决心去动手的话，英雄所见略同，那就失去了对比的意义，岂不和原本想要突出年轻有为的康熙的气魄与业绩的意图相违背？

"未必"的意思相当于口语"不一定"，是表示否定的较委婉的说法。如唐·陆龟蒙《吴宫怀古》："吴王事事堪亡国，未必西施胜六宫。"就是说吴王的亡国并不是由于西施的蛊惑而是由于他自己的恶行。把上文句中的"未免"改为"未必"则原句便成了"即便是德高望重的一代雄主也未必下得了决心去动手"。一代雄主不一定敢采取的行动，康熙却毅然采取了并获得了成功，这就进一步证明了康熙非凡的眼光和才干。

（辛南生）

狼 山 两 误

狼山在哪里？余秋雨先生在《狼山脚下》一文中说："狼山在南通县境内，并不高，也并不美……"据笔者所知，南通古称通州，至清雍正二年，为区别于河北通州，改称南通州。1912年废州称县，即称南通县。1949年2月南通解放，南通城区，以及唐闸、天生港、狼山及近郊成立南通市。可见，准确的说法，狼山在南通市境内。

狼山顶上有一副石刻对联，据余秋雨文中所述，这对联的内容是："登高一呼，山鸣谷应；举目四顾，海阔天空。"笔者从小在南通长大，至今登狼山不下二十回，狼山上的这副对联可谓历历在目，印象深刻。我记得对联上的内容是："长啸一声山鸣谷应;举头四顾海阔天空。"余引至少错了四字。是否另有异文?我也查了一些楹联书籍如《中国名胜对联》等,均如此记载,一字不差。也许,余先生行文时是凭记忆随手写下的吧。 **(朱建铭)**

从《淮南子》说到《易经》

余秋雨先生引经述史,偶尔也会因为转引而致疏漏。比如《脆弱的都城》:"《淮南子·原道训》说:'鲧筑城以卫君,造郭以居人,此城郭之始也。'可见中国最早的城郭的建造主要是想达到'卫君'和'居人'这两项目的。"

打开《淮南子·原道训》,从头到尾,一读再读,却找不到"卫君""居人"这段话。据笔者所知,它出自《吴越春秋》:"鲧筑城以卫君,造郭以居人,此城郭之始也。"同余文所引一字不差。然而今本《吴越春秋》却未载此语,这段佚文被录存在《太平御览》卷一百九十三中。

又如《风雨天一阁》:"天一阁之所以叫天一阁,是创办人取《易经》中'天一生水'之义,想借水防火……""天一生水"同样并非出自《易经》,而是《书经》中的孔颖达疏文。

《书·洪范》:"五行,一曰水。"孔颖达疏:"《易·系辞》曰:'天一,地二,天三,地四……'此即是五行生成之数。天一生水,地二生火……此其生数也。如此则阳无匹,阴无耦,故地六成水,天七成火……于是阴阳各有匹偶,而物得成焉,故谓之成数也。"

"天一生水","地六成水",一"生"一"成",才有完整的水出现,所以后人把它们合成"天一生水,地六成之"。不知是谁把它记在《易经》名下,害得余先生跟着上当。 **(黄椒)**

勾践雪耻"十年后"?

《文化苦旅》第81—82页:"先是越王勾践把吴王阖闾打死,然后又是继任的吴王夫差击败勾践。勾践利用计谋俯首称臣,实际上发愤图强,终于在十年后卷土重来,成了春秋时代最后一个霸主。"

勾践雪耻是在"十年后"吗?

据《左传·哀公元年》记载,吴王夫差败越于夫椒,越王使大夫文种求和,吴王将许之,伍员力陈不可,吴王弗听。伍员"退而告人曰:'越十年生聚而十年教训,二十年之外,吴其为沼乎!'"从吴越争霸的历史来看,公元前494年,越国被吴王夫差打败,越王勾践后来卧薪尝胆,立志报仇,于前473年灭亡吴国,中间经过了二十年。余秋雨先生缘何说是"十年后"呢?　　　　(杨光)

金圣叹哭"大明亡"?

《白发苏州》一文,谈的是明代才子唐伯虎,余秋雨先生笔锋一转,把金圣叹扯了进来。他说:"真正能够导致亡国的远不是这些才子艺术家。你看大明亡后,唯有苏州才子金圣叹哭声震天,他因痛哭而被杀。"这段文字真让我看得目瞪口呆。金圣叹哭的是"大明亡"吗?

明朝最后一个皇帝崇祯自缢,是在1644年,这时离金圣叹组织"哭声震天"的"哭庙案",还有17年呢!据清史记载,顺治十八年(公元1661年),清世祖丧讯传至苏州,金圣叹因不满知县任维初贪婪残暴,便借机与诸生倪用宾等人聚集文庙痛哭,酿成轰动一时的"哭庙案"。这与"大明亡"其实了不相干,表面上是哭顺治驾崩,实际上是哭时政腐败。金圣叹的这一举动遭到了清政府的强力镇压,巡抚朱国治指为"震惊先帝之灵",终被押解南京处斩。金才子确

"因痛哭而被杀",但他哭的并非"大明亡"则是显而易见的。

　　　　　　　　　　　(叶才林)

关于"木兰围场"

《一个王朝的背影》中,说到"木兰围场"即清代皇家狩猎场所:"康熙几乎每年立秋之后都要到'木兰围场'参加一次为期二十天的秋猎。"

史实其实并非如此。康熙自八岁登极,从康熙四年至十九年,前后15年之间,都是在北京永定门外的南苑行猎的。那时"木兰围场"尚未建立。至于围猎的时间也不是都在"立秋之后"。在这一时期里,或春蒐夏苗,或秋狝冬狩,未有定规。有时一年之内还行围两次,如康熙七年的春二月和冬十月两度幸南苑围猎。初期行围的时间长短不一,到了乾隆六年才作了规定:"每岁大狝(大规模秋猎),或十八九围,或二十围。"为期有时十八九天,有时二十天。

康熙开始幸"木兰围场"行围,是在康熙二十二年。《清史稿·礼志九》载:"康熙二十年幸塞外,猎南山。寻出山海关,次乌拉,皆御弓矢校猎。越二年(二十二年)六月,幸古

北口外行围。木兰蒐猎始此。"

余文又说:"每次围猎……先由康熙选定逐年轮换的狩猎区域(逐年轮换是为了生态保护),然后就搭建一百七十多座大帐篷为'内城',二百五十多座大帐篷为'外城',城外再设警卫。"

这一说法同样不合史实。康熙出猎,是否先由他自己选择猎区呢?不是。康熙初年,车驾行围,驻所设有护军统领营。出围前由营总率"将校先往度地势,武备院设行营,建帐殿",等一切都准备好后,康熙方始领众出猎。

至于建立"内城"和"外城"事,那是乾隆二十年才进行的。"(乾隆)二十年,更定网城,植连帐百七十五,设旌门三,分树军纛,曰金龙。去网城连帐外十许丈,为外城,植连帐二百五十四,设旌门四,分树军纛,曰飞虎。去外连帐六十丈,周围警跸。"(见《清史稿·礼志九》)总之,清代"木兰秋狝"的制度,是经过康熙、雍正、乾隆三朝才逐步完善的,不能把一切都归在康熙身上。

(黄今许)

语丝

母爱

沈耿

台湾原子核物理学家孙观汉,不但研究科学,还研究社会。他曾作过一次《我看中国女人》的讲演。在这次讲演中,他首先谈到母爱:

谈到母亲,在一首法国的诗中有这么一个故事:一个母亲宠爱她的浪子,浪子所求,无所不应。有一天浪子回家,说他的情妇要他母亲的心,母亲立刻拿了一把刀,把心挖出来交给了他。高兴的浪子提着母亲的心,狂奔去求好于他的情妇。在路上不小心跌了一跤,正要爬起来的时候,忽然听到一个微弱和挚爱的声音焦急地说:"哎哟!我的宝宝,你摔坏了没有?"

佛经中曾说,当小马长大到和母马一模一样的时候,想要辨别,只要看他们吃草时的情形。因为母马总是自己不吃草,把草推向小马的方向去,这是动物中的母爱。

大家大概都听过这句话,就是"上帝不能亲自到每家,所以它创造了母亲"。

足球场上『下课』声

童丽云

"下课"的意思人人皆知，它与"上课"——按规定的时间展开教学活动——相对，"下课"意味着教学活动告一段落，师生休息。

近年来，这一原属学校的专门用语，竟然用到足球场上去了。各种报刊有关足球的报道中，频频出现"下课"字样："浦东队兵发成都，车马未动，就先传来'陈亦明下课还要倒霍(顿)'的新闻。"(《劳动报》2000年5月17日)"等待东山再起——追踪下课后的霍顿"(《新民晚报》2000年7月4日)。

很明显，"下课"一词使用的范围变了，含义也变了，即表示足球教练的解聘、离任。说到"下课"这个词怎么会从学校走向足球界，那还得追溯到中国足球白热化的1995年。当时许多球迷已不满足于中国足球界的"现状"，而欧洲足球五大联赛却让球迷大开眼界，并学到了欧洲球迷的"疯狂"。于是在1995年甲A联赛中，我们初次听到了"下课"这个词语："足坛

再次提出了'保卫成都'的口号，球迷们也以'余东风下课'的吼声发泄心中的不满和焦虑。"(《四川日报》1995年11月21日)

从此以后，我们不时可以在足球场上听到此起彼伏的"下课"声。

在1995年以前，几乎所有的报刊说到教练不再任教时，都用"引咎辞职"或是"放下主帅教鞭"一类词语来表述。如今改说"下课"，多少让人感到其中含有些许无奈，但又不得不赞叹它用得生动、形象。人们不禁要问，到底是谁率先如此巧妙地"借用"了"下课"呢？答案是：四川人，四川的球迷们。原来，四川人早就把这一表示休息的教学用语广泛地用于生活之中，表示不想听、不想看的意愿。比如，做报告的人说得乏味无趣，他们就用"下课"表示不满，要求他下场，停止演说。还有，如果打牌时多出一人，那就轮流着打，下台的那位输家就被戏称为"下课"了。总之，凡是

"族"与"一族"

田宇贺　刘柏林

近年来,"××族""××一族"成为令人瞩目的流行词语,颇受媒体的青睐。先看几个"××族"的例句:

1. 下个世纪中叶的北京上班族,将不再会以拥有世界上最宽敞的自行车道而自豪。(《北京晚报》1997年7月24日)

2. 在自民党内,森喜朗属于"文教族"议员,历任文教部会副部会长、部会长、文教局长等职。(《解放日报》2000年4月5日)

3. 她从不相信广告里的东西,尤其是针对"高三族"的。(《新民晚报》2000年3月25日)

上述报道分别用了"上班族""文教族""高三族"。这些以"族"为构词语素的词不是汉语原有的。商务印书馆1983年出版的《现代汉语词典》第2版"族"字下没有收录这类词语,而1996年修订的第3版在"族"字第四个

不大体面的下台都可称之为"下课"。难怪有人说:"蜀人极富幽默地发明了'下课'一词,其内涵的延伸也就是下岗。"(《青年报》1998年3月2日)

"下课"作为四川所特有的"起哄语",它的使用范围原是很宽的;全国通用后,却似乎一度成了足球界的专利了。不过如今,表示"停止工作,下岗"义的"下课",使用范围宽广起来了。《工人日报》2000年5月26日登了这样一篇文章,即《生硬待

客,列车员"下课"了》,文章最后说:"列车长当场表示:'一一二八号列车员停止工作,就地下课'。顿时车厢内掌声雷动。"

日前,"下课"还与网络发生了联系,爱上网的朋友可以查到"class over"网站(按 class over 可译为"下课"或"课后""课余")。一听名称就知道,它是专门为大中学生开设的。有了巧妙的名称,当然能够吸引更多的爱好课余饭后上网娱乐的学生网友了。

义项后增加了两个例子"打工族""上班族"(并在前边加◇,表示比喻义),说明编者认为这两个词中"族"的意义和用法不同于其他,但没有对这两个词的来源做必要的交代。

以"族"作为构词语素的时尚词语最初来自日语。例如日语中有一个假名和汉字夹用的词"ながら族",这是一个俗语词,指一心二用的人,多少有些贬义。中国台湾地区受日语影响较大,有不少来自日语的外来语或是根据日语仿造的词。台湾的"××族"实际上是对"ながら族"一类词进行仿造的结果。在民间,具有某种共同特征的人都可以通俗地称之为"××族",如"推销族"是指以推销为职业的人,"化妆族"是指平时注重化妆的女性。随着海峡两岸文化、科技的交流,这类词语次第传入大陆,并在大陆媒体中广泛使用,很有市场。

再看"××一族"。"××一族"中的"一族"是日语汉字词,在日语中有两个意思,一是指同族、一家人,一是指全家,都是指人的。同"××族"一样,"××一族"也是从台湾进入大陆的。不过,"××一族"不是对"××族"的简单仿用和扩展,它所指范围更大,不仅可以指具有某一特征的一类人,也可以指具有某一特征的一类事物。例如:

4."金毛一族"写真(《新民晚报》2000年3月20日标题)

5.其实,汽车已经悄悄地驶入寻常百姓家,"有车一族"已不在少数。(《北京晚报》1997年12月11日)

"××族""××一族"从台湾进入大陆以后,拥有众多的使用者,连《人民日报》都有它们的影踪。查阅1995年和1996年的《人民日报》光盘版,出现"××一族"的文章就分别有11篇和13篇,出现"××族"的文章也很多。"××族""××一族"之所以很受欢迎,成为汉语新词语的成员,并不是偶然的。其一,以"族"和"一族"作为构词语素,能产性强,容易类推。反映新事物、新概念的词语,一般都能跟它们结合,成为"××族""××一族"类词语。例如时下洗肠疗法在上海悄然兴起,与此相应的"洗肠族"也应运而生:"各类不同需求的'洗肠族'正在多起来,有的地方要提前一个月预约。"(《文汇报》2000年3月22日)其二,采用"××族""××一族"的说法,符合精简和省力的原则,即能用较少的符号传递较多的信息,"公交族"比"乘坐公交车上下班的人"要简明得多,并且给语言增添了一些活力。其三,这类词语满足了一些人主要是年轻人求新求异的心理需求。

少男少女爱说"酷"

戴梦霞　马三生

《咬文嚼字》1997年第10期曾发表汪惠迪先生谈"酷"的文章，他说，"酷"在当时是港、台和新、马年轻人的流行语，而祖国大陆一般人还不明白"酷"是什么意思。事隔三年，情况大变。今天，华夏大地少男少女大多爱说"酷"；老年人即使不说，也听得懂"酷"了。

这个"酷"跟我们原有的"酷"毫不相干。汉语的"酷"本来有两个含义：一是"酷刑、酷吏、酷虐"之"酷"，义为残酷；二是"酷热、酷爱、酷似"之"酷"，义为极其。

这个"酷"是英语 cool 的音译词。根据几本权威的英汉词典，综合起来，cool 这个词大致有如下几个义项：①凉爽的、凉快的；②冷静的、沉着的；③冷淡的、冷漠的；④厚颜无耻的；⑤很棒的、极妙的（美国俚语）。

汉语借用现成的"酷"字来音译

cool，但并没有将 cool 的词义"忠实地"转载过来，好像 cool 原有的几个义项已经不能简单地跟汉语"酷"的新义项逐一对应起来。"酷"作为 cool 的载体进入汉语后，其内涵不断蜕变，渐渐成为一个蕴含很丰富的词。

"酷"最初的意思跟 cool 的②③义项有联系，即表面上是冷漠的（缺乏感情的），实质上是冷静而沉着的（富有理性的）。一般用来形容男子。日本影星硬朗刚毅的高仓健和美国影星威猛强健的史泰龙，曾被年青人奉为"酷"男的代表。他们是傲岸之中带一点冷峻，冷峻之中又含几分侠肝义胆。

此后，"酷"也可以形容女子了。那是比较侧重于服饰妆扮、言语举止的前卫、夸张、标新立异。比如一身黑色，超短裙，厚跟长靴，怪怪的发型，珠光的口红，等等。女歌星王菲、李玟们被年轻人视作"酷"女的典型。在她们身上，可能找不到传统女性的典雅、华丽、甜美、温馨、柔顺等特质，但她们集新潮、时尚、靓丽、出挑于一身。

由此再引申，一切有个性、有特色、与众不同的事和物全可以用"酷"来形容。从刚出炉的长棍面包到NBA篮球赛，都"酷"。不久前播放的电视连续剧《田教授家的28个保姆》，围绕着"为什么要请保姆，要不要请保姆"这一话题敷陈故事情节，《生命周刊》1999年12月3日的一篇文章将其评论为"题材十分酷"。甚至有人因为善于处理社会关系，左右逢源，也被冠之以"酷"："还有一位司机，车开得十分爽。'你怎么敢这样肆无忌惮，横冲直撞?'他知道我这是在夸他。'放心吧，老板，在市内对我来说就是一路绿灯，路口的摄像机把我录下来也不怕，交警全好使!'看来这又是一位关系玩得很酷的司机!"(《南方周末》1999年12月3日)

前边提及英语 cool 的义项⑤是"很棒的、极妙的"(美国俚语)。美国原版电影中，就常用"Cool!""That's cool!"表示赞美。因此，现在"酷"的另一引申义就是"太棒了，太好了"。"酷"与"好"成了同义词。不再是局限于"长相好"的可称"酷"，

事实上，"酷"已经渗透到社会生活的方方面面：口才好，酷;英语会话好，酷;电脑操作好，酷;老师上课上得好，酷;球员踢球踢得好，酷……逢"好"必"酷"，有"好"皆"酷"。

"酷"，虽说是一个新语素，却已经具有很强的构词能力。比如"酷男、酷女、酷哥、酷妹、酷发、酷妆、酷评"和"玩酷、扮酷、比酷"，还有令许多人不以为然的"酷呆、酷毙"等。

1999年春，上海人民广播电台"世界音乐星空"节目组搞了一次取名为"无所不在的酷——时尚大比拼"的评选活动。后来由《申江服务导报》于1999年7月7日公布了"最酷二十项评选结果"，例如，最酷的女歌手，王菲、李玟;最酷的甲 A 球星，谢辉、吴承瑛;最酷的广告，百事可乐、Adidas;最酷的建筑物，金茂大厦、上海大剧院;最酷的时尚报刊，《申江服务导报》、《HOW》;最酷的卡通片，《灌篮高手》;最酷的流行语，"酷"……

"酷"的覆盖面之广，渗透力之强，由此可见一斑。怪不得1999年出版的由教育部语言文字应用研究所和中华书局"专为21世纪中小学生编写"的《中华字典》已经收了"酷"这个十分活跃的新词，这也叫"瓜熟蒂落"吧!

"油炸麻花"及其他

张 扬

某主编与我探讨某个问题。为了增强说服力,他多次引用何某某的说法。我不禁感起兴趣来,问:"这何……这姓何的是干什么的?"

他答:"著名物理学家,教授,中科院院士哩。"

我问:"你说,他叫什么,哪两个字?"

"何炸麻啊!油炸的炸,麻花的麻。"

他恰好带着这位院士署名的一篇反对伪科学的文章。我接过来一瞅,原来是"何祚(zuò,作)麻(xiū,休)"——姓名一共是三个字,他竟看错了两个。

我由此想起桩旧典。李大钊同志当年被捕,一伙议员说:"看那名字就知道是个乱臣贼子。什么名字不好取,偏偏叫李大剑!"

我又想起几件"新典"。如前几年太阳系发生一件大事。在中央电视台荧屏上打出字幕:"慧星撞击木星"。这是把"彗"字误作"慧"字了。"慧"指聪明,而"彗"指扫帚,"彗星"就是扫帚星。

同样是中央电视台播出的一个电视剧中,一位著名演员扮演的清官(好像是个市长)义正辞严痛斥几个昏官道:"你们这样做是饮鸠止渴!"——这里是把"鸩"字读作"鸠"字了。"鸩"是一种传说中有剧毒的鸟,其羽毛浸泡酒中可以毒死人;因此饮鸩是饮毒酒之意,而"鸠"如斑鸠、绿鸠等鸟类是只能吃不能"饮"的。

然而最可怕的是有一次我在北京协和医院北侧大院散步,看到一块木牌,上写"宾葬车停放处"——我是陪别人去看病的,因此我不算病人,该算是"宾客"吧——怎么,"葬"我们的车都准备好了?协和医院有史以来就以管理严格著称于世,实在不该在众目睽睽之下将"殡""宾"二字混淆的!(摘自《今晚报》1999年1月13日,吴沛智荐)

从"令人咋舌"谈读音规范化

张天东

前不久,在电视节目中,再次听到播音员"令人 zhà 舌"的读音,使人不安。"咋"确有"zǎ""zé""zhā"等不同的读音,但并无"zhà"的读法。其不同读音代表不同的含义:咋(zǎ)(方言),怎,怎么;咋(zé)(书面文言词语,"咬住"之义),咋舌,形容吃惊、害怕,说不出话;咋(zhā),咋呼(方言),也作咋唬,吆喝、炫耀、张扬。"咋"有多音,但非"异读字","咋舌"并不属于普通话审音委员会审定的"有异读的词"。这样,将"咋舌"读作"zhà 舌",确系差错。而这种差错在广播、电视等媒体中曾不止一次出现,着实令人咋舌。

将"衣冠"的"冠"(guān,帽子或形状像帽子,或在顶上的东西)读作"guàn"的现象已不多见。但把"冠(guān)心病"读为"guàn 心病",将"树冠(guān)"读作"树 guàn"的差错,在音像媒体中并不鲜见。而把"畜(chù,牲畜)力"误读为"xù(畜牧)力","刀耕火种(zhòng,种植)"误读为"刀耕火

种(种子)"也曾屡见不鲜。应当特别指出的是,有的播音员在直播新闻稿时,竟将"同仇敌忾(kài)"错读为"同仇敌 qì",还有播音员不止一次地把"相形见绌(chù)"错读为"相形见 chuò",甚至读做"相形见 zhuó",这不能不视为事故。

读音不规范现象在影视界出现的频率之高,就更是不容忽视的问题了。例如:前些日子播放的某电视连续剧里,一位演员竟将"饮鸩(zhèn)止渴"读作"饮 jiū 止渴"。在电影及电视片中,几乎每部里面都有少数演员将字音读错的现象,毋庸一一列举。仅从某著名导演在接受记者采访时,将"不遗(yí)余力"说成"不 qiǎn 余力",便可见一斑。

作为现代化的大众传播媒介,广播、电影、电视使用语言文字是否合乎规范,不仅关系到宣传的实际效果,而且对社会的语言文字应用更会产生重大的影响,千万不能掉以轻心!(原载《人民日报》1999年10月10日,龚程荐)

"饻"是怎样造出来的

李翼

90年代修订出版的字典、词典增加了一些新的语词，以食和衣组成的"饻"字便是其中的一个。

1941年，由于日军对太行根据地和华北地区进行频繁轰炸，残酷"扫荡"，根据地经济遭受极大损失，加上连年大旱和蝗灾，农业歉收，粮价直线上升。到这年冬季，物价较之一年多之前上涨了三倍多。这时，实行半供给半工资制(穿着供给制、伙食和津贴工资制)的军工工人生活发生了严重问题，收入难养活三口之家。

为解决这个问题，经负责军事工业的十八集团军(八路军)前方总司令部批准，前总后勤部将以货币为单位计算工资的办法改为以实物为单位计算。"饻"字便是在这种情况下产生的，取其有食有衣的含义，读作"西"。造字人就是八路军前总副参谋长兼后勤部部长杨立三。

当年，一个"饻"所含的实物包括：中等小米2斤、中等小麦1斤、油盐各5钱、中等白土布1方尺(土布面宽一般为1尺)、中等家用煤1.5斤。以饻为单位计算工资，工人工资避免了受物价波动的影响，很受工人欢迎。这种以饻为单位计算工资的做法，后来也用为计算军费。这种"实物分"制，一直实行到1950年物价稳定后才取消。(摘自1999年10月2日《湖南日报》，鲍楷荐)

与孟郊何干

何金铠

作家版《邵燕祥文抄》之二《人间说人》有篇《说得意》，文中说：

孟郊的"春风得意马蹄疾，一日看遍长安花"，如实地袒露了登科的喜悦。不过也是昙花一现，后来发现长安花不属于他。"不才明主弃，多病故人疏"，又如实袒露了失意的惆怅。此诗不幸惹恼了皇帝，从此断了青云之路，只能发为与"岛瘦"齐名的"郊寒"的诗句了。

邵文所引"不才"两句及"惹恼"皇帝一事，其实都与孟郊无干。这两句诗是唐代另一诗人孟浩然五律《岁暮归南山》的颔联，全诗是："北阙休上书，南山归敝庐。不才明主弃，多病故人疏。白发催年老，青阳逼岁除。永怀愁不寐，松月夜窗虚。"此诗《全唐诗》和《孟浩然集》均收录。关于因诗得祸一事，《唐摭言》卷十一有如下记载：

襄阳诗人孟浩然，开元中颇为王右丞所知。……（王）维待诏金銮殿，一旦，召之商较风雅，忽遇上幸维所，浩然错愕伏床下，维不敢隐，因之奏闻。上欣然曰："朕素闻其人。"因得诏见。上曰："卿将得诗来耶？"浩然奏曰："臣偶不赍所业。"上即命吟。浩然奉诏，拜舞念诗曰："北阙休上书，南山归敝庐；不才明主弃，多病故人疏。"上闻之怃然曰："朕未曾弃人，自是卿不求进，奈何反有此作！"因命放归南山，终身不仕。

此事《临汉隐居诗话》《诗话总龟》《唐才子传》等亦有记载，后来欧阳修等撰《新唐书》采录诸书，也将此写入《孟浩然传》。(见中华点校本卷203，第5779页)

《岁暮归南山》的著作权应归属孟浩然，历来倒无什么争议；但孟浩然是因此诗而"惹恼"皇帝，则大可怀疑。宋魏泰在《临汉隐居诗话》中就认为玄宗对浩然不可能"以一弃字而议罪"，而《北梦琐言》《唐诗纪事》又分别言孟浩然是因李白、张说而见玄宗的，可见是附会之说，不足信。(参见巴蜀版王仲

杜牧没有《赠嘏》诗

姜水木

近日查阅《汉语大词典》,偶然中发现一条错误。在"命代"词条下引文中有云:五代王定保《唐摭言·知己》:"[杜紫微]复有《赠嘏》诗曰:'命代风骚将,谁登李杜坛。'"

查《唐摭言》卷七《知己》条,原文如下:

杜紫微览赵渭南卷《早秋》诗云:"残星几点雁横塞,长笛一声人倚楼。"吟味不已,因目嘏为赵倚楼。复有赠嘏诗曰:"命代风骚将,谁登李杜坛?瀛陵鲸海动,翰苑鹤天寒。

今日访君还有意,三条冰雪借予看。"……

《唐摭言》所谓的"赠嘏诗",在杜牧的《樊川诗集》中,其诗题为《雪晴访赵嘏街西所居三韵》。全诗唯四字有异,即"瀛"作"少","三"作"二","借予"作"独来",其余皆同。杜牧当时作此诗后曾寄赠赵嘏,所以《唐摭言》及计有功《唐诗纪事》都说杜有"赠嘏诗"。"赠嘏"二字并非诗题,《汉语大词典》将其加上书名号是不对的。

铺著《唐诗纪事校笺》)不过虽系传闻,总还是"事出有因",同孟浩然有关。然而遍查孟郊诗不但不见"不才"两句,且《孟郊年谱》(见人文版《孟东野诗集》附)中亦无"惹恼"皇帝的踪影。

事实上孟郊于唐贞元十二年(796年)即46岁登进士第后,50岁到洛阳应铨选,选任溧阳县尉;56岁时又出任河南水陆转运从事,试协律郎;64岁又因山南西道节度使郑馀庆奏,为兴元军参谋、试大理评事,并于此年病卒于赴任途中。孟郊终其一生,并没有因什么诗"惹恼"过皇帝,所历虽为几任小官,但也不能说他"断了"青云路。

阅牧惠先生大作《且闲斋杂俎》,得到不少启示,受益很大。但是,对其中一篇文章《书读得越多越蠢》中的引文及结论,有不同看法,特引出,与牧惠先生讨论:

……《礼经》,给天子规定的大小老婆总数是一百二十一人。按郑玄的注解,她们的值班次数是:"女御八十一人,当九夕;世妇二十七人,当三夕;九嫔九人,当一夕;三夫人,当一夕;后,当一夕。"所谓"当一夕",据考证说,即天子一个月内同她做爱一次。如果此说属实,一位天子一个月就得同大小老婆做爱八百多次。比西门庆还西门庆……

我认为这个结论是有问题的,关键是对"当九夕"等词语如何理解。在牧惠眼里,这些都应按乘法计算:女御八十一人,当九夕,就是做爱七百二十九次;世妇二十七人,当三夕,就是做爱八十一次……因而累计起来就得出了

"当九夕"该作何解

梅荣槐

"做爱八百多次"的结论。其实,"当九夕"是指女御八十一人平均分为九批,一批九人,侍候天子一夕,九批合为九夕。其他"当一夕""当三夕"也即侍候一夕、侍候三夕。这样,女御当九夕,世妇当三夕,九嫔当一夕,三夫人当一夕,后当一夕,合起来共当十五夕。牧惠所引"郑玄的注解"那段文字后面,还有未引出的一句话是:"亦十五日而遍。"(《周礼·天官·九嫔》郑注)与此前后对照,正相吻合。

此外,所谓"当一夕",是侍寝一夜的意思。"十五日而遍",也就是一个月中,由这一百二十一位后嫔们分批轮流侍寝十五夜。所谓"侍寝",包括服侍天子沐浴、更衣,陪他闲谈、游玩、吃夜宵和同床睡觉(陪睡只能一人)。当然可以有房事,但也可以没有房事。像牧惠先生所说一个月"同大小老婆做爱八百多次",未免是让人喷饭的笑话了。

一针见血

七寸棺?

钱建平

电视台播放上海大剧院演出的新版越剧《红楼梦》，演员的唱、念、做俱佳，舞台效果更是一流。但播到"哭灵"一场时，屏幕上出现了一句大煞风景的唱词："生不能临别话几句，死不能扶一扶七寸棺。"

古代尺小于今日，古尺一尺约相当于今尺八寸，古人常以"七尺""七尺躯"代指成人的身躯，人死后睡的棺木亦常称作"七尺棺"。

如今唱词中把"七尺棺"错成"七寸棺"，即使瘦弱、娇小如林妹妹者，也是无论如何躺不下的。

"夏至"和"冬至"

赖肇镛

《江西日报》2000年4月19日第6版《二十四节气释义》一文中，对"夏

至、冬至"是这样解释的："表示夏天和冬天来到。又因夏至日白昼最长，冬至日白昼最短，古代又分别称之为日长至和日短至。"

释义中有两处值得商榷：一是把"至"解释为"来到"，不妥。"至"在这里是"极"之意，一年四季，春夏秋冬，夏至、冬至指的是夏、冬两季昼夜时间长短之极。二是"夏至日白昼最长，冬至日白昼最短"，也不准确。夏至这天北半球昼最长，夜最短，南半球相反；冬至这天北半球昼最短，夜最长，南半球亦相反。

眼内奇病

张红品

一则治疗眼病的广告在某电视台播出："专治玻璃球浑浊、白云义……"

广告所言两病，令人茫然。问过医生方知"玻璃球"为"玻璃体"之误；"白云义"系"白云翳"之误。"玻璃体"为眼内一种无色透明的胶状物，有支撑眼球内壁的作用，一旦浑

浊便影响视力。"白云翳"即"云翳"，指眼球角膜发生病变后遗留下来的疤痕组织，也要影响视力。

原来如此！

费解的"沉疴再现"

毕兆祺

广东省英德市生产一种袋装"苦丁茶"。塑料包装袋上有一句广告词："让你的爱永不退色 二千年珍稀保健饮料沉疴再现"。这"沉疴再现"实在令人费解。

"疴"，病；"沉疴"，长久而严重的病。"沉疴再现"不会是对饮茶者而言吧？如果饮了这"苦丁茶"会使饮者的病"重现"，这茶谁还敢买、敢饮？那么，"沉疴再现"指的是"苦丁茶"吗？怕也不是。何谓"苦丁茶""沉疴再现"？"苦丁茶"何来什么"沉疴"？我琢磨，广告词的意思是说，"苦丁茶"长期以来一直被埋没，不为人所知，如今重新得到开发利用，大放异彩。可这意思怎么好用"沉疴再现"来表达呢？

据说，"苦丁茶"还出口到国外，真不知这"沉疴再现"的含义，该如何向外国人解说才好。

既已"完璧"何必"全部"

高建国

2000年2月23日《郑州晚报》有一篇报道警方两小时破获抢劫巨款案的消息，文末写道："至此，10万元现金全部完璧归赵。""完璧归赵"这个成语可谓尽人皆知，它的含义就是"原物完整无损地归还本人"，前边再加上"全部"，实属叠床架屋。该文的副标题"10万元现金完璧归赵"就十分准确。

口红"近半吨"？

吴厚雄

1999年6月8日，湖北《孝感广播电视报》登有几项"友情提醒"。其中一项说："据一项调查表明，一位从十六岁开始抹口红的女性到六十岁时，共吃掉口红近半吨！口红中含有铅……"本人看后不由大吃一惊，倒不是惊吓口红对人体的害处，而是这"近半吨"的数字实在让人吓了一跳。

我们来算笔账。先说这"近半吨",就算它800斤如何?再少了就用不上这个"近"字。从16岁到60岁,抹了44年口红,平均一年用了18.1818斤,每天是0.0505斤,也就是25克左右,而一支口红净重只有10克左右,那么,该女性一天就吃掉近两支半口红。怎么可能!

岂能"禁防假票"

郑坚勇

今年5月30日,香港歌星刘德华在杭州举办个人演唱会,每张票价高达300元,不少"黄牛"趁机"作法"(制假售假)捞一把。为维护消费者利益,主办单位在演唱会广告中提醒观众:请到指定售票点售票,禁防假票。

"禁"是不许、制止之意,"禁防假票"意为不许、禁止防范(拒绝)假票,话外之音应是提倡观众大量购买假票,逢假不拒,这自然不是主办者的初衷;无疑禁是"谨"的别字,本意是要观众慎重小心,不要买了假票。一字之差,主办者险些成为扰乱社会秩序的不法分子。另外,提醒语

中第二个"售"字用得不妥,"售"即"卖","售"的主体是提供票子的单位或个体,对于观众和消费者来说,应该用"购"或"买"才是。

可疑的"竟突破"

戴人初

《作家文摘》5月23日以"寿宁有个被拐妇女'批发市场'"为题摘登了4月21日《福州晚报》江涛的报道。

报道中有这样一段话:

"在缪(注:人贩子缪步黄)主持的'妇女批发市场',买主、卖主不但可以讨价还价,还参照市场的规矩,对有姿色的妇女作竞卖。由于'批发市场'生意火爆,邻省、邻县的一些光棍汉、媒婆纷纷看好缪拐骗来的妇女,一妇女竞卖价格竟突破了1万元。"

这段话的末尾"一妇女竞卖价格竟突破了1万元",读起来清楚,想起来却叫人糊涂:这"竟突破"三个字,分明是说一个妇女的竞卖价不该这么高,难道买卖妇女有物价部门核定的最高限价吗?难道报道者认为一个妇女不值1万元吗?

人教版高中语文第四册收吕叔湘先生《错字小议》一文，文章分析了错字产生的原因。它在谈及因"校勘"致误时，所举第(4)例如下：

还是看《中国文法要略》校样时遇到的问题。我在例句里引用的李格非《书洛阳名园记后》中的一句：

天下当无事则已，有事则洛阳必先受兵。

这里的"当"字似乎可以讲得通，可是总觉得有几分可疑。我已经忘记当初是从什么书上引来的，很可能是《古文观止》。查了查文学古籍刊行社1956年印的《古文观止》，清清楚楚是个"当"字。手头没有《洛阳名园记》，怎么办？终于在《宋文鉴》131卷找到了这篇文章，果然不是"当"字而是"常"字。吕老一贯治学严谨，一丝不苟，其不惮烦难，认真查校，对读者负责的态度令人感佩。然而，智者千虑，或有一失。这里有一个小小的疏忽：

为一个『错字』平反

周建成
冯汝汉

不同版本文字有异，为什么就不可能是"二者皆对"呢？古代诗文常有某字"一作×"或"亦作×"的情况，"当"与"常"之异即属此类。下面试证之，以为这个被误判之"错字"平反昭雪。

"当"，繁体作"當"，可通"倘"，为假设连词。清王引之《经传释词》卷六首揭其义："倘，或然之词也，字或作'当'……'当'与'倘'同。""或然之词"即表假设的连词。杨树达《词诠》采其说："当，假设连词，若也，如也。与'倘'音近字通，故用法相同。"徐仁甫《广释词》亦有"当一傥(通"倘")"之释例。先看"当"字单独用作假设连词的例子：

①《墨子·法仪》："然则奚以为治法而可？当皆法其父母，奚若？"孙诒让《墨子间诂》引王引之曰："当并与傥同。"②《荀子·君子》："先祖当贤，后子孙必显。"梁启雄《荀子简释》："王(念孙)曰：

即祖先尝贤也。启雄按：当，读为'傥'，若也。"梁氏以"傥"解"当"，更正了王氏的误注（读者自可体会）。③苏洵（请注意，苏洵与李格非同为北宋人）《六国论》："向使三国各爱其地，齐人勿附于秦，刺客不行，良将犹在，则胜负之数，存亡之理，当与秦相较，或未易量。"安徽大学等十三所院校《中国古代文学作品选》注曰："当，繁体作'當'，通'倘'，倘使。"表假设的"当"还常与"使（假使）"组成同义复词。④《墨子·兼爱下》："当使若二士者言必信，行必果，使言行之令犹合符节也，无言而不行也，然则敢问……"孙诒让注引王引之云："'当'与'倘'同。若，此也。言倘使此二士之言行相合，则无言而不行也。"⑤《韩非子·人主》："虎豹之所以能胜人、执百兽者，以其爪牙也。当使虎豹失其爪牙，则人必制之矣。"梁启雄解引《经传释词》："当与傥同。傥，或然之词。"

"当"可用作假设连词是无可争议的事实，然而较早出版的常用工具书（如《辞源》《辞海》《古汉语常用字字典》等）均不录其义。1986年始分册出版的《汉语大字典》《汉语大词典》在"当"字条下均收有"倘若"一义，后者还有"当使"连用的词条。

《错字小议》写于1982年，悬揣吕老翻检当时的工具书未能找到"当"字适用于"天下当无事则已"一句的义项，其误断"当"为错字实有客观条件方面的原因，似不宜苛责。

再说"常"字。《汉语大词典》第3册733页"常"字条第22义项说得很清楚：

用作"倘"，倘若。元无名氏《千里独行》第二折："我常赢了他便好；若是输了呵，我便往胡同里走。"元无名氏《飞刀对箭》第二折："你常在这里拽折了弓也罢了；上阵处拿将来的弓，你都拽折了，可不误了我的大事？"元秦简夫《剪发待宾》第二折："常存的青丝在，须有变钱时。"三例均为元代作品，但元去宋未远，据此溯推宋人李格非的作品以"常"为"倘"谅不会有多大的问题。

当（當）、倘（傥）、常均由"尚"得声，故可通，裴学海《古书虚字集释》将"当、尚、尝（繁体为嘗，亦得声于"尚"）、常"归于一组，"当"字条下有"字或作常"之例。"当"和"常"既然都是"倘"的通假字，那就不存在孰正孰误的问题了。按之于原文，"天下当（倘）无事则已"正是个假设关系（"则"亦为标志之一）的紧缩复句，用通假字"当"或"常"都对榫合卯。倒是于"无事"前冠一普通意义

"病尉迟"索解

荣耀祥

《咬文嚼字》1999年第二期《电视剧〈水浒〉的语文差错》"病尉迟"一段中写道:"病尉迟"是梁山好汉孙立的绰号,形容他武功高强,仅次于尉迟恭。

此言差矣。因为照作者的语理逻辑,"病"者,"仅次于"也。这种解释符合《水浒》当时的语言实际吗?首先,"病"字义项中,并没有"仅次于"的"户籍"。

其次,若"病"字按照"生理上或心理上发生的不正常的状态"来附比,与绰号的主人孙立相较则大谬不然。且看《水浒》文本中所述:"淡黄面皮,落腮胡须,八尺以上身材,姓孙名立,绰号病尉迟,射得硬弓,骑得劣马,使一管长枪,腕上悬一条虎眼竹节钢鞭,海边人见了,望风而降。"附后"赞诗"中有一句"双睛如点漆"。如此拉强弓、驭劣马、兼使长枪钢鞭、眼睛黑亮的人,与"病"字相去甚远矣。

再者,我们知道,汉语发展经历古代、近代和现代各阶段,随着语言发展,其词义在某些方面是有变化的。因此,在阅读古代或近代的作品时,应该有一种历史发展观,切莫以今律古、望文生义。要索解《水浒》的词语底蕴,最好从同时代的语言材料中找书证。据文学史研究者考证,《水浒》故事及人物原型,在《宣和遗事》中已露端倪。该书的第四段讲的

上的"常"字,不仅有蛇足之嫌(因为用了"常"字,翻译时实际上还需要补出"倘",原句等于成了"天下倘常无事则已"),而且破坏了"无事"与"有事"相呼应的衡称(都为双音节)之美。

一隅之见,未必恰当,还望高明不吝赐教。

便是宋江等36人聚义梁山泊，即《水浒》故事的雏形。其中有"赛关索杨雄，病尉迟孙立"。而杨雄在《水浒》中诨名恰恰就是"病关索"。孙立的诨名，原封不动移用于《水浒》。"赛"与"病"对举互换，正巧从一个侧面表明："病"与"赛"同义。"病尉迟"就是"赛尉迟"。赛者，胜也，比得上也。病尉迟，就是胜似尉迟恭之意。绰号中带"病"者除了杨雄、孙立外，尚有薛永，人称"病大虫"，当然不是生病的老虎，而是比得上老虎那般勇猛者。当然文学语言容有夸饰成分，薛永当得当不得此夸赞，又当别论。

最后，病字证之古籍，其有"如同、相似"之义，来历分明。《释名疏证补》卷八："病，并也。与正气并在肤体中也。病、并声同而相通。""并"古有"如同、相似"之义，如唐武元衡《送田三端公还鄂州》诗："青油幕里人如玉，黄鹤楼中月并钩。""病"与"并"通，则"病"亦可有"如同、相似"之义，即赛义。后之小说家言，以声取义，作病关索、病尉迟、病大虫，正是褒扬之诨号也。

我们应该牢记语言大师王力的一段话作为我们考察语言应遵循的原则："应该把每一个词在每一个时期的意义范围加以确定，而不是囫囵吞枣，以差不多为满足。"

语丝

译名点评

张强

外国公司为打开中国市场，为商品取个中文名称成为首要任务。

日本产的照相机 CANON，中译名「佳能」，让人一看就感到此种相机性能全面，质量上乘。

德国产的轿车 BENZ 译作「奔驰」妙不可言；给人一种驾驶此车便能一往无前的感觉；而香港将此译作「平治」，使人联想古语「齐家、治国、平天下」，驾驶者似有将相之才；同一车名台湾译为「朋驰」，则大为逊色。

与奔驰同为德国名车的 BMW，中文译为「宝马」，译为良驹千匹，宝马难求，让人联想到做工精细、时间准确。SIEMENS 乃一床名，译为「席梦思」，让人不由浮想联翩，进入一床飘飘然境界。

日本产的钟表 SEIKO 译为「精工」，令人联想到做工精细、时间准确。

"李相"是谁

姜汉椿

近来读书,遇到"一字师"的问题,即查《汉语大词典》"一字师"条。

《汉语大词典》云:五代王定保《唐摭言·切磋》载李相读《春秋》,叔孙婼之"婼"应读"敕略切",李误为"敕暑切",小吏正之,公大惭愧,"命小吏受北面之礼,号曰'一字师'"。

又查阅《唐摭言·切磋》条原文:

大居守李相读《春秋》,误读叔孙婼(敕略)为婼(敕暑)。日读一卷,有小吏侍侧,常有不怿之色。公怪问曰:"尔常读此书耶?"曰:"然。""胡为闻我读至此而数色沮耶?"吏再拜言曰:"缘某师授,误呼文字;今闻相公呼婼(敕略)为婼(敕暑),方悟耳。"……公大惭愧,命小吏受北面之礼,号为"一字师"。

两段文字一比较,发现《汉语大词典》将李相作为人物姓名是不可靠的。

在唐人著述中,颇多以官职称人的。如杜工部(甫)、郭代公(震)、张水部(籍)等。"大居守李相"当是任过宰相的李姓人物,且原文中有"相公"之称,唐代时"相公"是指称宰相的,这又从另一侧面说明了这一点。

那么,"李相"是何许人?还是从原文着手。居守在唐代系官名,为留守的别称。"大居守李相"系指曾任过东都留守,又任过宰相者。既为"大居守李相",则当有"小居守李相",而《唐摭言》所记,多为中、晚唐后事,于是,便查新、旧《唐书》中晚唐人传记。

《旧唐书》卷一百七十二《李石传》载:开成三年,李石"加金紫光禄大夫、中书侍郎、同平章事、江陵尹、荆南节度使"。武宗会昌三年,"加检校司空、平章事、陇西郡开国伯";五年,"检校司徒、东都留守、判东都尚书省事、畿汝都防御使"。

《新唐书》卷一百三十一《李石传》附其弟《李福传》载:懿宗时,李福"拜剑南西川节度使,同中书门下平章事,与蛮战败绩,贬蕲王傅,分司东都"。僖宗初,"以检校尚书左仆射就拜留守,改山南东道节度使……"

"同平章事""同中书门下平章事"在唐代即宰相。既任过宰相,又任过东都留守的李姓人物,在中晚唐仅李石、李福兄弟。由此可以推断,《汉语大词典》"一字师"条所引《唐摭言》中的"李相",当指李石,是没有疑问的了。

难忘《苹果树》

——译余断想（十）

周克希

53. 电视台早些时候播放过影片《夏天的故事》。初看，觉得亲切，因为这就是《苹果树》呀。看着看着，就有些失望起来。

高尔斯华绥的小说《苹果树》，最先是从商务印书馆出的英汉对照读物丛书里看到的，译注者的名字很陌生，叫移模，显然是笔名。后来（过了16年，也就是到了1979年）重新印刷时，版权页有一行小字："第一次印刷署名'移模'，现译者决定改用今名。"这个"今名"黄子祥，我仍然觉得陌生。但是我对这本薄薄的小书，始终特别钟爱，对这位陌生的黄先生，一直怀着感激的敬意。因为，这是我最难以忘怀的英汉对照的小说。记得当时，一句句对照着读，越读越佩服"移模"。

54. 现在，手头又有了其他译本（不是对照的译注本）。但随手翻，感情的天平似乎还是向着"移模"倾斜。

主人公艾舍斯特一边吃饭，一边接受可爱的三姐妹有关他体育才能的"盘问"，"and he rose from table a sort of hero"，译注本作"吃完饭站起来的时候，他俨然是个英雄了"。

我不明白，另一个译本何必译得这般累赘："于是，等到吃完午饭站起来的时候，他几乎已经成了一位英雄。"

55. 接下去，艾舍斯特的老同学哈利德（也就是那三姐妹的哥哥）游水时腿抽筋，幸亏艾舍斯特及时把他救了回来。于是，"大家穿衣服的时候，哈利德静静地（quietly）说：'老朋友，你救了我的命！'"这儿，黄先生用"静静"，简单而传神。

另一本是这样译的："在穿衣服的时候，哈利迪镇静地说：'老兄，

9—36

你救了我的性命！'"

56. 对照的翻译，比一般的翻译难，因为它"透明度"高。而《傅雷家书》的译注，又添加了一层难度：傅雷先生当年跟儿子通信，大概并没有想到日后会汇编出版，所以他碰到觉得用外文词句更便于表达意思的时候，就很自然地把它们一个个、一句句"镶嵌"在了中文里。这一类文字，正如完成这一译注工作的金圣华女士所说，"又通常是最不容易以中文直接表达的"。

57. 《家书》中有一处，傅雷提到儿媳弥拉年轻不更事，收到礼物后毫无表示，希望傅聪从旁提醒，"——但这事你得非常和缓的向她提出，也别露出是我信中嗔怪她，只作为你自己发觉这样不大好，不够

kind，不合乎做人之道"。

金女士说："此处'kind'既不能译为'客气''仁慈'，又不能译为'贤慧''温柔'，字典上列出的解释，好像一个都不管用。西方人似乎很少会对儿媳谆谆劝导，此处的'kind'，我考虑再三，结果译了'周到'两字，这样就比较语气连贯，后文提到说这一切做法都是为了帮助她学习'live the life'，也就顺理成章译为'待人处世'了。"

58. 英语中的 I am flattered 是自谦的说法，相当于我们说的"过奖了""不敢当"或"不胜荣幸"。傅雷在写给傅聪的信上称赞他勤于练琴："孩子，你真有这个劲儿，大家还说是像我，我听了好不 flattered！"

金女士把这个 flattered 译成"得意"，嵌在原句里，称得上<u>丝丝入扣</u>。

"日国"和"布文"

周振鹤

清光绪年间,中国第一个在美国毕业的大学生容闳被任驻美、日、秘三国公使。美国与秘鲁同在美洲大陆,此任命易于理解,但日国是哪一国?难道是日本,显然不像。一位公使兼驻横跨太平洋的两国,何以视事?细究之下,原来日国指的是今天的西班牙,在当时译作日斯巴尼亚,故简称日国。秘鲁是西班牙旧时的殖民地,所以日、秘两国同一公使,情有可原。过去译成日斯巴尼亚(或以西巴尼亚)与后来译成西班牙,从官话的角度看来,都是译得不准的,但从方言来看却无可厚非。而且即使以官话来翻译,由于同音字或近音字很多,也仍然可能出现一名多译的现象。下面一个例子更能说明问题。

数年前,有人在文献中读到,19世纪中叶,在中国第一家官办的外语学校——同文馆里,曾教授一门布文,因不知布文是哪一国的文字,于是便从语言学角度百般考证,费了九牛二虎之力总算弄明白原来布文就是德语。但从历史学者的角度看来,这个问题实在不难索解。因为当时德国尚未完全统一,大小王国、公国林立,其中普鲁士是版图最大、实力最强的王国。普鲁士最初曾被汉译为布路西亚,所以简称布国,该国的语言文字也就自然被称为布语与布文了。其实只要从地名译音无定字的角度去推想,也许就会想到"布"与"普"的关系。有名的普法战争是哪一个中学生都懂得的一段历史,都德的《最后一课》描写法国战败后,阿尔萨斯、洛林地区即将并入普鲁士前,一位教师所上的最后一堂法语课,更是脍炙人口。普鲁士还曾被译为破鲁斯、破路斯,好在"破"字是贬词,后来不用了,否则如果出现"破文"一词,更要让有些人丈二金刚摸不着头脑了。当然"破"要以吴方言发音,才会与"布""普"相当。

语文门诊

"梨花""海棠"怎能用于金婚

黄鸿森

《中华新闻报》1997年8月4日3版一篇讨论新闻标题的文章中说：

曾有一组照片，抓拍的是福州郊区一个乡为乡里20对老人举行金婚祝贺活动的场面。……组照原题是："20对老鸳鸯喜迎金婚"。我看到其中有一张一老妻帮老夫整衣领的照片，那恩爱感情下意识的自然流露，令我灵机一动，改主题为"耳鬓厮磨五十载，梨花海棠相伴老"，副题为"新建乡为20对老人庆金婚"。这样修改，不仅避免了平平淡淡的陈述式标题，读来还有点韵味……

上例修改后的主题"耳鬓厮磨五十载，梨花海棠相伴老"，虽然作者自称读来有点"韵味"，只是"梨花海棠"两词用得很不妥当。

"梨花""海棠"合用，历来用于比喻老夫少妻。梨花，绽放时白色，喻指白发年老的丈夫；海棠，红色，喻指红颜年少的妻子。二十对高龄翁媪共庆金婚，只能是满堂白发，不再红颜；只能是一片梨花，不见海棠。因此上例中的"梨花海棠"似应改作"鹣鲽情深""鸾凤和鸣"之类。

梨花和海棠并提，涉及中国文学史上一桩逸事。

北宋词人张先(990－1078年)，字子野，湖州人。宋初的词以小令为主。张先擅写小令，又创作了大量长调慢词，为词的形式发展作出贡献。他以善于用"影"字饮誉词坛。名句有："云破月来花弄影"(〔天仙子〕)；"柳径无人，堕风絮无影"(〔剪牡丹〕)；"娇柔懒起，帘压卷花影"(〔归朝欢〕)。他自己对此也很得意，自称"张三影"。从今天的美学观点来看，他是一位善于捕捉朦胧美的高手。张先晚年告老还乡，同诗人苏轼(1037－1101年)等人吟唱往还，结为忘年之交。

张先耄耋之年，犹有风流韵事。

80岁时，娶了18岁美女惠惠为妾。苏轼和朋友前往拜访，问老前辈得此美眷，有大作否？张先说有，随口念道：

> 我年八十卿十八，卿是红颜我白发。

> 与卿颠倒本同庚，只隔中间一花甲。

苏轼听后连声称好，表示自己也有一首打油诗，唯恐冒犯，不敢吐露。张先说不妨。苏轼吟道：

> 十八新娘八十郎，苍苍白发对红妆。

> 鸳鸯被里成双夜，一树梨花压海棠。

张先大笑，不以为忤。

人们总是赋予自然物，特别是草木花卉，以象征性意义。例如菊花象征高洁、清静，玫瑰代表美丽、爱情，等等。有时几种花的组合，又有了新的含义。例如康乃馨代表女性之爱、

母爱，而和剑兰搭配，就有"健（剑）康"的含义，宜赠送老人或病人。北方四合院常栽种玉兰、海棠、牡丹、桂花四种花，合称"玉堂富贵"。梨花和海棠两词的组合具有白发和红颜结合的含义已成定格，不宜随意使用。

近代诗人陈衍（1856－1937年）号石遗，是同光体诗派巨擘。《文汇读书周报》2000年6月10日第798号刊载黎泽济先生撰写的一篇文章说：

郑孝胥日记称：衍八十生日，章太炎撰"仲弓道广扶衰汉，伯玉诗兴启盛唐"一联寿之，有人以此联为颔联，凑成七律嘲衍云："四月南风大麦黄，太公八十遇文王。仲弓道广扶衰汉，伯玉诗兴启盛唐。叔宝风流夸六代，季常约法有三章。天增岁月人增寿，一树梨花压海棠。"末联注云"石遗有幼妾"。

这是一个很能说明问题的"梨花""海棠"应用实例。

语丝

『带兵进京』

黄新宇

『文化大革命』中，在外地工作的某君拟带儿子兵兵回北京探亲。可是，尚未到家，居委会已组织民兵在他家附近布下了天罗地网。

原来问题出在电报上：『二十八日带兵进京』这还了得！在『以阶级斗争为纲』的年月，这一电文为『纲』的年月，这一电文上传下达，自然引起了上上下下的高度警惕。

人民文学出版社1989年9月出版的《全本新注聊斋志异》中《八大王》的第48条注释，出了一个常识性的差错。兹特撰文，指陈其误。

《八大王》之末的"异史氏曰"附有作者蒲松龄写的《酒人赋》一文，其中有这样两句："濡首于墨汁之中也，自以为有神。"注者对此所作的解释是：

"濡首"二句：唐代著名书法家张旭，善草书。时人称之为"草圣"。性好饮酒，醉后以头濡水墨中，索笔挥毫，若有神助。详见《唐国史补》。

查唐李肇撰《唐国史补》关于张旭饮酒草书之事云：

旭饮酒辄草书，挥笔而大叫，以头揾（wèn 浸没）水墨中而书之，天下呼为张颠。醒后自视，以为神异，不可复得。

《新唐书·李白传》所附《张旭传》亦云：

旭，苏州吴人。嗜酒，每大醉，呼叫狂走，乃下笔，或以头濡墨而书，既醒自视，以为神，不可复得也。世呼张颠。

"以头濡墨"，何需"索笔挥毫"

胡渐逵

上述"以头揾水墨中而书之""以头濡墨而书"的"头"是指脑袋么？不是，是指头发。头在古籍中常指头发，如汉代扬雄《长杨赋》就有"头蓬不暇梳"。又如《楚国先贤传》云："孙敬到洛，在大学，折柳为简以写经，睡则悬头于梁。又如《说苑·谈丛》："衣虽弊，行必修；头虽乱，言必治。"亦是其例。又如宋代潘阆《酒泉子十首》之九："别来已白数茎头"。

以上所引古诗文中的"头"，所指的都是头发，不仅如此，就是我们现在，也还有以头指发之例，如梳头、剃头、留平头之"头"都是指头发。"以头揾水墨中而书之"，是指张旭酒后用手抓着自己的头发当笔书写，正因为这样，所以张旭被"天下（人）呼为张颠"。而《新注聊斋》的注者说什么只有把头发在墨汁中浸润后，提笔才有神助，这是无论如何讲不通的。奇怪的是，人民文学出版社1997年修订重印《全本新注聊斋志异》时，对这条注释未改一字，一仍其误，不知缘何。

惜乎，《乔木文丛》！

劳 飞

"无错不成书"是当前出版界的流行病。读者说这句话，是对当前出版物语言文字质量普遍低下的率直批评；编辑、校对说这句话，却往往是面对差错时饱含调侃意味的遁词。对这句话，我一直不真信，或者说，对我国当前出版界的语言文字校对质量始终抱有最起码的信心。但前两天，当我翻开《乔木文丛·胡乔木谈语言文字》(1999年9月第一版)的"目录"时，我信心的堤防开始出现缺口。

胡乔木是长期以来分工负责语言文字工作的一位高级内行领导。《文丛》的这一组成部分是专谈语言文字包括语言文字规范化的专题文集，《文丛》的出版单位又是我国一家历史悠久、口碑甚好，且分工出版

党和国家重要文献的出版社，但在这本书中的校对差错却不是一处两处。我还没有读完全书，只能举出几个例子。

(1)"目录"的第4页上就出现两个十分扎眼的错字：

修订《汉字简化方案》的几点意见

一、致叶籁士并丁西林(一九六三年一月十七日)

二、致叶籁士并丁西林(一九六三年一月十八日)

两个"籁"(sù)字均是"籁"(lài)字之误。

叶籁士是长期具体负责我国语言文字工作的一位领导。他的名字在这本书里多次出现，仅在目录中就有四处，但两处对了，两处错了，对错的比例各占50%。目录上错的地方在正文里又对了，这说明责编和校对至少缺了一道工序：把正文的题目和目录的题目核对一遍，而对于一家正规的出版社和一本正规的出版物来说，这都是必不可少的一道工序，何况是这么一家老字号的出版单位和这么一本十分重要的著作呢！

(2)《关于当前文字改革工作的讲话》一文，第286页倒数第8行：

……将"盗""羡"改为"盗

"羡"。这样就减少了部件,教学上也便于称说了。

按照文意,"改为"前后的"盗""羡",它们的字形不可能是相同的,第一个"盗"和第一个"羡"中的两点水"冫"都应是三点水"氵"。

(3)《汉字简化和改革的问题》一文,第82页倒数第7行－第4行:

例如:"時"写成"时","诗""侍"却不能写成"讨""付";"鷄"写成"鸡",却不能把所在的"奚"都变成"又",因为这样"溪"就要写成"汊"字了;同样"權""勸",可不能把"灌"字也简成"汊"。

"所在的'奚'"应是"所有的'奚'"。根据文意,"同样'權''勸',"后漏字,依据上下文,应补"简化成'权''劝'"。

该书的多数文章,我还没来得及读。根据上面几例,得出"在这本书中的校对差错不是一处两处"的看法,似乎并不武断。

听说现在出版界有这么一条不成文的行规:重要的出版物(比如重要文献、送评国家图书奖的重点图书……)要增加校对遍数,确保不出现硬伤并把文字差错率压到万分之一以下。那么,《乔木文丛》算不算重要出版物呢?无论从哪方面看,肯定都应该算。但就是这么一本重要的又是专论语言文字的著作,竟然在"目录"上就至少出现两处硬伤,文中还有若干错字、漏字,这使我不得不得出这样一个结论:"无错不成书"在我国当前的出版界病势相当不轻。

语丝

"一天天"和"一点点"

姜洪水

"一天"指一昼夜,即24小时,而"一天天"则比"一天"要多得多,起码是好几天。然而,"一点点"和"一天天"不可类比。"一点"是指数目很小,而"一点点"不但不比"一点"多,反而比"一点"更少。

由此看来,"一天"的"天"犹如整数,整数乘整数往往会使数目变大;而"一点"的"点"是小数点后的小数,小数乘小数使数目变小。

从中悟出:语文中也有数学。

亵渎诸葛亮

赵和平

《法制日报》1999年4月4日第4版有一篇报道《结伙预谋盗古墓，出师未捷身先亡》，其中称：一伙犯罪分子在河北省磁县境内盗掘古墓，炸开墓口后进入墓中，却因缺氧，多人昏倒在地，其中一人当场死亡。

标题中"出师未捷身先亡"，明显是化用了杜甫七言律诗《蜀相》的末联"出师未捷身先死，长使英雄泪满襟"。这两句诗本指诸葛亮希望统一天下，屡次出兵伐魏，没有成功，却于蜀汉建兴十二年（公元234年）病死于五丈原（今陕西省眉县西南）军中。诗人杜甫以这两句诗表达了对英雄的深切同情。这两句诗流传千古，曾经感动了许多英雄人物。据说南宋名将宗泽痛心于半壁河山为金人占据，抗金救国事业未竟却一病不起，去世前曾反复吟诵此两句诗，可见千载英雄有着相同的伤心之泪。杜甫这两句诗写尽了壮志未酬的悲愤心情。

《法制日报》这篇报道用"出师未捷"来形容歹徒偷盗未成，一命呜呼，就不免使人感到别扭、憋闷。这同情英雄的千古名句，犯罪歹徒哪配享用，这岂不是亵渎了诸葛亮？

"弑子"与"休妻"

赖显荣

电视连续剧《大明宫词》中，有这样一个镜头：武则天向高宗状告太子陷害了她。高宗说："太子说皇后陷害了他，皇后又说被太子陷害了，我不知究竟是谁陷害谁。"武则天风闻高宗有"废皇后"的打算，便逼问高宗："那你是休妻，还是弑子？"这句台词赫然在荧屏上显示，

"因义生文"的"行武"

陈洪团

《文汇报》1999年8月11日第4版《叶利钦为何又一次解散政府》中有这么一句话:"现年47岁、行武出身的斯捷帕申对叶利钦忠心耿耿。"

根据此前报刊介绍,斯捷帕申就任俄罗斯总理前,曾在部队服役,担任要职。不难看出"行武出身"就是"军人出身"的意思。

"武"有"关于军事的"的意思,我想这是记者采用"行武"写法的原因。

其实,"行武"这个词形是不存在的,正确写法为"行伍"。

行伍——旧时称军队的行列。泛指军中。如:投身行伍、行伍出身。表示"军队的行列"为何用"行伍"二字?《汉语大词典》告诉我们:"行 háng,古军制,二十五人为行。"《左传·隐公十一年》:"郑伯使卒出豭,行出犬、鸡。"杜预注:"百人为卒,二十五人为行。行亦卒之行列。""伍 wǔ,古代最小的军事编制单位,五人为伍。"《正字通·人部》:"伍,军法五人为伍。"《周礼·夏官·诸子》:"合其卒伍。"郑玄注:"军法百人为卒,五人为伍。"由此可知,把"行"和"伍"组合起来指称"军队的行列",乃是因为上述二字与军事队列编排有关。

〰〰〰〰〰〰〰〰〰〰〰〰〰〰〰〰〰

令人瞠目结舌!

封建时代男女不平等,男方若不满意配偶,便可找一条理由,凭一纸"休"书,将妻子打发回娘家,单方面终止夫妻关系,这便是"休妻"。而"废皇后"则是废除"皇后"的称号。"皇后"的称号虽被取消,但她还在嫔妃之列,并没有被逐出皇宫。因此,皇帝只能说"废后",不能称"休妻"。

至于"弑",古代用来指称臣杀死君主及子女杀死父母的行为。"弑",含有谴责之意。因为这是违反伦理的。皇帝要杀儿子,称"斩"就行了,怎么能用臣杀君、子杀父含义的"弑"呢?

何谓"三人成虎"

戴梦霞

大型电视连续剧《上海沧桑》第11集里，女主角沈鲽萍的一句"惊人之语"，使本来精彩的剧情失色不少！

剧情大致是这样的：沈鲽萍与其父沈一奇发生激烈冲突，沈鲽萍警告父亲"唐氏三兄弟已经回来了"，并且还追问了一句："你知道一句成语吗？"沈一奇当然要问："什么成语？"沈鲽萍回答："三人成虎。"对白到这里，细心的观众已然发现了问题；但如果就到此为止，或许还可以勉强"糊弄"过去。未曾想，编剧感到意犹未尽，生怕广大观众不能理解这句成语的正确含义，还要借女主角之口进一步解释，但女主角却偏偏将它解释成——唐氏三兄弟抱成团，就是一头猛虎。"这实在是大煞风景。

那么"三人成虎"到底是什么意思呢？"三人成虎"亦作"三人成市虎"，用来比喻谣言重复多次，就能使人信以为真。出典于《战国策·魏策二》。相传有一个叫庞葱的人对魏王讲："现在有一个人说集市里有一头猛虎，大王您相信吗？"魏王说："我不信。""有两个人说集市里有猛虎，大王您信吗？"魏王说："我有点怀疑了。""那三个人说集市上有猛虎，大王您该信了吧？"魏王说："我信了。"庞葱说："集市上没有猛虎这是相当明白的，但是现在有三个人说有，便成了真的有猛虎了。"

根据以上的解释，在《上海沧桑》第11集的剧情里，出现"三人成虎"这个成语，显然是误用。如果想说明唐氏三兄弟的精诚团结也不是没有其他比喻，比如"三个臭皮匠，赛过诸葛亮"就比较合适。

成语是语言发展过程中积淀下来的精华，运用得好，有画龙点睛、化腐朽为神奇的魔力；用得不恰当，则会弄巧成拙、贻笑大方。

会客室

客人说

　　每次打开《咬文嚼字》，看到《目标：×××，放！——2000年第×号战报》，我都有些儿不快活。虽然，我不是这些文章作者的"敌人"，这些炮弹并不是朝着我放的，然而我也不高兴：干嘛呢？不"放"不行吗？

　　许多时候，我在报刊上发现，我们的语言习惯是：喜欢扩大战争用语的使用范围。真是个怪，这战争怪物，本来是人人讨厌的，却又偏偏是大家喜爱！特别是耍笔杆子的人，往往是找不到一个更好一些的说法。好可怜！

　　"奇文共欣赏，疑义相与析。"这本是快乐的事情。这不应当带有火药味儿。在我看来，即使您的意见是百分之百的正确，但是摆开了战斗的架势，"放！""开炮！"效果也未必就好。为什么不能与人为善呢？难道咱们汉语中就没有更加漂亮而文雅的说法来表达这一意思了吗？

　　我当然知道，这是一个比喻，一种语言习惯。

　　我的神经也不特别脆弱，当然知道这样用下去，天塌不下来。

　　但是，我还是希望：爱好和平的人民，最好不要过分偏爱战争用语，不要扩大战争用语的使用范围。把战争用语当做口头禅是不太好的。

　　语言文字界的朋友们，大家做朋友吧，火药味少一些吧，不必杀气腾腾，叫人害怕。

　　　　　　　　　南京大学　王希杰

主人说

　　王希杰先生是我们的老作者。他的文章很生活化，但又不乏学术蕴含，见人之所见，却能道人之所未道，别具一格。上面的文字便是一例。

　　早在今年年初，我们已经发觉今年"众矢之的"的总标题过于生硬，过于火爆，编辑部专门议过一次。其实，又何止今年的"众矢之的"，这种倾向是一直存在的。为此，编辑部作出决定：要平等待人，与人为善，坚决摒弃居高临下、三娘教子的行文态度，任何情况下，都不要讽刺、挖苦被批评者。

　　为了保持刊物的连续性，今年的"众矢之的"只能一仍其旧；明年的目标是"明星图书"，该用一个什么总标题呢？还望王希杰先生和各位读者朋友不吝赐教，编者为此洗耳恭听了。

　　　　　　　　　　　　　　　编者

二　王

林良雄供稿

下面是两个王字。请分别加上两笔，变成两个音同义异的字。

王　　　王

《寻找漏洞》参考答案

①鱼有大有小，比喻不当。

②"避免少犯"，否定之否定，意思成了"应该多犯"。

③定语中的量词"朵"和中心语"花粉"不能搭配，应说"50万朵花的花粉"。

④"们"表多数，前面不加表示具体数量的词。

⑤既是"朝霞万丈"，就不是"晴空万里"，矛盾。

⑥"省市"并列，"市"只能指直辖市，"全国200多个省市"从何而来？

⑦"获得"应跟名词性宾语，"发角球"是动词性的，不能搭配。可取消"获得"或将宾语改为"发角球的机会"。

⑧"有所"后面应跟动词，"起色"是名词，不能搭配。"起色"可改为"变化"、"改观"等。

⑨"拟"是打算，即还没有决定，和前面的"已决定"矛盾。

⑩"状告法院"，意即法院成了被告，不合原意。可加一个"于"字。"三位客户状告于法院"。

人，怎能不照镜子？

文化人，**怎能不读《咬文嚼字》**？

明年，我们继续牵手！

"蓬草"遮阳岂能不"垮"

ZHAOWE

　不知上门的客户想法如何，也不知"大垮度遮阳蓬"商家生意如何。我只是百思不得其解：明知"垮"的程度大，是用"蓬草"来遮阳，还有什么值得炫耀的？

　跨度不是"垮度"，遮阳篷不是"遮阳蓬"，为了生意起见，切记勿错！

张 金

ISSN 1009-2390

刊号：CN31-1801/11　国内代号：4

定价：2.00元

上海文化出版社
YAOWEN JIAOZI

咬文嚼字

第 10 期

此面何面

不用说，这是一家面馆，而且是陕西风味。但你知道这是什么面吗？

贾平凹先生说："恐怕查遍中国历代的词典，也找不到这个怪字。"现在就请读者朋友来破译一下。下期告诉你。

程向群　供稿

《店名之谜》解疑

"富"，"富"字头上没有一点，它要表达的意思是"富不封顶"。这可以说是一种民俗文化现象。但如此和汉字开玩笑，似不足为训。

面 皮

段 炼·文
麦荣邦·画

　　"面皮"——一种面食的名称。有马家姊妹,开了一家小吃店,专售面皮,远近闻名。为广招徕,她们还在店前竖立一块牌子,上面写的是"马家姊妹面皮专卖"。"面皮"还有"脸皮"的意思,让人看了忍俊不禁。

10—1

咬文嚼字

2000 年 10 月

第10期

（总第70期）

出版：上海文化出版社

编辑：《咬文嚼字》编辑部

电话：021 - 64372608 - 205

邮购电话：021 - 64372608 - 251

地址：上海市绍兴路74号

邮政编码：200020

发行：上海市邮政局报刊发行局

订阅处：全国各地邮局

国内代号：4 - 641

国内统一刊号：CN31 - 1801/H

电脑排版：

上海艺文激光电脑排版厂

印刷：上海翔文印刷厂

广告业务：

上海文艺广告传播中心

电话：021 - 64431400

广告经营许可证：沪工商广字

3101034000029号

定价：2.00元

目　　录

顾问 胡裕树 张 斌
　　　濮之珍

主编 郝铭鉴

编委 李玲璞 何伟渔
　　　陈必祥 金文明
　　　姚以恩

特约编委
　　汪惠迪(新加坡)
　　林国安(马来西亚)
　　田小琳(中国香港)

责任编辑 唐让之
发稿编辑 韩秀凤
　　　　　黄安靖
责任审读 郦仁琰
封面设计 宫 超
特约校读 王瑞祥

规范意识和柔性原则

魏 惠

随着数字化时代的到来，各类新生词语令人目不暇接，不仅引起了语文界人士的密切关注，而且在社会上也成为一种"文化现象"而备受瞩目，《文汇报》不久前便讨论过"网络词语"问题。如何看待这一现象，我认为首先应确立两个前提：

一是语文规范意识。所谓规范，就是运用语言的"游戏规则"。这是在语言运用的实践中自然形成的。伏尔泰说，词语是思想的敌人，因为词语再精确，在表述上仍有缺陷，所谓"言不尽义"；而从另一方面来说，词语又是思想的朋友，只有词语才能把你的思想表达出来。如果我用的词语你不懂，交际就会进入一种无序、无效状态。有一年参观奥斯维辛集中营，波兰翻译一再说到"脖子下的木头"，我却不知所云，后来才悟出是绞刑架。我想如果经常碰到"脖子下的木头"，谈话不就成了猜谜了吗？

二是语文柔性原则。不能一讲规范，便不分青红皂白地一刀切。语言有其稳定的一面，所以才能形成规范；而又有其变化的一面，所以始终处于发展之中。汉语是一个成熟的符号系统，同时又是一个动态的符号系统，一个开放的符号系统，新生词、方言词、外来词会不断充实到汉语词汇中来。规范，是语言历史的总结，但并不一定能制约语言的未来。从这个意义上说，语言确实无所谓绝对规范。对于现实生活中的各类语言现象，有时要"一慢二看三通过"，不能急于做终审法官，只要符合表达需要又能产生修辞效果，就应该给它生存的空间，让群众、让时

新闻标题中的数字

彭建华

标题,被称为报纸的眼睛。在新闻标题中,适当地运用数字,往往能起到非常独特的效果,使"眼睛"更亮,更引人注目。标题中数字的功能主要表现在以下三个方面。

一是深化。新闻标题力求简洁,在一般情况下,不出现数字。但对于涉及数量概念而数字又具有充分说

间去作出选择。

至于说到具体词语运用,我想至少要区分以下三种情况:一是误用。如把贬义词"效尤"当成中性词"仿效",学生向老师请教说成"不耻下问",把被执行死刑的"伏法"当成"伏罪","箪食壶浆"混同于"箪食瓢饮",这些理所当然是规范的对象。二是新用。语言变化突出地表现在词语变化。从"克隆"到"黑客",从"解套"到"招标",从"另类""非常"到"酷毙了""帅呆了"……大量新词新语的涌现,正是我们这个时代的投影。对此首先应是研究而不是裁

判,是引导而不是指责。三是变用。这是最让人头疼的。有词形的变化,如"明日黄花"变成"昨日黄花";有词义的变化,如"七月流火"本指天转凉却用于天酷热;有语法功能的变化,如"青春"本是名词却用作形容词。这类变用,语文报刊往往裁定为不规范,苦口婆心地加以纠正,遗憾的是收效甚微。纠错尽管纠错,流行依然流行。这里显然还有更复杂的原因在,需要语言学家们开展研究,提出答案。新词新语层出不穷的年代,同样应该是语言理论不断深入的年代。

服力的新闻,在标题中引入数字则能深化突出主题,引起读者的关注与感情共鸣。

在2000年3月召开的第九届全国人民代表大会第三次会议第四次大会上,最高人民法院院长肖扬在其报告中着重介绍了反腐倡廉、惩治腐败的工作,博得多次热烈的掌声。对此,《羊城晚报》3月11日的标题是:

最高人民法院加大打击犯罪惩治腐败力度深得代表赞赏

一个小时报告

九次响起掌声

这里用两个数字充分表达了人大代表对社会上腐败行为的深恶痛绝,要求惩治腐败的迫切心情。

二是强化。有人说,比较出新闻。对比越强烈,反差越大,新闻就越有冲击力、震撼力。《光明日报》1979年8月5日有一条标题"错批一人 误增三亿"可谓经典之作。此文报道的是为我国著名经济学家马寅初平反。马寅初曾在50年代提出了"新人口理论",却被当作资产阶级理论受到批判,从而造成我国人口急剧膨胀。以上引入数字的标题,与当时大多数报纸的标题"北京大学为马寅初先生彻底平反"相比,具有更强烈的吸引力。

2000年4月18日《中国青年报》有条标题与上引《光明日报》标题可谓异曲同工:

只因两块五 害死三条命

杀死小学生的罪犯伏法

这篇新闻的内容是,河南洛阳三名小学生在玩游戏机时超支了2.5元,黑心的游戏室老板丧心病狂地把三名少年杀害并移尸荒野,焚尸灭迹。标题中"两块五"与"三条命"对比,形成强烈反差,令人触目惊心。

三是趣化。世界之大,无奇不有。现实生活的奇闻趣事中,有的是因其数字而形成的。在标题中引用这些数字,可以凸现其奇巧,增添情趣。《中国青年报》2000年3月28日刊登了这样一条新闻:

投诉民警电话开通一个月

北京110 每天110

主题中两次出现"110",其含义是什么?读者不由得再往下看:"北京市公安局警务督察队与所属分县局警务纠察队于2月25日建立了110报警联动机制,实行24小时值班,受理群众对正在发生的民警违法违纪问题的投诉。开通一个月,共接到各类投诉电话3529个,平均每天110个。"此虽属巧合,但经编辑处理,却也平添情趣。

不知从何年何月开始,信封上出现了括号,并且很快蔓延开来。在学校从事教学工作,经常收到青年学生的来信。检点过去来信,信封上带有括号"()"的竟占了十分之九。社会上的通信,在信封上使用括号的现象同样很普遍。这种状况应该引起重视,如果任其发展,将成为汉语领域的顽症。

中华人民共和国国家标准《标点符号用法》规定:"行文中注释性的文字,用括号标明。"以此为标准来衡量,当前在信封上出现的各种括号,几乎没有一个不是多余的。

一、把收信人姓名后面的称呼括起来,如"×××(老师)收""×××(同志)收""×××(同学)收"等。

这是在信封上出现得相当多的一种括号用法。"×××老师收",实际上是一个主谓句,姓名加称呼这个复指短语作主语,完全没有把其中某个部分括起来的必要。如果信封上的这种称呼需要括起来,那么经常在媒体和通信中出现的"×××主席""×××书记""×××市长""×××经理"等等称呼全部应

信封上的括号

高维良

该括起来,有谁会认为这样做是合理的呢?

二、把"收"字括起来,如"×××老师(收)"。这是在信封上出现得最多的一种用法。南京的一家电视台,天天在屏幕上打出广告,要求观众来信寄:"××频道'标点'(收)"。"标点"是该台的一个专栏,电视台要求观众把信件寄给专栏,居然把"收"字也括了起来。1999年11月21日的《扬子晚报》刊载一则征婚启事,要求应征者信寄"××学校　高伟(收)转"。"收"字在这里是动词作谓语,完全不起注释作用,为什么要括起来呢?征婚广告上的"收转"共同作谓语,把"收"字括起来更是毫无道理。

三、在最后落款中把本人姓氏后面的"缄"字括起来,如"××市××路××号王(缄)"。

"王缄"在这里也可视作主谓短语,"缄"是谓语,它并不是用来解释"王"。"缄"是"封"的意思,表示这封信是王某把它封起来的。"缄"字上的括号同样用得岂有此理!

再说"一直以来"

叶景烈

《咬文嚼字》谈过"一直以来",但这一问题非但没有解决,还大有蔓延之势。请看:

(1)一直以来,"东坡肉""东坡肘子"将(使)大诗人的名声在食界飞扬……(《新民晚报》2000年4月14日)

(2)一直以来,所有的事情我都向爸爸汇报。(电视连续剧《风云岁月》第14集)

(3)一直以来,崔雷的内心深处总觉得自己这辈子投错胎了。(《文摘报》2000年6月29日)

"一直"怎么可以和"以来"组合在一起呢?

先说说"以来"的词性和用法。"以来"是助词。它不能单独使用;只能附着在某些时间词或含有时间意义的词语后边,表示从过去的某一时间开始到现在为止的一段时间。出现在"以来"前边的,一类是名词性词语。如"五四以来""清明以来""1949年以来""今年春节以来",前边的名词性词语都表示开始的某一时间。有时,开始的时间比较模糊,如"今年以来""最近以来"和"长期以来"。"今年以来"当然不能理解成"从今年到今年的一段时间",只能理解成"从今年年初到现在的一段时间"。"最近以来"表述上的模糊是由"最近"的模糊意义决定的,当然开始的时间不能离开现在过长。"长期以来"中的"长期"就是"长时期",所以也看作名词。"长期"的词义也是模糊的,一般地说,开始的时间无法断定。

然而,有时从整个句子的意思中也能了解它开始的时间。如:"长期以来,人们习惯把《苦菜花》《迎春花》《山菊花》合称为'三花'。"这里的开始时间只能在三部小说全部问世之后。

出现在"以来"前边的,另一类是动词性词语,包括动词充当谓语的主谓短语。如"解放以来""建国以来""有史以来""改革开放以来","以来"前边都是动词性词语。"新中国成立以来""抗日战争爆发以来""沉船事故发生以来","以来"前边都是主谓短语。动词虽然不是时间词,可是它所表示的动作行为都具有时间性,因此,上述例子中的开始时间都是明确的。

由于"以来"表示从过去的某一时间开始到现在为止的一段时间,而和"以来"组合的名词性或动词性词语又都表示开始时间,它们的前面有时还可使用介词"自""从""自从"。如"自古以来""从合作化以来""自从有人类以来"。

再说说"一直"的词性和用法。"一直"是副词。它有几个义项,其中一个与时间有关,表示在一定的时间里某种动作、行为、情况、状态没有改变,始终如此。它只能用在动词或形容词前边起修饰作用。例如:"一直唱到12点钟""一直是个好人""一直高高兴兴的"。

综上所述,可以归结为两点:第一,从语法上说,"以来"前边只能是名词性或动词性词语,而"一直"是副词,所以不能和"以来"组合。第二,从语义上说,"以来"前边的词语所表示的都是具体的时间,而"一直"不表示具体的时间,所以不能和"以来"连起来说。

罗西尼脱帽

金午

以《塞维利亚的理发师》《威廉·退尔》等经典作品而闻名于世的意大利歌剧作曲家罗西尼(一七九二——一八六八),历来提倡作品必须要有自己的东西,反对因循守旧,推崇创新,鄙视抄袭剽窃。

有一天,一位作曲家登门拜访罗西尼,并当场弹奏了自己的「新作」,希望得到罗西尼的青睐。

在听曲的过程中,罗西尼不断地重复着脱帽、戴帽、脱帽、戴帽的动作。

「是不是太闷热了?」来访者不安地问道。

「不是,」罗西尼回答说,「我每见到熟人就要脱帽表示敬意,在您的大作里,我碰到了太多的熟人。」

众矢之的

目标:贾平凹,放!

——2000年第十号战报

编者按

　　贾平凹到底是贾平凹!初读他的文字时,也许会有一种生涩感,但如黄土高原一样深沉、浑厚,经得起反复咀嚼。贾先生曾自称古书读得不多,可他熟悉西安,而西安毕竟是中国的古都,于是他的作品便自然有了韩柳遗韵,大气磅礴,文采斐然。面对着这样一位作家,本期的咬嚼活动,似乎多了一点肃然的气氛。

　　出现这种气氛,也和贾先生的告诫有关。贾先生支持这种活动,只是提醒我们不要把编校疏漏算到作者头上,更不要让作者为盗版书背黑锅。为此,本期在定稿时,一定要找到原作品"验明正身",并对提出的问题反复论证后才决定取舍。即使这样,限于编者才识,仍难免留下遗憾,还望贾先生和广大读者有所指教。

陕西状元无王铎

　　陕西在历史上出的状元确实很少,比起江苏、浙江那些"状元专业户"来说,真是小巫见大巫。贾平凹先生对此很关注。他在《老西安·废都斜阳》中写道:"漫长的科举年代,整个陕西仅只有康海和王铎两个状元,据说一个还有后门之嫌。"

　　说康海是状元没错,他是明弘治十五年中的状元,武功人。但说"王铎"是状元就错了。是不是打错了字?也不是。因此书的第160页又提到了这个状元"王铎"。可见是贾先生弄错的。王铎(1592—1652),字觉斯,南明弘光朝礼部尚书、东阁大学士。降清后,官至礼部尚书。不过王铎是河南孟津人,而非陕西人;而且他是天启二年进士,并不是状元。其实,陕西的另一个状元叫王杰,韩城人。这个状元的名气很大,官至大学士,享年八十一岁。品行如何?有嘉庆帝诗为证:"直道一身立廊庙,清风两袖返韩城。"所谓"后门"是说王杰。据赵翼说,那科状元本应是赵翼,王杰是探花,皇帝想让陕西出个状元,将他俩换了名次。 (叶才林)

七月不会有秋分

长篇小说《浮躁》第13节:"阴历七月,秋分那日,仙游川下来了一只梭子船。"阴历七月是不可能有秋分的。

早在先秦,先民已经定出冬至、夏至、春分、秋分四大节气。到秦汉间,至今仍在使用的二十四节气已经确立,秋分自然是其中之一。二十四节气是根据太阳在黄道上的位置确定的,也就是说将太阳在黄道上的轨道分为二十四段,每段就是一个节气,节气开始的那天就是节名。

按一般想法,一年二十四个节气,十二个月,每月两个节气,如:正月,立春、雨水。二月,惊蛰、春分……不是很方便吗?其实不然,因为节气是按太阳运动确定的,而阴历的月却是按月亮运动确定的,每个朔望月的时间小于两个节气之间的时间,这就需要历法来调节。历法将二十四节气分为两部分,排在奇数位的十二个称为"节"气,排在偶数位的称为"中"气。以秋季为例,立秋、白露、寒露是节气,处暑、秋分、霜降是中气。历法规定:各月的中气必须在本月出现,而节气既可以在本月上半月出现,也可以在上个月出现。秋分是八月的中气,因此秋分只能在阴历八月出现,绝不可能出现在七月。

(王中原)

"不可叵测"不通

贾平凹的小说《浮躁》写道:"岗下是一条沟,涌着竹、柳、杨、榆、青枫梧桐的绿,深而不可叵测。"

"叵"字东汉许慎在《说文解字叙》中用过:"虽叵复见远流,其详可得略说也。"奇怪的是《说文解字》正文中却没有收"叵"字。五代徐铉《说文新附》:"叵,不可也,从反可。""可"字篆文作可,而"叵"字作叵,正好相反,所以"叵"的意思就是不可。

"叵测"有两个义项:一为不可推测,一为不可测量。前者如"心怀叵测""居心叵测",后者如元代周伯琦《野狐岭》诗:"涧谷深叵测。"《浮躁》想说的是不可测量的意思,可是写作"不可叵测"就成了不可不可测量了,叠床架屋,有害文义,不如改为"深不可测"或"幽深叵测"。

(张 鹄)

关于"普通话"

贾平凹先生在《老西安》一书中说:"李斯……统一了全国的文字,也规定了以秦的话语为国内通行话语,但当1949年新中国颁布实施了普通话,西安话却被沦丧为最难听的口音。"

这句话至少有三处值得商榷:

一、"1949年新中国颁布实施了普通话"的说法不合事实。1949年新中国成立之时还没有"普通话"这个名称。普通话的形成有一段相当长的历史,以前叫作"官话""国语"。1955年举行的全国文字改革会议才提出"普通话",当时下的定义是:"普通话是以北方话为基础方言,以北京语音为标准音的汉民族共同语。"后来又加了"以典范的现代白话文著作为语法规范"。到1956年国务院向全国发出了《关于推广普通话的指示》,普通话才在全国迅速推广开来。

二、"颁布"和"实施"这两个动词都与"普通话"搭配不当。"颁布"与"实施"后边涉及的对象多是法令、条例、政策之类,普通话是汉民族现代的共同语,语言是一种特殊的社会现象,而不是政令。我们只能说"说普通话""学习普通话""推广普通话"等,却不能说"颁布实施了普通话"。

三、"西安话却被沦丧为最难听的口音"中"被"字多余。"沦丧"意为消亡,丧失,用在此处从词义到感情色彩上都是不对的。 (程向群)

"之一"与"生涯"

2000年3月20日《羊城晚报》刊载有贾平凹先生的《"庆松堂"记》一文,其中有这样一段话:"在文坛上,十数年里我一直害病,算个著名的病人。但也因此结交了一批从事医务工作的朋友,万隆医院的陈氏父子,就是其中之一。在我就医的生涯中,体会最深的是……"

在短短的几句话中,有两处语病。

(一)"之一"使用不当。"之一"只能用以指一个人、一件事或一样东西。如"集邮是他业余爱好之一",那就是说,他的业余爱好相当广泛,集邮只不过是其中的一项。但不能说"集邮和听音乐是他业余爱好之一",因为它们是两项不同的活动。同样地,既是陈氏父子,那自然就不是"其中之一"而应该是"其中的两位"才对。在任何情况下,父子毕竟是两个各自独立的个体,不可能"合二为一"而成为一个人的。

(二)"生涯"一词也用得不妥当。"生涯"是指长期从事某种职业或活动的生活,如常见的教书生涯、卖艺生涯、舞台生涯、革命生涯等等。刘长卿诗云:"杜门成白首,湖上寄生涯。"马致远《汉宫秋》楔子:"正是,番家无产业,弓矢是生涯。"分别用以指从事渔、猎的生活方式。

"害病"是一种生理现象;"就医"是赴医院请医生诊治自己的疾病。就医可能是生活中常出现的情况,如贾平凹先生害病长达十数年之久,但毕竟只是个人日常生活的一个侧面,是不能视之为一种职业或活动的。因此,"就医的生涯"的说法是不能成立的。　　(辛南生)

贫困的富户

贾平凹在《祭文》中写道:"……可父亲的一生中却没有舒心的日月。在他的幼年,家贫如洗,又常常遭土匪的绑票,三个兄弟先后被绑票过三次,每次都是变卖家产赎回。"

土匪绑票所勒索的赎金一般总是比较高的,一个家庭能够先后三次变卖家产来支付赎金,那家中原先拥有的家产,自然不会少,至少不属贫寒之列,更不会是"家贫如洗"。"家贫如洗"指穷得一无所有,"变卖家产"从何说起?

再说,土匪绑票,通常先要踩盘探路,总要找殷实富户下手,这样才能勒索到高额赎金。贾家如真是"家贫如洗",再蠢的绑匪也是不会出手的。

也许有人会说,《祭文》中的三次遭绑票是因,"家贫如洗"是果,只是在行文时把结果提前罢了。这种说法并不能成立。因为在"家贫如洗"后面用了副词"又",表示迭遭绑架和家贫如洗是同时的,在遭绑架之前已经"家贫如洗"。这个闷葫芦看来只有贾先生自己才能打开。

(章均权)

"没齿小儿"?

贾平凹《浮躁》序言之一云:"商州的河滩皆宽,'三十年河东,三十年河西'的成语在这里已经简化为一个符号'S'代替,阴阳师这么用,村里野叟妇孺没齿小儿也这么用。"

这"没齿小儿"的说法令人费解。也许贾先生认为:没音 méi,义为没有;"齿"指牙齿,"没齿"就是说还没有长牙齿,那自然就是指小孩了。其实,"没齿"这个词先秦就有了。"没"音 mò,义为终、尽;"齿",指年龄,年齿。"没齿"就是终身的意思,成语"没齿难忘""没齿不忘"讲的就是终身牢记。可见"没齿小儿"无异说终身小儿,实在无法理解。

退一步说,即使贾先生的说法能够成立,在原文中也是说不通的。首先"野叟妇孺"之"孺"本指小孩,再用"××小儿"就重复了。其次,没长牙齿的小儿是婴儿,一般在一岁以下。一个婴儿要理解运用"三十年河东,三十年河西"这样的熟语(无论是熟语本身还是简化成的符号),哪怕是文学夸张,也是难以使人相信的。

附带说一下,没长牙齿的小儿,在我们商州被称作"没扎牙的碎娃",从未听到过"没齿小儿"的说法。

（王高明）

"绰绰约约"不是"影影绰绰"

小说《油月亮》中说道:"尤侁人悄然下炕,夜行到汉江边……那人不动了,扭头追撵绰绰约约的一行人。"

"绰绰约约"一词使用不当。"绰约"形容女子姿态柔美的样子,如:绰约多姿,丰姿绰约。小说写的是晚上,"绰绰约约的一行人",作者本意是指模糊不清的一群人。他们是八个造反派押着五个五花大绑且背上背着一小石磨盘的"俘虏","是去汉江里'煮饺子'"的。决不是一群丰姿绰约的女子。作者这是把"绰绰约约"误用作"影影绰绰"了。"影影绰绰"义为:"模模糊糊;不真切。如:天刚亮,影影绰绰地可以看见墙外的槐树梢儿。"这正好与原文相符。

与"影影绰绰"意义相近的还有"隐隐约约",意思是"看起来或听起来不很清楚;感觉不很明显"。(《现代汉语词典》)如:远处的群山隐隐约约可见／火车的轰鸣声隐隐约约地从远处传来。可见,后者的词义范

10—14

围要比前者宽。 （芜崧）

生肖·姓氏·眼泪

小说《浮躁》结构严密，语言生动，堪称佳作。可惜百密一疏，小说中的某些情节还是出现了疏漏。

书中第2节："秋天里把小水订婚在东七里的下洼村……少年姓孙，属马，比小水小着一岁，个头也没小水高。"小水是书中女主人公，据引文可知她比未婚夫小孙大一岁，小孙属马，那按巳蛇、午马、未羊的顺序，小水肯定是属蛇的了。且慢肯定，因为第13节又说："和尚就瞅着小水问道：'你是属啥的？几月的生辰？'小水说：'属羊的，九月初十半夜生的。'"小水究竟属蛇还是属羊，比小孙大一岁还是小一岁？看来，读者很难弄得清了。

第2节："常来渡口与韩文举一块吃酒说笑的雷大空、关福运等一帮少年也买了成串的鞭炮。"据此，福运姓关应是毫无疑问的。可是第28节说到福运有了儿子后，几个人给孩子起名时说："雷大空坚持起城里人的名字……福运姓张，小水姓韩，就譬如叫'张韩大山'……"真不明白福运究竟姓关还是姓张？

第8节："这棺材是几年前陆老头为自己预备的，没想到女儿先要占用，人生无常的悲凉使他站无力气哭无眼泪蹲在一旁老泪纵横。""哭无眼泪"意谓伤心到了极点，欲哭无泪，是肯定没有眼泪的。而"老泪纵横"则非但流了眼泪，而且有一定的量，到了泪流满面的地步。陆老头到底流没流眼泪，虽然无关宏旨，却也成了一桩疑案。 （王公力）

有头有尾的"猪下水"

贾平凹在小说《土门》中说云林爷在没有疯的时候，饲养了种猪，为村中的母猪配种。书中有这样一句话："……但云林爷是不是得到猪主人的许愿，每年终能吃到被送来感谢的猪下水，比如一颗头，一条尾巴，或一副肠子或心肺……"

"下水"，指食用的牲畜内脏，有些地区专指肚子和肠子，但都不包括头、尾。如清文康《儿女英雄传》第二一回："中间又架着一盘……连头蹄下水都有。"可见头、蹄都不在"下水"范围。贾先生将一颗头、一条尾巴也归入"下水"显然不妥。

（符利民）

从"脱口秀"说开去

戴梦霞

最近一段时间,脱口秀、服装秀、发型秀、婚纱秀等形形色色的"秀"层出不穷地出现在我们的生活中。这个"秀"并不是"清秀""秀气"的"秀",它来自台湾,是英语"show"的音译,随着海峡两岸日益频繁的经济文化交流而逐渐进入大陆。

"秀"介入我们的日常用语后,主要保留了"show"的"表演、演出、展示"的义项。最初出现的是"脱口秀",即"talk show"的音译,原本特指一种对话式的逗笑节目,现在也可以泛指各种谈话类节目。在"脱口秀"一词逐渐被人们熟悉之后,"秀"进一步"独立门户",于是,"××秀"就演变成为一种多产的构词格式。如:

(1)傍晚时分,广场上常常举办

时装表演、婚纱秀、新品演示……(《新民晚报》1999年10月9日)

(2)在花园酒店举办了发型秀,相同的发型秀在不同的观众群中产生了截然不同的反响。(《新闻报》晨刊1999年8月2日)

甚至,有的并非真正的表演,因其本身所表现出的虚假、荒谬、出格近似于"表演",也被冠之以"秀"。如:"许多人士指责这个案子完全是出于外交考虑的审判秀。"

"××秀"在构词时,常常不限于偏正式的结构,有时还可以是支配式的结构,如"作秀",也作"做秀"。"作秀"开初指"做戏",后引申出"故作姿态,有意显示"的意思。

(3)电视征婚交友的节目越办越红火……各报刊对此褒贬不一,

对嘉宾的表现却一致不看好。不少文章批评他们作"秀",虚伪,翻脸不认人,甚至派对成功的嘉宾隔天后竟如同陌路。(《中国青年报》1999年11月2日)

随着使用频率的增加,"秀"的语义也略有变化,它由"表演、演出、展示"而引申为"表演的、演出的、展示的"的意义,由此衍生出一批构词方式为"秀×",意为"表演的××""用于表演的××"的词,如:秀场、秀档、秀服、秀约、秀味等。

如果翻阅一下英语词典,不难发现"show"除了做名词,同时还可以做动词,有"表现、出示、叙述"等的意思。"show"以"秀"的形式进入现代汉语后,也可以做动词:

(4)随着"戏"里的女人侃侃而谈,谈话内容开始从"女人式"的家长里短跳出,"秀"科索沃战争,"秀"吸毒对社会的危害,"秀"青少年犯罪。(《新民晚报》1999年7月9日)

关于"秀",笔者还想说明两点。第一点就是现代汉语是否有必要吸纳这个音译的"秀"?有人认为,在汉语中早已存在了与"秀"同义的表达方式,即"表演、演出、展示"等,从维护汉语纯洁性的角度考虑,不应为追求表达的新奇时尚再吸纳一个外来词。其实,"秀"的出现不是偶然

的。首先,我们都知道,语言需要创新,没有这些源源不断、新鲜活泼的语言表达形式上的创新,语言就会成为一成不变、僵死不动的东西。随着改革开放的不断深入,以及两岸文化交流的日益频繁,我们对外来的文化已经不再是排斥的心态,尤其是年轻人,更乐于接受新鲜、时尚的东西,包括时尚词语。由于审美情趣的趋同,"秀"就逐步深入人心、走向大众。

其次,从"秀"本身来看,它在修辞上具有反平庸的倾向,在某些情境中是独具魅力的。比如"脱口秀",你可以把它说成"谈话表演",意思差不多,但"脱口秀"所传递出的脱口而出、随机应变的灵活机智就荡然无存了。再如"作秀",你可以将一些虚情假意的行为斥为"作假""演戏",但"作秀"的调侃、幽默就没有了。修辞追求"用词妥帖精当,非用此词不可"的境界,现在我们既然有更恰当、简洁的表达方式,为什么要墨守陈规、退而求其次呢?

第二点是关于"骚"的。"骚"也是"show"的英语音译,最初产生于香港,如:大骚、做骚、骚本钱等。客观地说"骚"和"秀"是一样的,但为何现在的局面却是"秀"盛而"骚"衰呢?究其原因,无非是两点:其一,既

"潇洒"探源

[加拿大]吴小燕

潇洒是个古词。其本义和古今通义是神态、举止、风貌等超逸绝俗,自然大方,有韵致,不拘束。其来历可以追溯到距今1500年的南朝宋。不过"潇洒"最初的词形作"萧洒",唐代之后才逐渐被"潇洒"所替代。

南朝宋文学家刘义庆,恬淡,寡欲,喜招聚文人墨客讲学论道。所撰笔记小说《世说新语》,主要记述东汉、魏、晋人物的遗闻轶事和言谈风貌,历来为研究这个时期历史、语言和文学的学者所重视。该书中有两段文字谈及"萧洒":

一段是:"王子敬语谢公:'公故萧洒。'谢曰:'身不萧洒。君道身最得,身正自调畅。'"意思是说,王献之(子子敬)对谢安说:"您可真洒脱自然。"谢安说:"我并非做出洒脱自然的样子。您最准确地说出了我的

然是音译词,那就应尽量追求译音的准确贴切,显然"秀"在读音上比"骚"更接近"show"的读音,这是先天的优势。

其二,从"望文生义"的角度来看,"秀"借用了"清秀、秀气"的"秀"的字形,不可避免地染上了一点"秀气",而"骚"在字形上和"风骚""骚乱"的"骚"一样,令人不由自主地联想起"扰乱、不安定、举止轻佻、作风下流"等意思,故而,人们自然要舍"骚"而取"秀"了。这是借用字本身的褒贬色彩左右了人们的取舍。

特点，我正是自己调解使之畅快罢了。”

另一段是：“谢车骑初见王文度曰：‘见文度虽萧洒相遇，其复愔愔竟夕。’”意思是说，谢玄（又称谢车骑）初见王坦之（字文度），说：“看见王坦之，虽是初次相遇，但他那洒脱自然的风度以及安静和悦的容貌一个晚上都没有改变。”

南朝齐文学家孔稚珪，风韵清疏，不乐世务，热爱山水。他对那些假装归隐自然而实际心怀欲望的人很蔑视。所作《北山移文》是骈文中的名篇，对于利欲熏心的假隐士，讽刺得入木三分。开篇不久，“萧洒”便在讲究对仗、声律的俪句中出现：“夫以耿介拔俗之标，萧洒出尘之想，度白雪以方洁，干青云而直上，吾方知之矣。”译成白话，便是：有着耿介不俗的仪表，豁达出世的情怀，纯洁的品格可以和白雪媲美，高尚的志向凌跨云霄的人，才是我所知道的隐士。不难理解，惟有名副其实的潇洒之士，才能写出如此工丽的文辞来。在此，文如其人，人文合一，“潇洒”之精义恐尽在其中矣。

唐初史学家李延寿，在其所撰《南史·隐士传上》也有一例“萧洒”：“渔父者，不知姓名，亦不知何许人也。太康孙缅为寻阳太守，落日逍遥渚际，见一轻舟陵波隐显。俄而渔父至，神韵萧洒，垂纶长啸，缅甚异之。……渔父曰：‘仆山海狂人，不达世务，未辨贱贫，无论荣贵。’……于是悠然鼓棹而去。”“不知何许人也”“甚异之”“无论荣贵”等笔法，与东晋诗人陶渊明名作《五柳先生传》和《桃花源记》中出现的十分相似。而渔翁也是陶氏一类避世隐居的人物。

一个饶有兴味的问题是：“潇洒”这个“离经叛道”的词到了儒学正宗手里，将会受到何种发落？且来看看宋代理学的集大成者朱熹吧。他的文集，语言简洁明畅，诗歌朗朗上口，不乏清新活泼之作。“潇洒”一词被他“量才录用”，巧妙而又妥善地落实在“自然”这个界别，用来描写经过了拟人化处理的树木的姿容，让其继续发挥积极的修辞功能。笔者有幸从他卷帙浩繁的《晦庵先生朱文公文集》中觅得二例：“山中绿玉树，潇洒向秋深。”（《岩桂》）“玉立寒烟寂寞滨，仙姿潇洒净无尘。”（《前村“梅”》）

如上所述，潇洒是一种素养和气质，更是一种情操和境界。贵在内蕴的自然显露，靠形象“包装”是无法企及的。

对"整合"意义的整合

曹志彪

《新民晚报》1999年6月13日刊载了顾土的一篇题为"整合"的文章，反映了中西两种文化在中国这片土地上的奇特融合方式：可乐可以煮开了喝，兑上五粮液喝，加入姜片喝；算命先生会将《易经》与电脑结合，使传统与现代联袂；外国戏剧在中国经过改编，表演得特别本土化；茶馆虽改叫了酒吧，里面站的却像店小二，卖得最俏的酒仍是二锅头，菜单上写的还是猪耳朵、羊肉串等。文章对这种文化现象揭示得非常深刻且饶有趣味，读来颇受启发。作者最后谈到一个问题，说自己对"整合"这个词的确切含义，一直没弄明白，但从字面上看，觉得给这篇文章做题目似乎比较贴切。

我平时读书看报也越来越多地碰到"整合"这个词，总觉得似曾相识，却又似懂非懂。想找答案，但是在《汉语大词典》《现代汉语词典》等辞书中难觅它的踪迹，能说出点道道来的人也不多。《中国大百科全书》《中国百科大辞典》等一些专业辞书中倒是有"整合"这个词，不过它只是地质学上的术语。在地质构造上，两个岩石地层单位组成两套不同时代地层之间的接触关系，当上下地层之间没有发生过长时期沉积中断，则认为是连续的，称为整合；反之，则为不整合。这个"整合"与各种媒体频频出现的"整合"并非一回事。

作为通用词语的"整合"，源自英语词 integrate（意思为"使结合、合并；使成为一体；使完整、完善"）。当初用"整合"这两个字来表示这一意思的是日本人（有时也译作"统合"）。众所周知，日语中有不少汉字词，这些借用汉字所造的词或所翻译的外来词,有许多后来又传到了中国,如"干部"一词就是走的这条路。"整合"进入汉语圈,最早是港台地区,在大陆用开来大概是改革开放以后的事。我们所能找到的最早的用例出现在1982年。与一般时尚词的使用人群不尽相同,"整合"在文化人的学术文章中用得更多些,光《读书》杂志二十年来用到这一词的文章就有近两百篇。

就使用情况看,"整合"有时接近于"组合""合并""联合"之类的意思,表示使几个独立、分散的事物组成一个相对有组织的整体。例如:"中科院植物生理所和上海昆虫所在体制改革中,首先实施整合。"(《上海经济报》1999年9月8日)然而,用得更多的是以下情形:表示不同的思想意识、文化观念之间的交汇融合,如"日本有幸得益于传统,并且在积极引进外来文化的基础上对传统进行创造性的转化,实现了民族传统与西方文化的有机整合"(许纪霖《高扬传统的得与失》);表示某种文化观念约束、统一人们的思想行为,把人们团结、凝聚起来,如"这些要素,在历史长河中,以外在自然与内在自然、主体与客体、理性与感性、天理与人欲相统一的方式,在多重层次上整合着中华民族

的心理功能,确立了中国人之为中国人的内在精神—文化—心理的指向和特质"(李遥《历史进程与伦理构想的冲突》);表示使社会团结,国家统一,如"积极派说,腐败有助于国家的整合……但是消极派认为,腐败恰恰破坏着国家的整合与稳定"(郑也夫《腐败的正负功能》);还可表示使不同知识、学科之间建立联系,形成交叉、融合,如"而以法国年鉴学派为代表的新型史学,则试图整合历史学与社会学、心理学、地理学等学科,以'总体史'代替'事件史',探寻历史深层结构的变迁"(史景迁《耶鲁怪杰》),诸如此类。使用范围涉及文化观念、思想意识、国家政治、学科知识等许多方面,可以与"对立、冲突、矛盾、分裂、隔阂、异化"等构成反义词,意思相当于"融合、结合、聚合、综合、统一、同化"等。

从上面的例子可以看出,"整合"虽涵盖了诸多的意思,但是,不管将独立、分散的合成一个整体也好,消除矛盾而变得协调一致也好,由异趋同也好,最后的结果都可以看作一个整体。"整体"是一个相对的概念,一个单位、一个团体固然是一个整体;几方面趋同、适应,互相依赖、互相协调、互相弥补、互相合

作、互相促进，也应该是建立在某种联系之上的一个整体。这样，不妨对"整合"的意思来一下整合，作这样解释：使一体化，以产生整体综合效应。再回过头来看，顾土以"整合"作为那篇文章的标题，应该是比较贴切的。

当今世界，政治生活上由纷争不断转向以和谐共处为主流，经济生活中的规模化、集约化日见明显，思想文化方面的交流融合速度之快，范围之广，渠道之丰富，都是前所未有的，"整合"现象几乎无所不在，甚至有人就称当今时代为"整合时代"。那么，"整合"一词被普遍使用，就是情理之中的事了。

语丝

仇十洲画史湘云

丁鑫

画家仇十洲的大名，妇孺皆知。据孙襄镜《栖霞阁野乘》六十七记载，清朝，某古董铺挂出了一幅仇十洲画的《史湘云春睡图》。有甲乙两位书画鉴赏家见到画后，就在画前议论起来。

甲说：「此画确实是真迹，你看那用笔，若不是仇十洲，绝对没有那种功力，也到不了那种境界，题款和图章也无一不好到极点。而且作画所用的绢纸也不是近百年的东西。」

乙说：「你说的没错，但此画的景物安排稍嫌散漫，对此我不能无疑，可能是出自高手的摹本吧。」

两人正议论得津津有味。忽然，背后有人大声说道：「明朝人画本朝（指清朝）小说故事，真是奇谈！」仇十洲是明代画家，而史湘云则是清代作家曹雪芹的小说《红楼梦》中的人物。此画的真伪，不言自明。

两人听了面红耳赤，说不出话来。过了一会儿却又自赞自叹说：「吾辈赏识，乃在牝牡骊黄之外。」意思是说：我们所注意的是作品的风骨神韵，是内在的、本质的内容，根本不去留意那些外在的、表面的东西。

秦代中国无西瓜

王云明

小说《秦相李斯》二十三中有一段描述的文字:"咸阳城外的骊山深谷里,出了一件稀罕事:隆冬季节,那里生出了几个西瓜。"

作者可能把瓜的种类搞错了。根据明代罗颀辑著的《物原·食原》记载:"五代胡峤始移种回鹘西瓜于中国。"这说明中国开始种植西瓜的时间应在五代时期(公元907—960年),而引文所述乃是秦始皇"焚书坑儒"中"坑儒"的一个情节,时间应在公元前212年即秦始皇三十五年,早于西瓜引进一千一百多年,那时根本不可能有西瓜。

体积岂可论克称

王荣

《服务导报》2000年5月10日《"鸡粪"比鸡蛋好卖》一文说:"一袋体积不到500克的颗粒花卉专用肥料零售价卖到2.5元。"读后让人莫名其妙:"克"乃是质量的法定计量单位,1千克即1公斤,等于2市斤。体积的法定计量单位有立方米、立方分米、立方厘米等。质量和体积是两个截然不同的量,其计量单位又怎能互换?文中"体积"二字当为"质量"之误。

何来"畲族军队"

敬文

《精神文明报》2000年5月16日《老兵雄风今犹在》一文的副标题是"——记勇斗持枪歹徒的畲族军队退休干部赵鼎洲"。读罢此标题让人惊愕:畲族是少数民族,人口仅几十万人,我国何时建立过一支"畲族军队"?细读全文,方知那"畲族军队"实际上是不存在的,只是赵鼎洲是畲族人。显然,那副标题的写法不妥当,可把"畲族"二字删去,或者在赵鼎洲后面用括号加注"畲族"。

药方量词不用"味"

宗 龙

《齐鲁晚报》2000年4月3日载有《一味中药起拍三亿》一文，读后认为文章的标题欠妥。

"味"字有多个义项，但作为量词时，指中药的品种，药物一种叫一味。中药治病，大多用几味、十几味乃至几十味中药配伍成方，如"六味地黄丸"就是由六种中药配制而成的。

其实文中言明拍卖的是"桂参止痛合剂"的"独家秘方"，要卖的是药方，而不是中药。看来，标题应改为"一中药配方起拍三亿元"。

"桑孤"何物

毛 湾

《新民晚报》2000年7月3日《读书为哪般？》一文引用了袁枚《随园诗话》记载的一首诗："当年蓬矢桑孤意，岂为科名始读书。"文中"桑孤"错了，应是"桑弧"。

"蓬矢桑弧"指蓬草为箭，桑木作弓。古代男子出生，以蓬矢桑弧射天地四方，象征男儿应有四方之志。后引申为做人应胸怀大志之意。"蓬矢桑弧"亦作"桑弧蓬矢""桑弧蒿矢"，可省作"桑蓬""桑弧"，若错成"桑孤"就不知所云了。

摇头怎能假装

梁克非

《广西商报》2000年2月21日有这么一句话："她用手摸口袋，发觉钱不见了！她马上推醒覃某追问，覃装摇头说不知……""装"在句中作状语，应修饰紧跟其后的动词"摇头"。然而，"摇头"这个动作，只有两种存在状态：摇或不摇。若已摇如何可装出未摇之状，若未摇又如何可装出已摇之状？可见，这一动作根本无法"假装"。其实，覃某在这里装的不是"摇头"，而是"说不知"这个动作，因为明明是他自己偷了钱，他却说不知道（钱的去处），不说真话即假装，因此，"说不知道"这个动作，才是"假装"的。这样看来，此句正确语序应为"覃摇头装不知"。

向我开炮

断句有误

张克哲

《咬文嚼字》2000年第3期《说说"亨"和"享"》一文，引用了《康熙字典》"亨"字下面的一段按语："古惟亨字兼三义。后加一画作享，献之。亨加四点作烹，饪之。"读来颇感别扭，且"献之""饪之"当如何训解？难说。翻了一下《康熙字典》，其原文却是这样的："古惟亨字兼三义，后加一画作享献之亨，加四点作烹饪之烹。今皆通用。"这是在说，上古只有"亨"字能兼表三义（指"通也""献也""饪物"三项意义），后来为了避免表义的混淆，又由亨字孳乳出表"献也"义的"享"字和表"饪物"义的"烹"字。两相对比，可知《说说"亨"和"享"》一文对这段文字的引用，既失其句读，又截取不当，其失误是非常明显的。

此外，《康熙字典》原文"加一画作享献之亨"一句，令人费解：亨字加一画怎么还是亨字？于理不通！

其实，此句，清代学者王引之在其《字典考证》中早已作出修正，他说："谨按文义，'享献之亨'谨改为'享献之享'。"王引之所改与文义吻合，当然是正确的。"享献之享"的"享"字，实为《字典》编者的笔误。如果《说说"亨"和"享"》的作者能够事先参考一下《字典考证》的话，那么上述的引用失误也许就不会出现了。

"咒念金箍"有缘由

郑泽宇

《咬文嚼字》2000年第6期《铜钉和金箍》一文，提出郭沫若把"紧箍"和"金箍"搞混淆了，其诗句"咒念金箍闻万遍"中的金箍是张冠李戴。

郭沫若的《看〈孙悟空三打白骨精〉》是一首七言律诗，其颔联为"咒念金箍闻万遍，精逃白骨累三遭"。两句间要求对仗工稳，声调和谐。"金"对"白"是颜色对，声调是平对仄，如改为"紧"对"白"，则不仅对仗欠工，而且还造成仄对仄声调失谐。

所以用"金箍"对"白骨"是优于用"紧箍"的。

用"金箍"而不用"紧箍"有依据吗?有的,郭沫若早在三十多年前就说明了这个问题。他在发表于1964年5月30日《人民日报》的一篇文章中专门谈到这一点:"在我的诗中有一个小问题,曾经被读者提出过,那就是'咒念金箍闻万遍',句中的'金箍'应是'紧箍'。《西游记》第四十二回,观音菩萨说她有金、紧、禁三个箍儿和三个咒语。金箍是制服红孩儿的,紧箍是制服孙悟空的,禁箍是制服守山大神的。但一般人都把制服孙悟空的'紧箍咒'说成'金箍咒',这大概是孙悟空头上戴着金箍,手上拿着金箍棒的缘故。我则因为金箍和白骨在对仗和声调上都是更好,因此我也就存心从众了。"

郑板桥没自称走狗

王剑华

《咬文嚼字》2000年第2期江源先生《闲话"走狗"》一文中说:"也有人以自称'走狗'为荣的……郑板桥对徐渭无限崇敬,刻了一枚印章'青藤门下走狗'。"

清代诗人袁枚在其《随园诗话》卷六中写道:"郑板桥爱徐青藤诗,尝刻一印云:'徐青藤门下走狗郑燮'。"此说不合事实,是袁枚跟郑板桥开了个不大不小的玩笑,随即被人揭穿。

清人徐兆丰在其《风月读余录》中曾收由郑板桥自辑之《板桥先生印册》,其中有一印曰"青藤门下牛马走"(吴于珍刻)。徐在该书中又说:"又某书谓先生尝自署为'青藤门下走狗',今按册内乃'牛马走',可证前说之诬。"徐说的"某书"即是《随园诗话》。

可知《闲话"走狗"》所引,系以讹传讹,不可信也。

"抒情素"不是抒发感情

颜春峰

《咬文嚼字》1996年第12辑《如此"抒情广告"》说:"抒情,抒发感情也。《汉书·王褒传》:'敢不略陈愚而抒情素。'"可是这里的"抒情素"不是抒发感情,"情"也并非"感情"。

《汉书·王褒传》记载:益州刺史向汉宣帝推荐王褒才学出众,宣帝征召王褒,命其作《圣主得贤臣颂》。王褒自谦才智低下,不足以应对君王的明旨,接着说:"虽然,敢不略陈愚而抒情素。"意谓尽管如此,岂敢不略微陈述自己的心意,表达真情实意。"情"与"素"同义,均指本心,真情实意。《战国策·秦策三》说公孙鞅事奉秦孝公"竭智能,示情素",西汉邹阳《狱中上梁王书》说"披心腹,见情素",王褒《四子讲德论》也说"吐情素而披心腹",可见"抒情素"与"吐情素""示情素""见情素"语义相同("吐"为吐露,"示"为表示、显示,"见"为表现出)。将"抒情素"视作"抒发感情",一来误解了原意,二来"素"字也没有了着落。"素"的这个意义后来又写作"愫",如明高攀龙《泾阳顾先生行状》"披露情愫,晓畅事实"。

迫击炮也非轻武器

《咬文嚼字》1999年第7期《迫击炮是重武器吗》一文,认为迫击炮是轻武器,读后颇有异议。

本人在部队里曾见到四种口径的迫击炮,分别是160毫米、120毫米、82毫米及60毫米。其中160炮的炮弹约有40千克重。炮身竖起来足有二层楼高,须用专用大卡车牵引,那绝对是重武器了。120炮也不轻,分解后也须数匹马驮运。只有60炮,一个人就能背着走,是轻武器。

显然,以炮种来区分轻、重武器不是很妥当的。

"布政司"是官名

林新昌

《咬文嚼字》1998年第4期《"布政司"不是官名》一文很有道理,但那是古代的说法。

根据《香港事典》一书中的介绍,布政司是"港督的政策顾问,也是公务员的首长和政府最高发言人,主要负责推行各项政策,其权力和地位仅次于港督,在港督不在香港或暂时不能履行职务时,代理总督职务"。

这就是说,布政司是前港府中的一个官名。

再举一例,香港回归前夕1997年6月30日《解放日报》介绍了董建华和他的助手们,第一位是:陈方安生,政务司司长,1940年出生,荣誉文学士,原港府布政司。

玫瑰还是蔷薇

戴骢

在影片《凡尔杜先生》中，卓别林扮演的男主人公为追逐一名富孀，一连七天向她赠送玫瑰花，终于打动她的芳心，成为入幕之宾。

自从西风东渐以来，国人也乐用玫瑰送恋人，以至在情人节那天，不惜以数十元购一朵红玫瑰以表爱意。可见玫瑰作为爱情的象征、幸福的预兆为中外所接受。

玫瑰属蔷薇科。在中文里，玫瑰是玫瑰，蔷薇是蔷薇，不会混同，可是在其他国家的文字里，就难说了。在俄语中，роза一词就既可作玫瑰解，也可作蔷薇解。在英、法、德等国的语言中也如此。所以遇到将这个词译成中文便出现了混乱。如：13世纪法国寓言长诗《玫瑰传奇》，在我国也有译作《蔷薇传奇》的。15世纪中叶，英国爆发了一场长达三十年的"玫瑰战争"，可也有史书将其称作"蔷薇战争"的。波斯诗人萨迪的故事诗集《蔷薇园》则有译作《玫瑰园》的。

苏联作家帕乌斯托夫斯基有一部散文集《Золотая роза》，李时先生将其译成中文，取名《金蔷薇》，于20世纪50年代后期由上海文艺出版社出版，在我国读书界产生了广泛而又深远的影响。80年代作者帕乌斯托夫斯基对这部散文集作了最终的修订润饰，收在他的九卷本文集中出版。天津百花文艺出版社邀我据文集本重译此书，我欣然命笔。于是一个问题便摆在我面前：书名究竟译成"金蔷薇"还是"金玫瑰"？

我是如何解决这个问题的，得从这部散文集的第一篇《珍贵的尘土》讲起。这篇作品讲述巴黎一名一贫如洗的清扫工如何至真至诚地爱着一名与他身份悬殊、年龄悬殊的名叫苏珊娜的少妇。他每天把从银坊中打扫出来的浮尘背回家去，从中筛洗银匠打首饰时锉落下来的细

看演奏家"练琴"

——译余断想(十一)

周克希

59. 郝运先生于我,是亦师亦友的关系。一开始,有位朋友把我的"处女译"(西蒙娜·德·波伏瓦的一个中篇)拿去请他看。记得郝先生看后说了两点,一是中文底子不错,二是很"化得开"。

过了相当长的一段时间,在我已经很熟悉他以后,我才领悟到,那两点虽然都有勖勉之意,但后一点还含有提醒我更紧贴原文的意思——不能说其中有贬义,但至少不完全是褒义。

60. 比如,在我和他合译《四十五卫士》这部长篇小说的过程中,我的译稿每页都经他仔细过目,几乎每个页面上都有粗铅笔作的改动或微金粉,日积月累,终于铸成一小块金锭,用来打了一朵金玫瑰。他要把这朵象征爱情和幸福的花送给那位少妇。不料她已离国他去,永不回来了。清扫工受不了这个打击,没几天便郁郁而终。有个同样一贫如洗的作家得知这朵玫瑰的历史后,深有感触地说:"每一分钟,每一个在无意中说出来的字眼,每一个无心的流盼,每一个深刻或者戏谑的想法,人的心脏的每一次觉察不到的搏动,一如杨树的飞絮或者夜间映在水洼中的星光——无不都是一粒粒金粉。我们,文学家们,以数十年的时间筛取着数以百万计的这种微尘,不知不觉地将它们聚集拢来,熔合成金粒,然后将其锻造成我们的'金玫瑰'——中篇小说、长篇小说或者长诗(献给我们的读者)……"

这篇散文的寓意所在是不言而喻的:文学家应怀着对文学事业、对人民的深厚的爱来从事他们的创作。在帕乌斯托夫斯基看来,文学创作是爱的结晶。

于是我的译本便把书名译作"金玫瑰"。

注明的修改意见,有些页面简直成了"大花脸"。

卡尔·弗莱什在《小提琴演奏技巧》里说,最好的学习方法,是到演奏家的工作室去看他练琴。郝运先生在我的初稿上作的批改(包括批注),在某种意义上,就是让我看到他是怎么"练琴"的。

61. 乌克兰出生的著名小提琴家科岗,曾经来沪举办独奏音乐会。临上台前,他在后台专注地用慢弓拉空弦,拉得很慢很慢,就是一个单音,声音很轻,但始终不绝如缕。这是陪他候场的中国同行说的。我觉得,郝运先生手把手教我拉的那个"单音",就是:紧贴原文。

62. 他对我说,要细细琢磨作者为什么这样写,为什么用这个句子,而不是用另一个句子。他还对我说,翻译在他看来不是物理反应,而是化学反应,有时需要添加催化剂。

前一句话,强调的是紧贴原文。后一句话,我觉得是说要避免死译。

63. 法国当代作家图尼埃的中篇小说《铃兰空地》里,有一句描写天气好的话,说好天气就像 indestructible(不可毁灭的,破坏不了的)一样。郝运先生把这句话译作:"天气好得出奇,就像永远永远不会变坏似的。"

我体会,这就是所谓添加"催化剂"。

64. 郝先生说我中文底子不错,意在鼓励。其实我是学数学出身,中文底子很薄,所以,一有机会就想向人请教该看些什么书。

汝龙先生劝我多读《水浒》,并举了林冲风雪山神庙那一段,说这等叙事状物的好手段,搞翻译的人可以从中学到许多东西。

王辛笛先生得知我在译普鲁斯特,就要我读读废名的作品。辛老还用诗的语言给我提了译文的要求:缠绵。

黄裳先生当时跟我住同一个弄堂。我走进那幢有高高的榆树蔽荫的大楼时,很自然地想起了他那本《榆下说书》。我向黄先生请教读书翻译之道。他建议多读《聊斋》。谈到翻译,他很不喜欢媚俗的文风。

陈村先生跟我说过,不妨多读《史记》文章和鲁迅书信。他还推崇沈从文的《湘行散记》。

郝运先生呢,记得就在我初次登门拜访之时,希望我坚持每天看一点中国作家的作品。他自己挺喜欢李广田的小说和散文。

65. 我真想能有时间,放下翻译,放下杂务,好好地多读些书。可我不禁又自问:还可能吗?

"水潦""洪适"

谈辨音

郑茵

看2000年7月26日上海教育电视台《百家姓·洪姓》节目，发现作讲解的播音员把两个字的读音念错了。

（一）"水潦"的"潦"不读 liáo

该节目在谈到上古"洪"姓由"共工"氏的"共"变来时，引了《淮南子·天文训》的一段话：

昔者共工与颛顼争为帝，怒而触不周之山，天柱折，地维绝。天倾西北，故日月星辰移焉；地不满东南，故水潦尘埃归焉。

引文中"水潦"的"潦"，讲解员把它念成 liáo，显然错了。"水潦"是个古汉语词。据《说文》，"潦"字的本义是雨水（段玉裁注说），引申指雨后的积水或流水。较早的书证见于《左传·襄公九年》："蓄水潦。"陆德明释文："潦，音老。"杨伯峻即注"潦"为积水。《辞源》《辞海》和《现代

汉语词典》等古今词书一无例外都将"潦"字这一意义的读音注作 lǎo。《淮南子》所说的"地不满东南，故水潦尘埃归焉"，其"水潦"二字，也是指积水或流水。不过，大地上的"水潦"，不是一般的积水或流水，而是碧波荡漾的湖泊和滚滚东去的江河。整句话的意思是：由于大地朝东南倾斜，所以地上的江河湖泊夹带着尘土和泥沙全都流向那里。句中"水潦"的"潦"只能读作 lǎo。

那么，究竟什么原因使讲解员将这个"潦"字错读成 liáo 呢？我想，也许是对古今意义的不同没有加以辨析的缘故吧。在现代汉语中，由"潦"组成的常用词只有"潦草"和"潦倒"。这两个"潦"字旧读都作上声 liǎo，它们后面所带的"草"（cǎo）和"倒"（dǎo）也都读上声。按照连读音变的规律，两个上声字连读时，

前一个一般读成阳平声。"潦草""潦倒"的"潦"尽管注音为 liǎo，但读起来实际上是 liáo。所以《辞海》和《现汉》干脆将这个 liǎo 直接改注为 liáo。由于讲解员只熟悉现代的 liáo 音，不知道"潦"字还有古代的音义，因此一见"水潦"的"潦"，就不假思索地把它读成了 liáo。

（二）"洪适"的"适"不读 shì

该节目的讲解员在谈到南宋名臣洪皓的三个儿子洪适、洪遵、洪迈时，将"洪适"的"适"念成 shì。这个读音也错了。

"适"原是个古汉语字，本义为快速。《说文》有"遁"而无"适"。其"遁"字下云："疾也。从辵，昏声。"《玉篇·辵部》始收"适"字，释义亦为"疾也"。"遁"和"适"古音相同，均作"古活切"（guo 入声）。所以《正字通·辵部》说："适，本作遁。"将"遁"定为本字，"适"为"遁"的后起字。然而，作为"疾（快速）"义的"适"字，在古代文献中竟找不到一个用例，只是偶或用于人名而已。例如周武王有大臣南宫适（见《尚书大传》），春秋时孔子弟子也有南宫适（见《论语·宪问》）。这两个人名，《史记》的《周本纪》和《仲尼弟子列传》均作"南宫括"。由于"适""括"相通，"适"字也被读成了 kuò。后来，唐代的德

宗皇帝名李适，宋代有洪适、方适、霍适，明代有章适，这些人名专用字"适"都读 kuò，古人一般不会读错。

自从《简化字总表》（以下简称《总表》）公布以后，繁体字"適"（shì）被简化成了"适"。由于古汉语字"适"（kuò）在古今一般词语中从来不用，因而"適"简作"适"不会造成音义上的混淆。例如适用、适宜、合适、安适、适得其反、削足适履，这些词语中的"适"都由"適"字简化而来，从未听说引起过误解。但是，当这种简化一旦涉及古代人名时，麻烦便由此产生了。

例如：唐代的高适，宋代的叶适，现代的胡适、舒适，这些人名中的"適"字简化成"适"，并读成 shì，是没有问题的。但如遇到南宫适、洪适时，不知就里的现代读者又怎么能区别此"适"（kuò）与彼"适"（shì）的不同呢？尤其是唐代有位工部侍郎李適，简化成"李适"后，就与唐德宗李适（kuò）混为一人，岂不把人弄糊涂了！

为了解决矛盾，《总表》的编者曾经在"适（適）"下加了一条注释："古人南宫适、洪适的适（古字罕用）读 kuò（括）。此适字本作遁，为了避免混淆，可恢复本字遁。"编者的原意是好的，但可惜行不通。因为仅见

"月氏"怎么念

吴国昌

1999年12月15日,中央电视台"动画城"《新三字经》节目中,片中主人公张骞的话里出现了一个叫"yuè shì 国"的地名。起初我没听明白,后来才记起中学历史课"张骞出使西域"一节中,有一个名叫"大月氏"的西域国家。当时,历史老师是教我们念"大 yuè zhī"的,现在怎么念成了"yuè shì"呢?难道我们中学历史老师念错了?又或者是它的读音标准已经随着时代的发展而发生了变化?赶紧查手头有的几部权威工具书,发现"月氏"均注音为 yuè zhī,看来还是"张骞"读错了。

月氏,我国古代西北民族名。也作"月支"。其族先居今甘肃敦煌市与青海祁连县间。汉文帝前元三至四年时,遭匈奴攻击,西迁至塞种故地(今新疆伊犁河上游一带),称大月氏。其余不能去者入祁连山区,称小月氏。《汉书·张骞传》:"骞以郎应募使月氏。"张骞所去的就是大月氏。

于古代字、韵书的"遹"实际上是个死字,从未在其他文献中出现过,怎么能硬性规定今人去随意使用和改作呢?这种做法,肯定会遭到学术界的抵制和否定。几十年来,我们的书刊报纸中没有见到过"南宫遹""洪遹"这样的怪名,就是明证。

看来解决的办法只有两条:

一是请学者和作家在写作时给这个特殊的人名用字注上正确的现代读音,帮助或提醒人们不要念错;

二是请不知道这个特殊人名用字的读者,稍々花点功夫去记住它。好在这类人名为数不多(十人以内),著名的更少(二三人),记起来并不十分困难。尤其是像《百家姓》这类传统文化节目的讲解员,更应如此。

解震杰

《咬文嚼字》2000年第1期《道路的名称变异》一文中说:"'公路'也有人称'马路'。这'马路'一词,据说是为了纪念在英格兰沼泽地区发明用碎石铺路的英格兰人约翰·马卡丹而起的名。"这种说法,笔者不敢苟同。

也许,英国人确实为纪念马路的发明者而把"公路"叫做"马路",但在中国却不然。中国很多地区以"马"字表示大的意义:例如,湘方言把蚕豆说成"马豆",蚕豆论大小属豆类之首。"马勺",北方方言,盛粥或盛饭用的大勺,多用木头制成。《青县志》:削木盛汤之具曰马勺。又如,梁斌《播火记》:"自今以后,一个锅里抢马勺,辛苦甘甜谁也知道。"

其实,早在两千多年前,马就有了"大"的义项。中国最早的一部词典《尔雅》就多处出现这一义项。《释草》:"杨,枹蓟。"晋郭璞注:"似蓟而肥大,今呼之马蓟。""莙,牛藻。"郭璞注:"似藻,叶大,江东呼为马藻。""葴,马蓝。"郭璞注:"今大叶冬蓝也。""茾苢,马舄。"郭璞注:"今车前草,大叶长穗。"

《释木》:"终,牛棘。"郭璞注:"即马棘也,其刺粗而长。"

《释虫》:"蛗,马蜩。"郭璞注:"蜩中最大者为马蝉。""蚼蟓,大蚁。"郭璞注:"俗呼为马蚼蟓。""土蜂。"郭璞注:"今江东呼大蜂,在地中作房者为土蜂,啖其子,即马蜂。"

今河北省石家庄一带,呼一种个儿最大的枣为马楝枣,呼最大的蝉为大马蝍了。这说明古代"马"的表示大的义项,一直流传在民间,并保留至今。

由此可见,汉语"马"有大义,"马路"即大路的意思,与外国人无关。

《新闻出版报》2000年4月13日《容易用错的成语》一文，认为"由于理解上的错误"，把"赶尽杀绝"写成"斩尽杀绝"，"违背了成语的原意"。这样说是不妥当的。

首先，从作品实际来看。如元人高文秀《渑池会》第四折："小官今日将秦国二将活挟将来了，将众兵斩尽杀绝也。"吴承恩《西游记》第五十三回："我本待斩尽杀绝，争奈你不曾犯法。"曹靖华《飞花集》："其企图是要把在重庆的紧跟党走的文化工作者斩尽杀绝。"魏巍《前进吧——祖国》："他就站在这道长城上，打击着、折磨着那些还没有斩尽杀绝的野兽。"曲波《桥隆飙》："我和大老沙几天来的隐怒，顿时爆发，只想把这些败类斩尽杀绝。"王愿坚《小游击队员》："白鬼子更加猖狂……要把这块革命根据地的人民斩尽杀绝。"

上举各例，均为著名作家的名作，写作时代断限可上溯到元明，所以"斩尽杀绝"乃是历史上早已取得合法地位的成语，应予承认。

其次，成语是在不断发展变化的，一个成语在使用过程中，派生出另一个与之近义的新成语的情况非常多，我们不能因为后者系由前者所派生，就不承认其合法地位而固执地认为它是原成语的"误用"。二者均为两个动补词组联合式构成的成语，"赶""杀"两个动词说的是两种行为方式；而"斩""杀"则基本同义，从众多的成语构成看，类似前者的不少，类似后者的更多，很难说二者孰是孰非。

最后，从收载此成语的辞书看，如《汉语大词典》《汉语成语考释词典》等许多权威辞书均将"斩尽杀绝"作正条收入，有些辞书虽标明与"赶尽杀绝"互见，但亦列条单释，均承认其合法地位。

所以，"斩尽杀绝"是一个存世甚久、应用广泛并已取得合法地位的成语，不能把它看作是"赶尽杀绝"的误用。

关于『斩尽杀绝』

王同策

"襪""髒""臟"简化小议

潘朝曦

《简化字总表》自发表以来，对语言文字的规范和发展，起到了积极的作用，取得了很大的成绩。表中绝大多数汉字的简化是合理的，无可非议的。不过在阅读古籍时发现个别汉字的简化，还可以再斟酌。下面举两个例子。

(一)"襪"简化为"袜"

"袜"古代即有此字，《广韵》音莫拨切，今读为 mò，义为抹胸，也称兜肚。古时"袜"还是"襪"的异体字，音 wà，义为袜子。简化后，废"襪"用"袜"，可有些词典"袜"只有 wà 一音一义；mò 的音义都没有了。这样问题就来了。如隋炀帝《喜游春歌》之二："锦袖淮南舞，宝袜楚宫腰。"陈玉瑝《沁园春》词描写美人乳有："徐隆渐起，频拴红袜，似有仍无。"《玉台新咏·刘缓〈敬酬刘长史咏名士悦倾城诗〉》："钗长逐鬈鬓，袜小称腰身。"上举例句中的"袜"将作何解？这些"袜"字，

无疑均读为 mò，指抹胸一类东西。若解作脚上穿的袜子无疑是笑话。即使将"袜"字增加 mò 音义恐怕也不行，因为均为身上穿的织品，恐使用时也容易相混；所以我认为"袜子"的"袜"最好仍恢复使用"襪"字。把"袜"作为"抹胸"一类服饰的专用字。

(二)"髒"与"臟"均简化为"脏"

"髒"为不洁。字义与构形有一定关系。"臟"为"内脏"。古人认为人体五臟"藏精气而不泻"，故造字用"肉(月)"旁加"藏"合成。古医书，臟腑也写作"藏府"，即源于此。简化后，将此两字并为一字都作脏，把内臟(zàng)等于内髒(zāng)，岂不是笑话。使用也易混淆，如"脏病"一词既可指花柳病(读音为 zāng 第一声)，也可指内脏有病(读音为 zàng 第四声)，只是读音不同。词形上则很难区别。所以我认为上述两字统一简化为"脏"不太妥当。

张继

望见过虎丘塔吗

章锡良

《苏州日报》2000年6月12日刊登了《榜联诗词识虎丘》一文,文中写道:"历代关于虎丘的文献资料究竟有多少?恐怕是道世界级的难题了,许多绝佳的东西早已无法钩沉。比如张继,总觉得他既然到了阊门外的寒山寺,肯定是望得到虎丘塔的,凭他千古绝唱的才气,哪能不写虎丘?"

对于张继能否望得到虎丘塔,作者竟是如此肯定,而且为没有张继关于虎丘的诗作而惋惜。对此,我们真的要去对历史文献钩沉一番了。

虎丘塔,又名云岩寺塔,在苏州市虎丘山上,为国内著名的斜塔。八角七层的楼阁式砖塔,高47.5米。始建于五代后周显德六年,即公元959年,落成于北宋建隆二年,即公元961年。

再看张继的材料:生卒的年代不详。但有关的材料还可钩沉一些。他是唐玄宗天宝年间的进士,天宝的起讫年代是公元742年到756年。安史之乱起,张继在吴越游历,其淹留会稽当在唐肃宗至德二载,即公元757年顷。其名篇《枫桥夜泊》当作于这一期间。唐代宗大历四、五年,即公元769、770年,张继西上武昌。大历末以检校祠部员外郎分掌财赋于洪州。据刘长卿《哭张员外继诗》自注,张继与夫人"相次没于洪州",确年无考。

从上述两方面材料可以看出,虎丘塔是在张继去世后近二百年才建成的,他怎会在寒山寺抬头望到此塔呢?

"大三巴牌坊"不是牌坊

方毓强

在澳门回归前后,有关澳门的人和事成为中国传媒的热门话题,其中"大三巴牌坊"作为澳门的象征性建筑也常被介绍。但是,人们往往容易望文生义,把"大三巴"误认为是中国的牌坊,或者是带有中国牌坊风格的欧式建筑。如1999年3月9日《新闻报》晚刊:"这座有着300多年历史的葡人建筑,由于诞生在澳门这个中西文化的交汇点上,又因为主持人受到中国皇帝册封等因素,也用了牌坊形式,因而显得不中

不西,亦中亦西。"

其实,"大三巴"与中国的牌坊毫无关系。

"三巴"是葡萄牙文"SAO PAO-LO"的译音,中文有时也书写为"圣保禄"或"圣保罗"。"三巴"前面加了一个"大",是为了与澳门的另一座名叫"三巴仔"(也写作"圣约瑟")的教堂区分开来。"大三巴"教堂1602年动工兴建,1637年竣工,历时35年。该教堂由意大利耶稣会教士设计,当时正值日本严禁天主教,许多逃到澳门的日本教徒参加了承建。这座花费3万两白银的新教堂,宏伟壮丽,是当时远东最大的天主教教堂,世界上许多著名的传教士都曾慕名前来研修教义,如意大利传教士利玛窦、德国传教士汤若望等。

但是,教堂在1835年1月26日遭受一次很严重的火灾,结果只剩下教堂的一座花岗岩前壁及台阶。这座前壁共有5层,既有欧洲古典主义的特点,又有兴建时新兴的巴罗克式的风格,各种雕塑寓意深刻、栩栩如生,被称为"立体的圣经"。其经年不倒,反映出当时建造者的施工水平。人们看到这座前壁孑然矗立,活像中国传统建筑牌坊,所以也就称之为"大三巴牌坊"了。其实它不是牌坊而是残壁断垣。

"山无棱"应为"山无陵"

徐乐娜

电视连续剧《还珠格格》中紫薇格格与尔康之间有一句台词(配字幕):"山无棱,天地合,才敢与君绝。"剧中"山无棱"多次出现,且剧中歌词也有"当山峰没有棱角的时候"的句子。看起来棱音 léng、义为棱角了。"山无棱"好像是"山没有棱角"之意。但"山无棱,天地合,才敢与君绝"又作何解释呢?这句台词应是源于汉乐府诗中的《上邪(yé)》:"上邪!我欲与君相知,长命无绝衰。山无陵,江水为竭,冬雷震震,夏雨雪,天地合,乃敢与君绝!"

可见台词中"棱"应为"陵"。"陵"音 líng,义为山峰。"山无陵"是说山没有山峰,即夷为平地之意。

青史何须太子写

晓　津

张曼菱女士在《关于日记与灵魂的失落》一文中写道：

真是"撼山易，撼史笔难"。我不由联想起自幼父亲教诲的中国文化传统的骄傲："在齐太子简，在晋董狐笔。"中国需要无数支这样的笔。（《文学自由谈》2000年第4期131页）

上文引用的两句诗，出在文天祥的名篇《正气歌》里。两句写的都是春秋时代不畏权势、不惜牺牲、忠于职守而秉笔直书的史官。后一句"在晋董狐笔"，董狐是晋国的太史，这没有错，但前一句"在齐太子简"，就有问题了。简，是竹简。古时纸没有发明前，曾经书写在简上。这里的"简"指的是史书。齐国的史书为什么要太子来写呢？不知道文天祥原诗的人肯定会无法理解。其实，这里错了一个字，"太子"应作"太史"。

"在齐太史简"的典故出在《左传·襄公二十五年》里：齐国的大夫崔杼弑了国君庄公，另立庄公的同父异母兄弟杵臼为君，史称景公。齐国的太史当时在竹简上记下了这件事："崔杼弑其君。"弑，古代指卑幼杀害尊长，带有强烈的贬意。这种直接揭露逆臣弑君罪行的做法，当然使崔杼大光其火。他立即被崔杼杀死，竹简也随之销毁。他的三位弟弟知道后，马上赶到宫中，先由第一位弟弟继续在竹简上写下同样的话，结果也惨遭杀害。第二位弟弟又冒命书写，仍然死于刀下。在这种情况下，崔杼可能认为不会有人再敢动笔了。谁知太史的最后一位弟弟也是个不怕死的汉子，他面对逆臣的屠刀，第四次写下了"崔杼弑其君"这五个永载史册的大字。崔杼被他的凛然正气所震慑，终于没有敢再对他下手。

谁骂好了曹操的头风病

一　言

《环球》杂志2000年第7期《独步古今一狂人——漫谈李敖》一文的前言云："读李敖的文章，通俗一点说，如同吃芥末，直击感官，宣肺通窍之效立现；雅一点讲，则似曹孟德之读杨修文，大汗淋漓一通后，连头风病也给骂没了。"

曹孟德就是曹操。看过《三国演义》的人都知道，这位曹丞相有犯头风的病根儿。那么，是何人骂得曹丞相出了一身冷汗呢？此人并非杨修，而是陈琳。《三国演义》第二十二回交代：袁绍在起兵与曹操决战前，谋士郭图主张先向天下人公布曹操的罪恶，方显出兵攻曹"名正言顺"。袁绍听从，便令书记陈琳起草檄文。陈琳字孔璋，系东汉末年"建安七子"之一。他从曹操的祖父骂起，把曹氏三代骂得一文不值。檄文传到许都，曹操正患头风，卧床养病。"左右将此檄传进，操见之，毛骨悚然，出了一身冷汗，不觉头风顿愈，从床上一跃而起，顾谓曹洪曰：'此檄何人所作？'洪曰：'闻是陈琳之笔。'"

看来，把骂好了曹孟德头风病者说成杨修，显然是张冠李戴了。杨德祖（杨修）卖弄小聪明，因为"鸡肋"之故掉了脑袋（见《三国演义》第七十二回），陈琳骂曹操时，杨修还是个小孩子。

由于太史和弟弟的名字都已失传，所以文天祥在诗中把他们统称为"齐太史"，与下句"晋董狐"相对成文，对"古之良史"作了热情的歌颂和赞扬。"太史"误成了"太子"，自然叫人无法理解了。

《乾隆皇帝》指瑕

龙启群

二月河先生六卷本《乾隆皇帝》中的语文差错大致可分两类：一类是文字词语方面的，另一类则在文史典章方面。现将阅读时随手摘记的有关例句评说如下：

官缄

①沸沸扬扬，扬州的官缄都败坏尽了！(《天步艰难》P10)

②求皇上早下明诏交付有司严加审缄，以正官缄，示天下至公至明之心！(《日落长河》P550)

缄 jiān，封口。官缄，不知所云。应为箴 zhēn，原义为针灸治病所用的针形器具，引申而为规谏、告诫。因规谏可纠正谬误，如同治病。官箴，一义为百官对帝王进行劝诫；一义为做官的戒规。摘引句用的都是后一义。

刍尧

刍尧之见，也未必就好。(《风华初露》P310)

刍：割，割草；尧：传说中帝王陶唐氏之号。刍尧，不成话。应该是刍荛，本义为割草采薪，也指割草采薪之人，引申为浅陋的见解，多用作自谦之辞。清宣鼎《夜雨秋灯录·东邻墓》："郎若听妾刍荛，准于闱后获一县令。"

撮尔

①你一个撮尔猥琐太监诋毁皇后。(《云暗凤阙》P427)

②自己一个汉员，撮尔书生一介微命又何足道？(《秋声紫苑》P126)

《乾隆皇帝》中多处用到"撮尔"一词。翻检了手边几部大中型辞书，均未见收录有"撮尔"一词。言其小者应是与"撮"形似的"蕞",读zuì。柯灵《团圆》:"从默默无闻的蕞尔小岛,到大小金门,大担,二担,物阜丰腴的台湾,原都是骈指连理,一脉同根,属于福州大陆的土地。""撮"也有zuì一读,但其义为颈椎,与"小"义无关。

内帑

今儿母亲高兴,儿子从内帑里拨十万两银子先周济一下。(《风华初露》P358)

乍一看,还以为是跟"外币"相对应的"内币"呢。但没听说过有"内币"的说法。"币"的繁体作"幣",有个与其形近的"帑"tǎng,内帑,即国库,也指国库里的钱财。姚雪垠《李自成》第二卷第二九章:"朕久闻神祖幼时,孝定太后运出内帑不少。"

陛任

①不过,他老人家就要陛任了。(《天步艰难》P159)

②"我们郭太尊陛了,随驾去了扬州呢!"

"郭志强陛升?调了哪里?"(《天步艰难》P156)

陛,义为台阶,"陛任"、"陛了"都不知何义,只是例②的对话中透出信息,原来是"升"。"升"的异体字"陞"(1955年业经国家文化部、文字改革委员会联合行文宣布停止使用),与"陛"形似。

揩悌

辜负皇上拳拳揩悌之情。(《天步艰难》P252)

没有"揩悌",只有"恺悌",音近而误。恺悌,和乐平易。《左传·僖公十二年》:"《诗》曰:'恺悌君子,神所劳矣。'"杜预注:"恺,乐也;悌,易也。"郭沫若《苏联纪行·六月三十日》:"他那慈祥恺悌的面貌是愈见发福了。"

摘引句是乾隆之弟弘昼对乾隆说的,称颂乾隆的爱弟之情,但这似不宜称作"恺悌",而应说是"灸艾之情",语本《宋史·太祖纪三》。

他的乃兄

方令诚一举高中,他的乃兄一高兴……(《秋声紫苑》P375)

乃,作代词,常见义为"你,你的",但也作第三人称"其、他的"。如《红楼梦》第四回:"令其读书识字,较之乃兄,竟高十倍。"又如茅盾《锻炼》三:"便是深知乃兄为人的仲平也觉得这样的'好整以暇',未免过了点分。"两例中的"乃",代第三人称都很显豁,如果在"乃兄"前再加"他的",未免有蛇足之嫌。

中元

①中元佳节春气扬,乾隆笑容

可掬,举杯一呷,漫声吟罢……(《风华初露》P243)

②猛地想起明日中元节(接下来描写的就是民间张灯挂彩的景象)。(《风华初露》P222)

中元节是农历七月十五日,旧时道观于此日作斋醮,僧寺作盂兰盆会,民俗亦有祭祀亡故亲人等活动,而《乾隆皇帝》中却将中元与"春气"、"张灯结彩"相连,显然不对,这应该是上元,正月十五日,民间称为"元宵节"。

辰末午初

现在是辰末不到午初。(《秋声紫苑》P66)

以十二支记时,辰后是巳,巳后才是午。辰末与午初之间隔了两个小时,"辰末"肯定不会到"午初"。"辰末午初"究竟是什么时刻,谁也不清楚。

剐魏忠贤

其实在前明,凌迟、碎剐是家常便饭,剐魏忠贤时,钦定一万七千三百三十三刀,第一天只割了三千刀,鱼鳞碎割到小腿,晚间牵到牢房继续剐。(《风华初露》P293)

魏忠贤,明熹宗时专断国政,崇祯帝即位后,黜其职,起初安置凤阳守陵,旋命逮治,魏于途中畏罪自缢而亡,并未受剐刑。明代凌迟身亡的

宦官是刘瑾,二月河先生可能是记忆有误而张冠李戴了。另外,凌迟、碎剐乃同一刑名,二者并列,也不妥。

孔子收芹菜

孔子收门生不也要收芹菜干肉的么?(《夕照空山》P147)

孔子说过:"自行束脩以上,吾未尝无诲焉。"(《论语·述而》)束脩:十条干肉,古代人学敬师的礼物。邢昺疏:"束脩,礼之薄者。"孔子收门生,收的礼物只是十条干肉,而没讲收芹菜。二月河先生可能将它与另外两个典故混为一谈了:一是"芹宫",二是"芹献"。"芹宫",语出《诗·鲁颂·泮水》:"思乐泮水,薄采其芹。"朱熹集注:"泮水,泮宫之水也。诸侯之学,乡射之宫,谓之泮宫。"后因以"芹宫"指学宫、学校。"芹献"语出《列子·杨朱》:"昔人有美戎菽、甘枲茎芹萍子者,对乡豪称之。乡豪取而尝之,蜇于口,惨于腹,众哂而怨之,其人大惭。"后因以"芹献"为礼品菲薄的谦词。学校、礼物虽都与"芹"挂钩,但"芹"只是比喻、借代义,并非实指芹菜。孔子收门生只收干肉,至于收芹菜嘛,也许因笔者孤陋寡闻,似未见诸典籍。

"顺手牵羊"?
"偷"?
"趁火打劫"?

朱楚宏

下边这段话中,叙述同一种动作,却连续用了三个意义完全不同的词语:"顺手牵羊""偷""趁火打劫"。

当时,余启发发现了火苗,只顾着抱起孩子逃命,店里的童装等商品,有的被烧,有的被一些围观者趁火打劫偷走了。他愤愤地说:"这些人真是黑心!"镇派出所所长江向阳证实了这一点。他率领12名干警赶到现场组织扑火、挽救群众财产时,发现一些不法分子"顺手牵羊",偷走不少货物,苦于人手有限,难以阻拦。(《这起火灾引人深思》,《湖北日报》2000年1月6日)

"顺手牵羊""偷""趁火打劫"这三个动词性词语虽然都有把别人的东西据为己有的意思,但三种动作的具体情况却是大相径庭的(以下释义均见《现代汉语词典》):

顺手牵羊,比喻顺便拿走人家的东西。

偷,私下里拿走别人的东西,据为己有。(私下:背地里,不当面。)

趁火打劫,趁人家失火的时候去抢人家的东西。比喻趁紧张危急的时候侵犯别人的利益。

这三种动作在"错误"性质上明显不同,"顺手牵羊"的错误似乎"情有可原","偷"则错误较明显,而"趁火打劫"性质最恶劣。

根据原文的情节,那些不法之徒的行为应属于"趁火打劫"。原文中"偷""顺手牵羊"等均应作删改。"趁火打劫偷走了"可改为"抢走了"。"顺手牵羊"所在的片段可为:"一些不法分子正在趁火打劫"。其中"发现"一词也使用不当,应删。"挽救……财产"搭配不当,可改为"抢救……财产"。

称"唐朝和尚"不妥

聂琳琦

电视剧《西游记》中有一集说到在车迟国,唐僧师徒与虎力大仙、鹿力大仙及羊力大仙等比试技艺,车迟国国王当面称呼唐僧为"唐朝和尚"。初听觉得无所谓,但仔细一琢磨,便觉别扭。

"唐朝和尚"之"朝"指"朝代"。"朝代"指建立国号的君主(一代或若干代相传)统治的整个时期。由此看来,"唐朝和尚"中的"唐朝"指的是唐代,这是从唐代之后的时间点来讲的特定的一段历史时期。电视剧《西游记》中,当唐僧途经车迟国时,唐朝并没有灭亡。唐僧是从"大唐"这个地方来的,并不是从"唐朝"这个历史时期来的。因此,"唐朝和尚"这个称呼不符合剧中人物当时谈话的口吻。若改称为"大唐和尚",可能会妥当些。而现在谈论唐僧,则可以把他称作"唐朝和尚",因为这是站在现今的立场回顾历史的一种说法。

****

这是"守株待兔"吗

王 简

成语"守株待兔",现在似乎流行一种非同一般的用法,尤其是在一些新闻媒体中。例如,湖南电视台生活频道1999年5月13日"生活晚报"节目就报道说:湖南湘潭市有人利用封建迷信行骗坑人,有关方面"守株待兔",一举将行骗的人抓获。别的电视台和报刊也有类似例子。电视剧《铁血警魂》中的公安局副局长部署打击社会恶势力,抓捕案犯

错用"残花败柳"

周　基

《中国电视报》2000年3月27日《关注综艺晚会改革》一文中，有这样一句话："社会上有些部门只从小我角度出发，都想凭借'晚会'这个美丽的花瓶，装些移来插去的残花败柳。"这里用"残花败柳"一词很不妥当。

成语"残花败柳"旧指作风败坏或被蹂躏过的女子。《元曲选·白朴〈墙头马上〉》第三折："休把似残花败柳冤仇结……指望生则同衾，死则同穴。"也作"败柳残花"，元·王实甫《西厢记》第三本第三折："他是个女孩儿家……休猜做败柳残花。"花、柳二字用在一个词语中，固然也有表示美好意思的，如"花红柳绿""柳暗花明"等，但指男女不良行为的事较多，如"花街柳巷"指红灯区，"寻花问柳"指男子逛妓院。人们因不正当的性行为引起的性病旧称"花柳病"等。故该文中的"残花败柳"改为"残枝败叶"为宜。

＊＊＊＊＊＊＊＊＊＊＊＊＊＊＊＊＊＊＊＊＊＊＊＊＊＊＊＊＊＊＊＊＊＊

时，负责埋伏的同志说："对，'守株待兔'！"1998年某日湖南《当代公安报》载文说：贵州几个十四五岁的少女闯广东打工，年幼无知被拐骗至湖南强迫与人为妻，有关方面破案，埋伏抓捕案犯，也说是"守株待兔"。

"守株待兔"出自《韩非子·五蠹》的一个寓言故事。宋国一个农夫偶然拾到一只撞死在树桩上的兔子，便放下农具终日坐在树桩旁边等待，希望能再得到碰死的兔子，结果兔子没再得到，却遭到宋国人的嘲笑。

此后，"守株待兔"就成了成语，比喻死守狭隘的经验不知变通，也比喻妄想不劳而获，坐享其成。从感情色彩说，含贬义。

以"守株待兔"比喻埋伏捉拿案犯属误解和误用，因为守候伏击，既非不劳而获，也非不知变通。

向你挑战

成 语 山

童 迪设计

下面是座成语山,共有五条成语。你能爬上山,把它们一一找出来吗?答案见下期。

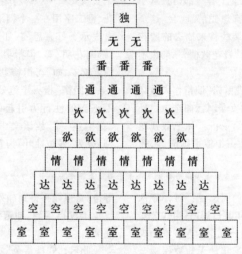

《二王》答案

①在在　　②再再

人，怎能不爱绿地？
教书人，怎能不读《咬文嚼字》？

中学教师如是说

黑龙江佳木斯六中 张保国
我已有十多年没买书了 —— 买不起！从《三江晚报》上知道有一本《咬文嚼字》，到书店找到合订本一看，正合我心。毫不犹豫地用半个月零花钱买下了它。

江西赣州一中 毕兆祺
我是从地摊上买到《咬文嚼字》的，大有相见恨晚之感。我教的是中学语文，深感《咬文嚼字》一卷在手，可以解决教学中的不少问题。

广州市四十七中 柯萧
老教师说从《咬文嚼字》身上看到了五六十年代的好风气，称赞她为民族语言的忠诚卫士。班上的学生更是爱不释手，商议用它当奖品，奖给语文课学得好的同学。

上海南汇泥城中学 朱力生
我在初中、高中任教近30年，主要与语言文字打交道。读到《咬文嚼字》，最深的印象是切中时弊，言之有物。钦佩，钦佩！

明年，我们继续牵手！

2001年《咬文嚼字》将会更精彩，更实用，定价不变，每月2元，邮发代号4-641，可别忘了到邮局订阅呵！

有病的"健康电脑"

图片见于《每周电脑报》1999年第37期。健康电脑本来是没毛病的，可是广告制作人员却偏偏在"康"字上加了不该有的两点，使"广"旁变成了义为疾病的"疒"旁，没病变成了有病。

胡 浩

ISSN 1009-2390

9 771009 239005

国号：CN31-1801/H 国内代号：4-6
定价：2.00元

2000

上海文化出版社

YAOWEN JIAOZI

咬文嚼字

第 11 期

"遵守"什么

这是上海一家物业公司的宣传牌。牌子上有个"绿"字，又竖立在绿化地带，想来和绿化有关。但宣传者要"人人遵守"什么呢？从牌子上看是"已绿治德"。何谓"已绿治德"？百思不得其解。猜猜这是怎么回事，下期告诉你。

张浩波　供稿

《此面何面》解疑

即今天关中农村做的又宽又薄又韧的汤面片。不少学者认为应当写成"饼饼面"。照片上的怪字读"biǎng"，由好事者用穴、言、丝、马、月、长、刀、心、走(辶)等字拼成，据说各字分别代表了这种面的产地、形状、制作要领和食者感受，还流传有"一点飞上天，黄河两头弯。八字张大口，言字往里走……"的民谣。

"停尸车"

孙建东·文
麦荣邦·画

　　某市沿湖的一块空地上,曾经有过这样一块牌子,上面白底红字写着三个油漆大字"停尸车",令过往行人看了毛骨悚然。走近看方知这是一个临时停车场。大概是牌子的书写者先写了"停车"两字,发现分得太开,灵机一动,又在中间写了一个表示停车的英文字母"P",只可惜书写水平不高,该圆的地方写得太方,该直的地方写得有点斜,三个字又是一样大小,才使观者产生误解。

咬 文 嚼 字

2000 年 11 月

第11期

（总第71期）

出版：上海文化出版社

编辑：《咬文嚼字》编辑部

电话：021－64372608－205

邮购电话：021－64372608－251

地址：上海市绍兴路74号

邮政编码：200020

发行：上海市邮政局报刊发行局

订阅处：全国各地邮局

国内代号：4－641

国内统一刊号：CN31－1801/H

电脑排版：

上海艺文激光电脑排版厂

印刷：上海翔文印刷厂

广告业务：

上海文艺广告传播中心

电话：021－64431400

广告经营许可证：沪工商广字

3101034000029号

定价：2.00元

目　录

顾问 胡裕树 张　斌
　　　濮之珍
主编 郝铭鉴
编委 李玲璞 何伟渔
　　　陈必祥 金文明
　　　姚以恩

特约编委
　汪惠迪(新加坡)
　林国安(马来西亚)
　田小琳(中国香港)

责任编辑 韩秀凤
发稿编辑 唐让之
　　　　黄安靖
责任审读 郦仁琰
封面设计 宫　超
特约校读 王瑞祥

从"名花有主"说起

李 谌

词语除了基本的意义之外，有时还常带有某种色彩，或者说是一种意在言外的特殊情调，如政治色彩、民族色彩、地方色彩、宗教色彩、感情色彩，等等。这些色彩即使在词典里往往也查不到，只能在实际用例中去体会，因而使用起来比较困难。

记得1995年8月下旬，参加过高考的莘莘学子都日盼夜望能早日收到录取通知书，不啻大旱之望云霓。某日，一家报纸报道了一则令人欣喜的消息，说某省有位高考"女状元"已被北京一所著名学府优先录取了，新闻的标题用了"名花有主"四字。从字面上看，把"女状元"比做名花，似乎是赞美之词，无可非议。可是，如果翻一下词典，就不免口呆目瞪、啼笑皆非了。《汉语大词典》的"名花"一条，共有两个义项：1. 名贵的花（例略）。常常指牡丹、芍药或海棠等著名花卉。2. 有名的美女。有时常指妓女（例略），亦指有名的交际花。由此可见，把女子称做"名花"未必是真正的赞美，而是常常带有轻薄的色彩，不够庄重。何况"名花"再加"有主"那就更糟了！旧时即使不专指妓女从良，至少也表示美女出嫁了。

笔者常常喜欢看报上的体育新闻。谈到体育比赛，每次都要报道谁得了冠军。说句实话，总觉得体育新闻不容易写得好，因为内容大同小异，要写得形象生动可能会感到词不够用，所以编辑、记者都竭力标新立异，不落俗套。用心良苦，自是不言而喻。可是有时正是求新心切，反而弄巧成拙。如讲到谁得了冠军，常见的用语有"夺冠""夺魁""夺金""独占鳌头""技压群芳"，等等。可是有几次却用了一种不同寻常的说法,如"中国选手独吞六金"。这"吞金"二字实在有些令人生畏,因为吞金在中国社会传统中是自杀的行为。虽说吞金未必真能致人于死,但很多人的确这么做过。这在旧小说或史书里是屡见不鲜的。我们的记者何能对体育健儿如此"残酷"呢?

还有一次,新西兰国家足球队访问我国,与辽宁队进行了一场友谊赛。由于主队有三名南美球员作为主力出战,结果主队以3∶1获胜。这本来是一次很平常的国际赛事,胜败无关紧要。大概由于中国足球在国际比赛中总是负多胜少,这次竟以一个省队战胜了一个来访的国家队,总算是一次不可多见的"大胜",所以有家报纸报道的时候,显得特别兴奋,编辑做了这样一条标题:

洋将助威 以夷制夷
辽宁队3∶1 重捶新西兰

从修辞的角度看,这标题可算幽默生动、气势不凡。可是,如果南美人和新西兰人看了恐怕就很不高兴了。把外国人称为"洋人",是清朝时期常见的,现在大约叫"老外"了。这还不算什么,"洋人"二字并无敌意,但"以夷制夷"就有点不同了。因为"夷"中国古代指东方少数民族,所谓"东夷西戎南蛮北狄"之"夷",后来常泛指外国人,所以《现代汉语词典》解释为"旧时泛指外国或外国人"。解释中加上"旧时"二字表示现在不这么说了。因为把外国人称为"夷"具有鄙夷的色彩,实际上是夜郎自大、无知的表现。如果当今再把南美人和新西兰人都称为"夷"似乎就不够友好了。正题里还用上"重捶"二字就更证明了这种态度。

语丝

钱塘江桥

谭风

茅以升在三十年代设计了钱塘江大桥。通车时,他说:"遗憾,钱塘江桥五行缺火。"

"钱塘江桥"四字偏旁分别为金、土、水、木,独缺一"火"字。有人以此为上联,征求下联,至今无人对出,成了绝对。

11—5

"知堂"何知！

邓当世

如果有人告诉你，曾经当过汉奸的周作人的字号，如今居然堂而皇之地成了大饭店里的招牌，你恐怕也会吃一惊的吧？

事情发生在南京。据友人告知，金陵城内的某大饭店，老板是有文学博士学位的。这位博士总经理认为，现代化的大饭店除了富丽堂皇外，应该有文化气氛，于是在饭店中专辟了为读书人服务的大型"书吧"，还专设了"五堂"，即以五个著名文化人的字命名的"知堂"（周作人）、"鼎堂"（郭沫若）、"三松堂"（冯友兰）、"耕堂"（孙犁）、"选堂"（饶宗颐）等五间房。这"五堂"内有书，有电脑，可以阅读、写作、上网、开会，高雅得很。

博士老总的设想确实是很好的，令人佩服。可是，"五堂"中为首的"知堂"，却取自周作人的字号，这令人如同在宴会上吃到了一只苍蝇般地倒胃口。

周作人与南京，确乎有较深的因缘。但请想一想，他一生中最后几次是为什么去南京的吧。1942年5月，这个一贯貌似冲淡、懒于走动的"知堂老人"，先是从北平乘火车往"新京"（长春）庆祝"满洲国"成立10周年，随汪精卫拜谒伪皇帝溥仪；随后又立即千里迢迢不辞辛苦赴南京，为的是庆贺汪精卫的60寿辰；仅隔一年不到，他又不顾老母病重再次赴南京。回家后没几天老母便病故，而他在《先母事略》中竟不知羞耻地说"作人蒙国民政府（即汪伪政府）选任为委员，当赴首都（南京）谒主席（汪精卫）"！而1946年5月他再次去南京，则是抗战胜利后，被国民政府用飞机解送、关押于老虎桥监狱，并在南京受审。

试想，只要没有忘记这段历史的读书人，当他坐在南京的"知堂"内，能不想起这些吗？还能有什么雅兴呢？

周作人从30年代取用"知堂"时起，就已开始不"知"了——鲁迅称其为"昏"；到他落水附敌，更有何"知"可言！至于今天的朋友，为追求风雅而挂出"知堂"的招牌，更是不"知"之甚！但愿在人们善意的批评中，赶紧把这块招牌撤下来吧。其实，好的名称有的是，如"俟堂"（鲁迅）、"玄览堂"（郑振铎）等，都是经得起咀嚼的意义深长的"堂"名。

"瘦子"和"逛灯"之类

刘 恒

　　"文不厌改",却也有"改"坏的。流沙河先生的拿手绝活"瘦金体"书法,如他的人那般瘦削,而精神真正是"字如其人"。某作者为他所作传中有"流沙河还是那个瘦字"这样的句子,为世人称道。然而某编辑却以为文理不通,传记面世之日,这句话竟成了"流沙河还是那个瘦子",给"字"字"摘了帽","瘦金"变成了"瘦子",个中妙意荡然无存。难怪毛翰先生有"化神奇为腐朽"的评论,是点金成铁的典型例子。(据《作家文摘·峨眉四皓》)

　　无独有偶,今年中央电视台的庆元宵节目,竟将《五哥牧羊》的歌词改成这样:"正月个里正月正,正月十五挂红灯。红灯挂在大门外,单等五哥逛灯来。""逛灯来"原作"上工来",是写情的。长工年终下工了,五哥走了,见不着面了,女主人公思

念至甚。现在元宵节到了,五哥马上要来上工,情人见面在即,女主人欢喜至极,借挂大红灯笼,表达了心中不尽的喜悦之情。而今老歌重唱,却将"上工来"换成了"逛灯来",虽然贴近了"现实",却少了那刻骨铭心的情感。同时,五哥的形象也模糊了,是亲戚?是朋友?都说得过去。就是看不出是否情人了。改词者可能认为"上工来"不如"逛灯来"更切合眼前事,其实,那是"王杨卢骆当时体",本不是唱的今日事,怎可任意更改!

　　类似的情况还出现在胡松华的《赞歌》中,"感谢伟大的共产党,祝福毛主席万寿无疆",多好的歌词,真切反映了当时广大群众的心声!可现在有人把歌词改为趋时之语,原歌情韵尽失,给人以不伦不类之感。

众矢之的

目标：梁晓声，放！

——2000年第十一号战报

编者按

梁晓声先生本是性情中人，无论是回顾知青生活，还是考察当代社会，他都是那样直率、真诚、投入。同样，对于语言文字，他也从不讳疾忌医。

本刊今年第2期曾刊登过梁先生《我要不断读、读、读……》一文。梁先生坦率承认自己只读到初中三年级，"语文学识的有限，每每直接影响我写作的质量"。相信这是梁先生的由衷之言。

知道自己成了"众矢之的"，梁先生特地给本刊写来封信。他说："关于'轰击'我的文章，只管无所顾虑地去发就是。发后寄我一册收藏。写作之对于我，似乎是学语文的继续，很需要补一些语文基础。"虚怀若谷，闻过则喜，一如既往。

就在这封信中，梁先生还附了封深圳某读者给他的信。这封信写于1996年，内容是这位读者在读梁先生的《95随想录》时，发现了几十处差错。就是这样一封挑刺的信，梁先生保留四五年，还经常复读，引以为戒，其态度之诚恳，是令人感动的。

"商女"不是女商人

《梁晓声话题》一书收了《俯瞰商业时代》一文,对某些商人的丑恶行径有极为精彩的描述。在回顾解放前那段历史时,梁先生写道:"当年南京遭劫之前,上海已然沦陷……,而危城南京里,某些商人依然在洽谈最后一笔生意,店铺的幌子依然招展","所以中国的诗词里才有'商女不知亡国恨'一句。可以认为这是商的丑陋,也可以认为这是商的顽固。"联系上下文,梁先生似将"商女"等同于"女商人"了。其实不是。

"商女不知亡国恨"这句诗,出自杜牧的七绝《泊秦淮》:"烟笼寒水月笼沙,夜泊秦淮近酒家。商女不知亡国恨,隔江犹唱《后庭花》。"诗中的"商女"指的是以卖唱为生的歌女。后人使用这个典故时,都作此解。如王安石《桂枝香·金陵怀古》词:"至今商女,时时犹唱,《后庭》遗曲。"《后庭花》本名《玉树后庭花》,是南朝陈后主所作。因"其辞轻荡,而其音甚哀",被后人称作"亡国之音",所以杜牧诗中才会有"亡国恨"之说。

那么,歌女何以被称作"商女"呢?这是因为,商人以出售商品获利,歌女以卖唱谋生。就"卖"而言,两者有其类似之处。所以杜牧便以"商女"借称歌女。但这仅仅是个比喻,此"商"与彼"商"毕竟是不能混为一谈的。

(向 其)

"六五级"错成"六六届"

上过学的人都知道,"级"与"届"是有区别的。简言之,"级"指的是上学时的年份,"届"则指毕业时的年份。比如"六二级大学生"是指1962年进校的大学生,"六六届大学生"则是指1966年毕业的大学生。

梁晓声先生在《我看"知青"》一文中,却把这两个概念弄错了:"'知青'中的'老高三'是幸运的。因为在当年,除了大学生,他们是最有知识资本的人。他们实际上与当年最后一批,亦即六六届大学生的知识水平相差不多。因为后者们刚一入大学,'文革'随即开始。"如果梁先生指的真是1966年毕业的"六六届大学生",那么,这届学生在学校里至少已待了四年甚至五年,"文化大革命"开始正好毕业,"知青"中没有进过大学校门的"老高三"的知识水平不可能与他们"相差不多"。看来,梁先生是把"六六级"错成"六六届";而经历过"文化大革命"这段历史的人都知道,"文革"前的最后一批大学生是1965年入学的。1966年"文革"开始,全中国的大学停止招生,中国的教育史上,"六六级大学生"是个空白。所以,上文中的"六六届大学生"应改成"六五级大学生"才符合当时的真实情况。 （叶麟梅卿）

泪已"潸潸",岂是"欲下"

《翟子卿》是梁晓声的中篇小说,其中有一段感人的描写:当子卿感慨地说,他今天之所以能拥有70万这笔数目可观的财产,是衔恩受惠于他的母亲,引得大家纷纷感叹"谁言寸草心,报得三春晖"。接下来,作者写道:"众人闻之,皆肃严默然而思。子卿尤感其吟,泪潸潸欲下……"此情此景确实催人泪下,然而这句"泪潸潸欲下",却让人有点不知其所以然。

"潸潸"是流泪不止的样子。如《诗经·小雅·大东》"潸焉出涕"。"潸潸"是泪已流出眼眶,且如断线珍珠,欲罢不能。而"欲下"则是眼泪含在眼眶中,将流未流的样子,也就是平常说的"热泪盈眶""眼泪汪

汪"。"潸潸"与"欲下"是两种不同的哭貌,放在一起岂不矛盾? (汪明远)

"火中取栗"的文痞?

梁晓声在《论文痞的起源》一文中,有这么一段论述:"凡'文痞',身上既有投机文人的见风使舵,火中取栗,又有痞子那一种天生的刁滑性和无赖性。"

"火中取栗"的故事源于法国拉·封丹的寓言《猴子与猫》:一只猴子和一只猫看见炉火中烤着栗子,狡猾的猴子骗猫去偷,猫用爪子从火中取出栗子,自己脚上的毛被烧掉,栗子却让猴子给吃了。后来便把受人利用,冒了风险,自己却一无所得比作"火中取栗"。如徐铸成《王国维与梁启超》:"段祺瑞只是一时利用进步党的所谓'人才内阁'作为他的垫脚石,而任公成了他的'猫脚爪',火中取栗后,就被抛弃了。"

梁晓声鞭挞的那些"文痞","身上既有投机文人的见风使舵","又有痞子那一种天生的刁滑性和无赖性",怎么会笨到去干烧了自己脚上的毛,当别人垫脚石那样的傻事呢?他们的角色无疑是狡猾的猴子,骗"猫们"为他们火中取栗才是。看来

梁先生是错解了"火中取栗"这句成语,把它当成"趁火打劫"来用了。

(俞敦雨)

和教学大纲无关

中小学教师都知道,教学大纲并非教学参考书。梁晓声先生也许没做过教师,所以他在《我想这样上语文》这篇文章(见《特区教育》1999年第7、8期合刊)中说:"至于结合到课文,应该分三段还是四段?某个词应视为比喻还是形容?某字的发音是平声还是仄声?……非得和教师一致?非得同语文教学大纲如出一辙?"请看,他竟认为语文教学大纲里有课文段落的划分,有修辞格的辨析,有字的注音——这分明是把教学大纲当成教学参考书了。其实,教学大纲同教学参考书是有根本区别的。

语文教学大纲是国家教育主管部门颁发的、指导中小学语文教学的纲领性文件,其内容是阐述学科性质,规定教学目的、教学要求、教材内容、教学的基本原则和方法等等;而教学参考书则是由出版社组织有关专家为教师备课编写的参考资料。虽然受应试教育影响,确有教师在课堂上死搬"教参"、不敢越雷池一步的现象,但决没有哪个教师在碰到分段、辨析词义之类问题时去翻教学大纲,并要求学生的回答"非得同语文教学大纲如出一辙"的。

(王培焰)

"出神"与"出神入化"

梁晓声的《自白》一书纯乎真情,一片天籁。读其文,可见其为人。然而,白璧微瑕,书中也有些用词不够严谨的地方。如:"有时书中人物的命运,引起我的沉思和联想,凝视着火光闪耀的炉口,不免出神入化。"梁先生此处画蛇添足,好端端在"出神"后面加上了不该加的"入化"二字。

"出神入化"是形容某种技艺达到高超神妙的境界。秦牧的《艺海拾贝》中有一篇《虾趣》:"不知道这位老画师是观察了多少的活虾,才能够画虾画得这样出神入化的!"可见,"出神入化"不能用来形容人,也不能用来描述物,只能用来形容功夫和水平十分出众,以至达到炉火纯青的地步。

而"出神"的意思是指人因全神贯注于某事、某物、某人而显得发呆。这是人的一种神态。引文中的"我"因思考书中人物的命运而引起沉思和联想，自然会不由自主地"出神"，这和"出神入化"是不沾边的。

（杨　光　张　石）

"爱"的位置

梁晓声先生在《凝视九七》一书的《"情人节"杂感》一文中说：

爱这个字，在语言中，有时处于谓语的位置。有时处于主语的位置。前面加"做"、加"求"、加"乞"，"爱"就处在谓语的位置。

在爱这个字的后面，加上"情"、加上"心"、加上"意"，爱就处在主语的位置了。

以上两段引文，反映了梁先生对主语、谓语这两个语法概念理解上的模糊。"做爱""求爱""乞爱"，其实都是动词或者说是动宾结构的合成词。"做""求""乞"后面所带的三个"爱"字都是名词（"做爱"的"爱"相当于"性生活"；"求爱""乞爱"的"爱"都可解释为"爱情"）。动词后面所带的名词只能是宾语，怎么能说"处在谓语的位置"呢？"爱情""爱心""爱意"后面的"情""心""意"三字也都是名词。名词前面加上修饰或限制成分，组成的是偏正结构的合成词。"爱情"意为"男女相恋之情"，"爱心"意为"关心爱护别人的思想感情"，"爱意"有时与"爱情"同义，有时则和"爱心"的意思相近。三个"爱"字对后面的中心词"情""心""意"都起修饰或限制的作用，它们只能是定语而不是主语。梁先生说"'爱'字后面加上'情'、加上'心'、加上'意'，爱就处在主语的位置了"，这是站不住脚的。

（剑　啸）

怎能年年"方兴未艾"

梁晓声先生在《心灵的花园》一文中写道："某些中国女性'外销'自己的'新洋务运动'，自八十年代中期开始，年年方兴未艾，直到九三年后才势微渐止。"这段话中，比喻的合理性，数字的用法，"势微"还是"式微"，都有可商榷之处，但笔者想谈的是"方兴未艾"一语。

"方兴未艾"：方，副词，正当、正在的意思；兴，兴起，发展；艾，停止。这一词语的意思是：事物正在发展，一时还不会停止。请注意是"正在"，这是对事物某一阶段发展状况的判断。可以说某一阶段、某一年"方兴未艾"，但不能说年年"方兴未艾"，否则,这个"方"字就无从落实。

梁先生所说的"新洋务运动",自80年代中期到1993年,是一个相当长的时段。当这个"运动"刚刚兴起并预见到它会发展时,说"方兴未艾"没错,但过了这一阶段,即使势头依然强劲,那也不是"方兴未艾",倘换成"年年如火如荼",庶几可通。

(王 旭)

应该是"同流合污"

《凝视九七》一书中收有《农民和"公仆"们》一文。梁晓声先生谈到反腐倡廉时写道:"大官小吏,起码要时刻告诫自己,万勿因为钱财,而轻易就上贪官污吏的贼船。那贼船是上得下不得的。因为一旦上去了,就只能与贪官污吏们同舟共济了。"

"同舟共济"这条成语出自《孙子·九地》:"夫吴人与越人相恶也,当其同舟而济,遇风,其相救也如左右手。"吴人和越人本来有点矛盾,当他们坐在一条船上,面对共同的风险时,便能不计前嫌,像左右手一样相互协作。后来便用"同舟共济"来比喻齐心协力,共渡难关。它的意思和"袖手旁观"相对。这是一条褒义成语,凡是用得上"同舟共济"的,都是干一些光明正大的事情。

而梁先生说的是贪官污吏。不能上贪官污吏的贼船,这一提醒当然是必要的,积极的;但某些人为了一己之私利,和贪官污吏为伍,自甘堕落,那也不是"同舟共济",而是同流合污、沆瀣一气、狼狈为奸。总之,只能用贬义成语,否则便有褒贬不分之嫌。

(黄祥伸 金 英)

"蝇蝇苟苟"说不通

《梁晓声自白》有这么一句话:"文坛本应是块'净土',但素来总与名利藕断丝连,斩不断的'情缘',刨不尽的'俗根',难免也有拉拉扯扯,蝇蝇苟苟之事,我看目下也受交际之风的熏扰。"引文中的"熏扰"写成了不规范的"薰扰","拉拉扯扯"后的逗号似用顿号为妥,这姑且不说,想说一说的是句中的"蝇蝇苟苟"。

"蝇蝇苟苟"是什么意思?翻遍了所有辞书,不见其踪影,古今文献中也没有其用例。依句中文意,苦思冥想发现,原来这个让人搔破头皮的"蝇蝇苟苟"是"蝇营狗苟"的误用。

"蝇营狗苟"是个成语,"营"是钻营,"苟"是苟且,"蝇营狗苟"的意思是:像苍蝇那样飞来飞去,像狗那样苟且偷生,比喻人不顾廉耻,到处钻营。郭沫若《新文艺的使命》中说:"假使是在军阀统治时代,一个作家要以蝇营狗苟的态度,运动做官,运动当议员,那当然是值得反对的事。""蝇营狗苟"亦作"狗苟蝇营":

《孽海花》二一回:"到底狗苟蝇营,依然逃不了圣明烛照,这不是一件极可喜的事吗?"

现在梁先生扔掉"营""狗"两字,换成"蝇蝇苟苟"这个谁也没见过的怪词,难免让人一头雾水,不知所云了。

(余培英)

伯乐识"膺品"

毕兆祺

2000年3月14日《杂文报》登载过一幅题为"新伯乐相马图"的漫画。画面上,"伯乐"面对一幅幅"历代马画"摇头叹道:"全是膺品。"

"膺",音"yīng",与"胸"同义,成语"义愤填膺"即"胸中充满义愤";"赝"音"yàn",伪造的,"赝品"指伪造的文物或艺术品。"赝品"误作"膺品","伯乐"成了"白字先生"。

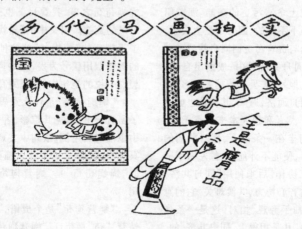

话说 "含金量"

魏 雨

在市场经济条件下,许多事情都要讲究"效益",因此"含金量"一词自然而然地成了人气挺旺的时尚用词。比如:

(1)这简直是一块拥有巨大含金量的宝地,只要在黄浦江上架起桥梁,浦东的土地会升值。(《联合时报》2000年4月14日)

(2)各类网站从去年起如雨后春笋涌现出来,在中国经营网站,含金量有多高?(《中华读书报》2000年1月19日)

(3)经营者应保证足球比赛的含金量,其比赛要具有精彩性、真实性、客观性。(《劳动报》1999年11月11日)

以上三例中的"含金量",大而化之地说,就是"价值"的意思。这"价值",有较具体的,也有较抽象的;有显性的、直接的,也有隐性的、潜在的。例(1)"含金量"指的是"土地会升值"的"值"。例(2)"含金量"暗指"赚钱"的可能性,其下文紧接着叙述某某某建了一个网站,"总共投资了2000多元,经营10个月,净赚15万"。例(3)"含金量"喻指足球比赛的价值,具体地说,便是比赛的"精彩性、真实性、客观性"。

"含金量"的"金"指黄金,那么,"含金量"何以会有"价值"的涵义呢?据我们查考,"含金量"原本有两个,乃是一对同音同形异义词。一个"含金量"是国际金融行业用语,指欧美有些国家依法规定的本位货币的"金平价",比如,1美元的平价等于0.73662克黄金,1英镑的平价等于2.13281克黄金。另一个"含金量"是黄金首饰行业用语,俗称黄金的"成色",指黄金成品(包括金条、金块、金币和其他黄金制品)中所包含的黄金的数量。按行业习惯,含金量以 K 计算,14K 含 14/24,18K 含

18/24，24K 含 24/24（即 100%）。但是俗话说得好：人无完人，金无足赤。世界上百分之百的纯金是不存在的。一般所谓的 24K 金，实际上是九九金（99%），成色高的也不过是九九九九金（99.99%）。

明乎此，就不难理解"含金量"的引申义"价值"是怎么产生的了。

由于"含金量"在媒体上频繁使用，"含×量"也逐渐成为一种能产的构词框架。比方说，血液中的"含铁量"，豆制品中的"含水量"，羽绒服中的"含绒量"，牛奶中的"含乳量"，鸡蛋中的"含碘量"等。

值得注意的是，"含铁量、含水量、含绒量、含乳量、含碘量"中的"铁、水、绒、乳、碘"都是单音节的。如果是双音节的，可就不能进入这个框架，说成"含××量"。我们一般不说"含科技量"，而要改说"科技含量"。"含××量"变为"××含量"。这是什么缘故呢？

说起来也并不复杂。打个比方吧，上海有一条马路，叫作"复兴路"，路很长，分成东中西三段，按理说，应该分别称作"东复兴路、中复兴路、西复兴路"才是，可是路牌上分明写着"复兴东路、复兴中路、复兴西路"，把一个"复兴路"分割成两半，中间插入"东、中、西"。什么道理？原来，双音节化是汉语使用者的强势取向。从音节分布来看，"中复兴路"是一三配置，"复兴中路"是二二配置。人们宁可选用二二配置的"复兴—中路"，不愿选用一三配置的"中—复兴路"（尽管"中—复兴路"符合实际，但是念起来不如"复兴—中路"谐调、顺口）。"含××量"变为"××含量"，正是这个道理。

何谓"三不知"

杜宝铁

人们常用"一问三不知"来嘲笑不学无术之人。其实，嘲讽他人者未必知道"三不知"的含义。"三不知"最早出自《左传》。鲁哀公二十七年，晋荀瑶率师围郑。荀文子认为未了解敌情，不可冒进。他说："君子之谋也，始、中、终皆举之，而后入焉。今我三不知而入，不亦难乎？"由此可见"三不知"的本意乃是对某事的开始、经过、结局不了解，并非是对众多问题的不了解。现已引申为不学无术。

"人气"正旺

高丕永

"人气"一词,如今十分红火,见报率特别高。它并非新造的词,早在先秦诸子散文中就已经出现。如《庄子·人间世》:"且德厚信矼,未达人气;未闻不争,未达人心。"《墨子·非儒下》:"是若人气,鼸鼠藏,而羝羊视,贲彘起。"

《汉语大词典》把"人气"的常用意义概括三个:1. 指人的意气、气质、感情等;2. 人体的气味或人的气息;3. 人的心气、情绪。

日本明治维新之后,日语借用汉语的词"人气"去意译英语的"popular、popularity(受欢迎、走红、流行)",写为"人气",用作名词或形容词。如"受欢迎的作家",日语可写成"人气作家"。大约在90年代中,这一个"人气"又"回娘家",回到中国,并迅速使用开来。从此,"人气"在现代汉语中有了新义。例如:

(1)王志萍东渡日本8年,随夫伴读,年初回沪定居,再度和越剧院签约,人气依旧旺盛。(《文汇报》1999年7月26日)

(2)一女友劝她,天还没热,而股市人气正旺,不如先炒股,赚台把空调还不是现成的。(《周末》1997年9月5日)

具体地说,像"人气正旺、人气旺盛"这一类说法,用于商业,指"生意兴隆、购销两旺";用于公众人物,指"受欢迎、名气大、人缘好";用于某一种行业,指"吃香、走红、从业者众多"。而"人气不足、没有人气"等说法则指相反的情形。

表示新义的"人气"现在可谓人气正旺。最近,因特网上还频频出现"人气偶像、最佳人气"的说法,分别指"受欢迎的偶像"和"最佳歌手/演员"。

随着"人气"的流行,人们发现它还有一个新义。请先看下列句子:

(3)此时此刻,主教练也要有一种"铁肩担道义"的大家风范,以凝聚人气,鼓舞斗志。(《文汇报》1997年9月15日)

(4)在采访中,杨校长对我说:"我们的绿色三年计划中的第一步已经完成。以'绿气带人气'——以优美环境吸引、凝聚、激发广大师生

汉语中的"OK"

何自然

OK 是英语,来自大洋彼岸的美国,但在最近一二十年里,"OK"在我国,特别在广东珠江三角洲的大小城镇中得到广泛流行,成了一个时尚用语。

只要翻阅一下英语词典,我们都知道 OK 常常用作形容词或副词,相当于 all right,有"对""好""可以""行"的意思。此外,它也用作动词,是"签上 OK 字样"表示同意的意思。值得注意的是,汉语中也常常出现"OK",其意义和语用范围,大大超越了英语的 OK。

下面是我们观察到的在汉语中夹杂使用的"OK":

1. 汉语的"OK"用作感叹词,表示赞扬,相当于"好极啦"的意思。例如,报上出现过外国人连连喊"OK"表示称赞的报道:

一位外籍教师伸出大拇指连声对某人喊"OK! OK!"(转引自《广州日报》1997年5月16日《"OK"并无赞意》)

其实,外国人哪会这样使用"OK"呢?这显然是记者错把英语的 OK 当作赞扬话了,懂英语的人听起来怪怪的。

2. 英语的 OK 作为形容词或副词所表示的"好"是作"同意"解的,

的学、教积极性的目的也可说已初步达到。(《文汇报》1998年10月5日)例(3)(4)的"人气"是上文提及的第三个义项"人的心气"的深化和引申,或者说指的是"人的正气""人的志气"。今年年初推出新的长篇小说《人气》的著名作家蒋子龙,曾经对"人气"作了形象的诠释:"中国还有一批人在干正事,在用他们的正义言行支撑着社会。他们虽然很难,但没有退却,这就是人气。"当有人问及用该词作书名的原因时,蒋子龙进一步解释说:"人气就是人的生存状态,就是人的生命旋律,我们的社会、国家就是靠这磅礴的人气生存,大堆大堆的人生活在这里,建设在这里,造就了社会,造就了文明,推动了社会的发展。"(参见《解放日报》2000年3月21日)

但汉语的"OK"表示的"好"却能指"质量上乘"。如,报上登载的一则黄金首饰展销广告(《广州日报》1995年12月18日《卖弄噱头弄巧成拙》):

OK! 本店黄金确实 OK!

不幸的是,黄金成色是以 K 来衡量的。9999 金是24K,K 数越少,成色越差。这里的 OK 酷似0(零)K,这样的黄金谁买它?这个广告未能表达出广告主希望的"质量上乘"的意思,倒是弄巧成拙了!

3. 汉语的"OK"用作形容词或副词,表示"正常"的意思。例如香港一个"营养节食中心"登的广告:

你体重 OK 吗?!

4. 人们利用 OK 的音,在汉语中创造了一个与 OK 毫无关系,但无论在台、港、澳或内地都十分流行的音译词:"卡拉 OK"。这个词源于日语,其英语音译为 Karaoke,现又被半中半西地译为"卡拉 OK",可谓奇特。但更奇特的是这个不伦不类的"卡拉 OK"在汉语语用中的表现:它竟然可以省去"卡拉",只说"OK",当动词用:

你今晚有空吗?去"OK""OK"怎么样?

《广州日报》1998年3月5日有一篇报道,里面也用了一个省去"卡拉"的"OK":

自酒楼把三、四楼改作卡拉 OK 房后,由于房间隔音设施不好,"OK"声每晚从10时到翌日凌晨1、2时,令我们晚上不得安宁。

5. 汉语的"OK"用于否定时,要根据语境作不同的理解,如表示"不满""不同""不妥"等意思。例如前面关于"卡拉 OK"噪声扰人的报道,《广州日报》的标题就用了两个不同意义的"OK",第一个"OK"指"卡拉OK",而第二个"OK"加了"不",指"不满":

酒楼 OK,住户不 OK;人声、机声,邻居有骂声!

再如,当谈到英语的 OK 与混用于汉语中的"OK"两者用法不同时,我们听到这样的说法:

我国的"OK",同大洋彼岸的 OK,并不"OK"!

6. 汉语的"OK"用作动词,还有"成功"的意思。如《广州日报》1997年7月14日报道中就用了这个意义的"OK":

我国人工繁殖大熊猫——六年"OK"二十四胎。

我这单生意 OK 啦,所以今晚请大家去"白天鹅"吃 buffet(自助餐)。

词语在语用中的意义是动态的,汉语"OK"的各种用法以及意义的引申是语言变异和发展的结果。

法言法语

（开栏语）

　　法律语言和日常语言相比,不但要求更加准确、简练、严谨、规范,而且还要能体现法律的庄重和严肃。随着法制观念的日益深入人心,法律语言研究也成了法学界和语言学界的一个重要课题。为此,本刊根据中国修辞学会会长王德春教授和上海大学法学院副院长姜剑云教授的建议,特辟"法言法语"一栏,还望法学界专家和政法部门人士不吝赐稿。本期稿件是从今年7月在上海召开的"应用语言学:法律语言与修辞国际研讨会"上提交的论文中摘出的。

"机动车辆"的启示

姜剑云

　　我们知道,语言是有限的,而客观世界(包括法律世界)是无限的,语言的有限性与客观世界的无限性之间存在无可克服的矛盾;语言又是抽象的、概括的,而客观世界是具体的、丰富的、千差万别的,语言的抽象性、概括性与客观世界的具体性、丰富性、差别性之间也存在不可调和的矛盾。这两个无法解决的矛盾必然地无可避免地导致语言表述的模糊性、笼统性和不确定性,但凡语言表述,概莫能免,只是程度不同而已。

　　当人们在法律领域中运用语言进行法律表述时,语言自身固有的弱点(弊病)也总是不可避免地要表现出来,给法律表述施加负面影响,影响其准确性、清晰度,影响司法运作的质量和效率。为了说明这一点,不妨举个例子。"机动车辆",就通常意义而言,它不是一个模糊词语。然而就是这么一个语义边界并不模糊的词语,在法律领域使用时竟然也引起了司法运作的麻烦。

那是"二战"结束后不久,西方某国制定了一个法律文件,其中规定:任何机动车辆均不得进入城市的公园。有一次,一位军人奉命将一辆在"二战"中有过非凡经历而现在已经报废了的坦克车运进某公园,打算安置在公园内的一块草坪上,供人参观。公园的看门人依据上述法律规定,坚持不让进入。他说:这辆坦克车虽然已经报废了,但报废了的机动车辆也还是机动车辆呵;法律上没说报废了的机动车辆可以进入公园。军人则硬是要将坦克运进去。他也有他的理由,他说:法律之所以作出那个规定,目的是为了保障游客的安全,使他们免受噪声和油、汽的侵扰。而这辆坦克业已报废,不可能再起动,不可能影响法律规定所要达到的目的。两人各执一词,互不相让,最后告到法院。法院主审官既注重法条,同时又不为法条所局限,他透过法条分析了立法意图,认为允许这辆坦克进入公园,虽然有违于法条的规定,但并不违背立法意图(宗旨),所以最后还是作出了同意该坦克进入公园的判决。

从这个案例中,我们可以看到:一、即使是"机动车辆"这么一个从通常意义上说并不模糊的词语,其意义也是高度抽象和概括的,它所指称的对象也是难以穷尽的:只要是机动车辆,不管大小,不管新旧,不管颜色,不管性能,不管价值,不管产地,不管户主,不管……统统都叫"机动车辆"。在"机动车辆"这个高度抽象和概括的清一色的共性的掩盖下,它属下的各种各样的具体车辆的丰富多彩的千差万别的个性都给抹去,都进入了"无差别境界"。从这个意义上说,"机动车辆"这个通常意义上的非模糊词语实际上也具有某种模糊性,不过,它模糊的是内部边界。正因为如此,才出现了上面所说的"报废的机动车辆"也是"机动车辆",也不得进入公园的争讼。对于这种时时处处困扰着人们的语言干扰,我们不能不予以充分的注意和必要的提防。二、在司法运作中,司法工作人员不能仅仅依据法条,从法条到法条(须知法律规范的物质载体是语言,而语言自身是有弱点或弊端的,不那么可靠的),要善于从法条之中看到法条之外,从法律规定看到立法意图,并据以进行司法运作;否则便不是理性的司法工作者。

「反革命」一词说略

汤啸天

1979年我国制定第一部《刑法》时，就有人对"反革命"一词是否可以作为法律用语提出看法。由于主客观各方面的原因，我国的第一部《刑法》将反革命罪规定为："以推翻无产阶级专政的政权和社会主义制度为目的的、危害中华人民共和国的行为，都是反革命罪。"应当说，如此规定是一种历史的进步，是把"反革命"这种十分混乱、模糊、随意性极大的罪名规格化、标准化了。但是，随着我国法制的逐步健全，人们又日趋深入地怀疑"反革命"的真正含义和将其作为法定罪名的科学性了。1997年3月14日，修订后颁布的我国《刑法》正式取消了"反革命罪"，采用"危害国家安全罪"这一更加科学、准确的提法，并在"危害国家安全罪"之下明文规定了12个相关的罪名。

在本质意义上，"反革命"一词并不属于法律语言，从我国先将"反革命"认定为正式罪名，再排除"反革命罪"的提法的过程看，理念上的更新起了主导作用，同时，法律专门用语的选用水平的逐步提高也功不可没。"反革命"原属政治术语，由于历史的原因，"反革命"在我国曾经是满天飞的"帽子"，"反对革命＝反革命"也一度成了不容置疑的定式。当极左的政治氛围尚未被打破之前，将"反革命"一词吸纳为法律用语，从定义上加以严格限制是一种历史的进步。由于"反革命"一词自身缺陷的不可克服性，在条件成熟时将其从法律语言中剔除也是顺理成章的。

如果说，我国1979年的刑法对欲调整的社会关系作了初步规范的话，1997年的刑法则是更高层次的规范。这种规范的过程呈现为典型的渐进模式。从发展的角度看，语言不可能超越思想，理念的更新需要诸多因素的推动，渐进模式在语言创新与规范两方面的作用都是肯定的。

"法人"不如 "法人组织"

沈海波

　　中国在建立现代法律体系的过程中，对欧美的法律体系有过多方面的借鉴，很多法律术语也都源自欧美。由于历史文化背景的不同，我们一般不容易从字面上理解欧美的法律术语。这要求我们在引进欧美法律术语的时候，必须照顾到本国的实际情况。但是，事实上我们在这方面的工作并不尽如人意，一些新的法律术语往往过于生硬，并造成人们不必要的错误理解。

　　如"legal person（法人）"一词出现于19世纪，新中国民法正式引进"法人"的概念是在20世纪80年代。

　　"法人"指的是"具有权利能力和执行能力，依法独立享有民事权利和承担民事义务的组织。包括企事业单位、机关、社会团体等"。"法人"既然是一种组织，当然有别于自然人。但是"法人"的称谓，又往往容易让人误解为"法定代表人"的意思。虽说报刊上有过不少"法人不是人"之类的宣传和介绍，但时至今日恐怕仍有不少法人代表自认为是"法人"。这种情况一方面说明现今很多人缺乏法律常识，另一方面也说明"法人"这一术语的推出有值得商榷的地方。

　　日本在引进"legal person"的概念时译作"法人财团"，这是值得我们借鉴的地方，因为这样可以有效地避免歧义的产生。虽说"财团"二字容易让人联想到金融寡头，但是我们完全可以用其他词来替代，如"组织"等。将"legal person"意译为"法人组织"，恐怕远胜于"法人"的直译。

语丝

『廖冰』之兄

秦克成

　　某日中央电视台"东方时空"介绍了广东大漫画家廖冰兄先生。

　　廖公在谈到自己的名字时，曾说起这么一件趣事。郭老参观廖的漫画展时，忽然问王琦："廖冰兄这个名字是什么意思？"王答："他的妹妹叫廖冰。"郭老笑着说："明白了，郁达夫的妻子自然叫郁达，邵力子的父亲必定叫邵力了。"

　　这种随口应对的笑话，反映了一个人敏捷的文思、渊博的知识以及深厚的文字功力。

"暂行""试行"不可取

蔡谱

在法律法规的名称中加上"暂行""试行"字样,这一现象是很常见的,仅全国人大及其常委会1979年以来所制定的法律中就有9件。出现这些字样,往往是立法部门在创制这部法律法规时,觉得对某个方面认识还不够充分,认为可以先"暂行"或"试行"一下,等到条件成熟之后再来修改。但在立法实践中,对什么样的法律法规使用"暂行""试行",在我国立法界还没有统一的标准,就是使用"暂行""试行"的法律法规,也没有明确的时间标准。有的法律、法规一"暂行"就是几年甚至一二十年。

从某个方面来说,在法律法规名称中使用"暂行""试行",这是不符合立法原则的。法律法规本身具有稳定性,而使用了"暂行""试行"后,该法律法规所规范的内容,往往不会引起公民、法人和其他组织的高度重视,认为它只是暂时性的规范。这就与立法初衷相背离,影响了法律法规的稳定性、严肃性和权威性,自然也将影响法律法规的施行效率。

其实,立法部门可以而且必须根据国家形势的变化而不断地修订不适应形势需要的法律法规。我国的宪法并没有冠以"暂行"或"试行"的字样,从1954年—1982年,我国人民代表大会先后制定了四部宪法,从1988年—1999年对1982年的宪法进行了三次修改。可见不标"暂行"等字样并不妨碍我们对法律法规的修改,更不会有人去怀疑它的效率。

语丝

『没有肉的香』

拉钦

一家人正在吃饺子。女主人先吃了一个大肉白菜的,接着又吃了一个鸡蛋韭菜的,经过一番品味,带总结性地说:『没有肉的香。』

男主人一面吃着那鸡蛋韭菜的,一面也带肯定语气地说:『就是没有肉的香。』

其实两人说的并不一致,原来这句话是有歧义的,既可理解为:没有肉的(即鸡蛋韭菜的)——香;也可理解为:没有——肉的(即大肉白菜的)香。

"自由"从哪里来

周振鹤

如果就"自由"一词的字面而言，的是本国土产，并非舶来品。据《续汉书·五行志》记载："赤眉贼率樊崇、逢安等共立刘盆子为天子，然崇等视之如小儿，百事自由。"这里自由指的是按自己的意思行事或曰随便胡来，具有贬义。《后汉书·阎皇后纪》也说："兄弟权要，威福自由。"《古诗为焦仲卿妻作》中那位恶婆婆更是咬牙切齿地呵斥："此妇无礼节，举动自专由。吾意久怀忿，汝岂得自由。"这两例也同样都是把自由当成是自行其是的坏事。而且后一例中第二句的"自专由"正好为"自由"的意思作了注脚。

但是今天的"自由"与以上诸例的内涵不同，是欧洲语言的译语，可对应于英语的 liberty 与 freedom，表示的是一种新的概念，而且是褒义。在日本，1855—1858年的《和兰字汇》将荷兰语的 vrijheid，1862年的《英和对译袖珍辞书》将英语的 liberty，1864年的《佛语明要》将法语的 liberte 译成"自由"。但这种翻译是不适切的，因为提出自由概念的卢梭说的是人生而自由，而汉语原义却是自行其是，两者意义有悖。对这一差异，日本启蒙学者福泽谕吉等人早就注意到了，所以后来日本学者一度避免使用此译。著名哲学家西周1868年所著《万国公法》就使用"自主"而不用自由，如"人身上自主之诸权""国之特立自主之权"等。在荷兰留过学的津田真一郎，在同一年著《泰西国法论》，其中也有"自主民、不自主民"的提法。还有人用的是"自在"一词，也在同一年，加藤弘之出版的《立宪政体略》就有"思言自在之权利""信法自在之权利"这样的话。今天以上诸语中的自主、自在都被自由所替代了。但在当时有深厚汉学底子与洋学知识的日本学者都很慎重，不敢随意译成自由，以免与汉语原来的意思相混。

当然将 liberty 与 freedom 译为"自主",也不是上述两位日本学者的发明,其首创权应归于第一位来华的新教传教士马礼逊(R. Morrison)。在他所编的《英华字典》(1822年)中,就将这两个词都译成"自主之理"。稍后,另一位传教士麦都思(Medhurst)在其所编的《英华字典》(1847—1848年)里,将 liberty 译作"自主、自主之理、任意擅夺、自由得意、由得自己、自主之事"等意思。从这里可以看到,liberty 的译语似乎正在从自主向自由的过渡之中。不过二十年后在罗存德(Lobscheid)所编的大部头《英华字典》中,自由仍然没有定型,他除了接受前人之译法外,还将其译为"任意行之权"。

日本明治维新以后,对西方政治思想的介绍更加用力。上面提到的加藤弘之在1870年写《真政大意》时,又曾使用过"不羁"一词,来表示今天自由的意思,如"不羁之情""不羁自立之情"。又过一年,神田孝平译《性法略》,也沿用前人"自主""自在"的用法。1872年,中村正直的书《自由之理》问世。该书在当时十分流行,对于"自由"这一译语的定型起了很大的作用。但即使是中村本人,在当时也并没有将此译完全确定下来。和上述诸位日本学者一样,他对"自由"的原义也存着戒心。所以两年后,他在连载的《西学一斑》一文的第一节(载《明六杂志》第十号)当中加了一个注释说:liberal politics,可译为宽弘之政学。由此可以推知,他应该是把 liberty 理解为"宽弘"的,显然是有意避开他自己使用过的"自由"一词。不过不久以后,他在上文的续载中(同杂志第十二号)又将 free state 译作"人民自由志力得以舒展的国家",并且在文末加了一段话,大意是:"西语 liberty 在我国,在中国都未有相应的语词。马礼逊译作自主之理,罗存德译作任意行之权,盖为人民得以随自己喜好行事的权力。这种除遵守所有有关大公之利,共同之益的律法之外,更不受其他压制的人民权利,在西方称为 civil liberty,是开化治平的基础。所以 religious liberty 是指人民以自己信仰所崇拜的宗教,不被统治者强迫改变意志的权利。"以上说明了翻译 liberty 的困难,并且说明 liberty 是西欧史上重要的概念。但是在这段文章里,也没有使用自由一词。接着,在第十五号连载里,自由又出现了:religious liberty 是法教之事,人民得

"化译"

——译余断想(十二)

周克希

67. 在不能过多引用原文的情况下，拿现成的译文来作比较，也许是一个权宜的办法。

周小珊小姐在许钧教授指导下研究翻译理论。她根据手头的四个不同译本，撰文论述"包法利夫人的形象变异"。现仅从中引用一个简短的实例：

与莱昂幽会时的爱玛性情多变，四个译本分别译为"一时激情，一时冷淡"(人民文学版)，"时而热烈奔放，时而又倦怠疏懒"(花城版)，"有时生气，有时随和"(译林版)，"忽而暴躁，忽而懒散"(陕西人民版)。诚如周小珊所说，它们"很难作为一种性格集中到爱玛的身上"。换句话说，在描绘女主人公此时性情这一点上，有的译本恐怕是有所失的。

以信仰自由的权利。这样反复的结果是自由终于固定下来，原来对这个词的戒心慢慢消解了。

在中国，到了19世纪80年代，自由一词也流行起来了。《申报》1887年10月2日《论西国自由之理相爱之情》的文章里头说："西国之所谓自由者，谓君与民近，其势不相悬殊，上与下通，其情不相隔阂，国中有大事，必集官绅而讨论，而庶民亦得参清议焉。……"不过这里的所谓自由其实说的似乎是民主，这是翻译西方概念之初，因不能准确表达而产

生的混淆。但到民国初年，对自由是权利而民主乃是制度的理解已经十分准确。而对于汉语里自由所表达的原来意义已经完全忘却。后来毛泽东在《反对自由主义》里所列举的种种自由主义表现形式，其实就是中国古代自由的本义，但其时这一本义已经隐退，只能在自由后面加上主义二字以示与当时自由概念的区别。时至今日，自由主义却又是另外一种意思了，那是表示与专制主义不两立的一种思潮。语言之难于捉摸一至于此。

68. 有时候，这种有所失是译者不得已而为之的。

赵元任先生在《阿丽思漫游奇境记》的"凡例"中，有段很精彩的话："有时候译得太准了就会把似通的不通变成不通的不通，或是把双关的笑话变成不相干的不笑话，或是把押韵的诗变成不押韵的不诗，或是把一句成语变成不成语。在这些例里，那就因为要达原书原来要达的目的的起见，只可以稍微牺牲点准确的标准。"

69. 陈原先生对这本名译极为推崇。他在引用上面这段话时，特地说："请注意：'不笑话'，'不诗'，'不成语'。——不愧语言学大师：这是语言游戏式的构词。"

但赵先生的译文，有时好像过于游戏式。随手从第一页举个例子：in another moment 译作"不管四七二十八"，似有过犹不及之嫌。新出的吴钧陶先生译本，是译作"一转眼工夫"的。

70. 杨必先生的《名利场》也是名译。前面提到过，杨先生从一个 good 点化出了"虔诚的教徒，慈爱的父母，孝顺的儿女，贤良的妻子，尽职的丈夫"等五个形容词。

最近看到荣如德先生的新译（书名改为《花花世界》)里，这一句是这样译的："死者果真是个虔诚的基督徒，一位好父亲、好母亲、好儿女、好妻子或好丈夫，……"

杨译从感觉上说，似乎比原文多了点什么。但也许这正是为不少人所称道的"化译"吧。

荣译举重若轻、丰约中度，感觉上跟原文更贴近。倘若硬要挑剔的话，"一位……好儿女"似乎有欠浑成。

71. 王道乾先生译的《情人》是很见功力的。译本的开篇，更为好多人(尤其是作家)所激赏。

"太晚了，太晚了，在我这一生中，这未免来得太早，也过于匆匆。"这低回、伤感的语调，拨动着读者的心弦。但在原文中，这是一个语气相当短促的句子，除了结尾的句号，中间没有任何标点，而且既没有"太晚"的叠句，也没有"未免"的转折，"来得太早"和"过于匆匆"则是从同一个"很快"(très vite)点化出来的。

王先生在译本前言里说，杜拉斯"运笔又偏于枯冷，激情潜于其下"。而王先生的译文，似乎多了些缠绵，多了些腴润——也许正是这样，他才把"潜于其下"的激情传达得那么令你回肠荡气！

（语坛掌故）

得也一字 失也一字

旧时，有因一字得官的，也有因一字丢官的。

清康熙年间，满族人张自用赴河南任巡抚，陈州州牧送上鲫鱼百尾，手折上写的是"鲜鲫百头"。张自用不解，召中军来问："凡鱼皆称尾，何独此州牧称鱼为头？"中军便荐其在衙中当下役的女婿白谦来释。白谦颇识诗书，从容答道："小人曾读过《诗经》，《小雅》中有《鱼藻》篇，其首章云：'鱼在在藻，有颁其首。'其次章云：'鱼在在藻，有莘其尾。'故鱼可称尾，也可称首。今陈州牧赠大人之鱼，称其为头而不称其为尾，正是其尊长之意。"张自用听了觉得此人很有才华，遂提升幕府专掌书记。此后，张自用有事必咨询白谦。不到一年，张又提拔白谦任河南提塘官（外省驻京传递文书的官员），转而出任同知。此为得一字之助的例子。

再说一个失于一字的故事。民国初年，孙中山同盟会员、昆明人顾品珍在日本陆军士官学校毕业后，回滇任云南陆军讲武堂教官。曾参加昆明重九起义，率滇军入川，后任靖国联军第一军军长等职。

顾品珍驻成都时，其表弟王敬文带着一封顾品珍父亲的推荐信求见。信上说："敬文精明能干，任家乡团总，实系大材小用，是否为他谋一州县长，以展才华……"

既有老父之托，又是至亲，当时也正需人才，顾品珍便将表弟推荐给四川民政厅考核录用。民政厅长金利容见王敬文口齿伶俐，人还精明，又是顾军长所荐，便拟委他去当涪州知州。不几天接委任状时，王敬文宣誓说："陪州知府王敬文，愿效犬马之力，以德报怨！"

金利容听了不禁一愣，王敬文这句不到二十字的誓词不仅读了白字，还错用了成语，忍不住说："请兄台看

雁寒

11—29

虚怀若谷

刘世龙

1979年，陕西岐山县蒲城中学语文教师谭军，在教叶圣陶《多收了三五斗》一课时发现文中有一个病句："'乡亲'……又从船梢头拿出咸菜和豆腐汤之类的碗碟来。"课后，谭军就给叶圣陶写了一封信，提出在"咸菜和豆腐汤"之前应该加上"盛有"或"装着"一类词语。信是寄到《人民教育》编辑部托转的。大约十多天以后，谭军就收到了叶圣陶的亲笔回信。叶圣陶不但欣然采纳了谭军老师的建议，并且当即告知人民教育出版社中学语文编辑室，希望课本再版时加以修改。中学语文课本后来再版时在"咸菜"前加上了"盛着"二字。叶圣陶先生虚怀若谷的风范以及对青少年认真负责的精神，受到了广大师生的交口称赞。

清楚是什么州？"

王敬文把委任状重看了一下，急忙改口："啊，是倍州。"引得众人大笑。

金利容忍不住幽他一默："老兄，这不是陪字，也不是倍字，而是涪（读 fú 浮）字。你连涪都不识，怎么能去当好州官呢？"金利容顿了一下又说，"鄙人名'利容'，望兄台不要念作'刺客'！"此言更让在场官员大笑不止。金利容当即收回委任状，并将此事告知顾品珍。

顾品珍听了又气又笑，笑过后作一首打油诗赠给表弟。其诗云：

欲做州官不识州，
时陪时倍费思筹。
家严是你好姑父，
莫把小瑜作小偷。

顾品珍之父名顾小瑜。读了表哥的诗，王敬文羞得无地自容。

笑归笑，顾品珍还是真诚劝慰表弟："弟千里求官，然小材不能大用，望回乡耕种，莫做《聊斋》中的嘉平公子，贻笑大方。"留王敬文住了三日，送盘缠银四十元，打发他回了老家。

"新人""越女"巧唱和

辜海燕　李　勇

唐代朱庆馀和张籍两首别出心裁、寓意巧妙的绝句,古往今来,脍炙人口,有口皆碑:

朱庆馀在《近试上张水部》中写道:

> 洞房昨夜停红烛,
> 待晓堂前拜舅姑。
> 妆罢低声问夫婿,
> 画眉深浅入时无。

此诗表面是写洞房花烛后,新妇拜见公婆前的一个细节。其实,这首七绝别有用意。当年,朱庆馀准备进京应试,写了这首诗给当时任水部员外郎的张籍,以期得到他的赏识,进而向主考官推荐,此谓之"通榜"(行卷)。

诗中,朱庆馀自喻新娘,以刚刚出嫁暗示自己已经获得州府的荐举,有了进京考试的资格;以将见公婆(舅姑)暗喻即将参加礼部举行的考试;同时,把张籍喻为夫婿,以"画眉深浅入时无"探问自己的诗文是否够格。

全诗构思新颖,想象奇特,风情万种,堪称一首别出心裁的佳作。

善识千里马的著名诗人张籍,慧眼识英才,即赋《酬朱庆馀》绝句:

> 越女新妆出镜心,
> 自知明艳更沉吟。
> 齐纨未是人间贵,
> 一曲菱歌值万金。

张籍在诗中把朱庆馀比作新妆宜面的绝代佳人西子,自知美丽无双,却又谦虚朴实。称赞越女有高超的歌唱天赋,即使用贵重、精美的"齐纨"来奖赏,也不足以酬谢佳人的歌喉,一曲采菱歌价值万金。像朱庆馀一样,张籍的诗也包蕴着巧妙的言外之意:凭你的才华,金榜题名,指日可待。果然如伯乐张籍所料,朱庆馀一举考中进士,并凭借自己的才华,成为当时的著名诗人。

郭沫若炼字佳话

小　雨

　　1942年6月,郭沫若剧作《屈原》在重庆附近的北碚上演。6月26日下午,郭老由重庆搭乘小轮船赶到北碚。当时正是梅雨季节,小雨不停。他一手撑伞,一手抱一古铜色大花瓷瓶,准备送给饰演婵娟的张瑞芳作道具,路上已酝酿了诗一首,到后即念与剧社同人:

　　不辞千里抱瓶来,

　　此日沉阴竟未开。

　　敢是抱瓶成大错,

　　梅霖怒洒北碚苔。

　　剧社同人程梦莲听罢便说:"两个'抱瓶'重复了,可不可以把第三句改成'敢是热情惊大士',观音大士被惊动了,才把净瓶中的雨露遍洒大地呢。"郭老一听,十分欣喜,并说:"干脆把'梅霖'改为'杨枝'吧。"

　　张瑞芳在一旁说:"第四句中的'怒'字似乎太凶了。"郭老听了说:"说得好!把'怒'改作'遍'吧。"沉思了一会儿,说"改作'透'吧",后来又觉不妥,最后决定改作"惠"字。这

样,全诗便改为:

　　不辞千里抱瓶来,

　　此日沉阴竟未开。

　　敢是热情惊大士,

　　杨枝惠洒北碚苔。

　　张瑞芳称赞说:"这个'惠'字改得好!我欣赏的倒不是观音大士手执净瓶和杨柳枝普降甘霖,而是赞赏郭老'惠'赠《屈原》,并且亲自'惠'临,把满腔热情洒在北碚大地上。"

　　在《屈原》排演时,郭老也不时亲临指导。一次郭老观看排演后,觉得原来婵娟的那句"宋玉,我特别恨你,你辜负了先生的遗训,你是没有骨气的文人"这句台词语气软弱,就问演婵娟的张瑞芳:"似乎可以在'没有骨气'前加上'无耻的'三字。"张瑞芳未及回答,扮演钓者的张逸生插言:"不如把'你是'改作'你这'就够味了。"郭老听了,当即表示同意,连连说"受益匪浅"。

　　这也该算是"一字师"的一段佳话吧。

一针见血

足球流氓"禁赛"？

江典辉

2000年5月17日的《福建日报》第7版有这么一个标题："英足球流氓面临十年禁赛"。照正常理解，"禁赛"即"禁止参加比赛"。这不免令人觉得奇怪：难道英国的足球流氓竟然可以参加比赛？看了正文才知道，本文中的"禁赛"指的是"禁止观看足球比赛"。同日出版的《海峡都市报》报道该则消息的标题是"英格兰足球流氓若在欧洲杯赛上闹事，那将十年不得入赛场"，十分清楚明了。

我的贤妻良母？

傅志平

前不久，欣赏了火烽唱的《贤妻良母》。歌曲旋律优美，可最后一句歌词"你永远是我的贤妻良母"，听起来总觉得别扭。贤妻良母指对丈夫是贤慧的妻子，对子女是慈善的母亲，一般用来形容德才兼优的妇女。但是前面如果加上个定语"我的"，就显得不伦不类了，"我的贤妻"指我贤慧的配偶，"我的良母"指我的慈爱的母亲，这位女性怎可既当我的贤妻，又当我的良母呢？

"死者"来到"休闲屋"

王正王雁

请看《新晚报》一例：

湖南邵阳市某大型企业一位王姓65岁离休老人，于5月13日下午在"细毛美容美发休闲屋"接受小姐按摩时，因心脏病突然发作猝死。当天，死者王某只身来到开业才7天的"细毛美容美发休闲屋"按摩，结果"乐"极生悲，当场死亡。

"死者"是不会"来到""美容美发休闲屋"的，也不可能"接受小姐按摩"。写这篇报道的人也明白这个道理，只是一不留神，便闹出了笑话。其实，把"死者"二字去掉，意思就十分明确了。

狭路相逢?

邱翼东

今年5月28日《羊城晚报》B4版《两对父子》中有这样一段描写:"这一天,两人在玄武湖公园月季园狭路相逢,那股亲热劲就别提了,拥抱,摸鼻子……"

成语"狭路相逢"的意思是:在狭窄的路上遇见了,不容易让开。多指仇人相遇,难以相容。上文描述两人关系亲密,又是拥抱,又是摸鼻子,显然不能用"狭路相逢"来形容;此处改用"久别重逢""不期而遇"之类比较合适。

"衔枚"衔的是什么

金 山

2000年6月6日,上海举行一场国际足球对抗赛,东方电视台的唐蒙先生在解说过程中,用了"含枚疾进"这个典故来形容球员带球过对方阵地。

无独有偶,《劳动报》在报道同则新闻时,图片说明中则用了"衔枚疾进"。

这两则报道中的"枚"指的是足球这一特定物体。很显然,这里的"枚"字用错了。多种辞书收有"衔枚"条目:古代军队秘密行动时,让兵士口中横衔着枚(形如筷子,两端有带,可系于颈上),防止说话,以免敌人发觉。由此可见,"枚"在这里指的是一种长形的物体,不是圆的。也不能以"含枚"或"衔枚"来形容足球运动员在比赛中行进的状态。

本"无情"怎"容情"

段朝霞

2000年6月1日的《大河报》上有一则短消息,题为"少女卖亲姐法不容情"。摘录一段如下:

广东消息,广东省陆丰市打拐办最近抓获4男1女5名人贩子,其中1名女子黄某年仅15岁。令办案人员震惊的是,被拐卖到陆丰市的妇女中,有一个竟是黄某的胞姐。

作者可能一看是亲姐妹就用了"情",但实际上,这个少女的所作所为没有一点人情、人性可言,更没有一点让人同情之处。既"无情",那又怎么谈得上"法不容情"呢?文章的标题可改为"少女卖亲姐天理难容"或"少女卖亲姐罪责难逃"之类。

以示抛砖引玉?

朱康对

有人在写文章时想谦虚一下,开头简单交代了写作目的之后,往往加一句"以示抛砖引玉"。"抛砖引玉"本是一谦辞,比喻用自己粗浅的、不成熟的意见引出别人高明的、成熟的意见。加了"以示"以后,意思就完全两样,作者似乎仅仅作出一个抛砖引玉的样子,语气中不仅没了谦虚的成分,反而让人有一种轻浮的感觉。正确的用法应当是改成"以求抛砖引玉"。

"文钱"是什么

涂 宇

香港电视连续剧《少年英雄方世玉》某集中有一个镜头是方世玉的母亲苗翠花手里拿着几个铜钱,一边数,一边说:"一个文钱,两个文钱,三个文钱……"

"文钱"是什么?古代一般的通行货币是铜钱,也称制钱。以"文"为单位,一文就是一个铜钱,"文"在这里作量词用。一千个铜钱称一吊或一贯,"吊"和"贯"此处也作量词,相当于今天人民币的分、角、元之类。所以,只能说一文钱、两文钱,而没有"一个文钱""两个文钱"的说法。

女子怎能称"弱冠"

郭 欣

在某杂志上读到一篇文章,说的是一位女作家和网友聊天,当她被人问及年龄时,故作矜持地称自己正处"弱冠"。不知那些网友是否明白女作家芳龄几何,究竟是男是女,因为她自己也没弄清"弱冠"这个词的意思。

古时男子二十岁行冠礼,表示成人,因体未壮,故称弱。《礼记·曲礼》:"二十曰弱,冠。"后来,"弱冠"泛指男子二十岁左右的年纪。

正像"豆蔻年华"是十三四岁女孩子的专用词一样,弱冠是年轻男子的专用词,女性即使二十岁左右也不能称之为"弱冠"的。

11—35

赘——从抵押到婚姻

金 薇

"入赘"一词,指男方到女方处安家生活的婚姻形态。中国古典文学作品中有不少"入赘婿"形象,最出名的莫过于《西游记》中那位高老庄的"入赘婿"——猪八戒,虽说他是死缠着才成了高家的"上门女婿"。于是,很多人常将"赘"与"入赘婚"联系起来,就连《现代汉语词典》中对"赘"的列项也是如下三条:〈1〉多余的,无用的;〈2〉入赘,招女婿;〈3〉使受累赘(方言)。然而,也有人会感到奇怪,大凡以"贝"作为部首的汉字几乎都与货币、商业、价值等意义有关,而"赘"的义项为何与"贝"无关呢?

实际上,"赘"的最初意义也像"贾、购、赊"等字一样与经济有着某种联系,只不过随着历史的演进,它的最初意义被其他意义覆盖了,而这覆盖物恰恰就是"入赘婚"。这一覆盖过程究竟是如何发生的呢?我们不妨对此作一番追踪——

《说文解字》中对于"赘"有如下说法:"赘,以物质钱,从敖贝,敖者犹放贝,当复取之也",如果我们用现代的说法来解释它,则"赘"字的最初意义正是"抵押"的意思,这个意义与经济是有一定联系的。人们先是以物作为抵押品,发展到后来,竟然以人作为抵押品。《汉书·严助传》中就有这样的记载:"卖爵赘子,以接衣食。"如果说这从物到人作为抵押品还仅仅是抵押物形式上的不同,那么发展下去的情况则是一种质上的不同。刚开始,人作为抵押品还有被赎回的希望,而后来"赘子"却由抵押品变为奴婢,完全失去了被赎的希望,如淳泫曰:"淮南俗,卖子与人作奴婢,名为赘子,三年不能赎,遂为奴婢。"于是,"赘子"在某种意义上成了"奴婢"的代名词,开始了脱离其最初意义的进程。

"赘子"入主家为奴婢,已经脱

试说"败绩"

王中原

初中语文《曹刿论战》有"齐师败绩"一句，课本注"败绩"为"大败"。简要精当，自无不可。

若问："大败"何以称为"败绩"呢？我以为可以从"绩"字索解。

"绩"的本义是"缉麻线"，是我国古代一种很重要的生产方式，是用麻制衣的必要环节。《诗经·豳风·七月》"八月载绩"，写的是"八月纺麻织布忙"，《诗经·陈风·东门之枌》"不绩其麻，市也婆娑"，则写的是青春少女"撂下手中纺的麻，闹

离了简单的抵押层面的意义，当其发展到"其赘而不赎，主家以女匹之"阶段时，它有了质的飞跃，从经济领域过渡到了婚姻领域。同时"赘"也就有了今天我们常说的"入赘婚"意义的萌芽，这一萌芽的开端是"主家以女匹之"的"赘婿"。演进到后来，"赘婿"多是因家贫而无聘财，故而以身为质。此时，他并没有丧失人身自由，只是在婚姻与财富挂钩后，由于一无所有，才作出这种"以身为质"的无奈选择。至此，"赘"字作为一种婚姻形态的意义已完全覆盖了它最初的抵押之意。

"赘"字的"入赘婚"意义同时也让我们感受到了两种婚姻形态的冲突，而这种冲突或多或少与其作为抵押物品所受到的歧视有关，如钱大昕《潜研堂文集》卷十二"读史问答"载："秦人子壮出赘，谓其父子不相顾，惟利是嗜，捐弃骨肉，降为奴婢而不耻也。其赘而不赎，主家以女匹之，则谓之赘婿，故当时贱之。"在人们观念中，婚姻应从夫，而"入赘婚"却从妻，实在有颠倒乾坤之嫌，故而人们常将"赘婿"称为"倒插门"，这其中的"倒"字足见"入赘婿"在百姓心目中的位置。

市当中舞一场"，生活情趣盎然。《国语·鲁语下》记载："公父文伯退朝，朝其母，其母方绩。"身为贵夫人依然绩麻，令人肃然起敬。宋代范成大有诗曰："昼出耘田夜绩麻，村庄儿女各当家。"可见绩麻在古代的重要和普遍。

前文"缉麻线"的"缉"，是"把麻析成缕捻接起来"。请注意这个"捻"字，捻是按一个方向"上劲儿"，只有不断地捻，才能把麻缕捻成麻线。如果中途失手，一破劲儿，则前功尽弃。用手搓麻线或者用绳车打麻绳，情况与此相类。你见用过绳车打麻绳吗？杯口粗的麻绳上足劲儿之后，如果突然松开摇柄，那破劲儿的情状真可谓惊心动魄，势不可当。

词语的产生，与人类的活动密不可分。既然绩麻在古代那么普遍和重要，于是在绩的本义之外又产生了它的引申义"事业""成绩"。《诗经·大雅·文王有声》"丰水东注，维禹之绩"中的"绩"就是用的这个引申义。

其实，"成绩"一词出现得也很早。《书·洛诰》中就有"万邦咸休，惟王有成绩"。

"成"与"败"相反，对照"成绩"理解"败绩"，再追溯到"绩"的本义，会使我们对"败绩"的理解更形象更深刻。

"败绩"指"军队的溃败"，除了《左传》"齐师败绩"外，还有《春秋·桓公十三年》中的"齐师、宋师、卫师、燕师败绩"等。"败绩"还指事业的败坏、失利。如《离骚》中的"岂余身之惮殃兮，恐皇舆之败绩"。再如《新唐书·武平一传》中的"君文章固耐久，若言经，则败绩矣"。

鄙人少时捻过麻线，打过麻绳，深感成"绩"之可喜，败"绩"之可憾。附会成文，贻笑大方。

一道数学题

屠林明

"三角几何八角三角三角几何几何？"这道题初看着实费解。但如果加上标点符号，就可迎刃而解：《三角》《几何》八角，《三角》《几何》几何？

岂不化难为易了吗？8－3＝5

可见标点符号的作用不能忽视。

语丝

"子列子"的含意

——"古文嚼字"之一

沈善增

《列子》第一篇《天瑞》的第一句话便是："子列子居郑圃四十年，人无识者，国君卿大夫视之，犹众庶也。"张湛注："载'子'于姓上者，首章或是弟子之所记故也。"对此注，历来学者都没表示过怀疑，但其实是很成问题的。

其一，与文本的实际不符。《列子》中提到列御寇的地方，极少直呼其名，也很少称其为"列子"，大多数称"子列子"，"首章"云云，显见不确。

其二，先秦时姓后加"子"，已是对人的尊称，何必姓前再加个"子"上去，尊而又尊，叠床架屋。

其三，先秦诸子中，只有列御寇与墨翟的著作中出现"子列子""子墨子"这样的称呼，其他如老聃、庄周、孔丘、孟轲、管仲、晏婴、慎到、荀况等等，不管他们的著作是自撰还是弟子门人记录的，都只称为老子、庄子、孔子、孟子、管子、晏子、慎子、荀子等，绝无"子老子"等称谓，为什么墨翟与列御寇的称谓特别？

其实，"列"与"墨"不是姓。春秋战国时代，并非人人生而有姓，姓只是贵族身份的标志，是一种特权，而一般平民是有名而无姓的。有姓的贵族，姓后加"子"，是尊称。要尊称没姓的平民，就把"子"加到字前面去。先秦时人，一般有名有字，称人的字，即表示尊敬，故那时称呼别人，把字放在名前面，而且常常在字前面加个"子"，表示尊称。列御寇是字列名御寇，墨翟是字墨名翟，他们都是一介平民，本来是没有姓的。他们的弟子以他们的字作姓，在本来的尊称"子列""子墨"后再加"子"，就出现了"子列子""子墨子"这样有时代特色的称谓。汉以后，习惯变成先称姓、后称名，先称名、后称字，张湛依习惯想当然地认为列御寇姓列名御寇。

说"列"与"墨"不是姓，还有个佐证，《二十五史人名索引》中，没有一个姓"列"的；除了墨翟，只有宋代一个少数民族的首领的名字音译"墨崖"，可见"列""墨"非姓。其实，《明史》中还提到一个叫墨麟的。但从先秦到明代，千百年间，不知新造出多少姓来，故此例不足为据。

词语误用例话（三）

楚山孤

"委身"和"屈尊"

霍顿在浦东队"下课"后，2000年6月6日《新民晚报》发过一篇评论：《第二个"拉扎罗尼"》。文中写道："霍顿，前中国国家队主教练，执教区区一支甲 B，也够'委身'了吧。但是成绩呢？""成绩"如何，已成历史，此处不议；笔者想说的是"委身"一词。

委，有托付的意思；"委身"，托付自己的身体，当然，除了身体，还可包括情感、智慧、心力。旧社会男女不平等，婚姻关系其实是女子对男子的人身依附关系，所以，女子结婚便叫"委身于人"。更常见的用法，是指托身于某一对象或某一环境，如郦道元笔下的"张良委身汉祖"，文天祥笔下的"委身荒江，谁知之者"。显然，"委身"是个动词，通常是不能被副词"够"修饰的，"够'委身'了吧"为何读来别扭，搭配不当便是一个原因。

撇开语法不谈，就词义本身来说，"够'委身'"也是说不通的。霍顿到浦东队执教，在我们看来，这是双向选择的结果，所谓"良禽择木而栖"，如果能把一支甲 B 队伍带入甲 A，岂不更能显示大牌教练的风采？上引文章的作者也许并不同意这一看法，他用"委身"一词来说明霍顿的无奈，作为一家之言，本也无可厚非。问题是文章所表达的是另一层意思：作者强调国家队主教练和"区区一支甲 B"之间的反差，无非是要突出霍顿的大材小用，因为霍顿执掌甲 B 教鞭，水平绰绰有余，所以后面紧跟着问一句："但是成绩呢？"其实，要表达这层意思，似用"屈尊"为宜，而不是"委身"。

此"安"非彼"安"

《颜氏家训》中有句名言:"上士忘名,中士立名,下士窃名。"凡窃名者,皆为人所不齿,但至今未见绝迹。某"诗人"推出一部"情诗经典",正是玩的"窃名"的花招。《新闻出版报》2000年4月24日刊有文艺评论家曾镇南《欺世盗名的闹剧可以休矣》一文,对此痛加针砭。

曾先生说:"文名不论大小,都是要靠诚实的劳动,艰苦的创作,取得实绩,才能获得的。实至名归,才能安之若素,以名励志,更思进取。"这些都是至理名言,所谓"诗人"们是应该竖着耳朵听的;只是文中用的"安之若素"一词,似还有斟酌的必要。

据刘洁修先生考证,"安之若素"本为"安之若命"。《庄子·人间世》:"知其不可奈何而安之若命,德之至也。"面对着不幸无法改变,便把它看作是命中注定的而甘于承受,这是最高的德行。从"安之若命"到"安之若素",词义并未改变。素,平素,经常。"安之若素"——像往常一样安然处之,无怨无悔。无论是"安之若命"还是"安之若素",都是面对客观压力所表现出来的一种主观态度,是泰山崩于前而不变色的

一种达观和镇定。

曾先生文中说的显然不是这个意思。"实至名归,才能安之若素"。既然这个"名"是靠自己的劳动获得的,本是天道酬勤,自然受之无愧,用上"安之若素",仿佛大难临头似的,不是有点紧张得莫名其妙吗?两者在情理上显然不合逻辑。揣摩前后文意,"实至名归"是"立名"不是"窃名",该用"心安理得"才是。"安之若素""心安理得",虽然都有一个"安"字,却是两种不同的心理状态。

难乎哉,"烹小鲜"

《法制文萃报》1996年2月22日第6版上,有一篇关于"二乔"姓名之争的文章。它说的是胡乔木和乔冠华二人,当年都以"乔木"为笔名,打起了一场"人名官司"。此事后来惊动了毛泽东主席,由他出面仲裁,决定南乔留姓,北乔留名,才算了却一桩公案。文章中有这样一句话:"毛泽东不愧是判案的'大手笔',一副治大国若烹小鲜的样子。"这"治大国若烹小鲜"用在这里似有欠斟酌。

"治大国若烹小鲜",语出《老子》第六十章。相传西汉时有位精研老子学说的道家人物"河上公",他对这句话的解释是:"鲜,鱼。烹小

鱼,不去肠,不去鳞,不敢挠,恐其糜也。治国烦则下乱。"凡有生活经验的人都知道,"烹小鱼"往往要格外留神,若是随意在锅内翻动,必然会造成"糜"即碎的结果。老子用"烹小鲜"来比喻治大国,便是要提醒国君注意不能政令繁琐,不能朝令夕改,不能胡乱折腾,否则国家难免会"乱"的。魏王弼在《老子》注中,同样也指出了这一比喻的实质:"不扰也。躁则多害,静则全真。故其国弥大而其主弥静,然后乃能广得众心矣。"这也许可以和"无为而治"挂起钩来。

而上引《法制文萃报》上的文章,前面突出"毛泽东不愧是判案的'大手笔'",后面这句"一副治大国若烹小鲜的样子",显然是想形象地说明毛泽东胸有成竹,在"判案"时游刃有余,问题迎刃而解。老子总结的是治国之道,以"烹小鲜"之难来告诫治国者要小心谨慎;上文作者却视"烹小鲜"为"小菜一碟",不在话下。这和老子的原意,不说是南辕北辙,至少是大相径庭的吧。

类似误解,其实并不自今日始。清袁枚《随园随笔》卷十七有《烹小鲜之讹》一则:"《老子》言'治大国若烹小鲜',言烹小鱼者不事割鳞剖腹,意在简便耳,今人误为轻易之词。"袁枚只是就事论事,并未分析老子这一比喻的内在含义,但由此不难看出,当时就有人把"治大国若烹小鲜"误解为"轻易"了。可见这是一个老毛病。顺便说一下,《汉语大词典》在解释"烹小鲜"一语时,也引了袁枚这一段话,但引到"意在简便耳"便以句号作结,"今人误为轻易之词"没有引入。这一处理似易误导读者对袁枚、对"烹小鲜"的理解。

语丝

告梁上君子诗

沈三

巴蜀某小学教师,爱说笑,性幽默,在其门上贴一《告梁上君子诗》。全文如下:

此系教师之家,
财产清单如下:
一柜旧书旧报,
两只自制沙发。
简易竹铺三张,
老式竹椅四把。
二无名人字画,
一无黄金外币,
电视现为黑白,
四无高档时装,
三无皮衣皮褂。
冰箱未列计划,
恐我奉告在先,
以免枉劳尊驾。

标 题 点 评

曾 付

如今，书报刊上的标题越来越别出心裁，这本是件好事，可如果做过了头，效果就会适得其反。这些是从今年的《广州日报》上随手拈来的几条标题，各位是否也有如堕五里雾中之感？

毒菇殃及无辜 市民不敢食菇

"无辜"即"无罪之人"。乍看是"毒菇"殃及"好人"，发生了食物中毒事件；其实是编辑乱用拟人手法，"毒菇"殃及的原来是"好菇"。(2000年3月26日 A1版)

重婚纳妾包二奶 家庭暴力婚外恋 挑战一夫一妻制
实施 20 年的婚姻法将修订

重婚、纳妾、婚外恋，公然"挑战"一夫一妻制！且看被挑战者如何"应战"——"实施20年的婚姻法将修订"。此标题的实际效果是长了违法者和不道德行为的威风，灭了"婚姻法"的正气。(2000年7月10日 A1版)

汕头"打拐"全国首用 DNA 亲子鉴定
15 对父母争一个仔不再

"15对父母争一个仔不再"，这算哪国的语言？是15对父母不再争一个仔，还是15对父母争一个仔的事件不再上演？(2000年3月29日 B5版)

两男子拦路抢劫孤身女
打工妹飞起绣脚踢裤裆

只听说"花拳绣腿"，是指姿势好看，实际不派用场的拳术。"花拳绣腿"显然不属女子专有。"绣脚"不知指什么脚，穿绣花鞋的脚？年轻女子的脚？拟题者想用的可能是"秀脚"吧。(2000年5月11日 B1版)

不必扯上外国

赵隆生

《中国近现代名家名联》（杜常善辑注，河南人民出版社1999版）一书，多有牵强附会的注文，甚至有将汉语固有语辞，硬扯上外国强作解说者。兹举二例：

1. 康有为题人天庐联有"大椿不寿，胡菌不短"一语，注云："胡菌：指细菌。因细菌首先是外国人（旧称外国为"胡"）发现的，故称。""胡菌"当为"朝菌"，见《庄子·逍遥游》："朝菌不知晦朔。"朝菌是一种生命极短的菌类植物，因其朝生夕死从未见过月亮的出没，所以庄子说它"不知晦朔"。

遇讹字未判正误就贸然下注，表明作注者没有读懂联语。"大椿"亦见《逍遥游》："上古大椿者，以八千岁为春，八千岁为秋。"以"大椿"句与"朝菌"句对举，是康氏由庄子万物齐一思想，生发出的关于生命长短的哲学思辨。意思是从生命的完整过程而言二者没有分别，故不能称大椿寿长，朝菌命短。

2. 张謇题陶朱阁联："孕越包吴，管领五湖风月；流丹飞瀑，照临万顷烟波。"注云："管领：日本室町幕府官名，初称执事。今用之称范蠡，既切合实际，又有戏谑感。"此注是照抄《辞海》加以臆说的产物。《辞海》有关条目说，1338年足利尊氏在京都建立室町幕府，设管领协助将军总管幕府政事。作注者据此联想到范蠡（即陶朱公）佐勾践灭吴与管领相似，于是便有了自以为"切合实际"的说法。说到切合实际，注释必须揭示语词在语境中的具体意义。照抄词典，不切实际的联想，对理解作品的意义无助。"管领"在联语中不关幕府，盲目引进反而误事。白居易（772—846）《送东都留守令狐尚书赴任》诗："歌酒家家花处处，莫空管领上阳春。"可以证明，早在室町幕府建立五百年前的唐代，汉语就已使用"管领"了。这句诗的意思是：

洛阳城中可观赏的风光很多,不要只留连于上阳宫。"管领"在这里作"消受""欣赏"解。联语中"管领五湖风月",是说范蠡功成身退,偕西施泛舟五湖,尽享其湖山之美,隐逸之乐。"管领"亦为"消受"义。

　　"管领"是一个"字面普通而义别"的特殊语词。在诗词联语中,特别是与以山川风物为内容的语词组句时,往往不作"管辖""率领"解,而作"消受""欣赏"解。因为,它是由"管""领"这两个单音词衍生的双音词,"管"有理会义,"领"有领会义。这可从以下例句看出:"淮南皓月冷千山,冥冥归去无人管。"(姜夔《踏莎行》)"只有风流白太守,高居竹阁领烟霞。"(姜璜《西湖竹枝词》)"晚色一川谁管领,都付雨荷烟桥,知我者,燕朋鸥友。"(周密《乳燕飞》)"管""领"单音,"管领"复音,义同。为了充分理解"管领"的语义,不妨用异词汇证的方法再举二例:"唤船野渡逢迎雪,携酒溪头领略春。"(陆游《弋阳县驿》)"清夜湖山,肯付与,词客闲来消领。"(龚自珍《念奴娇》)比较之后会发现,"管领"与"领略""消领"都有"消受"义,用法亦同。

语丝

心扉

叶惟珏

台湾作家刘墉,写过一则随笔,题为《心扉》。

扉者,门扇也。他说,如果心真有『扉』,那么,这『扉』是随着年龄而更换的:

十几岁的心扉是玻璃的,脆弱而且透明,虽然关着,但是里面的人不断向外张望,外面的人也能窥视门内。

二十几岁的心扉是木头的,材料讲究,而且装饰漂亮,虽然里外隔绝,但只要有爱情的火焰就能将之烧穿。

三十几岁的心扉是防火的铁门,冷硬而结实,虽然热情的火不易烧开,柔情的水却能渗透。

四十几岁的心扉是保险金库的钢门,重逾千斤且密不透风,既耐得住火烧,也不怕水浸,只有那知道密码,备有钥匙的人,或了不得的神偷,才能打得开。

计日"成"功?

周志锋

《宁波日报》2000年3月13日《让语文教学"回归传统"》一文中说:"造成这种状况的原因和改变这种状况的有效措施当然需要研究和探索,但研究和探索又不是可以计日成功的,亿万学生实在等不起。"这"计日成功"一词似是而非。

"计日程功"是一个成语,"程"用其古义。《广雅·释诂三》:"程,量也。"《汉书·东方朔传》:"武帝既招英俊,程其器能,用之如不及。"颜师古注:"程,谓量计之也。""程"本有衡量、估量的意思,在"计日程功"中,"程"与"计"义近,当计量、计算讲。又有"计功程劳"一词,义为计算功劳,亦可证"程"与"计"同义。"计日程功"合起来是数着日子计算功效的意思,形容进展快,成功指日可待。如果写作"计日成功",既破坏了成语固定结构,又改变了词语本来意思。

"再拔头筹"

庞玉志

前些日子看一家省级电视台播放的体育新闻,谈到一场足球赛事中,客队的一位球星开场仅几分钟就"率先敲开了主队的大门",随后这位球星"又以一脚凌空抽射,再拔头筹"。这里的"再拔头筹"用错了。"头筹"比喻第一位或第一名。那位球星开场几分钟就进了一个球,可以称作"先拔头筹",因为他是第一个进球的。同一场比赛中这位球星又进一球,可以用"梅开二度"之类词形容,却不能称作"再拔头筹"。除非在下一场比赛中,此球星又率先攻进一球,倒是可称作"再拔头筹"的。因为他又一次夺了个第一。

（一）

每期刊物读到最后，总希望能见到"会客室"。虽然只有短短的一页，却是一次愉快的交流过程。然而，美中不足的是，这是一次虚拟会面，而且，谈得也不尽兴。我知道各位很忙，但能否有那么一两次，让我们能直接见面呢？

上海大木桥路　顾承明

（二）

当邮递员送来刊物时，我心里想说的是：老朋友，又见面了。真的，《咬文嚼字》已成了我生活中的挚友、净友。我读这本刊物，和读其他刊物不同，有一种和编者促膝谈心的感觉。今天是我休息，忽发奇想，想到贵编辑部来走走，但又怕打扰你们的正常工作，还是写封信来问候一下吧。**上海四川北路　祝兴生**

（三）

今天到医院看病，见到一位老

中医的抽屉里也有一本《咬文嚼字》。这使我顿生亲切感，在陈述病情之前，先和他聊起了这本我心爱的刊物。在我看完病时，他问我："你去过他们编辑部吗？"我说"没有"。他说"我倒很想去和他们讨论几个中医用字问题"。请问：如果我们来拜访贵编辑部，你们会接待吗？

上海番禺路　乔蕙苓

类似这样的客人还有很多，我们这里只请出了上海的三位。其实，编辑部的大门始终是敞开的，经常要接待来自全国各地的读者朋友。正是各位给编辑部带来了信息，带来了友谊，带来了生气，在此谨表谢意。

早就说过，编辑的生命在刊物之中，刊物的生命在读者之中。我们同样重视、盼望和读者朋友的面对面的交流。为此，我们将尝试将"会客室"由"虚拟"变为现实。现在可以告诉各位的是：2000年11月25日上午9时至11时，下午1时至4时，我们将在上海绍兴路74号底楼会议室，聊备清茶一杯，恭候各位光临。17、24、96、41、104、128路等公交车均可到达。

不见不散噢！　　　　　　**编者**

成 语 迷 宫

魏 敏设计

下面是座成语迷宫。其中有十条成语首尾相接。你能从成语的首字开始,用一条不重复的线把它们串连在一起吗?

天	经	天	冲	飞	一	鸣	惊
人	地	义	走	沙	鬼	神	人
不	义	达	石	破	天	共	灾
容	辞	不	道	乐	惊	怒	苦
久	治	长	安	贫	天	心	良
安	国	天	久	地	动	用	天
居	乐	手	勤	工	以	致	涯
事	业	精	于	俭	学	海	无

《成语山》答案

独一无二、三番五次、四通八达、七情六欲、十室九空。

人，怎能不亲小溪？
求知人，**怎能不读《咬文嚼字》**？

招聘"机器人"

ZHAOWE

ZHENG

这 是贵州省六盘水市一家装饰店的招聘广告。其中"聘
用不锈钢工人"一句令人称奇：难道这家店要雇用机器人吗？恐
怕不是。店家需要的应该是精通不锈钢工艺的工人才是。

杜学铀 杨旭

招聘广告

因业务需要，
本部需聘用不锈钢
工人 3-5 名。有意
者请与本部联系，
工资待遇面谈。

联系电话:8225847
钟山华原装饰
2000 年 5 月 23 日

ISSN 1009-2390

11>

9 771009 239005

刊号：CN31-1801/日 国内代号：4-
定价：2.00元

2000

上海文化出版社

YAOWEN JIAOZI

咬文嚼字

第12期

左右为"蓝"

瞧着这"左右为蓝",一定让你左右为难了吧。这到底是商店的招牌?还是宣传标语?还是商品广告?……请你左看右看、上看下看、仔仔细细地看一下吧,相信你能看出其中的奥妙。答案本期找。

曹仲杰 供稿

《"遵守"什么》解疑

经查询获知,"已绿治德"四字中,有两个别字:一是"已"当为"以",二是"治"当为"怡"。"以绿怡德",即以绿色的环境来陶冶高尚的道德。这当然是值得提倡的,但作为"遵守"的宾语,仍存在搭配不当的问题。

余秋雨

山居笔记

文匪出版社

自 供

潭 人·文
麦荣邦·画

　　一本盗版的余秋雨《山居笔记》，在版权页上"出版发行"一项后面，赫然印着"文匪出版社"。该书原是"文汇出版社"出版发行的，因"汇"字用了繁体字"匯"，盗印者不察，竟印成"文匪"。盗印者，文匪也。真是不打自招！

咬文嚼字

2000 年 12 月

第12期

（总第72期）

出版:上海文化出版社

编辑:《咬文嚼字》编辑部

电话:021－64372608－205

邮购电话:021－64372608－251

地址:上海市绍兴路74号

邮政编码:200020

发行:上海市邮政局报刊发行局

订阅处:全国各地邮局

国内代号:4－641

国内统一刊号:CN31－1801/H

电脑排版:

　上海艺文激光电脑排版厂

印刷:上海翔文印刷厂

广告业务:

　上海文艺广告传播中心

电话:021－64431400

广告经营许可证:沪工商广字

　3101034000029号

　定价:2.00元

目　录

顾问 胡裕树 张 斌
　　　濮之珍
主编 郝铭鉴
编委 李玲璞 何伟渔
　　　陈必祥 金文明
　　　姚以恩
特约编委
　汪惠迪(新加坡)
　林国安(马来西亚)
　田小琳(中国香港)

责任编辑 唐让之
发稿编辑 韩秀凤
　　　　　黄安靖
责任审读 郦仁琰
封面设计 官 超
特约校读 王瑞祥

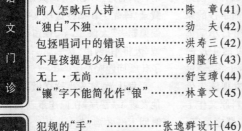

学者的严谨和才子的粗放

封常曦

被人们敬称为中国"史学大师"的陈寅恪先生,不但史识过人,而且治学十分严谨。他有一篇论文——《梁译大乘起信论伪智恺序中的真史料》(以下简称《梁译》),发表在1948年的《燕京学报》上,后来收入《金明馆丛稿二编》。此文仅三千余字,但引证的正史及佛教典籍等史料竟达十种之多。最近,我有幸读到了当年他为撰写《梁译》而手抄的原始资料。这些资料都用密行小字集中抄录在一部旧籍扉页的正反两面,共计二十四条,近两千字。经过同原书的仔细比勘,我发现陈先生当初在摘抄时就已对资料原文作了认真的辨析和取舍。其思路之缜密,判断之准确,实在令人心折。下面我就从陈先生摘录的二十四条资料中,选取智恺《大乘起信论序》一条,来看看他严谨的治学作风。

佛教典籍《大乘起信论》和智恺的序(以下简称《智序》)收在日本的《大正藏》中。《智序》中谈到梁武帝的侄子萧勃,其全称为"假黄钺、大将军、太保萧公勃",姓名前列了三个头衔。其最后一衔"太保",见于《梁书》《陈书》及《南史》等多种正史,而前面的"假黄钺、大将军"两衔,除《智序》外,所有的典籍都未见载录。陈先生在摘抄这段文字时,却偏偏删去"太保"二字,保留了"假黄钺、大将军"两衔。这一删一留,说明了什么问题呢?

我认为,陈先生这样做,是由于他发现了《智序》在记述萧勃加官的时间上有矛盾。据《梁书·敬帝纪》载,萧勃"进为太保",是在敬帝太平元年十二月壬申(公元557年),而《智序》却说智恺等人从"梁承圣三年岁次癸酉"(按癸酉当为承圣二年,即公元553年)开始,将真谛法师讲经时翻译的《大乘起信论》执笔写成文字,"首尾二年方讫"(讫年当在公元555年),接着又写了"题记"(即序言)。此时的萧勃跟"太保"还沾不上边,怎么能提前两年就给他安上这个官衔呢?加官的时间对不上号,暴露了作伪的痕迹。陈先生不仅据此删去了文中的"太保"二字,还进一步判定《智序》是"后世僧徒"的伪作。但对不见于正史的"假黄钺、大将军"两衔,他却根据晋、宋以来文献所载的官制掌故断定为"真史料"。这种去伪存真的功力,能够在搜集资料的初始阶段就充分体现出来,确实是一般学者所难以企及的。

不久前,我读了青年作家余杰的读史随笔《〈资治通鉴〉批判》(收入《铁屋中的呐喊》),感觉文采虽然不错,但与陈先生相比,无论在学术素养或遣词行文的严谨上,都是无法望其项背的。当然,读史随笔与史学论文的性质不完全相同,但要求史料的引证必须准确,不应有知识硬伤和过多的文字差错,恐怕还是一致的。下面就举例谈谈我在读《〈资治通鉴〉批判》时发现的问题:

第一类,知识硬伤。

①武帝立钩弋夫人之子弗陵为太子,他对钩弋夫人说:"引持去,送

掖庭狱!"(十。此指原文章节,下同)

②到秦主姚生的治下去尝尝"说不"的滋味,如何?(三十二)

③苏东坡说:"人生识字糊涂始"……(四十一)

按:第①例"引持去,送掖庭狱"这句话,是汉武帝下给内侍的命令,受语对象不可能是钩弋夫人。这里转述有误。第②例的"秦主"是指前秦国君苻生。后秦国君才姓姚,但无"姚生"其人。第③例"人生识字糊涂始"并非苏东坡语。鲁迅有《人生识字胡涂始》一文(收入《且介亭杂文二集》),说:"中国的成语只有'人生识字忧患始'(见苏轼《石苍舒醉墨堂》诗),这一句是我翻造的。"余杰"鲁冠苏戴"了。

第二类,用词和引文差错。

①君(指商鞅)之出也,后车载甲……(一)

②案询,莫服,捕时在旁者,尽杀之。(四)

③竟陵王刘诞平反被镇压之后,诏贬诞姓留氏。(三十九)

④花径不曾为客扫,蓬门今始为君开……(七十一)

按:第①例"后车载甲",《通鉴》原文作"后车十数,从车载甲",压缩后虽大体通,但商鞅得势时那种宾从成队、戒备森严的气氛也被缩

掉了。第②例"案询",古时无此说法。《通鉴》原文作"案问"。改为"案询",读来甚感别扭。第③例,刘诞"平反"怎么会被镇压?查《通鉴》,显系"谋反"或"造反"之误,意思完全弄反了。第④例两句,见杜甫《客至》诗,但上下二"为"字犯重,上句之"为"应作"缘"。

第三类,笔误和排校差错。

可能大多是排校差错,如"巨万"误作"臣万";"迫卒"误作"近卒"(十一);"陈留"误作"阵留"(十六);"屯戍"误作"屯戌"(二十七);"锦绣"误作"锦秀"(三十八);"鞍马长骛"之"骛"误作"鹜"(五十四);"格上"误作"路上","颈"误作"劲","矢"误作"夭","不祥"误作"不详"(八十);"日晷"误作"日晋"(九十九);"縠"误作"榖"(一〇三);"豸"误作"豖"(一〇四);"亳"误作"毫"

(一八七);"麻苔"误作"麻苔","焚炙"误作"焚灵"(一九七)等(此类讹字还有不少,文繁不备举)。另外一些讹字,可能作者原稿上就写错,不一定是排校者的疏漏所致,如"方孝孺"误作"方孝儒"(二十八);"羽林兵"误作"羽令兵"(四十三);"弃市"误作"弃世"(七十六);"御史"误作"刺史"(一〇五);"捷径"误作"疾径"(一一四)等。

一篇近六万字的读史随笔,竟然出现这么多的知识硬伤和文字差错,恐怕是不能把责任完全推给出版社的。余杰是一位有才华的青年作家,他才情洋溢,才气逼人,涉猎也非常广博,但才子式的粗放和成名之累已经给他带来了消极的影响。我在前面谈到的陈寅恪先生的严谨的治学作风,希望他能够有所借鉴。

向你挑战

《犯规的"手"》答案

第一块题板均为名词,且都可用来指人,"毒手"虽是名词,义为杀人或伤害人的狠毒手段,却不能用来指人;第二块题板均为形容词,可以用程度副词"很"来修饰,"甩手"却是动词,义为扔下不管;第三块题板均为动词,"靠手"却是名词,本义为扶手。

一道中考语文试题质疑

高勇

2000年某地中考语文试卷中有这样一道题目：

某宾馆客房的床上摆了一件叠得整整齐齐的浴衣，浴衣上有张小纸条。

尊敬的客人：

　　这件衣服是供您洗浴后穿的。如果您想带一件回去留作纪念，请到二楼商场购买，价格为180元。谢谢！

这张小纸条提供了哪些信息？它要告诉客人的主要意思是什么？

这一道中考试题，出题者将语文知识的考查范围扩大到社会生活的实际领域，题目应该说是非常新颖的。我想出题者的用意是希望能通过考试的指挥棒来纠正应试教育下语文教学与语言运用之间脱节的错误倾向，要求教师在今后的语文教学中一定要注意将教学和实践两者联系起来。这个用意是非常好的，是值得提倡的，题目的设计也一定花了很多功夫。但是就这道题目本身而言，能否起到这样的作用，我却不得不提出一些疑问。让我们先看题目的答案：

这张小纸条提供的信息：(1)这是供客人洗浴后穿的衣服；(2)这件衣服客人不能带走；(3)客人若想要这种衣服得自己买；(4)二楼商场有卖；(5)每件180元。它要告诉客人最主要的意思是:这件衣服不能带走。

而得分的要求是:第一个小问题3分,写出小纸条提供的五条信息中的三条即可得分,少写一条扣1分;第二个小问题1分,基本意思对就得分。很明显从得分的分配来看出题者把考察重点放在了前面一个小题上,因为前者有3分,占了总分的3/4,但问题也就出在前面这个小问题上,看了题目和要求之后我们不得不问:这是在考查语文的实际运用能力吗?

首先,一定要说这张小纸条只给出了五条信息,未免太牵强了,因为我们还可以找出更多的信息来。例如:第一,宾馆提供浴衣那么这家宾馆也就肯定提供洗浴的服务;第二,"浴后穿的"告诉客人衣服最好在洗浴后再穿上(当然浴前穿了恐怕也不会有人来管你);第三,宾馆二楼是商场可以购买商品(并不限于浴衣);第四,180元一件的浴衣价格不菲,可见宾馆的档次不低;第五,这家宾馆不少于两个楼层……甚至还可以有极端的推导,虽然小纸条上的语气是请求合作,非常婉转,但我们可以从中看出另一种意思来:宾馆对客人缺少信任,对客人的品质有所怀疑,认为如果不提醒的话客人可能会贪图小利将浴衣带走。也许其他人还可以找出许多不同的答案来,那么如何给分呢?坚持己见,以五条为准,扼杀了学生的创造力;通融一下,都算正确,考评还有什么意义呢?

其次,我们拿到了这张纸条读后,明白了它的主要意思,请求客人合作,不要将浴衣带走,其余没有必要去想那么多。打个比方说,我们走在路上,前方竖了一块告示牌说:前方施工,请绕行!我们会不会一边绕行一边去想这块告示牌给了我们多少信息呢?会不会也去列个一二三出来呢?第一,前方在施工;第二,这儿原是一条可以通行的道路;第三,由于施工道路阻断,不能通行;第四,有其他的道路可以通向前方……这样去思考问题,恐怕是要惹人笑话的,而用这个来考查学生"语文运用能力",不是笑话中的笑话吗?

在我们的人才选拔制度未能彻底改变之前,考试无疑是最合理的一种选拔人才的方式。考试的指挥棒怎么指,往往就决定了教学怎么改。敢问路在何方?路在我们的脚下,也在考试指挥棒指挥下,因此每一次的考试出题,都应该是慎之又慎的事情。

众矢之的

目标：程乃珊，放！

——2000年第十二号战报

编者按

在确定今年"众矢之的"的名单时，最初没有程乃珊。后来考虑到她原是一位上海作家，虽然这些年人在香港，但总有一段解不开的上海情缘；而上海的读者以至全国的读者也没有忘记她。于是，在最后关头把她推上了靶场。

因为联系不便，事先没有告诉她。想不到的是，她竟然"自投罗网"。今年6月1日，她从《解放日报》获知自己成了"众矢之的"后，主动给本刊主编写来了信，还附寄了自己的一本新作。她在信中说："我的专业是英语，写作当初只是凭爱好，可谓文和字都十分不合规范。此次有机会作全身大检查，求之不得。奉上最近出版的拙作，以供临床诊断。"

读程乃珊近年来的作品，你可以强烈感受到那种"匆匆匆"的现代都市节奏。在这种生活环境和写作背景下，文字的直露以至草率是不难想象的，作为《咬文嚼字》编辑，对此可以体谅但是不能原谅，于是便有了本期的文字。相信求医心切的程乃珊女士不会讳疾忌医。

梅兰芳"压大轴"

程乃珊在《看京戏》一文中，提到了表演大师梅兰芳。她说："因为梅兰芳是名角，故而他的戏总是压大轴，按例总是放在最后一个。"

有人只知"压轴"，不知"大轴"，以"压轴"来称"大轴"，我觉得情有可原,但程乃珊显然不在此列,她是知道"大轴"的,只是理解似有误。"压大轴""大轴",都是戏曲用语。一台戏如果由多个节目组成,最后一个上演的节目,便是"大轴";而排在大轴前面的,即倒数第二个节目,称作"压轴"。压轴者,压在大轴上面之谓也。程乃珊知道梅兰芳"按例总是放在最后一个",但把他的戏称之为"压大轴",可见是说了外行话。

顺便说一下,《现代汉语词典》中原收"压轴子"一词,明确指出这是"倒数第二个节目";新版中又增收了"压轴戏"一词,释义为"压轴子的戏曲节目",却又说"比喻令人注目的、最后出现的事件"。"压轴"到底是"倒数第二"还是"最后出现"?两词一前一后,让人有前言不搭后语之感。　　　　　　　(王一川)

"天敌"是单向的

程乃珊在题为"香港女人与上海女人是'天敌'?"的文章中有下面一段文字:

香港女人上海女人,又似一对天敌,所谓"既生瑜,何生亮"?沪港两地的选美舞台和水银灯下,从来是两地女人必争之地。

问号使用不当姑且不说,且来谈谈"天敌"。"天敌"本是生物学专用名词:自然界中某种动物专门捕食另一种动物,前者便是后者的天敌。例如,猫是老鼠的天敌,金小蜂是棉红铃虫的天敌。可见,一种动物与其天敌(往往不只一种)是你死我活、弱肉强食的敌对关系,而且"动物甲是动物乙的天敌"只是单向的,不可互换。"猫是鼠的天敌","鼠却不是猫的天敌",因此,绝不能说鼠与猫是"一对天敌"。借用于人群,我们可以说"警察是小偷的'天敌'",因为警察的职责之一就是抓小偷。

而香港女人、上海女人都是我们中华大家庭中的姐妹,尽管她们生活在不同的地区,尽管她们在"选美舞台上"和"水银灯下"可能是激烈角逐的对手,但是她们绝不是势不两立、不共戴天的仇敌,怎么能说是"既生瑜,何生亮"呢?既不是仇敌,更谈不上谁会"吃"掉谁,因而谁也不是谁的"天敌"。"一对天敌"更是说不通的。看来作家是把"天敌"误解为"天然的敌人""天生的对头"了。　(王兴宗)

"风、马、牛"说不通

《在盛开的紫荆花下——今日

香港人生活写真》中,程乃珊写道:"可口可乐一直被视为美国精神的象征,与中国北方农村冰天雪地的背景和一群驾大车的农民,真可谓风、马、牛不相及。"

"风、马、牛"这种一字一顿的表述方式,在程乃珊笔下曾多次出现。如《上海星期三》2000年6月21日第9版,在描述"香江情、海上风"的一组文章中作者写道:"世纪初的香港,殖民者的洋风与以广东人为主的香港浓厚的岭南之风,是风、马、牛不相干……"

"风马牛"语出《左传·僖公四年》:"君处北海,寡人处南海,唯是风马牛不相及也。""风"通常指放逸、走失的意思,齐、楚两国相距甚远,即使马牛走失,也不会跑到对方境内;也有一种说法,"风"指兽类雌雄相诱,因马牛不同类,即使在发情期,也不致相互吸引。可见,"风马牛"是一个动宾结构,让它一分为三,相互独立,只能说明对这一词语理解有误。　　　　(兰小棵)

"大光明"小考

程乃珊女士不愧为老上海,她的小说中谈到上海的地方很多都是写实的,诸如路名、商店名、影剧院名、大楼名……而且新名称、旧名称历历如数家珍。然而百密一疏,错误还是难免。例如,《山水有相逢》第三章五写道:"南京东路的店面有点似台北的博爱路,许多百祥(作品中人名,姓叶——引者)记忆中的店别来无恙:老介福绸布庄,王开照相馆,永安公司改成华联商厦,大光明……"其实,"大光明"并不在南京东路上。

"大光明"是"大光明电影院"的简称。该影院原名"大光明大戏院",1928年开张,大门在派克路(今黄河路)上,不久停业。1933年扩建后重新开业,大门改到静安寺路上。1945年静安寺路改名为南京西路。南京东路东起外滩,西止于西藏中路;"大光明"在西藏中路以西,当然不可能在南京东路上了。此外,"大光明"是电影院,称之为"店"也不太妥当。

类似问题还不止一处,又如,同书第一章五:"南京路汉口路上一幢四层高的红砖旧式洋房。"

南京路是上海的一条东西方向的路,俗称大马路,它的南面由近而远依次为九江路(二马路)、汉口路(三马路)、福州路(四马路)……可见,南京路和汉口路是两条平行的马路,中间隔着一条九江路。我们标示一幢建筑物,一个地点,通常是用一纵一横两条相交的马路来标示的,然而"南京路汉口路"却是两条平行而且不相邻的马路,用其来标示建筑物的位置,读者看了必然一头雾水。　　　　　　　(丁　炎)

不是"我的梦"

程乃珊在《咖啡室里的上海气氛》一文中,谈到了某酒店的两幅画。她说:"这两幅画令我想起二句(应为"两句"——引者)卅年代的通俗诗句:月亮装饰了你的窗棂;你装饰了我的梦!"

程乃珊没有介绍诗句的作者,不过熟悉中国现代文学的人都知道,这两句诗出于卞之琳的《断章》。但应指出的是:

一、评价有误。这是"通俗诗句"吗?不是。卞之琳是现代文学史上的一位很有影响的诗人,他早年接触的是英国浪漫派、法国象征派诗歌,提倡并创作现代格律诗,在风格上更接近于象征派。他的诗虽用白话写作,但讲究炼字,重视音节,善于将情感和理念蕴藏于诗句之中,《断章》便是代表作之一。称之为"通俗

诗句"是文不对题的。

二、引用有误。《断章》共两节四句,前两句是:"你站在桥上看风景,看风景人在楼上看你。"后两句便是程乃珊引用的:"明月装饰了你的窗子,你装饰了别人的梦。"逗号误为分号,"窗子"误为"窗棂",也许还无伤大雅;"别人的梦"误为"我的梦",则有损原诗的意境。原诗用巧妙的手法,写出了一位美人形象,同时又饱含哲理,非常耐人寻味。改成"我的梦",和第一节无法呼应,哲理也荡然无存,成了一首浅薄的诗。(邱　天)

生造的"墨规"

程乃珊女士的长篇小说《金融家》第227页上有一段属员蔡立仁劝说中华银行总经理祝景臣的话:"我的意思,在此国难当头的非常时期,祝经理不必太拘于墨规,而应想方设法先保持自身实力……"句中的"墨规"是什么意思?读者不必着急,因为下面第234页上有一句话可以作为解释:"自从上次听了蔡立仁那番不必太墨守成规之劝后……"

两相比较之后,我们发现,在程乃珊女士的眼中"墨守成规"和

"拘于墨规"是同义的。"墨规"就是"成规"。

成语"墨守成规",是由"墨守"和"成规"两词通过动宾关系构成的。"成规"指已有的规则、方法。"墨守"说的是墨翟之守。先秦时期公输班善于攻城,墨翟善于守城,后因以"墨守"指善于守城,这个"墨"字,指墨翟,即墨子,墨家的创始人。后来"墨守"引申出固守、不变通之义,成语"墨守成规"就用此义,但这是整个复词的引申,"墨"字本身并未出现新义。所以说"墨规"是生造的,笔者还没有见到哪一部词典收这个"词"。

(水 昆)

莫把小腿当翅膀

程乃珊女士《山水有相逢》第一章五说道:"汉航首批空姐出炉的消息即时不胫而飞。"这"不胫而飞"初看似曾相识,仔细一想却是似是而非。

"不翼而飞"和"不胫而走"这两条成语结构相同,一三两字一样,而且表达的意思也相同,都可用来形容消息传布迅速或东西突然不见。但它们毕竟是两条成语,语素有别,不能混为一谈。

翼音 yì,即翅膀,鸟类的飞行器官,"不翼而飞"就是说没有翅膀而能飞;胫音 jìng,本指人的小腿,后泛指腿。"走"在古代指跑。"不胫而走"就是说没有腿而能跑。"翼"和"飞"、"胫"和"走",有着内在联系,任意将它们嫁接成"不胫而飞""不翼而走",那在情理上、逻辑上都显然是说不通的。

(杜 鑫)

煞风景的"桃园"

因为源、园同音,成语"世外桃源"常被误作"世外桃园",程乃珊也未能幸免。《阁楼书店》中便有一例:"阳光穿射而入,配着店堂内排列得整整齐齐的书架,真是一个书香花香阳光普照的世外桃园……"

其实,"桃源"作为典故,可谓尽人皆知。它出自陶渊明的《桃花源记》。这是一篇虚构作品,表现了作者心目中的"理想国"。为什么叫"桃花源"呢?文章中是这样交代的:武陵渔人沿溪捕鱼,发现一座桃花林,林子一直伸展到水的源头;源头处有一座山,穿过山洞便是"避秦人"的隐居地。因为"林尽水源",便称之为"桃花源";因为当地人过的是"不知有汉,无论魏晋"的与世隔绝的生活,所以后来形成的成语便是"世外桃源"。

陶渊明的文章自然而优美。桃花林"芳草鲜美,落英缤纷",而又紧邻水源,天然浑成,自成化境,难怪被人称为"仙源"。王维便写过《桃源行》:"春来遍是桃花水,不辨仙源何处寻。""桃源"写作"桃园",则成了刻意种植的果木园林,不仅不合词语的来历,而且在意境上也逊色多矣。

（罗晓夏）

"赡养"古今谈

朱玫是程乃珊《黄丝带》中的小主人公,其命途坎坷、遭遇凄凉,先是失去母亲,接着父亲入狱,不得不被寄养在叔婶家里。作品中有这样一句话:"据朱玫说,屋里她家的家具,都让她爸送给叔婶作朱玫的赡养费了。""赡养"一词用得恰当吗?答案是否定的。

"赡养"一词由来已久,其基本意义是"供给生活所需"。《魏书·食货志》:"行者十五六,道路给粮廪,至所在,三长赡养之";司马光《乞不添屯军马奏章》:"今来关中饥馑,食库空虚,赡养旧兵,犹恐不足,更添新者,何以枝梧";《元史·世祖纪》:

"河南民王四妻靳氏一产三男,命有司量给赡养。"上引"赡养"都是"供给生活所需"之义。从这个角度说,程乃珊的这句话不是没有问题了吗?答案还是否定的,因为"赡养"的古义并不等于今义。

第一部《中华人民共和国婚姻法》1950年公布,其中有关条文规定子女对父母有赡养扶助的义务,不得虐待或遗弃,对"赡养"赋予特定的法律意义。受婚姻法的影响,"赡养"作为一个普通词语,其含义也发生了变化,特指子女对父母在物质和生活上进行帮助,如"赡养费""赡养父母",其中的"赡养"就是这个意思。《现代汉语词典》对"赡养"的解释是:"供给生活所需,特指子女对父母在物质上和生活上进行帮助。"《辞海》释义大同小异:"成年子女对父母或晚辈对长辈在物质上的帮助与生活上的照顾。"

程乃珊是当代作家,写的又是当代生活,把爸爸抚养女儿的费用称之为"赡养费",恐怕是不妥的。

（立　青）

"鸡皮"岂可穿

程乃珊女士的长篇小说《金融

家》十四叙及女主人公席芷霜在沪江大学被人追求时有这样一段话："一个穿着鸡皮夹克的男生从后面追上她。这是个四年级生，近日来老盯着她。"

用于制作服装的皮革，常见的有牛皮、猪皮、羊皮之类，比较珍贵的有狐皮、貂皮、豹皮等。当然，用这类料子是缺乏环保意识的；但从未听说过有鸡皮这一种。鸡皮脆嫩肥美，可作佳肴，却无法加工成熟皮，

更遑论做成夹克。

程乃珊女士想说的应该是"麂皮夹克"。麂是一种小型的鹿，毛棕色，皮质柔软，人们常用麂皮来做皮鞋、手套、衣服等。

麂音jǐ，上声；鸡音jī，阴平。两字字形相差极大，读音也不尽同，显然不是手民误植。那怎么会出错的呢？我想恐怕和方言有关。在上海话中，麂皮和鸡皮在连读变调时的读音是相同的。

(辛 尧)

雾里看花

《左右为"蓝"》解疑

这是一家汽车修理厂的招牌。汽车发生故障，司机难免左右为难，于是，厂家便以此为名，以广招徕。而把"难"字改为"蓝"字，据称是为了更加引人注目。可惜这样一来，本想修车的司机，也许会因为不识厂家真面目而过门不入了。

县名"爱辉"今何在

晓　津

审稿时碰到一个历史地名"瑷珲"，随手查了案头的《现代汉语词典》(以下简称《现汉》)，其"瑷"字下的释文为：

瑷珲(Àihuī)，县名，在黑龙江。今作爱辉。

这个解释，似乎说得不够严密。作为县名，"瑷珲"究竟是旧名还是今名？从后面的"今作爱辉"这句话来看，它显然属于旧名。所以释文的"县"字前应当加个"旧"字，才算名实相副。不过，上述解释的主要问题并不在此，而是在于"今作爱辉"四个字。查一下20世纪80年代后期以来出版的各种中国地图册，在黑龙江省的版图上，根本就找不到"爱辉"的名称。那么，爱辉县究竟到哪里去了呢？

根据史料记载，清朝初年的瑷珲有新旧城之分。旧城在黑龙江东岸，原作"爱浑""艾浑"(见《清史稿·地理志四·黑龙江》)，后改为"瑷珲"("珲"古时只有 hún 一读，与"浑"同音，后来才转读 huī)。因其地偏僻，1685年(康熙二十四年)始在西岸建筑瑷珲新城，俗也称黑龙江城(清黑龙江将军驻此)。1908年(光绪三十四年)，于其地置瑷珲直隶厅，并在瑷珲城北八十里处的大黑河屯置黑河府，同属瑷珲兵备道统辖。1912年(民国元年)，黑河府并入瑷珲厅。次年，瑷珲厅与吉林省的珲春厅同时降级为县，从此始有"瑷珲县"之称，并一直沿用到新中国成立以后。1956年，国务院决定对一批"生僻难认"的地名用字进行简化，黑龙江省的"瑷珲县"被改成"爱辉县"。"珲"改作"辉"，我认为不仅是由于字形生僻，主要还是读音上的问题。前面说过，"瑷珲"的"珲"原读 hún，与吉林省"珲春县"的"珲"同音。后来前者转读成 huī，而后者却没有变。由于字形相同，人们对其读音经常混而不分，读"瑷珲"为

Àihún。为了将两个"珲"字加以区别，就干脆把"瑷珲"改写成"爱辉"。其实"瑷"改"爱"可以说简化，"珲"改"辉"反而多了两笔，怎么能算简化呢？主要还是为了别音。如果因为"生僻难认"而改，那"珲春"的"珲"就也应改成少一笔而且易认的"浑"才对，但事实上"珲春"一直沿用至今而未变。1980年，爱辉城区及其附近地区被析离出来，设置了黑河市。1983年4月，又进而将爱辉县撤销，并入黑河市。从此，作为县名的"爱辉"便从中国的地图上消失了。

爱辉县的撤销既然在1983年4月，而《现汉》修订第2版的出版是在同年1月，当然不可能将后来的变化提前反映在释文中。1993年第144次印刷本出在十年之后，本来应当对"今作爱辉"的说法进行挖改，结果它未能这样做，自然是个欠缺。但由于此本是以旧版重印，似乎还情有可原。让人难以理解的是，1996年7月，《现汉》又推出了它的修订第3版。在这个版本中，其"瑷"字条下的释文仅仅动了一个字，即原来的"县名"被改成了"地名"，而后面的"今作爱辉"却依然故我。这样的改动等于不改。因为不论爱辉是县名还是地名，人们在1983年以后出版的中国地图上，终归是无法找到的。

相比之下，《辞海》的修订就做得比较好。在1979年版的"瑷珲"条下，它的释文是：

瑷珲 旧县名。在黑龙江省北部。1956年改名爱辉县。

当时的爱辉县还没有撤销，这样解释是完全正确的。到1989年修订版中，修订者根据已经发生的新的情况，在释文最后加上了一句："1983年撤销，并入黑河市。"到1999年的最新修订版中，"在黑龙江省北部"一句后，又加上了"清设瑷珲厅，1913年改设瑷珲县"。这样，每次修订，都增添了新的内容，把"瑷珲县"从设置到撤并的沿革都正确无误地讲清楚了。

在历史地反映我国县、市地名的变革上，我认为《现汉》是有所忽略的。除"瑷珲"以外，又如"邳"字，它的修订第3版释为"邳县，地名，在江苏"；"儋"字，释为"儋县，地名，在海南"。其实，邳县早在1992年已被撤销，改设邳州市；儋县也在1993年撤销，改设儋州市。出版于1996年的《现汉》最新修订版，理应将国家已正式公布的市县建置变化反映到释文中来，然而它却没有这样做。据我所知，这种情况，在其他不少新编的字、词典中是相当普遍的，应当引起编撰者和出版社的重视。

"旗常"岂可拦腰断

马传生

近读《淞滨琐话》(齐鲁书社1986年版),见《徐麟士》一篇中有句话,该书作如下标点:"士慨然曰:大丈夫建功立业,正在斯时。列钟鼎而书旗,常夫,岂异人任哉!"

标点者不明"旗常"之义,硬是将其拦腰砍断,又将当属下句表提挈作用的语气词"夫"字扯过来,构成"常夫"这一不伦不类的语料,使一句抒发雄心壮志的慷慨之言顿减力度。

"旗",本作"旂"。旗、旂和常,都是古代"九旗"中的专用名词。绘有熊虎之图形的称"旗",绘有交龙之图形的称"旂",绘有日月之图形的称"常",详见《周礼·春官·司常》。这些古代王侯用于不同国事活动的仪仗,后世在形制与作用方面虽有变化,但作为语言材料,却继续沿用,并被赋以新义。"九旗"中绘有交龙与日月之图形的旂与常,级别最高,为诸侯、天子所用,后世因以"旂常"作为国家最尊严的标识,与象征国威国权的钟鼎近义。在一般场合,"旗"的词义较宽泛,常以旗代旂,遂又有"旗常"这一书写形式。

古代帝王对功勋卓著者,或树碑立传,或建祠造阁,以示荣宠,垂范世人,其性质几同于名列钟鼎,像绘旗帜。所谓"列钟鼎而书旗常"只是一句称美之词。这种文学用语,古籍中不乏其例,如:

明张居正《答应天巡抚孙小溪》:"先朝名臣,所以铭旂常、垂竹素者,不过奉公守法、洁己爱民而已。"

清齐周华《名山藏副本·汉中郎将季布墓碑记》:"帝听滕公之言,召拜中郎。慷慨任事,著伟绩而昭旂常,为汉家名将。"

"陈蔡"不是地名

何兴

《湖南日报》2000年6月30日刊载的《较真》一文写到:"说的是春秋战国间(应为春秋末年——引者),孔子浪迹于一个叫陈蔡的地方时,已是人困马乏,肚子饿得咕噜直叫。"

这段话有两处错谬:1. 史载,孔子当时在鲁国,因见鲁国国君怠于政事,于是便决定带领弟子到别的诸侯国去推行其政治主张,开始了他的周游列国之行。他先后到过卫、齐、曹、宋、郑、陈、蔡等诸侯国,时间长达14年。可见,孔子并非浪迹江湖。2."陈蔡"不是一个地名,而是两个诸侯国的国名。陈:周朝诸侯国,其地在今河南东部和安徽北部一带。蔡:周朝诸侯国,原在河南上蔡,后迁至新蔡。春秋末年,两国先后为楚国所灭。据史载,孔子在由陈国至蔡国时,陈、蔡两国大夫派兵将他围困在两国之间的荒野上,孔子及其弟子因而绝粮三日。

清陈康祺《燕下乡脞录》卷十:"乾隆朝名将,以超勇公海兰察为冠,边功战略,炳奂旗常。"

"旐(旗)常"还有其他含义,如可代指王侯或古代典章文物,例略。"旐(旗)常"作为一个并列结构的双音节词,已经定型,是切切不可将其分拆开来的。

标点古籍,应首先理解原文语词的含义与出处。如词义含糊,亦可兼顾一下古代汉语的修辞手法与句式特点,从语句的外部形式上把句子点对。"列钟鼎而书旗常"是句中对,很匀称,若去掉"常"字,便失衡了。至于"夫"字,句首、句中、句末均可用,但用于句末,有"也夫""是夫"之类,而与实词结合,组成"常夫"之类的说法,有谁见过?

斗　牛　辨

上海古籍出版社1978年出版的《唐宋词一百首》，将文天祥《念奴娇·驿中言别友人》中"堂堂剑气，斗牛空认奇杰"中的"斗牛"，注解为"北斗星和牵牛星"。这显然是错误的。"斗牛"应指二十八宿(xiù 秀)中的斗宿和牛宿。斗宿亦称南斗，属人马座；牛宿属摩羯座。这两个星宿在天空中的位置毗连，几乎是同现同隐。古人把天上的二十八宿和地上的州联系起来，说某某星宿是某某州国的分野。按列国来分配，斗、牛二宿是吴、越的分野；按各州来分配，斗、牛二宿是江、湖、扬州的分野。总之，斗牛是今浙江、江苏、安徽、江西等地的分野。

"斗牛"有时也称"牛斗"，古诗文中常出现，但几乎都是指二十八宿中的斗宿和牛宿。如《晋书·张华传》："仆察之久矣，惟斗牛之间，颇有异气。"北周庾信《哀江南赋》："路已分于湘汉，星犹看于斗牛。"唐代贾岛《逢博陵故人彭兵曹》诗："夜深开户斗牛斜。"宋代苏轼《赤壁赋》："少焉，月出于东山之上，徘徊于斗牛之间。"以上"斗牛"都是指斗宿和牛宿。个别的也指其分野所及地区，如宋代曾巩《移守江西先寄潘延之节推》诗："幸逢怀绂入斗牛。"宋代的江西(江南西路)就在斗牛分野所及的地区之内。

上述注解把"斗牛"解作"北斗星和牵牛星"，可能是忽视天文知识、望文生义的结果吧。北斗星和牵牛星可算是中国人熟悉的两个星名，然而它们在星空中却怎么也联不到一起。北斗七星属大熊座，一年四季都在天空的北方围着北极星转(北极星在天空的正北方，位置几乎不变)。牵牛星，多指天鹰座的河鼓三星，即俗称牛郎星；有时也指摩羯座的牛宿。天鹰座和摩羯座毗连，它们距大熊座均很远，中间隔着牧夫、北冕、武仙、蛇夫等星座。

"到丽江看西双版纳"?

简愉嘉

《中国电视报》2000年第22期《心守着一份绿》里有这样一句话："到丽江看西双版纳的傣家村寨、竹楼和佛塔。"让人摸不着头脑。丽江，云南省丽江地区丽江纳西族自治县，地处滇西北。西双版纳，云南省西双版纳傣族自治州，地处滇南。两地相距近千公里(地图上直线距离540公里)，而且丽江没有傣族。犹如说"到华山看嵩山的少林寺"，谁懂？可以断言作者没有到过丽江和版纳(云南人口语对西双版纳的简称)——果然，原来这是一篇"电视情缘"的征文，文中所"看"乃作者"电视旅游"所见。可能是电视节目介绍了丽江后接着介绍西双版纳，而作者的概念仍然停留在丽江，以为西双版纳是丽江的一个地方。

上文还把"傣家村寨"与"竹楼""佛塔"处理成并列关系。殊不知"傣家村寨"与"竹楼"是包含关系，"傣家村寨"主要由竹楼组成。

由此可见，"斗牛"也只能是斗宿、牛宿，而绝不可能指"北斗星和牵牛星"。如前面提到的苏轼的《赤壁赋》是记1082年阴历七月十六日("壬戌之秋，七月既望")晚上游黄州赤壁的事，当时当地的上半夜，北斗星在天空的西北方，而河鼓、牛宿、斗宿在东南方，作者说："月出于东山之上，徘徊于斗牛之间"，这"斗牛"显然是指斗宿和牛宿，而绝不会是指北斗星和牵牛星；因为刚出山的月亮不会一下子跑到西北方去。

明清之交的大学者顾炎武在《日知录》中说："三代以上，人人皆知天文。'七月流火'，农夫之辞也。'三星在户'，妇人之语也。'月离于毕'，戍卒之作也。'龙尾伏辰'，儿童之谣也。后世文人学士，有问而茫然不知者矣。"看来，学古文，注释古文，不懂一点天文知识，是不行的。

究竟是不是化石

徐宝政

《小学生天地》1998年第6期中有这样一段话:"如保存在琥珀中的昆虫化石,栩栩如生;保存在冻土内的猛犸象,皮毛血肉俱全,但这种化石极为罕见。"《咬文嚼字》1998年第8期《不是化石》一文认为:"这段话错在把不是化石的东西当做了化石。"我认为《小学生天地》这段话没有错。

其实,"琥珀中的昆虫"和"冻土中的猛犸象"都是化石。它们是化石家族中的特殊成员。

《不是化石》一文错在何处呢?一是所依据的工具书《自然科学小词典》对化石的解释有误。如果参考的是《辞海》或《中国大百科全书》等书,就不会出现这种错误。第二对什么是化石,化石分几大类这些问题不够了解,认为只有"经过矿物质的交换、充填等石化作用,才能变成化石"。

化石分为四大类:实体化石、模铸化石、遗迹化石和化学化石。琥珀中的昆虫和冻土中的猛犸象,属于实体化石中的未变实体化石亚类。这些化石表面上看似乎没有石化,实际上它们都经过了石化作用的充填和升馏作用,都是特殊地质环境下形成的特殊化石。

此外要确定含化石地层的层位。只有地质历史时期(距今48亿至1.2万年间)地层中的生物遗体和遗迹才能称为化石,保存在全新世(距今约1.2万年至现代)土层中的生物称今生物或现生物,不能称为化石。至于其他鉴别方法,就不一一赘述了。

"放弃一切自治"不误

凌大

《咬文嚼字》2000年第3期封二"雾里看花"栏目《放弃什么?》一文,对"进院放弃一切自治"这条标语提出质疑。第4期"解疑"说:"标语的设计者却把'自治'理解成了自由散漫、自作主张、自行其是……这些当然应该在'放弃'之列。但这样的理解只能算是'别出心裁'吧。"

看来，有必要对此"正本清源"。因为这条标语很正确。它既非"某科研单位"的创造，也非"别出心裁"。

恩格斯在《论权威》一文中说："……至少就劳动时间而言，可以在这些工厂的大门上写上这样一句话：进门者请放弃一切自治!"此文在《马克思恩格斯选集》第二卷第552页。

原文中的"进门者请放弃一切自治"是用黑体字印刷的，以示重要。在该选集"注释"中的第401条注明："恩格斯套用了但丁《神曲》中《地狱篇》第三歌第三节地狱大门上的题词。"由此可见，这条标语的原创者为但丁，恩格斯仅是"套用"一下而已。

恩格斯所以要用这句话，是因为工厂是机器大生产，自动化程度高，故工人必须严格遵章守纪，不能自由散漫，更不能无政府主义，以确保生产正常有序地进行。否则就可能乱套或出事故。由此可见，某科研单位虽不是"工厂"，但为了科研不受干扰，"套用"这句话未尝不可，何"疑"之有!

从恩格斯这段话可以明了，句中的"自治"即为"自由"。因为在特定环境下，如工厂做工、科研单位科研、军队训练、学生上课等，个人是不允许有"自治"（自由）的，否则就会乱套。如果望文生义地把这里的"自治"理解为现代常用义的"自治"，就歪曲了原意。

庙号、谥号不能封

贵刊1999年第9期《庙号、谥号、年号》谈到"庙号、谥号，一生只有一个，都是人死后才'封'的"一节，读了让人有点茫然，这与前面的论述大相矛盾。因为这个"封"字用得不当。"庙号""谥号"都是不存在封的，因为：1.庙号是专指皇帝死后，由有司拟定尊号奏上而立的，根本不存在"封"；2.谥号：《辞海》的解释是："帝王之谥，由礼官议上，臣下之谥，由朝廷赐予。"所以也不存在"封"。

《汉语大词典》对"封赠"一词的解释是："封建时代推恩臣下，将官爵授予其父母，父母存者称封，死者称赠。"受赐谥号的臣子都是已去世的，当然不能称"封"。在封建社会中，只有帝王给臣下爵位、封地时，才能称"封"，而臣下对帝王只有"上尊号"，绝无资格对帝王加封。所以这个"封"字在这里是用得不对的。

一条蚯蚓不能变两条

杜　勇

《咬文嚼字》1997年第6期《报纸标题的"蚯蚓现象"》："一条蚯蚓，如果被犁锄断成两截，它就成为各自独立生存的两个生命。"这句话是错误的。

生物体的一部分受到损伤或切除后能够重新生成的现象叫做再生。虽然蚯蚓的再生能力很强，但在切断后，只有有头的一端才能成活，经过再生后，变成一条完整的蚯蚓，而另一端则死去，不能成为另一条蚯蚓。

不妨多查一些工具书

肖　旭

《咬文嚼字》1998年第11期《何谓"春蚓秋蛇"》批评了《舒同传奇》中下面这段文字：

"作为书法家，毛泽东与舒同有着明显的区别：毛体行行春蚓、字字秋蛇，流动飞舞，恣肆磅礴；而舒体含蓄善藏……"

批评说"说毛体'行行春蚓、字字秋蛇'，则肯定违背了原意"。根据是："查最常见的工具书，如《汉语成语词典》等，即知：'春蚓秋蛇，比喻书法拙劣，像春天蚯蚓和秋天蛇的行迹那样弯曲。'"

我也查了工具书，发现除上述说法外，还有别的说法。如《汉语成语考释词典》云："①比喻书法不工。②形容草书笔法神奇多变。"义项②正是《舒同传奇》一文所使用的。同样的用法古代也有，而且成语例、复词例都有。如宋代苏轼《书晁补之所藏与可画竹》诗之二："那将春蚓笔，画作风中柳。"这"春蚓"就用来形容笔法灵巧多变。又如清代顾复《平生壮观·怀素》："若怀素《论书帖》规模右军，平正也；《千文》《自叙》《苦笋帖》，有春蚓秋蛇之意，变化不可端倪，险绝也。"毛泽东是草书大家，说"毛体行行春蚓、字字秋蛇"是形容毛体神奇险峻，千变万化。并无差错。

这亚军要争夺吗

钱静江

2000年4月19日21:30,中央电视台第五套节目在播放上海男排与江苏男排决赛录像时,主持人说:"目睹冠亚军的争夺。"类似的说法,诸如"冠亚军的争夺战"之类,在其他媒体上也时常出现。我认为,这种说法是不对的。所谓"冠亚军争夺战"其实就是体育运动等竞赛中的决赛。比赛结果胜的就是冠军,负的就是亚军。冠军是要争夺的,亚军是无须争夺的。所以,正确的说法应是"冠军争夺战"。

糟糕的警察

黄才盛

《南方周末》2000年6月30日《足球流氓,绿茵场外的幽灵》一文配登了一组照片,其中第一幅的解说词

为:"面对足球流氓的丑行,比利时警方以暴易暴。"看了后使人觉得比利时警察非常糟糕,与"足球流氓"是一丘之貉。因为"以暴易暴"是贬义词,指以残暴的代替残暴的。易指交换,替换。显然,这不是作者的本意,其本意是想说比利时警方用暴力手段制止足球流氓的暴力丑行。因此,"以暴易暴"用错了,改为"以暴制暴"庶几可以。

几年为"秩"?

戴建华

《随笔》1998年第4期《"孙行者"与"胡适之"》一文开头称今年是北京大学"百秩大庆"。北大这年建校一百周年。但"百秩"不等于"百年"。

"秩"作为纪年单位,始见于白居易诗。如《思旧》篇:"已开第七秩,饱食仍安眠。"又如《喜老自嘲》篇:"行开第八秩,可谓尽天年。"洪迈《容斋随笔》卷一引此诗注云:"时俗谓七十以上为开第八秩。盖以十年为一秩云。"今人柳亚子《欧阳予倩

母刘太夫人八十寿诗》有句云："慈母八旬儿六秩，承欢真见老莱衣。"这些诗句中，"秩"均为十年之意。

可见，北大百年校庆，是不能称为"百秩"的。

问谁之罪

赵世琤

《羊城晚报》2000年6月13日有篇题为"去年缆车坠毁　今朝六人问罪"的报道，说的是贵州省兴义市马岭河风景区去年10月3日的缆车坠毁事故责任人唐喜隆等6人，今年6月9日被判刑。标题中"问罪"一词欠妥，使读者弄不清楚是问谁之罪。"问罪"指宣布对方的罪状，加以谴责、声讨。比如：乙犯有罪过，甲对之兴师问罪。以此对照，此标题会被理解为：因对方去年造成缆车坠毁，现在有六个人来兴师问罪。如此一来，就题不对文，被问罪者成了问罪者。欲求题文相符，应在"问罪"之前加"被"字。

该文编辑可能想追求字面的对称，没考虑到这样表达欠妥。其实，即使如此，也存在不对称——"缆车"与"六人"中，"缆"是名词，"六"是数词。

恐怖的围棋赛

刘　斌

前不久，我国旅韩女棋手芮乃伟九段在韩国"国手赛"中一路过关斩将，夺得挑战权。一些新闻媒体对此进行了报道。《围棋报》某期因排版疏漏，将其中的一场比赛渲染得恐怖异常。只见标题赫然印着"芮乃伟杀人国手赛胜者组决赛"。将"入"误为"人"了。

自小吃苦就得丑笨吗

张　辉

随着大贪官成克杰的翻船落水，关于其情妇李×的报道也有不少。《江苏工人报》2000年8月7日有文称："李×虽自小吃苦，但天资聪慧，姿色过人。"按这句话的意思，莫非自小吃苦是愚笨丑陋者的专利，貌美聪明者就应该身在福窝、大享其乐？这是否在传播新的血统论呢？

别有风味说"套餐"

曲士虎

毫无疑问,"套餐"一词起源于饮食业。提到"套餐",首先想到的自然是"吃"。风行一时的肯德基套餐,常见的是在鸡腿、鸡翅、鸡柳、炸薯条、汉堡包、可乐、果汁……中选择几种搭配组合而成,既有荤食,也有素菜,有充饥的,还有解渴的。这是根据人们的营养需要和饮食习惯设计的。

如今,各行各业纷纷推出的新的"套餐",其实不一定和饮食有关。你看,南京一些商家推出了一种"婚庆商品套餐"的服务,凡是婚庆商品,大到家电、床上用品,小到锅碗瓢盆、喜糖、喜烟、喜帖等,通常要一样样地买,现在一次让新人搬回家。北京一些医院出现了三个等级的"药物套餐",医生在开药前,把作用相同、费用不同的三个等级的药物分别搭配好,由病人选用,不同经济实力的病人可以在这里买到不同价位的能治疗同一种病的成套药物。

这种新的"套餐"是由食物"套餐"引申演化而来。套,是一套、一组、一系列的意思。食物"套餐",固然是一套有多种花样的、可供人饱餐一顿的食物,而这些非食物套餐又何尝不是由多种商品、多项服务等构成?不同花样的食物之所以如此搭配,是因为这些食物有着某种连带关系,顾客正有这样的需要:有了素食还要荤菜,有充饥的也要解渴的……非食物"套餐"中的各项内容,也是因顾客希望一起获得而搭配起来的。如果说吃的套餐满足了人们同时吃到多种食物的需要的话,那么这些不能吃的"套餐"也能符合人们同时获得多种商品、多项服务的要求。因此,这种"套餐"可以这样解释:具有某种连带关系的一

"白领""蓝领"及其他

高丕永　魏　雨

对于一向居住在上海的老年人来说，"白领""蓝领"这两个词并不陌生。笔者在解放时只是初中一年级学生，却已听说过"白领"和"蓝领"。依稀记得，当时的"白领"指"洋行"里工作的职员，"蓝领"指外国人开设的工厂里的工人。1949年新中国成立，这两个词便销声匿迹了。不过，港澳台地区仍在沿用。改革开放以来，中外经济文化交流频繁，三资企业的兴办如火如荼，于是"白领""蓝领""卷土重来"。

"白领"和"蓝领"是一对相互依存的孪生词，直接译自英语的white - collar 和 blue - collar。这两个词是工业革命和市场经济的产物。"白领"指文书之类的办事员、专业技术人员、销售人员、经营管理人员。由于工作环境比较清洁，可以穿白衬衣上班，故称"白领"。"蓝领"指操作工人、手艺工人。因为工作环境不那么干净，上班时一般穿蓝色工作服，故称"蓝领"。

英语的 white - collar 和 blue -

系列商品或服务。

"套餐"一词作这样引申，不足为怪。饮食文化对语言常有很大的影响，许多语言都是如此，汉语也不例外。汉语中存在大量与饮食有关的、从饮食方面引申出来的词语，就是一个证明。比如，人数总和叫"人口"，用以谋生的工作职位叫"饭

碗"。"吃"字则更是妙用无穷，什么"吃醋、吃亏、吃惊、吃紧、吃苦、吃香、吃不消、吃不准、吃得开、吃板子、吃官司、吃老本、坐吃山空、吃里扒外"等等，它们早已被广泛使用。近些年，又有一批新的成员如"菜单""大餐""快餐""小菜一碟"等加入进来，"套餐"也是其中之一。

collar 都是形容词,而汉语的"白领"和"蓝领"却是名词(指人)。因此,严格地说,同"白领"和"蓝领"相对应的应当是 white - collar worker 和 blue - collar worker。完整的译法是"白领工作者"和"蓝领工作者"。现在只译作"白领""蓝领",用的是"借代"手法。

曾有人说,"蓝领""白领",在国外早没人用了,特别是"蓝领"一词,有歧视之嫌,故多以"户外野外工作者"来代替。(参见《劳动报》1999年6月27日)就此问题,笔者特地发了电子邮件向英国著名的英语教学专家 N. J. H. 格兰特请教。格兰特先生迅即在《21世纪英文报》(北京出版)上公开答复。他认为:white - collar、blue - collar 已经成为英语的一部分,既可以用于正式文体,也可以用于非正式文体。(详见该报1999年12月8日"信箱")再者,美国劳工统计局至今在"年统计报表"中仍采用"蓝领""白领"。这两个源于工业社会并已沿用了一个多世纪的属于政治经济学的用词,浅显而形象,其本身不含褒贬,早已为世界各国的学者和大众所接受。由此可见,所谓"蓝领"的歧视之嫌,恐怕是进入汉语之后才有的吧。

除了"白领""蓝领"之外,通过仿词手法,又造出了"金领""粉领""钢领"等新词。

1998年年初,美国《财富》杂志载文对1965至1977年间(战后第二个婴儿潮)出生的4500万美国公民进行了分析。文章将其中"年轻、高学历、聪明、有创意、掌握现代高科技"的群体称为 gold - collar(金领)阶层。目前,汉语引进的"金领",指的是"从事 IT 工作的人"(参见《中国计算机报》1998年10月22日),他们通晓电脑软、硬件,熟悉网络设计和应用。

"粉领",译自 pink - collar,原指从事妇女占优势的职业(如教书、文书及零售业工作等)的人员。"粉领"借入汉语后,在使用过程中其意义飘移不定,有时指"女职工";有时指"白领小姐";有时甚至和"三陪女"划上了等号,如:"众所周知,'粉领阶层'泛指那些吃'青春饭'的三陪小姐。"(《讽刺与幽默》2000年1月20日)

倒是"钢领"的所指比较确定。它译自英语的 steel - collar,意为"智能机器、机器人"。由于"机器人"一词十分形象,加上"先入为主",人们还是乐于使用比"钢领"早出现的"机器人"。

传神的"磨合"

曹志彪

"磨合"是一个机械学词语,指新的机械或刚经大修的汽车(机器)在其运行初期,各摩擦零件的接触面上的加工痕迹磨光和配合形状密合的过程。在许多年之前,"磨合"这个词恐怕只有专门从事机械、汽车制造、修理的人才会用到,外行是很少熟悉它的。如今,"磨合"却已经走出专业术语的圈子,成了通用词汇的一员。

有位朋友曾就穿新皮鞋发过高论:衣服是新的好,皮鞋还是旧的好啊!新鞋子看起来很风光,但刚穿上时,双脚都磨出了血泡,特难受;过些日子才会"磨合"好,虽然外面不再那么锃光瓦亮,脚却要舒服多了。这里"磨合"是指脚与皮鞋在形状上由不相配变得相配、皮肤与皮革面接触时由不舒适变得舒适的过程。还有,我国的足球联赛,每个新赛季

初,那些经过精挑细选才引进的外援和转会球员,在比赛中与其他队员的配合欠佳,默契不够,原有水平难以发挥,询问其原因,人们每每会说:尚在"磨合"阶段。这里把新队员与球队的融合过程叫做"磨合"。从字面看,"磨""合"二字组合得很妙,"磨"是一个过程,"合"则是结果,就像机器的零件一样,经过一段时间的磨擦(摩擦),互相之间配合得更加好,运转更灵了。我们可以给"磨合"的新义作如下的概括:经过一段时间的接触、调整,逐渐变得更加适应、协调、默契。

"磨合"过程有这样的特点:"磨合"完成之前,相关各方之间一般都存在隔阂、不协调、不融洽甚至矛盾;在这期间各方要互相调整自身的状态,克服自身的不足,以适应对方为主要目的,而不是以改造对方

为目的。俗话说，"好事多磨"，"磨合"过程一般是一个渐变过程，不大会发生突变；"磨合"通常还是一个动态的过程，只有在工作、运行当中来实现。另外，"磨合"是一个由量变到质变的过程，往往需要一段相对较长的时间，不能毕其功于一役。所以"磨合"的这段时间有一个专门的名称，叫做"磨合期"。

在造句时，"磨合"往往可以与"配合"或"适应"互相替代，但"磨合"一词明显比"配合"和"适应"更能体现出过程的长期性、渐变性，而且在形象性方面也要胜过这两个词。"磨合"与"走合"在机械学上所指是一样的，但"走合"除偶尔见于街上的"走合车"外，却没有取得同样的资格，大概也是因为"磨"更能形象地表示整个过程的长期性和渐变性。

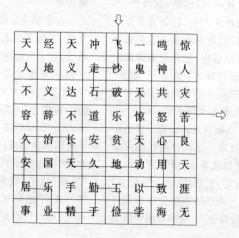

《成语迷宫》答案

天	经	天	冲	飞	一	鸣	惊
人	地	义	走	沙	鬼	神	人
不	义	达	石	破	天	共	灾
容	辞	不	道	乐	惊	怒	苦
久	治	长	安	贫	天	心	良
安	国	天	久	地	动	用	天
居	乐	手	勤	玉	以	致	涯
事	业	精	于	俭	学	海	无

在桥上撒尿的女王

英国泰晤士河上一座新桥落成，维多利亚女王为落成典礼剪彩后，第一个走过新桥。第二天，《泰晤士报》在报道时，却把"走过"一词印成"piss"（撒尿），成了"维多利亚女王在新桥上撒尿"。当发现这一荒唐大错时，报纸已经印毕待售了，报社只好将校正后的报纸单印一份送给女王"御览"。

翻开我国"国统期"的报纸，不少报界的民主人士，因不满蒋介石的独裁统治，常常故意在有关蒋介石的新闻报道中，把几个关键的字印错，让读者看足了蒋介石"撒尿"的丑态，而蒋介石对此除了乱发一通脾气外，也是无可奈何。

今日出版界这种因漫不经心所导致的"纰漏"，虽则已对任何人都构不成影射效果了，可却害苦了爱读书的朋友。王朔的《看上去很美》出版时，一些不法书贩觉得有利可图，便大盗特盗，一时间全国竟出了数十种盗版的《看上去很美》。我的一个朋友去郑州，临上火车时见车站里竟有十块钱三本的《看上去很美》在出售，于是便买了几本回来，回京后送了我一本。我看了几页就气得把书扔了，内文排得乱七八糟错别字连篇不说，光是封面上的字就错了一半，作者王朔一会"玉塑"，一会"主逆"的，让人看了像吃了一堆苍蝇。

在京城一家新闻机构干记者的女友，采访台湾著名节目主持人凌峰后，写了一篇挺不错的文章，交给京城一家颇有名气的娱乐杂志刊发。文章出来后，女友怒气冲冲地跑到主编那儿"兴师问罪"，短短两千字的小文，竟排错了三十多处! 跑了半天编辑部回来仍是一肚子气的女友，把杂志拿给我看。我一看乐了，"凌峰"成了"凌疯"，"比平日更忙"，成了"比利时、日本更忙了"。更可气（可以气女友的）的是，这家杂志把作者署名也排印错了,竟把女友颇为得意的笔名"菲菲"排成了"菲基"。这显然是打字员在打第二个"菲"字时少敲了一个键,一键之差让你的笔名成了谐音的"飞机"!

其实,与女友的遭遇比起来,我最近出版的一本书中的"纰漏",则更让人啼笑皆非了。如:原稿中的"避免",被印成了"避孕套兔子"。

我没好意思和女友说起这个笑话,只嘱咐她,以后写文章一定要避免用"避免"这个词。

女友绕口令似地问:避免"避免"?为什么避免"避免"呢?

我笑了笑说:不为什么,避免就是了!

(摘自《羊城晚报》2000年9月6日,张建国荐)

关于信的闲话

马斗全

在我们单位,本人所收的来信大概是最多的。一些理工科大学生和一般知识分子的信且不用说,这里举几例文化层次较高者信中的出人意料处。

我的一位同乡兼校友,一次找我商量他的工作单位问题,并拿出商之于父亲的信让我看。令人惊奇的是,他落款时在自己的名字后写着一个"示"字!我告他:"示"是长辈对晚辈写信所用之辞,你给父亲写信,末了不写"稽首"之类也罢,怎么竟写了个"示"字?他甚感不好意思,坦白地告诉我,是见父亲来信这样写的。当我知道他的父亲是位农民时,便不客气地批评他:大学中文系毕业,写信竟不如种庄稼的父辈。并建议他不是划掉"示"字,而是重写一遍。

重庆某大学中文系的一位副教授,研究生毕业,寄来他的一篇稿子,那信封上收信人一行赫然写着"马斗全先生敬收"。他分明将自己的"敬",错成了要收信人"敬"。不瞒读者说,尚未开缄,不知其论文题目为何,这"敬收"二字,就使我对这位作者的水平有了一点了解。而在我所收的文化层次较高者来信中,要我"敬收"的并不止这一封。

以下则要非常遗憾地谈到一所名牌大学人文学院一位博士后的来信。

该信是写给编辑部的，所询事与我有关，所以就分到了我的案头。这位来信者是研究中国古代文学的，从信中知道，他已取得高级职称，发表、出版过好几百万字的撰述，并数次出国。而他来信开头的称谓为"贵刊"，令人颇感新奇。"贵刊"二字，实即"你刊"之敬称，而非敝刊之名，信中可以说"贵刊如何"，上款却不当如此称呼的。更令人不解者，结尾的"祝"字抬头写，下一行的"编安"却靠后写。信末的致敬致祝之语如何写，应是再寻常不过的常识了，竟也出错。仅此几例，即可看出如今一些文人写信的水平。出现这类问题，实际是文化知识欠缺和汉语水平较差所致，应归罪于多年来对中华文化的轻视和近年来日渐严重的浮躁之风。

（摘自《今晚报》1999年10月10日，周德茂荐）

"余束发"是谁？

范敬宜

有位朋友写了一本书，嘱我用文言为他写篇序言，好与该书的内容、文体相协调。我的那点古文根基实在不敢献丑，但拗不过朋友坚请，只好勉力从命。

序言的第一句是："余束发受书于太仓唐文治先生……"下笔当时心想，"束发受书"是句成语，大概都能懂得，只是繁体字的"髮"现在简化成了"发"，不知会不会引起误解。

果不其然，几天之后，出版社编辑打来长途电话，先是把序文谬奖了一番，接着问我："你写的'余束发'，不知是谁？"

我一听怔住了，真是哪壶不开提哪壶，担心的事终于出现了，只好忍笑解释："余束发不是人名，而是指我少年时代，古代小孩子都是垂发，故称'垂髫'，上学才把头发束起来……"

没等我说完，对方忙说："这个我当然明白，我只是以为还有什么其他意思。那好吧！……"立刻把电话挂断了。

放下电话，不胜感叹。既埋怨自己何必写这类"之乎者也"的东西，又叹息中国文化的断层如此之深。过去听过一则笑话，说是当年山东省主席韩复榘开周会，领读《总理遗嘱》，读到"余致力国民革命凡四十年",忽然发问:"这'余致力'是什么人?怎么资格比我还老?"我总怀疑这是后人编造出来的,想不到今天自己遇到了同类的真人真事,而且问题都出在"余"字上。

这件事情已经过去三四年,今天忽然又想起来,是因为昨晚中央电视台青年歌手(专业组)大奖赛上,给歌手出了一道综合素质测验题:"侯宝林的著名相声《关公战秦琼》中(凑巧得很,这又是与韩复榘有关的故事),关公和秦琼都是哪个朝代的人?"那位歌手对关公的朝代倒是答对了,可是对秦琼的朝代却说成是"汉代"。这说明两个问题:一是对祖国的历史知之太少,二是像《关公战秦琼》这样几乎家喻户晓、脍炙人口的经典相声也没有听过,或者说虽然听过,但由于太缺乏历史知识,至今没有明白可笑在哪里。

我举这些似乎有点极端的例子,毫无嘲笑、贬损年轻人的意思,只是想借这由头发一点谬论:现在学校培养的学生,在教科书之外,"闲书""杂书"看得太少,因而文史的知识面越来越窄。拿我们六七十岁的这一代人来说,在中学时代至少已经读过十几部中外文学名著;江泽民同志说过,他十四岁就读完了狄更斯的《双城记》。到儿子、女儿那一代,多少还读过一点《青春之歌》《林海雪原》《烈火金钢》《红岩》之类的现代文艺作品。到了第三代,中学毕业连一本中外名著还没有读过的不在少数。基础如此,他们的文史知识如何丰富得起来?因此我常对他们说:"你们不能光吃'维生素丸'(教科书),而不吃'五谷杂粮'(课外读物)。靠浓缩的'维生素丸'只能维持生命,却绝对长不成健壮的体质。"可是,这能仅仅责怪孩子们吗?

现在,教育部门开始重视提高学生的综合素质,并为此提出要"减负"。我举双手赞成。但"减负"之后做什么?最近我注意看了几份报纸有关"减负"的画刊,多是反映学生参加体育活动,参加书画比赛,参观科技展览,参加公益活动,学习音乐舞蹈,游览名胜古迹,等等。这无疑都是好的,遗憾的是没有一张图片反映学生阅读文学名著和参观博物馆。看来这不是编者的疏忽,而是说明如何利用"减负"以后的时间扩大学生文史的知识面,还没有受到应有的重视。

让学生们从小多吃点"五谷杂粮"吧!否则提高素质岂不又流于形式!

(摘自《新民晚报》2000年7月1日,罗虹荐)

"韦编三绝"

一枝独秀小考

金文明

"韦编三绝"是个著名的典故性成语，一般人认为它的出处在《史记·孔子世家》中：

孔子晚而喜《易》……读《易》，韦编三绝。

韦，指皮绳。三，这里泛指多次。孔子的时代还没有纸，文章一般用笔（据考证，殷商时已有毛笔）蘸着墨汁或漆写在竹简上。长的文章要用许多竹简，人们用皮绳将一片片分散的简连缀起来，便成了"册"，也就是古代的书籍。上面的引文意思是说：孔子晚年喜欢读《周易》这部书，由于经常不断地翻展阅读，以致编缀竹简的皮绳被磨断了多次。以后，"韦编三绝"便成了读书勤奋的典故性成语。

今天的知识分子多数是知道"韦编三绝"的，但恐怕很少有人了解，当初形容孔子读《易》的成语一共有三个。由于客观的原因，其他两个没有能得到同样的流传。

成书于北宋初年的《太平御览》，在卷六一六中引用了当时宫廷书库的《史记》藏本，所载孔子读《易》的文字比今本《史记·孔子世家》多出了两句，原文是：

孔子晚善《易》，韦编三绝，铁擿三折，漆书三灭也。

这里，"漆书三灭"并不难懂，是说用漆写在竹简上的字被摩灭了多次。"铁擿三折"就比较费解了。《说文》云："擿，搔也。"音tì，今读zhì。据段玉裁注说，"擿"本是一种搔头的用具，一般以玉、兽骨或象牙磨制而成，形如簪子，细长而两头略尖。后来成为簪头发的饰物，古时也叫"掭"(tì)。《诗经·魏风·葛屦》有句:"佩其象揥。""象揥"就是象牙做的簪子,平日用来簪发,头皮痒时可以拔下来搔爬止痒。"摘"与"揥"古音相近而义通,故可借作"揥"。但这里的"铁摘"恐怕不是簪发用具,而是一种形似簪子的铁制长针。分散的竹简需要编缀成册时,可以拿它作为工具,一头系上皮绳,在竹简两端交叉穿联,每联接一片,就要握着铁摘将皮绳收紧一下。用的时间久了,这种生铁制成的引针难免会折断,需要另换新的。所谓"铁摘三折",就是说编缀竹简用的铁摘折断了多次。由此看来,"韦编三绝""铁摘三折"和"漆书三灭",用字虽有不同,但其比喻意义却完全相同,都是用来形容孔子长期勤奋的苦学精神的。

为什么《史记》原本上有的"铁摘三折""漆书三灭",今本《史记·孔子世家》中却不见了呢?一般的解释是"因长期传写而佚失"。其佚失的时间,我认为不会太早。以下的文献记载可以证明:

三国魏宋均《论语比考谶》:"孔子读《易》,韦编三绝,铁摘三折,漆书三灭。"(《经义考》卷四引。清代马骕《绎史》卷八十六引"摘"作"揥")

晋葛洪《抱朴子内篇·祛惑》:"〔孔子〕常劝我读《易》,云:'此良书

也。丘窃好之,韦编三绝,铁揥(原注:一作摘)三折。'"

通过以上二例和前面提到的转引《史记》原本的《太平御览》,可知从三国到北宋初年,"铁摘三折""漆书三灭"这两个成语,一直在民间或文献中沿用流传。

但值得注意的是,从东汉初年起,《史记》中本来三语并用的句式,开始出现了"韦编三绝"一枝独秀的现象。著名史学家班固在《汉书·儒林传序》中写道:

〔孔子〕盖晚而好《易》,读之韦编三绝,而为之传。

班固是东汉的兰台令史,职掌书奏及印工文书,兼校定宫廷藏书文字,不可能不看到《史记》原本中当时尚未佚失的三语并用的句子,为什么他在《汉书》里只引了其中之一的"韦编三绝"呢?我认为理由很简单,就是为了行文简洁的需要。后世史学家评论《汉书》的文字"言皆精练"(《史通·六家》),这是符合实际的。《史记》形容孔子勤奋读《易》,一连用了三个意义完全相同的成语,的确没有必要。班固来个删繁就简,转引时只选了位置最前,形式又雅而含蓄的"韦编三绝",比起连引三句来,文章不是显得精练顺畅多了吗?

"嫁"中饱含屈辱味

——"古文嚼字"之二

沈善增

《列子》第一篇《天瑞》开头部分，说列子"国不足，将嫁于卫"。晋张湛注："自家而出谓之嫁。"这条注，历来被认为是的当之言。《四库全书总目提要·〈尔雅〉注疏》中说："《释诂》云：'嫁，往也'，此取《列子》

★★

《汉书》对后世的影响是很大的。班固这种三语选一、简洁文风的做法，必然会给文人的写作以有益的启发。前面提到葛洪《抱朴子内篇·祛惑》的引例，三个成语已经少引了一个"漆书三灭"。在《抱朴子外篇》中还有两个例子：

《勖学》："仲尼天纵而韦编三绝。"

《自叙》："圣者犹韦编三绝，以勤经业。"

这两例都只用了"韦编三绝"，而未及其他两个成语。总起来看，在全书十八万字的《抱朴子》内、外篇

中，"韦编三绝"用了三次，"铁摛三折"仅用一次，而"漆书三灭"连一次也没有用上，可见三留一的趋势正逐步明显。

今天，"铁摛三折"和"漆书三灭"这两个古代成语，早已在人们的生活和著述中消失，甚至被收词最称宏富的《汉语大词典》以及所有的大型典故成语词典所摈弃。除非是专家学者，一般人恐怕未必会知道历史上曾经有过这两个与"韦编三绝"并列连用的同义成语。希望大型的语文工具书今后在修订时能把它们收录进去。

之文也。"《辞源》《辞海》《汉语大字典》中,"嫁"有"往、到"的义项,主要根据就是这条注;而这条注其实是很可斟酌的。

《尔雅·释诂》的原文是:"如、适、之、嫁、徂、逝,往也。"晋人郭璞注:《方言》云:'自家而出谓之嫁,犹女出谓嫁。'"张湛注似是根据这条郭注而来的。但按郭注之意,"嫁"之所以有"往"的意思,就像女子结婚要离开娘家到夫家去,这是一种比喻性的引申。这层意思,如今体现在"嫁接""转嫁""嫁祸"等用法中。如果像"将嫁于卫"中直接作为人的行为动词来用,是不能简单解释为"往、到"的,张注是对郭注的断章取义。

《战国策·中山策》:"赵自长平以来,君臣忧惧……四面出嫁,结亲燕魏,连好齐楚。"郭希汾注:"嫁,往也。"这条注同样犯了定义过宽的毛病。"四面出嫁"是为了"结亲燕魏,连好齐楚",说明"嫁"不是单纯的出使,而是主动以许嫁形式与燕魏齐楚等国和亲。因为和亲往往带有战败方向胜方进贡献礼的性质,所以"嫁"后来又带上了"卖"之义。如《韩非子·六反》:"天饥岁荒,嫁妻卖子者,必是家也。"

回到《列子》,"将嫁于卫",则是指列御寇被迫作为贵族女子的陪嫁侍从,迁徙到卫国去。

列御寇的名字,似是"御寇之列"即"御寇"中的一员的意思。"御寇",又写作"圉寇"。"御"是先秦时贵族的贴身的仆役,"圉"是马夫。从列御寇四十年在郑圃(郑国的国家牧场)居住,后来又以养猪终其一生来看,他更像是个"圉",这是先秦时十等人中最低一等的贱民。先秦时,贵族女子出嫁,有男性奴隶作陪嫁。随嫁的男子和女子,都叫做"媵"。《吕氏春秋·本味》:"有侁氏喜,以伊尹为媵送女。"媵随嫁往他国,也称为"嫁"。

"国不足"而和亲,导致列子"将嫁于卫",这样文意才是顺的。否则,像列子那样的安贫乐道的高人,怎么会因为"国不足"而离国出走呢?而且,这句话是承着前文,郑国的贵族老爷一直有眼不识泰山,把列子当"庶人"看待之言而来的。换言之,如果列子不被当庶人看待,就可以不"嫁"了,这正说明这个"嫁"字,是充满牢骚的。

但到了魏晋时代,随嫁的只有女性奴婢,故而张湛就注不出这一"嫁"字中饱含的屈辱、悲凉的况味。从这一点,也可看出,《列子》的文字是非先秦时人写不出的。

推敲一篇文章的提要

陈林茂

《人民政协报》2000年8月31日《我国湿地亟待保护》一文,提要云:

"据调查,全国现有湿地面积6 594万平方顷,占全国土地总面积的6.86%,在湿地物种中,淡水鱼类770多种,鸟类300余种,但目前已丧失海滨滩涂湿地21万公顷,全国围垦湖泊面积130多万公顷,与此同时,湿地污染也极为严重。"

读后感到有几个问题值得推敲、研究。

(一)前头说"全国现有湿地面积6 594万平方顷",后头说"目前已丧失海滨滩涂湿地21万公顷,全国围垦湖泊面积130多万公顷"。

"现有"意为现在实有(或现在仍有)。"目前"指当前,现在。可见"现在"与"目前"是同义词。

于是产生了疑问:这"现有湿地面积6 594万平方顷"不知究竟是包括还是扣除"目前已丧失海滨滩涂湿地21万公顷,全国围垦湖泊面积130多万公顷"?

若谓包括,那么"海滨滩涂湿地21万公顷"等就不能讲已丧失、不存在,因为现在还有、现在实有湿地6 594万平方顷。

若谓扣除,又似乖文意。

假如改为"我国原有(或本来有)湿地面积6 594万平方顷",或者更精确地说"在××××年,我国尚有湿地面积6 594万平方顷",也许就不会使读者产生这种疑问。

(二)"已丧失海滨滩涂湿地"和"全国围垦湖泊面积"的量词都用公顷。一公顷等于一万平方米,合十五市亩。

"全国现有湿地面积"的量词却

前人怎咏后人诗

陈　章

电视连续剧《大明宫词》第一集背景是唐高宗(650—683)麟德元年。其中有这么一个情节,李贤在吟诵唐诗佳句:忽如一夜春风来,千树万树"桃"花开。太子李弘纠正说,不是桃花开,是"梨"花开。其实,这是根本不可能的事情,该诗是唐玄宗天宝年间进士岑参(715—770)《白雪歌送武判官归京》一诗中的句子。岑参是唐高宗死后32年才出生的,也就是说,唐高宗年代,不可能读到岑参诗作。

历史题材的影视中,前人吟诵后人诗的现象,还有一例。反映文成公主进藏的电影《松赞干布》中,有这样一个镜头,松赞干布横刀跃马,仰天长叹:"凭君莫话封侯事,一将功成万骨枯。"文成公主进藏是唐贞观十五年(641)的事情,而该诗却是晚唐僖宗年代曹邺的作品,头两句是:"泽国江山入战图,生民无计乐樵苏。"这首诗是曹邺于公元882年目睹黄巢农民起义军与唐朝官兵血战后尸横遍野的惨象有感而作的,比文成公主进藏晚了二百多年。

用顷。顷,指市顷,合一百市亩。一市顷等于6.6667公顷。(另外,古代还有以十二又半市亩为顷的。)

前后所用的量词不一样,其实际含量也不一致,这就使行文显得不够缜密。

(三)作为土地面积单位,顷与亩一样,必定是平方的。此类量词,无需在它的前面再加"平方"的字样。从来没有十五平方市亩、一百平方市亩的说法。提要在"全国现有湿地面积6 594万顷"的"顷"之前加了"平方"两字,有床上架床之弊。

又,提要为文章的要旨、眼目,其意思在正文里应有所体现。可惜正文全篇竟无"全国现有湿地面积6 594万平方顷,占全国土地总面积6.86%"这样重要的内容。但这是正文的疏漏,不是提要本身的问题,这里只是附带地提及。

"独白"不独

劲夫

"你用榔头砸你母亲的时候，你从她的眼神里看到了什么？"

"害怕，吃惊……"

中央电视台2000年2月25日播出的《新闻调查》几乎由始至终都是记者与用榔头砸死生母的原浙江金华四中学生徐某的对话，徐某一直都在回答记者的提问，可节目的标题却定为"少年凶犯的独白"。

这个"独白"用得不妥。"独白"本是戏剧术语，指角色独自抒发个人情感和愿望，这时一般别人不在场，即使在场也不与独白者搭话，例如莎翁代表作《哈姆雷特》中就有主人公的大段独白。显然，如果借用戏剧术语的话，记者与徐某的谈话应为"对白"而不是"独白"，因此该标题应改为"少年凶犯的表白"或"与少年凶犯的对话"，在表意上才更为准确。

包拯唱词中的错误

洪寿三

京剧《铡美案》里，包拯有一段唱词，其中的"我料你在原郡定有前妻"一句可谓家喻户晓、人人皆知。

先说一个"料"字，主观臆断的成分过于浓重，不合乎法律程序，岂能用"我料你"来定罪？好在这三个字还没有构成定罪的主要依据。后面的"定有前妻"就显得绝对不妥。

什么叫"前妻"？是指某人（京剧《铡美案》里则专指陈世美）以前的妻子。说"前妻"时，此二人已经结束

不是孩提是少年

胡隆佳

2000年2月15日的《黄石日报》上有这样一段话:"我曾三次到过黄州赤壁。第一次是在13岁的孩提时代……"这"孩提"一词显然用错了,因为人到13岁,已不属孩提时代了。

对某些年龄或年龄段,我国古代有一些特定的称谓。某些称谓还沿用至今。如:称20岁为"弱冠",称30岁为"而立",称少年为"垂髫",称老年为"黄发",等等。"孩提"也是一种年龄段的称谓。颜师古注《汉书·王莽传上》说:"婴儿始孩,人所提挈,故曰孩提也。孩者,小儿笑也。"

这就是说,"孩"的意思是小儿笑,"提"的意思是牵带,"孩提"指的就是那些刚刚会笑和走路还不稳、需要大人牵带照看的幼儿。《现代汉语词典》也解释说,"孩提"指儿童,幼儿。

人的一生可分为幼年、少年、青年、壮年、老年等几个阶段。据《现代汉语词典》解释,幼年指的是"三岁左右到十岁左右的时期",少年指的是"十岁左右到十五六岁的阶段"。13岁的人已是少年了,上文中的"孩提时代"应改为"少年时代"才对。

了夫妻关系——并且是合乎法律程序的离异。旧社会判处夫妻离异时,有"男婚女嫁,各听其便"的法律术语。只有这时,男方才能称女方为"前妻"。今天"前妻"的含义仍未改变。包拯说陈"定有前妻"时,在法律上站不住脚,等于承认陈的离婚是合法的,不然怎会称"前妻"。既然"男婚女嫁,各听其便",陈的再婚就合理合法了。这时,陈世美完全可以反唇相讥:"我有前妻,又能把我怎样?"包拯授人以

柄,定会无言以对。

某些地方剧种《铡美案》的唱词更为荒诞,包拯说陈世美:"你左眉长来右眉短,左脚高来右脚低,眉长眉短有儿女,脚高脚低有前妻。"包拯竟然从一个执法不阿的清官沦为江湖术士。京剧《铡美案》的唱词无此弊病,却保留了"前妻"说。这样一来,把包拯推上了尴尬的处境。

如何解决,却也不难,只要把"前妻"改为"发妻",就无懈可击了。

无上·无尚

舒宝璋

《咬文嚼字改错例话》（上海教育出版社1998年11月版）第37页引《趣事二则》云："学校当局认为这是无尚的光荣。"然后评论说："'无尚的光荣'应为'无上的光荣'。'无上的'就是'最高的'、'不能再高的'，'无尚的'，不成文义。我国小说戏曲中常说有一种'上方宝剑'，也叫'尚方宝剑'，但'尚'并不与'上'通。"

其实自古以来，"尚"是能与"上"通的。

《说文》："尚，曾也。"清代段玉裁注："曾，重也。尚，上也。皆积累加高之意，义亦相通也。"

《广雅·释诂》也说："尚，上也。"

"无上"，即"至高，无出其上"之意。"无尚"也是的。宋代黄光大《积善录》："盖父犹天也，师犹父也。其权势虽殊，无尚一也。"吴伯箫《天下第一山》："作井冈山人，战斗在井冈山，是无尚的光荣。"

岂止是"尚方"即"上方"而已？

"尚古"即"上古"。《史记·十二诸侯年表序》："吕不韦者，秦庄襄王相，亦上观尚古（也向上观察上古的事迹），删拾《春秋》，集六国时事，以为八览、六论、十二纪，为《吕氏春秋》。"

《尚书》即《上书》。孔安国序云："以其上古之书，谓之《尚书》。"孔颖达正义："尚者，上也。言此上代以来之书，故曰《尚书》。"

"尚友"即"上友"，犹言"上与古人为友"。《孟子·万章下》："以友天下之善士为未足，又尚论古之人（又向上去追论古代的人物）；颂其诗，读其书，不知其人，可乎？是以论其世也，是尚友也（这就是追上去与古人交朋友）。"宋代朱熹《陶公醉石归有篇介绍古瓷的短文《芒口》，载《新民晚报》1998年9月17日，文中说道："这种带有芒口的瓷器称为芒口瓷，为了改进器口粗糙，古人往往以金、银或铜镶在口部，以显华贵。……文中'金装定器'即为银上金口的芒口瓷。"乍看上去，这两个"镶"字实在费解。"镶"láng在词书中，都没有作动词独用的义项，只有"镶铛"一个复词，其义为铁锁链或形容金属撞击的声音。与这里的文意对不上号。恰好近日在读《杨度外传》(河南人民出版社1984年版)时，又遇见了

"镶"字不能简化作"银"

林章文

这个"银"字。书中叙述杨度参见西太后，"他连忙跪在白布镶着红绸边的跪垫上，磕了头，听候御旨"。至此我总算明白了这个"银"字的真意，原来两位作者是把它作为"镶"字的简体字来使用的。通检《简化字总表》，"镶"字只有简化"金"旁作镶，并不作"银"。想必二作者以为"酿"字既简化为"酿"，推而广之，"镶"字也可简化成"银"了。不过简化偏旁自有规则，并不可以这样随意类推的。何况"银"字已有"银铛"的任务，不能分身兼职。

去来馆》诗："予生千载后，尚友千载前。"

单用时，"尚"也通"上"。《易经·小畜》："密云不雨，尚往也。"是说阳气上腾，所以没有下雨。《孟子·万章下》："舜尚见帝。"是说舜上去见尧。

古代"尚""上"可互相替代。《论语·颜渊》："草上之风，必偃。"草加

上风，必然会倒向一边。"上"，有的版本也作"尚"。《孟子·滕文公上》引作"草尚之风，必偃"。"尚"，有的版本也作"上"。

"尚"字的用法，从《周易》到吴伯箫，自有其历史的连续性。窃以为还是不要轻易判定"无尚的光荣"为错误的好。

向你挑战

犯规的"手"

张逸群　设计

　　"手"作为语素，可以构成很多词。下面三块题板，是按一定规则编排的，每个词中都有"手"；但有的"手"显然不合编排规则。你能指出哪些"手"犯规，并说明理由吗？答案本期找。

一
打手
杀手
好手
敌手
毒手
高手
对手
副手
黑手
圣手

二
抢手
拿手
缠手
顺手
烫手
甩手
辣手
凑手
棘手
扎手

三
联手
过手
插手
失手
交手
得手
靠手
出手
入手
搭手

12—46

《咬文嚼字》像什么?

《咬文嚼字》像一面镜子,
它要让每一束光线都使语文差错毕现无遗;

《咬文嚼字》像一块绿地,
它要让每一棵小草都来传递语文春天的信息;

《咬文嚼字》像一条小溪,
它要让每一朵水花都能展示语文规范化的生机……

亲爱的读者,当您读了2001年《咬文嚼字》后,望能告诉我们:《咬文嚼字》到底像什么。

YOU

ZHENG

"打击"还是"鼓励"

ZHAOWE

这 是西安——渭南高速公路西入口处的一块巨幅广告

牌上的文字：严励打击非法经营。"励"为激励、勉励。

既然鼓励，如何严厉得起来!

胡兴平

ISSN 1009-2390

9 771009 239005

国号: CN31-1801/U 国内代号: 4-64

定价: 2.00元

2000年荣誉校对名录

王卫荣	张梦亭	朱建华	余培英
刘　金	杨荣津	杨　锐	邵培新
王中原	范嘉忱	牟新才	丛恕增
隋世杰	郭　俊	林新昌	霍民起
周　铮	杨福成	左唯强	王　旭
徐中鹏	邹哲承	辜良仲	汪少华
田子镒	吴静园	田云华	赵乐斌
廖　磊	糜　娜	叶才林	孙朝歌
罗炽勋	雷万忠	龙永府	张广育
左心琳	宁源声	陈以鸿	刘汝燮

跋

编　者

又是一年。脚步依旧匆匆。重新翻检这12本刊物，发稿时的情景历历在目，说不清是喜悦还是感伤。

农人看见新谷登场，看见果实挂上枝头，喜悦其实是不必说的。这一年来，刊物顺利发展，交给邮局以后，印数成倍增长。尤其是"咬"作家这一活动，得到了作家们的鼎力支持，引起社会广泛关注，提升了刊物的知名度。这一切都使编者深感欣慰。

然而，事情还有另外一面。编者到湖南出差，在长沙最大的一座中学里和语文老师交谈，几乎无人知道《咬文嚼字》的存在。这一类的尴尬事碰到不止一次。几乎每天都收到这样的读者来信，说是在一个偶然的机会里见到《咬》刊，在此之前一无所知。编者自觉这些年来一直在"大喊大叫"，现在看来却仿佛置身于旷野之中，天高地远，四顾苍茫，虽已喊得声嘶力竭，但听到的回应是微弱的。

"感伤"还有另一层意思：《咬》刊虽是薄薄的一本小册子，但编辑难度之高，非身历其境的人是很难想象的。想当年创刊时，诸位同人意气风发，大有"语文规范，舍我其谁"的气概；六年过后，每审一篇稿件，都仿佛经历一场考试，如临深渊，如履薄冰，战战兢兢。这正应了姚雪垠《李自成》中尚炯尚医生的那句话。尚医生谈学医时说：初学三年，天下无不治之病；再学三年，世上无可用之方。

　　编者聊堪自慰的是，《咬》刊问世之初，便号召读者"向我开炮"；以后又以此作为固定栏目，引火烧身。这说明编者多少还有一点自知之明。"智者千虑，必有一失"，何况不是智者？《咬》刊几乎让我们自身的知识结构的缺陷毕现无遗。尽管有足够的思想准备，然而，每当看到刊物中的错讹时，还是心惊肉跳，感到有负于读者的厚望。比如，今年第9期《七寸棺？》一文刊出后不久，便收到封常曦先生的来稿，方知又犯了一个常识性的错误。为免以讹传讹，现将封先生的文章刊载如下：

"七寸棺"并没有错

封常曦

　　《咬文嚼字》第9期"一针见血"栏目中，刊登了《七寸棺？》一文。作者引了新版越剧《红楼梦》"哭灵"一场的两句唱词："生不能临别话几句，死不能扶一扶七寸棺。"认为这里的"七寸棺"应是"七尺棺"之误。他说："古人常以'七尺''七尺躯'代指成人的身躯，人死后睡的棺木常称作'七尺棺'……错成'七寸棺'，即使瘦弱、娇小如林妹妹者，也是无论如何躺不下的。"

　　这个意见看似有理，实际上是对古代丧制缺乏了解，犯了想当然的错误。

　　在先秦的古籍中，关于棺木的制作，有"八寸""七寸""六寸""四寸""三寸"等说法。"寸"都是指板的厚度，从来没有以"尺"表示其长度的记载。例如：

《礼记·丧大记》："君,大棺八寸,属六寸,椑四寸。上大夫,大棺八寸,属六寸。下大夫,大棺六寸,属四寸。士,棺六寸。"元陈澔集说："大棺,最在外(指外棺);属(zhǔ),在大棺之内(指中棺);椑(bì),又在属之内(指内棺),是国君之棺三重也。寸数以厚薄而言。"

《礼记·檀弓上》："有子曰:'夫子(孔子)制于中都,四寸之棺,五寸之椁。'" 《孟子·公孙丑下》："古者棺椁无度,中古棺七寸,椁称之。"

《墨子·节葬》："故古圣王制为葬埋之法,曰:'棺三寸,足以朽体。'"

从上面的记载可以看出,古人都是以"寸"来表示棺木的厚度的。难道我们能够把这些"寸"字都说成"尺"字之误,再进而加以指摘吗?

《红楼梦》写于清朝前期,正在封建时代。贾宝玉、林黛玉生于官宦之家,像他们那样身份、地位的人,死后用七寸棺来收殓,这与当时的礼制并无不合。硬要把"寸"改成"尺",而且还杜撰出一个"七尺棺"的名目来,是没有道理的。

如果说"七寸棺"反映了编者知识准备不足的话,那么,杨光先生写来的《"查嗣庭案"辨正》,则让我们感觉到了编辑作风的粗疏。由于我们的疏忽,没有查核有关资料,沿袭了一个"并非事实"的说法。

"查嗣庭案"辨正

《汉字的拓扑性与测字》一文(载《咬文嚼字》2000年第4期),

讲到"测字或拆字"时,举到查嗣庭案的例子。作者说:"清代著名的查嗣庭案就因为他出了个考题'维民所止'被人告发为'维止'二字是去掉了'雍正'的'头'。于是定为叛逆,不少人被杀。"说"出了个考题'维民所止'",其实是不确的。这不须作什么考证,翻翻《辞海》(1999年版)便知:

查嗣庭试题狱(查 zhā)　清雍正时文字狱之一。世宗欲陷害隆科多,因查嗣庭曾受隆科多等推荐,故先兴此狱。雍正四年(1726年),世宗指查嗣庭任江西正考官所出《易经》题"正大而天地之情可知矣"与《诗经》题"百室盈止,妇子宁止",前用"正"字,后用"止"字,前后联系,与汪景祺"正有一止之象"及年号有"正"字皆非吉兆之说相同,命令查抄寓所,又在其日记中,摘取议论时事之语,指为"悖乱荒唐",对圣祖"大肆讪谤"。查嗣庭死狱中,被戮尸,家属也被杀或流放。世传试题为"维民所止","维止"二字被指为"雍正"去首,并非事实。

"出了个考题'维民所止'"这种说法流传很广,人们不察,往往信以为真。我手边有部《中国通史故事》(中国少年儿童出版社版),皇皇三巨册,也说"出了一道考八股的试题'维民所止'",向少年儿童讲述了"并非事实"的历史故事。所以有必要不避繁复全文引用《辞海》词条以辨正之。借此还要说明一点,查嗣庭所出试题,《辞海》1989年版只是说"世宗指查嗣庭任江西正考官所出试题'显露心怀怨望,讥刺时事之意'",究竟出什么试题,竟告阙如;1999年版作了补充,读者方明真相。精益求精的《辞海》精神,于此可见一斑。

编辑被人称为"杂家",但即使渊博如万宝全书,也还会缺只角的。一个好的编辑,并不表现在无所不知,而是能警觉地发现疑点,从而避免可能存在的差错。有时候出洋相,往往是"一不留神"造成的。比如今年第1期刊有《道路的名称变异》一文,最后一段是:"今天一些地区使用的巷、坊、弄、胡同等名称,基本上都是唐代袭用下来的旧名称,泛指大道之外的小路。"这里的"基本上",显然是含糊其辞的说法,是作者"底气不足"的表现,按照《咬》刊的审稿标准,这类疑点是应该查个水落石出的。但由于这是刊于"八面来风"的一篇转载稿,编者不由自主地放低了标准,结果酿成差错,把"胡同"这一说法提前到唐代了。

唐 代 没 有 胡 同

伊长之

十年前,《北京晚报》曾发表了几篇关于胡同起源的争鸣文章。张清常教授于1990年出版了《胡同及其他》(北京语言学院出版社出版)一书,认为"胡同"乃蒙古族语"水井"之音转,为明代沈榜《宛署杂记》"衚衕本元人语"的论断提供了新的论据。

有一位名人(系另一领域的专家)首先在《北京晚报》发表反对意见,说北宋故都汴梁就有胡同。张清常又为文答辩并质疑,要对方拿出书证,接着,蒙古族学者照那斯图(当时任中国社科院民族研究所所长)也著文支持张氏之看法。后来,反对者仍坚持己说,但没有拿出书证。张氏曾托朋友转问,朋友说对方说书证是小说《歧路灯》。这部书是清初人写的发生在祥符县即故都"汴梁"的故事。后来,张氏在1997年出版的新著《北京街巷名称史话》(北京语言文化大学出版社出版)时把当时的争鸣文章一并收录在"附笔"中,并在张氏自己的一文后加写"后记",内说:"小说里面清朝祥符有胡同,是否就能够等于北宋都城汴梁有胡同,尚待充实的历史文献证明,才能算数。"北宋若无胡同,唐代何来胡同?

当然,除此一说外,还有别的说法。清人朱一新说:"元经世大典谓之火巷,胡同即火巷之转。"(《京师坊巷志稿》)元人熊梦祥也认为"胡同即火巷之转"(《析津志》又说"小街"即"火巷",小街之宽元代定为不少于12步,一步约当今1.54米。今北京仍有"北小街""南小街"之名,小街之宽正合元制。)"火巷"一名又始于何时呢?《宋史》说是知州赵善俊所创。《宋史·赵善俊传》:"(赵善俊)知鄂州,适南市火,创火巷,以绝后患。"若据此说,则"胡同"的前身"火巷"也是南宋时才有的。

俗话说:世事洞明皆学问,人情练达即文章。古代文史常识是差错多发领域,不言自明;而涉及现实生活的内容,如果平时不注意观察、了解,单凭小聪明、想当然,同样也会留下笑柄。请看洪寿三先生为我们"上课":

也 说 "信 合"

洪寿三

2000年第9期《咬文嚼字》封二版载有《〈何为"信合"〉解疑》一文。文中有"堂堂国家机构"之说,指的是中国信用合作总社。这个部门自称"中国信合"当然是考虑得不周密,不过,若说信用合作社是"堂堂国家机构"也并不恰当。信用合作社不是"国家机构",更不宜冠以"堂堂"二字。其性质是"劳动人民或居民自愿联合组成经营信贷业务"的群众性经济组织。

我国现阶段的信用合作社,其业务由银行指导,但并不是银行的下属单位。信用合作社与供销、消费、运输等类的合作社都是集体企业,就连在神州大地上存在了几十年的农业生产合作社,也不例外。把集体企业称之为"国家机构"(并加"堂堂"二字)是解疑之后,又生了疑。

本刊自创办以来,一向以闻过则喜自勉。凡读者提出意见,都有专人复核。重大问题,提交编委会讨论。但2000年6月2日《青年报》上刊登的则鸣先生的《咬甚嚼谁》,读来未免有点滑稽。现全文转载如下:

咬 甚 嚼 谁

则　鸣

上海有家名叫《咬文嚼字》的刊物,这几天突然忙活起来。先是组织了一批专家对10位名人撰写的书籍又咬又嚼,咬得他们遍体鳞伤;多者几百处,最少的也有几十处。然后又对中国一些著名作家的著作开始咬嚼,好在作家们的心理素质比名人强,大多坦然对之,欢迎咬嚼。

《咬文嚼字》本来也是好意,它咬的一是错别字,二是文理不通的东西等。但细细一看它咬下来的东西就不对了,有些明明是出版商的责任,比如"蒋介石"的"蒋"字写作"将"字,出版社校不出来,那还要责任编辑、专业校对干什么?于是自家人咬到了自家人身上。

现在社会发展了,语言文字也发生了诸多变化,比如"酷",就是最新版本的《汉语大辞典》也不会有时下流行的那些解释,一些流行歌曲的歌词,你说它文理不通,但大家都听得懂看得懂,约定俗成了,你也要去咬上几口吗?

鲁迅有一句名言:"我家的院子里有两棵树,一棵枣树,另一棵也是枣树。"(手中没鲁迅的书,但基本文字不会错。)我从念书起就听老师说鲁迅先生此语写得是如何高明。难道今天你也要去咬上一口？

其实《咬文嚼字》的所作所为不过是一种自我炒作，试问，在咬名人与作家以前，上海滩有几个人知道《咬文嚼字》？现在倒好，所有搞文字的人都面临被它咬一口的危险，这恐怕并非《咬文嚼字》编辑们的初衷。

如今名人与作家写书都不易，我们还是应该宽容一点为好。

说它滑稽，是因为只听到一片"鸣"声，却不知道冲着谁来。文章中一再点《咬文嚼字》的名，其实和《咬文嚼字》"浑身不搭界"。"10位名人"不是《咬文嚼字》咬的；"蒋介石"的"蒋"字写作"将"字也不是《咬文嚼字》提的，相反，《咬》刊在咬作家时明确编校差错不咬，不信请翻翻合订本看；"酷"字《咬文嚼字》非但没咬，还列入"时尚词苑"作了介绍……读着这种无的放矢的批评，编者除了感到滑稽之外，还感到悲哀，为批评、为新闻感到悲哀。有人说可以打官司，想想那还是"青年"，就"宽容"一点吧。

今年一年，不少报刊，包括海外和港、澳报刊，又为本刊发了不少评介文字，非常感谢。其中有篇文章，谈及本刊刊名问题，编者也想在此和该文作者及广大读者作番交流。下面这篇文章见于马来西亚《南洋商报》2000年9月8日副刊第3版：

咬文嚼字与字斟句酌

繁　林

我们写文章，写准备让读者过目的文章，遣词用字当然得"褒贬分明"，庶几方能不误导他人，更免于自己贻笑大方。

你写文章，心悦诚服这一层道理，因此而逐字逐句琢磨推敲。你这是在字斟句酌，不是在咬文嚼字。

对成语"咬文嚼字"之含有贬义，这我想我许久以前是隐隐然知道的，至到拜读中国出版的语文杂志《咬文嚼字》后。

我委实摸不透这份以指导正确使用文字，内容绝对严肃的杂志，堂堂大名为何竟用上含贬义的成语"咬文嚼字"。无论如何，它的这一着，叫我在不知不觉间，不自觉地误以为这咬文嚼字，与字斟句酌般，含褒义的成语一个。

说来不怕你笑话，我是在不久前闲来无事翻成语词典时，才惊觉这"咬文嚼字"，是个贬的味儿并不轻的成语，义为"过度地斟酌字句(多用来讽刺死抠字眼儿而不领会精神实质)"。

我们使用成语，"衮衮诸公"是另一个我们不容褒贬不分，但偏偏就是常褒贬不分的著例。

我最近下笔"董教总衮衮诸公"，经同事提醒，这才惊觉，这衮衮诸公，是个贬义奇重的贬义词，义为"居高位而无所作为的官僚"。

我相信我的误用，是逃不过华文造诣高者。

这又牵涉到应奉字典为圭臬事。中外名作家无不勤翻字典，有者甚至于闲来以翻字典为乐事。他们的如此战战兢兢，认真其事，是对社会对文字尽责的表现，岂能不成为平凡的作者如我侪的典范。

文字有点别扭，为了存真，未作改动。作者的意见很明确："咬文嚼字"是个贬义成语，不宜用作刊名。在此，编者感谢作者的好意，但还想为自己辩解几句。第一，作为刊名，要有个性，而且要比较自然，不能刻意求工。编者偏爱"咬文嚼字"，因为它是一个"成熟的组合"，和各类语文杂志都以"语文"冠名有着鲜明的区别性。第二，语言文字是发展的。"咬文嚼字"过去确有"死抠字眼"的意思,但随着社会对语文规范化的重视,"咬文嚼字"已逐渐演变为一个中性词语,在本刊用作刊名后,那么多的报刊用作栏名,便是一个证明。第三,即使如繁林先生所说,"咬文嚼字"仍有"死抠字眼"的意思,也还是可以用作刊名,因为可以用这四个字来表示一种自谦、自嘲的态度,增加一点幽默色彩。不知读者朋友以为如何。

　　已经抄了六篇文章,不能再抄了。新年的钟声即将响起。让《咬文嚼字》陪伴各位走进新世纪吧。

2000年12月31日夜